Hans-Christoph Schmidt-Lauber
Die Zukunft des Gottesdienstes

calwer

ctb calwer taschenbibliothek 19

Hans-Christoph Schmidt-Lauber

Die Zukunft des Gottesdienstes

Von der Notwendigkeit lebendiger Liturgie

Calwer Verlag Stuttgart

CIP-Titelaufnahme der Deutschen Bibliothek

Schmidt-Lauber, Hans-Christoph:
Die Zukunft des Gottesdienstes : von der Notwendigkeit lebendiger Liturgie / Hans-Christoph Schmidt-Lauber. – Stuttgart : Calwer Verl., 1990
(Calwer Taschenbibliothek ; 19)
ISBN 3-7668-3086-4
NE: GT

Die Drucklegung wurde gefördert durch Zuschüsse der

Lutherischen Liturgischen Konferenz Deutschlands,
Evangelisch-lutherischen Kirche in Bayern,
Evangelischen Kirche in Hessen und Nassau,
Nordelbischen Evangelisch-lutherischen Kirche,
Evangelischen Kirche der Union.

ISBN 3-7668-3086-4

Umschlaggestaltung: Otfried Kegel
Satz: Fotosatz Weyhing, Stuttgart
Druck: Gutmann + Co., Heilbronn
Verarbeitung: Verlagsbuchbinderei W. Weber, Plüderhausen

Für Brigitte,
die die Sache dieses Buches von Anfang an mitbedacht
und gefördert hat,
und unsere Kinder,
denen der Gottesdienst immer wieder
das Haus der Gnade werden möge.

Ein Tag in deinen Vorhöfen
ist besser als sonst tausend.
(Ps 84, 11)

Inhalt

Geleitwort

Als der französische Schriftsteller Charles *Péguy* (1873–1914) wieder zum Glauben kam, schrieb er an einen Freund: »Ich habe Dir noch nicht alles gesagt... Ich habe den Glauben wiedergefunden... Du kannst Dir die Fülle der Gnaden nicht vorstellen! Ich sehe ganz einfache Dinge. Das verblüfft die Geistlichen. Die Liturgie ist voll davon: Sie haben nie etwas davon gesehen!«* Es geht hier nicht um die Verblüffung der Geistlichen und ob ein solches Urteil im Blick auf die evangelischen Geistlichen heute gerechtfertigt ist oder nicht. Der Akzent liegt auf dem, was Charles Péguy als ein wieder zum Glauben Gekommener sieht. Er sieht einfache Dinge. Er sieht das Christentum an den meisten Menschen vorübergehen; modern gesprochen: das Ausfallen der gottesdienstlichen Sozialisation – sein eigenes Schicksal. Er sieht als einer, der nun »im Schweigen des Lichts« steht, die Hoffnung als »Gegen-Gewohnheit«, die für die Fortdauer der von Gott geschaffenen Welt sorgt. Und er sieht sie in der Liturgie wurzeln und aus ihr erwachsen – die Hoffnung als das entscheidende Lebensgrundgefühl, das die Welt in Gang hält.

Die Liturgie, den gefeierten Gottesdienst der Christen so zu sehen, hilft dieses Buch. Es ist seine Absicht. Es ist voller Hoffnung – für den Gottesdienst und für die durch ihn gesegneten Menschen. Wir brauchen solche Seh-Hilfen. Es herrscht in der evangelischen Kirche immer noch ein Mangel an grundlegenden liturgiewissenschaftlichen Arbeiten, ein Mangel vor allem an solchen Arbeiten, die in der geistlichen Gemeindeerneuerung als Hinführung zum Gottesdienst und als Hilfe, ihn zu verstehen, umgesetzt werden können. Eine solche Hilfe wird in den Kapiteln dieses Buches in die Hand gegeben. Es erscheint in einer Zeit, in der die »Zweite Liturgieform nach dem Krieg« mit der Erarbeitung der »Erneuerten Agende« ein wichtiges Ziel erreicht. Dieses Ziel und die erhoffte, davon ausgehende Bewegung bedürfen flankierender, d.h. auf

* Im Schweigen des Lichts. Freiburg 1982, 13f.

beiden Seiten stützender und unterstützender Untersuchungen zur Gottesdiensttheologie und zur liturgischen Gestalt.
Der Verfasser – wir sind seit unserer Studienzeit freundschaftlich, durch gemeinsame theologische Lehrer und ähnliche Lebenswege sowie durch das wissenschaftliche Bemühen um den Gottesdienst der Kirche verbunden – ist in hohem Maße dazu geschickt (im doppelten Sinn des Wortes): Seine Studien über »Die Eucharistie als Entfaltung der Verba Testamenti« (Kassel 1957), zur Zeit der »Ersten Liturgiereform nach dem Krieg« erschienen, gilt es in Erinnerung zu rufen. Als Mitglied der »Arbeitsgruppe Erneuerte Agende« war er über sieben Jahre mit dem damit bezeichneten Prozeß befaßt. Seine langjährige Zugehörigkeit zur Lutherischen Liturgischen Konferenz und zum Liturgischen Ausschuß der Vereinigten Evangelisch-Lutherischen Kirche Deutschlands (VELKD) sowie auf internationaler Ebene zur Societas Liturgica, deren Mitbegründer und Präsident (1981–83) er war, vervollständigen seine Kompetenz. Seine ununterbrochene gottesdienstliche Praxis als Liturg und Prediger bleibe gleichfalls nicht unerwähnt, weil sie das Geäußerte trägt.
Möge es die Geistlichen und die Gemeindeleiter im Sinne des Satzes von Charles Péguy »verblüffen«, d.h. sie dazu führen, daß sie über die Liturgie, womit sie nicht gerechnet und was sie nicht erwartet haben, überrascht und voll sprachlosen Erstaunens sind.

Manfred Seitz

Einleitung: Liturgie als Haus der Gnade

Viele evangelische Pfarrer machen die Erfahrung, daß ihre mit großer Sorgfalt und erheblichem Aufwand an Zeit erarbeitete Predigt nur selten ein ihnen vernehmbares Echo hervorruft. Wird aber an der Liturgie etwas geändert, so können sie mit ziemlicher Sicherheit Rückmeldungen aus der Gemeinde erwarten, auch bei nebensächlich erscheinenden Kleinigkeiten. Das heißt nun keinesfalls, daß die Predigt in der evangelischen Kirche bedeutungslos geworden ist, wohl aber, daß Gottesdienst im Erleben der Christen nicht nur von der inhaltlichen Aussage der mehr oder weniger gelungenen Predigt bestimmt wird.

Gemeinsames Singen und Beten, Hören und Schauen, Bewegung und Stille, Empfangen und Geben sowie die besondere Atmosphäre des Kirchenraumes sind ebenso wichtig wie die Predigt. Erst in ihrem Zusammenklang wird die Versammlung der Gemeinde zur Stätte der Gottesbegegnung, die immer wieder gesucht und in der heimatliche Geborgenheit, Vergewisserung, Hoffnung und neue Zuversicht erfahren wird. Die Predigt ist ein Teil der Liturgie, ein unentbehrlicher, aber eben noch nicht das Ganze. Neuere Untersuchungen haben zutage gebracht, daß ein sehr hoher Prozentsatz der Gottesdienstbesucher die Bedeutung der Predigt hoch einschätzt und sich von ihr erbaut fühlt, aber von Text, Thema und Inhalt der Predigt schon unmittelbar nach dem Gottesdienst nur noch wenig im Gedächtnis behält: Die Predigt ist selbst ein Ritual, das über ihren noetischen Inhalt hinaus sinnstiftend und stabilisierend wirkt.

Gottesdienste werden gefeiert. Sie sind nicht ausschließlich dazu da, daß etwas Neues gelernt oder über das Zusammenkommen der Gemeinde hinaus etwas in Bewegung gesetzt oder verändert wird. Lernerfolg und Aktion sind zwar auch Wirkungen des rechten Gottesdienstes, und somit haben Gemeindepädagogik, Ethik und soziales Engagement etwas mit dem Gottesdienst zu tun. Aber dies alles ist sekundär und muß, wenn man es zum ausschließlichen Gestaltungsprinzip macht, den Gottesdienst gefährden. In der Schule wird gelernt und nicht gefeiert.

Im Gottesdienst wird gefeiert und dabei, ohne daß man es merkt, gelernt. Der Aufruf zur Aktion wird wirkungslos bleiben, wenn er nicht ganz natürliche Folge der Erfahrung des Empfangens und Beschenktseins ist: Nur κοινωνοί im Sinne von I Kor 10 können κοινωνία und διακονία praktizieren, das Teilhaben geht dem Teilen voraus. Die Geschichte des evangelischen Gottesdienstes läßt dessen bedenkliche Verkopfung, eine starke Prävalenz der Pädagogik und die oft nahezu zwanghafte Nötigung zur sozialen Aktion – auch als Gründe für den Schwund der gottesdienstlichen Gemeinde – unschwer erkennen.

Gottesdienst ist wie die Liebe primär Selbstzweck und nicht nur legitimiert durch seine Wirkungen auf die Außenwelt oder die Früchte im Alltag. Die Liebe lebt von der Begegnung der Liebenden und findet darin ihre Erfüllung. Im Gottesdienst will Christus seiner Gemeinde begegnen, die darin Annahme und Begleitung auf ihrem Wege und eine Vorahnung der kommenden Vollendung und Freude erfährt.

Wo aber Gott dem Menschen begegnet, da wird seine Gnade zur Gegenwart. Liturgie ist die Gestalt der gottesdienstlichen Versammlung der Gemeinde. Sie ist frei und vielfältig, aber nicht beliebig und willkürlich, denn die Gemeinde soll mit ihr und in ihr leben: Liturgie soll ihr zum Haus der Gnade werden. Deshalb muß sie sich in ihr wohlfühlen können.

An der Wiener evangelisch-theologischen Fakultät wird regelmäßig ein gern besuchtes liturgisch-ökumenisches Seminar angeboten, das einen Einblick in die gottesdienstliche Spiritualität der unterschiedlichsten Konfessionen und Richtungen vermitteln will. Immer wieder beantworten die Studenten die Frage nach dem für sie eindrucksvollsten Gottesdienst mit dem Hinweis auf die armenisch-orthodoxe Liturgie. Und die ist in einer Sprache gehalten, von der sie kein Wort verstehen! Offensichtlich ist gottesdienstliches Geschehen mehrdimensional. Dies näher zu ergründen, ist eine wichtige Aufgabe.

Wenn Liturgie konstruiert wird ohne Rücksichtnahme auf die geistliche Erfahrung und Prägung der konkreten Gemeinde, wird die beste theologische Absicht fehlschlagen und die Gemeinde nur in ihrem Heimatgefühl im Gottesdienst verunsichern. Der Pfarrer, der nach dem ersten Gottesdienst die Liturgie völlig umkrempelt, muß in dieser Gemeinde zwangsläufig scheitern. Darum sollte im ersten Jahr des Dienstes nichts geändert werden. Später mögen einerseits eine bessere Kenntnis der Gemeinde und ihrer Tradition und andererseits inzwischen erworbenes

Vertrauen der Gemeinde zu ihrem Hirten behutsame Änderungen vertretbar machen.
Es ist in den letzten Jahrzehnten viel gearbeitet und in Erfahrung gebracht worden von den Bedingungen, in denen sich das Genus Liturgie bewegt, von den theologischen Voraussetzungen und Implikationen und von der Geschichte des Gottesdienstes. Davon ist allerdings noch wenig in die Ausbildung des theologischen Nachwuchses aufgenommen.
Das vorliegende Buch möchte hier vermitteln und dazu anregen, sich mit der Liturgie als dem Haus der Gnade intensiver zu befassen. Es legt etwas von dem Ertrag einer zwölfjährigen intensiven Beschäftigung mit der Sache vor, zu der der Wechsel aus 25jährigem Gemeindedienst ins akademische Lehramt Möglichkeit und Muße gab. Viele Einzelstudien sind hierbei zusammengefügt und aufeinander abgestimmt worden, wobei die theologische Grundlegung des Gottesdienstes den Anfang macht, die sich heute eröffnende ökumenische Dimension den fruchtbaren Austausch und das Maß an gewonnener Gemeinsamkeit aufzeigt und schwerpunktmäßig ausgewählte Kapitel historischer Fragestellung und einzelner Formen exemplarisch Konkretionen demonstrieren.
Möge der Leser erfahren, daß es sich lohnt, am Gottesdienst und seiner Gestalt zu arbeiten und die Liturgie als Haus der Gnade so einladend und wohnlich zu machen, wie es nur möglich ist. Es geht dabei um die Zukunft des Gottesdienstes.

Wien, am 25. Juni 1990
(Gedenktag der Augsburgischen Konfession)

Hans-Christoph Schmidt-Lauber

Teil I

Theologische Grundlagen

Unaufgebbare Strukturen des evangelischen Gottesdienstes

Thesen und Fragen für das Gespräch

A. Thesen

1. Evangelischer Gottesdienst – christlicher Gottesdienst

Es gibt unterschiedliche Liturgietraditionen und Interpretationen, aber keinen evangelischen Gottesdienst im Unterschied zum römisch-katholischen oder orthodoxen; wenn der evangelische Gottesdienst wirklich evangelisch ist, ist er im Sinne des Glaubensbekenntnisses zugleich christlich/katholisch. Entsprechendes gilt für den katholischen und den orthodoxen Gottesdienst.

2. Die Eucharistie als das Unverzichtbare

Weil die Kirche als Leib Christi sich in der Teilhabe an Christi Leib und Blut aktualisiert, ist der Gottesdienst der Christen die vom Herrn gestiftete Feier der Eucharistie, in der Wort Gottes und Gebet ihre für das Leben der Gemeinde und ihrer Glieder unverzichtbare Verwurzelung finden.

3. Das Neue der Eucharistie

Die Eucharistie steht in einem ambivalenten Verhältnis zum Gottesdienst der Gemeinde des Alten Bundes: Kein geprägter kultischer Terminus vermag das eschatologisch Neue zu bezeichnen; doch knüpft die Eucharistie an jüdische Vorstellungen und Gebetsformen an.

4. Eucharistie als Danksagung und der eucharistische Charakter des christlichen Gottesdienstes (beraka)

Die Wiederentdeckung des eucharistischen Grundcharakters des Gottesdienstes, der in den evangelischen Kirchen weithin verschüttet war, die Neugewinnung des eucharistischen Gebetes – statt isolierter Vollzugsformeln – und die damit verbundene Freude am Gottesdienst sind Voraussetzungen zur Überwindung der Gottesdienstkrise.

5. Der anamnetische Charakter des Gottesdienstes (Gedächtnis)

Der anamnetische Charakter des Gottesdienstes insgesamt ist von zentraler Bedeutung für die Erkenntnis seines Wesens. Er findet in der Proklamation des Evangeliums und in der Feier des Mahles seinen konkreten Ausdruck.

6. Der epikletische Charakter des Gottesdienstes – Anrufung und Bitte um das Kommen des heiligen Geistes

Weil die im Namen Jesu versammelte Gemeinde Gottes Verheißungen trauen und um die Vollendung in seinem Reich bitten kann, hat die Eucharistie eine alles umgreifende epikletische Dimension, die nicht an eine ausgeführte Epiklese gebunden ist, diese gleichwohl aber als sinnvoll erscheinen läßt.

7. Anteilhabe und Anteilgabe

Als Leib Christi, von dessen Haupt alles Leben und alle Macht ausgeht, ist die Gemeinde versammelt. Es ist deshalb Christus, der das Volk Gottes im heiligen Geist zusammenruft. Der Pfarrer ist Glied dieses Leibes Christi und dient zugleich der gottesdienstlichen Gemeinde im Gehorsam gegen Christi Auftrag und als sein Instrument. Viele Glieder der Gemeinde können dabei Aufgaben übernehmen.

B. Fragen für das Gruppengespräch

1. Das Evangelium ist die Frohe Botschaft, der Gottesdienst deshalb von Freude geprägt (These 5):

- Was steht dieser Grundstimmung entgegen?
- Wie kann sie neu gewonnen werden?
- Inwiefern spielt der Kirchenraum / die Kirchenmusik eine Rolle?

2. Der Gottesdienst ist gemeinsames Handeln des Volkes Gottes (These 7):

- Wer kann wo mitwirken?
- Was muß der Pfarrer unbedingt tun?
- Wie gewinnen wir Mitarbeiter für den Gottesdienst?

3. Zum Gottesdienst versammeln sich alle Getauften (These 2 und 7):

- Inwiefern wirkt sich die »Kinderfeindlichkeit unserer Gesellschaft« in unseren Gottesdiensten aus?
- Wie ist das Verhältnis Kindergottesdienst – Gemeindegottesdienst zu sehen, wie der Familiengottesdienst?
- Wie kann der Gottesdienst jungen Menschen zugänglich werden?

4. Im Gottesdienst beten wir gemeinsam (These 6):

- Wie kann man Vorbeten (des Liturgen) und Mitbeten (der Gemeinde) verbinden?
- Wie können liturgisches Beten, Gebetsstille und freies Gebet zusammengefügt werden?
- Wo finden wir Hilfen zum persönlichen Gebet (vorher, unter der Kommunion, nachher)?

5. Im nachreformatorischen Protestantismus ist der Predigtgottesdienst zum Hauptgottesdienst geworden und gelegentlich sogar die Beichte mit dem Abendmahl verbunden (These 2 und 5):

- Wo liegen die Stärken und Schwächen des Predigtgottesdienstes?
- Welche Erfahrungen machen wir mit der Verbindung von Beichte und Abendmahl?
- Was können wir von anderen Kirchen – aus der Ökumene – lernen?

Die Bedeutung des Gottesdienstes für den säkularen Menschen

Säkularisierung und Gottesdienst – empirische Fakten

Veränderte Einstellung zum Gottesdienst

Paul M. *Zulehner* hat eine kirchliche Statistik Österreichs für den Zeitraum von 1945 bis 1975 vorgelegt und unter der in den Titel aufgenommenen Frage »Wie kommen wir aus der Krise?« pastoraltheologische Konsequenzen aufzuzeigen gesucht.[1] Trotz ihrer Begrenzung auf ein verhältnismäßig kleines Land und auf die römisch-katholische Kirche mit deren besonderen Nachwuchssorgen zeigt die Studie Daten, deren Trend auch in Deutschland schon seit Anfang der siebziger Jahre bekannt ist und sich in zwei Richtungen bewegt: Die gottesdienstliche Gemeinde ist kleiner geworden; dabei ist in den letzten Jahren der kontinuierliche Abfall der Teilnehmerkurve durch eigenartige Zickzackbewegungen etwa auf gleicher Ebene abgelöst worden. Die andere Richtung ist für den evangelischen Bereich bereits genauer untersucht worden; sie deutet hin auf eine Umwandlung des regelmäßigen sonntäglichen Kirchbesuches in einen gelegentlichen, nun freilich nicht im Sinne eines Nachlassens: Der Kirchgang wird bewußt zu besonderen Gelegenheiten vorgenommen – zu den großen Festen, aber auch zu den persönlichen Lebenssituationen, die sich aus dem Alltag herausheben. Die Auswertung großer Umfragen der deutschen Kirchensoziologie[2] hat zu dem Schluß geführt, daß die am weitesten reichende Übereinstimmung der Evangelischen mit ihrer Kirche in den Amtshandlungen liegt, in denen der Christ in entscheidenden Phasen seines Lebens – Manfred *Seitz* nennt sie Torsituationen, die mit der Sinnfrage verbunden sind[3] – den Dienst der Kirche sucht und findet.

---

1 Die wichtigsten Graphiken enthalten auch Daten aus der röm.-kath. Kirche in der BRD.

2 VELKD-Umfrage zum Gottesdienst 1973; EKD-Umfrage zur Kirchenmitgliedschaft I 1974 (II 1984); Gemeinsame Synode (kath.) 1972

3 Seitz, Kasualpraxis, 46ff.

Es mag überraschen, daß sich das gottesdienstliche Verhalten der Gemeindeglieder in der römisch-katholischen Kirche trotz einer imponierenden Reformarbeit gerade auf dem Gebiete des Gottesdienstes (Landessprache, Volksaltar, Beteiligung der Laien, Laienkelch zunächst bei besonderen Gelegenheiten, Öffnung der Sprache und des Ritus zu einer Einladung an alle) nicht anders verhält als in der evangelischen Kirche: Christen gehen auf Distanz, die Kirchlichkeit nimmt ab. Offenbar haben liturgische Reformen zumindest nicht automatisch einen positiven Einfluß auf den Gottesdienstbesuch. Sicherlich spielt noch eine ganze Reihe anderer Momente eine Rolle, die in gewisser Weise zufällig mit der Liturgiereform zusammenfallen: das Schwinden kirchlicher Autorität, der Rückzug der Kirche aus dem öffentlichen Leben, das Auseinandertreten von kirchlichen Normen und dem Verhalten des Christen als Glied der modernen Gesellschaft, zum Beispiel im sexuellen Bereich. Doch bleibt die Beobachtung eigentümlich: Die gottesdienstliche Gemeinde wird kleiner, dabei aber lebendiger, beteiligter, aktiver, intensiver.

Evangelische Reformversuche und die Gottesdienstkrise

Wird man sich demnach eine Erneuerung der Volkskirche noch nicht von liturgischen Reformen versprechen dürfen, so wird dadurch die Notwendigkeit, ja Vordringlichkeit der Arbeit am Gottesdienst in keiner Weise gemindert. Dies gilt gerade darum, weil die in den evangelischen Kirchen der späten sechziger und frühen siebziger Jahre unternommenen Reformbemühungen trotz aller Intensität kaum bleibende Veränderungen hervorgebracht haben. Die wichtigsten Gottesdienstmodelle seien in Erinnerung gerufen[4]:

a) Das kontrapunktisch zum traditionellen Gottesdienst verstandene Politische Nachtgebet – zum erstenmal nach dem Essener Katholikentag 1968 in Köln, danach in vielen anderen Städten veranstaltet – ist inzwischen eingeschlafen. Mit dem ständigen Suchen nach neuen politisch relevanten Themen und seinem Dreischritt Information – Diskussion – Aktion wurde es bald selbst zum Ritus und hielt seine Intention, die auf Politisierung des Gewissens und entsprechende Aktion abzielte, nicht mehr durch. Das von einer kleinen Gruppe Engagierter getragene

4 Vgl. unten S. 139 ff.

Gegenmodell blieb auf diese selbst beschränkt und ohne tiefere Einwirkung auf Kirche wie Gesellschaft.

b) Einen größeren Wirkungsgrad hatten jene Versuche, bei denen Herkömmliches variiert oder ergänzt wurde: Dialog- und Meditationsgottesdienste, Gottesdienste für besondere Gruppen, Familiengottesdienste, Behindertengottesdienste und die immer nur von bestimmten intellektuellen Kreisen aufgenommenen Angebote des Kommentargottesdienstes, in dem Zeitereignisse vom Evangelium her kommentiert werden; ferner Gottesdienste für besondere Situationen wie die Liturgische Nacht von Uppsala 1968, endlich Versuche, Eucharistie und Agape miteinander zu verbinden, das heißt: Feier des Heiligen Mahles im Rahmen einer Sättigungsmahlzeit. Doch auch diese Versuche sind im wesentlichen abgeschlossen und ohne durchgreifenden Einfluß auf das gottesdienstliche Leben der Gemeinde geblieben, wenn man vom Familiengottesdienst absieht. Er hat sich in einzelnen Gemeinden durchgesetzt als feste Einrichtung und höchst notwendige Erinnerung daran, daß die familia Dei quer durch alle Altersstufen und sozialen Schichtungen immer ein Ganzes ist und daß zu ihr auch die Kinder der Gemeinde gehören.

c) Im Zusammenhang mit der gegenwärtigen »Abendmahlsbewegung« und der neuerlichen Akzentuierung von Fest und Feier im Gottesdienst hat der Evangelische Kirchentag im sog. Feierabendmahl ein weiteres Gottesdienstmodell entwickelt, das auch von einzelnen Gemeinden aufgenommen wird.

d) Hilfe wird man sich aber vor allem von den mit dem Erscheinen des Vorentwurfs der »Erneuerten Agende« im Herbst 1990 in ein konkretes Stadium tretenden Bemühungen der evangelischen Kirchen um eine (zweite) Reform der überlieferten Gottesdienstordnung versprechen dürfen, in der unter Wahrung der Struktur und des Bewährten größere Flexibilität, aktivere Mitwirkung der Gemeinde und eine lebendigere Sprache angestrebt wird.[5]

Die Krise des Gottesdienstes, wenn man den uns beschäftigenden Sachverhalt so bezeichnen darf, liegt nicht, auf jeden Fall nicht in erster Linie, im liturgischen Bereich begründet. Das wird schon daran deutlich, daß es ganz lebendige Kirchen gibt, die seit Jahrhunderten an ihrer Liturgie nichts geändert haben und zum Teil sogar eine von der

---

5 Vgl. unten S. 118ff.

Umgangssprache abweichende Kirchensprache gebrauchen: Ihr gottesdienstliches Leben erfaßt bis heute die Gläubigen in der Tiefe ihres Wesens und übt eine große Anziehungskraft auf Fernstehende aus – selbst in einer atheistischen Umwelt. Die Krise drückt sich allerdings in der Gestalt des Gottesdienstes aus – wenn die Gemeinde zum Publikum, der Prediger zum Kanzelredner wird, wenn Singen und Zuhören die einzigen Aktivitäten in der Gemeinde bleiben, wenn der Individualismus den Sinn für alles Korporative verdrängt, wenn düsterer Ernst oder schlichtweg Langeweile an die Stelle der Freude treten; wenn angebliche Kultfeindlichkeit, ohne dies zu bemerken, selbst einen Kult produziert – und zwar einen schlechten; wenn die Gemeinde den Gottesdienst nicht mehr miteinander erleben will, sondern jedes Alter und jede Gruppe eigens bedient werden soll.

Die Krise des Gottesdienstes ließ seinen Besuch – nach den Ergebnissen der drei (bis 1982: vier) Zählsonntage – im Bereich der EKD von 7,3% (1963) auf 4,6% (1973) sinken, wobei der Rückgang in den Jahren nach 1968 besonders auffällig war. Auch wenn die Zahlen im anschließenden Zeitraum von 1974 bis 1984 unter leichter Erholung auf etwa 5,5% ziemlich konstant blieben – die letzten drei statistisch ausgewerteten Jahre zeigen dann einen erneuten leichten Rückgang auf 5,1% (1987)[6] –, so wird jeder evangelische Christ aus dem durch eigene Erfahrung überschaubaren Bereich bestätigen können, daß der Gottesdienstbesuch ganz allgemein nachgelassen hat. Man wird aber nicht in den Fehler verfallen dürfen, den Rückgang des Kirchgangs einfach mit einem Rückgang an Glauben und Christlichkeit gleichzusetzen. So gewiß der Kirchgang – das heißt die Begegnung mit Wort und Sakrament in der Gemeinschaft der Glaubenden – für das Bewahren des Glaubens und das Wachsen in ihm wichtig ist, so behutsam sollten wir in der Bewertung des Tatbestands sein, daß gemeinschaftsbezogenes und distanziertes Christsein immer mehr auseinandertreten. Die eingangs erwähnte Umschichtung vom sonntäglichen zum kasuellen Kirchgang hat auf dieses unserer Zeit eigentümliche Phänomen schon aufmerksam gemacht.

6 Vgl. ABlEKD, Statistische Beil., Nr. 85 (1989) 16ff.32

Die Liturgiefähigkeit des säkularisierten Menschen

»Säkular« bedeutet nach den Lexika »sich alle hundert Jahre ereignend; außergewöhnlich, weltlich im Unterschied zu geistlich«, denn saeculum heißt Jahrhundert und die zeitliche Welt. Eine solche Begriffsbestimmung reicht natürlich nicht aus. Der säkulare Mensch im Wortgebrauch unseres Themas ist der Mensch, der durch den Prozeß der Säkularisierung hindurchgegangen ist, der die Verselbständigung menschlicher Verhaltensweisen, gesellschaftlicher Ordnungen, sittlicher Forderungen ebenso wie der wissenschaftlichen Forschung und der Kunst gegenüber ihrer ursprünglich sakralen Einbettung, also die Entsakralisierung, erfahren hat. Dieser Prozeß hat in der Geschichte der neueren protestantischen Theologie vom reformatorischen Ansatz her durchaus auch eine positive Seite: Wenn Jesus Christus als der in die Welt gekommene Sohn den Vater verkündigt, wird die alte mythische Weltordnung abgelöst, nach der der Kosmos von ewigen göttlichen Kräften begründet und getragen wurde: »Der Mensch ist mündig geworden, d.h. von seiner Umschlossenheit durch die Welt befreit; zugleich ist die Welt weltlich geworden.« In ihr gibt es keine abgesonderten frommen Bezirke mehr (Friedrich *Gogarten*, Dietrich *Bonhoeffer*). So verstanden hat der Prozeß der Säkularisierung die »Entgötterung der Welt von Gott« (Carl Friedrich von *Weizsäcker*) bewirkt und eine Welt geschaffen, die »nicht mehr eigentlich christlich, aber auch nicht völlig unchristlich« ist.[7] Die Frage ist nunmehr: Wieweit ist der in diesen Prozeß hineingezogene Mensch noch liturgiefähig?

Romano *Guardini* hat 1964, wenige Monate nach der Verabschiedung der Liturgiekonstitution, gefragt: »Ist vielleicht der liturgische Akt und mit ihm überhaupt das, was ›Liturgie‹ heißt, so sehr historisch gebunden – antik, oder mittelalterlich, oder barock –, daß man sie der Ehrlichkeit wegen ganz aufgeben müßte? Sollte man sich nicht zu der Einsicht durchringen, der Mensch des industriellen Zeitalters, der Technik und der durch sie bedingten soziologischen Strukturen sei zum liturgischen Akt einfach nicht mehr fähig?« Während Guardini nun überlegt, »in welcher Weise die heiligen Geheimnisse zu feiern seien, damit dieser heutige Mensch mit seiner Wahrheit in ihnen stehen könne« und »auch ermutigende Zusammenhänge« sieht[8], wird die Frage bald radikalisiert.

7 Brockhaus Enzyklopädie, Wiesbaden 16 ([7]1973) 365f.
8 Guardini, Kultakt, 106

Der Verdacht kommt auf: Sollte das Nachlassen des Gottesdienstbesuches vielleicht damit zusammenhängen, daß unser Leben immer mehr in diese weltlich gewordene Welt verstrickt wird, in der für Gottesdienst, Kult, Liturgie überhaupt kein Platz mehr ist?
In der Tat ist die These vertreten worden, der säkulare, der durch den Prozeß der Säkularisierung hindurchgegangene Mensch sei nicht mehr liturgiefähig. Charles Davis hat diesen Standpunkt wohl am schärfsten vertreten (nach ihm in anderer Form auch Karl Ferdinand *Müller*). Der amerikanische Expriester sagte bei einer Konsultation des Weltkirchenrates über »Gottesdienst in einem säkularisierten Zeitalter« (Genf 1969): »Es ist vielmehr so, daß der Gottesdienst selber veraltet ist. Es gibt keine moderne Form des öffentlichen Gottesdienstes, weil die moderne Welt säkularisiert ist.« Ja, »der Gottesdienst selbst (ist) in der modernen Welt überholt und der christliche Glaube ein Zustand der Abweichung von der Kultur der Gegenwart«. Weil Glaube und Gottesdienst keinen Teil der modernen, säkularisierten Welt bilden, weil sie nicht zu der von der Gesellschaft geteilten und bestätigten Wirklichkeit gehören, darum gibt es für den Christen, der in der modernen weltlichen Kultur anbeten will, nur die Wahl: Getto oder Wüste. »Getto« hieße dann: Der öffentliche Gottesdienst in der modernen Welt erfordert die Bildung einer Subkultur, stark genug, um eine der Welt standhaltende Enklave zu bilden, eine Gegengemeinschaft mit eigener Sprache, Symbolen, Haltungen und gefühlsmäßigen Antworten. »Wüste« hieße: auf den kulturellen Ausdruck des Glaubens und des Gottesdienstes, auf die Liturgie verzichten. So müssen Christen, die die Wüste gewählt haben, heute ohne Liturgie auskommen.[9] Diese Überlegungen haben ihre Grundlage in der sehr einfachen Gleichung: Lebendiger Gottesdienst ist Funktion einer lebendigen Kultur. Da sich heute moderne Welt und Christentum voneinander getrennt haben, ist Gottesdienst nicht mehr möglich, ist der Mensch liturgieunfähig geworden. Stimmt die These?
Karl Ferdinand *Müller,* der Herausgeber des bedeutendsten neueren Handbuchs des evangelischen Gottesdienstes *Leiturgia* und Begründer des Jahrbuchs für Liturgik und Hymnologie geht in seinem Referat zu derselben Konsultation von der gut lutherischen Zusammengehörigkeit von Gottesdienst und Leben aus: Gemeindegottesdienst und Lebensgottesdienst sind aufeinander bezogen; der eigentliche Gottesdienst ist

9 Davis, Gottesdienst, 23.25.31.35ff.41

der Glaube. Dann aber wird »die Verlegenheit mit dem Gottesdienst groß. Sie besteht darin, daß die Christen einerseits mit Traditionen leben müssen und zum andern von der Gegenwart gefordert sind... Vielleicht aber paßt auch das Schema Alt/Neu gar nicht mehr. Und es kommt vielmehr auf die Frage an, ob wir im Hinblick auf die Herausforderungen der Zeit zu einer Transformation der gegebenen Inhalte bereit sind... Wird es in Zukunft überhaupt eine verbindliche Liturgie für alle noch geben können?«[10]

Was heißt »Transformation der gegebenen Inhalte«? Könnte damit nicht die Kapitulation vor den offenbar gewordenen Schwierigkeiten, die Inhalte zum Ausdruck zu bringen und aus ihnen heute zu leben, signalisiert sein? Die Folge mußte eine kaum mehr zu bändigende Fülle von allen möglichen – und dann sicherlich auch manchen unmöglichen – Gottesdienstweisen und -formen sein: Die Herausforderung der Zeit wird bei Müller damit beantwortet, daß der Gottesdienst als das die Gemeinde bergende und zusammenführende Haus der gefeierten Gegenwart Gottes für sehr verschiedene Kinder Gottes in unzählig viele Teile und Möglichkeiten aufgesplittert wird. Die Mitte des Lebens der Gemeinde wird nicht mehr sichtbar.

Die These von der Unfähigkeit des säkularisierten Menschen zu Gottesdienst und Liturgie nimmt die Menschwerdung Gottes nicht ernst genug: Sollte, wenn Gott wirklich zum Menschen kommt, dadurch nicht Raum und Möglichkeit für den *neuen* Gottesdienst der Christen entstehen, der nicht mehr menschliche Religiosität darzustellen und selbstgesuchte Erlösung zu vollbringen sucht, sondern die geschenkte Erlösung proklamiert, feiert und von ihr Leben erhält?

Eigengesetzlichkeit gottesdienstlicher Konkretion

Gottesdienst als Funktion der Kultur – Atomisierung des gottesdienstlichen Lebens angesichts der bestehenden Schwierigkeiten: Beiden Thesen steht schon die Geschichte des christlichen Gottesdienstes entgegen. Wie vollzog sich denn die Organisation des Gottesdienstes in der ersten christlichen Gemeinde? Auf jeden Fall unter entschiedenem Abrücken von allen vorgegebenen Kultformen, den jüdischen wie den heidnischen. Im Neuen Testament gibt es nicht einmal eine einheitliche Bezeichnung

---

10 Müller, Gottesdienst, 138ff., bes.151

für das, was wir heute Gottesdienst nennen: Der christliche Gottesdienst hat in seinem Ursprung gerade nicht die Kultur seiner Umwelt eingefangen und zum Ausdruck gebracht, sondern stellt etwas völlig Neues und Eigenes dar.[11] Daß im Laufe der Liturgiegeschichte dieses oder jenes Motiv aufgenommen worden ist – wie beispielsweise der Ruf *κύριε ἐλέησον*, den wir sowohl im Neuen Testament finden als auch in dem höfischen Zeremoniell des Kaisertums –, daß die vielen Formen gottesdienstlicher Verehrung dem höfischen Brauch entstammen, widerlegt nicht die einzigartige, alle vorgegebenen Formen und Vorstellungen sprengende Kraft des Evangeliums und des von ihm bestimmten neuen Gottesdienstes. Dies zeugt vielmehr eher von der Fähigkeit, in der Umwelt angebotene Formgefäße aufzunehmen und mit einem völlig neuen Inhalt zu füllen. Ähnliches mag sich mit der Ausscheidung des Sättigungsmahles aus der sich im Übergang von der apostolischen zur frühchristlichen Zeit herausbildenden christlichen Eucharistiefeier vollzogen haben; nur das in der Stiftung vom Herrn Herausgehobene, nicht mehr der Rahmen ist wichtig – so daß, wer heute die gemeindliche Mahlfeier wieder mit einer Sättigungsmahlzeit (Agape) verbinden will, sich fragen lassen muß, ob er dem eschatologisch Neuen und Einmaligen des christlichen Gottesdienstes gerecht wird. Nur noch der Historiker weiß heute, daß das Weihnachtsfest einstmals bewußt auf den Tag des *sol invictus,* des höchsten römischen Gottes, gelegt wurde. Darum ist die Vorstellung, erst die Kultur der Zeit habe den christlichen Gottesdienst ermöglicht, nicht haltbar. Das Gewicht der kulturellen Umwelt wird heute leicht überschätzt, die dem Evangelium innewohnende Formkraft dagegen unterschätzt. Das Wahrheitsmoment bei dem Insistieren auf Konformität mit der Kultur der Gegenwart liegt darin, daß der Gottesdienst verständlich, mitvollziehbar, einladend und in Sprache und Vorstellungswelt der Menschen von heute gestaltet werden muß. Primär wird aber die Sache des Gottesdienstes selbst sein, nicht seine kulturellen, anthropologischen und historischen Begleitumstände. Der entscheidende Fehler mancher Missionen vor allem in Afrika war, daß sie die Heiden zuerst zu halbwegs zivilisierten Menschen machen zu müssen glaubten, bevor diese Christen werden konnten. Die Folge davon ist der Ruf nach Indigenization und das Aufbrechen einer Flut von unbewältigtem Stammestum in einer Vielzahl afrikanischer Sekten.

11 Vgl. Brunner, Lehre vom Gottesdienst, 99ff.

Unwiderruflich hat uns die Säkularisierung erfaßt und bestimmt unser gemeinsames Leben. Das Auseinanderbrechen von persönlicher Prägung und gemeinschaftlicher Sitte ist an ihr besonders belastend. Doch daß der säkulare Mensch liturgieunfähig geworden sei, ist eine kühne These, die sich auch dann nicht erhärten läßt, wenn wir im Gefolge der Säkularisierung die Umwandlung der Volkskirche in eine kleinere unabhängige Kirche vor sich gehen sehen. Woran Glaube entsteht und wodurch Gottesdienst ermöglicht wird, ist allein das Evangelium. Dies bedeutet Begegnung mit dem lebendigen Gott, die ihrem Wesen nach unverfügbar ist.

Was ist Gottesdienst heute? – Theologische Grundlegung

Bevor wir nach Ansätzen fragen können, die dem säkularen Menschen neuen Zugang zur konkreten Feier des Gottesdienstes verschaffen, sollte die andere Komponente des Themas etwas genauer betrachtet werden: Was ist Gottesdienst, der für den säkularen Menschen von neuem bedeutungsvoll werden kann?

Gottesdienst als Eucharistie

In der reformatorischen Liturgik spielt ein Wort *Luthers* eine besondere Rolle, das in der Predigt zur Einweihung der Schloßkirche von Torgau 1544 enthalten ist: »Das nichts anders darin geschehe, denn das unser lieber Herr selbs mit uns rede durch sein heiliges Wort und wir wiederumb mit jm reden durch Gebet und Lobgesang.«[12] Die doppelte Bewegung, die in der gottesdienstlichen Begegnung geschieht, ist in diesem Wort trefflich ausgedrückt: Weil Gott uns dient, können wir ihm dienen; seiner Zusage folgt unser Glaube, seinem Reden unser Beten und Loben – nicht umgekehrt! Reicht diese Definition aus? Das spezifisch Christliche am Gottesdienst der Gemeinde des Neuen Bundes – was Christus ihr als besonderes Vermächtnis hinterlassen hat – ist die Feier der Eucharistie. Christus hat sie zu dem Gottesdienst seiner Gemeinde gemacht. In Luthers Wort ist sie nicht ausdrücklich enthalten. In dieser Hinsicht genauer ist die Augsburgische Konfession, in der

---

12 wobei »Wort« (als verbum visibile) das Sakrament einbezieht, WA 49,588.

die Definition der Kirche am Gottesdienst der Gemeinde orientiert ist: »Es wird auch gelehret, daß alle Zeit musse ein heilige christliche Kirche sein und bleiben, welche ist die Versammlung aller Glaubigen, bei welchen das Evangelium rein gepredigt und die heiligen Sakrament lauts des Evangelii gereicht werden« (CA VII). Vom (Predigt-)Amt der Kirche – an sehr gewichtiger Stelle zwischen dem Artikel von der Rechtfertigung und dem vom neuen Gehorsam – heißt es, Gott habe es eingesetzt, es habe das Evangelium zu lehren und die Sakramente darzureichen, *Nam per verbum et sacramenta tamquam per instrumenta donatur spiritus sanctus, qui fidem efficit, ubi et quando visum est Deo, in his, qui audiunt evangelium (CA V).* Wort und Sakrament gehören auch und gerade nach evangelischem Verständnis in einer untrennbaren Einheit zusammen. Insofern gibt es keinen evangelischen Gottesdienst im Unterschied zum katholischen, sondern der evangelische Gottesdienst ist, wenn er wirklich evangelisch ist, immer zugleich katholisch – und der katholische, wenn er wirklich katholisch ist, immer zugleich evangelisch. Will man den Beitrag der Reformation zur Entwicklung der Gottesdiensttheologie der ganzen Kirche beschreiben, kann man wohl abgekürzt sagen: Luther hat den Priester umgewendet: Er handelt nicht mehr opfernd Gott gegenüber, sondern ist Mund Gottes, durch den die Gemeinde Vergebung, Leben und Seligkeit empfängt.

Die Zusammengehörigkeit von Wort und Sakrament in der Eucharistie läßt sich aber noch auf andere Weise begründen: Weil sich die Kirche als der Leib Christi in der Teilhabe an Christi Leib und Blut aktualisiert, darum ist der Gottesdienst der Christen die vom Herrn gestiftete Eucharistie. Die Mahlfeier ist nicht beliebig absetzbar; der sog. evangelische Predigtgottesdienst ist – als einziger Hauptgottesdienst am Sonntag – ohne Frage unreformatorisch und damit als eine Fehlentwicklung zu verstehen, die in der Konsequenz die vom Hauptgottesdienst getrennte Abendmahlsfeier genau zu dem machen muß, das die Reformatoren so heftig an der spätmittelalterlichen Meßpraxis kritisierten: zur Winkelmesse. In der Reformationszeit konnte von den lutherischen Gemeinden noch eindeutig bezeugt werden: »Bei uns braucht das Volk des heiligen Sakraments (coena Domini) willig, ungedrungen, alle Sonntage« (ApolCA XV, 40).

An dieser Stelle müßte gefragt werden, ob mit der Wiedergewinnung des stiftungsgemäßen Eucharistiecharakters des Gottesdienstes nicht eine wichtige Voraussetzung geschaffen werden müßte für den Zugang des säkularen Menschen zum Gottesdienst – wenn nämlich nicht allein die Predigt, sondern auch das Zeichen der Gegenwart des Herrn und die Mahlgemeinschaft mit ihm und dadurch auch mit den Brüdern und Schwestern wieder zum unverzichtbaren Kennzeichen gerade des evangelischen Gottesdienstes werden würde.

Wenn endlich der Gottesdienst in der Stiftung Christi begründet ist und nicht zuerst in dem Bedürfnis der Christen, ihrem Glauben Ausdruck zu verleihen, wenn Gottesdienst vor allem Gottes Dienst an uns ist und daraufhin auch Antwort unseres Glaubens, die in das ganze Leben übergeht, müssen gewisse Strukturen ins Blickfeld kommen, die sich aus dem biblischen Zeugnis ergeben und die im konkreten Gottesdienst angemessenen Ausdruck finden sollten. Dazu gehört zuerst die Erkenntnis, daß der Gottesdienst als ganzer wesenhaft Eucharistie ist, das heißt Danksagung.

Jesus nahm das Brot/den Kelch, dankte über beidem, brach das Brot und gab es seinen Jüngern. Was er hier tut, ist zunächst nichts anderes, als was bis heute jeder gesetzestreue jüdische Hausvater beim Hereintragen jeder einzelnen Speise tut: das Tischgebet, das vor allem durch den Lobpreis geprägt ist, zu sprechen. Wenn Jesus seinen Jüngern aufgetragen hat, »solches« zu seinem »Gedächtnis« zu tun, dann wird das Gotteslob im christlichen Gottesdienst über den Dank für Schöpfung, Erhaltung und das Erlösungshandeln Gottes im Alten Bund hinaus jetzt vor allem das Christusgeschehen zum zentralen Inhalt machen.

Der grundlegend eucharistische Charakter des christlichen Gottesdienstes wird liturgisch in dreifacher Weise konkret: Einmal heißt und ist der Gottesdienst insgesamt Eucharistia; er kann und soll durchaus im Einklang mit Luthers Torgauer Definition als Lobgesang verstanden und gefeiert werden. Sodann wird auch das Abendmahlsgebet Eucharistie oder Eucharistiegebet genannt, wobei die sprachliche Kargheit der herkömmlichen protestantischen Abendmahlsliturgie sich als Erbe einer unsachgemäßen spätmittelalterlich-römischen Fixierung der Blickrichtung auf die Elemente und den Moment der Wandlung und damit als noch ausstehendes Defizit reformatorischer Erneuerung erweist. Hier wäre ein wichtiger Ansatzpunkt, den Gottesdienst für den säkularen Menschen wieder bedeutsam und mitvollziehbar zu machen. Schließlich ist auch die Gabe des heiligen Mahls Eucharistie: Es wird deutlich, daß die christliche *beraka* immer Antwort auf erfahrene Wohltat und empfangene Gabe ist und damit Begegnung mit Gott sowohl zur Voraussetzung wie zur Folge hat.

Eine zweite bedeutsam gewordene Erkenntnis setzt an bei dem Christuswort: »Solches tut zu meinem Gedächtnis, *εἰς τὴν ἐμὴν ἀνάμνησιν.*«[13] War man noch in den zwanziger Jahren der Meinung, diese *ἀνάμνησις* als memoria im Sinne der antiken Gedächtnisfeier am Jahrestag des Todes verstehen zu müssen (Erinnerung an etwas Vergangenes, »im Sinne haben«), so ist uns heute bewußt, daß der Hebräer in seinem »Gedenken« *(zakar)* eine viel umfassendere Vorstellungweise zur Verfügung hat: Im Gedenken wird eine Person, Situation oder Tat aus der Vergangenheit wirkkräftig in die Gegenwart hineingeholt und auch Zukünftiges schon gegenwärtig. In aktiver Repräsentation und Antizipation wird deshalb das Versöhnungshandeln Gottes aktuell und wirksam, einschließlich der noch ausstehenden Vollendung, wenn die christliche Gemeinde die Anamnesis ihres Herrn vollzieht. Die Juden feiern das Passamahl »gestiefelt und umgürtet«, bereit, in dieser Stunde dem Ruf Gottes zum großen Exodus in die Freiheit zu folgen.[14]

Man kann die Predigt, die der Gemeinde als Christusverkündigung aufgetragen ist, wie auch den Gottesdienst insgesamt als Christusanamnese bezeichnen: In Verkündigung und Eucharistiefeier will Christus selbst mit allem, was er für uns getan hat, gegenwärtig werden und handeln. Die Christusanamnese im *verbum audibile* und im *verbum visibile* verbürgt in gleicher Aktualität – wenn auch auf unterschiedliche Weise – den Christus praesens für den Gottesdienst der christlichen Gemeinde. Deshalb sagt die Lima-Erklärung zur Eucharistie: »Die ›Anamnese‹, in der Christus durch die freudige Feier seiner Kirche handelt, ist (somit) Vergegenwärtigung wie Vorwegnahme..., die wirksame Verkündigung der Kirche von Gottes großen Taten und Verheißungen.« »Da die ›Anamnese‹ den zentralen Inhalt des gepredigten Wortes wie des eucharistischen Mahles ausmacht, stärkt eines das andere.«[15]

---

13 I Kor 11,24f., Luk 22,19

14 Ex 12,11. Vgl. dazu: Pessach-Hagada, 29f.

15 Lima 1982, 20f. (E 7.12)

Gottesdienst als Epiklese

Neuerdings ist auch der epikletische Charakter des Gottesdienstes erkannt worden. Epiklese nennt man die Bitte um den Heiligen Geist. Wenn es im Gottesdienst um das Kommen Christi zu seiner Gemeinde geht, wird dem Gottesdienst insgesamt ein epikletischer Charakter eignen; er ist bestimmt durch die Bitte um das Kommen des Herrn in die Mitte seiner Gemeinde. »Komm, Heiliger Geist, erfüll die Herzen deiner Gläubigen und entzünd in ihnen das Feuer deiner göttlichen Liebe« (EG 12) wird auch in den evangelischen Kirchen zu Eingang des Gottesdienstes gesungen. Die Gegenwart Christi in der Eucharistie, spezifischer gesagt: in, mit und unter Brot und Wein, ist ohne den Heiligen Geist nicht vorstellbar. Wenn die ganze Handlung epikletischen Charakter hat, sind verschiedene Konkretionen und auch liturgische Expressionen denkbar. Nun hat die liturgisch formulierte Epiklese in der Geschichte der Kirche eine besondere Rolle gespielt, die mit der Frage nach der Konsekration zusammenhängt und in der Ost und West verschiedene Wege gingen. Wie immer man sich entscheidet – ob man eine Epiklese vor oder nach den Verba Testamenti für angemessen erachtet –, Einigkeit scheint darüber zu bestehen, daß die liturgisch ausgeführte Epiklese zum Gottesdienst gehört und nicht orthodoxer Spiritualität überlassen bleiben darf. Doch auch ohne eine liturgisch formulierte Epiklese eignet dem christlichen Gottesdienst von seinem Wesen her epikletischer Charakter.

Gottesdienst als Teilhabe und Teilgabe

Schließlich wird die Bedeutung des Gottesdienstes für das Kirchesein der Gemeinde noch einmal unübersehbar, wenn der Begriff *κοινωνία* untersucht wird, der für die Abendmahlstheologie seit Paulus (*κοινωνία τοῦ αἵματος/σώματος τοῦ Χριστοῦ*, I Kor 10,16) und für die Ekklesiologie spätestens seit der Erweiterung des altrömischen Symbols durch die Wendung *κοινωνία τῶν ἁγίων* gleichermaßen zentral ist. Umfangreiche Forschungen, vor allem seit den dreißiger Jahren, haben gezeigt, daß »κοινωνία den Sinn der objektiven Teilhabe hat und durch unseren viel zu subjektiv gefärbten Begriff ›Gemeinschaft‹ (scil. societas) nicht gedeckt wird«. Im Abendmahl geht es um Teilhabe am Heiligen, das der Geist, ja der erhöhte Herr selbst ist, der »die unter dem leiblichen Akt des Essens sich vollziehende Teilhabe der Glieder des Leibes am ›Leib Christi‹« schenkt. Da diese Teilhabe sich in einer gemeinsamen Mahlzeit, im Empfangen der gleichen Gabe vollzieht, schließt sie notwendigerweise die Teilgabe der Gemeinde ein. So bestätigt sich heute von neuem *Luthers* Erkenntnis, »daß der Ursprung der als Teilhabe und Teilgabe verstandenen Gemeinschaft im Abendmahl liegt und daß zwischen Christus und den Gläubigen das gleiche Verhältnis des Hingebens und Empfangens besteht wie zwischen den Gläubigen untereinander«[16].

An der Einengung des Blicks auf die Gültigkeit, auf die Sicherung der Realpräsenz und auf die Deutung der Eucharistie als Opferhandeln zur Tilgung der Sünde des einzelnen ist der Gottesdienst in der katholischen Tradition krank geworden, an der aus einem falschen Verständnis von I Kor 11,28 herrührenden Verschränkung von Beichte und Abendmahl und der dadurch unausweichlichen Individualisierung auch in der nachreformatorisch evangelischen. Der stiftungsgemäße Communio-Charakter ging in beiden Fällen weithin verloren, die eminent soziale Komponente des Gottesdienstes wurde verdunkelt. Mit der Wiederentdeckung des κοινωνία-Gedankens gewinnt die gottesdienstliche Gemeinde ihren Wesenszug als empfangende und gebende Gemeinschaft zurück. Mit den Worten Dietrich *Bonhoeffers:* »Christus schenkt sich (durch das Abendmahl) selbst... und Christus schenkt die Gemeinde, d.h. er läßt sie neu werden und schenkt sie so ihr selbst... Er gibt die Pflicht und Kraft brüderlicher Liebe, indem er sich selbst schenkt... *Luther* hat... aufs klarste von dem Geschenk und Wunder der Gemeinde im Abendmahl gesprochen.«[17]

Hier wäre nun sowohl von den liturgischen als auch von den in das tägliche Leben hinüberreichenden Konsequenzen zu reden, wie es die Lima-Erklärung zur Eucharistie tut, wenn sie von der Eucharistie als Gemeinschaft im Leibe Christi redet (19ff.). Auf jeden Fall bedeutet diese Gemeinschaft eine radikale Herausforderung an unsere Lebensweise und unseren Einsatz für die Einheit der Kirche und für die Einheit der Menschheit gegenüber den Mächten der Entfremdung und Aufspaltung. Die Eucharistie ist ein Politikum ersten Ranges, ohne daß ihr erst eine politische Predigt dazu verhelfen müßte, weil sie mitten in die Zerspaltenheit der Menschheit die erfahrene Wirklichkeit der Einheit stellt.

---

16 Alle Zitate: Schulz, Communio sanctorum, 154–179, bes. 164f.167

17 Bonhoeffer, Sanctorum communio, 183

Der Zugang des säkularen Menschen zum Gottesdienst – anthropologische Aspekte der Gottesdienstlehre

Nachdem wir das Phänomen des säkularisierten Menschen in seinem veränderten Verhalten zum Gottesdienst und danach die theologischen Grundlagen des Gottesdienstes zu erkennen gesucht haben, ist nunmehr nach den Ansätzen zu fragen, die dem nicht mehr in der Einheit von Religion und Kultur behausten säkularen Menschen den Zugang zur konkreten Feier des Gottesdienstes neu ermöglichen. Es dürfte darüber Einigkeit herrschen, daß es kein Rezept geben kann, mit dem flugs die Geschichte umgewendet und die unangefochtene, in unseren Augen heile Welt der Volkskirche wiederhergestellt werden könnte – ganz abgesehen davon, daß Glaube immer ein unverfügbares Geschenk ist, das erbeten werden muß und nicht herbeimanipuliert werden kann. Der Bereich des Gottesdienstes steht, weil es in ihm um die Praxis des Glaubens geht, unter dem *ubi et quando visum est Deo* (CA V) und erfordert Entscheidung, Freiheit und Risiko.
Dennoch sind heute Momente zu erkennen, in denen zumindest Hindernisse, die wir bislang gesehen und für unüberwindlich gehalten haben, sich ganz überraschend auflösen. Vier Bereiche, in denen Chancen des Gottesdienstes für den säkularen Menschen neu sichtbar zu werden scheinen, können dies veranschaulichen.

Symbol und Ritual im allgemeinen und im Gottesdienst

Humanwissenschaften wie Soziologie, Psychologie und besonders Verhaltensforschung haben einen überraschenden Tatbestand zutage gebracht: Symbol und Ritual spielen im Leben eines jeden Menschen, auch des säkularen, und in jeder menschlichen Sozietät eine große Rolle. Wir sprechen von Status-, Traum- und anderen Symbolen und meinen damit »ein vielgestaltiges Stück menschlicher Lebens- und Welterfahrung«, das einen dem wissenschaftlichen Denken verschlossenen »Wirklichkeitszugang sui generis auf vielen Feldern« schafft. Wir kennen Alltagsrituale mit symbolischer Kommunikation und Interaktion. Symbol und Ritual sind »Elementarphänomene eines zugleich kognitiven wie intuitiven, expressiven wie suggestiven Umgangs der Menschheit mit ihrer eigenen Wirklichkeitserfahrung«. Symbolisierung ist eine »›Sprache‹, die etwas Gegebenes nicht ausdeutet, sondern zur Andeutung

macht«[18] und damit erst Verstehen ermöglicht. Es werden dabei nicht nur die intellektuellen, sondern auch die emotionalen, affektiven Kräfte angesprochen, Vorstellungen, Wünsche, Fantasie, aber auch Befürchtungen.
Diese Erkenntnisse haben, auf den Gottesdienst angewandt, sehr bedeutsame Ergebnisse für unsere Frage nach der Bedeutung des Gottesdienstes für den säkularen Menschen erbracht. Werner *Jetter* hat die angebliche Kultfeindlichkeit des protestantischen Predigtgottesdienstes als eine Fiktion entlarvt, wenn er fragt: »Ist die Predigt im protestantischen Gottesdienst nur die Alternative zum Ritual und nicht auch selber ein solches? Sie ist nicht identisch mit dem lebendigen Wort, sondern eine Institution für dieses. Ist sie gegen die rituellen Ermüdungs- und natürlichen Abnützungserscheinungen nicht ebensowenig gefeit wie alle sonstigen Rituale?« Mit Symbolisierung und Ritualisierung sind zwei grundlegende Elemente menschlichen Weltverhaltens angesprochen, die tragende Faktoren jedes Gottesdienstes sind und die man nicht ungestraft außer acht läßt. Besonders das Ritual hat es nie nur mit Formularen zu tun, sondern immer mit einer konkreten Lebensgestalt in einem konkreten Kontext. Es lebt von Wiederholung und Vertretung, es zielt auf Vergewisserung ab und erweist die Kirche »selber als ein Haus des Glaubens, als Bereich und Werkzeug symbolischer Integration in den Lebensraum dieses Glaubens... Das Ritual ist eine darstellende symbolische Handlung. In ihr stellen sich auch die Beteiligten selber mit dar und auf symbolische Weise dem Gott ihres Glaubens und ihrer Glaubensgemeinschaft zur Verfügung.«[19]
Diese Erkenntnisse bedeuten eine große Aufgabe, besonders für den protestantischen Gottesdienst: Der Gottesdienst muß und kann viel von seiner Erstarrung verlieren, wenn der Mensch als Teilnehmer, ja mitgestaltender Faktor des Gottesdienstes wieder ins Blickfeld kommt. Besonders der Nürnberger Kirchentag 1979 hat in seinem reichen und gern angenommenen Angebot an Gottesdiensten – durchweg offen, lebensnah und kommunikativ gestaltete Eucharistiefeiern, unter denen das Feierabendmahl in allen Nürnberger Gemeinden und das »Forum Abendmahl« in der St. Lorenzkirche besondere Beachtung verdienen[20] – gezeigt, wie stark das Verlangen nach einer gottesdienstlichen Heimat

18 Jetter, Symbol und Ritual, 57.6.78
19 Ebd. 135.116.121
20 Vgl. Forum Abendmahl I/II

gerade auch unter evangelischen Christen ist. Manche ganz simplen Fehlentwicklungen, auf die wir vielleicht ahnungslos besonders stolz gewesen sind, entlarven sich als Sperren, mit denen die Intention, Menschen unter das Wort Gottes zu rufen und heimisch zu machen im Gottesdienst des Heiligtums und des Lebens, geradezu vereitelt wird. Eine der folgenschwersten Fehlentwicklungen ist die Aufspaltung der Gemeinde in Erwachsene und Kinder, für die dann getrennte Gottesdienste etabliert worden sind. Die pädagogisierende Überfremdung des evangelischen Gemeindelebens ist bislang noch nicht hinreichend von den Verantwortlichen in der Gemeindeleitung erkannt und in der Ausbildung des theologischen Nachwuchses aufgearbeitet worden.
Die amerikanischen Kirchen – unter ihnen vor allem die lutherischen – sind uns in der Erkenntnis der Bedeutung von Symbol und Ritual für das gottesdienstliche Leben der Gemeinde und die Integration des einzelnen in die Gemeinschaft weit voraus. Im Herzen von Manhattan hat die lutherische St. Peter's-Gemeinde die Öffnung zu den Menschen im Getriebe der Metropole hin vollzogen, durch die Art ihres Kirchbaus, der am Fuße eines Wolkenkratzers von der Straße her einsichtig gestaltet wurde, durch die festliche, viele Gemeindeglieder mit einem Amt versehende Gestaltung ihrer Eucharistiefeier und durch ein reiches Angebot zur Einkehr unter der Woche. Es kann nur die Hoffnung zum Ausdruck gebracht werden, daß Begegnungen mit solchen Gemeinden und Entdeckungen auf diesem Gebiet im eigenen Lande Schule machen werden. Hier geht es nicht um ein Adiaphoron, sondern um die lebenskräftige und missionarische Darbietung der Sache, die der Gemeinde Christi anvertraut ist und die den Menschen von heute, nicht einer weltentrückten Traditionsgemeinde, nahegebracht werden soll.

Gottesdienst und Sinnfrage

Der zweite Bereich, in dem Chancen des Gottesdienstes für den säkularen Menschen sichtbar werden, kann mit der Frage nach dem Sinn des Lebens bezeichnet werden. Der Mensch unserer Zeit lebt keineswegs sicher und in sich ruhend. Gerade im Protest gegen überlieferte Formen meldet er ein um so stärkeres Verlangen nach einer Antwort auf die ihn bedrängende Frage nach dem Sinn des Lebens an. Die Antwort kann nicht allein intellektueller Art sein. Sie muß den ganzen Menschen überzeugen, indem sie ihn mitnimmt und dorthin stellt, wo er in einer

Gemeinschaft mit anderen Menschen die persönliche Betroffenheit erfährt, das, was ihn unbedingt angeht.
Es ist nicht von ungefähr, daß gerade die Amtshandlungen – das kirchliche Geleit für die Lebensstufen, also Taufe, Konfirmation, Trauung, Begräbnis – der Ort geworden sind, an dem die Bindung der Gemeindeglieder an ihre Kirche ihren intensivsten Ausdruck findet. Wer eine solche Kasualgemeinde als willkommene Gelegenheit nimmt, den Gottesdienstentwöhnten einmal die Leviten lesen zu können, zeigt, daß er von Seelsorge und Pastoraltheologie ebensowenig Ahnung hat wie der Pfarrer, der die Festtagsgemeinde am Erntedankfest und vor allem zu Weihnachten erst einmal kräftig beschimpft, weil sie an anderen Tagen nicht erscheint. Daß gerade der säkulare Mensch von seiner Kirche eine Antwort auf die ihn bedrängende Frage nach dem Sinn erwartet, ist eine unerhörte Möglichkeit. Umfragen haben ergeben, daß für die meisten evangelischen Christen der Gottesdienst nach wie vor repräsentativ ist für das, was für sie Kirche ist. Auch wenn sie selbst nicht mehr – oder zur Zeit nicht – zur Kirche gehen, wird am Gottesdienst »sichtbar, was Kirche ist, und an seinen Besuchern wird sichtbar, wer Kirche ist«[21]. Daß die Sinnfrage gestellt wird und nicht in Wohlstand und Fortschrittsgläubigkeit verdrängt bleibt, ist neu und eine große Chance für die Kirche, der diese nur mit ihrem Gottesdienst gerecht werden kann.

Kommunikation, Interaktion und Gemeinschaft

Ganz offenkundig ist der Verlust an Kommunikation, Interaktion und Gemeinschaft, der unsere Generation betroffen hat. Die Großfamilie hat sich aufgelöst in isoliert lebende Kleinfamilien. Der Austausch der Generationen, die wechselseitige Verantwortung aller Glieder der Familie füreinander hat sich verflüchtigt; Isolation, zunehmende psychische Labilität, vermehrte Anforderung des Arztes und der öffentlichen Fürsorge sind die Folge. Man kann in einem Hochhaus mit Hunderten von Mietern so einsam sein wie auf keiner Alm.
Die schwindende Fähigkeit zum Kontakt und zur Gemeinschaft ist eine Herausforderung an die Kirche ohnegleichen. Der Gemeinde ist von ihrem Wesen her eine große integrative Kraft eigen, besonders in ihrem

---

21 Seitz, Machtverlust und Glaubenskraft, 672

gottesdienstlichen Leben. Ohne die Bedeutung der kirchlichen Sozialarbeit mindern zu wollen, die sich fachspezifisch und oft genug als Pionier und Mahner des öffentlichen Gewissens bleibende Verdienste erworben hat, wird Kommunikation, Interaktion und Gemeinschaft im vollen Sinne nicht in der Gruppe gefunden werden können, sondern allein in der Gemeinde, in der viele Gaben, Schicksale, Charaktere und Lasten sich im Gotteslob und gemeinsamen Leben zusammenfügen, ohne ihre je eigene Identität einzubüßen. Nicht die homogene Gruppe mit gleichen Sonderinteressen, sondern die Gemeinde der vielen Verschiedenen und Getrennten, die im Gottesdienst unter Wort und Sakrament die einende Kraft immer neu erfährt, eben das Wunder der Aktualisierung des Leibes Christi durch das Empfangen von Leib und Blut Christi, ist die helfende Antwort auf den Verlust von Kommunikation, Interaktion und Gemeinschaft, den der moderne Mensch schmerzlich verspürt. Wo aber der Gottesdienst aufgeteilt wird in Gruppen, wo – mit einem spitzen Wort Albert *Mauders* – der »vielleicht endgültigen Versektung und Vergruppung unserer Volkskirche« Vorschub geleistet wird[22] und die integrative Kraft der Gemeinde in ihrer Lebensmitte, dem Gottesdienst, nicht mehr zum Tragen kommt, hat die Kirche mit all ihren Spezialisten keine Antwort mehr auf den Notschrei und die Sehnsucht des säkularen Menschen.

Die ökumenische Dimension

Schließlich muß gesehen werden, daß der säkulare Mensch nicht nach einer speziellen Kirche, sondern nach der Kirche überhaupt fragt. Das bedeutet nicht, daß wir die ökumenische Bewegung in Richtung auf eine Vereinigung aller Religionen ausweiten sollten. Es geht nicht um die Religion, sondern um die Antwort auf die Frage nach der Wahrheit. Sie kann allein in Jesus Christus gefunden werden. Die Riten werden, so unentrinnbar die konkrete Gestalt ist, sekundär, das in verschiedenen Entfaltungen manifestierte Einzigartige des christlichen Glaubens tritt in den Vordergrund: Die Frage nach der Bedeutung des Gottesdienstes für den säkularen Menschen ist überhaupt nur ökumenisch zu beantworten. Gerade die Arbeiten von Faith and Order haben in den letzten dreißig Jahren Entscheidendes dazu beigetragen; es ist zu hoffen, daß die

22 Mauder, Kinderfreundlicher Hauptgottesdienst, 44

Rezeption der Lima-Dokumente, mit der die Kirchen zur Zeit beschäftigt sind, den erreichten ökumenischen Konsens über die Eucharistie in seiner zentralen Bedeutung für das Leben der Kirchen und des einzelnen Christen noch deutlicher machen wird.

Wir stehen vor einem merkwürdigen Phänomen: Auf der einen Seite wenden sich die Menschen ab von der Praxis des Glaubens im Gottesdienst der Gemeinde. Auf der anderen Seite scheint die Frage nach dem Glauben noch nie so drängend gewesen zu sein und deren Beantwortung so rührend einfältig und vertrauensvoll an allen möglichen Stellen gesucht zu werden. Wir können diesen Gegensatz nicht lösen. Wir müssen ihn aushalten in der Hoffnung, daß uns die Antwort gegeben wird für uns und die mit uns Suchenden. Hier ist der Wissenschaft eine Grenze gesetzt – und auch dem bloßen Wollen. Hier kommt es auf unsere eigene Verwurzelung an im Gottesdienst, in der Danksagung, der Eucharistia der Kirche.

Martyria – Leiturgia – Diakonia

Die Formel findet sich seit einiger Zeit immer wieder in der theologischen Literatur, sie wurde auch schon als Titel einer Aufsatzsammlung gewählt.[1] Über ihre Herkunft und ihren ursprünglichen »Sitz im Leben« gibt aber keiner der eifrigen Verwender Auskunft, zumeist werden solche Fragen überhaupt nicht gestellt.
Ein Blick in die (jugend-)bewegte Geschichte der Erneuerungsbemühungen in der Zwischenkriegszeit vermag auf die richtige Spur zu führen: Es war die Frage, wie sich der Dienst der Kirche in unserer Zeit kurz und bündig umschreiben ließe, die in der evangelischen Kirche, genauer in der Berneuchener Bewegung und der Evangelischen Michaelsbruderschaft, zu der Trias Martyria – Leiturgia – Diakonia führte.
Man könnte diese Formel heute aufgrund der vor allem in den ökumenischen Bemühungen um ein gemeinsames Eucharistieverständnis gewonnenen Einsichten durch einen vierten Begriff erweitern, den der Koinonia. Zunächst aber sollte die bereits eingeführte und das Denken vieler um den künftigen Weg und die Erneuerung der Kirche besorgten Christen und Gruppen verbindende triadische Formel auf ihre Herkunft, neutestamentliche Begründung und Gegenwartsbedeutung hin untersucht werden.

Die Herkunft der Formel

Woher kommt die Formel? Oskar *Planck,* einer der Stifter der Evangelischen Michaelsbruderschaft und der erste Leiter des Berneuchener Hauses im Kloster Kirchberg, ist es gewesen, der die drei neutestamentlichen Begriffe Martyria – Leiturgia – Diakonia zur Kennzeichnung der dreifaltigen Einheit alles kirchlichen Denkens und Handelns zusammen-

1 FS Hermann Volk (1968)

gestellt und – wohl im Jahr 1935 auf einer Probebrüderwoche der Evangelischen Michaelsbruderschaft – erstmals verwendet hat. Trinitarisches Denken, das »nicht etwa die Jesus-Verehrung zum Ersatz des mangelnden Gottesglaubens macht, sondern auch die Ehrfurcht vor dem Schöpfungswirken Gottes einbezieht«, stand dabei Pate. Die innere Einheit von Martyria, Leiturgia und Diakonia hat dann die ganze Berneuchener Arbeit weiter bestimmt und wurde nach dem Krieg ausdrücklich thematisiert. Wilhelm *Stählin* hat eine Betrachtung über den Dienst der Engel unter den »biblischen Dreiklang« der »martyria, leitourgia und diakonia«, der sich anbietet, »die Mannigfaltigkeit, ja die verschiedene Bewegungsrichtung dieser kirchlichen Lebensformen und -funktionen anzudeuten«, gestellt[2], Karl Bernhard *Ritter* die innere Verbindung von Leiturgia und Diakonia herausgearbeitet[3].

Die Formel hat Oskar Planck geprägt. Die Sache aber ist älter. Schon auf der ersten Berneuchener Konferenz 1923 ging es um die Wahrheitsfrage, den Kultus und die praktischen Aufgaben, also um Verkündigung, Gottesdienst und dienende Liebe. In seinen Lebenserinnerungen schreibt Wilhelm Stählin: »Immer, von Anfang an und bis heute, ging es uns um die Verwirklichung des Evangeliums in einer glaubwürdigen Gestalt der Kirche; im Gegensatz ebenso zu jeder isolierten ›reinen Lehre‹ wie zu jeder ästhetischen oder pädagogischen Auffassung des Kultus und wie zu jeder rein individualistischen Frömmigkeit abseits von den Formen lebendiger Gemeinschaft.«[4]

Wir können Vorläufer der Formel noch früher und öfter finden, so z.B. in dem Aufruf, mit dem Wilhelm *Löhe* 1844 seine Drei Bücher von der Kirche beschließt:

»Laßt uns einig sein:
Einerlei Wort und Lehre,
einerlei Praxis der Lehrer,
einerlei Lobgesang sei unter uns.«

Wir können in der ökumenischen Bewegung ähnliche Erkenntnisse finden, die sich z.B. auch in der Gründung der beiden 1948 zum Ökumenischen Rat der Kirchen vereinigten Bewegungen Glauben und Kirchenverfassung (Faith and Order: Verkündigung und Gottesdienst) und Praktisches Christentum (Life and Work: Diakonie) niederschlagen.

---

2 Stählin, Symbolon, 283ff.
3 Ritter, Kirche und Wirklichkeit, 74ff.
4 Stählin, Via Vitae, 317

Die neutestamentlichen Wurzeln

Wichtiger als historische Linien zu verfolgen, wird die Klärung der Frage sein, ob die Zusammenstellung von Martyria, Leiturgia und Diakonia zur Bezeichnung der dreifaltigen Einigkeit alles kirchlichen Denkens und Handelns deren neutestamentlicher Bedeutung entspricht. Und hier werden wir auf einige Schwierigkeiten stoßen.

Zunächst *Martyria.* Wir finden diesen Begriff und die zu seiner Wortgruppe gehörenden Formen (*μαρτύριον* = Zeugnis, Beweis, *μαρτυρεῖν* = Zeugnis ablegen und *μάρτυς* = Zeuge) im Neuen Testament zunächst im ursprünglichen Wortgebrauch des klassischen Griechisch und der Septuaginta, als Zeugnis vor Gericht, so im Prozeß Jesu (Mk 14,55). Der paulinische Sprachgebrauch, der sich zunächst auf der gleichen Ebene bewegt (I Kor 15,14ff.), führt dann I Kor 1,6 zu einer neuen Bedeutung des Begriffs martyrion: »Das Zeugnis – Luther übersetzt: Die Predigt – von Christus ist bei euch fest geworden.« Ähnlich das Herrenwort an Paulus: »Dein Zeugnis von mir werden sie nicht annehmen« (Act 22,18). In der Aussendungsrede Mt 10,18 wird den Jüngern Verhaftung und Verhör vorausgesagt, dies geschieht aber »zu einem Zeugnis vor ihnen und den Heiden«: Es wird ihnen Gelegenheit gegeben, Christus vor den Mächtigen der Welt zu bezeugen. Die enge Verbindung von Zeugnis und Martyrium in dem Sinn, in dem die deutsche Sprache das Fremdwort aufgenommen hat, wird hier sichtbar. Martyria und Märtyrer gehören zusammen.

Vor allem aber sind es die johanneischen Schriften, in denen der Begriff *μαρτυρία* eine zentrale Bedeutung bekommt; erscheint es doch auch zahlenmäßig hier am häufigsten, nämlich in 30 von 37 Stellen des Neuen Testaments. Martyria ist das auf Glauben abzielende werbende Zeugnis über Christi Wesen und Bedeutung. Dies Christuszeugnis drückt das Geschehen der göttlichen Offenbarungsmitteilung aus und wird abgelegt

- als hinweisendes Zeugnis des Täufers und der Schrift (Joh 1,7; 5,39); als Selbstzeugnis Jesu, das vom Zeugnis des Vaters legitimiert wird und sich nicht durch menschliche Logik und objektiv nachprüfbare Tatbestände feststellen läßt (Joh 8,14; 5,36f.; 18,37). Im Selbstzeugnis Jesu erfolgt die Offenbarung Gottes, die sich nur der gläubigen Annahme erschließt;
- als verweisend-proklamierendes Zeugnis der Jünger, das die Voll-

macht des durch Jesus vom Vater gesandten Parakleten, des Geistes, voraussetzt: »Auch ihr werdet meine Zeugen sein, denn ihr seid von Anfang an bei mir gewesen« (Joh 15,26f.).

Dies Zeugnis der Jünger als der berufenen Augenzeugen Jesu gewinnt dann in I Joh noch einmal besondere Bedeutung (1,2; 4,14). Bleibt nur noch hinzuzufügen, daß der Seher der Offenbarung die Martyria Jesu Christi, das Zeugnis von Jesus Christus, mit dem Wort Gottes gleichsetzt (*λόγος τοῦ θεοῦ*, Apk 1,2). Hier wird auch besonders deutlich, daß der Martyria eine Kraft innewohnt, die den Menschen nicht nur Erkenntnisse verleiht, sondern sie auch in Bewegung setzt: Sie gibt teil am Weg, aber auch am Leiden und der Verfolgung Christi und zieht in sein Leben hinein (Apk 6,9; 12,11). Freilich ist nicht der Märtyrertod das Charakteristische des Zeugen, sondern eben sein Zeugnis von Jesus Christus.

Wir sehen mit diesem neutestamentlichen Befund eine deutliche Linie von der Martyria des Vorläufers und der Schrift, Jesu und des Vaters, sowie der Jünger in der Kraft des Geistes hin zur Gegenwartsbedeutung der Martyria für das Leben der Kirche. Es geht nicht um religiöse Belehrung, sondern um die vollmächtige Bezeugung der in Jesus Christus geschehenen Offenbarung des lebendigen Gottes, aus der allein Glaube entsteht: Die neutestamentliche Martyria greift unmittelbar hinein in unsere heutige Wirklichkeit.

Mit *Leiturgia* ist es nicht so einfach: Unser Gebrauch des Begriffes Liturgie läßt sich nicht oder zumindest nur mit erheblichen Einschränkungen aus dem Neuen Testament ableiten. Ja, er legt den Verdacht nahe, daß bereits die frühe Kirche an einer ganz wichtigen Stelle das Neue Testament korrigiert hat.

Nur sechsmal finden wir *λειτουργία* im Neuen Testament, das in der Septuaginta und im Judentum ohne Einschränkung für den kultischen Dienst verwendet wird. Luk 1,23 und Hebr 9,21 geht es um den alten Kultdienst, der sich Hebr 8,6 in Christi Opfer erfüllt: »Er hat eine höhere Liturgie empfangen, wie er ja auch der Mittler eines besseren Bundes ist.« II Kor 9,12 geht es wohl um die Kollekte für die verarmte Gemeinde in Jerusalem, hier steht Leiturgia ganz in der Nähe von Diakonia. Phil 2,30 wird der Dienst des Epaphroditus für Paulus eine Liturgie genannt und Phil 2,17 endlich der gefahrvolle Missionsdienst vom Apostel selbst als Liturgie, das heißt »Opferdienst für euren Glauben« bezeichnet. Das noch seltenere Verb *λειτουργεῖν* weist Röm

15,27 nochmals auf die Kollekte für Jerusalem und Hebr 10,11 auf den priesterlichen Opferdienst des Alten Bundes. Es gibt nur eine einzige Stelle, die in die Richtung unseres heutigen Verständnisses des Begriffs deuten könnte: Act 13,2 heißt es von der antiochenischen Gemeinde: »Als sie aber dem Herrn dienten (*λειτουργούντων*) und fasteten, sprach der Heilige Geist.« Hier ist das kultische Verständnis des Begriffs Leiturgia spiritualisiert, es handelt sich um eine Gebetsgemeinschaft, bei der die Gemeinde Gottes Weisung empfängt. Luther hat sich gehütet, das »dem Herren dienen« mit Gottesdienst halten zu übersetzen, wie es das Neue Testament 1975 ohne Scheu tat (und 1985 wieder revidierte).

Wenn wir auf das Neue Testament schauen, finden wir in ihm überhaupt keinen festen Terminus für das, was wir Gottesdienst nennen oder gar Liturgie im Sinne von Gottesdienstordnung: Die alten kultisch geprägten Begriffe werden geflissentlich vermieden und nur auf das Opfer Christi als die wahre »Liturgie« angewandt. Neue Begriffe sind noch nicht da, die das Einzigartige des neuen Gottesdienstes der Gemeinde des Neuen Bundes zu bezeichnen vermögen. Darauf hat Peter *Brunner* in seinem grundlegenden Beitrag zum Handbuch des evangelischen Gottesdienstes Leiturgia aufmerksam gemacht und den Gegenstand, um den es hier geht, mit neutestamentlicher Begrifflichkeit als »Gottesdienst der im Namen Jesu versammelten Gemeinde« umschrieben.[5]

Die klare Abgrenzung vom alten kultischen Opferdienst, die das Neue Testament um der Bedeutung des Opfers Christi willen vollzogen hat, konnte schon die frühe Kirche nicht durchhalten. Bleibt zunächst noch die Erinnerung wach, daß Leiturgia ursprünglich schlicht Dienst Gott und der Gemeinde gegenüber war, so führt die Herausbildung der kirchlichen Ämter bald dazu, daß für diese alttestamentliche Vorstellungen übernommen werden und der christliche Gottesdienst ganz in den Sog der alten Typologie und Terminologie gerät. Die Übertragung des alttestamentlichen Priesterbegriffs auf den Vorsitzenden der christlichen Eucharistiefeier ruft dann schließlich den reformatorischen Protest hervor und führt zur jahrhundertelangen Kirchenspaltung.

Wer heute von Leiturgia theologisch verantwortlich reden will, muß deshalb den terminologischen Unterschied zum Neuen Testament offen aussprechen und eine exegetisch vertretbare Inhaltsbestimmung für seine Verwendung von Leiturgia vornehmen.

---

5 Brunner, Lehre vom Gottesdienst, 83ff.

Diakonia ist im Neuen Testament von der Aufwartung bei Tisch und im weiteren Sinne von der Sorge für den Unterhalt bestimmt (Luk 10,40; Act 6,1ff.). Dann aber kann jeder Dienst, der aus christlicher Liebesgesinnung heraus geschieht, *διακονία* genannt werden, so etwa die Kollekte für Jerusalem Röm 15,30f., ferner alle für den Gemeindeaufbau wichtigen Tätigkeiten (I Kor 12,4ff.). Röm 12,6f. wird die *διακονία* zwischen die *προφητεία* und die *διδασκαλία* gereiht und von Luther mit »Amt« übersetzt, was der richtigen Einschätzung des kirchlichen Amtes als Dienst entspricht. Ja, Act 6,4 wird sogar das Amt des Wortes als Diakonia bezeichnet: Die Zwölf sagen, sie wollen sich, nachdem die Wahl der ersten Armenpfleger angeordnet ist, dem Gebet und dieser Diakonie des Wortes widmen. Endlich wird II Kor 5,18f., in der klassischen Passage zur Begründung der kirchlichen Verkündigung, gesagt: »Gott hat uns mit sich selbst versöhnt und uns das Amt, das die Versöhnung predigt, *διακονία τῆς καταλλαγῆς*, gegeben.« Der *διακονία τοῦ θανάτου*, dem Dienst, der den Tod bringt, steht II Kor 3,7–9 die *διακονία τοῦ πνεύματος* gegenüber, die Diakonie, die den Geist gibt. Daß zwischen Leiturgia und Diakonia im Neuen Testament letztlich nicht eindeutig unterschieden werden kann, wird noch einmal Hebr 1,14 deutlich; auch die Engel sind als dienstbare Geister (*λειτουργικὰ πνεύματα*) ausgesandt zur Diakonia an denen, die das Heil erben sollen. Das Verhältnis von Diakonia und Leiturgia wird am besten mit dem Bild zweier sich überschneidender Kreise dargestellt, die viel Gemeinsames, aber auch je ihr Eigenes haben.
Nach dem Blick auf den neutestamentlichen Befund kommen wir zu der entscheidenden Frage: Ist die Trias Martyria – Leiturgia – Diakonia geeignet, den kirchlichen Auftrag und das kirchliche Leben zureichend zu beschreiben? Auch wenn wir für Leiturgia noch keinen dem neutestamentlichen Sprachgebrauch besser entsprechenden und vor Mißdeutungen geschützten Begriff gefunden haben, kann diese Frage grundsätzlich bejaht und dies mit drei Überlegungen begründet werden.

Unser heutiges Verständnis von Liturgie

Die Tatsache, daß uns die Abgrenzung von Leiturgia und Diakonia schwerfällt, darf auch positiv gewertet werden: Beide gehören wesensgemäß zusammen und machen einander erst möglich. Zugleich können sie beide nicht der Martyria entbehren, aus der Glaube entsteht und die uns in die Christuswirklichkeit hineinzieht. So kann man von dem einen nicht ohne die beiden anderen reden.

Wenn wir den Begriff Liturgie positiv aufnehmen, dann geht es um den Gottesdienst, der nach reformatorischer Erkenntnis nicht auf die gemeinsame Feierstunde begrenzt bleiben kann, sondern übergehen muß in den Gottesdienst des alltäglichen Lebens. Die Nähe von Leiturgia zur Diakonia erinnert uns daran. Allerdings ist der Gottesdienst des Alltags nicht einfach auf die Menschen ausgerichtetes Christentum der Tat. Gottesdienst bleibt in einem vitalen Sinne doppeldeutig: Er ist zuerst Gottes Dienst an uns und – dadurch ermöglicht – unser Dienst Gott gegenüber im Gotteslob, der Eucharistia, und in der Hinwendung zum anderen. Das Christuswort Mt 25,40: »Was ihr getan habt einem unter diesen meinen geringsten Brüdern, das habt ihr mir getan«, bildet die Klammer. Will man einen ausschließlich auf die Feier der im Namen Jesu versammelten Gemeinde begrenzten Begriff, so bietet sich etwa das englische Wort worship an, das dann als Lehnwort aufgenommen werden müßte.

Wenn wir das »liturgische« Geschehen des Gottesdienstes untersuchen, so stoßen wir bald auf die der Reformation so verdächtige Rede vom Opfer. Sie ist aber ihrer Herkunft nach nicht einfach ein Rückfall in alttestamentlich-kultisches Denken, sondern geschichtlich aus einem alten, besonders in der lateinischen Tradition ausgeprägten liturgischen Formgesetz zu erklären, nach dem die Sprache der Liturgie den in ihr vollzogenen Vorgang gern deutend aufnimmt. Wenn Christus in seiner Person und seinem Opfer für uns in der Eucharistiefeier wirklich gegenwärtig ist, dann redet auch die Liturgie von einer Darbringung, ohne daß je die sogenannte unblutige Wiederholung des Kreuzopfers ein ernsthaftes Theologoumenon werden mußte und geworden ist: »Wir bringen dir dar« bedeutet nicht, daß zum Kreuzesopfer Christi ein neues Opfer der Gemeinde oder des Priesters hinzukommen müßte, sondern ganz schlicht, daß wir Christus bei seinem Wort nehmen und tun, was er uns geboten hat. Gerade in dieser Wendung kommt, historisch gesehen, zum Ausdruck, daß Christus selbst der Liturg unserer Eucharistie ist. In der Beschränkung auf das unbedingt Notwendige ist nun andererseits in der nachreformatorischen Tradition ein Formprinzip zur Herrschaft gekommen, mit dem vor lauter Ängstlichkeit, der Mensch könne zuviel tun und damit die Souveränität des Handelns Gottes antasten, die

Unbefangenheit des Gotteslobes verlorengegangen ist: Minimalliturgie und Predigthypertrophie haben den evangelischen Christen weithin gottesdienstlich unbehaust werden lassen. Solange lokale Sitte und Gottesdienst als Treffpunkt der Gemeinde ohne die Konkurrenz der Medien und der Mobilität blieben, war dieser Mangel vielen verborgen. Jetzt aber ist die Auswanderung großer Teile der Gemeinde aus der gottesdienstlichen Praxis als fast zwangsläufige Folge des Mangels an kommunikativen Elementen im Gottesdienst unübersehbar. Wenn das Interesse ganz auf die Predigt und den Prediger fixiert ist, wird die Unentrinnbarkeit der liturgischen Gestalt übersehen, die der Gemeinde zur korporativen Feier und zur Festfreude verhelfen soll. Wenn der Blick nur mehr auf die Elemente des Abendmahls fällt, geht der aus der großen jüdischen beraka-Tradition stammende Eucharistie-Charakter verloren, zu dem die Christen wegen des zentralen neuen Inhalts Jesus Christus besonderen Zugang finden sollten.

All die verschiedenen Bezeichnungen für den Gottesdienst besagen, daß die Gemeinde ihre Lebensmitte in der Begegnung mit Gott durch Wort und Sakrament in der gemeinsamen Feier hat, ob der Gottesdienst nun Liturgie genannt wird, wie in der Ostkirche, oder Dienst, wie in der katholisch-apostolischen Tradition, oder Eucharistie, wie in der römischen Kirche anstelle des bis heute noch nicht recht geklärten Begriffs Messe. Die Bezeichnung Eucharistie wird nun auch im evangelischen Raum zunehmend gebräuchlich und empfiehlt sich besonders, da sie als einzige ihre Herleitung neutestamentlich begründet, sogar im Wortlaut des Einsetzungsberichts. Karl Bernhard *Ritter* brachte diese Mitte der Gemeinde in einer kleinen Schrift »Die Liturgie als Lebensform der Kirche« in die Diskussion neu ein.[6] Man wird diese Mitte der Gemeinde aber weniger als ein Formprinzip, sondern mehr als ein in großer Mannigfaltigkeit sich darstellendes und erfahrbares Lebenszentrum der Gemeinde verstehen müssen. Insofern hat Christhard *Mahrenholz* recht, wenn er in seinem Geleitwort zur Leiturgia I betont, daß es in diesem Handbuch des evangelischen Gottesdienstes »nicht um die ›Liturgie‹ im landläufigen Sinne, sondern um den ›Dienst‹, nämlich den Gottesdienst der im Namen Jesu Christi versammelten Gemeinde« geht.[7] Von dieser Mitte aus haben wir nun den Brückenschlag zu den

6 Ritter, Liturgie als Lebensform
7 Leit. I, VII

beiden anderen unaufgebbaren Hauptstücken des Berufs der Kirche zu suchen.

Leiturgia und Martyria

Wenn Gottesdienst in erster Linie Gottes Dienst an uns ist, der durch sein Wort und Sakrament geschieht, dann ist in der Leiturgia immer schon notwendigerweise die Martyria eingeschlossen. Wir sind uns heute klar darüber, daß die Martyria zwar hauptsächlich, aber keineswegs ausschließlich in der frei formulierten Predigt zu Gehör kommt. Die Schriftlesung, der betende Umgang mit Gottes Wort vor allem in den Psalmen und das Hörbarwerden der verba ipsissima sind konstitutive Verkündigungselemente jeder Liturgie. Wie es sicher ein Mißbrauch ist, wenn die freie Wortverkündigung nur mehr zu einer kurzen Einleitung eines musikalisch reichen Rundfunkgottesdienstes gerät, so ist die ausführliche Predigt mit flüchtig hingeworfener Umrahmung durch Gesang und Gebet ein unzumutbarer Mißbrauch.

Der reine protestantische Predigtgottesdienst ist in der neueren Forschung als bedenkliche Verarmung der Gemeinde in ihrer Lebensmitte entlarvt worden. Werner *Jetter* hat in seinem Buch »Symbol und Ritual« aufgezeigt, daß eben dieser vermeintlich kultfreie protestantische Predigtgottesdienst selber Ritual ist, nur meist ein schlechtes.[8] Alles Gemeinschaftsleben, alle Begegnungen und gemeinsamen Handlungen haben ihre Symbole und Rituale, auch der Gottesdienst der feiernden Gemeinde.

Der innige Zusammenhang zwischen liturgischem Geschehen und Verkündigung und dann auch die notwendige Einbeziehung des Herrenmahls in jeden Hauptgottesdienst am Sonntag wird in der lutherischen Tradition offenkundig, wenn Martin *Luther* schreibt, daß jede Predigt eine »vorklerung der wort Christi, da er sagt und die meß einsetzt, das ist mein leib, das ist mein blut« sein soll, denn: »Was ist das gantz Euangelium anders, den ein vorklerung dieses testaments?«[9] Es ist für die alte Kirche unvorstellbar, daß nicht jeden Sonntag die Eucharistie gefeiert wird und jedes Gemeindeglied kommuniziert, es sei denn, besondere Gründe lägen vor. Uns sind die Zerstörungen bekannt, die

---

8 Jetter, Symbol und Ritual, 135.89.122

9 Sermon von dem Neuen Testament 1520, WA 6,374

Rationalismus und Individualismus im evangelischen Gottesdienst angerichtet haben. Aus der Gemeinde wurde ein Predigtpublikum, aus dem Prediger ein Kanzelredner. Deshalb fehlt bei sehr vielen das Verständnis für die korporative und kommunikative Dimension des Gottesdienstes. Deshalb sind die Predigten so oft bei aller theologischen Richtigkeit oder auch Aufmüpfigkeit abstrakt und lebensfern; sie erwachsen nicht aus betendem Umgang mit der Schrift und gemeinsamem Leben vor Gott.

Wir halten fest: Ohne Martyria ist der Gottesdienst seiner Lebensquelle beraubt, ohne Leiturgia die Verkündigung ihrer begründenden und zielweisenden Legitimation.

Nun gibt es einen Bereich, in dem das Auseinandertreten von Leiturgia und Martyria berechtigt zu sein scheint: die missionarische Predigt. Es hat in der Geschichte der Kirche eine Periode gegeben, in der sehr streng zwischen dem innergemeindlichen und dem missionarischen Wort unterschieden wurde. Ganz gewiß hat auch Paulus auf dem Areopag von seiner Predigt »Nun verkündige ich euch diesen Gott, den ihr unwissend verehrt« (Act 17,22) nicht zur Feier des Gemeindegottesdienstes übergehen können. Durch die weitgehende Entkirchlichung vieler getaufter Christen und Gemeinden scheint sich das Problem in neuer Weise zu stellen. Aber das Auseinandertreten ist nur ein scheinbares: Die missionarische Verkündigung zielt auf die Taufe und Eingliederung in die gottesdienstliche Gemeinde. Und dann bleibt der Gemeindegottesdienst nicht in einem hermetisch abgeschlossenen Raum: Die Tatsache, daß die christliche Gemeinde ihren Gottesdienst feiert, ist selbst und gerade in einer atheistischen Umgebung ein Politikum ersten Ranges. Auf der einen Seite steht die Verwunderung der Heiden über das Gemeindeleben der Christen: »Seht, wie sie einander lieben!«[10], auf der anderen Seite werden Christen bis heute um ihres Glaubens willen verfolgt und die Feier des Gottesdienstes als eine untragbare Zumutung für die atheistische Gesellschaft empfunden. Warum Unterdrückung und Verfolgung, wenn die Sache der Christen doch eigentlich schon längst durch die Geschichte überholt ist? Der Gottesdienst, selbst der im Verborgenen gefeierte, ist eine Proklamation der Herrschaft Christi und damit eine Herausforderung der Mächte dieser Welt.

---

10 Nach Tertullian, Apologeticum

Leiturgia und Diakonia

Wenn wir nun den Brückenschlag von der Leiturgia als der Lebensmitte der Gemeinde aus zur tätigen Liebe im Alltag, zur Diakonia suchen, stehen wir vor der Frage: Gibt es nicht auch eine Verkündigung durch eine entsprechende Lebenshaltung der Christen, durch ihr Sosein und So-Gewordensein ohne proklamierende Worte? Der Weltbezug des christlichen Glaubens und der Weltumgang der Christen ist eine berechtigte Forderung gerade unserer Zeit. Seit der Konferenz über Kirche und Gesellschaft in Genf 1967 ist die ökumenische Diskussion beherrscht von Themen wie Einheit der Menschheit, Friedenssicherung, Schaffung gerechter Strukturen, Kampf gegen jede Form des Rassismus und anderen. Zu Beginn der neunziger Jahre geht es in einem weltweiten »konziliaren Prozeß« um Sicherung von Frieden, um Gerechtigkeit und um Bewahrung der Schöpfung. Solch ein Einsatz kann nach reformatorischer Auffassung sehr wohl auch als Gottesdienst verstanden werden. Gottesdienst ohne wortgebundene Verkündigung und ausgeführte Liturgie gibt es und muß es schon deshalb geben, weil die christliche Gemeinde nicht in einem Getto lebt, sondern mitten in dieser Welt, und weil Christus ihr Verhalten durch die Liebe zu Gott und zum Nächsten bestimmt hat.

Jetzt taucht aber das schwierige Problem auf: Müßte nicht der Christ bei aller inneren Verbundenheit und sachlichen Zusammenarbeit mit allen »Menschen guten Willens« und damit die christliche Gemeinde in ihrer Diakonia ein Proprium haben, das unverkennbar auf das Fundament des christlichen Glaubens hinweist? Diese Frage ist besonders der Anstaltsdiakonie vertraut. Unser Problem ist deshalb nicht nur »Gibt es eine Diakonie ohne Liturgie?«, sondern auch »Gibt es eine Diakonie ohne Verkündigung?«

Mancherorts sehen wir auch in unserer Kirche Bestrebungen am Werk, die den diakonischen Auftrag – an den Randgruppen unserer Gesellschaft, im politischen Raum und im Weltmaßstab – gänzlich von der Verkündigung und der Liturgie trennen möchten. Wo dies aber geschieht, ist die Einheit des christlichen Lebens zerbrochen und wird unweigerlich der Glaube schwinden. Man kann das an einzelnen radikalen Vertretern dieser These deutlich beobachten. Diakonia und Leiturgia gehören untrennbar zusammen, die Diakonie ist ebenso wie die Seelsorge immer auch ein Stück Verkündigung.

Aus der modernen Seelsorgediskussion kann der Beweis für unsere These vielleicht am überzeugendsten angetreten werden, zumal Seelsorge und Diakonie unbestreitbar eng miteinander verflochten sind. Es gab eine Zeit, in der man Seelsorge nur als Einzelseelsorge und darin als Verkündigungsgeschehen verstand: Eingehen auf das Gegenüber, Bruch im Gespräch und Zur-Sache-Kommen, Ausrichten des Evangeliums vor allem in der Absolution waren die wichtigsten Merkmale. Gegen diese Theorie stellt sich die partnerzentrierte Seelsorge, die von Annehmen (auch des Anstößigen) und Begleiten, von empathischer Einfühlung bestimmt ist. Heute wird deutlich, daß beide Theorien ihr Recht haben und ergänzungsbedürftig sind. Können wir den Ratsuchenden nur anpredigen, ohne auf seine psychische Situation einzugehen? Können wir aber auch auf die Situation eingehen, ohne den Trost des Evangeliums auszurichten? Es wird deshalb in Zukunft kaum um eine Alternative gehen, sondern um ein Miteinander, in dem sowohl Menschenkenntnis und therapeutische Möglichkeiten der Psychologie im weitesten Sinne zu Hilfe genommen werden als auch der Mensch in seiner Bedürftigkeit, der die Psychologie allein nicht gerecht werden kann, gesehen wird. Sinnfragen, Geborgenheit, Transzendenz und neue Strukturen der Gemeinschaft sind zentrale Themen künftiger Seelsorgetheorie.
Was bedeutet das nun für die Diakonie der Gemeinde, die Anstaltsdiakonie, aber auch die politische Diakonie der Kirche? Sie kann dem Menschen nicht genug helfen, wenn sie allein Leibsorge und psychische Versorgung im Auge hat. Wie gegen die Flut des theoretischen wie des praktischen Atheismus nicht die Verbindung mit allen anderen Religionen zur gemeinsamen Rettung des Religiösen helfen kann, so stellt sich auch hier die Frage nach dem Auftrag und der Wahrheit. Und die wird nur im Zusammenhang von Heilung und Heil bzw. Wohl und Heil beantwortet: Heilung ist immer nur ein Zeichen, das auf *das* Heil hindeutet.
Deshalb bedarf die Diakonia in allen ihren Formen der wesensgemäßen Verbindung zur Leiturgia, deshalb ist das benediktinische »ora et labora« das Motto aller Diakonie. Diakonia ist Zeichen der Lebendigkeit des Glaubens, der mehr und tiefer in die Not der Menschen eindringt als der Unglaube. Auf dieser Basis ist die kirchliche Diakonie in immer neue Räume vorgestoßen, hat Verlorenes entdeckt und heimzubringen gesucht. Schulen, Krankenhäuser, Pflegeheime sind so

gegründet worden, Hilfs- und Entwicklungsprogramme aufgestellt, Gewissensbildungsprozesse eingeleitet und die öffentliche Hand auf ihre Verantwortung hingewiesen. Die Gemeinde wird weder ausruhen dürfen noch die gesamte Sozialarbeit an sich ziehen müssen. Wenn Staat und Gesellschaft einen Notstand erkannt und Schritte zu dessen Beseitigung unternommen haben, wird diakonischer Dienst auch außerhalb der kirchlichen Diakonie durch Christen getan werden können. Die Gemeinde aber ist berufen, mit ihrer ganzen Kraft vorzustoßen zu den Menschen, die heute der Hilfe bedürfen und für die sonst niemand da ist.

Von ihrer Geschichte her ist die kirchliche Diakonie aus dem Hören auf das Wort des Herrn entstanden und mit der gemeinsamen Hinwendung aller in ihr Tätigen zu diesem Herrn im Gottesdienst zur Entfaltung gekommen. Ihre Zukunft liegt in ihrem Aufbruch schon begründet: Sie hängt daran, daß die Diakonia mit der Leiturgia wie mit der Martyria aufs innigste verbunden bleibt und so die dreifaltige Einheit alles kirchlichen Denkens und Handelns glaubwürdig gelebt wird. Wo eines gegen das andere ausgespielt wird, geht alles verloren. Wo wir aber müde und zaghaft werden, wird uns die Konzentration auf den Gottesdienst neue Vollmacht geben zum Brückenschlag zur Martyria und zur Diakonia.

Koinonia – alte Wahrheit neu entdeckt

Es wäre reizvoll, die eingangs angedeutete Erweiterung unserer triadischen Formel durch den Begriff *κοινωνία* zu versuchen. Wir kennen ihn aus dem Apostolikum, dort aber in der mißverständlichen Übersetzung Gemeinschaft (der Heiligen), als ob die eben erst gemachte Aussage über die Kirche noch einmal wiederholt werden müsse. Koinonia heißt Teilhabe am Heiligen, nämlich durch den Geist am Leib des erhöhten Herrn, in den sein Leib, die Kirche, nun eingegliedert ist. Koinonia markiert also die Beziehung des erhöhten Herrn zu seiner Gemeinde, die sich in der eucharistischen Mahlzeit vollzieht und deshalb notwendigerweise die Teilhabe der Gemeinde einschließt. Genau in diesem Sinne als Teilhabe an Christus und Teilhabe untereinander versteht *Luther* Koinonia, die deshalb nicht als Körperschaft oder Genossenschaft (societas) gedeutet und als Parallele zu Ekklesia/Kirche gebraucht werden darf. Mit der Wiedergewinnung des Koinonia-Aspektes findet die gottesdienstliche Gemeinde aus der Einengung des Blicks auf individuelle Sündenvergebung, auf die Gültigkeit, auf die Sicherung der Realpräsenz und auf die Elemente heraus, die in beiden Kirchen die Gabe Christi verdunkelt haben, sie findet ihren Wesenszug als empfangende und gebende Gemeinschaft und damit auch die eminent soziale Komponente des Gottesdienstes wieder. Was in der theologischen Forschung der dreißiger Jahre neu entdeckt wurde[11], hat dann die neueren Konsensbemühungen zur Eucharistie bestimmt. Die erste Fassung des ökumenischen Konvergenztextes zur Eucharistie hatte deshalb den drei gundlegenden Aspekten der Eucharistie (Danksagung an den Vater, Anamnese Christi, Anrufung und Gabe des Geistes) einen vierten hinzugefügt: Gemeinschaft im Leibe Christi (Accra 1974[12]). Die Endfassung von Lima (1982) formuliert noch exakter: »Die eucharistische Gemeinschaft mit dem gegenwärtigen Christus, der das Leben der Kirche stärkt, ist zugleich auch die Gemeinschaft im Leibe Christi, der Kirche. Das Teilhaben am einen Brot und gemeinsamen Kelch an einem bestimmten Ort macht deutlich und bewirkt das Einssein der hier Teilhabenden mit Christus und mit den anderen mit ihnen Teilhabenden zu allen Zeiten und an allen Orten. In der Eucharistie findet die Gemeinschaft des Volkes Gottes ihre volle Darstellung« (E 19).[13] Im englischen Text steht für Gemeinschaft communio. Von hier aus ergeben sich Konsequenzen für alle Lebensbereiche in Kirche und Welt.

Koinonia ist eine der großen theologischen Entdeckungen unserer Zeit. Angesichts des Zustands der Kirchen und der wachsenden Gefährdungen und Nöte der ganzen Welt wird Koinonia zu einer besonderen Herausforderung und zugleich zu einem Angebot, das es sorgsam zu bedenken, anzunehmen und mutig zu verwirklichen gilt.

Ob wir aber die inzwischen bewährte Trias Martyria – Leiturgia – Diakonia durch Koinonia erweitern sollten, muß noch weiter durchdacht werden. Koinonia hat ihren Sitz in der eucharistischen Theologie und gehört mit Danksagung, Anamnese, Epiklese und der eschatologischen Perspektive (in der Lima-Fassung des Eucharistietextes findet sich

---

11 Vgl. dazu Schulz, Communio sanctorum, 154ff.

12 Accra 1974, 16f.

13 Lima 1982, 23 (E 19)

ein fünfter Abschnitt: »Die Eucharistie als Mahl des Reiches« E 22ff.) zusammen. Martyria, Leiturgia und Diakonia antworten auf unsere Fragen nach dem Dienst der Kirche. Ihre Zusammenstellung ist ebenso schlüssig. Man sollte diese Zuordnungen vielleicht belassen.

Sakramentale Gottesdienste in evangelischer Sicht

Die These, die evangelische Kirche sei die Kirche des Wortes, die römisch-katholische dagegen die des Sakramentes, war zwar eine griffige und besonders in Zeiten konfessioneller Polarisierung willkommene Formel, hat aber nichtsdestoweniger zu keiner Zeit die Praxis der Kirchen zutreffend zu beschreiben vermocht, geschweige die bekenntnisgemäße theologische Grundlegung. Für die reformatorischen Kirchen sind Wort und Sakrament eine Einheit, die sich nicht spalten läßt.[1] Die seltenere Feier des Herrenmahls in der Neuzeit steht einerseits im deutlichen Widerspruch zu den reformatorischen Erkenntnissen, läßt aber andererseits auf keinen Fall den Schluß einer geringeren Bewertung des Sakraments gegenüber dem Wort zu: Ganz im Gegenteil ist die besondere Vorbereitung und die betonte Hervorhebung des Abendmahlstages der Gemeinde ein Zeichen der hohen Bedeutung dieses Sakraments. Die besondere Vorbereitung auf den Abendmahlsgang war übrigens nichts Neues: Bis zur Wiederbelebung des Gemeindemahles und der häufigen Kommunion, zu der *Pius X.* 1905 aufrief[2] und die sich in den Liturgiereformen vor und nach dem Zweiten Vatikanum vollends durchsetzte, war die ernstliche Selbstprüfung und Vorbereitung auch in der römisch-katholischen Kirche wesentliche Ursache für den seltenen Gang zum Tisch des Herrn. In den orthodoxen Kirchen prägt die alte Sitte die Abendmahlsfrömmigkeit noch unverändert. Der Unterschied besteht nur darin, daß in der evangelischen Kirche ohne Kommunikanten kein Abendmahl gehalten werden kann, in den beiden anderen Traditionen sehr wohl.

Auch für die römisch-katholische Kirche kann die genannte These nicht zutreffend sein. Das Wort der Schrift ist auch in den dunkelsten Zeiten abendländischer Gottesdienstpraxis nie verstummt. Das Zweite Vatikanum sagt nichts Neues, wenn es nahezu mit den gleichen Worten, die

1 CA V
2 Dekret »Sacra Tridentina Synodus« vom 16.12.1905, DS 3375ff.

sich schon in der berühmten Torgauer Formel Martin *Luthers* finden, erklärt: »In der Liturgie spricht Gott zu seinem Volk; in ihr verkündet Christus noch immer die Frohe Botschaft. Das Volk aber antwortet mit Gesang und Gebet.«[3] Auch hier konnte eine über lange Zeiten inadäquate Praxis die grundlegende Einheit von Wort und Sakrament nicht gänzlich verdecken.

Die Sakramente nach evangelischem Verständnis

Die herkömmliche Siebenzahl der Sakramente[4] ist von den Reformatoren kritisch hinterfragt worden. Das war vor dem Tridentinum[5] durchaus möglich und üblich. Was zu den Sakramenten zählt, ist aber vielmehr eine Frage der Begriffsbestimmung als ein dogmatisches Kontroversproblem.

Taufe (und Firmung)

Mit den Ostkirchen hält die Reformation die Ausgliederung eines Elements der Taufliturgie und dessen Verselbständigung zu einem zweiten Sakrament für bedenklich: Die Firmung läßt die Taufe als ergänzungsbedürftig erscheinen.[6] Die nachreformatorische Wiedereinführung einer Konfirmation hat dieser deshalb im lutherischen Bereich einen rein katechetischen Charakter gegeben: Konfirmation ist feierlicher Abschluß der nachgeholten Tauf- und der erfolgten Abendmahlsunterweisung. Sie entfällt bei Erwachsenentaufen. Unter *Bucers* Einfluß hält allerdings bald die alte exhibitive Konfirmationsformel wieder Einzug in einige Kirchenordnungen, so etwa in Hessen.[7] Die amerikanischen Lutheraner sind bei ihrer jüngsten Liturgiereform am konsequentesten

3 SC 33. – Luthers Gottesdienstdefinition s. oben S. 27
4 2. Konzil von Lyon 1274, DS 860, Florentinum 1439, DS 1310
5 1547 wurden Abweichungen mit dem Anathema belegt (DS 1601).
6 Vgl. Davies: Man kann den Heiligen Geist nicht »in Portionen« empfangen, Hl. Geist, 18ff.
7 »Nimm hin den heiligen Geist, Schutz und Schirm vor allem Argen, Stärke und Hilfe zu allem Guten von der gnädigen Hand Gottes«, Kassel 1539, vgl. Hessen 1566 und 1574, dann Cölner Reformation 1543, Waldeck 1556, Österreich 1571, Nassau 1576, Niedersachsen 1585 usw. Dazu Rietschel/Graff, 629ff., bes. 636

vorgegangen: An die Stelle der Konfirmation tritt eine Erneuerung des Taufgelöbnisses, die prinzipiell wiederholbar ist und auch für den Übertritt bzw. Wiedereintritt Verwendung findet.[8] Die anglikanische Kirche ist bis heute mit der bischöflichen Konfirmation stärker der spätmittelalterlichen westlichen Praxis verbunden, allerdings unter Rückkehr zur (älteren) deprekativen Formel.[9]

Damit dürfte deutlich geworden sein, daß es für die evangelischen Kirchen nur ein Initiationssakrament geben kann: die Taufe, die Christus eingesetzt hat. Die evangelischen Kirchen stehen aber, vor allem wegen der herkömmlich spät angesetzten katechetischen Konfirmation, zunehmend vor der Frage: Mit welchem Recht können getaufte Kinder vom Tisch des Herrn ausgeschlossen werden? Die meisten deutschen Kirchen haben, als das Problem aufkam, in überraschend kurzer Zeit die Kinderkommunion unter bestimmten Voraussetzungen zugelassen.[10] Schon viel länger war der Abendmahlsgang häufig in die Vorbereitung der Konfirmation einbezogen worden, so daß ihr herkömmlicher Sinn als Zulassung zur Abendmahlsgemeinde hinfällig geworden ist. Da die Konfirmation aber weniger wegen ihres eigentlich kirchlichen Inhalts, sondern als Passageritus nach wie vor volkstümlich ist, d. h. als ein eine Umbruchsituation, in der sich die Sinnfrage stellt, begleitender Ritus, bedeutet ihre neue nicht-sakramentale Begründung eine große Aufgabe und Möglichkeit der Kirche.[11] Für unser Thema scheidet sie jedoch aus.

Eucharistie

Die Reformation hat die eucharistische Grundstruktur des Gottesdien-

---

8 Lutheran Book of Worship 1978, 324 ff.

9 The Alternative Service Book (1980), 226 (Nr. 8) 233f. (Nr. 23–25). Vgl. die Entwicklung: »Send down upon them thy holy ghost the comforter, with the manyfold gifts of grace« (1549); »Strengthen them with the holy ghost the comforter, and daily increase in them thy manyfold gifts of grace« (1552/1662); »Let your Holy Spirit rest upon them« (1980). Dazu gehört ein Votum unter Handauflegung: »I sign thee with the sign of the cross, and lay my hands upon thee. In the name ...« (1549); »Defend, o Lord, this child with thy heavenly grace, that he may continue thine for ever, and daily increase in thy holy spirit ...« (1552/1662); »Confirm, O Lord, your servant N. with your Holy Spirit« (1980).

10 Vgl. Abendmahl mit Kindern

11 Vgl. die Kontroverse zw. Bohren und Seitz zur Kasualpraxis

stes beibehalten. Es ging nicht um die Abschaffung der Messe und ihren Ersatz durch einen anderen Gottesdienst, sondern um die Reinigung und Verlebendigung als Feier der ganzen Gemeinde. Dabei erlaubte gerade die Einheit von Wort und Sakrament in der Eucharisitie, den Gottesdienst nicht mehr primär als Handeln der Gemeinde durch den Priester Gott gegenüber, zumal mit einem eigenständigen Opfercharakter, zu verstehen, sondern als dialogisches Geschehen, das seinen Ausgang bei Gott nimmt: Wort und Antwort bedingen einander, das Sakrament ist ebenfalls in seinem Kern Wortgeschehen. Wenngleich die reformierte Tradition an den spätmittelalterlichen Prädikantengottesdienst als Grundform ihres Gottesdienstes anknüpft, so geht auch sie von der Einheit von Wort und Sakrament aus, die allerdings nur an betonten Sonntagen im Kirchenjahr ihren liturgischen Ausdruck findet.[12]

Mit seinen beiden großen liturgischen Schriften, der »Formula missae et communionis« 1523 und der »Deutschen Messe« 1526, hat *Luther* die hervorragende Bedeutung herausgestellt, die der Eucharistie in abendländischer Tradition bei den Kirchen der Reformation zukommt. Auch wenn der Reformator die Mahlfeier nicht in gleicher Weise erneuern konnte, wie ihm die Wiederentdeckung der viva vox Evangelii in der Predigt gelang, kann – wie bei der Taufe – von einem Grundkonsens in der Eucharistie gesprochen werden. Ja, die bekennenden Stände sind 1530 der Überzeugung, »daß die Messe, ohn Ruhm zu reden, bei uns mit großerer Andacht und Ernst gehalten wird dann bei den Widersachern«[13]. Wieweit dieser Anspruch der Wirklichkeit entsprechen konnte, wird im zweiten Teil dieser Überlegungen gefragt werden müssen.

Absolution (Bußsakrament)

Neben Taufe und Eucharistie nennt Luther in seiner Schrift »De captivitate Babylonica« 1520 die Buße als drittes evangelisches Sakrament. Gegen Ende seiner Überlegungen greift er die Frage nach der Zahl der Sakramente nochmals auf unter den Kriterien der göttlichen Verheißung und eines damit verknüpften sichtbaren und von Gott gestifteten Zei-

---

12 Vgl. Barth, KD 1,2,835
13 CA XXIV,2

chens. Weil das Bußsakrament letzteres entbehre, kann es nicht im strengen Sinne zu den Sakramenten gezählt werden, es ist »nichts anderes als Weg und Rückkehr zur Taufe«[14]. So wird dann später im Kleinen Katechismus vom »Sakrament der heiligen Taufe« und vom »Sakrament des Altars« gehandelt, die Beichte erhält jedoch nur die Überschrift »Vom Amt der Schlüssel und von der Beichte« und wird nicht als eigenes Hauptstück gezählt.

Ordination

Melanchthon nennt in der Apologie der Augsburgischen Konfession Taufe, Herrenmahl und Absolution »rechte Sakrament«. Er geht dabei von einer anderen Definition dessen, was ein Sakrament ist, aus als Luther, nämlich von einem Ritus, der ein Mandat Gottes hat und dem eine Gnadenverheißung zugefügt ist.[15] Von hier aus könnte vieles Sakrament genannt werden. Ausdrücklich nennt Melanchthon die Ordination: Gott hat das Predigtamt eingesetzt und ihm seine Zusage gegeben – nur darf es nicht als priesterlicher Opferdienst verstanden werden. Im weiteren Sinne könne man Gebet, Almosen, Kreuz und Trübsal Sakrament heißen, »denn die haben auch Gottes Zusage«[16]. Mit einer so weitgefaßten Definition ist der Sakramentsbegriff kaum mehr brauchbar im Sinne jener präzisen Aussagen von CA V, daß Gott »Evangelium und Sakrament geben (hat), dadurch er, als durch Mittel (tamquam per instrumenta), den heiligen Geist gibt, welcher den Glauben, wo und wenn er will, in denen, so das Evangelium hören, wirket, welches da lehret, daß wir durch Christus Verdienst, nicht durch unser Verdienst, ein gnädigen Gott haben, so wir solches glauben«.
Die *Letzte Ölung* wird abgelehnt, weil sie kein Mandat Christi für sich hat, obwohl die Urgemeinde Krankensalbung mit Gebet durchaus übte.[17] Auch der *Ehestand,* nicht erst im Neuen Testament begründet, kann nicht zu den Sakramenten gezählt werden; obwohl er Gottes Zusagen für sich hat, ist er kein Heilsmittel.

---

14 WA 6,501f.543ff.572. Zum Ganzen Kühn, Sakramente, bes. 67ff.
15 ApolCA XIII,3f.
16 ApolCA XIII,7ff.16ff.
17 Jak 5,14f.; Mk 6,13

Die Offenheit des Sakramentsbegriffes und der Zahl der Sakramente

Weder Luther noch die Bekenntnisschriften haben die Zahl der Sakramente festgeschrieben. Daß den beiden von Augustin her eigentlichen oder Hauptsakramenten Taufe und Eucharistie noch Absolution und (bei Melanchthon) sogar Ordination hinzugefügt werden können[18], hat seinen Grund in einem prinzipiell offenen Sakramentsbegriff, dessen Schlüssel bei Luther in der christologischen Grundlegung zu suchen ist: »Wenn ich nach dem Sprachgebrauch der Schrift reden sollte, hätte ich nur ein einziges Sakrament und drei sakramentliche Zeichen.«[19] Unum sacramentum: Christus, sein Leiden und Kreuz als Gabe Gottes für uns. Wie nahe kommt dieser Gedanke den Aussagen des zweiten Vatikanums zum Christus-Mysterium und der Kirche als Sakrament! Die Offenheit des lutherischen Sakramentsbegriffs darf deshalb auch als Öffnung zur Ökumene hin verstanden werden, in der die geistliche Kraft und Bedeutung der Sakramente für die Lebensvollzüge der Kirche heute gemeinsam wiederentdeckt werden wollen.[20]

Sakramentale Gottesdienste

Aus dem bisher Gesagten könnte vielleicht gefolgert werden: Also ist jeder Gottesdienst zugleich auch sakramentales Geschehen, zumal Gottesdienst nach Luthers Definition in erster Linie Gottes Dienst an uns ist, *beneficium* oder *sacramentum*, nicht *sacrificium* des Priesters oder der Gemeinde.[21] Eine solche Folgerung würde aber das besondere Mandat Christi und das eindeutig äußere Zeichen nicht hinreichend berücksichtigen, die in den beiden Hauptsakramenten Taufe und Eucharistie unübersehbar sind.

Unbeschadet der Tatsache, daß die ursprünglich nur dem einzelnen zugesprochene Absolution seit der Reformation im evangelischen

---

18 Melanchthon, Tractatus, BSLK 489,61, allerdings ohne die dreiteilige Stufung: Pastoren, Presbyter und Bischöfe haben den gleichen Befehl; vgl. episcopi seu pastores, CA XXVIII,30.53 u. ö.

19 WA 6,501; vgl. Kühn, Sakramente, 67f.

20 »Kein vernünftiger Mann wird über Zahl oder Begriff (des Sakramentes) viel streiten, wenn nur jene Dinge festgehalten werden, die Mandat und Verheißungen Gottes haben« (ApolCA XIII,17)

21 Vgl. Vajta, Theologie des Gottesdienstes, 43 ff.

Raum auch als »Gemeinsame Beichte« und nach der Liturgiereform der römisch-katholischen Kirche auch als »Gemeinschaftliche Feier der Versöhnung«, und das heißt als eigenständiger Gemeindegottesdienst begangen wird, und unbeschadet der Tatsache, daß zur Ordination die zum Gottesdienst versammelte und mitbetende Gemeinde unerläßlich ist, betrifft unsere Themenstellung im Kern den sonntäglichen Hauptgottesdienst mit Predigt und Abendmahl, die Eucharistie als den spezifisch neuen Gottesdienst der Gemeinde des Neuen Bundes.[22]
Die Taufe wird zwar auch in einem Taufgottesdienst vollzogen und ist nach Meinung der Neutestamentler die andere neue Gottesdienstweise der Urgemeinde, aber sie führt den einzelnen in die christliche Gemeinde und ist nicht per se ein Gemeindegottesdienst.[23]

Die sich uns stellende Frage ist also: Welche Bedeutung hat der das Herrenmahl einschließende Hauptgottesdienst in den evangelischen Kirchen?

Empirische Daten zur evangelischen Eucharistiefeier

Die Eucharistie, d.h. der Hauptgottesdienst mit Predigt und heiligem Mahl, ist zumindest im deutschsprachigen Protestantismus nicht überall die Regel. Der Predigtgottesdienst gilt in vielen Gemeinden als Regel, die Eucharistie als Ausnahme. Dabei halten die beiden großen neueren Agenden an der Tradition der lutherischen Reformation fest, daß der Hauptgottesdienst immer »Die evangelische Messe« ist (VELKD 1955) bzw. in der »Ersten Form« der Meßtradition folgt (EKU 1959).[24] In beiden Agenden wird – offenbar als Ausnahme – vorgesehen, daß der

22 Vgl. unten S. 341 ff.

23 Vgl. die Taufberichte des NT, die Baptisterien als Anbauten an die Kirchen: Die Taufe vollzog sich im kleinsten Kreise, der Getaufte wurde sodann zur Eucharistie geführt und der Gemeinde vorgestellt. – Daß heutige Bemühungen die Taufe in den Gemeindegottesdienst einbeziehen, hat pastorale Gründe, z.B. Tauferinnerung und Verpflichtung zur verantwortlichen Übung der Kindertaufe.

24 Die EKU-Agende I (1959) nimmt als »Andere Form« den oberdeutschen und ref. Predigtgottesdienst in Nachfolge des spätmittelalterlichen Prädikantengottesdienstes auf und bietet überdies eine weitere »Einfache Form« des Predigtgottesdienstes.

Hauptgottesdienst auch einmal ohne Abendmahl stattfinden kann.[25] Die Statistik spricht eine andere Sprache. Im Bereich der EKD wurde im Jahr 1987 ein gutes Viertel (27,6%) der sonn- und festtäglichen Gottesdienste mit Heiligem Abendmahl gefeiert. Dabei hat sich die Zahl der Kommunikanten trotz (oder wegen?) sinkender Mitgliederzahlen von 7,7 Mio. (1963 = 25%) auf 9,7 Mio. (1987 = 38%) stetig erhöht. Noch aufschlußreicher für unser Thema ist der schnelle Abbau der an den Predigtgottesdienst angehängten Beicht- und Abendmahlsfeier (1963: 62%; 1987: 12%) zugunsten des agendarischen Abendmahls innerhalb des Hauptgottesdienstes (1963: 38%; 1987: 88%). Wenn man nun das allgemeine Absinken des regelmäßigen Kirchgangs von 7,3% (1963) auf 5,1% (1987) hinzunimmt, so läßt sich aus der Statistik der jüngsten Zeit folgende Tendenz formulieren: Bei allgemein abnehmendem Gottesdienstbesuch steigt die Zahl der Kommunikanten wie auch die der eucharistischen Gottesdienste, wobei die häufigere Teilnahme von weniger Gottesdienstbesuchern und damit die Intensivierung der Sakramentspraxis durch Rückkehr zur altkirchlich-reformatorischen Einheit von Wort und Sakrament im Gottesdienst auf der Hand liegt. Zum Vergleich: Der Gottesdienstbesuch ist im deutschen Katholizismus von 53,9% (1950) auf 26% (1985) zurückgegangen. Der deutsche Protestantismus erreicht nur am Heiligen Abend 28,7% (1987). Ein Vergleich mit früheren Zahlen ergibt ein Sinken der Kommunionfreudigkeit in der Altpreußischen Union von 52,58% (1862) bis auf 21,93% (1930) – dann aber nach dem letzten Kriege den Wiederanstieg bis auf 38% (1987).[26] Die Geschichte des Protestantismus zeigt ein mehrfaches Auf und Ab. Im Leipzig Johann Sebastian Bachs werden bei 29000 Einwohnern fast 50000 Kommunikanten im Jahr angenommen.[27] In Hamburg halbierte sich um 1800 die Teilnehmerzahl.[28]

---

25 Im Ordinarium der Luth. Agende I (155) weisen nur zwei kurze Rubriken auf die Möglichkeit hin, den Hauptgottesdienst ohne Abendmahl zu feiern: »Wenn im Hauptgottesdienst das hl. Abendmahl gefeiert wird ...« (63*) und (nach der Postcommunio) »Wenn das hl. Abendmahl nicht gefeiert wird, so schließt sich an das Allg. Kirchengebet unmittelbar das Vaterunser an« (79*). Die EKU-Agende I druckt den Abschluß der »Ersten Form« ohne Abendmahl in einer großen Klammer aus (124).

26 Zahlen: ABlEKD Stat. Beil., zul. Nr. 85/1989, 19f. 32f.; vgl. Hupfeld, Abendmahlsfeier, 6; röm.-kath. Statistik s. oben S. 19[1] und unten S. 117[25].133

27 Vgl. Stiller, Bach und gottesdienstliches Leben, 117ff.244ff.

28 Vgl. Graff, Gesch. der Auflösung II, 142

Zwar kann *Melanchthon* 1530 sagen: »Bei uns aber braucht das Volk des heiligen Sakraments willig, ungedrungen, alle Sonntage«[29], doch bereits in der Reformationszeit werden Klagen der Visitatoren über den geringen Gottesdienst- und Abendmahlsbesuch laut. Viele Kirchenordnungen müssen vermerken, daß der Abendmahlsteil des Gottesdienstes nicht gehalten werden kann, wenn sich kein Kommunikant angemeldet hat oder einfindet. Der Augsburger Pfarrer Wolfgang *Musculus* berichtet vom Wittenberger Gottesdienst zu Exaudi 1536: »Nach der Predigt ging der größere Teil der Gemeinde hinaus.«[30]

Das frömmigkeitsgeschichtliche Erbe und die Reformation

Statistische Daten dürfen nicht überinterpretiert werden. Schon im Alten Testament war die Sache Gottes nicht immer bei der Mehrheit zu finden. Dennoch entspricht es der historischen Wahrheitspflicht festzuhalten, daß der Reformation die angestrebte Wiedergewinnung der Gottesdienstgemeinde als Abendmahlsgemeinde kaum gelungen ist.
Einer der Gründe wird in dem desolaten Wissensstand der Gemeinden zu suchen sein, dem nahezu zwangsläufig ein Übergewicht an Lehre begegnen mußte. Die Gemeinden waren über Jahrhunderte von der Beteiligung am liturgischen Geschehen ausgeschlossen. Die eucharistische Frömmigkeit hatte sich von der Koinonia mit Christus und durch ihn mit den Brüdern, wie sie im Gottesdienst erfahren wird, mehr und mehr auf die Verehrung der konsekrierten Hostie, sogar aus der gottesdienstlichen Versammlung heraus, verlagert. So wurde jetzt der Gang zum Tisch des Herrn in den evangelischen Gemeinden nur freigegeben nach Prüfung in jedem einzelnen Fall, über die Beichte und das jährliche Katechismusexamen, von welchem allerdings die Vornehmen und Gebildeten ausgenommen wurden.
Die Selbstverständlichkeit, mit der die Urgemeinde das Herrenmahl hier und da in den Häusern gehalten hatte, war auf der negativen Folie der überlieferten Frömmigkeit nicht wiederzugewinnen. Die Spontaneität, mit der im Evangelium die Einladung Jesu angenommen werden kann, fand im evangelischen Gottesdienst keinen Raum. Zwar hat Luther der Gemeinde im evangelischen Choral eine neue Weise »tätiger Teilnahme«

---

29 ApolCA XV,40.42
30 Vgl. Herbst, Quellen, 73

am gottesdienstlichen Geschehen eröffnet, die viele vormals liturgische Elemente wie Anamnese, Epiklese, Danksagung und Anbetung aufnahm, aber die Wiederherstellung des Eucharistiegebetes als des verbalen Kerngeschehens der Eucharistie in jüdisch-christlicher beraka-Anamnesis-Tradition und damit der Durchbruch zu altkirchlicher Eucharistiefeier und entsprechendem Beten gelang noch nicht wieder. Der durch viele offertoriale Einschübe verdorbene altkirchliche Kanon war in seiner gesunden »ersten Schicht«[31] für Luther nicht mehr erkennbar als Ansatzpunkt für eine liturgische Erneuerung. Im Gegenteil, in der Deutschen Messe von 1526 wird auch der letzte Rest von Danksagung durch eine Vermahnung abgelöst, weil die Präfation als Vorrede gedeutet wird: Das Gebet geht über in das Genus der Ermahnung.[32]
Hier stoßen wir an die Grenzen der Reformation. Ihre Absicht war die Erneuerung des christlichen Gottesdienstes. Faktisch bleibt sie weitgehend im Banne spätmittelalterlicher Fehlentwicklungen. Es gibt keine liturgische Tradition, die so konsequent westlich-römische Engführungen aus der punktuellen Konsekrationstheologie in die liturgische Praxis übertragen hat wie die der lutherischen Reformation. Rom ist dies wegen des allgemeinen Beharrungsvermögens liturgischer Traditionen erspart geblieben. Ob hier eine der Ursachen für die schwer verständliche Tatsache ans Tageslicht kommt, daß gerade der evangelische Gottesdienst eine so viel kleinere Gemeinde versammelt als der anderer Kirchen? Daß die Reformation in der theologischen Grundlegung eine heute in die ganze Ökumene hineinwirkende Vertiefung und Rückführung zu den Quellen brachte, steht außer Frage. Daß die Übersetzung in die gottesdienstliche Praxis noch vor uns liegt, sollte ehrlich eingestanden werden. Längst haben vor allem die überseeischen lutherischen Kirchen das Problem erkannt. Es ist nur ökumenisch zu lösen.

Ansätze zur Erneuerung der sakramentalen Praxis im Protestantismus

Nach den hier als bekannt vorausgesetzten evangelischen liturgischen Bewegungen im deutschen Sprachraum und der Agendenrevision in den

---

31 Pascher, Eucharistia, 207

32 »offentliche paraphrasis des vater vnsers/vnd vermanung an die so zum sacrament gehen wollen« (WA 19,95f.). – Zum Mißverständnis von praefatio als Vorrede s. unten S. 85[23]

fünfziger Jahren[33] sind neue Impulse in jüngster Zeit von den evangelischen Kirchentagen ausgegangen. Weithin unabhängig von der akademischen Theologie – und auch von den Kirchenleitungen – ist eine »neue Abendmahlsbewegung« entstanden. »Das Feierabendmahl hat sich als Integrationsmodell, das die freien Liturgien und die klassische Meßform schöpferisch vermittelt, bewährt. Es schlägt Brücken zwischen zwei gottesdienstlichen Kulturen und verbindet die Aufbruchsbewegung der Jugend mit dem Gemeindealltag vor Ort.«[34] Es handelt sich um eine Bewegung von der Basis her, die »sich anschickt, eine Leerstelle protestantischer Kirchlichkeit und Frömmigkeit auszufüllen, einen ›protestantischen Riß‹ (Kugler) zwischen individueller Frömmigkeit einerseits, Gemeinschafts- und Gesellschaftsverantwortung andererseits zu schließen«[35].

Der andere Impuls kommt aus der theologischen Arbeit der Ökumene. Längst vor der Lima-Erklärung zur Eucharistie ist die Bedeutung von Danksagung (Eucharistie), Anamnese, Epiklese, Gemeinschaft und eschatologischer Dimension des Gottesdienstes in das Blickfeld gerückt. So richtig die reformatorische Mitte der Sakramente in dem *Christus pro me* gesehen wurde – was Gemeinde ist, muß neu erfahrbar werden. Die Konzentration auf die Realpräsenz Christi in den Elementen von Brot und Wein hat, beginnend im 4. Jahrhundert, den Koinonia-Aspekt und damit die ekklesiale Dimension der Sakramente zunehmend in den Hintergrund gerückt. Zwangsläufig mußte es zur Klerikalisierung des Gottesdienstes kommen, die die Reformation erfolgreich überwand, und zur Individualisierung der Heilsmittel, die die Reformation nicht hinreichend absichern konnte gegen Isolation und Mißbrauch. Teilhabe und Teilgabe gehören zusammen.

Da in der reformatorischen Grundlegung die Sakramente mit dem Wort zusammen entscheidende Bedeutung haben, wird es die Aufgabe der evangelischen Kirchen jetzt sein, der im Verlauf der wechselvollen Gottesdienst- und Frömmigkeitsgeschichte des Protestantismus von der *praxis pietatis* mehr und mehr getrennten Theorie zu neuer Verbindung mit dem lebendigen Gottesdienst zu verhelfen. Dazu hat die Liturgik beizutragen, indem sie die gleichen Grundstrukturen in den verschiede-

---

33 Vgl. unten S. 306ff.

34 Cornehl, Gottesdienst (1985), 80

35 Kühn, Sakramente, 20

nen Liturgietraditionen aufdeckt[36], Freiheit und Liebe, Einheit und Ordnung miteinander in Beziehung setzt[37], falsche Alternativen wie »Tradition gegen Kreativität« überwindet, die anthropologischen Voraussetzungen des Gottesdienstes erkennen und meistern hilft[38] – und die »plena, conscia atque actuosa participatio fidelium« (SC 14) als Leitgedanken für die aktuelle Konkretion liturgischen Geschehens anstrebt – Gabe der römisch-katholischen Liturgiereform an die noch getrennten Kirchen, vielleicht auch Angeld auf die ersehnte Einheit, auf jeden Fall Erinnerung an etwas Vergessenes.

Bei der Beschäftigung mit den liturgischen Problemen erlebt der Theologe ein merkwürdiges Phänomen: Nicht immer ist die konfessionelle Identität an der konkreten Gestalt der Liturgie erkennbar – und trotzdem kommt es nicht zum Eklektizismus. Das Genus Liturgie gibt es nur im Plural, die Einheitsliturgie widerspricht ihrem Wesen, das auf immer neue authentische Konkretion und »Einheimischwerdung« hinzielt.[39] Die Kirchen geben einander Erfahrungen weiter und korrigieren sich durch Argumente. Das ist ein hoffnungsvolles Zeichen. Liturgie ist Lebensform der Kirche[40] und darum stets zwischen Bewahren und Neuwerden angesiedelt. Die römisch-katholische Kirche schien für lange Zeit Hüterin eines versteinerten Erbes zu sein. Jetzt ist sie zur Avantgarde der allen Kirchen nötigen Liturgiereform geworden. Und manche, die sich fortschrittlich wähnten, müssen sich fragen, ob sie nicht unversehens der Nachhut zugesellt werden müssen. Die Kirchen der Reformation haben zu einem guten Teil den an sie ergehenden Anruf vernommen. Es kommt jetzt darauf an, daß sich auch im Mutterland der Reformation die *ecclesia semper reformanda* bewährt. Das kann nicht allein von der akademischen Theologie erwartet werden. »Wir können an der Kirche nur bauen, wenn wir selber Kirche sind.«[41] Deshalb ist die Verwirklichung der Reformation des Gottesdienstes eine Aufgabe aller Glieder und aller Ebenen der Kirche.

---

36 Versammelte Gemeinde, vgl. dazu unten S. 118f.

37 Vgl. Luthers Kategorien für liturg. Ordnungen: Dt. Messe 1526, WA 19,72f.113

38 Z.B. Jetter, Symbol und Ritual

39 Vgl. Balthasar Fischer, Liturgie oder Liturgien?, 265

40 Vgl. Ritter, Liturgie als Lebensform

41 Aus der Stiftungsurkunde der Ev. Michaelsbruderschaft 1931

Eucharistie als Anamnese und Epiklese

Zu den bedeutenden theologischen Erkenntnissen der letzten Generation gehören die Wiederentdeckung der Begriffe Eucharistie und Epiklese sowie die neue Deutung des Begriffs Anamnese und seiner Verwurzelung in der hebräischen Denkstruktur, nicht in der griechisch-antiken.

Im evangelischen Bereich beginnt man erst langsam, den Begriff *Eucharistie* auch für den evangelischen Gottesdienst mit Predigt und Heiligem Mahl zu übernehmen. Er ist fraglos geeigneter als andere Bezeichnungen wie Abendmahl (dieses findet in der Regel am Morgen statt), Messe (niemand kann dieses Wort, das auch für den lutherischen Gottesdienst – die evangelische Messe – in Gebrauch steht, überzeugend erklären), Sakramentsgottesdienst (es gibt noch andere Sakramente, zumindest die Taufe) oder gar Vollgottesdienst (gibt es auch halbe oder gar leere Gottesdienste und will man den Predigtgottesdienst abklassifizieren?).

Der Begriff Eucharistie leitet sich direkt aus den Einsetzungsworten Christi her: »Unser Herr Jesus Christus in der Nacht, da er verraten ward, nahm er das Brot, *dankte (εὐχαριστήσας)* und brach's...«[1]

Eucharistie heißt Danksagung, eine sehr sinnvolle Bezeichnung für das Geschehen des Gottesdienstes: Wir gehen zur Danksagung, wir halten Eucharistie!

Auch der zweite Begriff Anamnese hat seinen Ursprung im Wortlaut der verba testamenti: »Solches tut zu meinem Gedächtnis (*εἰς τὴν ἐμὴν ἀνάμνησιν*).«[2] Anamnese heißt Gedächtnis, freilich in einem spezifischen Sinn, der durch eine Verdeutlichung aufgezeigt werden muß und durch die einfache Verdeutschung noch nicht erkennbar ist.

Der dritte Begriff ist in der Liturgiegeschichte aufgekommen, als nach dem Wirken des Heiligen Geistes in der Eucharistie gefragt wurde: Epiklese (von *ἐπικαλεῖν*) bedeutet das Herabrufen des Heiligen Geistes

1 I Kor 11,24; vgl. Lk 22,19par.

2 I Kor 11,24f., Lk 22,19

auf die versammelte Gemeinde und auf ihre dargebrachten Gaben Brot und Wein.

Mit den genannten drei Begriffen werden Grundaussagen zum christlichen Gottesdienst gemacht. Die Eucharistie ist in ihrem Wesen Danksagung. Die Eucharistie ist zugleich Anamnese sowie Epiklese, wobei diese Grundaussagen letztlich nicht abhängig sind von einer liturgischen Anamnese und Epiklese. Auch jener Theologe, der dem Genus Liturgie reserviert gegenübersteht, kann durch andere Akzentsetzung seiner Liturgie diese Grundcharaktere nicht eliminieren. Man könnte vielleicht einen vierten Aspekt der Eucharistie hinzunehmen, den der *κοινωνία*, der Gemeinschaft, communio, Anteilhabe.[3] Wenn noch die eschatologische Dimension angefügt werden würde, wären die Hauptthemen der ökumenischen Bemühungen um ein gemeinsames Eucharistieverständnis beieinander, die mit der Konvergenzerklärung zur Eucharistie (Lima 1982) die heute erreichte Verständigung der Kirchen über den Gottesdienst dokumentieren.

Der eucharistische Charakter des christlichen Gottesdienstes

Der Gottesdienst der christlichen Gemeinde ist als ganzer wesenhaft *Eucharistie,* das heißt Danksagung. Wenn Jesus in der Nacht vor seinem Tod – wie in den voraufgegangenen Mahlfeiern und in der erneuerten Mahlgemeinschaft nach seiner Auferstehung – über dem Brot und dem Kelch den Lobpreis sprach, dann folgte er zunächst ganz einfach der jüdischen Sitte, nach der der gesetzestreue Hausvater über jeder einzelnen Speise, die hereingetragen wird, das Tischgebet, die Danksagung, die *beraka* spricht. Die neuere Forschung hat uns tiefer hineingeführt in das Gesamtgeschehen des Gottesdienstes, als es einer Zeit möglich war, die nur auf die Elemente schaute und an der Sicherung ihrer Segnung/Wandlung interessiert war.

Das ganze Leben des frommen Juden ist umschlossen von dem an Gott gerichteten lobenden Dankeswort, der preisenden *baruk*-Erklärung als Antwort auf erfahrene Hilfe in der Zuwendung Gottes: Der Gläubige weiß sich überall von der Segenshand Gottes berührt – bis in die alltäglichsten Dinge hinein. Hat Jesus nun im schlichten Gehorsam

3 I Kor 10,16

gegenüber der jüdischen Tradition über den Gaben für Gottes Schöpfung, seine erhaltende Gnade und für die Taten an Israel gedankt, so wird die *beraka* der Kirche, ihre *εὐχαριστία* über Brot und Wein den Dank für die Erlösung durch Jesus Christus als neues zentrales Thema einbeziehen ebenso wie auch den Dank für die Verheißung der kommenden Erlösung. Ist schon das Leben des gläubigen Juden vom Gotteslob geprägt, das ihn überallhin begleitet, selbst in das Dunkel des Todes, so wird der Gottesdienst der Christen um so mehr vom jubelnden Lobpreis der großen Taten Gottes geprägt sein, der düsteren Gerichtsernst und müde Resignation überwindet.

Der grundlegend eucharistische Charakter des christlichen Gottesdienstes wird in der liturgischen Feier in dreifacher Weise konkret: Einmal heißt und ist der Gottesdienst insgesamt Eucharistia, er kann und soll als Lobgesang verstanden und gefeiert werden. Martin Luther hat in seiner berühmten Torgauer Formel den Gottesdienst als dialogisches Geschehen definiert, bei dem wir dem Herrn antworten »durch Gebet und Lobgesang«[4]. Die Erkenntnis des eucharistischen Charakters des Gottesdienstes ist also der Reformation durchaus nicht fremd, im Gegenteil: Wer den Beitrag der Reformation zum Gotteslob in Gemeindegesang und Kirchenmusik, aber auch in ihrem liturgischen Gut überblickt, wird den Zugang der Evangelischen zu dem neuen Gottesdienstverständnis nicht übersehen können. Es sollte auch daran gedacht werden, daß Danksagen (*εὐχαριστεῖν*) und Segnen (*εὐλογεῖν*), die beiden im Einsetzungsbericht alternativ gebrauchten Verben, Synonyma sind und damit die von Luther angezeigte Bewegung von Gott zu uns und von uns zu Gott in der Einheit von Segnen/Danksagen beschrieben werden kann, die mit dem Wort Eucharistie treffend angezeigt ist.

Dann wird aber auch ein Teil der Liturgie Eucharistie oder Eucharistiegebet genannt, die große Danksagung der Kirche über den Gaben, die in der westlichen Tradition mit dem eucharistischen Dialog (Wechselgruß, Sursum corda, Aufforderung zur Danksagung) und der Präfation beginnt, in den Lobpreis mit den himmlischen Heerscharen (Sanctus) übergeht, um in dem anschließenden Gebetsteil (Postsanctus), den Einsetzungsworten und der Christusanamnese das eigentliche Zentrum zu erreichen und mit der Epiklese, der Bitte um den Heiligen Geist (und um die Vollendung), und einer trinitarischen Doxologie zu schließen. In

---

4 Vgl. oben S. 27

diesem Aufriß ist deutlich zu erkennen, daß das Eucharistiegebet sinnvollerweise trinitarisch strukturiert wird. Nach altkirchlicher Auffassung ist es dieses Eucharistiegebet als ganzes, das das Wunder des Kommens Christi zu uns unter den Gestalten von Brot und Wein herbeiführt. Die herkömmliche protestantische Abendmahlsliturgie ist, abgesehen von der reichen Fülle des evangelischen Chorals zum Lobgesang und unter der Kommunion, recht karg geblieben, die Einsetzungsworte verdrängen das weitere Danksagen. Hierin erkennen wir das Erbe einer spätmittelalterlich-westlichen Fixierung der Blickrichtung auf die Elemente und die Wandlung, deren Überwindung zur urchristlich-altkirchlichen Weite der Danksagung hin in unseren Tagen aus neuen theologischen Einsichten und auch dank der ökumenischen Begegnung mit anderen Traditionen kräftig betrieben wird.
Schließlich ist auch die Gabe des heiligen Mahles Eucharistie, wir empfangen die Eucharistie. In diesem Sprachgebrauch kommt noch einmal die Tatsache zum Ausdruck, daß die christliche *beraka* immer Antwort auf erfahrene Wohltat und empfangene Gnade ist und damit die Begegnung mit Gott sowohl zur Voraussetzung wie zur Folge hat.

Eucharistie als Anamnese

Wie ist der – nur von Paulus und Lukas überlieferte – Anamnesenbefehl zu verstehen: Solches tut zu meinem Gedächtnis? *'Ανάμνησις* ist abzuleiten von *μνήμη* (Gedächtnis). Es wurde gebraucht in der Bedeutung der »Wiederbelebung verblichener Eindrücke durch einen bestimmten Willensakt«[5], also zur geistigen commemoratio in Wirklichkeit zeitlich vergangener Ereignisse und Personen. So finden wir diesen Begriff auf Grabinschriften und in den Stiftungsurkunden antiker Totengedächtnismahlzeiten. In diesem Sinne versteht noch der große Kirchenhistoriker Hans *Lietzmann* den Anamnesenbefehl, das Abendmahl wird »als ein ›Gedächtnis‹ für einen Abgeschiedenen charakterisiert und damit in einen ganz bestimmten Typus von religiösen Mahlzeiten eingereiht, die in der griechisch-römischen Welt allenthalben üblich sind. Da sehen wir deutlich hellenistische Einflüsse am Werk.«[6]

---

5 So noch Behm, *ἀνάμνησις*, ThWNT I,351f.
6 Lietzmann, Messe und Herrenmahl, 223

Hier hat sich nun in den letzten Jahrzehnten Entscheidendes geändert: Wir haben die hebräischen Denkvoraussetzungen und Vorstellungsformen verstehen gelernt und eine vollkommen andere Auffassung von der Funktion der Anamnese gewonnen. Das hebräische Äquivalent zu *ἀνάμνησις zikkaron* von *zakar*, gedenken, gehört in einen viel umfassenderen Vorstellungskomplex, als ihn unser heutiges »erinnern« oder »gedenken« zu erschließen vermag[7]: Im profanen wie im religiösen Leben ist das Gedenken menschlicher Subjekte bereits ein sehr wirkliches Geschehen: Joseph bittet den mitgefangenen Obermundschenk, seiner zu »gedenken«, wenn er in Gnaden wieder am Hof angenommen ist, der aber »dachte nicht« an Joseph.[8] Das Gedenken soll also reale Folgen auslösen, das Nichtgedenken läßt die Lage des unschuldig Gefangenen unverändert. Die Mahnung an das Volk, des Heilshandelns Gottes zu gedenken, wie wir es besonders im Deuteronomium finden[9], verbietet das bloße Registrieren zurückliegender Ereignisse. Das Objekt, die Heilstat Gottes, soll so gegenwärtig werden, daß sich konkrete Folgen und Forderungen für das religiöse und sittliche Leben der Gedenkenden ergeben. Noch deutlicher wird der Realismus des Gedenkens, wenn Gott selbst Subjekt oder Objekt des *zakar*-Geschehens ist. Wenn der Beter ruft: »Gedenke, Herr, an deine Barmherzigkeit und an deine Güte«[10], dann heißt das: Gott möge eingreifen, helfen, vergeben. Daß Gott an Noah »gedachte«[11], löst eine »Wendung zum Heil bis auf Jesus Christus hin« aus, die »von keiner anderen Tatsache her begründet werden (kann) als von da her, daß Gott an Noah gedachte«, schreibt Gerhard *von Rad.*[12] Gottes Gedenken garantiert das Wirksamwerden des Bundes mit Noah, den Erzvätern und des Sinaibundes.

Am deutlichsten tritt die Eigenart des *zakar*-Geschehens im Kultus zutage. Es gibt das seltsame Eiferopfer, das der an der ehelichen Treue seiner Frau zweifelnde Mann als »Gedächtnisopfer« darbringt und das die eventuelle Missetat »in Erinnerung« bringt: Durch das Opfer wird der etwaige Ehebruch so gegenwärtig, daß er im kultischen Ritus reale

7 Vgl. Elsing, zkr, 571 ff.
8 Gen 40,14.23; 41,9 ff.
9 Dtn 5,15; 7,18; 8,2.18; 9,7; 15,15; 16,3.12; 24,18.22; 32,7
10 Ps 25,6
11 Gen 8,1
12 Von Rad, Das erste Buch Mose, 106

Folgen zeigt.[13] Am wichtigsten für den Realitätsbezug des *zakar*-Geschehens sind aber die kultisch begangenen Feste Israels. In ihnen ist das Entscheidende, daß Gott »dabei ›kommt‹ und sich ›offenbart‹, in neuschaffender, siegender Tat zeigt, wer er ist. (Im Kultus) wird die Vergangenheit wiederholt und die Zukunft geschaffen... Vergangenheit, Gegenwart und Zukunft verschmelzen im ›Heute‹ des Festerlebnisses in eins.«[14] Das Seder-Mahl am Pesachfest wird nach Ex 12,14 so gefeiert, als ob man selbst aus Ägypten ausziehen würde. Befreiung aus der Knechtschaft in Ägypten, Bundesschluß am Sinai und Vorwegnahme des messianischen Mahles wird im Erleben des Kultus »zu *einer* unerhörten Aktualität für den Glauben«[15]. *Zikkaron* wird so zum »Grundwort alttestamentlicher Kulttheologie, das bewahrendes Weitersagen untrennbar verbindet mit dem aktuellen Wirklichkeitsbezug des geschichtlichen Heilsereignisses«[16].

So ist das *zakar*-Geschehen, die jüdische Anamnese, im Unterschied zur hellenistischen ein überaus reales und dynamisches Geschehen: Es vollzieht eine reale zeitliche Repräsentation zurückliegender Ereignisse oder Personen mit allen davon ausgehenden Wirkungen und Forderungen, es ist zugleich der Antizipation, der Hereinnahme noch ausstehender künftiger Ereignisse und Personen in die Gegenwart fähig. Das Objekt überspringt gewissermaßen Raum und Zeit in beiden Richtungen. Wir sprechen deshalb von einer *aktiven Anamnese*.[17]

Wenn nun die christliche Gemeinde in ihrem Gottesdienst das Gedächtnis ihres gekreuzigten, auferstandenen und zur Vollendung kommenden Herrn hält, dann vergegenwärtigt sie sich nicht nur immer aufs neue seinen Tod, der einen neuen Bund besiegelte, sondern dann ist dieser ihr Herr bei ihr mit dem, was er für sie getan hat und was er noch tun wird. Dann ist die Gemeinde beim Auszug in die Freiheit dabei und bei der Stiftung des Herrenmahls, dann erlebt sie die Gemeinschaft mit dem Auferstandenen aufs neue in wunderbarer Weise und dann liegt über ihr der Glanz und die Vorahnung einer unbeschreiblichen Herrlichkeit. In

13 Num 5,15.18

14 Mowinckel, Religion und Kultus, 77.79

15 Von Rad, Hexateuch, 26

16 Hilberath/Schneider, Eucharistie, 308; vgl. zum ntl. Anamnesis-Begriff: Chenderlin, Memorial

17 Zum zakar/Anamnesis-Geschehen im Pesachfest vgl. Füglister, Pascha; Segal, Passover; ferner unten S. 406 ff.

der Kirche wird das erste Mahl nicht noch einmal oder nachgebildet gefeiert, es wird mitgefeiert. Es wird das Mahl des Lammes in der Ewigkeit nicht nur verkündigt, es wird antizipiert und verleiht unserem Gottesdienst in seiner Vorläufigkeit und Armseligkeit die höchste Klarheit.
Die Fragestellung des Tridentinums, ob die Messe nur Gedächtnis und nicht auch Opfer sei, wird mit dieser Erkenntnis vertieft und überholt: Die aktive Anamnese, die kultische Gleichzeitigkeit und der unerhörte Realismus des Heilsgeschehens lassen es nicht mehr zu, daß in dem Gottesdienst der christlichen Gemeinde unsererseits ein Trauerritual exerziert wird. Wenn wir »solches zu seinem Gedächtnis« tun, dann ist er der Handelnde, dann bewirkt die Christusanamnese jene Freudenfeier, aus der der Ruf laut werden kann: »Es komme die Gnade und es vergehe diese Welt.«[18]
Aber die Feier der Eucharistie ist nicht die einzige Weise und der einzige Ort, in der die Kirche die Christusanamnese vollzieht. Das Wesen des ganzen Gottesdienstes, in dem sich die Gemeinde in seinem Namen versammelt, ist Christusanamnese, und besonders jede Predigt. Es bedarf für die eucharistische Feier nicht unbedingt einer ausgeführten liturgischen Anamnese, sie ist auch ohne diese Christusanamnese. Aber es ist angemessen, daß das Wesen der gemeindlichen Feier auch liturgisch Ausdruck findet, wozu sich die formulierte Anamnese im direkten Anschluß an die Herrenworte zur Einsetzung des Mahls anbietet.
Die lutherische Tradition ist an liturgischen Ausdrucksformen für die Anamnese sehr arm gewesen. Nur ganz gelegentlich wurde die ehrwürdige altkirchliche Übung wieder aufgenommen, etwa in der schwedischen Interimsmesse von 1576, dann wieder bei Wilhelm *Löhe*[19] und den Vätern der Liturgischen Bewegung. Heute finden wir in der in den deutschen lutherischen Kirchen (noch) geltenden Agende I (1955)[20], vermehrt in den revidierten Gebetstexten (1979) und vollends im Vorentwurf der »Erneuerten Agende« 1990[21] eine ganze Reihe von eucharistischen Gebeten mit einer liturgischen Anamnese, die dann auch zum Ausdruck bringt, was die Eucharistie mit angemessener Liturgie und auch ohne eine solche immer ist und sein wird: Christusanamnese.

18 Did 10,9
19 Löhe, Agende, 83
20 Luth. Agende I (1955), 73*f. (Nr. 14). Die EKU-Agende I (1959) nimmt anamnetische Elemente in das Postsanktusgebet, 126.
21 Gebete 1979, 187ff. (Form B 1–5); Erneuerte Agende (Vorentwurf)

Eucharistie als Epiklese

Die Epiklese ist die Bitte um das Kommen des Heiligen Geistes auf die zum Gottesdienst versammelte Gemeinde und besonders auch auf die von ihr dargebrachten Gaben. Daß um das Kommen des Heiligen Geistes gebetet wird, ist der Sache nach selbstverständlich: Wie anders kann das Kommen Christi zu seiner Gemeinde vorgestellt werden als durch den Heiligen Geist? Es ist deshalb einsichtig, daß die Lutherische Agende I (1955) die alte Tradition aufnimmt, in der in der Regel der erste im Gottesdienst zu Gehör kommende Text die nun zum Lied geformte altkirchliche Antiphon »Veni Sancte Spiritus« ist: »Komm, Heiliger Geist, erfüll die Herzen deiner Gläubigen und entzünd in ihnen das Feuer deiner göttlichen Liebe.«[22] So hat der Gottesdienst insgesamt bereits epikletischen Charakter. Das Pfingstgeschehen muß immer neue Aktualität gewinnen, wenn die christliche Gemeinde sich im Namen Jesu zu ihrem Gottesdienst versammelt.

Die Epiklese hat nun aber sehr früh für die eucharistische Liturgie besondere Bedeutung gewonnen, wobei es zuerst neben der Geistepiklese auch die Logosepiklese gegeben hat.[23] Das älteste uns ganz erhaltene Eucharistiegebet hat der römische Presbyter *Hippolyt* etwa um 215 geschrieben. Dieses enthält im Anschluß an die dem Einsetzungsbericht folgende Anamnese eine Epiklese[24]:

Et petimus, ut mittas Spiritum tuum sanctum in oblationem sanctae ecclesiae; in unum congregans, des omnibus qui percipiunt [de] sanctis in repletionem Spiritus sancti, ad confirmationem fidei in veritate, ut te laudemus et glorificemus per puerum tuum Jesum Christum: per quem tibi gloria et honor...

Und wir bitten (dich), daß du deinen Heiligen Geist sendest auf die Darbringung der heiligen Kirche. Sie zu einem versammelnd gib allen, die von dem Heiligen empfangen, (daß es ihnen gereiche) zur Erfüllung mit Heiligem Geiste, zur Stärkung des Glaubens in der Wahrheit, damit wir dich loben und preisen durch deinen Knecht Jesus Christus, durch welchen dir sei Preis und Ehre...

---

22 Luth. Agende I (1955) 50* (EG 12)

23 Serapion, Euchologion (4. Jh.), Prex eucharistica, 130f.

24 Prex eucharistica, 81

Allerdings fällt hier auf, daß die Bitte um das Kommen des Geistes sich nicht in erster Linie und ausgesprochen – wie in allen späteren Epiklesen an dieser Stelle des Hochgebets – auf die Wandlung der Gaben richtet, sondern auf die Kommunikanten und ihren Segen.

Hier nun hat sich im 4. Jahrhundert ein bedeutsamer Wandel vollzogen. War das Lebensgefühl der Christen in der Verfolgungszeit vor allem durch die Erwartung der baldigen Wiederkunft des Herrn bestimmt gewesen, die keine Ansiedlung auf Dauer auf dieser vergänglichen Welt zuließ – jeder Sonntag war ein kleines Osterfest, in dem das ganze Heilsmysterium und nicht nur ein Ausschnitt gefeiert wurde –, so brachte der fast zu jähe Übergang, der das Christentum zur Staatsreligion machte, die Einrichtung der Kirche in dieser Welt. Raum und Zeit werden in Dienst genommen, Kirchbau und Kirchenjahr kommen zur Entfaltung. Und in diesem Zusammenhang taucht dann die Frage auf, wann und wodurch im besonderen die Elemente Leib und Blut Christi werden.
Der Osten, dem das Wirken des Heiligen Geistes schon immer besonders wichtig gewesen war, beginnt mit der Fixierung eines Konsekrationsmomentes durch die Epiklese: Wenn um das Kommen des Heiligen Geistes auf die Gaben gebetet wird, geschieht die Wandlung der Elemente: »was auch immer der Heilige Geist berührt, ist geheiligt und verwandelt« *(Kyrill von Jerusalem,* 23. Katechese 7). Der Westen antwortet eine Generation später mit richtigem Instinkt, doch leider in gleicher verengter Fragestellung, mit dem Verweis auf die Herrenworte: Wenn es etwas gibt, das die Wandlung herbeiführt, dann können es nur die Einsetzungsworte Christi sein. Für den Westen war damit ein Moment der Konsekration festgelegt: »Accedit verbum ad elementum et fit sacramentum« *(Augustin,* in Joh. tract. 80,3). Seit dem fünften Jahrhundert fehlt dann auch in der westlichen Tradition die alte hippolytische Epiklese. Der Osten fand aus der Sackgasse heraus: Von Antiochien aus wird die bis heute in der Orthodoxie gültige eucharistische Theologie entwickelt: Die Elemente werden schon in der Rüsthandlung mit Christus identifiziert, und zwar mit seinem geopferten Leichnam, das eucharistische Hochgebet kulminiert dann nach den verba testamenti und der Anamnese in der »Auferweckungsepiklese« *(Theodor von Mopsuestia,* serm. cat. 5): In der Eucharistie vollzieht sich eine dramatische Nachbildung des Kreuzes- und Auferstehungsgesche-

hens durch eine die ganze Handlung umfassende »gestreckte« Konsekration.[25]

So ist die Epiklese zu einem niemals offen ausgesprochenen Kontroverspunkt zwischen Ost und West geworden, und so wird das Defizit des Westens an einer praktizierten Theologie des dritten Artikels perpetuiert, das auch die Reformation nicht hat überwinden können. Heute wendet sich die Theologie wieder stärker der altkirchlichen Auffassung zu, nach der der schlichte Gehorsam gegenüber dem Gebot Christi, »solches tut zu meinem Gedächtnis«, die eucharistische Wirklichkeit verbürgt, und damit nicht nur ein Moment und Teilstück, sondern die ganze eucharistische Gebetshandlung ihre Bedeutung zurückerhält. Der Blick ist nicht mehr gebannt auf die Elemente gerichtet, sondern auf das Ganze und auf die Gemeinschaft, die Christus uns hier schenkt.

Die Konvergenzerklärung zur Eucharistie von Lima 1982 sagt: »Der Heilige Geist macht im eucharistischen Mahl den gekreuzigten und auferstandenen Christus für uns wahrhaft gegenwärtig, indem er die Verheißung der Einsetzungsworte erfüllt.«[26]

Die Epiklese ist in der lutherischen Liturgiegeschichte nicht ganz vergessen worden. Die Wandlungsbitte des mittelalterlichen römischen Kanons quam oblationen, die allerdings den Heiligen Geist im Unterschied zu der altrömischen Tradition (Hippolyt) nicht mehr erwähnt, findet sich bei Kantz 1522 vor den Einsetzungsworten, ähnliche Epiklesenmotive bringen an gleicher Stelle die wichtige Ordnung von Pfalz-Neuburg 1543 und dann die schwedische Interimsmesse von 1576, ja sogar an der Schwelle unseres Jahrhunderts die Agende der ev.-luth. Kirchengemeinschaft Kassel 1896 und die Agende der ev.-luth. Kirche in Rußland 1898.[27]

In neuerer Zeit haben sowohl die römisch-katholische Kirche mit dem Meßbuch Pauls VI. von 1970 als auch die lutherische Agendenreform in ihren alternativen Hochgebeten die Gaben- und Kommunikantenepiklese wieder aufgenommen.

Die revidierten Gebetstexte zur Lutherischen Agende I[28] enthalten in allen fünf B-Formularen eine ausgeführte Anamnese und in dreien eine

---

25 Vgl. zum Ganzen Schmidt-Lauber, Eucharistie, 156ff.

26 Lima 1982, 22 (E 14)

27 Vgl. Schmidt-Lauber, Eucharistie, 163ff.

28 Gebete 1979, 186ff.

ausgesprochene Epiklese im Anschluß an die Anamnese. Die Formulierungen sind dabei vorsichtig und vor allem auf den Segen der Kommunion gerichtet. Immerhin wird um den Heiligen Geist an der klassischen Stelle des Eucharistiegebets gebetet, und immerhin sind in diesem Zusammenhang durchweg die irdischen Elemente Brot und Wein erwähnt. Mehr konnte man in diesem Stadium nicht erwarten. Es sei aber hervorgehoben, daß die bislang überwiegend gebrauchte Form A, die das Eucharistiegebet auf (Präfation/Sanctus) Vaterunser und Einsetzungsworte beschränkte und damit die reinste Übersetzung der fragwürdigen spätmittelalterlichen Meßtheologie in die liturgische Praxis darstellte – selbst Rom ist vor dieser Konsequenz der Einengung des Blickfeldes auf Konsekration und Elemente zu Lasten der Danksagungs-*εὐχαριστία*, der Christusanamnese, der Epiklese und vor allem des *κοινωνία*-Aspektes durch das Beharrungsvermögen der liturgischen Form bewahrt geblieben –, mehr und mehr zurückzutreten scheint. Zur Veranschaulichung seien die drei mit Anamnese und Epiklese versehenen lutherischen Hochgebete hier in den wichtigen Passagen wiedergegeben:

Form B 2	Form B 4	Form B 5
Wir preisen seine Auferstehung, den Sieg über Unheil und Tod.	So gedenken wir an seinen Tod	So gedenken wir, Vater, seines Lebens, das er für alle dahingab, und seiner Aufweckung vom Tod. Er hat sich geopfert zum Heil der Welt und ist eingesetzt zum Herrn über alle Gewalten.
Gib uns, Herr, den Heiligen Geist und erneuere durch ihn unser Leben.	und bitten dich: Erfülle uns mit deinem Geist.	Sende uns den Heiligen Geist,
Segne uns diese Gaben, das Brot des Lebens und den Kelch des Heils.	Segne uns auch diese Gaben. Durch das Brot, das wir miteinander teilen, schenke uns Gemeinschaft mit Jesus Christus. Durch diesen Kelch, aus dem wir trin-	daß er uns durch diese Gaben mit neuem Leben erfülle.

Form B 2	Form B 4	Form B 5
	ken, verbinde uns mit ihm.	
Vereine alle, die teilhaben an Christi Leib und Blut, in der Einheit des Glaubens, in der Gemeinschaft der Liebe und in der Hoffnung auf deine Herrlichkeit.	Gedenke an deine Gemeinde, die zerstreut ist in aller Welt, und bringe sie zusammen zu deinem Reich. Dir sei Ehre in Ewigkeit.	Verbinde alle, die zu deinem Volk gehören, in der Gemeinschaft des Glaubens. Erbarme dich deiner Kirche und schenke ihr die Einheit in dem Mahl der Freude. Wir warten, Gott, auf deinen großen Tag.
Maranatha. Unser Herr kommt.		Maranatha. Unser Herr kommt.
G: Amen, ja komm, Herr Jesu.	G: Amen.	G: Amen, ja komm, Herr Jesu.
Vater unser...	Vater unser...	Vater unser...

Die Erneuerte Agende (Vorentwurf 1990) spiegelt den Stand der theologischen Neubesinnung und ökumenischen Öffnung wider, indem sie eine Fülle von Eucharistiegebeten anbietet.[29]

Die Überlegungen zum Gottesdienst als Eucharistie, Anamnese und Epiklese sollten aber nicht ohne einen Blick auf das Theorie/Praxis-Problem abgeschlossen werden. Hier bestehen unter den Kirchen große Differenzen. Deshalb erhebt sich die Frage, wie weit uns der gewonnene Konsens in der Eucharistietheologie tragen wird.

In den protestantischen Kirchen hat – ganz im Gegensatz zu dem reformatorischen Ansatz und Leben – die Eucharistie eine weit geringere Bedeutung als in der römischen Kirche. Das hat verschiedene Gründe, vor allem frömmigkeitsgeschichtlicher Natur. Nun wird man aber bedenken müssen, daß es in der römisch-katholischen Kirche etwa mit der Kommunionfreudigkeit bis in dieses Jahrhundert hinein kaum besser bestellt war. Selbst Ordensleute pflegten nur wenige Male im Jahr zum Tisch des Herrn zu gehen. Erst unter Pius X. setzte eine eucharistische Erneuerung ein, die von 1903 an die Praxis dieser Kirche völlig wandelte.

---

29 Vgl. dazu unten S. 91 ff. 127

Die evangelische Kirche steht in ähnlichen Entwicklungen. Die Freudigkeit zum Abendmahlsgang ist nach dem letzten Krieg sehr stark gewachsen. Die fragwürdige Übung, das Abendmahl im Anschluß an den Hauptgottesdienst und in der Konsequenz oft nur für einen kleinen elitären Kreis zu halten, ist in vielen Landstrichen völlig der Gemeindefeier mit Predigt und Abendmahl gewichen, in den restlichen bahnt sich der Wandel an. Wo dieser Prozeß stattfindet, beobachtet man das Anwachsen des Kirchenbesuchs.

Mit der Entdeckung der Eucharistie als Anamnese und Epiklese sind die Kirchen auf dem gleichen Weg. Daß sie sich dabei den Reichtum ihrer geistlichen Erfahrung gegenseitig zugänglich machen, gehört zu den besonderen Erfahrungen unserer Zeit. Dabei ist die Frage der Interkommunion, von den konfessionsverschiedenen Ehen und Familien abgesehen, für die Ökumene von weit geringerer praktischer Bedeutung als meist angenommen. Sie ist auf keinen Fall ein geeignetes Mittel der Demonstration und der Druckausübung. Sie muß theologisch fundiert wachsen – und sie wird es.

Die Wiederentdeckung des eucharistischen Gebetes

Nach der ebenso verdienstvollen wie erfolgreichen Edition der eucharistischen Gebete der Alten Kirche (mit ihren jüdischen Vorläufern) und der östlichen wie westlichen Traditionen in der Quellensammlung »Prex Eucharistica« im Jahr 1968[1] ist 1983 der erste Band von »Coena Domini. Der Abendmahlsgottesdienst der Reformationskirchen im 16./17. Jahrhundert« erschienen, der die geschichtlich relevanten Quellen und die neuen Ansätze in den verschiedenen Kirchen zugänglich machen will.[2] Daß zwischen beiden Editionen anderthalb Jahrzehnte liegen, nimmt nicht wunder, wenn man die Komplexität und Vielschichtigkeit des Materials bedenkt. Auch hat die Herausgeberin der Tatsache Rechnung getragen, daß die früher das Hochgebet prägenden Motive: Danksagung, Anamnese, Epiklese und Doxologie mit dessen Fortfall keineswegs aufgegeben wurden, sondern einen anderen Ort und meist auch eine andere Ausdrucksform, vornehmlich im Gemeindelied, gefunden haben; es wird deshalb nicht nur das Hochgebet, sondern die ganze Feier darzustellen gesucht. Für das eucharistische Gebet in den reformatorischen Traditionen läßt sich jetzt eine deutliche und bei der Verschiedenartigkeit in Spiritualität und Tradition überraschend einheitliche Entwicklung erkennen und nachzeichnen: Die reformatorischen Kirchen haben im 16. Jahrhundert das Eucharistiegebet mit dem Kanon weithin aufgegeben und gelangen heute fast alle aus biblischer, theologischer, historischer und pastoraler Neubesinnung zur Erneuerung des Gebetshandelns in der Eucharistie und damit zum Eucharistiegebet. Kennzeichnend für diese Entwicklung ist der vorläufige Abschluß einer fast fünfzigjährigen ökumenischen Bemühung um ein gemeinsames Eucharistieverständnis in der Konvergenzerklärung zur

1 Hg. von Anton Hänggi und Irmgard Pahl

2 Coena Domini II (18.–Mitte 20. Jh.) wird vorbereitet, ebenso »Sacrum Convivium« mit ökum. inspirierten Liturgien der Gegenwart, vgl. Pahl, Abendmahlsgottesdienst, 56ff.

Eucharistie von Lima 1982[3], in der das Eucharistiegebet eine zentrale Rolle spielt und die Bedeutung der Eucharistie als Danksagung an den Vater, als Christusanamnese, als Epiklese, als Communio und als eschatologisches Mahl zum Ausdruck bringt.[4] Acht Jahre nach der Konferenz von Lima ist der Rezeptionsprozeß noch voll im Gange. Kennzeichnend für die neue Situation ist auch die Systematische Theologie von Geoffrey *Wainwright* (Duke Universtity, N.C.), die nicht nur dem Titel nach vom Gottesdienst ausgeht und die ganze Systematik als Doxologie begreift.[5]

Die Abkehr vom Eucharistiegebet in der Reformationszeit

Die Reformation sieht sich als Wahrer des eigentlichen Erbes der Väter und keinesfalls als Neuerer: »Falso accusantur ecclesiae nostrae, quod missam aboleant. Retinetur enim missa apud nos et summa reverentia celebratur. Servantur et usitatae caerimoniae fere omnes, praeterquam quod latinis cantionibus admiscentur alicubi germanicae«, erklärt die Confessio Augustana 1530 und folgert: »Postquam igitur missa apud nos habet exemplum ecclesiae, ex scriptura et patribus, confidimus improbari eam non posse.«[6]

Und doch sind die evangelischen Kirchen mit nur ganz wenigen zeitlich und örtlich begrenzten Ausnahmen im 16. Jahrhundert von der altkirchlich begründeten und trotz vieler Verdunkelungen im römischen Hochgebet noch erkennbaren eucharistischen Liturgie abgekommen, ohne sich dessen bewußt zu werden. Die eucharistische Liturgie wurde in der Regel auf die Präfation (oft auf deren formelhafte Einleitung und Abschluß reduziert), das Sanctus/Benedictus, die verba testamenti, das Vaterunser und das Agnus beschränkt, wobei die Präfation auch durch eine Vermahnung ersetzt und die einzelnen Stücke umgestellt werden konnten.

In der lutherischen Reformation sind nach den beiden liturgischen Hauptschriften des Reformators vor allem zwei Liturgiefamilien heraus-

---

3 Lima 1982, 18–28

4 Zur »Lima-Liturgie«, von der Erklärung zu unterscheiden, vgl. unten S. 259ff.

5 Wainwright, Doxology

6 CA XXIV,1.40, BSLK 91.95

gebildet worden: Der *Formula missae et communionis von 1523*[7] folgt *Brandenburg-Nürnberg 1533* mit Vermahnung zum Sakrament (statt der Präfation), Einsetzungsworten, Sanctus (hic!), Vaterunser/Pax und Kommunion unter dem Agnus. Das Charakteristische – und dann doch mehr dem Herkommen Verbundene – dieser Ordnung ist die Einbettung der Einsetzungsworte mit relativischem Anschluß (qui pridie) in die allerdings sehr geschrumpfte Danksagung, die mit dem Sanctus beschlossen wird und sich von der Vorbereitung auf die Kommunion (Vaterunser mit Betonung der Vergebungsbitte und Pax als Zusage der Absolution gedeutet) absetzt.[8]

Die andere große Liturgiefamilie, zumeist aus der Feder *Bugenhagens*[9], folgt Luthers *Deutscher Messe von 1526*[10] mit Präfation und Sanctus nach der Tradition – meist wird eine Vermahnung vorgeordnet –, Vaterunser, Einsetzungsworten und unmittelbar folgender Kommunion unter dem Agnus Dei. Das Charakteristische und für Luthers Theologie Kennzeichnende dieser Ordnung ist die Abhebung der Einsetzungsworte von allem vorherigen Beten – sie werden im Evangelienton gesungen und somit als Verkündigung verstanden – und ihre Verbindung mit der Kommunion ohne jedes Zwischenstück.[11]

Es gibt noch andere Liturgietypen, so zum Beispiel die *Schwedische Interimsmesse 1576(–1593)*[12]: Hier wird der herkömmliche Verlauf der Eucharistie mit einigen Umstellungen (Te igitur vor dem eucharistischen Dialog), dann aber mit epikletischem Gebet im Offertorium, mit Anamnese, modifiziertem Supplices und Nobis quoque sowie mit feierlicher Doxologie erkennbar. Kein Wunder, daß diese Messe als ›katholisierend‹ empfunden wurde.

---

7 WA 12,205ff.

8 Zu dieser Liturgiefamilie gehören vor allem Kurbrandenburg 1540 und Pfalz-Neuburg 1543 (mit epikletischem Gebet vor den verba testamenti), vgl. Schmidt-Lauber, Eucharistie, 116ff.216ff.

9 Braunschweig 1528, Hamburg 1529, Lübeck 1531, Pommern 1535 u.a., vgl. Schmidt-Lauber, Eucharistie, 114ff.212ff.

10 WA 19,72ff.

11 In der Dt. Messe 1526 wird sogar die Verschränkung von Rezitation und Kommunion für Brot und Kelch getrennt empfohlen, WA 19, 99. Diese Übung ist aber, vor allem bei größeren Kommunikantenzahlen, unpraktikabel und auch theol. problematisch, weil nicht durch das eschatologisch Neue, sondern durch den Stiftungsrahmen bestimmt, vgl. Dix, Shape, 48ff.

12 Vgl. Schmidt-Lauber, Eucharistie, 121ff.222ff.

Für den lutherischen Bereich bleiben bis in die Zeit der Auflösung der alten gottesdienstlichen Formen in der Aufklärung und im Rationalismus[13] und zum Teil weit darüber hinaus Bugenhagen und Brandenburg-Nürnberg prägend. Und in beiden Liturgiefamilien ist vom alten eucharistischen Gebet nicht mehr viel zu erkennen.
Auch die anderen reformatorischen Kirchen lassen die gleiche Tendenz erkennen, zum Teil noch viel radikaler. Bei *Zwingli*[14] sind nach Vermahnung, Vaterunser und einem Abendmahlsgebet um rechte Feier und würdiges Leben Einsetzungsbericht und Austeilung miteinander verbunden. Bei *Calvin*[15] steht zwischen Einsetzungsbericht und Kommunion eine Ermahnung zur Selbstprüfung und eine Abendmahlsbelehrung. Das anglikanische Book of Common Prayer steht bei *Cranmer* 1549 noch unter lutherischem, 1552 aber schon ganz unter calvinistischem Einfluß. Verba testamenti und Austeilung sind miteinander verbunden, aber erstere beschließen in relativischer Anknüpfung – also im Genus des Gebetes – ein Konsekrationsgebet.[16] Eine Besonderheit der anglikanischen Tradition ist die Verlegung von Vaterunser und Großem Gloria in die Danksagung nach der Kommunion.

Neue Theologie behindert durch mittelalterliche Praxis

Luther hat keine liturgischen Vorschriften hinterlassen. Seine Grundsätze für die Gestaltung des Gottesdienstes waren Freiheit, begrenzt durch das Liebesgebot, Ordnung und Einheit im überschaubaren Lebensraum. Er selbst wußte sich der Schrift und den Vätern verpflichtet. Wie ist es bei dieser Grundhaltung möglich gewesen, daß das altehrwürdige Eucharistiegebet der Kirche weitgehend verloren ging?
Man wird den Grund wohl in dem Mißverhältnis zwischen der neuen Theologie, die eine halbwegs intakte Überlieferung sehr wohl hätte beleben können, und der die alten liturgischen Strukturen nahezu hoffnungslos entstellenden und überwuchernden spätmittelalterlichen

13 Vgl. den Titel von Graff, Gesch. der Auflösung
14 Action oder bruch des nachtmahls, gedechtnus oder dancksagung, Zürich 1525, CR 91,1 ff.
15 La Forme des prières et chants ecclésiastique (Genf 1542), Ioannis Calvini Opera Selecta, hg. v. Peter Barth/Guilelmus Niesel, München 1952, II,11 ff.
16 Book of Common Prayer 1549/1552, 389

Praxis zu suchen haben. Es war eben bei der begrenzten liturgiegeschichtlichen Kenntnis der Zeit und auch der Reformatoren[17] kaum möglich, die durch zahlreiche Verformungen und Wucherungen entstellte »erste Schicht« zu erkennen und damit das gesunde Grundgefüge des Kanons, das eigentliche Dankgebet über den Gaben, das das neue Gottesvolk in der jüdisch-christlichen Tradition der großen *beraka* seinem Gott darbringt. Der Reformation fehlte der nötige Durchblick.[18] Abusus und Verfremdung der Messe waren so weitgehend, daß es zu der Zeit nicht möglich war, zur Tiefe und Weite der urchristlich-altkirchlichen Eucharistia durchzustoßen. Man vermag sich kaum vorzustellen, wie die Reformation in diesem Bereich verlaufen wäre, wenn die Gottesdiensterneuerung eines *Pius X.* und gar erst der Ertrag des Zweiten Vatikanischen Reformkonzils hätten eingebracht werden können. Wo hätte Luther dann gestanden?

So aber ist es »einfach eine Pflicht geschichtlicher Wahrhaftigkeit festzustellen, daß es den lutherischen Kirchen des 16. Jahrhunderts nicht gegeben worden ist, die ›Reformation‹ des Kanons so durchzuführen, daß die Verbindung mit dem Beten der ältesten Christenheit gewahrt worden wäre«[19].

Die neue Theologie hatte eine sehr kraftvolle Mitte: Es ging um die Rechtfertigung des Sünders allein aus Gnaden um Christi willen ohne eigene Werke. Das Volk wurde von der Kirche in Ungewißheit über das Heil gehalten, die Messe war überlagert von eigenen verdienstlichen Intentionen, mit denen man handeln konnte, die eucharistische Kommunion weitgehend außer Übung geraten. Luther hat den Priester umgedreht, er handelt nicht mehr vermittelnd für das Volk Gott gegenüber, sondern er ist zum Mund Gottes geworden, durch den das Volk den Freispruch des Evangeliums erfährt.

Reformatorische Liturgik mußte deshalb zuerst die in ihrer Zeit herrschende Meßopferlehre überwinden. Es geht im Gottesdienst, vor allem aber in der Eucharistie, nicht um ein Handeln der Gemeinde Gott gegenüber, das sich in Oblationsgebeten ausdrückt (sacrificium), son-

17 Die Reformatoren hätten »fast keine konkreten liturgiegesch. Kenntnisse« gehabt und deshalb im Kampf gegen vulgäre Entartungen auch »unveräußerliches altchristl. Gut« wie das zentrale Eucharistiegebet preisgegeben, Heiler, Liturg. Brückenschlag, 249. Vgl. auch Averbeck, Hochgebet, 19ff., bes. 25f.

18 Pascher, Eucharistia, 206ff.

19 Brunner, Ordnung des Gottesdienstes, 70

dern um das Handeln Gottes uns zugut, um ein beneficium. Die vielen Einschübe von Oblationen möglichst nahe an den Worten Christi, mit denen die Wandlung geschieht, hatten den Kanon so entstellt, daß es der Reformation nicht gelang, seine innere Einheit zu erkennen und ihn so umzuprägen, daß er Ausdruck des beneficiums werden konnte.[20] Der Kanon wurde radikal zusammengestrichen bis auf die verba testamenti, in denen die Worttheologie der Reformatoren ganz im Gefolge der westlichen Konsekrationstheologie die Garantie für die Einlösung der Verheißung Christi vorfand. Luther verstand die verba testamenti in einem dreifachen Sinn als *Einsetzungsworte,* die den Zusammenhang mit der Stiftung und Vollmacht Christi herstellen, als *Vollzugsworte,* die als Christi eigene Worte die eucharistische Gabe bewirken, und als *Testamentsworte,* die Verkündigung an die Gemeinde bedeuten.[21]

Diese Theologie bot einerseits einen sehr einfachen Schlüssel zur Lösung der Frage, was tut Gott, was müssen wir tun. Alles kommt auf Gottes Handeln in seinem Wort an. Unsere Antwort im Gottesdienst der Gemeinde und im Gottesdienst des Lebens ist immer nur Folge, nicht Begründung der Gabe und darf darum nicht in den Mittelpunkt der theologischen Interessen rücken.[22] Andererseits aber hatte diese Theologie eine fatale Auswirkung in der fast gänzlichen Verdrängung alles anderen eucharistischen Lobens, Danksagens und Bittens, also in dem Verlust des eucharistischen Gebetes. Die Reformation hat hier liturgisch keinen neuen Weg eröffnet, sie geht den im 4. Jahrhundert mit der Festlegung eines Konsekrationsmoments angelegten und im späten Mittelalter immer bedenklicher werdenden Weg römischer Engführung konsequent zu Ende. Bei der starken biblischen Orientierung der Reformation ist es unerklärbar, warum die Reformatoren nicht darauf gekommen sind, daß Christus nicht gesagt hat: »Solches sprecht zu meinem Gedächtnis«, sondern »Solches tut«, das heißt: Nehmt Brot und Wein, sagt Dank über ihnen in der christlich-jüdischen beraka-Tradition, die nun eine christologische Mitte hat, brecht das Brot und empfangt die gesegneten Gaben. Theologisch weist die Reformation nach vorn, liturgisch ist sie ganz mittelalterlicher Engführung verhaftet.

---

20 Vgl. Vajta, Theol. des Gottesdienstes, 43ff.; ferner Pahl, Hochgebet, 221ff.; dies., Abendmahlsgottesdienst, 60f.

21 Knolle, Luthers Reform, 88ff.

22 Vgl. Luthers Gottesdienstdefinition, s. oben S. 27

Dagegen haben die Reformatoren die unauflösliche Einheit von Einsetzungsworten und Kommunion und damit die Eucharistie als Gemeindefeier und Mahlgeschehen neu zur Geltung gebracht. Gottesdienst ist *actio ecclesiae*. Die Gemeinde wird wieder liturgiefähig. Die ihr gemäße Form ist die des Singens. So bekommt der reformatorische Choral eine liturgische Bedeutung bis hin zur Übernahme anamnetischer, epikletischer und doxologischer Funktionen. Ob hiermit allerdings das eucharistische Gebet des Liturgen, das durch die Gemeinde mit Akklamationen aufgenommen wird, überflüssig werden konnte und kann, ist höchst fraglich. Noch problematischer scheint die schon von Luther initiierte, allerdings keineswegs durchgängige Umwandlung der Präfation in eine Vermahnung zu sein und damit der Ersatz des Gebetes durch ein homiletisches Element. Obwohl die Reformation hier zunächst einfach dem mittelalterlichen Mißverständnis der Präfation als Vorrede[23] erlegen ist – der Kanon begann ja erst mit dem Te igitur –, zeigt die problemlose Richtungsänderung – hier Gott, dort die Gemeinde – jene Pädagogisierung des gottesdienstlichen Handelns an, die in späteren Generationen zum Verfall des gottesdienstlichen Lebens und zur Entfremdung der Gemeinde von der eucharistischen Praxis beigetragen hat.
Auf die gewissenhafte Vorbereitung auf den Sakramentsempfang hat die Reformation großen Wert gelegt, sie betrifft sowohl die Lehre, und ist insofern katechetisch bestimmt, als auch das Leben, und führt hier zur Absolution in der Beichte. Es ist aber nicht zu übersehen, daß in der evangelischen Gottesdienstgeschichte beide Motive häufig den eucharistischen Grundcharakter des Abendmahles zugunsten des Lehrhaften und der individuellen Buße beeinträchtigt haben bis hin zur Verkoppelung von Beichte und Abendmahl im Anschluß an den Wortgottesdienst. Der korporative Aspekt, die Festfreude, Danksagung und die eschatologische Dimension sind der evangelischen Frömmigkeit deshalb oft ferngerückt, das Eucharistiegebet in der Gemeindefeier und die

23 Schon die gallischen Liturgien unterscheiden die Präfation als Vorrede oder Einleitung vom Hauptgebet, Jungmann, Miss. soll. II, 128–133. Albertus Magnus († 1280) versteht die Präfation als Vorrede zwecks öffentlicher Belehrung des Volkes über die Erhabenheit des Sakramentes, de sacrificio missae 3,1, op. omnia, hg. v. Borgnet, 38,81; vgl. Meßner, Meßreform, 84f. Von daher kommt Luther zu der Deutung: »Praefacio, quam latine ibi inceptam puto 'Dominus vobiscum, Sursum corda' etc., vnde & praefacio dicitur, Sic germanice dici potest: Allerliebsten freunde ynn Christo! Ihr wisset …«, Brief an Nikolaus Hausmann (26.3.1525), WA.B 3, 462.

selbständige Beichte an ihrem eigenen Ort könnten beiden zu ihrem Recht verhelfen.[24]

Endlich ist das Prinzip »quanto uicinior et similior primae omnium Missae, quam Christus in caena fecit, tanto Christianor«, das Ideal der »ersten Messe Christi« und des »simplicissimus usus«[25] hier zu erwähnen, nach dem vor allem Luther die liturgische Ordnung ausgerichtet wissen wollte. Hier tauchen für das kritisch-historische Bewußtsein ganz erhebliche Fragen auf: Ist das Stiftungsmahl die erste Messe gewesen oder das Mahl nach der Auferstehung? Ist der Stiftungsrahmen noch verbindlich, wenn Christus mit Brot und Wein nebensächliche Dinge herausgreift und ein ganz neues Mahl stiftet? Hat die junge Kirche nicht eine sachgerechte theologische Entscheidung getroffen, wenn sie von Anfang an, soweit es die Quellen erkennen lassen, die beiden Handlungen mit Brot und Kelch zusammengezogen und aus sieben Akten vier gemacht hat?

Erinnerungen an das Eucharistiegebet und Neuansätze im 19./20. Jahrhundert

Trotz der reformatorischen Konzentration auf die verba testamenti und ihrer Isolierung im liturgischen Geschehen hat es von Anfang der protestantischen Liturgiegeschichte an vereinzelte Zeugnisse einer Erinnerung an die eucharistische Dimension des Abendmahls gegeben. Zunehmend ist auch die Präfation wiedergewonnen, die von der Vermahnung verdrängt zu werden drohte. Und der reformatorische Choral, gerade aus Luthers Feder, darf nicht vergessen werden.[26]

Die Präfation hat im 16. Jahrhundert gelegentlich eine Neufassung

24 VELKD und EKU stellen das Confiteor an den Anfang des Gottesdienstes, andere Kirchen eine ausführliche Beichte vor das Abendmahl (z.B. Österreich). Da sowohl Beichte wie Abendmahl Vergebung zum Inhalt haben, könnten Abendmahl als Beichtdoublette (et vice versa) oder gar Beichte als Vorleistung mißverstanden werden.

25 De captivitate Babylonica 1520, WA 6,523 u.ö.

26 »Das deudsch Sanctus« zur Elevation wird ausdrücklich anamnetisch verstanden, WA 19,99ff. Der »Lobgesang von dem Leib und Blut Christi Gott sei gelobt« enthält Lobpreis, anamnetische Elemente (Dabei wir sein solln gedenken) und epikletische (Gott geb uns allen seiner Gnade Segen; Herr, dein Heilig Geist uns nimmer laß), EG 210,2.3

erfahren, die zum Teil die herkömmliche Knappheit lateinischer Formulierungen verläßt, aber auch belehrenden Charakter trägt (Cölner Reformation 1543) oder Bibeltexte meditiert (*Grubenhagen* 1581 und *Spangenbergs* Kirchengesangbuch 1545).[27] Für die Anamnese finden sich im Reformationsjahrhundert nur drei eindeutige Beispiele: in der Wormser Deutschen Messe um 1524, die weite Teile des Kanons unter Ausmerzung des römischen Opfergedankens, Auslassungen und Neuformulierungen übernimmt und ein bedeutsamer Versuch der Reform der römischen Liturgie ist[28], in der Schwedischen Interimsmesse mit starker Erweiterung und reformatorischer Ausrichtung der römischen Anamnese[29] und im Book of Common Prayer von 1549, wo die neu bearbeitete Anamnese noch übergeht in das Lob- und Dankopfer, das die Selbstdarbringung einschließt und ab 1552 in dem Dank nach der Kommunion wiederzufinden ist.[30] Für das epikletische Gebet finden sich auch einige Beispiele, vor den Einsetzungsworten (*Kantz* 1522, Straßburg und Worms 1524, Pfalz-Neuburg 1543 und Book of Common Prayer 1549) und dann auf die Elemente gerichtet, aber auch als Bitte um Heiligung der Gläubigen an anderer Stelle (Österreich 1571 – über Danzig 1708 später weit verbreitet –, Frankfurt/Main 1589), wobei letztere – wie *Cranmers* Epiklese 1549 – ausdrücklich um den Geist bitten, was die römische Restepiklese Quam oblationem tunlichst vermeidet.[31] – Die Entwicklung ist weitergegangen. Schon 1637 führt die schottische Episkopalkirche Cranmers 1552 unterdrückte Geistepiklese wieder ein, und zwar an der klassischen Stelle nach Einsetzungsworten und Anamnese[32]: Die Erinnerung an das altkirchliche eucharistische Beten ist wach geblieben und die Verbindung zur orthodoxen Tradition neu geknüpft.

---

27 Texte bei Pahl, Hochgebet, 232f.

28 Brunner, Wormser dt. Messe, 152. Statt »offerimus hostiam puram« heißt es: wir »da mit anbieten vnser demütiges gebet/daruff du mitt genedigem gütigem angesicht schawen vnd dir das gefallen lassest durch Jesum Christum vnsern herren«, ebd. Beilage, 19.

29 »Eundem Filium tuum ... scutum, et umbraculum nostrum contra iram tuam, contra terrorem peccati et mortis nobis praepositum fide amplectimur tuaeque praeclarae majestati humillimis nostris precibus offerimus«, vgl. Schmidt-Lauber, Eucharistie, 123.224f.

30 Book of Common Prayer 1949, 223; 1662, 276f.

31 Vgl. Pahl, Hochgebet, 239ff.

32 Ebd. 241

Der eigentliche Neuansatz aber erfolgt im 19. Jahrhundert. Es sind die entscheidenden Impulse sowohl aus der Exegese – das *εὐχαριστήσας/εὐλογήσας* der verba testamenti wurde entdeckt – als auch aus der Begegnung mit der Orthodoxie gekommen. Noch in der Aufklärung sucht Georg Friedrich *Seiler* († 1807 in Erlangen) den eucharistischen Charakter des Abendmahls hervorzuheben und das altchristliche Abendmahlsgebet im Sinne einer Anamnese zu erneuern.[33]

Der Neuendettelsauer Pfarrer Wilhelm *Löhe* gibt 1853 der zweiten Auflage seiner ursprünglich für lutherische Gemeinden in Amerika verfaßten »Agende für christliche Gemeinden des lutherischen Bekenntnisses« als Anhang einen Teil aus der ägyptischen Anaphora des *Basilius von Caesarea* bei zu dem »Nachweis, wie eng Präfation, Sanktus und Testamentsworte zusammengehören«[34] – ein hochbedeutsamer Vorgang, da hier »zum ersten Male im Luthertum die Einheit der Eucharistie erkannt (ist), welche mit dem ›Sursum corda‹ beginnt und über die Einsetzungsworte hinausreicht«[35]. Löhe übernimmt hieraus leicht verändert folgenden Text in seine »Gemeindedienstordnung des evangelisch-lutherischen Diakonissenhauses«:

> »L: Sooft ihr von diesem Brot esset und von diesem Kelch trinket, sollt ihr des Herrn Tod verkündigen, bis daß Er kommt.
>
> G: Deinen Tod verkündigen wir, o Herr, und Deine Auferstehung bekennen wir.
>
> L: Wir feiern das Gedächtnis Deiner Leiden, Deines Todes, Deiner Auferstehung von den Toten, Deiner Auffahrt über alle Himmel, Deines Sitzens zur Rechten der Majestät in der Höhe und Deiner Wiederkunft, der schrecklichen, zu richten die Lebendigen und die Toten.
>
> G: Betet an Den, der da kommt, mit Furcht und Zittern.«[36]

Der Dorpater (zeitweilig Erlanger) Praktische Theologe Theodosius *Harnack* entnimmt dem Schriftbefund die Forderung einer Eulogie, die »ein in der Form und mit der Absicht des Segnens gesprochenes Dankgebet« ist, und macht damit die Spannung zur Konsekration deutlich, die »nach uralter Sitte durch feierliche Recitation der verba testamenti« erfolgt. Sein eigener Entwurf enthält dann auch nach Präfa-

33 Ottfried Jordahn, G. F. Seiler, 50

34 Löhe, Agende, 81 ff.

35 Goltzen, Eucharistie, 104

36 Löhe, Gemeindedienstordnung, 112f.

tion und Sanctus ein Postsanctus »Ja fürwahr heilig bist Du, heilig ist auch Dein Sohn, unser Herr und Heiland, der mit Einem Opfer in Ewigkeit vollendet hat, die geheiligt werden. Darum sagen wir Dir Dank und handeln nach seiner Verordnung: Denn in der Nacht...« Es folgen die alte Anamnese und dann eine Epiklese als »Weihegebet« nach dem Vorbild von Pfalz-Neuburg 1543, aber erweitert, aus der Christusanrede in die Anrede des Vaters übertragen und vor allem nicht mehr vor die Einsetzungsworte, sondern nach östlicher Tradition hinter sie gesetzt.[37]

In dieser Zeit nimmt die liturgiegeschichtliche Forschung einen ungeahnten Aufschwung und erfaßt viele Länder und Konfessionen. Die amtlichen Agenden bleiben aber, soweit es sich um das eucharistische Gebet handelt, mit wenigen Ausnahmen[38] noch unberührt, größere Revisionsversuche scheitern.[39] Bis zum Zweiten Weltkrieg bleibt das eucharistische Gebet Sache der Theologen[40] und liturgischen Bewegungen wie der (hochkirchlichen) »Evangelisch-ökumenischen Vereinigung des Augsburgischen Bekenntnisses« vor allem unter Friedrich *Heiler*[41],

---

37 Harnack, Prakt. Theol. I, 444.443.630f.

38 Die kath.-apostolische Liturgie geht mit Offertorium, ausführlicher Präfation, Vaterunser, jeweils vor Brot und Kelchwort gesprochener Epiklesenbitte und »Opfergebet« genannter Anamnese einen eigenen Weg, Tschiersch, Liturgie, 10ff.

39 Z. B. The Book of Common Prayer proposed in 1928; anders: The Scottish Prayer Book 1929

40 Kattenbuschs Erkenntnisse zur Darbringung, Messe, 673; Lietzmanns Nachweis der einheitlichen Hochgebetsstruktur und der Nähe Hippolyts zu Paulus, Messe und Herrenmahl, 181 u.ö.; Ottos Deutung des Abendmahls als »sakrale Anamnesis«, in der Gottes Heilstat neu Gegenwart wird, Reich Gottes, 239ff. u.ö. Dagegen Graff: »Wir müssen eingestehen, daß die Schöpfung einer wirklich ev. Gottesdienstordnung ... auch in ihren Anfängen eine bis jetzt ungelöste Aufgabe ist. ... Die luth. Gottesdienstordnung ist nur die ›Ruine eines Gottesdienstes‹«, Gesch. der Auflösung, I,10ff. Vgl. zum Ganzen Averbeck, Hochgebet, 24f.

41 Heilers Eucharistiefeier (1931) blieb mit breitem Offertorium, Weihrauch, Opfergebet, Präfation/Sanctus, Epiklese, verba testamenti, Anamnese, Gedächtnis der Heiligen, Fürbitten f. Lebende und Verstorbene und eschatol. Ausblick stark an der röm. Messe orientiert und der prot. Umwelt fremd. Seine Dt. Messe (1939) war schon straffer und selbständiger gegenüber dem Missale Romanum: Danksagung mit Sanctus, Postsanctus, verba testamenti, Anamnese und Epiklese folgen den heutigen Vorstellungen, blieben jedoch wegen des überladenen Zeremoniales ohne breitere Wirkung.

der aus der Berneuchener Bewegung entstandenen »Evangelischen Michaelsbruderschaft« mit Karl-Bernhard *Ritter* und Wilhelm *Stählin*[42], der anglo-katholischen Gruppen und zunehmend von Communitäten wie Taizé mit Roger *Schutz*. Wenn man im deutschen evangelischen Raum von einer älteren liturgischen Bewegung sprechen konnte, die im Rückgriff auf Schleiermachers Gottesdienstanschauung und den Kulturprotestantismus den Gottesdienst modern, andächtig und anthropozentrisch gestalten wollte[43], so muß um so mehr die jüngere liturgische Bewegung Würdigung finden, die neben den schon erwähnten Erneuerungsbewegungen und Theologen vor allem durch einen breit fundierten theologischen Neuansatz bestimmt ist. Systematiker wie Paul *Althaus*, Karl *Barth*, Götz *Harbsmeier* und vor allem Peter *Brunner* mit seinem grundlegenden Werk »Zur Lehre vom Gottesdienst der im Namen Jesu versammelten Gemeinde«[44], Exegeten wie Ernst *Lohmeyer* und Oscar *Cullmann*, Liturgiewissenschaftler wie Leonhard *Fendt*, Gerhard *Kunze* und Christhard *Mahrenholz* und Hymnologen wie Konrad *Ameln* und Walter *Blankenburg* brachten nach dem Zweiten Weltkrieg ein umfangreiches Reformwerk in Gang, in dem – parallel zu dem Wirken ähnlicher liturgischer Bewegungen in vielen anderen Ländern und zunehmend durch ökumenischen Austausch befruchtet – das eucharistische Gebet ganz neu entdeckt und zumindest in Teilen der evangelischen Kirchen wieder heimisch wurde.

42 Die Ordnungen der Ev. Michaelsbruderschaft sind langsam herangereift zu einer viel beachteten Privatagende: Die erste Ordnung der dt. Messe (1926) bettete, jugendbewegt unbekümmert agierend, die verba testamenti einschließlich Anamnese in einen größeren Zusammenhang ein. ²1937 läßt den Herrenworten Anamnese, Epiklese, Elevation und fractio panis folgen mit der Bitte »Ja, komm, Herr Jesu!«. Ritters Eucharistische Feier (1961) zeigt dann mit Präfation/Sanctus, kurzem Postsanctus, Einsetzungsworten (noch ohne Akklamation), Anamnese, Epiklese, fractio panis, Maranatha, Vaterunser, sanctum sanctis und Agnus Dei die Verwurzelung in der westlichen wie Berührung mit der östlichen Tradition und Zugang zum Opferverständnis der ökum. Dialoge.

43 Friedrich Spitta (+1924) und Julius Smend (+1930), Monatsschr. f. Gottesdienst und kirchl. Kunst (ab 1895), ferner Arper/ Zillesen, Kirchenbuch, (1910ff.), Friedrich Niebergall (+1930) u.a.

44 mit dem kühnen Entwurf einer Abendmahlseulogie, Leit. I,360f.

Der Durchbruch zur ökumenischen Gemeinsamkeit im Eucharistiegebet

Der Großteil der evangelischen Christenheit Deutschlands hat 1955 mit der Agende I für Evangelisch-Lutherische Kirchen und Gemeinden für den Bereich der Vereinigten Kirche[45] und 1959 mit der Agende I für die Evangelische Kirche der Union für deren Bereich[46] neue und weitgehend gleiche Gottesdienstordnungen erhalten. Dies ist das kaum zu unterschätzende Ergebnis einer intensiven Zusammenarbeit der verschiedenen Liturgischen Konferenzen und Ausschüsse gewesen, die bis in das Jahr 1925 (Niedersachsen) zurückgehen und 1947 unter Christhard *Mahrenholz* zu der Lutherischen Liturgischen Konferenz Deutschlands zusammengefaßt wurden. Während die Agende der Union mit ihrer »Ersten Form« ein Eucharistiegebet in der traditionell westlichen Grundstruktur nach Brandenburg-Nürnberg (Vaterunser/ Pax nach den Einsetzungsworten) und mit fakultativem Postsanctus-Gebet aus Anamnese, Kommunionepiklese und eschatologischer Bitte anbietet[47], gibt es in der Lutherischen Agende nach Präfation/Sanctus zwei Alternativen: Die – wahrscheinlich immer noch überwiegend gebrauchte – Form A folgt der Wittenberg/Bugenhagenschen Reduktion des Eucharistiegebetes auf Vaterunser und Einsetzungsworte, denen unmittelbar die Kommunion folgt. Die Form B stellt das alte Eucharistiegebet wieder her, soweit es damals erreichbar war[48], mit fakultativem Postsanctus einschließlich einer Kommunionepiklese[49], Einsetzungsbericht mit dem für lutherische Theologie typischen Neueinsatz ohne relativische Anknüpfung und ohne Einfügung in das

45 Das dt. Luthertum erhält erstmals eine gesamtkirchliche Agende.

46 Die Preußische Agende von 1895 wird hierdurch abgelöst.

47 Die »Andere Form« gibt den ref. Gemeinden der Union oberdeutsche Traditionen an die Hand (Einsetzungsbericht oder Vermahnung, Bereitungsgebet, Vaterunser). – Das Postsanctus der »Ersten Form« entstammt fast wörtlich dem Entwurf der Luth. Agende I von 1951.

48 Vgl. Mahrenholz, Kompendium, 104ff. – Heftige Kritik vom reformatorischen »sola fide« her äußerte Nagel, Rechtfertigung, 530f.

49 »(Wo die Ordnung der Gliedkirche dies gestattet, betet der Liturg in unmittelbarem Anschluß an das Sanctus: Gelobet seist du, Herr des Himmels und der Erde, daß du dich über deine Geschöpfe erbarmt und deinen eingeborenen Sohn in unser Fleisch gesandt hast. Wir danken dir für die Erlösung, die du uns bereitet hast durch das heilige, allgenugsame Opfer seines Leibes und

Hochgebet, sowie ebenfalls fakultativer Anamnese, eschatologischer Bitte und doxologischem Beschluß. Vaterunser und Friedensgruß sind der Kommunion als Vorbereitung zugeordnet.
Man muß sich die Bedeutung dieser Agenden vor Augen halten: Erstmalig wird die Verbindung mit dem eucharistischen Beten der alten Kirche wiederhergestellt – im Stammland der Reformation! Diese Entwicklung ist weitergegangen. Die Gebete 1979 stellen im Vorgriff auf die zweite Liturgiereform fünf Eucharistiegebete zur Verfügung:
Bei allen ist die fakultative Einschränkung aufgehoben und die Anamneseakklamation »Deinen Tod, o Herr, verkünden wir, und deine Auferstehung preisen wir, bis du kommst in Herrlichkeit« aufgenommen. B 1 stellt eine sprachliche Anpassung und leichte Erweiterung der ursprünglichen Form B dar. In B 2, 4 und 5 ist die Epiklese an ihren eigentlichen Ort nach den verba testamenti im Anschluß an die Anamnese zurückgekehrt. B 2 schließt das Eucharistiegebet mit dem urchristlichen Maranatha, das die Gemeinde aufnimmt mit ihrer zweiten Akklamation »Amen, ja komm, Herr Jesu«. B 3 formt die Anrede in Aussagen und und führt den Diakon ein. B 4 gibt eine Kurzform und B 5 ist ein Eucharistiegebet ohne Präfation und Sanctus.
Die völlige Einbettung der verba testamenti in das eucharistische Gebet ist bei dieser Revision aber noch aus Rücksicht auf die dezidierte

---

Blutes am Stamme des Kreuzes. In seinem Namen und zu seinem Gedächtnis versammelt, bitten wir dich, Herr: sende herab auf uns den Heiligen Geist, heilige und erneuere uns nach Leib und Seele und gib, daß wir unter diesem Brot und Wein deines Sohnes wahren Leib und Blut im rechten Glauben zu unserem Heil empfangen, da wir jetzt nach seinem Befehl sein eigen Testament also handeln und brauchen:) Unser Herr Jesus Christus ... zu meinem Gedächtnis.
(Wo die Ordnung der Gliedkirche dies gestattet, betet der Liturg im Anschluß an die Einsetzungsworte: Also gedenken wir, Herr, himmlischer Vater, des heilbringenden Leidens und Sterbens deines lieben Sohnes Jesu Christi. Wir preisen seine sieghafte Auferstehung von den Toten und getrösten uns seiner Auffahrt in dein himmlisches Heiligtum, da er, unser Hoherpriester, uns immerdar vor dir vertritt. Und wie wir alle durch die Gemeinschaft seines Leibes und Blutes ein Leib sind in Christo, so bringe zusammen deine Gemeinde von den Enden der Erde, auf daß wir mit allen Gläubigen das Hochzeitsmahl des Lammes feiern mögen in seinem Reich. Durch ihn sei dir, allmächtiger Gott, im Heiligen Geiste Lob und Ehre, Preis und Anbetung jetzt und immerdar und von Ewigkeit zu Ewigkeit. G: Amen.)«
Den Texten sind Noten beigegeben, die Singbarkeit des ganzen Hochgebets unterstreicht seine Einheit, Luth. Agende I (1955) 70* ff.

lutherische Konsekrationstheologie unterblieben[50], auch wird der Opferterminus noch zurückhaltender gebraucht, als es der Stand der systematischen Diskussion, besonders der bilateralen Gespräche, zulassen würde.[51]

Ähnliche Entwicklungen der Wiederentdeckung des eucharistischen Gebetes können in den protestantischen Kirchen nahezu aller Länder beobachtet werden. Zum Teil sind sie viel unbefangener im Aufnehmen der Impulse, die Forschung und Praxis anderer Kirchen, besonders der römischen, in die Ökumene hineingeben. Die meisten nicht zur VELKD und EKU gehörenden deutschen Kirchen wie Baden, Kurhessen-Waldeck, Oldenburg, Pfalz sind mindestens in einzelnen Formularen zum eucharistischen Gebet gekommen.[52] Die deutschsprachigen reformierten Kirchen der Schweiz haben in ihrer »Liturgie« seit 1983 mehrere Eucharistiegebete nach der altkirchlichen wie abendländischen Überlieferung.[53] Die französische reformierte Kirche verabschiedete schon 1946 ein Abendmahlsgebet mit Präfation, verba testamenti und ausgesprochener Anamnese und Epiklese[54], während die Communauté de Taizé ganz unbekümmert Epiklese, mémorial, Darbringung mit Wendungen, die von Christi wie von unserem Opfer sprechen, Invocation und Doxologie in alten wie neuen Gedanken zum Ausdruck zu bringen pflegt.[55] Diese Reihe könnte beliebig fortgesetzt werden.[56]

Zwei bedeutsame Editionen scheinen aber besondere Aufmerksamkeit zu verdienen. 1978 ist das amerikanische Lutheran Book of Worship erschienen, das vier Hochgebete bietet: IV nimmt *Hippolyt* auf, und zwar ganz ursprünglich ohne Sanctus. I und II folgen dem ökumenischen Brauch und können in einzelnen Teilen wechselseitig ausgetauscht werden, das Postsanctus knüpft an das Heilig an, der Einsetzungsbericht wird durch I Kor 11,26 (in 1. Person Plural) ergänzt, worauf die Gemeinde akklamiert »Christ has died. Christ is risen. Christ will come again«, Anamnese und Epiklese werden jeweils mit »Amen. Come,

50 Sie findet sich aber schon in der Arbeitshilfe der EKU/DDR, 93.
51 Vgl. Herrenmahl, 35ff.85ff.101ff.; Schürmann, Eucharistiefeier, 406ff.
52 Vgl. Alfred Niebergall, Abendmahlsfeier, 315f.; ders., Agende, 2,70ff.
53 Liturgie , Bd. 3 Abendmahl (1983), bes. Formular I (147ff.) und II (164ff.)
54 Vgl. Goltzen, Eucharistie, 128
55 Eucharistie à Taizé, 48ff.
56 Zur weiteren Information: Bergsma, Eucharistic Prayer, 177ff.; Kraft, Gratias agamus, 154ff.; ders. Gratiarum actio, 178ff.

Lord Jesus« aufgenommen, die eschatologische Bitte um Einheit mit der Doxologie. III endlich ist ein kürzeres Gebet ohne Gemeindeakklamationen, bei der Epiklese fällt der deutlichere Bezug auf die Elemente auf »to bless us, your servants, and these your own gifts«, aber dann heißt es, »that we... may be filled«. Die theologische Position ist klar und interessant: Die Epiklese folgt den Einsetzungsworten, aber sie ist keine unmittelbare Wandlungsbitte, sondern bringt einen Aspekt der Eucharistie zum Ausdruck. Hier wird Accra/Lima spürbar.[57]

Dann ist 1980 das neue Book of Common Prayer erschienen, das die letzte Ausgabe von 1662 ablösen sollte. Aber hier hat man nicht gewagt, jetzt schon definitive Texte zu verabschieden. Dieses Buch wurde zunächst für zehn Jahre als The Alternative Service Book autorisiert.[58] Im Ritus A werden vier Eucharistiegebete angeboten, die alle die Anamnesenakklamation »Christ has died...« bringen und den gleichen Aufbau zeigen: Präfation, Sanctus, fakultativ auch Benedictus, Postsanctus mit Bitte um Annahme des Lobpreises und Epiklese »these gifts of bread and wine may be to us his body and his blood«. Der Einsetzungsbericht ist mit relativischer Anknüpfung eingefügt und wird mit der Gemeindeakklamation beantwortet. Der Anamnese folgt eine Bitte um Annahme des Dienstes/Dankopfers und Erneuerung. Das Gebet schließt mit einer Doxologie. I und II sind Varianten zueinander, III ist stark an *Hippolyt* ausgerichtet, IV nimmt die Inhalte der anglikanischen Tradition auf. Da 1662 keine Anamnese kennt und den Lobpreis mit Selbstdarbringung in den Kommuniondank verlegt, ist interessant, daß hier beides in das Hochgebet gelangt und überhaupt mehrfach von »accept« und »our sacrifice« die Rede ist. Der Ritus B kennt zwei Danksagungsgebete, im Rahmen des neuen Aufbaus eng an die Tradition angelehnt und ohne Gemeindeakklamationen.[59] Das Alternative Service Book spiegelt die jahrzehntelange Diskussion um ein neues Prayerbook wider und versucht die Eigenart der anglikanischen Tradition aufzunehmen, sowohl »Protestant« als auch »Catholic« zu sein.

In der Erneuerten Agende (Vorentwurf 1990), in der das Ergebnis der jüngsten Liturgiereform – der zweiten nach dem letzten Krieg – den

57 Lutheran Book of Worship 1978, 221ff. u.ö.

58 The Alternative Service Book, 1291. Entsprechende regionale Editionen erschienen in aller Welt.

59 Ebd. 130ff.190ff.

Gemeinden und dann den Entscheidungsgremien vorgestellt wird[60], ist das Eucharistiegebet zumindest gleichberechtigte Alternative neben der Reduktion der Abendmahlsliturgie auf Einsetzungsbericht und Austeilung, wie sie einem Teil des Luthertums seit Luthers Deutscher Messe (1526) eigen ist. Es werden aus den sich der Ökumene heute erschließenden alten Liturgietraditionen stammende Eucharistiegebete wie neue Impulse dargeboten, und die bislang sorgsam bedachte Abgrenzung – man ist im liturgiewissenschaftlichen Kontext versucht zu sagen: Isolierung – der Herrenworte von allem anderen Beten im Abendmahl wird kaum mehr eine Rolle spielen. Sie ist ein überholtes Theologoumenon, das heutiger Exegese und systematischer Reflexion nicht mehr standzuhalten vermag. Aber sie wird nicht einfach ausgeschieden, sondern bleibt als eine Variante in der Agende.
Ohne Frage gehört die Zukunft dem Eucharistiegebet.

60 Vgl. unten S. 111 ff.

Gottesdienst und Recht in der reformatorischen Tradition

Die Bedeutung des Gottesdienstes für die Kirche und die Begründung des Kirchenrechts im Gottesdienst

Nach dem Augsburgischen Bekenntnis ist Kirche die *congregatio sanctorum, in qua evangelium pure docetur et recte administrantur sacramenta* (CA VII). Die Reformation sieht damit die Kirche im Gottesdienst, genauer der Eucharistie (und der Taufe) als dem Ort verwurzelt, an dem sie ihr Leben empfängt und an dem es aktualisiert wird. Nicht Organisationen, Ämter oder gar Gebäude sind im eigentlichen Sinne Kirche, sondern im Zusammenkommen der Gemeinde zum Hören des Wortes und zum Empfang der Gaben Gottes tritt das Wesen der Kirche am deutlichsten zutage.

Diesem hohen Anspruch scheint die gottesdienstliche Wirklichkeit in den evangelischen Kirchen nicht zu entsprechen. In der Regel ist der Gottesdienstbesuch schwächer als in römisch-katholischen Kirchen, das Herrenmahl gehört nicht überall zur Feier des sonntäglichen Hauptgottesdienstes, und manche Gemeinden scheinen dem Gottesdienst einen geringeren Stellenwert beizumessen als anderen gemeindlichen Aktivitäten. Das aber nun als typisch evangelisch zu bezeichnen, wäre ein verhängnisvoller Irrtum, bei dem die Empirie an die Stelle theologischer Kriterien tritt. Kirche auf Erden ist *ecclesia semper reformanda,* die aus dem Zustand des Abirrens und Zurückbleibens immer neu zum Zentrum gerufen werden muß. Erneuerung aber ist geistliches Geschehen, über das nicht verfügt werden kann. Deshalb sollten die Kirchen im ökumenischen Gespräch weniger auf den Zustand schauen, in dem sich der jeweilige Gesprächspartner befindet, erst recht nicht ihm diesen vorhalten, sondern vielmehr an die Grundlagen erinnern, die gemeinsamen wie die jeweils besonderen. Damit braucht das Theorie-Praxis-Problem noch keineswegs ausgeklammert zu sein, wohl aber wird die sachgemäße Relation gesucht werden müssen. Sonst könnte es sein, daß sich das Proprium von dem Gebotenen zu dem allseits Erwarteten verlagert und daß damit die Kirche ihren Auftrag preisgibt, um Wirkung zu erzielen, Ansehen zu gewinnen und Macht zu besitzen.

Der zentralen Bedeutung des Gottesdienstes für das Leben der Kirche entspricht es, daß ein evangelisch verstandenes Kirchenrecht heute in der Regel vom Gottesdienst her begründet wird.[1] »Den besten Ansatz für alles rechte Verständnis evangelischen Kirchenrechts bedeutet der Gottesdienst als Mittelpunkt des Lebens einer christlichen Gemeinde.«[2] Müssen Gottesdienst und Recht in enger Beziehung zueinander gesehen werden, dann stellt sich aber die Frage nach der Weise, wie die im Gottesdienst aktualisierte Kirche und das Recht sich zueinander verhalten.

Die Reformation hat bekanntlich die Gesetzlichkeit der damaligen römischen Kirche und ihr kanonisches Recht zum Gegenstand scharfer Angriffe gemacht, weil und insofern sie dem Evangelium zuwiderlaufen und die Gewissen beschweren. Obwohl wir heute aus dem historischen Abstand heraus und im neuen gemeinsamen Hinhören auf die Schrift einen kirchentrennenden Unterschied zwischen der Rechtfertigungslehre der Reformation und der des Tridentinums nicht mehr zu erkennen vermögen, bleibt der Canon 21 des tridentinischen Dekrets über die Rechtfertigung[3] der evangelischen Theologie unannehmbar. Die Schlußfolgerung, das Kirchenrecht sei der Kirche von Christus eingestiftet »und gehöre daher in ihren Kernbereich«[4], verzeichnet das Wesen der Kirche und gefährdet ihr Leben durch normativ-positivistisches Denken, das sich besonders im Bereich des Gottesdienstes destruktiv auswirkt.

Auch eine zweite Lösung scheint nicht haltbar zu sein, die von der grundsätzlichen Verschiedenheit der Kirche, deren Wesen geistlich sei, und des Rechts, dessen Wesen weltlich sei, ausgeht und die man die additive Auffassung vom Wesen des Kirchenrechts genannt hat. Rudolph *Sohm* hat die Vereinbarkeit von Kirche und Recht grundsätzlich bestritten, wobei er sicher Kind seiner Zeit war, in der die Ablösung des landesherrlichen Kirchenregiments betrieben wurde und zugleich

---

1 Dombois, Recht der Gnade I, bes. 39ff.; Barth, Ordnung der Gemeinde, bes. 35f.40ff.57ff; Wolf, Ordnung der Kirche, bes. 513ff. 526ff.; vgl. auch Schwarz, jus liturgicum, 1ff.

2 Stein, Kirchenrecht, 37

3 Si quis dixerit, Christum Jesum a Deo hominibus datum fuisse ut redemptorem, cui fidant, non etiam ut legislatorem, cui obediant: an: s., DS 1571

4 Vgl. Stein, Kirchenrecht, 12

der Rechtsbegriff vom Streben nach Macht und Durchsetzung bestimmt, also staatlich-polizeilich vorbelastet war.[5]

Recht kann aber auch funktional verstanden werden und dann sowohl von dem Wesen der Kirche her bestimmt werden als auch auf den besonderen Regelbereich ausgerichtet sein. Solch ein konsekutives Kirchenrechtsverständnis, das als »brüderliches Recht, (als) Dienstrecht«[6] *non vi sed verbo* wirksam wird, ist dem Gottesdienst angemessen. Recht des Gottesdienstes bleibt dabei wie alles Kirchenrecht »menschliches Recht, von Menschen für Menschen eingesetzt und daher von seiner Funktion her zu verstehen und zu beurteilen«. »Evangelische Gottesdienstordnung will dazu helfen, daß Jesus Christus nach der Heiligen Schrift öffentlich bezeugt wird und die ökumenische Gemeinschaft der Christen mit Christus und untereinander zu ihrem geordneten Ausdruck kommt.«[7]

Hans *Dombois* hat die Grundstrukturen des evangelischen Kirchenrechts, die dann für die Eigenart des liturgischen Rechts besondere Bedeutung erlangen, mit den beiden Begriffspaaren *traditio/receptio* und *ordinatio/jurisdictio* umschrieben[8], die Albert *Stein* zu Auftrag/Dienstgemeinschaft und Sendung/Aufsicht modifiziert und durch ein drittes Begriffspaar ergänzt, das sich für die Eigenart evangelischen Umgangs mit der Liturgie als besonders erhellend erweisen wird: Regel und Ausnahme.[9]

Der theologische Ort der gottesdienstlichen Gestalt

Wie jedes Miteinander von Menschen bedarf auch der Gottesdienst der im Namen Jesu versammelten Gemeinde einer konkreten Gestalt.[10] Theologisch verantwortetes Gottesdienstrecht wird deshalb auch und besonders nach der Liturgie fragen müssen. Die Reformation hat auf diese Frage eine eindeutige Antwort gegeben, die sich auf urchristlich-

---

5 Vgl. ebd. 13ff.
6 Von Tiling, Geltung, 177
7 Stein, Kirchenrecht, 15.37
8 Dombois, Recht der Gnade I,815ff.
9 Stein, Kirchenrecht, 43f.
10 Brunner hat den Terminus »Die Unentrinnbarkeit der Gestalt« geprägt, Lehre vom Gottesdienst, 269

altkirchliche Übung berufen kann: Gottesdienstliche Ordnungen sind weder heilsnotwendig noch müssen sie um der Einheit der Kirche willen überall gleichförmig sein: *ad veram unitatem ecclesiae satis est consentire de doctrina evangelii et de administratione sacramentorum. Nec necesse est ubique similes esse traditiones humanas seu ritus aut cerimonias ab hominibus institutas* (CA VII).

Liturgiegeschichtlich ist die Fixierung der Form und dann die regionale wie überregionale Vereinheitlichung immer Zeichen einer späteren Entwicklung. Erst nach Luthers Tod hat die lateinische Kirche in dem vom Tridentinum veranlaßten Missale Romanum Pius' V. von 1570 erstmalig eine Einheitsliturgie erhalten, und auch diese nur unter Ausnahme derjenigen örtlichen Traditionen, die sich auf eigenes, mindestens zweihundertjähriges Brauchtum berufen konnten. Gregor der Große, der für die Entwicklung der Liturgie eine so wichtige Bedeutung hatte, konnte noch sagen: *in una fide nil officit ecclesiae consuetudo diversa.*[11] Dem zentralistischen Einheitsstreben des monarchischen Papsttums setzte das Zweite Vatikanum eine deutliche Grenze, indem es in der Liturgiekonstitution ausdrücklich »allen rechtlich anerkannten Riten gleiches Recht und gleiche Ehre zuerkennt« (SC 4). Balthasar *Fischer* hat von hier aus die Öffnung der katholischen Kirche gegenüber den anderen Liturgiefamilien dargestellt, wobei die Formulierung *legitime agnoscendas* bewußt Gegenwart und Zukunft umfasse, also auch ökumenisch offen sei: »Liturgie ist etwas, das in der katholischen Kirche seiner Natur nach in verschiedenen Spielarten, im Plural von Liturgien existiert.«[12]

Wäre über die Zuverlässigkeit verschiedener Liturgietraditionen durchaus Einigkeit zu erzielen, so stellt sich dann aber unausweichlich die Frage nach den theologischen Kriterien einer liturgischen Ordnung. Dabei ergibt sich aus dem biblischen Zeugnis, daß keineswegs alles in das Belieben der Gemeinde oder des Liturgen gestellt ist. Daß das Evangelium verkündigt wird, daß Taufe und Abendmahl gemäß der Stiftung des Herrn gehalten werden, ist nicht freigestellt, wie auch die innergemeindliche Wortverkündigung und die Feier des Herrenmahls in einer Versammlung der Gemeinde zu geschehen haben, die im Namen Jesu und damit unter Anrufung des dreieinigen Gottes stattfindet.

---

11 PL 77,497

12 Balthasar Fischer, Liturgie oder Liturgien?, 265

Damit ist »ein Minimum von unbedingt gebotenen Formelementen des kirchlichen Gottesdienstes« festgestellt, die »selbst im einzelnen durchaus einer Mannigfaltigkeit von Gestaltungsmöglichkeiten ... unterliegen«[13]. Wie das Wort Gottes gesagt wird, ist hiermit noch nicht festgelegt. Es gibt die innergemeindliche Predigt, die missionarische Verkündigung, aber auch die in ihrer Funktion meist unterschätzte Schriftlesung. Bei dem unbedingt Gebotenen wäre der stiftungsgemäße Vollzug der Taufe mit Wasser unter Anrufung des Namens des dreieinigen Gottes und für die Eucharistie die Christusanamnese unter Gebet und Danksagung und das Darreichen von Brot und Wein hervorzuheben. Ganz ähnlich stellen die von der VELKD herausgegebenen »Thesen zur Verbindlichkeit von Ordnungen des Gottesdienstes« (1977) fest: »Reine Verkündigung des Evangeliums, stiftungsgemäßer Gebrauch der Sakramente und Gebet sind unverfügbare Grundelemente des Gottesdienstes, die vom Wort Gottes her gefordert sind. Gottesdienstordnungen sollen der Verkündigung, dem Sakramentsgebrauch und dem Gebet (Bekenntnis, Lobpreis, Bitte, Segen) in der Versammlung der Gemeinde sinnvolle Gestalt geben.«[14]

Auch in den Kirchengesetzen über die Zulassung von Gottesdiensten in neuer Form, die in den meisten Landeskirchen in den siebziger Jahren verabschiedet wurden, sind unabdingbare Kriterien für den christlichen Gottesdienst aufgeführt, die eine Umfunktionierung des Gottesdienstes verhindern sollen, z.B. Verkündigung des Evangeliums und Gebet als Lob Gottes und Bitte.[15]

Dem unbedingt Gebotenen steht das unbedingt Verbotene gegenüber, das alles umfaßt, »was dem Evangelium Jesu Christi und dem in ihm wirkenden Heiligen Geist widerspricht«[16]. Zwischen dem unbedingt Gebotenen und dem unbedingt Verbotenen gibt es nun den Freiraum, in dem der Gottesdienst der Gemeinde Gestalt annehmen kann, keineswegs als gesetzlich rituell verstandene Ordnung, sondern in der der endzeitlichen Gabe des Geistes entsprechenden »eschatologischen Freiheit der Gestalt«[17].

Die Reformation kann dabei den Ertrag ihrer Erfahrungen aus dem

---

13 Brunner, Lehre vom Gottesdienst, 273

14 Lindow, Recht und Verlautbarungen der VELKD, 235; vgl. Mahrenholz, Weiterarbeit an der Agende, 290ff.

15 Stein, Freiheit und Bindung, bes. 286f.

16 Brunner, Lehre vom Gottesdienst, 274

17 Ebd. 270ff.

Zweifrontenkrieg gegen die Gesetzlichkeit des damaligen Rom und gegen die Gesetzlosigkeit der Schwärmer der heutigen Ökumene zugänglich machen: Keine einzige Ordnung – sie sei noch so ehrwürdig und wohlbegründet – kann für heilsverbindlich erklärt werden, und ebenso führt Gesetzlosigkeit zur Aufrichtung eines neuen Gesetzes.[18] Keine Gemeinde kann aliturgisch existieren. Der vermeintlich grundsätzliche Protest gegen alle Liturgie führt zwangsläufig zu einer neuen Art von Liturgie, wahrscheinlich nur einer schlechteren, weil die kritische Überprüfung an Schrift und Tradition fehlt.
Es wird der evangelischen Liturgik aber nicht erspart bleiben, daß sie auf ihr schwierigstes Problem aufmerksam gemacht wird, wie es Hans-Wolfgang *Heidland* 1974 vor der Pfälzischen Landessynode in aller Deutlichkeit getan hat: »Die Christenheit, insbesondere die evangelische, ist dieser Stiftung (des Herrenmahls) gegenüber ungehorsam geworden. Die zentrale Stellung des Predigtgottesdienstes und die Verdrängung der Mahlfeier stellt einen offensichtlichen Bruch der Stiftung dar. Die Mahlfeier muß wieder festlicher Mittelpunkt des Gemeindelebens werden.«[19] Die Theorie von zwei verschiedenen Typen gottesdienstlicher Zusammenkunft der Christen im Neuen Testament und damit die Legitimation des Predigtgottesdienstes als Hauptgottesdienst hat sich als unhaltbar erwiesen; hier hat die protestantische Theologie den eigenen Brauch in das neutestamentliche Zeugnis hineingelesen.[20] Es ist eine der wichtigsten Aufgaben der evangelischen Gottesdiensttheologie und -praxis heute, dieses Problem zu erkennen und zu lösen.

Kriterien für die Gottesdienstordnung

Die Reformation hat auf die Frage nach den Kriterien für die Erstellung von Gottesdienstordnungen mit den beiden Begriffen Freiheit und Liebe geantwortet. Die Freiheit wehrt um des Evangeliums willen jeder Gesetzlichkeit, mit der Gottesdienstordnungen glaubensmäßig verpflichtend, meritorisch oder gar heilsnotwendig gemacht werden könnten: Die Liturgie, in der die uns geschenkte Versöhnung gefeiert wird,

18 Vgl. Söhngen, Jus liturgicum, 311
19 Heidland, Wesen und Wert – Thesen, 133
20 Näheres unten S. 341.345f.

ist selbst Ausdruck dieser Freiheit eines Christenmenschen. Freiheit hat aber ihre Grenze da, wo sie sich zur Willkür verkehrt, in Eigensinn, Sektiererei oder Schwärmerei umzuschlagen droht. Wenn »sich die Menschen ärgern oder irre werden über solchem mancherlei Brauch, sind wir wahrlich schuldig, die Freiheit einzuziehen und so viel es möglich ist schaffen und lassen, auf daß die Leute sich an uns bessern und nicht ärgern«, sagt Luther in der Vorrede zur Deutschen Messe 1526.[21]

Die Liebe ist deshalb das zweite Kriterium: »Weil denn an dieser äußerlichen Ordnung nichts gelegen ist unseres Gewissens halber vor Gott und (diese) doch den Nächsten nützlich sein kann, sollen wir der Liebe nach, wie St. Paulus lehrt, danach trachten, daß wir einerlei gesinnt seien und aufs beste es sein kann, gleicher Weise und Gebärden sein, gleichwie alle Christen einerlei Taufe, einerlei Sakrament haben und keinem ein sonderliches von Gott gegeben ist.«[22] Zur Liebe gehört die Rücksichtnahme auf den anderen, besonders den Schwachen. Andererseits kann aber auch gefolgert werden: Weil Ordnung frei ist, können wir uns ihr auch fügen.

Mit der Liebe ist ein drittes Kriterium eng verbunden: der Ruf zur Einheit. Wenn die Augsburgische Konfession erklärt, es sei »nicht not zur wahren Einigkeit der christlichen Kirche, daß allenthalben gleichförmige Ceremonien, von den Menschen eingesetzt, gehalten werden« (CA VII), so geht es ihr gerade nicht um eine beliebige willkürliche Pluralität, sondern um »eine dogmatisch begründete Übereinstimmung, die ihren sichtbaren Ausdruck in der Versammlung – congregatio – findet«[23]. Luther hat in seinem Sendschreiben »an alle lieben Christen in Liefland« 1525 eindringlich zu dieser Einheit gerufen: Es »ist doch das unchristlich, daß man darüber uneinig ist und das arme Volk damit irre machet, und nicht viel mehr achtet die Besserung der Leute, denn unsern eignen Sinn und Gutdünken. So bitte ich nun euch alle, meine lieben Herren, lasse ein jeglicher seinen Sinn fahren, und kommt freundlich zusammen, und werdet sein eines, wie ihr diese äußerlichen Stücke wollet halten, daß es bei euch in eurem Strich gleich und einerlei sei, und nicht so zerrüttet, anders hie anders da, gehalten werde, und damit das

---

21 WA 19,72
22 Ebd.
23 Slenczka, Jus Liturgicum, 265

einfältige Volk verwirret und unlustig macht.«[24] Ähnlich wünscht er in seiner Deutschen Messe 1526: »fein wäre es, wo in einer jeglichen Herrschaft der Gottesdienst auf einerlei Weise ginge, und die umliegenden Städtlein und Dörfer mit einer Stadt gleich bardeten«[25]. Daß größere Bereiche wie ein Land oder gar der gleiche Sprachraum noch nicht in den Blick kamen, lag an der damaligen Sozialstruktur, die den Menschen in der Regel an seinen Geburtsort oder dessen Nähe band, aber wohl auch an dem Fehlen einer funktionierenden überregionalen kirchlichen Struktur – die Reformation hatte ja keineswegs die Gründung einer eigenen Kirche im Sinn.

Den lutherischen Bekenntnisschriften kann man die Ordnung als ein viertes Kriterium entnehmen: »damit es ordentlich in der Kirche zugehe…, damit in der Kirche keine Unordnung oder wustes Wesen sei«[26]. Hier liegt die Nähe zum paulinischen Umgang mit Fragen der Gottesdienstordnung auf der Hand: Alles geschehe ehrbar und *κατὰ τάξιν* (I Kor 14,40). Die Ordnung hat aber kein Eigengewicht, sie ist da um der Liebe und des Friedens willen. »Gott ist nicht ein Gott der Unordnung«, sagt Paulus, fährt dann aber fort, »sondern des Friedens« (I Kor 14,33). Die Ordnung des Gottesdienstes ist nicht an sich heilig, sie dient der Sache und muß darum sachgerecht sein.

Dies führt zu einem letzten Kriterium, das mit Peter *Brunner* die pneumatische Angemessenheit genannt werden kann. Liturgie ist auch Zeichen, das auf das Wort und Sakrament stiftende Wort Christi hindeutet und damit den Zusammenhang zwischen Zeichen und Bezeichnetem ausdrückt. »Angemessenheit heißt also Entsprechung in pneumatischer Freiheit, die stets Freiheit in pneumatischer Gebundenheit ist.«[27] Wenn von pneumatischer Angemessenheit als Forderung an die liturgische Gestalt die Rede ist, wird daran erinnert werden dürfen, daß schon vor uns Generationen von Christen gebetet, gelobt und gesungen haben; der Heilige Geist hat in der Geschichte des Gottesdienstes Spuren hinterlassen. Auch unsere Gottesdienstformen haben eine lange Tradition. Für alle konkrete Arbeit an der Liturgie sind deshalb Spontaneität wie Aufnehmen des Erbes der Väter in gleicher Weise wichtig.

---

24 WA 18,418f.

25 WA 19,73; »barden« = sich gebärden, gleiche Ordnung halten

26 CA XXVIII, 53.55

27 Brunner, Lehre vom Gottesdienst, 277

Die Befugnis zur Festlegung von Gottesdienstordnungen (ius liturgicum)

Eine der wichtigsten und zugleich interessantesten Fragen des Gottesdienstrechts ist die nach dem Inhaber der Befugnis zur Festlegung von Gottesdienstordnungen. Die Bezeichnung *ius liturgicum* ist hierfür nicht ganz zutreffend, weil das liturgische Recht sicher umfassender ist. Trotzdem mag sie in diesem eingeengten Sinne hier Verwendung finden. Die römische Kirche hat mit der Herausbildung des kanonischen Rechtes das *ius liturgicum* bis zum Zweiten Vatikanischen Konzil zur alleinigen Sache des Apostolischen Stuhles gemacht, der die Liturgie zu ordnen und die liturgischen Bücher zu approbieren hat. Seit dem Zweiten Vatikanum ist die Herausgabe der volkssprachlichen Bücher Sache der territorialen Autoritäten, d.h. der Bischofskonferenzen bzw. Bischöfe eines Sprachgebietes; deren Approbationsbeschlüsse bedürfen allerdings der Konfirmierung durch den Apostolischen Stuhl.[28]

In den reformatorischen Kirchen bildete sich über verschiedene Stadien schließlich die Auffassung heraus, die in den Thesen zur Verbindlichkeit von Ordnungen des Gottesdienstes der VELKD 1977 folgenden Wortlaut gefunden hat: »Die Befugnis, Regelungen für die Ordnungen von Gottesdiensten zu schaffen... steht originär keiner Person, keinem Amt oder Organ in der Kirche allein zu. Sie muß im Konsens wahrgenommen werden.«[29] Die Mitwirkung aller Beteiligten und Betroffenen ist das Wesentliche des evangelischen *ius liturgicum.* Zwar erfolgt die Beschlußfassung über Einführung und Abänderung grundsätzlich durch die Synode der Landeskirche – wobei die Evangelische Kirche der Union, vor allem in ihren älteren (östlichen) Gebieten, das *ius liturgicum* stets primär gesamtkirchlich verstanden hat –, aber sowohl in der Phase der Erarbeitung einer Agende als auch bei deren Rezeption durch die Gemeinden sind Regelungen getroffen, die eine mitverantwortliche Beteiligung auf allen Ebenen sichern sollen. Alternative Formulare, reichlich bemessene Fristen zur Einführung, ja sogar die Entscheidungsfreiheit der einzelnen Gemeinde für die alte Ordnung, sofern diese rechtmäßig eingeführt und keine Privatagende ist, kennzeichnen das Streben nach einem Konsens, der aber auch durch Sperren für ein drittes

---

28 CIC 1257; SC 36 §§ 3f und die Praxis seit dem Konzil
29 S. oben Anm. 14

Formular gefördert werden kann.[30] Der Beschluß der Generalsynode der VELKD zur Einführung der Lutherischen Agende I 1954 wurde deshalb in den einzelnen Landeskirchen und Gemeinden zu sehr verschiedenem Zeitpunkt wirksam. Die bayerische Landessynode hat 1958 die Einführung beschlossen, das Nebeneinander der alten bayerischen Agende von 1854 und der neuen mußte aber noch 1980 mit einem neuerlichen Beschluß der Landessynode zu überwinden gesucht werden, wobei auf gesetzliche Vorschrift zugunsten von Sachargumenten und Werben verzichtet wurde.[31]

Ein Blick auf die wechselvolle Geschichte des *ius liturgicum* im Protestantismus läßt dieses Ergebnis würdigen. In der Augsburgischen Konfession heißt es, daß die Bischöfe oder Pfarrer *(episcopi seu pastores)* die Ordnungen machen mögen[32], in der Konkordienformel, »daß die Gemein Gottes jdes Orts und jde Zeit nach derselben Gelegenheit Macht habe, solche Ceremonien zu ändern, wie es der Gemeinen Gottes am nützlichsten und erbaulichsten sein mag«[33]. Pfarrer und Gemeinde sind dann später in bestimmten Auffassungen in Konkurrenz zueinander getreten und haben je für sich das *ius liturgicum* reklamiert. So hat man in der Aufklärung den Liturgen in einen Religionslehrer umgewandelt. Aber schon im vorausgehenden Pietismus neigte der Individualismus dazu, dem Pfarrer alle Freiheit zu geben. Noch der junge *Schleiermacher* sieht den einzelnen Pfarrer als Inhaber des *ius liturgicum,* das er als religiöser Virtuose in einem je neuen individuellen Kunstwerk wahrnimmt.[34] Daß die Gemeinde – und zwar die einzelne – diese Kompetenz innehat, kann sich schon eher auf die Augustana und die Reformatoren berufen. Luthers eigene liturgische Vorschläge, die *Formula missae* von 1523 und die Deutsche Messe von 1526, sind ausdrücklich als Vorschläge und Beispiele bezeichnet, die von den Gemeinden bei der Festlegung ihrer Gottesdienstordnungen bedacht werden können. Auch das Allgemeine Preußische Landrecht von 1794 gesteht der einzelnen Kirchengemeinde zu, zur »Einführung dienlicher Ordnungen wegen der äußeren Form und Feier des Gottesdienstes« berechtigt zu sein, die nach staatsaufsichtlicher Genehmigung den Charakter eines Polizeigesetzes

30 Von Tiling, Geltung, 170ff.
31 ABl. f. d. ev.-luth. Kirche in Bayern 24 (1980) 175ff.
32 CA XXVIII 53
33 FC Epit. X,2
34 Schleiermacher, Über die Religion, Vierte Rede, 131.151.156

erlangen.[35] Die Gemeinden hatten damals aber noch keine anderen Vertretungen als die Pfarrer und notfalls die Patrone. Deshalb war es schon in der Reformationszeit naheliegend, daß sich die evangelischen Landesherren und städtischen Magistrate dieser Sache annahmen und von Theologen erarbeitete Agenden – zuerst im Rahmen umfassender Kirchenordnungen, später als selbständige Liturgien – herausgaben und verordneten. Das *ius liturgicum* ging auf den Landesherrn in seiner Eigenschaft als *summus episcopus* über, wobei etwa gleichzeitig mit der Einführung des *Missale Romanum* 1570 ein dem reformatorischen Verständnis fremder Agendenzwang aufkam.
Noch *Friedrich Wilhelm III.* berief sich bei der Einführung seiner an sich verdienstvollen preußischen Agende von 1822, mit der er die Gemeinden seines Landes aus den Auflösungserscheinungen des Individualismus und der Aufklärung wieder auf den Boden der Reformation zurückführen wollte, auf sein *ius liturgicum:* »Dem evangelischen Landesherrn stehet das Recht, die liturgischen Formen nach seinem Ermessen zu bestimmen, unbestritten zu.«[36] In dem darauf folgenden Agendenstreit erlitt der König mit seinem Anspruch Schiffbruch. Seine Agende aber einte die evangelischen Gemeinden nach entsprechenden Zugeständnissen und Sonderregelungen vor allem in den Anhängen. Die Gemeinden fanden ihre eigenen Organe, und die Kirche erhielt eine synodale Verfassung, so daß 1895 die von Friedrich Wilhelm III. wohlweislich nicht mit Gesetzeskraft versehene Preußische Agende modifiziert synodal verabschiedet und in den einzelnen Kirchengebieten eingeführt werden konnte.[37] Man kann deshalb mit Axel *von Campenhausen* und Joachim *Christoph* zusammenfassend sagen: »Dem Gestaltungsrecht gottesdienstlicher Ordnung des Pfarrers stand das Recht der Gemeinde gegenüber, beide beschränkt durch das Recht der Kirchenleitung, früher in der Person des summus episcopus verkörpert, später insbesondere von der Synode beansprucht.«[38]
Die heutige Auffassung, daß sich Pfarrer, Gemeinde und kirchliche Organe der verschiedenen Ebenen das *ius liturgicum* teilen und auf Konsens angewiesen sind, mag an den entsprechenden Bestimmungen der jüngsten Kirchenverfassung, die 1976 anläßlich des Zusammen-

35 Vgl. Söhngen, Jus liturgicum, 305; Von Tiling, Geltung, 173
36 Kabinettsordre vom 9.1.1822; vgl. Foerster, Preuß. LK, 60
37 Vgl. Söhngen, Jus liturgicum, 315ff.
38 Von Campenhausen/Christoph, Grenzen, 294f.

schlusses der Nordelbischen Kirche entstand, illustriert werden: »Die Synode hat insbesondere folgende Aufgaben: a) nach Anhörung der Kirchenkreissynoden über die Ordnungen des Gottesdienstes, das Gesangbuch und weitere Ordnungen des kirchlichen Lebens zu beschließen« (Art. 68,1). Dazu hat die Kirchenleitung »der Synode Vorlagen zu machen« (Art 79,1c), zu denen in diesem Falle »eine Stellungnahme des Theologischen Beirates eingeholt werden« muß (Art. 100,3). »Die Kirchengemeinde sorgt dafür, daß das Evangelium verkündigt, die Taufe empfangen und das Abendmahl gefeiert wird« (Art. 7,2). Sie ist über die Kirchenkreissynode an der synodalen Regelung der Gottesdienstordnungen beteiligt wie ebenso die Pfarrer, deren besonderer mit der Ordination übertragener Dienst »in der Sammlung der Gemeinde durch die öffentliche Verkündigung des Evangeliums in Wort und Sakrament im Gottesdienst und in den Amtshandlungen« liegt (Art. 20,1).

Die Verbindlichkeit der liturgischen Ordnungen

Nun erhebt sich aber die Frage nach der Verbindlichkeit der so entstandenen Ordnungen und damit nach ihrer Rechtsqualität. Pfarrer und Gemeinde sind an die eingeführten gottesdienstlichen Ordnungen gebunden. Diese Bestimmung findet sich in den meisten Verfassungen, sie ist nach dem bislang Erhobenen selbstverständlich.
Das Pfarrergesetz der VELKD enthält bereits in den Grundbestimmungen den Satz: »Die Agende, die kirchlichen Gesetze und die sonstigen kirchlichen Ordnungen sind für (den Pfarrer) verbindlich.«[39] Die Thesen der VELKD von 1977 sagen dazu: »Die von einer Kirche allgemein in Geltung gesetzten und in einer Gemeinde eingeführten Gottesdienstordnungen... sind für die Gemeinde in dem in der Grundordnung dargelegten Sinn verpflichtend. Von den Ordnungen soll nur abgewichen werden, wenn und soweit dieses nach der Überzeugung der Gemeinde in ihrer besonderen Situation geboten ist und ohne Anstoß bei ihren Gliedern und bei anderen Gemeinden geschehen kann. Dabei ist stets zu prüfen, ob derartigen besonderen Situationen nicht bereits innerhalb der geltenden Agende Rechnung getragen werden kann.«[40]

39 In der Fassung von 1978, § 3,2, ABlEKD 1978, Nr. 2, 88
40 Lindow, Recht, 235

Sofern eine Abweichung von der Agende die Lehre der Kirche betrifft, fällt das gottesdienstliche Handeln des Pfarrers auch unter das Lehrbeanstandungsrecht.[41] Im übrigen wird seine Bindung an die agendarische Ordnung in das dem Disziplinarrecht unterworfene Gesamtverhalten einzubeziehen sein, ohne im Amtszuchtgesetz ausdrücklich Erwähnung zu finden. Ein Pfarrer, der durch seine liturgische Praxis Ärgernis erregt und vorsätzlich die kirchliche Ordnung verletzt, muß sich verantworten. Doch ist kein Fall bekannt, in dem ein Pfarrer ausschließlich wegen seiner eigenwilligen Liturgie disziplinarisch gemaßregelt worden wäre. Die Ablehnung des Apostolikums oder die Taufe ohne trinitarische Formel fallen nicht mehr unter die Liturgiedisziplin, sondern sind Sache der Lehre und des Bekenntnisses.

Als Beispiel für die ausdrückliche Verpflichtung des Pfarrers auf die geltende Liturgie sei die österreichische Verfassung genannt.[42] Dem Pfarrer obliegt »die Verwaltung des Gottesdienstes und der heiligen Sakramente nach der bestehenden kirchlichen Ordnung« (§ 100,1).[43] Es ist Aufgabe der Superintendenten, die »Aufsicht über die schriftgemäße Verkündigung des Wortes Gottes, über die Sakramentsverwaltung und Einhaltung der liturgischen Ordnung der Kirche« auszuüben (§ 151,1).

Sind die geltenden liturgischen Ordnungen somit verbindlich, so wird ihre Eigenart beachtet werden müssen. »Alle agendarischen Bestimmungen sind nicht starres Gesetz, sondern gute Ordnung, um der Willkür zu wehren und Pfarrern und Gemeinden zu helfen, den Gottesdienst in sachgemäßer und würdiger Weise zu halten.«[44] Die Agenden von 1955 bzw. 1959 wollen den Gliedkirchen der VELKD bzw. EKU wie auch den einzelnen Gemeinden einen großen Freiraum öffnen, in dem Wahlmöglichkeit, Variation und eigene Arbeit entsprechend der Situation möglich und notwendig wird. Von der Verbindlichkeit der einzelnen Texte heißt es in der Lutherischen Agende I: Im Ordinarium ist der Wortlaut der biblischen Stücke, des Credo, der Wechselgrüße und Versikel, Sündenbekenntnisse, Segensformeln und Vollzugsformeln ver-

41 Keller, Verantwortung, 115; vgl. KG über das Verfahren bei Lehrbeanstandungen 1956, i.d.F.v. 1978, ABlVELKD Bd. V, 118 § 1,1

42 KV 1949 i.d.F.v. 1983

43 Dazu parallel OdgA 1988: »Die geistlichen Amtsträger haben ... die liturg. Ordnung ihrer Kirche zu wahren« (§ 23,1)

44 Anweisungen Nr. 1, Luth. Agende I (1955), 11*

bindlich. Kollektengebete, die Allgemeinen Kirchengebete und die Schlußkollekten des Hauptgottesdienstes sind mit der folgenden Einschränkung verbindlich: »jedoch sind im Einzelfalle aus besonderem Anlaß Abweichungen durch den amtierenden Liturgen möglich. Der Wortlaut aller anderen Stücke, auch der Gebete in den übrigen Gottesdiensten, ist als sachgemäßes Vorbild angeboten.«[45]
Nach der liturgischen Reform der Nachkriegszeit hat sich in den sechziger Jahren ein Unbehagen an der herkömmlichen Gottesdienstform ausgebreitet, das zu vielfältigem Experimentieren mit der Liturgie und in Gottesdiensten in neuer Gestalt teilweise zu einer liturgischen Revolution führte. Diese kann als abgeklungen angesehen werden, hat aber zwei wichtige Ergebnisse gezeitigt: Einmal erkannte man, daß es oft nicht um eine andere Form ging, sondern um andere Inhalte. Reinhard *Slenczka* hat diese Entwicklung einer scharfen Kritik unterzogen: »Die Sorge um die Welt verdrängt die Verkündigung des Heils für die Welt; der Kampf des Menschen gegen einen befürchteten Untergang der Welt verdrängt die Botschaft von der Rettung durch das Gericht über die Welt; die Beschreibung und rhetorische Bekämpfung der Sünde verdrängt den Zuspruch der Sündenvergebung; die Tat Gottes in Jesus Christus, die ja immer nur durch das Wort zu bezeugen, im Glauben zu erfassen und im Gebet zu erbitten ist, wird verdrängt durch die Taten der Christen, die motiviert und provoziert werden sollen.« Eine solche Analyse führt zu der ernsten Frage, »wo hier die Grenze des rechten Gottesdienstes überschritten wird und ein Dienst unter anderen Dingen und damit unter anderer Herrschaft beginnt«[46].
Die andere Erkenntnis war die, daß das Unbehagen am herkömmlichen Gottesdienst weithin in einem falschen Gebrauch der Agende begründet ist, deren Möglichkeiten nicht ausgeschöpft werden. »Gottesdienst ist eine immer neu zu bewältigende Gestaltungsaufgabe, nicht ein mechanisch ablaufendes Programm«, erklärte dagegen 1974 das sogenannte Strukturpapier der Lutherischen Liturgischen Konferenz Deutschlands und eröffnete mit der zweipoligen Konzeption »Grundstruktur und Ausformungsvarianten« einen neuen flexibleren Umgang mit der Agende und damit auch ein tieferes Verständnis ihrer Eigenart.[47]

---

45 Ebd. 19* Nr. 69
46 Slenczka, Jus Liturgicum, 278f.
47 Versammelte Gemeinde, 5 – Vgl. unten S. 118

Daneben sind Gottesdienste in neuer Form durch Gesetze oder Verordnungen meist als Zweitgottesdienste in größeren Abständen oder zu besonderen Gelegenheiten freigegeben unter Verpflichtung zur Beachtung unaufgebbarer Grundsätze. Albert *Stein* hat mit Recht darauf hingewiesen, daß diese Regelungen keineswegs als erzwungene Konzessionen zur Verhütung von Schlimmerem verstanden zu werden brauchen, sondern als Ausnahmen, die der Einheit der Christen im Gottesdienst dienlich sein können und die den aus dem kanonischen Recht bekannten Gedanken der Epikie neu beleben: »Dieser besagt..., daß in der christlichen Kirche ein Gesetzesbuchstabe nicht bindet, wenn der offensichtliche Gesetzessinn durch solchen Buchstabengehorsam nur ins Gegenteil verkehrt würde. Der offenbare Sinn aller evangelischen Gottesdienst regelnden Rechtssätze ist ja doch nun, daß mit den Mitteln des Rechtes wirksame Vorkehrungen für eine der Stiftung Gottes gehorchende Feier der im Namen Jesu Christi sich versammelnden Gemeinde getroffen werden.«[48]

Konsens und Ausnahme sind so im Gottesdienstrecht der evangelischen Kirche wichtige Strukturelemente, die beide, obwohl sie sich zunächst zu widersprechen scheinen, zusammen mit dem Gedanken, ja der Forderung nach Rezeption durch die Gemeinden der verbindlichen und bis in die ökumenische Perspektive hinein verbindenden Liturgie der Kirche dienen. Diese aber ist als zeitgebundener, vergänglicher und sich notwendigerweise ständig wandelnder Ausdruck der geistlichen Erfahrung eine immer neue Aufgabe für Kirche und Recht.

48 Stein, Freiheit und Bindung, 289

Auf dem Weg zur Erneuerten Agende – Chancen und Probleme der zweiten Liturgiereform nach 1945

Im Herbst 1990 wird der Vorentwurf zur »Erneuerten Agende« erscheinen[1] und allen Gemeinden und Pfarrern lutherischer wie unierter Kirchen im deutschen Sprachraum sowie den entsprechenden Entscheidungsgremien zugänglich gemacht werden. Damit beginnt eine etwa dreijährige Erprobungsphase und zugleich ein Stellungnahmeverfahren, dessen Ertrag den endgültigen Entwurf für die nachfolgende Beschlußfassung in den Synoden und die natürlich noch wichtigere Rezeption durch die Gemeinden erbringen soll. Der Vorentwurf wurde von einer zwölfköpfigen Arbeitsgruppe erstellt, die 1980 von den Leitungsgremien der gliedkirchlichen Zusammenschlüsse lutherischer und unierter Kirchen in beiden Teilen Deutschlands[2] eingesetzt worden war und die später durch Vertreter der Arnoldshainer Konferenz und der Gemeinsamen Arbeitsstelle für gottesdienstliche Fragen der EKD ergänzt wurde.
Wir werden somit – vermutlich um die Mitte des Jahrzehnts – vor die Entscheidung über die Einführung einer neuen Ordnung des Hauptgottesdienstes an Sonn- und Feiertagen gestellt. Die beiden Agenden I (VELKD 1955 und EKU 1959) könnten also bereits vierzig Jahre nach ihrer Einführung überholt sein, möglicherweise auch die meisten Nachkriegsagenden der übrigen – nicht gliedkirchlich zusammengeschlossenen – Landeskirchen mit unterschiedlichster liturgischer Tradition.
Aus der so in aller Kürze skizzierten gegenwärtigen Situation ergibt sich eine ganze Reihe von Fragen, die der Klärung bedürfen. Darunter scheinen die folgenden drei vordringlich und auch zur Gliederung des gegebenen Themas geeignet zu sein: 1) Welches sind die Gründe für eine erneute Agendenrevision? 2) Wie begegnet die »Erneuerte Agende« den neuen Herausforderungen? 3) Welche Probleme ergeben sich aus dem neuen Agendenkonzept?

---

1 Erneuerte Agende. Vorentwurf, Hannover 1990

2 Kirchenleitungen der VELKD und der VELK in der DDR (letztere wurde zum Jahresende 1988 aufgelöst), Rat der EKU – Bereich BRD und Berlin-West, Rat der EKU – Bereich DDR.

Ursachen und Anstöße zur jüngsten Liturgiereform

In den Aufbaujahren der Nachkriegszeit erhielt der Großteil des deutschsprachigen Protestantismus erstmalig eine gemeinsame liturgische Ordnung. Diese findet sich dokumentiert in der Agende für ev.-luth. Kirchen und Gemeinden (1951–1962, 4 Bände) und der Agende für die Evangelische Kirche der Union (1959.1963, 2 Bände), die beide auf Arbeit und Fachkompetenz desselben Gremiums zurückgehen[3] und deshalb – das gilt vor allem für die Agenden I von 1955 bzw. 1959 – in Ordnungen und Texten weitestgehend übereinstimmen.
Man wird die Leistung der (ersten) Nachkriegs-Liturgiereform kaum unterschätzen können. Sie vollzog sich nach Zusammenbruch und Vertreibung in einer einmaligen historischen Situation, die Neubeginn und größere Gemeinsamkeit erforderte. Sie stand theologisch noch ganz im Zeichen der biblisch-reformatorischen Neuorientierung unter Überwindung von Liberalismus und Neuprotestantismus. Und sie konnte auf den Ertrag der (jüngeren) Liturgischen Bewegung zurückgreifen und deren Impulse aus altkirchlicher Gottesdiensterfahrung, ökumenischer Begegnung, jugendbewegtem Drängen nach umfassender Erneuerung und Gestalthaftigkeit und aus der Singbewegung aufnehmen.
Die Reform der fünfziger Jahre als *Restauration* zu klassifizieren – wie es Peter *Cornehl* in seiner Option für die von der Aufklärungsliturgik herkommende liberale Theologietradition tut[4], aber auch bei Friedrich *Kalb*[5] zu lesen ist und selbst Karl-Heinrich *Bieritz* andeutet[6] –, dürfte den historischen Tatsachen kaum entsprechen: Die Rückbesinnung auf

---

3 Die Lutherische Liturgische Konferenz Deutschlands, hervorgegangen aus der 1941 gegründeten Niedersächsischen Liturgischen Konferenz, leistete – schon früh unierte und reformierte Fachleute einbeziehend – als unabhängige Arbeitsgemeinschaft unter Christhard Mahrenholz die Vorarbeiten für die Nachkriegsagenden.

4 Gottesdienst VIII (1985), 77; ähnlich Grethlein, Abriß der Liturgik, 164, der schon die Preußische Agende Friedrich Wilhelms III. als restaurativ bezeichnet, ebd. 66. Vgl. dagegen die einfühlendere Darstellung von Nagel, Geschichte des christl. Gottesdienstes, 180ff.

5 Grundriß der Liturgik, 39

6 »Evangelische Liturgik der letzten Jahrzehnte verfolgte im wesentlichen – nicht zuletzt auch auf dem Hintergrund kirchenbedrohender Entwicklungen im Umfeld des Kirchenkampfes – bewahrende, restaurative Interessen; es ging und geht noch um die Sicherung, theologische Vertiefung, Vermittlung und vorsichtige Weiterentwicklung jenes liturgischen Bestandes, wie er in der

die Quellen gehört zu jeder Reform. Erst wenn die Herausforderung der Gegenwart nicht mehr wahrgenommen und nur Überlebtes konserviert wird, liegt Restauration vor. Davon kann aber für die Nachkriegsbemühungen um eine neue Liturgie ebensowenig die Rede sein wie für die Entstehungsgeschichte der Preußischen Agende im vorigen Jahrhundert, in der Generationen von Protestanten ihre liturgische Heimat fanden. Dennoch stieß die Agende I schon bald nach ihrer Einführung auf zunehmende Kritik, so daß der Ruf nach Revision und – gegen Ende der sechziger Jahre – nach einer erneuten grundlegenden Reform immer lauter wurde. Die Beschlüsse der Generalsynode der VELKD spiegeln z.B. die rasche Veränderung der Situation eindrucksvoll wider:
1954 wird die Agende I beschlossen.[7]
1965 werden Christhard *Mahrenholz'* »Grundsätze für die Weiterarbeit an der Agende« gebilligt.[8]
1969 folgen »Erwägungen zur Gottesdienstreform« (neuartige Gottesdienste, Agendenreform und Kirchenmusik).[9]
1970 wird aufgefordert, »die von der Agende angebotenen Variationsmöglichkeiten stärker zu nutzen«. Die »fortlaufende Revision von Agende I« soll auf »Sprache und Stil der Gebete« achten.[10] Zugleich werden neue Gottesdienstformen empfohlen.
1974 wird das Strukturpapier der LLK akzeptiert.[11]
1976 werden die revidierten Gebetstexte zu Agende I gebilligt und »zu entsprechender Verbreitung freigegeben«[12].
1977 gibt die Bischofskonferenz »Thesen zur Verbindlichkeit von Ordnungen des Gottesdienstes« heraus.[13]

Agendenreform der fünfziger Jahre fixiert wurde«, Chancen einer ökum. Liturgik, 472.

7 Texte jetzt bei Lindow, Recht und Verlautbarungen der VELKD, 200

8 Sonderdruck Hannover 1965, auch: Mahrenholz, Grundsätze, 290ff.

9 »Die bisherigen Ordnungen des Gottesdienstes werden von vielen Seiten infrage gestellt.« Viele »fühlen sich in den herkömmlichen Formen nicht mehr wohl, weil sie die Verbindung zwischen den jetzigen Formen des Gottesdienstes und ihrem Alltagsleben nicht mehr herstellen können. Ähnlich geht es vielen mit den Liedern unseres Gesangbuches«, Lindow, 200-4, 2.

10 Lindow, 200-5

11 Lindow, 200-6; vgl. Versammelte Gemeinde (1974); Gottesdienst als Gestaltungsaufgabe (1979)

12 Lindow, 200-7; vgl. Gebete (1979)

13 Lindow, 235

1981, 1983 und 1987 faßt die Kirchenleitung Beschlüsse zu den (Zwischen-) Ergebnissen der Arbeitsgruppe Erneuerte Agende[14], deren fertige Vorlage dann Ende 1988 – zugleich mit den drei anderen Auftraggebern – als Vorentwurf der Erneuerten Agende beschlossen und zum Druck freigegeben wird.
1987 zeigt eine erneuerte »Entschließung der Generalsynode zum Gottesdienst« die Dringlichkeit dieses Themas.[15]
Kann man nun die tieferen Ursachen eines so raschen Wandels und der ungewöhnlichen Akzeleration des Alterungsprozesses der Agende I oder gar des Genus Agende überhaupt ergründen?

1. Christhard *Mahrenholz* hat schon auf der Kieler Generalsynode 1965 die Lebensdauer einer Agende auf »eine Spanne von 3 bis 6 Jahrzehnten« eingegrenzt. Es müsse »rechtzeitig die reformierende Weiterentwicklung der Agende ins Auge gefaßt und nach einer festen Planung vorbereitet« werden. Allerdings gab er sich damals noch der Hoffnung hin, daß sich Kontinuität wahren und grundlegende Neubearbeitung vermeiden ließen durch laufende Weiterarbeit, Überprüfung der Gestalt und kleine, der *Sprachentwicklung* entsprechende Textkorrekturen.[16]
Viel pessimistischer urteilte Alfred *Niebergall.* Vor seiner Landessynode erklärte er 1975: Die erst sieben Jahre zuvor verabschiedete Agende I Kurhessen-Waldecks sei »infolge des ungewöhnlich raschen Wandels in Sprache, Stil und theologischer Auffassung« nur als »eine vorläufige, unzureichende, also provisorische Arbeit«, ja als »ein veraltetes Buch« anzusehen.[17] 1978 folgert er: »Agenden können unter den gegenwärtigen Umständen weder für Jahrzehnte noch gar für längere Dauer herausgegeben werden.« Um dem Phänomen des raschen Alterns zu begegnen, »bedarf es in Zukunft in verhältnismäßig schneller Folge der Ergänzungen. In einer Agende findet sich stets Bleibendes und Vorübergehendes.«[18] Es mag sein, daß dieses Urteil mitbestimmt war von einer

---

14 Lindow, 200-10/11/12
15 Lindow, 200-13
16 Grundsätze für die Weiterarbeit an der Agende (Kiel 1965, s. oben Anm. 8); vgl. Gebete (1978), 1
17 Agende I. Ergänzungen (Kurhessen-Waldeck, Kassel), Erweiterte Auflage 1983, Einführung, 1
18 Agende (1978), 83

Phase besonders massiver Agendenkritik oder auch von einer agendarisch besonders verunsicherten Region. Bei einer Durchsicht der neueren Agenden erweist sich die letzte von Kurhessen-Waldeck (1985) als diejenige, deren Texte recht extreme Alternativen bieten. Es gibt jedoch auch Gegenbeispiele: In Bayern kommen noch heute Gemeinden mit der Agende von 1854 aus, andere leben mit der Lutherischen Agende I von 1955 ohne größere Probleme.
Der rasche Sprachwandel, den wir somit als einen ersten Grund gefunden haben, reicht aber noch nicht aus, das sich so bald einstellende Verlangen nach einer neuen Liturgiereform zu erklären.

2. Noch gewichtiger mußte sich die *radikale Infragestellung aller Institutionen* in den späten sechziger Jahren auf die Plausibilität auch der kirchlichen Ordnungen auswirken. Was nach dem Inferno des Zusammenbruchs neu aufgebaut worden war, verkehrte sich nun zur Gängelung und Einengung der Freiheit. Das der Agende I spätestens 1968 begegnende Unbehagen war möglicherweise gar nicht so sehr gegen ihre Formen und Texte gerichtet, sondern viel tiefer, nämlich gegen festgelegte Agenden überhaupt.
Dieses Unbehagen an der Agende I konnte sich nun aber mit Experiment, Innovation, Improvisation und Kreativität verbünden, Tendenzen, die so völlig neu nicht waren, aber die folgenden anderthalb Jahrzehnte eindrucksvoll prägten, um sich nach ihrem Abklingen in einzelnen Konkretionen fest zu etablieren.
Man kann die *neuen Gottesdienste* in drei Gruppen gliedern: in kontrapunktische Gegenmodelle zum herkömmlichen Gottesdienst, in Ergänzungen und Alternativen, die einzelne Elemente ausgliedern, umformen oder hervorheben, auch für besondere Gruppen oder Situationen veranstaltet werden, und in die im Zusammenhang mit der Abendmahlsbewegung entstandenen neuen Formen. Beispiele sind für die erste Gruppe das Politische Nachtgebet, für die zweite Themen-, Dialog-, Kommentar- und Meditationsgottesdienste sowie der Familiengottesdienst und die Liturgische Nacht und für die dritte Feierabendmahl, Tischeucharistie und die, allerdings nicht unproblematische, Verbindung von Eucharistie und Agape.[19]

19 Vgl. unten S. 139ff. – Die Agapenfeier darf den stiftungsgemäßen Unterschied zur Eucharistie nicht verwischen.

Peter *Cornehl* sieht auf die Periode der mit den Nachkriegsagenden »verordneten Einheit« die »Phase der wiedergewonnenen Vielfalt« (1962–1975) folgen, die allerdings nun wieder durch die »Suche nach einer neuen Integration« abgelöst zu sein scheint.[20] Es scheint in jüngster Zeit die aus der Entdeckung der Aktualität und der Möglichkeiten eigener Kreativität in der Gottesdienstgestaltung herrührende Suche nach immer Neuem zurückzutreten und sich die Erkenntnis der stabilisierenden, bergenden und deshalb auch bewahrenden Funktion der Liturgie immer mehr durchzusetzen. Dadurch wird der Stellenwert einer gemeinsamen Agende wieder angehoben und die wirklich »Erneuerte« Agende dringlich.
Bleibende Früchte hat die unruhig-kreative Phase gezeitigt in der stärkeren Mitverantwortung und Mitwirkung der Gemeinde an der Gestaltung ihres Gottesdienstes sowie in dem Zurücktreten des »Ablese-Liturgen«, der sich seine Gebete erst in der Sakristei heraussucht.[21] Jede Liturgie bewegt sich zwischen Tradition und Innovation. Es ist müßig, beide gegeneinander auszuspielen.

3. Die *fortschreitende Säkularisierung* – und damit für manche auch schon der Weg der Volkskirche in die Diaspora – mag ein dritter Grund für den raschen Autoritätsverlust der Agende I, aber auch für die Notwendigkeit einer Erneuerten Agende sein.
Die Fakten liegen auf der Hand: Der Anteil der evangelischen Gemeindeglieder an der Gesamtbevölkerung[22] hat sich verringert. Er betrug im Bereich der EKD/West 1950: 51,1%, 1987: 41,6% Das heißt: Die evangelische Kirche hat in wenig mehr als einer Generation – absolut gerechnet – 18,6% ihres Anteils an der Gesamtbevölkerung eingebüßt.[23]

20 Gottesdienst (1985), 77f.
21 Im Unterschied zum »Bearbeitungs-Liturgen« und zum »kreativen Liturgen«, vgl. Schulz, Zukunftsperspektiven, 34
22 Deutschland insgesamt 1950: 59,9%; Zieger, Deutschland V., 154
23 Nach Abzug der inzwischen stark gewachsenen nichtdeutschen Bevölkerung: 51% zu 44,6%, das ist eine 12,5%ige Minderung; vgl. ABlEKD Statistische Beilage Nr. 85 (1989) 5. Der Rückgang ist regional unterschiedlich, in ländlichen Gebieten bleiben die Prozentsätze relativ stabil. Die ehemals »evangelischen« Großstädte Hamburg und Berlin (1950: 78,8% bzw. 73,2%) haben nach der letzten Volkszählung 1987 die evangelische Mehrheit nur knapp behauptet bzw. schon verloren (50,2% bzw. 48,3%); vgl. Statistisches Bundesamt, Volkszählung 1987, Fachserie 1, H. 1, Ausgewählte Strukturdaten, Stuttgart 1989, 37 (Tabelle 4).

Auf den Gottesdienst gesehen verstärkt sich der Schwund der Mitglieder (und damit potentiellen Kirchbesucher) nochmals durch einen 30%igen Rückgang des Gottesdienstbesuchs zwischen 1963: 7,3% und 1987: 5,1%.[24]

Nun wird man mit Folgerungen aus der Statistik vorsichtig sein müssen. Über den Kirchgang früherer Jahrhunderte liegen zwar noch keine hinreichenden Untersuchungen vor, aber die uns verfügbaren Hinweise lassen schon dort auf große Schwankungen schließen. In der Reformationszeit klagen die Visitatoren über säumige Gemeinden. Das Abendmahl muß ausfallen, weil sich kein Kommunikant findet. Andererseits sind die Kirchen im Leipzig Johann Sebastian Bachs und bei den berühmten Predigern des 18. und 19. Jahrhunderts überfüllt. Um die Wende zum 20. Jahrhundert sah es in vielen Städten erheblich trauriger aus als heute. Man muß dabei berücksichtigen, daß der Protestantismus seit langer Zeit nur einen Bruchteil der römischen Zahlen erreicht, heute ein Fünftel. Sicher ist, daß sich der Gottesdienstbesuch in einem mehr oder weniger starken Auf und Ab bewegt und daß der gegenwärtige Stand keine Ursache zur Resignation bietet.

Für unser Thema ist eine andere Beobachtung aufschlußreicher: Die epochale nachkonziliare Liturgiereform hat den Kirchgang keineswegs gefördert, ja nicht einmal sichern können: Der Verlust betrug im deutschen Katholizismus zwischen 1950: 53,9% und 1985: 26% mehr als die Hälfte der gottesdienstlichen Gemeinde, genauer 51,7%, und damit im Vergleich das Zweifache des deutschen Protestantismus.[25]

Daraus ergibt sich eine doppelte Schlußfolgerung: Von Liturgiereformen darf eine quantitative Verbesserung des Gottesdienstbesuchs nicht erwartet werden, sie sind kein Mittel der Volksmission. Andererseits sind Liturgiereformen notwendig im Blick auf Verständlichkeit und Mitvollzug des Gottesdienstes für Christen in einer sich rasch wandelnden Zeit und zur Erneuerung bzw. Wiederherstellung einer lebendigen Wechselbeziehung zwischen Tradition und Innovation.

Die erste Frage kann nun wie folgt beantwortet werden: Die Erneuerte Agende verdankt ihre Existenz einem dreifachen Impuls:

– dem Unbehagen an der Agende I. Dieses unterstellt den alten Ord-

---

24 Bezogen auf die Mitgliederzahl und wiederum regional sehr unterschiedlich; vgl. ABlEKD Statistische Beilage Nr. 85 (1989) bes. 32.

25 Vgl. Schmied, Kirche oder Sekte?, 10

nungen zwar zu Unrecht Unbeweglichkeit, läßt sich aber am Sprachwandel, d.h. an Formen, Sprache und zum Teil auch Inhalten der Texte, festmachen und fordert heraus zur Arbeit an Grundmustern und Texten;
- der allgemeinen Institutionskritik. Hierauf antwortet die Bewegung Neue Gottesdienste, deren Innovationen neue Impulse geben und zum Wahrnehmen von Kommunikation, Kreativität, Spontaneität und Variabilität anleiten;
- der in fortschreitender Säkularisierung begründeten Gottesdienst- und Liturgiekrise. Diese verlangt vermehrte Grundlagenforschung und Begegnung der Theologie mit den Humanwissenschaften.

Konzept und Chancen der Erneuerten Agende

Die Verfasser der Nachkriegsagenden und nachwachsende Fachleute haben die Veränderung der Situation frühzeitig erkannt und ihre Herausforderung angenommen. Neben ihrer fortlaufenden Revisionsarbeit – vor allem an den Gebeten der Agende I – entwickelte die Lutherische Liturgische Konferenz Deutschlands ein *neuartiges Agendenkonzept,* das 1974 in der Denkschrift »Versammelte Gemeinde« vorgelegt und nach seinem Schlüsselbegriff auch als *Strukturpapier* bezeichnet wurde. Darin wird von der These ausgegangen, daß die von vielen Seiten beklagte »Starrheit des Gottesdienstes nicht so sehr die Agende, sondern ihren Gebrauch betrifft«[26].
Mit den Begriffen feststehende *Grundstruktur,* die sich in die fünf Elemente Eröffnung – Anrufung – Verkündigung und Bekenntnis – Abendmahl – Sendung gliedert, und variable *Ausformungsvarianten* wollte das Strukturpapier zunächst nicht mehr als »Verständnis- und Erschließungshilfen« bieten, die zum flexibleren Gebrauch vorhandener Agenden verhelfen: »Der Gottesdienst ist eine immer neu zu bewältigende Gestaltungsaufgabe, nicht ein mechanisch ablaufendes Programm.« »Die Ausformungsvarianten erweisen die Schmiegsamkeit der Liturgie, während die feste Grundstruktur Ursprungsbindung, Kontinuität und Identität des christlichen Gottesdienstes bewußtmacht.«[27]

26 Versammelte Gemeinde, 5
27 Ebd. 5f.

Dieses Konzept ist nicht ohne Kritik geblieben, vor allem wegen der Verwendung des Begriffes Struktur. Dieser sei »zu abstrakt, um wirklich noch liturgische Phänomene erfassen zu können... Nicht die ›strukturgerechte Ausformung‹ eines vorgegebenen Grundmusters, sondern die ›regelgerechte Strukturierung‹ des gottesdienstlichen Geschehens – als auf einen situativen (sozialen, kulturellen, politischen, ökonomischen) Kontext verweisender Vollzug symbolischer Kommunikation unter dem Evangelium – kann und muß das Ziel liturgischer Arbeit sein«, urteilt Karl-Heinrich *Bieritz*.[28] Eine »bedenkliche Unschärfe der verwendeten Kategorien«, konstatiert Peter *Cornehl*, mit denen das Postulat »normativer Verbindlichkeiten... zurückverlagert (wird) von der Gestalt in die Struktur«[29]. Ein solch »syntaktisch-formales Verständnis von Struktur« sei unfähig zur Kritik an entscheidender Stelle, wenn »aus Erlösung Problemlösung wird«, erklärt Klaus-Peter *Jörns*[30]. Und Ottfried *Jordahn* befürchtet, daß »jede konfessionelle Profilierung... in einen panchristlichen Einheitsbrei eingeebnet zu werden« droht: »Wenn hier alles unter einen Hut gezwungen wurde, ist auch wieder nichts unter einem Hut.«[31]
Gegenüber der vielstimmigen Kritik, die den liturgietheologischen Standort des jeweiligen Autors unüberhörbar offenlegt, kann Frieder *Schulz* als der geistige Urheber des Strukturpapiers auf die vergleichende Liturgiewissenschaft verweisen, die eine »elementare Grundstruktur (als den) Kern, aus dem alle liturgischen Entfaltungsformen erwachsen bzw. zu dem sie hinzugetreten sind«, herausgearbeitet hat.[32] So wurde denn auch diese Idee über die zunächst intendierte Hilfe zum rechten Gebrauch vorhandener Agenden hinaus zum Gestaltungsprinzip einer Agende völlig neuen Typs. Folgende *Zielvorstellungen der Erneuerten Agende* sind im Vorwort aufgeführt[33]:
(1) Verantwortung und Beteiligung der ganzen Gemeinde;
(2) erkennbare, stabile Grundstruktur mit vielfältigen Gestaltungsmöglichkeiten;
(3) Gleichberechtigung von bewährten traditionellen und neuen Texten;

---

28 Struktur, 37.47
29 Aufgaben und Eigenart einer Theorie des Gottesdienstes, 25
30 Problemlösung oder Erlösung, 352
31 Verständigung über die Liturgie?, 136
32 Die Struktur der Liturgie, 85
33 Erneuerte Agende, 10

(4) Erweiterung der reformatorischen Basis durch ökumenische Spiritualität;
(5) nicht ausgrenzende Sprache (»inclusive language«).
Vier dieser Ziele entsprechen dem heutigen Stand der Liturgiewissenschaft in beiden Kirchen:
(1) Daß Gottesdienst actio ecclesiae, Sache der ganzen Gemeinde ist und nicht nur oder in erster Linie Handeln des Klerus an ihrer Statt oder gar an ihr, gehört zu den Kernaussagen des Zweiten Vatikanums. Die Liturgiekonstitution fordert deshalb vom Wesen der Liturgie her die *plena, conscia atque actuosa participatio* aller Gläubigen (SC 14 u.ö.). Der eigentliche Liturg ist Christus. Dies entspricht ganz der reformatorischen Theologie, nicht nur als Folgerung aus dem Gedanken des allgemeinen Priestertums, sondern auch explizit zum Ausdruck gebracht etwa in dem dialogischen Gottesdienstverständnis, das Luther in der Torgauer Kirchweihpredigt auf die klassische Formel brachte: »daß unser lieber Herr selbs mit uns rede(t) und wir wiederum mit ihm reden durch Gebet und Lobgesang«[34]. Die Erneuerte Agende sucht deshalb die Pastorenkirche und jede pädagogische Überfremdung des Gottesdienstes zu überwinden durch Mitwirkung und Wechsel möglichst vieler Gemeindeglieder, durch Betonung der Akklamationen, Wechselgebete und anderer dialogischer Elemente der Liturgie sowie durch Hinweise auf Möglichkeiten des Zusammenwirkens in den jedem Teil des Propriums vorangestellten liturgiedidaktischen Hinweisen.
(3) Das gleichberechtigte Nebeneinander von überlieferten und neuen Texten soll keineswegs nur die Akzeptabilität der Erneuerten Agende fördern – jeder findet etwas nach seinem Geschmack und seiner Gewohnheit –, sondern entspricht der im Laufe der Arbeit gewonnenen Einsicht in die besondere »Ausstrahlungskraft viele(r) Texte der Tradition im Gegenüber zu neuen Texten... Sie vermitteln z.T. geistliche Erfahrungen und Weisheit, für die wir heute noch keine Sprache gefunden haben.«[35] Es werden deshalb in der Regel mehrere Alternativen angeboten.
Es mag ein Nachteil sein, daß das Buch dadurch recht umfangreich geworden ist. Man mag auch beklagen, daß die Arbeitsgruppe sich nicht zu einer stärkeren Reduktion entschließen konnte – im Unterschied

34 5. 10. 1544, WA 49,588
35 Erneuerte Agende, 10

zum Lutheran Book of Worship (USA 1978), zum Alternative Service Book der Kirche von England (1980) und auch zum neuen Meßbuch Pauls' VI. (1970/75), die alle in der Regel mit einem Propriumstext auskommen und die Zahl der Textalternativen des Ordinariums begrenzen. Es scheint aber der heutigen Situation der liturgischen Praxis in den deutschen evangelischen Gemeinden zu entsprechen, daß auf die Vielfalt experimenteller Liturgie – mit einer nicht abreißenden Flut auf den Markt geworfener und auch gekaufter liturgischer Materialien, sprachlich oft auf minderwertigem Niveau und meist auch noch theologisch fragwürdig – mit einer möglichst großen Vielfalt an Formen, Sprache und auch Inhalten geantwortet wird. Immerhin handelt es sich um Formulare und Texte, die einer jahrelangen Erprobung und immer neuen gemeinsamen Überprüfung unterworfen waren und die deshalb einen gewissen Reifegrad erlangt haben sollten: Am Erbe der Väter und im Hören auf zeitgenössische Stimmen erlernen wir die situations- und zugleich sachgerechte eigene Entfaltung.

(4) Wie sich der nachkonziliare Katholizismus in reichem Maße reformatorische Spiritualität, vor allem im Liedgut, erschlossen hat, so ist auch der evangelische Gottesdienst bereichert worden durch die neuere Gebetssprache vor allem des holländischen Katholizismus[36], durch die Wiederentdeckung des altkirchlichen Kanons etwa *Hippolyts* im zweiten Hochgebet des neuen Meßbuchs, durch das Zeichen beim Friedensgruß und durch die Gemeindeakklamation nach den Einsetzungsworten, die übrigens Wilhelm *Löhe* in der alexandrinischen Basiliusanaphora entdeckt und erstmals in eine westliche Liturgie übertragen hat.[37] Die Reformation war prinzipiell ökumenisch offen, insofern sie für ihre Gottesdienstreform das *exemplum ecclesiae, ex scriptura et patribus* reklamierte (CA XXIV, 40). Die ökumenische Ausrichtung der Erneuerten Agende ist aber weniger historisch als vielmehr zeitgenössisch orientiert. Manche Gebete aus skandinavischen, amerikanischen und anglikanischen Liturgien und auch aus der sog. »Lima-Liturgie«[38]

---

36 Z.B. Oosterhuis, Ganz nah ist dein Wort; Schilling, Fürbitten und Kanongebete der holländischen Kirche

37 Agende für christliche Gemeinden des luth. Bekenntnisses, 83

38 Die als konstruiertes mixtum compositum einer nicht bodenständig gewachsenen Konferenzliturgie dem sich in der Lima-Erklärung zur Eucharistie abzeichnenden ökumenischen Konsens eher abträglich als förderlich ist; vgl. unten S. 259ff. bes. 265f.

bezeugen dies. Und so heißt es im Vorwort: »Eine Agende auf reformatorischer Basis kann heute am Reichtum ökumenischer Spiritualität nicht vorbeigehen. Sie würde ärmer, wenn sie nicht wahrnähme, welche geistlichen Kräfte hier Neues in Bewegung zu setzen vermögen. Um den Aufgaben und Problemen christlicher und kirchlicher Existenz heute und in Zukunft gewachsen zu sein, brauchen die Gemeinden eine neue Spiritualität, neue Formen und Erfahrungen von Frömmigkeit.«

(5) Die »inklusive« Sprache hat die Arbeitsgruppe immer neu beschäftigt, ohne daß es zu einem alle Probleme lösenden Rezept gekommen wäre. Ist der biblische Terminus der Bruderliebe noch verwendbar? Kann »brüderlich« durch »geschwisterlich« ersetzt werden? Muß von Gott als dem Herrn geredet werden? Sind überhaupt Begriffe wie Herrlichkeit, Herrschaft und herrschen heute ohne Nebentöne zu verstehen? Wie kann man Verletzungen ausschließen, die durch die sicher unbeabsichtigte, aber dennoch zumeist gedankenlose Ausgrenzung von Frauen, jungen Menschen, Randgruppen und Minderheiten entstehen? Das Problem weitet sich heute aus auf Ausländer und das Verantwortungsdefizit Nord/Süd und Reich/Arm.

Die Auftraggeber der Erneuerten Agende haben sich bei der Drucklegung der Ordnungen durchgehend für das Nebeneinander von männlichen und weiblichen Bezeichnungen entschieden: Liturg/Liturgin, Lektor/Lektorin, Kantor/Kantorin. Das mag bei nicht vorzutragenden Texten noch angehen, das gesprochene Wort würde aber vor allem in seinem natürlichen Sprachfluß unweigerlich beeinträchtigt. Letztlich muß sich eine solche Lösung kontraproduktiv auswirken, weil sie, was zuvor ausgeschlossen war, gerade nicht in die gewünschte Gemeinsamkeit hineinholt, sondern den geschlechtlichen Unterschied ständig neu ins Bewußtsein ruft und somit Rivalitäten fördert. Eine radikale Feminisierung, bei der die weibliche Form die Regel wird[39], wäre noch untauglicher. Unser Sprachempfinden ist so sensibilisiert, daß die für die jeweilige Entwicklungsphase angemessene Entscheidung nicht leicht zu finden ist. Das illustriert die Reaktion auf Gustav *Roths* Aufsatz zur inklusiven Sprache[40]: Sofort und zu Recht kam der Protest, man wolle die von männlicher Vorherrschaft zu befreienden Frauen »in einen Raum der

---

39 So Luise Pusch, Alle Menschen werden Schwestern, Vortrag auf der Plenartagung der LLK 27./28. 2. 1989 in Fulda (ungedruckt)

40 Die Sprache ist kein Mann, Madame!, 41 ff.

Minderheiten insgesamt einschließen«, während sie doch nach der Statistik und erst recht im Leben der Gemeinde die Mehrheit bildeten.[41] In den USA hat sich die Problemstellung noch weiter verschärft.
(2) Mit den bis jetzt behandelten vier Zielvorstellungen hat es heute jede neu entstehende Agende zu tun. *Das spezifisch Neue* und Besondere dieser Erneuerten Agende und damit zugleich ihre erhoffte *Chance* liegt nun aber in der übriggebliebenen zweiten Zielvorstellung, die konsequent in die Praxis umgesetzt werden sollte und die damit einen bislang noch nicht bekannten neuen Agendentypus schuf. Das Konzept des Strukturpapiers – erkennbare stabile Grundstruktur und vielfältige Ausformungsvarianten – läßt schon der Aufbau der Agende erkennen. Sie bietet nacheinander:
Zwei Grundformen, gegliedert in die vier Elemente/Blöcke[42]: (A Eröffnung und Anrufung – B Verkündigung und Bekenntnis – C Abendmahl – D Sendung). Nach einer kurzen Übersicht wird der Verlauf des Gottesdienstes zweispaltig aufgezeigt, links die Abfolge der liturgischen Stücke und – bei den nicht kirchenjahreszeitlich wechselnden (Ordinariums-) Stücken – exemplarische Texte, rechts in Form der alten Rubriken Verlaufsbeschreibung und Hinweise auf Möglichkeiten zur Erweiterung, Kürzung, Umstellung oder freieren Gestaltung.
Die Grundform I folgt dem abendländischen Meßschema, das die lutherische Reformation übernahm und das die Agende I (lutherisch wie EKU/Erste Form) prägt.
Die Grundform II nimmt die Tradition des aus dem spätmittelalterlichen Prädikantengottesdienst – dem aus der Messe ausgewanderten und zur eigenständigen Liturgie entwickelten Pronaus – abgeleiteten oberdeutschen und reformierten Predigtgottesdienstes auf, der sich in der EKU-Agende I bereits als Andere Form fand. Wichtig ist dabei, daß die Grundform II grundsätzlich um das dem Predigtgottesdienst von Haus aus nicht zugehörige Abendmahl erweitert wird, so daß sich in der Tat eine gemeinsame Grundstruktur ergibt: Es ist das Verdienst des Strukturpapiers, die Liturgieverwandtschaft der beiden Hauptströme evangelischer Liturgietradition deutlich gemacht und damit

41 Ganzhorn-Burkhardt, Dann lassen Sie ihr Raum, Monsieur!, 57. Offensichtlich ist das Manuskript von Roth aufgrund dieser Kritik zum Druck geändert worden.
42 Das Strukturpapier listete fünf Elemente auf, die Erneuerte Agende zieht die ersten beiden in (A) zusammen.

einer allen evangelischen Kirchen gemeinsamen Agende Chancen eröffnet zu haben.

In der Grundform I sind einige charakteristische Veränderungen gegenüber der gewohnten Form der Agende I vorgenommen worden. Die wichtigsten sind folgende:

- Der Gruß rückt von der Verbindung mit dem Kollektengebet (dem früheren Beginn des Gottesdienstes) an den Anfang: Er gehört zur Eröffnung.
- Der Lesungsteil ist um die alttestamentliche Lektion erweitert.
- Das Glaubensbekenntnis folgt in der Regel auf die Predigt.
- Die Abkündigungen können an verschiedenen Stellen gehalten werden.
- Gabenbereitung und Dankopfer können zu Beginn des Abendmahls entfaltet werden.
- In der Abendmahlsliturgie folgt das Vaterunser den verba testamenti (Ausnahme: Variante C 1).
- Die Fürbitten können in den Sendungsteil gelegt werden.

Den Grundformen folgen im zweiten Abschnitt:

Zwei Liturgien als Ausformungsbeispiele der Grundformen I/II. Die Liturgie I wird ausgedruckt zunächst ohne Noten, dann mit Noten, und zwar mit zwei Versionen des Abendmahlsteils: Die 1. Form enthält ein Eucharistiegebet. Die 2. Form folgt – mit Rücksicht auf die über Bugenhagens Kirchenordnungen in Norddeutschland verbreitete Tradition – der Intention von Luthers Deutscher Messe von 1526 und beschränkt die Abendmahlsliturgie auf (Präfation/Sanctus), Vaterunser und verba testamenti (mit nachfolgendem Friedensgruß).

Die Liturgie II, naturgemäß kürzer, schließt sich an.

Erst die Liturgien entsprechen den bisherigen Ordinarien und sind im Unterschied zu den der vorbereitenden Orientierung dienenden Grundformen »altarfähig«. Dies aber mit einer wichtigen Einschränkung: Diese Liturgien sind Beispiele, denen viele weitere folgen können und sollen. Die konkrete Liturgie kann entsprechend der Gemeinde und der besonderen Situation erarbeitet werden. Dazu wurden schon bei der Verlaufsbeschreibung der Grundformen Hinweise gegeben, und dazu folgen nun im dritten Abschnitt:

10 Varianten zur wechselnden Gestaltung einzelner Teile der Grundformen mit folgenden Schwerpunkten: (A) Eröffnung und Anrufung: 1 Bußgebet und Gnadenwort, 2 Kyrie entfaltet, 3 Psalm entfaltet, 4

Lobpreis entfaltet. (B) Lesungsteil: Straffung oder Erweiterung. (C) Abendmahlsliturgie: Hervorhebung der Stiftungsworte (entsprechend der 2. Form der gesungenen Liturgie) oder entfaltete Vorbereitung. (D) Sendungsteil: Einbezug der Fürbitten oder des Lobpreises.

Die Funktion der (Block-) Varianten ist auf Schwerpunktsetzung gerichtet. Jeder Variante sind Hinweise für die Gestaltung in offener Form beigegeben, den Abendmahlsvarianten auch Hinweise zur Gestaltung der Austeilung. Auf Totalvarianten aller vier Teile ist bewußt verzichtet worden. Die Schwerpunktvariante soll entfalten unter gleichzeitiger Reduzierung an anderer Stelle. Sie bedeutet Vermehrung kreativer Elemente und zugleich Begrenzung: Es muß nicht alles variiert werden. Denn »wo immer alles originell sein soll, wird die Originalität seltener, der ›Gottesdienst in neuer Gestalt‹ zum allenfalls halbjährigen Sonderfall«.[43]

Der vierte Abschnitt bietet drei *Sonderformen:* Eine besondere Ordnung für den »Gottesdienst am Karfreitag und am Buß- und Bettag« hatte sich im 19. Jahrhundert in unierten wie lutherischen Kirchen eingebürgert. Die Sonderform »Gottesdienst mit Taufe« zur Gestaltung des ganzen Gottesdienstes zum Taufgottesdienst tritt als Möglichkeit neben die Einfügung der Taufe an bestimmter Stelle des Sonntagsgottesdienstes. Der »Abendmahlsgottesdienst mit kleiner Teilnehmerzahl« kann entweder als reiner Abendmahlsgottesdienst oder auch als Tischabendmahl gefeiert werden.

Schließlich muß noch etwas zu dem *umfangreichen Textteil* gesagt werden, der zu den besonderen Chancen der Erneuerten Agende gezählt werden darf. Es ist für die Rezeption des Werkes vielleicht noch wichtiger als das Korpus der Ordnungen mit ihren komplizierten Variationsmöglichkeiten. Da es trotz der ständigen Produktion von Gebetsliteratur an sprachlich, stilistisch und inhaltlich verläßlichen Texten mangelt, wird vielleicht mancher, der mit dem Agendenkonzept selbst weniger anzufangen weiß, wegen ihrer Gebete zur Erneuerten Agende greifen.

An diesen Texten ist intensiv gearbeitet worden unter Durchsicht der herkömmlichen und aller greifbaren neueren Textsammlungen. Manche Gebete sind in mehreren Durchgängen immer wieder verändert worden. Wenige würden bei neuerlicher Durcharbeitung unverändert bleiben.

---

43 Erneuerte Agende, 16

Auch mit jedem Wechsel in der Zusammensetzung des bearbeitenden Gremiums könnte sich das Ergebnis wieder ein wenig ändern. Diese Erkenntnis braucht nicht zu enttäuschen. Sie erinnert vielmehr daran, daß agendarische Gebete in früher Zeit Vorlagen waren für die eigenständige Arbeit des Liturgen. So bedürfen auch die Texte der heutigen Agenden einer ständigen Aneignung, die Korrekturen einschließt.
Das gilt besonders für die Kollekten- und Eingangsgebete. Hatte bereits die Lutherische Liturgische Konferenz in den ersten Vorarbeiten zur neuen Agendenrevision die sprachliche Gestalt verändert – etwa durch Umformung der lateinischen relativisch anknüpfenden Gottesprädikation in einen Hauptsatz (Du hast...) und durch Verzicht auf die Deklination des Herrennamens (Durch Jesus Christus) – aber auch an vielen Stellen inhaltlich sowie thematisch korrigiert und gelegentlich ausgetauscht[44], so zeigte sich wenig später, daß eine tiefergreifende Veränderung der Sammlung notwendig geworden war.
Zunächst stellte die Arbeitsgruppe Erneuerte Agende vier parallele Reihen zusammen, deren erste der liturgischen Tradition von der Alten Kirche bis Luther folgte. Die zweite suchte den gleichen Inhalt in neue Sprachgestalt zu übertragen unter Beibehaltung der Kollektenform. Die dritte sollte sich moderner Sprache und neuen Inhalten öffnen und die vierte die strenge Form der Kollekte durch die des Eingangsgebets ersetzen. Bei dem Versuch, eine Reduktion auf zwei Gebete vorzunehmen – unabhängig von Tradition und Form unter dem Gesichtspunkt der vermutlich weitestgehenden Zustimmung –, schieden die altkirchlichen und die reformatorischen Gebete oft am ehesten aus, sogar die aus der Feder Luthers. Schließlich einigte sich die Arbeitsgruppe auf drei Reihen, deren Gebete unabhängig von ihrer Kategorie nach dem vermuteten Zustimmungsgrad geordnet wurden.
Was für die Kollekten und Eingangsgebete im besonderen gilt, betrifft auch die anderen Texte. Zuletzt wurde ein wahrscheinlich unvermeidliches Defizit deutlich, vor allem im Blick auf einige Grundfragen unserer Zeit, für die es noch kaum Vorlagen gibt: Umgang mit Zeit und Geld, Hektik des Lebens, Arbeitsstrukturen, unterschiedliche Lebensformen, Verkehr, Ausländerprobleme, Auf- und Abrüstung und anderes. Die Fürbitten scheinen hiervon am stärksten betroffen zu sein. Liturgen und gottesdienstliche Arbeitskreise müssen nicht nur ermutigt

44 Vgl. Gebete (1978)

werden, sprachlich weiterzuarbeiten, sondern auch Defizite zu entdekken und aufzufüllen, soll der Gottesdienst seine lebendige und konkrete Gestalt behalten. Unter dieser Einschränkung kann aber doch wohl eine der umfassendsten, vielseitigsten und ausgewogensten Textsammlungen erwartet werden, die es auf dem Markt geben wird.
Das Textangebot umfaßt zunächst die Tagesproprien mit Eingangspsalm, Tagesgebet und Hallelujavers, dann auch Verweise auf Lesungen, Wochenspruch, Wochenlied, und schließlich liturgische Hinweise nach dem Kirchenjahr. Es folgen Psalmen und Psalmkollekten, Eröffnungsgruß, Vorbereitungsgebete, entfaltetes Kyrie, besondere Tagesgebete, Lesungsabschlüsse, Abkündigungen und Offene Schuld. Die Fürbittengebete werden in den herkömmlichen Formen des Monologs, der Ektenie, des diakonischen Gebets und der Preces angeboten, die Karfreitagslitanei und sog. Besondere Gebete schließen sich an. Die Texte zur Abendmahlsliturgie enthalten Dankopfergebete, Präfationen, dann 14 Eucharistiegebete aus verschiedenen Traditionen und 6 Betrachtungen für die oberdeutsch/reformierte Grundform II. Einleitungen zum Vaterunser, Spendeformeln, Dankgebete nach dem Abendmahl, Sendungsworte und Schlußsegen runden den Textteil ab, der im übrigen liturgiedidaktische Hinweise zu jedem Abschnitt enthält.

Probleme im Umgang mit der Erneuerten Agende

Die Einführung einer Agende antwortet in der Regel auf liturgische Probleme. Die Erneuerte Agende hat es mit den besonders schwierigen Problemen der Auflösung gottesdienstlicher Ordnungen zu tun, man könnte auch sagen mit einer liturgischen Erosion. Indem sie Tradition und Innovation, Freiheit und Bindung, Vielfalt und Einheit in ein fruchtbares Spannungsfeld zu bringen sucht, schafft sie aber ihrerseits auch wieder Probleme.
(1) Zunächst ganz praktisch: Die *Handhabung dieser Agende* wird vielen Liturgen und gemeindlichen Arbeitskreisen, vor allem am Anfang, Schwierigkeiten bereiten. Es ist eine Arbeitsagende, von der nicht mehr einfach abgelesen werden kann. Die Möglichkeiten der Auswahl zwischen sehr vielen Alternativen und die Unentrinnbarkeit der Entscheidung erfordern eine intensive Beschäftigung mit dem Konzept und seiner praktischen Verwirklichung. Ausbildung und Schulung

der Pfarrer, Kantoren und auch der mitarbeitenden Gemeindeglieder auf liturgischem Gebiet und in der jeder Liturgik vorauszusetzenden Gottesdiensttheologie müssen deshalb intensiver und konkreter werden. Die liturgische Aufgabe ist schwieriger geworden, aber nicht erst durch die Erneuerte Agende.
Wir werden uns dabei bewußt machen müssen, daß es in unserer Zeit des Übergangs kein Zurück mehr gibt zu einer Einheitsliturgie. Der römische Katholizismus hatte einmal die Einheit der Kirche mit einer Einheitsliturgie, dem Meßbuch Pius' V. (1570), zu sichern versucht. Sie ist damit zuletzt gescheitert und mußte diesen Versuch vierhundert Jahre später mit dem Meßbuch Pauls VI. (1970) wieder aufgeben. Liturgie bedarf der Inkulturation. Sie geht ein in Zeit, Raum und Leben der konkret Gottesdienst feiernden Gemeinde. Deshalb gibt es das Genus Liturgie immer nur im Plural von Liturgien.[45]
(2) An dieser Stelle stoßen wir auf ein Problem, das die landeskirchlichen Entscheidungsgremien und dann auch die rezipierenden Gemeinden noch eingehend beschäftigen wird: Kann und soll die *liturgische Einheitlichkeit in der gegebenen Region* nicht wenigstens dadurch gewährleistet werden, daß nur eine bestimmte Grundform eingeführt, die andere dagegen ausgeschlossen wird? Dies wäre vorstellbar im Blick auf die Tatsache, daß z.B. die Kirchen der VELKD bislang auch nur eine Grundform gebraucht und die andere nicht einmal gekannt haben. Es liegt aber in der Konsequenz des neuen Agendenkonzepts, daß eine solche Exklusivität nicht mehr möglich ist. Wenn beide Traditionen gleichberechtigt nebeneinander stehen, müssen auch beide überall gebraucht werden können. Entscheiden wird dann die Überzeugungskraft der Grundform, nicht die lokale Überlieferung, sofern sie nur durch Kirchengesetze zu erhalten ist. Der Verweis des Eucharistiegebetes in die Ausnahme oder gar das Verbot wäre ebenso bedenklich wie der Ausschluß der bisherigen Form A des Abendmahles in der Lutherischen Agende I, so begründet die exegetischen und systematisch-theologischen Vorbehalte heute auch sein mögen.[46]

---

45 Vgl. Balthasar Fischer, Liturgie oder Liturgien?, 265 (zu SC 4)
46 Vgl. oben S.79ff. – Eine Rubrik der Agende I 1955 zur Form B der Abendmahlsliturgie (eucharistisches Gebet) sagt: »Wo die Ordnung der Gliedkirche dies gestatttet, betet der Liturg...«, 70. Sie war zu ihrer Zeit Zeichen der Öffnung der lutherischen Liturgie zur altkirchlich-ökumenischen Tradition hin, ist aber heute überholt.

Wie das *ius liturgicum* nach evangelischem Verständnis nur im Zusammenwirken aller Ebenen ausgeübt und nicht einmal von der Synode exklusiv, d.h. ohne Rezeption durch die Gemeinden wahrgenommen werden kann[47], so ist das Einheitsmoment nur eines von vier Gestaltungsprinzipien für liturgische Ordnungen: Freiheit und Liebe, Einheit und Ordnung ergänzen und bedingen sich gegenseitig. Dabei hat die Mobilität der Menschen unserer Zeit den bei Luther noch auf »vmbligende stedlin vnd dörffer« und die einzelnen »hirschafften« eingrenzbaren Geltungsrahmen des Einheitsgedankens[48] längst gesprengt und sogar über die Grenzen der Landeskirchen hinauswachsen lassen. Die »Reform der Agendenreform«[49] hat als ganz natürliche Folge der Entwicklung lutherische und unierte Kirchen in beiden Teilen Deutschlands unter enger Fühlungnahme mit der Arnoldshainer Konferenz zusammengebracht.

Bleibt noch zu vermerken, daß der Umgang der Bayerischen Landessynode mit der Agende I ein gutes Beispiel für das evangelisch praktizierte *ius liturgicum* abgibt: 1958 wird die Agende I eingeführt und damit die Bayerische Agende von 1854 abgelöst. Es wird aber keine Gemeinde zur neuen Agende gezwungen. Noch 1980 heißt es: »Die Landessynode bittet dringlich, das Nebeneinander zu überwinden, das zwischen den Ordnungen des Hauptgottesdienstes nach der eingeführten Agende I und der alten bayerischen Agende von 1854 besteht.«[50]

(3) Ein drittes Problem ist die befürchtete Förderung des ohnehin schon reichlichen *Wildwuchses* durch die vielen Auswahlmöglichkeiten. Die Periode neu erwachter und realisierter Kreativität hat das Verdienst, Erstarrungstendenzen in der liturgischen Praxis überwunden zu haben. Zugleich aber wird damit das Risiko eines mißbräuchlichen Wildwuchses eingegangen. Dieser kann viele Formen annehmen von der modischen »Begrüßung« zu Beginn des Gottesdienstes, in der der Liturg selbst in den Mittelpunkt tritt und, ohne es zu merken, aus der Ver-

---

47 Vgl.: »Die Befugnis, Regelungen für die Ordnung von Gottesdiensten zu schaffen... steht originär keiner Person, keinem Amt oder Organ in der Kirche allein zu. Sie muß im Konsens wahrgenommen werden«, Thesen zur Verbindlichkeit von Ordnungen des Gottesdienstes, Bischofskonferenz der VELKD 1977, Lindow, 253,2

48 Deutsche Messe 1526, WA 19,73

49 Schulz, Zukunftsperspektiven, 32

50 Abl. für die ev.-luth. Kirche in Bayern 24/1980, 175ff.

sammlung der Gemeinde im Namen Jesu eine von ihm oder einer Gruppe produzierte Veranstaltung macht, bis zum willkürlichen Eklektizismus, der die Texte der Agende als Steinbruch für ein Eigenfabrikat benutzt. Hier hilft nur ein tieferes Eindringen in die Formgesetze der lebendigen Liturgie. Das bedeutet handfeste liturgische, also in erster Linie theologische Arbeit, die eine besonders wichtige Aufgabe der Pfarrkonferenzen und Pfarrerfortbildung sein wird.

(4) Endlich stehen alle Kirchen vor dem Problem der Spannung *zwischen Pluralität und Eindeutigkeit.* Die liturgische Situation ist von Kirche zu Kirche – und oftmals innerhalb einer Landeskirche – verschieden. Es gibt Regionen mit geprägter und die Gemeinden noch heute durchformender Liturgie. Es gibt erweckliche Gemeinden ohne ein besonderes Verständnis für das, was gemeinhin Liturgie genannt wird, und doch mit einer festen – eben erwecklichen – Gottesdienstform. Und es gibt Bereiche, in denen Agenden weithin unbekannt sind und die Liturgie völlig individualisiert ist.

Die vielfältige Verwendbarkeit der Erneuerten Agende, ihre »Schmiegsamkeit« sowie die Fülle der Wahlmöglichkeiten dienen dazu, auseinanderstrebende Vielfalt neu zusammenzubinden und auf das Zentrum auszurichten. Es sollen Impulse für die eigene kreative Entfaltung gegeben werden, diese muß aber in den gebotenen Grenzen bleiben (I Kor 14,26c). Vor allem sind die Gemeinden zur *participatio actuosa* zu gewinnen.

Das alles wird aber erkauft auch mit einem Verzicht, nämlich dem auf eine bislang selbstverständliche Einfachheit, Eindeutigkeit und Einförmigkeit der in der jeweiligen Kirche gefeierten Liturgie. Es scheint zur Zeit nicht möglich zu sein, eine allen einsichtige Auswahl zu treffen und auszuscheiden, was die Identität in Frage stellen könnte. Man wird sich bei der den Kirchen jetzt bevorstehenden Beschäftigung mit der Erneuerten Agende keiner Illusion hingeben dürfen: Der Gewinn, den sie bringt, hat auch Nachteile. Mehr, als was jetzt vorgelegt wird, ist gegenwärtig wohl kaum zu erreichen. So wenig ist das aber nun auch nicht.

Der Gottesdienst verlangt Wiedererkennbarkeit und Wiederholbarkeit. Wir können von Sigmund *Freud* lernen: Erinnern, Wiederholen, Durcharbeiten[51]: Liturgie ist die Wortgestalt eines Geschehens, in dem Gott

51 Vgl. Spiegel, Erinnern – Wiederholen – Durcharbeiten

uns begegnen und in seine Gnade bergen will. Es braucht nicht immer alles neu zu sein. Die Aktualität liegt in der stets neuen Erfahrung der Annahme und des treuen Geleits; denn Liturgie hat das Paschageheimnis zum Ursprung und Inhalt, den Übergang aus der Entfremdung zur Freiheit der Kinder Gottes. Liturgie dient der Christusanamnese, die nach der Lima-Erklärung zur Eucharistie »den zentralen Inhalt des gepredigten Wortes wie des eucharistischen Mahles ausmacht«, wobei »eines das andere stärkt«[52]. Vielleicht wird deshalb die Suche nach Bleibendem, nach Stabilisierung im genugsam erfahrenen Wandel zur neuen Parole. Liturgie wird konkret nur in der Spannung zwischen der Vorahnung des Kommenden und dem Unvollkommenen, Bruchstückhaften unserer Formen und Worte. Die Kondeszendenz Gottes hat nicht ohne Grund das Miteinander von Göttlichem und Menschlichem – unvermischt und ungetrennt? – gewählt. Diese Erkenntnis möge Mut machen, den Gottesdienst als Haus der Gnade ein wenig wohnlicher zu machen, auch wenn sich der wahre Glanz nur dem Glauben erschließt.

52 Taufe, Eucharistie und Amt, 21 (E 12)

Unser Gottesdienst – Empirische, liturgische und theologische Perspektiven

In der Augsburgischen Konfession heißt es: »Es wird auch gelehret, daß alle Zeit müsse eine heilige christliche Kirche sein und bleiben, welche ist die Versammlung aller Gläubigen, bei welchen das Evangelium rein gepredigt und die heiligen Sakrament lauts des Evangelii gereicht werden« (CA VII). Nach reformatorischer Schrifterkenntnis wird deshalb die Definition der Kirche die Definition des Gottesdienstes sein müssen, der sich aus der konkreten leibhaften Versammlung der Gemeinde unter Wort und Sakrament in das ganze Leben des Christen ausweitet. Wie klein die gottesdienstliche Gemeinde auch sein mag, wie wenig nach Form, Aussage, Strahlkraft und Freude der großen Gabe Gottes angemessen ihre Feier: Kirche ist da, wo sich die Gläubigen um Evangelium und Sakrament versammeln. Und wenn eine solche Kirche »sein und bleiben« muß, verliert die Frage nach der Zukunft des Gottesdienstes alles Bedrängende und Beklemmende; sie wird zu einem Auftrag, dem wir uns nüchtern und erwartungsvoll stellen können. Der Gottesdienst ist der Ort, von dem die ersehnte Erneuerung und Einung der Christenheit in unserer Zeit ihren Ausgang nehmen muß.
Das Thema »Die Zukunft des Gottesdienstes« wird zum Abschluß der Überlegungen zur theologischen Grundlegung einer »lebendigen Liturgie« und diese zusammenfassend von drei Seiten her in den Blick genommen: von der Empirie anhand neuerer kirchensoziologischer Untersuchungen, von der Liturgie anhand der Ergebnisse eines bewegten Reformjahrzehnts (1965–1976) und der anschließenden Agendenrevision – und schließlich theologisch in ökumenischer Perspektive nach den Konvergenzerklärungen von Lima 1982.

Zur Empirie

Die Erfahrung jedes Pfarrers und Verantwortlichen in der Gemeinde ist: Das kirchliche Leben geht zurück. Man gewinnt den Eindruck, als spiele der Gottesdienst dabei eine immer geringere Rolle. Dies läßt sich auch statistisch belegen. Der Gottesdienstbesuch sank im Bereich der EKD zwischen 1963 und 1973 von 7,3% auf 4,6%, also um mehr als ein Drittel, um sich dann zwischen 1974 und 1984 etwas zu erholen und bei 5,5% einzupendeln, die nächsten drei Jahre aber wieder leicht zu fallen (1987: 5,1%).[1] Auch die römisch-katholische Kirche verzeichnete einen kontinuierlichen Verlust an Gottesdienstbesuchern, der zwischen 1950 und 1985 mit 53,9% und 26% insgesamt 51,7% betrug und damit weit über dem der evangelischen Kirchen (26%) lag.[2] Die absoluten Zahlen allein geben aber noch keine befriedigende Auskunft. Wenn man die unterschiedliche Häufigkeit des Kirchgangs berücksichtigt, kommt man zu dem Ergebnis, daß jeden, fast jeden Sonntag bis einmal im Monat 18% der Evangelischen und etwa 40% der Katholiken den Gottesdienst besuchen. Die letzte große Umfrage der EKD von 1982 ergab 26% gewohnheitsmäßige, 38% anlaßbezogene Kirchgänger und 35% Nicht-Kirchgänger.[3]

Lassen sich von der Empirie her tiefere Einsichten in diesen Prozeß gewinnen? Der Zusammenhang von Kirchgang und Sitte war schon länger bekannt. Er zeigte sich besonders deutlich bei der Eingliederung der Ostflüchtlinge. Solange meine aus dem kirchlichen Hinterpommern stammenden Gemeindeglieder im Lager zusammenwohnten, kamen sie geschlossen zum Gottesdienst, die Bibelstunden waren überfüllt. Sobald sie aber eigene Wohnungen in der gleichen Gemeinde bezogen, mußte man fragen: Wo sind sie geblieben? Die unkirchliche holsteinische Umgebung hatte ihren Einfluß genommen, sie hatten sich angepaßt. Die gleiche Beobachtung machte Hermann *Bezzel* schon 1912.[4] Daß diese

---

1 In Württemberg, NW-ref., Baden und Bayern, liegt der Anteil mit 8,7, 7,8, 7,7 und 7,6% etwas höher, in Berlin, Nordelbien, Bremen und Oldenburg mit 1,9, 2,6, 2,7 und 3,1% erheblich niedriger. Nur am Heiligen Abend füllen sich die Kirchen mit etwas mehr als einem Viertel der Gemeindeglieder (28,7%); vgl. ABlEKD Statistische Beil. Nr. 85/1989, bes. 32 (für 1987)

2 Schmied, Kirche oder Sekte?, 10

3 Was wird aus der Kirche?, 205ff. Frühere Umfragen s. oben S. 19[2]. Zulehner hat aus der Österreich-Umfrage von 1974 eine »gestufte Teilnahme« (31% sonntäglicher, 17% etwa monatlicher, 22% nur festtäglicher Kirchgang) erhoben, Wie kommen wir aus der Krise?, 15ff.

4 »Der kirchlich korrekte Landbewohner geht, sobald Gewohnheit, Sitte und dörfliches Herkommen nimmer ihre Gewalt ausüben, der Kirche aus dem Weg«, pia desideria 1912, 10

Erscheinung sich nicht auf die protestantischen Kirchen und nicht auf Deutschland beschränkt, zeigt die Bemerkung des französischen Soziologen Gabriel *Le Bras*, daß »allem Anschein nach etwas Magisches von einem gewissen Pariser Bahnhof ausgeht: Leute vom Land, die da aussteigen, werden im selben Augenblick aus praktizierenden zu nichtpraktizierenden Katholiken«[5]. Jeder Seelsorger, der eine Gemeinde über eine längere Zeit begleitet, könnte von den Wegen einzelner und von Gruppen, von äußeren Einflüssen und inneren Entwicklungen berichten, die das Verhältnis zum Gottesdienst verändern.

Seit einer ganzen Reihe von Jahren ist man der Frage, wie sich die Gemeindeglieder zum Gottesdienst verhalten, mittels Umfragen nachgegangen. Die erste, deren Ergebnis unter dem bezeichnenden Titel »Gottesdienst – Angebot ohne Nachfrage?« veröffentlicht wurde, veranstaltete die ev.-ref. Kirche Basel Stadt. Aufgrund ihrer vorwiegend statistisch-soziographischen Anlage kommt sie kaum über ohnehin bekannte Feststellungen hinaus: Der Gottesdienst ist »stark in die Erholungszone gerückt«, sein Besuch liegt knapp unter 10%, die heutige Form wird den Erwartungen kaum gerecht. Ähnlich allgemein ist das Rezept: Reduktion und Konzentration, mannigfaltigeres Angebot, auch am Werktag, Ferien- und Campingpastoration sowie aktuellere Predigt.[6]

Die Spiegel-Umfrage »Was glauben die Deutschen?« aus dem gleichen Jahr 1967 bringt schon ein sehr viel nachdenkenswerteres Ergebnis: 68% der Befragten erklärten, daß sie an Gott glauben, mehr noch: 86% gaben zu, daß sie beten.[7]

Die Frage nach der Zukunft des Gottesdienstes wird man kaum mehr methodisch sachgerecht behandeln können, ohne die Ergebnisse der großen, mit dem Forschungsinstrumentarium der Sozialpsychologie und Soziologie unternommenen kirchensoziologischen Untersuchungen zu berücksichtigen. Die Frage »Wie verhalten sich die Mitglieder der Kirche zum Gottesdienst?« kann heute empirisch exakt geklärt werden.

Die Humanwissenschaften können das Fragen nach der Offenbarung und dem Gebotenen nicht ersetzen. Weil die Kirche aus Menschen besteht, deren Sozietäten in ihrer Struktur und in ihrem Einfluß erkannt

5 Mitgeteilt von Berger, Auf den Spuren der Engel, 54
6 Leuenberger, Gottesdienst – Angebot ohne Nachfrage?, 54.59–63
7 Harenberg, Was glauben die Deutschen?, 61f.

werden können, sind aber auch sozialpsychologische Untersuchungen nötig; sie bringen der Kirche gefährliche soziale und psychische Bindungen erst zum Bewußtsein. So wirken sie der »Soziologisierung« und »Psychologisierung« der Kirche entgegen, statt – wie oft befürchtet wird – sie herbeizuführen.[8]

Manfred *Seitz* verweist auf die Seelsorgeperikopen des Neuen Testaments, in denen vom »Sehen« Jesu und vom »Genau-ins-Auge-Fassen« der Jünger die Rede ist, und folgert: Es ist »ein Akt der kirchlichen Kondeszendenz, wenn die Lage der Menschen hinsichtlich ihres ›Gottes-Dienstes‹ mit den heute zur Verfügung stehenden wissenschaftlichen Mitteln, ›gesehen‹ und ›genau ins Auge gefaßt‹ wird, um den Dienst der Kirche so menschennah, wie es der Herr wollte, zu gestalten«. Es ist ein Unterschied, ob der Gottesdienst aus den Erfordernissen der Zeit abgeleitet oder ob er auf die Realitäten der gegenwärtigen Situation bezogen wird.[9] Die Umfrage-Methode wurde aus der sozialpsychologischen Theorie der sogenannten affektiv-kognitiven Konsistenz von Milton J. *Rosenberg* entwickelt.[10] Dabei geht es – vereinfacht dargestellt – um das Problem Kirche und Wertsystem: Jeder Mensch orientiert sich an bestimmten Wertvorstellungen und beurteilt soziale Objekte wie Staat, Organisationen und auch Kirche unter dem Gesichtspunkt ihrer Instrumentalität für die Verwirklichung dieser Werte (kognitive Struktur). Je größer die Instrumentalität, desto größer die positive Einstellung (Affektivität) – und umgekehrt. Mit anderen Worten: Wenn ich meine, daß die Kirche meine Wertvorstellungen fördert, dann ist sie für mich wertvoll.[11]

Fünf Ergebnisse der Umfragen sollen den wichtigen Beitrag empirischer Methoden zum Thema beleuchten:

1. Der erwähnte statistische Rückgang des Gottesdienstbesuches ist nicht identisch mit dem Stellenwert, den der Gottesdienst bei den meisten Menschen findet. »Für sie hat der Gottesdienst, auch wenn sie ihn nicht mehr besuchen, nach wie vor repräsentative Bedeutung. An ihm wird sichtbar, was Kirche ist, und an seinen Besuchern wird sichtbar, wer Kirche ist.«[12]

---

8 Leuenberger, Gottesdienst – Angebot ohne Nachfrage?, 7
9 Seitz: VELKD-Umfrage, XIII.150
10 Umfragen der Gemeinsamen Synode, 56f.
11 Seitz: VELKD-Umfrage, 152
12 Seitz, Machtverlust und Glaubenskraft, 672

2. Je mehr der Mensch Kirche und Gottesdienst als irrelevant empfindet, desto empfänglicher wird er für andere Deutungssysteme. Dabei zeichnet sich das Entstehen einer neuen Religion ab, in der die Gesellschaft selbst Heilsinstitution ist, von der alles erwartet wird. Da aber die Gesellschaft diese Erwartungen nie erfüllen kann, gibt es heute schon Anzeichen dafür, daß dort Enttäuschte wieder vorsichtig nach der Kirche Ausschau halten.[13]

3. Eines der überraschendsten Ergebnisse ist die Beobachtung, daß eine nicht geringe Zahl von Kirchenmitgliedern, deren Wertvorstellungen mit denen der Kirche nicht übereinstimmen, dennoch die Nähe der Kirche und den Gottesdienst sucht. Gerhard *Schmidtchen* nennt diesen Menschen den »unwahrscheinlichen Kirchenbesucher« – gleichsam das Gegenstück zu dem Christen, für den Kirche und Wertsystem weitgehend kongruent sind und der sich dennoch nicht im Gottesdienst blicken läßt.[14]

4. Die Untersuchungen zeigen, daß kein Christsein außerhalb sozialer Kontexte möglich ist, in denen seine Inhalte thematisiert werden können. Dies bedeutet praktisch das Ende der von Karl *Rahner* begründeten und auf dem Kölner Kirchentag 1965 von Dorothee *Sölle* so leidenschaftlich verfochtenen These vom anonymen Christentum: Es gibt kaum die Möglichkeit eines Christentums außerhalb der Kirche.[15] Diese Erkenntnis deckt sich mit den Ergebnissen der Wissenssoziologie, auf die Peter L. *Berger* bei der Darstellung der »Plausibilitätsstruktur« verweist.[16] Sachgemäßer ist es also, mit Peter *Meinhold* von »Außenseitern in den Kirchen« zu reden.[17]

5. Nachdenklich stimmt der geringe Stellenwert, den die Themen Krankheit, Angst, Schicksal, Leiden, Schuld, Tod und Sünde in der Skala der bevorzugten Predigtthemen fanden. Es ist sicher ein Trugschluß zu meinen, daß sie »verdrängt« werden.[18] Sie bedürfen der besonderen Aufnahme in Seelsorge und Beratung[19] und fordern deshalb eine viel stärkere Integration der Seelsorge in die Verkündigung. Am

---

13 Seitz: VELKD-Umfrage, 153.157
14 VELKD-Umfrage, 37ff.
15 Ebd. 154
16 Berger, Auf den Spuren der Engel, 56ff., bes. 61
17 Meinhold, Außenseiter
18 VELKD-Umfrage, 97; Seitz: VELKD-Umfrage, 155
19 Seitz, Machtverlust und Glaubenskraft, 672

Rande sei vermerkt, daß Frieden und Gerechtigkeit in der Welt an der Spitze gewünschter Predigtthemen stehen (66% bzw. 61%), politische Tagesfragen dagegen nahezu die gleiche Prozentzahl an Ablehnungen erhalten – eine homiletisch nicht mehr lösbare Forderung, unpolitisch über den Frieden zu predigen!
Die Umfragen haben ein vorher noch nie verfügbares Material über die gesamtgesellschaftliche Verflochtenheit und damit Abhängigkeit und Beeinträchtigungsmöglichkeit des Gottesdienstes bereitgestellt. Diese Erkenntnisse aufzunehmen ist Aufgabe der Theologie, die sich den Gottesdienst als »Mitte der Gemeinde« (Wilhelm *Hahn*)[20] zur ureigensten Sache macht. Dabei fordert die in den Untersuchungen sichtbar werdende Verlagerung der Probleme »vom Gottesdienst zur Institution, von der Liturgie zur Theologie, von Glaubensfragen zu allgemeinen gesellschaftlichen Orientierungsproblemen«[21] für die Bemühung um die Zukunft des Gottesdienstes das Mitbedenken eines weiten Umfelds und die Zusammenarbeit der theologischen Disziplinen.

Zur Liturgie

Was ist in der letzten Zeit für den Gottesdienst getan worden, wo sind Ansätze für die Zukunft sichtbar? Schon ein flüchtiger Blick auf die jüngste Liturgiegeschichte zeigt: Überall sind die Dinge in Bewegung geraten, so daß man die Jahre von 1965 bis etwa 1975 schon als ein Reformjahrzehnt bezeichnet hat.[22]
In den frühen sechziger Jahren wurde eine bedeutsame Arbeit abgeschlossen: die Herausgabe der vierbändigen »Agende für ev.-luth. Kirchen und Gemeinden« (1951–62). Sie ergab sich aus der notwendig gewordenen Neuordnung des kirchlichen Lebens nach dem Zusammenbruch. Es war naheliegend, daß diese Liturgiereform, die den Kirchen der Reformation zum erstenmal gesamtkirchlich gültige Ordnungen zu schaffen suchte, sich an der Theologie der Reformation und dem geschichtlichen Erbe orientierte, auch wenn ihr das bei manchen den Vorwurf der Restauration oder gar Repristination eintrug.[23] Obwohl

20 Hahn, Die Mitte der Gemeinde
21 VELKD-Umfrage, 131
22 Seitz: VELKD-Umfrage, 151
23 Vgl. Cornehl, Gottesdienst (1985), 77ff.

Impulse aus den liturgischen Bewegungen des 19. und des 20. Jahrhunderts aufgenommen wurden, war die ökumenische Dimension dabei noch kaum im Blick. Kaum war das Agendenwerk abgeschlossen, regte sich überall der Wunsch nach neuen Formen und Weiterarbeit. Auf dem Dortmunder Kirchentag 1963 trat erstmalig das Experiment Gottesdienst in neuer Form an die breite Öffentlichkeit, zunächst noch als Jugendgottesdienst. Und selbst Christhard *Mahrenholz*, der Vorsitzende der Lutherischen Liturgischen Konferenz Deutschlands, kündigte schon 1965 eine weitere Agendenreform nach spätestens 20–30 Jahren an.[24] In der Unruhe der späten sechziger und frühen siebziger Jahre kam dann überall die Sehnsucht nach *dem* neuen Gottesdienst auf, der einer immer mehr frustrierten und unbehausten, aus ihrer altvertrauten Lebensweise so jäh herausgerufenen neuen »Exodus«-Generation Geborgenheit, Hilfe und Hoffnung auf dem Weg in ein neues Land geben könnte. Eine Flut von Vorschlägen, Diskussionsbeiträgen und Werkbüchern wurde veröffentlicht; der Kirchentag fing damit an: *Fantasie für Gott.*[25] Und dann kamen sie, die Dialog-, Familien-, Thema-, Kommentar- und szenischen Gottesdienste, das Politische Nachtgebet, die Liturgische Nacht und das ökumenische »Christen beten gemeinsam« – in einer kaum mehr übersehbaren Fülle und Variationsbreite.

Auf dem Höhepunkt dieser kreativen und zugleich kritischen Phase fanden zwei internationale Tagungen statt: Die Genfer Konsultation der Kommission für Glauben und Kirchenverfassung über den »Gottesdienst in einem säkularisierten Zeitalter« (1969) offenbarte eine Breite von Ansichten, die sich nicht mehr miteinander verbinden ließen – bis hin zu Charles *Davis'* These, daß es überhaupt »keine moderne Form des Gottesdienstes« gibt, »weil der Gottesdienst selber in der modernen Welt überholt und der christliche Glaube ein Zustand der Abweichung von der Kultur der Gegenwart ist«[26]. Die zweite Konsultation war das internationale ökumenische Seminar »Gott und Gottesdienst« in Straßburg (1970), über das Marc *Lienhard* unter dem Titel »Geburtswehen eines relevanten Gottesdienstes« berichtete[27], das aber nichtsdestoweni-

---

24 Mahrenholz, Weiterarbeit, 290ff.; Gebete 1979, 1
25 Schnath, Fantasie für Gott
26 Davis, Gottesdienst, 25
27 Lienhard, Relevanter Gottesdienst, 613f.

ger die allgemeine Ratlosigkeit widerspiegelte.[28] Auch die ersten internationalen Kongresse der 1967 gegründeten Societas Liturgica (1969 in der Abtei Glenstal/Irland und 1971 in Straßburg) befaßten sich mit dem Gottesdienst als Experiment und arbeiteten in »workshops«.
Die Krise, in die der Gottesdienst geraten ist, ist ökumenisch. Das Zweite Vatikanum, insbesondere seine Liturgiekonstitution vom 4. 12. 1963 mit dem Auftrag zu einer »allgemeinen Erneuerung der Liturgie« hatte weitreichende Folgen. Zunächst wurde eine Fülle verschiedenartigster Experimente ausgelöst, erlaubter wie unerlaubter, bis hin zu der Vermischung von Eucharistie und Agape in der holländischen Schalom-Gruppe, dann aber auch die auf der liturgischen Bewegung aufbauende Weiterarbeit an der Überlieferung. Die römische Kirche hat in einer einzigartigen Reformarbeit 1970 den Konzilsauftrag mit der Herausgabe des *Missale Romanum* Pauls VI. erfüllt (deutsch 1975), dessen authentische Übersetzung 1976 im deutschen Sprachraum verpflichtend wurde und das Experimentierstadium beendete.
Landessprache, stärkere Beteiligung der Gemeinde, Variabilität statt Einförmigkeit, dann aber auch die leider nicht mit den evangelischen Kirchen abgesprochene Neuordnung des Kirchenjahrs und der Perikopen sind die wichtigsten Merkmale der Reform, der nun eine intensive regionale theologische und pastorale Nacharbeit folgt. So hat die römisch-katholische Kirche nun beides: eine gemeinsame Ordnung und einen großen Freiraum für jede Gemeinde. Daß die Weiterarbeit an der Liturgie damit nicht ausgeschlossen ist, zeigt die Herausgabe neuer Hochgebete für besondere Gelegenheiten nach Verabschiedung des Meßbuches.[29]
Wenn wir den Ertrag des Reformjahrzehnts für den evangelischen Gottesdienst erheben wollen, müssen wir zuvor die neuen Gottesdienstmodelle sowie die Reformarbeit zu sichten versuchen. Da ist zunächst das alternativ angebotene oder exklusiv kontrapunktisch verstandene Gegenmodell gegen den traditionellen Gottesdienst: das »Politische Nachtgebet«, zum erstenmal nach dem Essener Katholikentag 1968 in Köln, danach in vielen anderen Städten gehalten, zielt nach ihren Initiatoren Dorothee *Sölle* und Fulbert *Steffensky* auf eine Politisierung

28 »Der heutige Gottesdienst will zuviel auf einmal ... und erreicht darum zu wenig«, Hollenweger, Spiel, 614
29 Vgl. unten S. 156.169f. und Goltzen, Gratias agere, 1ff.

des Gewissens und auf Aktion ab.[30] Ein aktuelles politisches Thema wird aufgegriffen und in Information, Diskussion und Vorbereitung einer Aktion behandelt. Dazu treten traditionell gottesdienstliche Elemente wie Meditation, Verkündigung und Gebet. Besonders das »entprivatisierte Gebet«, das ja auch im Markenzeichen »Nachtgebet« wesentlicher Bestandteil ist, soll nach Sölle die »revolutionäre Transzendenz« der bestehenden Verhältnisse aufdecken[31], dient also einem Bewußtseinsbildungsprozeß. Auch die von Dieter *Andresen* veröffentlichten »Kieler Beispiele öffentlicher Kommunikation: Kirche am Montag« enthalten Gegenmodelle, etwa eine Trauerfeier für den religiösen Sozialismus oder eine gruppendynamische Übung, bei der der 46. Psalm »Gott ist unsere Zuversicht und Stärke« teils parodistisch, teils ernst umgeformt wird: »Die Gruppe ist unsere Zuversicht und Stärke«[32].
Das Gegenmodell, bis an die Grenze des Erträglichen gehend, Verfremdungen benutzend und auch den Vorwurf der Blasphemie in Kauf nehmend, wird von kleinen Gruppen meist politisch Engagierter getragen und bleibt auf sie selbst beschränkt ohne tiefere Einwirkung auf Kirche wie Gesellschaft. Ohne Frage können hier ernste Probleme der Betroffenen, vorwiegend Intellektueller und Studenten, zur Sprache kommen und aufgearbeitet werden. Aber wird hier die Zukunft eines neuen Gottesdienstes sichtbar? – Eine zweite Gruppe von neuen Gottesdiensten läßt sich als Variationen oder Ergänzungen des Herkömmlichen verstehen: a) Gottesdienste, die bestimmte Elemente ausgliedern, umformen oder verändern. Hierzu gehören etwa die 1967 in der französisch-reformierten Gemeinde Frankfurt begonnenen Dialoggottesdienste, auch die Themagottesdienste der Studentengemeinde Bonn 1971/72, beide dann im »thematischen Dialoggottesdienst« kombiniert[33], aber auch die dem Menschen unserer Tage in seiner Unrast so hilfreichen Meditationsgottesdienste, die die Tiefenschichten ansprechen. b) Gottesdienste für besondere Gruppen. Man wird hier an die in vielen Variationen unternommenen Gottesdienste für junge Menschen denken, auch an den von Georg *Kugler* 1967 in Nürnberg begonnenen Familiengottesdienst[34] und den 1969 ebenfalls in Nürnberg entstandenen

30 Sölle/Steffensky, Politisches Nachtgebet, I 1969, 9f.; II 1971
31 Seidel/Zils, Aktion Politisches Nachtgebet, 19.23
32 Andresen, Kirche am Montag, 133ff.193ff.
33 Heinz Fischer, Thematischer Dialog-Gottesdienst
34 Kugler, Familiengottesdienste; ders./Lindner, Neue Familiengottesdienste II–IV

Kommentargottesdienst, der nicht von einem biblischen Text, sondern von einem Zeitereignis ausgeht und dies bei minimaler Liturgie in mehreren Kurzreferaten vom Evangelium her zu kommentieren sucht[35]; dieser Kommentargottesdienst wird sich immer nur an bestimmte Schichten richten und ist deshalb für das Konzept der City-Kirche sinnvoll. c) Gottesdienste für besondere Situationen. Harvey *Cox* hat mit seinem *Fest der Narren*[36] gefordert, daß der Gottesdienst dem Kreativen, der Phantasie und dem Gefühl Raum geben soll. Die »Liturgische Nacht« mit allen Formen von Kreativität, Kommunikation, Spiel, Feier, Meditation und dem Markt der Möglichkeiten kann nur auf großen Zusammenkünften begangen werden wie 1968 in Uppsala und 1973 auf dem Kirchentag in Düsseldorf.[37] Anläßlich eines ökumenischen Gottesdienstes zum Auftakt der olympischen Segelwettbewerbe in Kiel 1972 wurde das Thema »Chancen der Versöhnung« schon wegen der vielen Sprachen auch durch ein nonverbales Medium aufgenommen: ein Pas de deux zur Passacaglia in c-moll von Johann Sebastian *Bach* erwies sich als eindrucksvolle Darstellung. d) In den Häusern gefeierte Tischmessen und Agapen. Die Verbindung von Eucharistie und Agape wird in der ganzen Ökumene diskutiert; sie ist ein besonderes Anliegen von Lukas *Vischer*. Daß die Agape dennoch in die ökumenische Erklärung über die Eucharistie von Lima 1982 nicht aufgenommen worden ist, hat gewichtige theologische Gründe. Jeder, der die Entscheidung der frühen Kirche, das Sättigungsmahl auszuscheiden und die beiden Handlungen mit Brot und Wein zu einer zu verbinden, rückgängig machen will, muß sich fragen lassen, ob er damit nicht einem romantisierenden Mißverständnis erliegt und die Besonderheit, eben das Neue des christlichen Gottesdienstes im Unterschied zu allen anderen Kulten übersieht.[38] Damit verbunden ist e) eine neue Abendmahlsbewegung, die vom Kirchentag aus sich jetzt auch im sog. »Feierabendmahl« äußert und die allgemeine Wiederentdeckung des Herrenmahls[39] mit der Betonung von Fest, Feier und Gemeinschaft akzentuiert.[40] Tendenzen in

35 Kugler, Kommentargottesdienste

36 Cox, Fest der Narren

37 Liturg. Nacht, hg. vom Arbeitskreis Wuppertal

38 Gegen Bittlinger, Gottesdienst, 17, (mit Brunner, Theol., 104)

39 Vgl. dazu oben S. 21

40 Forum Abendmahl, hg. von Kugler; Christiansen/Cornehl, Alle an einen Tisch; Kugler, Feierabendmahl

neuester Zeit, die das Abendmahl unabhängig von der Taufgrenze öffnen möchten, dürfen nicht verschwiegen werden und erfüllen mit Sorge.
In und besonders nach diesem bewegten Reformjahrzehnt ist aber auch die Arbeit an der in Geltung befindlichen Agende I weitergegangen. 1979 erschien im Vorgriff auf die umfassende (zweite Nachkriegs-) Agendenreform eine Revision der gottesdienstlichen Gebete: Kollekten- und Eingangsgebete, Allgemeines Kirchengebet bzw. Fürbittengebete und neue Eucharistie- bzw. Abendmahlsgebete zur Ergänzung der Agende.[41] Hier ist nicht nur sprachlich verbessert, sondern der Gottesdienst ökumenisch geöffnet worden: größere Variabilität in vermehrten Alternativen und vor allem Eucharistiegebete, die reformatorische Erkenntnis mit der Weite des biblischen *εὐχαριστήσας* verbinden, wie es die beiden großen altchristlichen Traditionen und die meisten anderen Kirchen der Ökumene schon lange tun. Bei der Agendenrevision und Vorarbeit auf die große Reform hat die Lutherische Liturgische Konferenz Deutschlands Struktur und Elemente des Gottesdienstes und damit die Möglichkeiten der Agende I neu untersucht; das Ergebnis war 1974 als *Strukturpapier* unter dem Titel *Versammelte Gemeinde* veröffentlicht worden.[42] Es zeigt einmal die von wenigen Kritikern erkannte und kaum genutzte Variabilität und Flexibilität des agendarischen Gottesdienstes: »Wer im Sinne des Strukturpapiers am sonntäglichen Gottesdienst arbeitet, entdeckt eine Vielfalt neuer Möglichkeiten zu einer lebendigen Gestaltung und Erfahrung des Gottesdienstes.«[43] Zum anderen wird deutlich, daß »auch die modernsten und avantgardistischsten Formen offenbar unbewußt einem vorgegebenen Ritualschema folgen, und daß ... die vielbeklagte Erstarrung des traditionellen Gottesdienstes nicht in der Agende selbst, sondern in ihrem falschen gesetzlichen Gebrauch begründet ist«[44].
Nach dem Abklingen des innovativ-experimentellen Reformjahrzehnts hat die zweite Nachkriegs-Agendenreform 1990 einen ersten Höhepunkt gefunden mit der Veröffentlichung des Vorentwurfs zur Erneuerten Agende, über den an anderer Stelle berichtet wird.[45] Als Frucht der

41 Gebete 1979
42 Versammelte Gemeinde 1974
43 Niedersächsischer Arbeitskreis Agendenrevision, Freude am Gottesdienst, 27
44 Mauder, Kirche ein Sakrament?, 110; Vgl. Stalmann, Gestaltungsaufgabe, 166ff.; A. Niebergall, Agende, 2,81ff.86f. (Lit.!)
45 Vgl. oben S. 111ff.

vielfältigen Anstöße der sechziger und siebziger Jahre sind aber auch manche anderen hilfreichen und wohlbegründeten Bücher zur Gottesdienstgestaltung – neben einer Fülle von »Einwegliturgien« – erschienen, mit denen schon heute im Sinne einer flexiblen und situationsgerechten Gottesdienstgestaltung gearbeitet werden kann.[46] Die Erneuerte Agende wird einerseits sich dieser Literatur zugesellen, andererseits aber, so steht zu hoffen, wieder im Sinne einer Konzentration zur Wiedererkennbarkeit und Wiederholbarkeit der Liturgie im Spannungsfeld zwischen dem Erbe der Väter und neuer Kreativität wirksam werden.

Wenn man nach dem Ertrag der »Neuen Gottesdienste« und damit des Reformjahrzehnts fragt, so kann wohl mit drei Thesen geantwortet werden:

1. Die neuen Gottesdienste haben den neuen Gottesdienst noch nicht gebracht, auch keine lebensfähigen Alternativen zum überlieferten Gottesdienst.

– sie nutzen sich schnell ab, die Begeisterung ist abgeklungen.

In der Kieler St. Nikolai-Kirche wurde der »Gottesdienst in anderer Form« zuerst von 1000 dann von 500, 300, 200 Menschen besucht, in der Folgezeit sank der Besuch weit unter den des normalen Hauptgottesdienstes. Auch um das »Politische Nachtgebet« ist es still geworden.[47]

– sie erreichen die Menschen nicht, die sie ansprechen wollen.

Schon die Umfrage zum Gottesdienst hat gezeigt, daß Gottesdienste in neuer Gestalt weithin unbekannt sind und überhaupt eine große Armut an Formenkenntnis und Formenbewußtsein vorhanden ist.[48] Sind neue Gottesdienste immer nur von Aktiven veranstaltet und für Aktive dagewesen?

– sie erfordern einen hohen Aufwand an Zeit und Mitarbeitern.

Das aber ist kein Negativum, sondern eine Herausforderung, die anzunehmen sich lohnt.

2. Neue Gottesdienste sind weiterhin nötig.

– sie geben dem intensiveren Engagement Raum und bringen vor allem den Beteiligten großen Gewinn.

Man wird gerade gottesdienstentwöhnte und kritische Gemeindeglieder

46 Als neueres Beispiel sei genannt Bieritz/Ulrich, Gottesdienstgestaltung

47 »Ein Mann, der sich dem Zeitgeist vermählt, wird bald Witwer«, Dean Inge, zitiert nach Berger, Auf den Spuren der Engel, 41

48 VELKD-Umfrage, 89; Seitz: VELKD-Umfrage, 155

leicht hierfür gewinnen und sollte in regelmäßigen Abständen immer neue Gruppen an die Arbeit setzen.
– sie erreichen einzelne und besondere Gruppen.

Junge Menschen zwischen 16 und 21 brauchen einen jugendgemäßen Gottesdienst, den selbst zu gestalten sie ermutigt werden sollten; die Reform aber darf ihren schnell wechselnden Wünschen nicht immer folgen.[49]

– sie setzen einen Lernprozeß[50] in Gang und lassen die Tradition transparent werden.

Hier mag darauf verwiesen werden, daß in der Seelsorge die Bedeutung von Tradition, Symbol und Ritual neu entdeckt worden ist. Auch von der Homiletik gehen Impulse aus für eine dialogische und kommunikative Strukturierung des Gottesdienstes.

3. Die liturgische Arbeit auf den künftigen Gottesdienst hin kann nur von dem in evangelischer Freiheit angenommenen Erbe der Väter ihren Ausgang nehmen.

– dazu ist Sachkenntnis nötig, die Unvoreingenommenheit und Einfühlungsvermögen erfordert.

Wer den aus der abendländischen Messe hervorgegangenen lutherischen Gottesdienst schlichtweg als Mittel repressiver Machtausübung unter faktischer Außerkraftsetzung der biblischen Tradition ansieht, dürfte seine Möglichkeiten und seine Verheißung kaum erkannt und auch nicht wirklich in ihm gelebt haben.

– dazu ist eine möglichst breite Mitwirkung der Gemeinde nötig,
– Variabilität und ständige Arbeit an Texten und Gebeten,
– die Stärkung des meditativen Elements in Predigt und Liturgie (Bild, Betrachtung, Stille),
– die schon genannte dialogische Strukturierung, und sei es im Predigtnachgespräch, und
– die Beachtung wichtiger psychischer Komponenten der herkömmlichen Liturgie wie Kontinuität, Heimatgefühl, altehrwürdiges Ritual und Geheimnis.[51]

---

49 Seitz: VELKD-Umfrage, 156
50 Vgl. Trautwein, Lernprozeß Gottesdienst (Reflexionsschema aus der Kommunikationsforschung)
51 VELKD-Umfrage 147

Die Frage nach der Zukunft des Gottesdienstes wird zuletzt nicht von der empirischen Betrachtung her zu beantworten sein, auch nicht von der liturgischen: Die Entscheidung fällt in der theologischen Erkenntnis und Grundlegung. Diese findet ihren Maßstab nicht in den Bedürfnissen der Gesellschaft, sondern in dem Willen Gottes, der sich in Jesus Christus offenbart und der wahren Bedürfnisse seiner Geschöpfe angenommen hat. Gottesdienst muß deshalb nicht nur in Anpassung, sondern auch im Widerspruch[52] und im Mut zur Diaspora der Christen in der Welt gefeiert werden.

Man wird bei der Weiterarbeit nicht an grundlegenden Arbeiten der fünfziger Jahre vorübergehen können: Wilhelm *Hahns* »Gottesdienst und Opfer Christi« (1951), Vilmos *Vajtas* »Theologie des Gottesdienstes bei Luther« (1952) und vor allem Peter *Brunners* »Lehre vom Gottesdienst der im Namen Jesu versammelten Gemeinde« (1954). Inzwischen sind mehr als drei Jahrzehnte vergangen, und die theologische Gesamtlage hat sich gewandelt. In einem späten Aufsatz »Theologie des Gottesdienstes« (1976) hat der Altmeister lutherischer Gottesdienstlehre aufgezeigt, daß in der radikalisierten Aufklärung bzw. dem vereinfachten Positivismus der Gegenwart die Voraussetzungen fehlen für die »Verwirklichung des Gottesdienstes als dialogische Begegnung der christlichen Gemeinde mit dem dreieinigen Gott«[53], wie sie sich aus Luthers klassischer Torgauer Formel ergibt.

Es hat an theologischen Überbrückungsversuchen nicht gemangelt. *Schleiermacher* und auf anderer Ebene *Tillich* suchten »die Größe, die für Gott steht, innerhalb des erfahrbaren und verifizierbaren Bereiches der Wirklichkeit anzusiedeln« und entdeckten ein »Transzendieren im Bereiche geschlossener Immanenz«. Heute noch wirksamer ist ein anderer Brückenschlag auf dem Hintergrund von *Hegel* und *Marx,* mit dem »die Zukunft antizipierend bereits in der Gegenwart..., nämlich in Hoffnung« ergriffen wird. Aber: dabei *ist* Gott nicht, er existiert nicht, er »ereignet sich je und je *in* dem Prozeß der Veränderungen... in die Zukunft hinein«, es handelt sich um einen »Gott der immanenten Transzendenz«. Der Gottesdienst auf einer solchen Grundlage muß sich

52 Seitz: VELKD-Umfrage, 156.158
53 Brunner, Theol., 96ff., hier 98

entscheidend wandeln: Die Predigt dient lediglich der Selbstfindung, wird zu in Psychologie begründeter Lebenshilfe und zielt auf »Engagement für den Prozeß der in Hoffnung ergriffenen Weltveränderung«. Das Gebet wird zum Selbstgespräch, »zur inneren Berührung mit der Tiefe des Seins«. Das Bekenntnis reduziert sich auf eine »gesellschaftspolitisch zugespitzte Jesuologie«. Und das Abendmahl wird »zunehmend eine Feier erfahrbarer Mitmenschlichkeit«. Auf die Frage »Was bedeutet die Erkenntnis der Gottheit Gottes für den Gottesdienst?« findet Peter *Brunner* die Antwort in einer trinitarischen Grundlegung des Gottesdienstes. »Die Ewigkeit Gottes des Schöpfers« ist »ein Urfundament allen Gottesdientes«. Die Verweigerung der Anbetung der Schöpferherrlichkeit Gottes durch den Menschen führt nicht zur Abwendung Gottes von ihm, sondern zur Sendung des Sohnes. Im »Gottesdienst geht es um die Errettung des Menschen aus seiner Verlorenheit vor Gott und um seine Bewahrung in dieser Errettung«. Und schließlich: »wie die Gabe des Geistes..., so ist auch der Gottesdienst der Kirche ein endzeitliches Phänomen in einem apokalyptischen Horizont... Das Maranatha ist ein Wesensmerkmal des christlichen Gottesdienstes.«[54]

Auf ökumenischer Ebene konzentriert sich das Fragen nach dem Gottesdienst stärker als je zuvor auf die Eucharistie. Ihre trinitarische Grundlage wird deshalb zur zentralen Aussage in der bedeutsamen Konvergenzerklärung der Kommission von Glauben und Kirchenverfassung des Ökumenischen Rates zur Eucharistie, die als Ergebnis eines jahrzehntelangen Ringens um einen tragfähigen Konsens 1982 in Lima verabschiedet wurde.[55] Die Eucharistie wird verstanden als Danksagung an den Vater, als Christusanamnese, als Anrufung und Gabe des Heiligen Geistes (Epiklese), als Gemeinschaft im Leib Christi – mit den Implikationen Sendung in die Welt und Ende der Spaltungen – und als Vorgeschmack des kommenden Mahls im Reich Gottes.

Eucharistie heißt Danksagung an den Vater. Mit der Aufnahme dieses alten Begriffs zur Bezeichnung des neuen Gottesdienstes der Christen – die orthodoxe Kirche hat ihn schon immer neben »Liturgie« gebraucht – ist bereits eine wesentliche Erkenntnis gewonnen: So wie Christus im Stiftungsmahl nach jüdischer Sitte über den Gaben dem Vater dankte,

---

54 Ebd. 99–115

55 Lima 1982, vgl. zum Folgenden oben S. 67ff.

und zwar nicht nur für diese Gaben, sondern für das ganze Heilsgeschehen, so ist der Gottesdienst der Christen zuerst als ganzer Eucharistie, Danksagung an den Vater, »das große Lobopfer, durch das die Kirche für die ganze Schöpfung spricht... So bezeichnet die Eucharistie, was die Welt werden soll: Gabe und Lobpreis für den Schöpfer, eine universale Gemeinschaft im Leibe Christi, ein Reich der Gerechtigkeit, Liebe und des Friedens im Heiligen Geist« (E 4). Dieser Gesamtcharakter findet seinen liturgischen Ausdruck in der Präfation, dann auch in dem ausgeführten Hochgebet. Strenggenommen müßten zu den durch das *εὐχαριστήσας* begründeten Worten noch die Handlungen (»er nahm, brach, gab«) hinzugenommen werden, so daß man die Eucharistie sachgemäß als die eucharistische Gebetshandlung bezeichnen könnte, uns als der Gottesdienst des neuen Bundes aufgetragen und mit der Verheißung Christi versehen. Schon diese Beschreibung kann helfen, Engführungen zu überwinden, die immer wieder zur Verdunkelung, ja zur Gefahr des Verlustes dieser einzigartigen Gabe geführt haben. Mit der Danksagung wird der Ausgang genommen von der Stiftung und dem heilsgeschichtlichen Zusammenhang.

Die Eucharistie ist zugleich als Christusanamnese verstanden, und zwar wiederum als ganze mit ihren spezifischen Konkretionen in der Verkündigung und in der Mahlfeier, also Wort und Sakrament umgreifend. So sagt die Erklärung: »Da die ›Anamnese Christi‹ den zentralen Inhalt des gepredigten Wortes wie des eucharistischen Mahles ausmacht, stärkt eines das andere« (E 12). *'Ανάμνησιν ποιεῖν* ist ein Vorgang, der Vergangenes gegenwärtig macht und zugleich der Hereinnahme der Zukunft – der Wiederkunft und der Vollendung – in die Gegenwart mächtig ist: Repräsentation und Antizipation. Dieser anamnetische Grundcharakter der ganzen Eucharistie sollte dann auch in der Liturgie seinen angemessenen homiletischen wie liturgischen Ausdruck finden.

Die Eucharistie ist schließlich und wiederum als ganze Epiklese, d.h. Herabrufung des Heiligen Geistes auf uns und unsere Gaben. Sicher hat die Kirche immer schon um Sendung und Gabe des Heiligen Geistes gebetet, gerade in ihrem Gottesdienst. Lima sagt: »Der Heilige Geist macht im eucharistischen Mahl den gekreuzigten und auferstandenen Christus für uns wahrhaft gegenwärtig, indem er die Verheißung der Einsetzungsworte erfüllt... Indem die Kirche durch Jesu Verheißung in den Einsetzungsworten dessen versichert wird, daß sie erhört werden wird, bittet die Kirche um die Gabe des Heiligen Geistes, damit das eucharistische Geschehen Wirklichkeit werden möge: die wirkliche Gegenwart (Realpräsenz) des gekreuzigten und auferstandenen Christus, der sein Leben für die ganze Menschheit gibt« (E 14). Die Wiederentdeckung des epikletischen Charakters des ganzen Gottesdienstes kann helfen, die Gegenwart Christi und die durch sie aktualisierte Gemeinschaft des Leibes Christi wieder umfassender zu sehen. Ohnehin hat das Abendland einen Nachholbedarf im Bereich des dritten Artikels. *Bonhoeffers* Gedanke von dem »als Wort durch seine Gemeinde schreitenden Christus« kann hier gute Dienste tun.[56] »Der Heilige Geist gibt uns durch die Eucharistie einen Vorgeschmack des Reiches Gottes: Die Kirche empfängt das Leben der neuen Schöpfung und die Zusicherung der Wiederkehr des Herrn« (E 18).

Wenn die lutherische Gottesdiensttheologie und auch der ökumenische Neuansatz die trinitarische Grundlegung postulieren, kann zur theologischen Konkretion die Frage weiterführen: Was für ein Gottesdienst entstünde, wenn man die einzelnen Artikel des Credo isolierte oder gar absolut setzte? Überbetont man den ersten Artikel, dann konzentriert sich alles auf den Menschen und diese Welt, die Transzendenz geht verloren. Von den beiden anderen Artikeln sind lediglich Bruchstücke vorhanden: Jesus ist nur Mitmensch und Revolutionär, der Geist kaum mehr als Begeisterung der Gruppe. Insbesondere der Versuch, die eschatologische Dimension gänzlich in die Gegenwart aufzulösen, führt zu einem Gottesdienst, der bestenfalls mitmenschlicher Kommunikation und politischer Aktion dient. – Was geschieht, wenn der zweite Artikel einseitig herausgelöst wird? Im Grunde kann man ihn gar nicht überbetonen, denn Christologie ist in sich nur trinitarisch möglich: Ohne Bezug zum ersten Artikel gäbe es keine Erlösung für den Menschen, ohne Bezug zum dritten keine Sendung und keine Kirche. Wer also den zweiten Artikel herauslöst, verliert ihn. Aber vielleicht kann hier an den Gottesdienst einer rein objektiven Versöhnungslehre gedacht werden. Oder noch einfacher: Der Gottesdienst bevorzugt Passions- vor Osterliedern, ist von düsterem Gerichtsernst geprägt und nicht mehr von der Freude, von der Eucharistie getragen, weil er wesentliche Teile des Heilswerks vernachlässigt. – Der dritte Artikel ist in der Gegenwart von besonderer Bedeutung – es darf nicht vergessen werden, daß der Gottesdienst wie die Kirche selbst im dritten Artikel

56 Bonhoeffer, Finkenwalder Homiletik, 240

ihren Ort haben. Nicht nur die pfingstlerischen Bewegungen stellen die Frage: Rechnen wir mit dem Heiligen Geist? Wird aber der dritte Artikel exklusiv bevorzugt, dann wird der Gottesdienst schwärmerisch, Glossolalie ohne Deutung – und damit ohne Wert.

Nur alle drei Artikel zusammen können den Gottesdienst begründen und ihn in seine Zukunft führen. Das Zusammenbinden der drei Artikel wird also die entscheidende Aufgabe künftiger Gottesdiensttheologie sein.

Von der Zukunft des Gottesdienstes kann nun aber nicht gehandelt werden, ohne daß realisiert wird: Sie ist im Gottesdienst schon immer gegenwärtig. Seit dem 3. Jahrhundert hat der christliche Gottesdienst das Sanctus in seiner Liturgie: »Darum mit allen Engeln und Erzengeln...«, in Neufassungen preisen wir Gott »mit allen, die uns vorangegangen sind im Glauben«[57] und in mehreren Texten der Erneuerten Agende 1990 wie im neuen Missale »mit allen (deinen) Erlösten«. In aller Unvollkommenheit trägt der Gottesdienst schon die Verheißung in sich, die Gewißheit und den Jubel des Kommenden, der Vollendung des Reiches und der ungebrochenen Gemeinschaft der Erlösten mit Christus. Niemand und nichts kann dem Gottesdienst seine Zukunft nehmen, auch nicht unser Kleinglaube oder das Schielen nach unerlaubter Aufhilfe, etwa durch radikale Diesseitigkeit. Es ist hier wie bei der Entdeckung über die Einheit der Kirche in Neu-Delhi: Wir schaffen den Gottesdienst nicht neu, er ist schon da, Gottes Gabe, die der Gehorsam sichtbar macht.

57 Vgl. Abendmahlsordinarien, 22 (13f.)

Teil II

Ökumenische Liturgik

Das Eucharistiegebet im Meßbuch Pauls VI. (1970)

Unter dem 26. März 1970 hat die Kongregation für den Gottesdienst das neue Missale Romanum – zusammen mit einer ausführlichen Allgemeinen Einführung, der Institutio Generalis – veröffentlicht, das als Meßbuch Pauls VI. nach genau 400 Jahren das Meßbuch Pius' V. vom 14. Juli 1570 ablöste. Beide Meßbücher sind durch ein Konzil veranlaßt und beide sieben Jahre nach dem Konzilsbeschluß fertiggestellt. Doch, welch ein Unterschied: Das Trienter Konzil setzte sich mit der Reformation auseinander; sein Missale ist vom Meßopfergedanken bestimmt und verfestigt trotz seiner Absicht, ein gereinigtes und auf den Ursprung zurückgeführtes Missale vorzulegen, spätmittelalterliche Positionen. Das Zweite Vatikanische Konzil war ein Reformkonzil, das den Zugang zu den Vätern wie den getrennten Brüdern neu zu öffnen suchte; sein Missale legt Quellen eucharistischen Lebens wieder frei, aus denen die alte Kirche schöpfte, und wird für die ganze Christenheit bedeutsam. Nach langer Beschränkung auf liturgische Forschung und Theorie hat sich die katholische Kirche nun auch praktisch in die Vorhut der liturgischen Erneuerung eingereiht, die für die ökumenische Bewegung kennzeichnend und von grundlegender Bedeutung ist.

Eine wesentliche Bestimmung der Liturgiekonstitution des Zweiten Vatikanums vom 4. Dezember 1963 war die Erlaubnis des Gebrauchs der Muttersprache in der Liturgie. Die Herausgabe der landessprachlichen Übersetzung der lateinischen editiones typicae oblag dabei den zuständigen Bischofskonferenzen (SC 36 § 4; vgl. 63). Die Bischofskonferenzen des deutschsprachigen Raumes haben unter dem 23. September 1974 die deutsche Fassung des Meßbuchs approbiert und zum 1. Fastensonntag 1976 verpflichtend vorgeschrieben unter ausdrücklicher Abschaffung des nachtridentinischen Meßbuchs Pius' V.[1]

Erzbischof Marcel *Lefebvre* hat dagegen noch im Sommer 1976 spektakuläre Meßfeiern nach der Ordnung des außer Kraft gesetzten tridenti-

1 Meßbuch 1975, 16*

nischen Missale gehalten. Der Gebrauch der lateinischen Sprache ist dabei an sich nichts Ungewöhnliches, auch das neue Meßbuch ist in einer lateinischen Urfassung erschienen und kann natürlich überall auch in dieser gebraucht werden. Auch scheint das Vorgehen Lefebvres primär wohl nicht liturgisch, sondern ekklesiologisch motiviert zu sein, nämlich in der Klage, daß die katholische Kirche sich selbst im Zweiten Vatikanum untreu geworden sei, und in dem Anspruch, die legitime katholische Tradition gegen den illegitim gewordenen Papst fortzusetzen. Aber die Beachtung, die diese Rebellion findet, wird auch dem weniger mit der Materie Vertrauten deutlich machen, daß in der katholischen Kirche ein bedeutender Umbruch geschehen ist.

Wer sich in die vom Zweiten Vatikanischen Konzil ausgelöste Liturgiereform vertieft, wird sofort ihre *ökumenische Relevanz* erkennen. Und was zunächst eine liturgische Spezialfrage zu sein scheint, das eucharistische Hochgebet als Kern der Eucharistiefeier, gewinnt bei genauerer Betrachtung hohe Aktualität für die intensiven Bemühungen um den Gottesdienst gerade auch im evangelischen Raume. Es sei an die bedeutsame Konvergenzerklärung der Kommission für Glauben und Kirchenverfassung des Ökumenischen Rates über »Die Eucharistie« (Lima 1982) erinnert, die unter Mitwirkung vom Vatikan delegierter römisch-katholischer Theologen erarbeitet worden ist und als Ergebnis über fünfzigjähriger Bemühungen faktisch einen breiten ökumenischen Konsens in diesem Bereich dokumentiert. Hier sind Danksagung an den Vater, Christusanamnese, Anrufung und Gabe des Heiligen Geistes, Gemeinschaft im Leib Christi und Mahl des Gottesreiches die grundlegenden Aspekte der Eucharistie – und genau dies sind auch die Formprinzipien, die in der römisch-katholischen Liturgiereform klar zutage getreten sind! In der Theologie der Eucharistie gibt es heute wohl keine kirchentrennenden Unterschiede mehr, wenn man die noch ungelöste Amtsfrage ausklammert. Und auch bei der Suche nach der jetzt angemessenen und gemeindegemäßen Form des Gottesdienstes ist zwischen den Arbeiten der katholischen Liturgiereform und der (zweiten) Nachkriegsreform der evangelischen Kirchen deutscher Sprache[2] eine deutlich erkennbare Wechselbeziehung zu beobachten. Wie oft mögen evangelische Pastoren bei der Vorbereitung ihrer Gottesdienste auch zu jenen Büchern gegriffen haben, die in großer Zahl erschienen sind, seit

2 Vgl. Erneuerte Agende, oben S. 120ff.

das Konzil die liturgische Frage in Bewegung brachte?[3] Sicher wird der wechselseitige Austausch nicht abbrechen, nachdem der Konzilsauftrag fürs erste erfüllt und das neue Meßbuch herausgebracht worden ist.
Die Beschäftigung mit den Ergebnissen der Liturgiereform und insbesondere ihrem Herzstück, dem Eucharistiegebet, wird aber noch aus einem anderen Grund nötig und unaufschiebbar: In der *Frage der Interkommunion*, die zunächst für einzelne, zunehmend aber auch für ökumenisch aktive Gruppen zu einem brennenden Problem geworden ist, dürfen die theologischen Sachprobleme nicht seelsorgerlich-pragmatischen Wünschen untergeordnet werden. So erfreulich es ist, daß von beiden Seiten unter allerdings verschiedenen Voraussetzungen einzelnen in bestimmten (Ausnahme-) Fällen die Kommunion in der anderen Kirche ermöglicht wird[4], das grundsätzliche Gespräch über Inhalte, Akzente und Voraussetzungen der eucharistischen Liturgie gehört zu jenem Weg, dessen Ziel die Herstellung von Kirchengemeinschaft als Voraussetzung umfassender Interkommunion und dann auch Interzelebration ist, also zu der Verwirklichung von Ökumene. Die katholische Kirche hat sich trotz deutlicher Zurückhaltung in jüngster Zeit in einem – gemessen am vorkonziliaren Stand der Dinge – erstaunlichen Maße geöffnet. Dies gilt es zur Kenntnis zu nehmen, damit um Einmütigkeit, nicht Einförmigkeit, gerungen werden kann auf der Ebene, die dem theologischen und geistlichen Erbe der reformatorischen und aller wirklich katholischen Väter entspricht. Es ist für uns in der gegenwärtigen Lage deshalb ebenso schmerzlich wie heilsam, daß die eucharistischen Texte des neuen Missale (wie die neuer evangelischer Agenden) für ökumenische Gottesdienste noch nicht gebraucht werden können, das würde Kirchengemeinschaft voraussetzen. Aber um ihre Inhalte kann und muß es auch und gerade in der gemeinsamen gottesdienstlichen Begegnung gehen.

---

3 Z.B. Schilling, Fürbitten und Kanongebete; Oosterhuis, Ganz nah ist dein Wort; ders., Im Vorübergehen

4 Vgl. Ökum. Direktorium 1967, 55; Instruktion des Einheitssekretariats 1972; CIC 1983, Can. 844 § 4. Bedingungen sind: Todesgefahr, schwere Notlage, Unerreichbarkeit des akath. Geistlichen und Übereinstimmung mit der kath. Sakramentsauffassung. Ein Katholik in der gleichen Lage kann das Sakrament aber nur von einem gültig geweihten Priester empfangen. Ev.: Pastoraltheol. Handreichung der VELKD (1975 Generalsynode Kiel)

Zur Geschichte

Das Konzil hat vorangegangene Impulse aufgenommen und einen grundlegenden Auftrag für die nähere Zukunft erteilt, nämlich »*eine allgemeine Erneuerung der Liturgie* sorgfältig in die Wege zu leiten... Bei dieser Erneuerung sollen Texte und Riten so geordnet werden, daß sie das Heilige, dem sie als Zeichen dienen, deutlicher zum Ausdruck bringen, und so, daß das christliche Volk sie möglichst leicht erfassen und in voller, tätiger und gemeinschaftlicher Teilnahme mitfeiern kann« (SC 21). Und zur Eucharistie heißt es: Die Christen sollen »diesem Geheimnis des Glaubens nicht wie Außenstehende und stumme Zuschauer beiwohnen: sie sollen vielmehr durch die Riten und Gebete dieses Mysterium wohl verstehen lernen und so die heilige Handlung bewußt, fromm und tätig mitfeiern, sich durch das Wort Gottes formen lassen, am Tisch des Herrenleibs Stärkung finden (und) Gott danksagen« (SC 48).

Vorangegangen war die Wiederbelebung der Freudigkeit zum Kommunizieren – häufiger und früher – unter Pius X. zu Anfang des Jahrhunderts, die liturgische Bewegung und in den fünfziger Jahren eine ganze Reihe von ersten Schritten wie die Neuordnung der Osternacht (1951), der Hl. Woche (1955) und die Einführung der Abendmesse (1957). Doch schon Pius XII. hatte den Willen zu grundsätzlicher Reformarbeit an der Liturgie bekundet und eine besondere Kommission bilden lassen. Bei der Eröffnung des Zweiten Vatikanums war das Schema über die Liturgie so gut vorbereitet, daß das Konzil damit seine eigentliche Arbeit begann.

Nachdem sich das Konzil für eine »allgemeine Erneuerung der Liturgie« ausgesprochen hatte, ist diese in sieben Jahren durch viele kleinere und größere Schritte erfolgt. Nur durch Teilreformen konnte der notwendige Prozeß des Umdenkens in der Breite mitvollzogen werden. Auf der anderen Seite aber geht das Ergebnis noch über die Vorstellungen der Liturgiekonstitution hinaus, z.B. in dem Ausmaß des Gebrauchs der Muttersprache (SC 36. 54) und in der Entwicklung ganz neuer Eucharistiegebete statt der zunächst nur vorgesehenen Überarbeitung des Meßordo (SC 50). Gerade die Einführung der Muttersprache machte deutlich, welch eine Kunstform der lateinische Canon Romanus erreicht hat und daß deshalb in der Vernacula weitere Hochgebete nötig sind. Diese kamen dann auch sehr schnell. So haben der Geist und der Wille

des Konzils die römische Kirche auf einen Weg gestellt, dessen Ziel erst beim Voranschreiten deutlicher werden konnte.
Schon während des Konzils berief Paul VI. den Liturgierat zur Durchführung der Anordnungen der Liturgiekonstitution (1964, SC 25). 1966 entschied Paul VI., daß der bisherige römische Kanon unverändert bleiben, aber zwei bis drei neue Hochgebete gesucht oder geschaffen werden sollten. Diese neuen Gebete sollten das »Ingenium Romanum« tragen.
Von großem Einfluß erwies sich das im gleichen Jahr erschienene Buch des Benediktiners Cipriano *Vagaggini* »Il canone della Messa e la riforma liturgica«. Die neuen Eucharistiegebete III und IV gehen auf seine Entwürfe zurück.
Die neuen eucharistischen Hochgebete wurden 1968 in Rom promulgiert und bald darauf in approbierten Übersetzungen in Gebrauch genommen, im deutschsprachigen Raum bereits zum Advent 1968. Es fällt auf, wie frei die Übersetzer mit dem lateinischen Grundtext umgehen konnten, und zwar in der Wahl der Begriffe wie auch in Auslassungen. Die deutschen Texte sind freilich bis zur Herausgabe des Einheitsgesangbuchs und des Missales 1975 nochmals überprüft und in zweifellos genauerer und besserer Übersetzung herausgebracht worden.
Mit der päpstlichen Approbation des neuen Meßbuchs durch die apostolische Konstitution »Missale Romanum« vom Gründonnerstag 1969[5] ist die Aufgabe des in der Liturgiekonstitution des Konzils begründeten Liturgierates erfüllt. Schon einen Monat später überträgt Paul VI. die weitere liturgische Arbeit einer neuen Kongregation für den Gottesdienst, die neben einer solchen für die Heiligsprechungsprozesse die Nachfolge der bisherigen Ritenkongregation übernimmt und dann auch 1970 das neue Missale Romanum herausgibt.[6]
Aber die durch das Konzil in Gang gesetzte Reform ist damit noch nicht zu Ende. Mit Billigung der Gottesdienstkongregation erscheinen weitere Hochgebete in den Gebieten der verschiedenen regionalen Bischofskonferenzen, so bereits 1974 vier für den deutschsprachigen Raum, eines davon ist ein wohl zum Heiligen Jahr gedachtes Votivhochgebet »Versöhnung«, die drei anderen sind für Eucharistiefeiern mit Kindern bestimmt.

5 Meßbuch 19*ff., vgl. Lengeling, Neue Ordnung
6 Lengeling, Neue Ordnung, 17ff.

Erstes Hochgebet: Der Römische Meßkanon

Der überlieferte Canon Romanus wird jetzt Prex Eucharistica I. Aber obwohl er das herkömmliche und erste Gebet ist, heißt es in der Institutio Generalis nicht von ihm, sondern von dem neuformulierten dritten Hochgebet: »es empfiehlt sich besonders für Sonn- und Festtage«[7]. Was ist an diesem Gebet verändert?

1. Zuerst – und vielleicht als Wichtigstes – ist zu bemerken, daß das eucharistische Gebet jetzt wieder mit der Danksagung beginnt. So merkwürdig es klingt, im tridentinischen Meßbuch gehörte die Präfation nicht zum Kanon, der erst mit dem Te igitur begann. Der »Römische (Meß-) Kanon«, wie das erste eucharistische Gebet auch künftig im Untertitel heißt, hat die *Dimension der Eucharistie* wieder im Blick.[8] Es ist immer Eigenart der lateinischen Tradition gewesen, den Inhalt der Danksagung in verschiedenen Präfationen zu entfalten und ein besonderes Geschehen der Heilsgeschichte de tempore hervorzuheben, während die orientalischen Liturgien keinen Wechsel der Danksagungsthemen kennen und in ihrem Bereich de tempore nur eine ganz andere Liturgie gewählt werden kann. In der Mehrung der Präfationen lag deshalb ein Schwerpunkt der liturgischen Reform, statt 16 bietet das Missale Romanum jetzt 82, wobei die sogenannte allgemeine Präfation, die nur noch aus Einleitung und Schluß, nicht aber mehr aus dem eigentlichen Inhalt bestand, ausgeschieden ist.

2. Die zweite bedeutende Veränderung betrifft die *verba testamenti.* Nachdem für die drei neuen Hochgebete nachträglich festgelgt worden war, daß die Christusworte einen einheitlichen Text erhalten sollten[9], der Stiftungsbericht im übrigen aber unterschiedlich formuliert werden könne, ist dies auch auf den Canon Romanus angewendet worden. Dem

7 Art. 322 c), Meßbuch 71*

8 Die Überschrift »Erstes Hochgebet – Der Röm. Meßkanon« steht allerdings auch jetzt noch nach der Präfation (auch beim dritten Hochgebet). Dies widerspricht nicht unbedingt unserer Beobachtung und kann techn. Gründe haben (Vielzahl der Präfationen, auch für andere Hochgebete): Im Ordinarium ist der Beginn des eucharistischen Hochgebetes mit dem einleitenden Dialog eindeutig und für alle Formulare gekennzeichnet, vgl. Meßbuch 352.

9 Liturgierat 6.11.1968, in der apostolischen Konstitution »Missale Romanum« ausdrücklich bestätigt, Meßbuch 20*

Brotwort wurde so der paulinische Vulgatatext »quod pro vobis traderetur« (I Kor 11,24) hinzugefügt, das an dieser Stelle nie befriedigend geklärte »mysterium fidei« aus dem Kelchwort herausgenommen und dem Wiederholungsbefehl am Schluß der verba testamenti »haec quotidiescumque feceritis, in mei memoriam facietis« die lukanische Vulgatafassung »Hoc facite in meam commemorationem« (22,19) gegeben.
Wohl einer Anregung von Jean *Gelineau* aus dem Jahr 1966[10] folgend wurde das »mysterium fidei« zum einleitenden Ruf für eine auf die verba testamenti folgende *Gemeindeakklamation*, die wegen der stärkeren Beteiligung der Gemeinde an der Eucharistiefeier sehr im Sinne des Konzils ist (SC 30). Sie lautet gewöhnlich »Deinen Tod, o Herr, verkünden wir, und deine Auferstehung preisen wir, bis du kommst in Herrlichkeit«, zuerst in der ägyptischen Liturgie (Papyrus Dêr-Balyzeh), dann in verschiedenen östlichen Liturgien nachweisbar. Der Anhang gibt noch zwei weitere Akklamationen zur Auswahl. Sie alle richten sich – wie das Kyrie und das Agnus – an Christus, während das Eucharistiegebet im übrigen sich an den Vater (durch den Sohn in dem Heiligen Geist) richtet.
Es mag noch darauf hingewiesen sein, daß die Kreuzeszeichen bei der Wandlung fortgefallen sind (nicht aber das doppelte Kniebeugen), wie alle Kreuzzeichen des Hochgebets außer dem beim Te igitur, und daß es sich hier trotz der Bezeichnung in der Institutio Generalis nicht um eine »narratio institutionis«[11] handelt, sondern um einen Gebetstext (relativischer Anschluß, Anrede Gottes).
3. Die Revision war gehindert, die *Orationen* zu vermindern, wie es Hans *Küng* 1963 gefordert, oder wenigstens sinnvoll zusammenzufassen, wie es Karl *Amon* 1965 empfohlen hatte.[12] Sie hat aber die vier Orationskonklusionen »per Christum dominum nostrum. Amen«, die im Kanon stehengeblieben waren, als Relikte einer Zeit, in der das Verständnis für die eucharistische Danksagung auf seinem Tiefpunkt angelangt war, wenigstens in Klammern gesetzt (Communicantes, Hanc igitur, Supplices, Memento etiam). Das Eucharistiegebet soll soweit wie möglich als Einheit verstanden werden.
4. Endlich hat man die *Heiligenlisten* geändert. Auf ausdrücklichen Wunsch von *Johannes XXIII.* ist in das Communicantes nach Maria

10 Gelineau, Les interventions, 141,9
11 Art. 55 d), Meßbuch 37*
12 Vgl. Küng, Eucharistiegebet, 102f.; Amon, Gratias agere, 87.94

auch Joseph eingefügt, im übrigen die pflichtgemäße Nennung der Heiligen hier auf die drei Apostel Petrus, Paulus und Andreas (letzterer wohl auch aus ökumenischen Gründen, da er besonders in der orthodoxen Kirche verehrt wird) begrenzt worden, die weiteren Apostel und Märtyrer sind in eine Klammer verwiesen. Eine Weltkirche kann auf römische Lokalheilige verzichten. Auch im Nobis quoque sind die letzten 11 Heiligen eingeklammert.
Der Canon Romanus ist natürlich kein neues Eucharistiegebet geworden. Man hat ihm wegen seines hohen Alters trotz aller Mängel die Identität gelassen.

Zweites Hochgebet: Erinnerung an die Frühzeit

Prex Eucharistica II, das erste der neuen Hochgebete, orientiert sich an der klassischen frührömischen Anaphora des Presbyters *Hippolyt* (um 215). Sein Gebet, von dem Hans *Lietzmann* sagt, »was da steht, könnte – mit einigen Änderungen in der christologischen Praefatio – auch zur Zeit des Apostels Paulus in Korinth oder Ephesus gesprochen worden sein«[13], ist noch kein Agendentext, sondern Leitfaden und Muster für die vom Vorsitzenden der Eucharistiefeier frei zu extemporierende Danksagung. Hippolyt sagt, der Bischof brauche nicht dieselben Worte zu sprechen, sondern solle »beten, wie er kann« (KO 33). Wegen ihrer klaren Struktur und Aussagen steht diese Anaphora bei allen Liturgikern in hohem Kurs. Sie ist von großer ökumenischer Bedeutung. Da sie aber zugleich in die älteste erreichbare Schicht römischer Liturgie zurückführt, lag ihre besondere Beachtung bei der Suche nach neuen Hochgebeten auf der Hand. Schon während des Konzils hatte Hans *Küng* sie zur Annahme empfohlen.[14]
Der Liturgierat hat auf Hippolyt zurückgegriffen, freilich konnte er ihn nicht unverändert übernehmen. Der Grund lag nicht so sehr in einzelnen zeitgebundenen und heute nicht ohne weiteres zugänglichen Wendungen (wie puer, angelum voluntatis tuae, verbum tuum inseparabile), sondern vielmehr in der Entscheidung *Pauls VI.*, daß die neuen Gebete das »Ingenium Romanum« tragen sollen. Hippolyt unterscheidet sich in wesentlichen Dingen von der entwickelten römischen Struktur, seine

13 Lietzmann, Messe und Herrenmahl, 181
14 Küng, Eucharistiegebet, 106f.

Danksagung ist ausschließlich christologisch, er kennt noch nicht das Sanctus, bringt eine Geistepiklese nach den verba testamenti und hat keine ausgeprägten Oblationsformeln und Fürbitten. *Küngs* Desiderium und *Vagagginis* Bedenken[15] sind im zweiten eucharistischen Gebet nun in gelungener Weise miteinander verbunden. Die römische Liturgie bleibt sich treu – und sie bringt verborgene Schätze aus ihrer Frühzeit ans Licht.
Das zweite Hochgebet hat folgende Form gefunden:

> Einleitender Dialog – Präfation (nach Formulierungen Hippolyts, aber auch austauschbar) – Sanctus.
> Ja, du bist heilig, großer Gott, du bist der Quell aller Heiligkeit.
> Darum bitten wir dich: Sende deinen Geist auf diese Gaben herab und heilige sie, damit sie uns werden Leib und Blut deines Sohnes, unseres Herrn Jesus Christus.
> verba testamenti
> Geheimnis des Glaubens: Deinen Tod, o Herr, verkünden wir, und deine Auferstehung preisen wir, bis du kommst in Herrlichkeit.
> Darum, gütiger Vater, feiern wir das Gedächtnis des Todes und der Auferstehung deines Sohnes und bringen dir so das Brot des Lebens und den Kelch des Heiles dar. Wir danken dir, daß du uns berufen hast, vor dir zu stehen und dir zu dienen. Wir bitten dich: Schenke uns Anteil an Christi Leib und Blut, und laß uns eins werden durch den Heiligen Geist.
> Gedenke deiner Kirche auf der ganzen Erde, und vollende dein Volk in der Liebe, vereint mit unserem Papst N., unserem Bischof N. und allen Bischöfen, unseren Priestern und Diakonen und mit allen, die zum Dienst in der Kirche bestellt sind.
> Gedenke unserer Brüder und Schwestern, die entschlafen sind in der Hoffnung, daß sie auferstehen. Nimm sie und alle, die in deiner Gnade aus der Welt geschieden sind, in dein Reich auf, wo sie dich schauen von Angesicht zu Angesicht.
> Vater, erbarme dich über uns alle, damit uns das ewige Leben zuteil wird in der Gemeinschaft mit der seligen Jungfrau und Gottesmutter Maria, mit deinen Aposteln und mit allen, die bei dir Gnade gefunden haben von

15 Die Übernahme eines frühchristl. Formulars, auch des von Hippolyt, hatte Vagaggini als geschichtslosen Archäologismus und falsches Entgegenkommen gegenüber den »separierten prot. Brüdern« abgelehnt, Il canone della Messa, 124ff.

Anbeginn der Welt, daß wir dich loben und preisen durch deinen Sohn Jesus Christus.
Durch ihn und mit ihm und in ihm ist dir, Gott, allmächtiger Vater, in der Einheit des Heiligen Geistes alle Herrlichkeit und Ehre jetzt und in Ewigkeit! Amen.

Im einzelnen ist der erste Abschnitt der hippolytischen Anaphora in eine westliche Präfation umgeformt worden durch Auswechslung der Einleitungsformel, Straffung der Danksagung und Einführung des aus Ägypten stammenden Sanctus samt dem im Abendland angefügten Benedictus. Am Präfationsschluß fällt auf, daß neben den Engeln jetzt auch die Heiligen erwähnt werden, die in das Sanctus einstimmen, wie in den gallikanischen und mozarabischen Liturgien. Zwischen Sanctus und verba testamenti sind ein ganz kurzes Postsanctus (vere sanctus es) und eine Gabenepiklese, jetzt wieder mit der Bitte um den Heiligen Geist, eingefügt. Es sei an dieser Stelle nochmals auf die Freiheit bei der Übertragung in die Landessprache hingewiesen: Aus »haec ergo dona, quaesumus, Spiritus tui rore sanctifica«, wörtlich übersetzt: »Diese Gaben also, bitten wir, heilige durch den Tau deines Geistes« wird: »(Darum bitten wir dich:) Sende deinen Geist auf diese Gaben herab und heilige sie.«
Die Herrenworte haben den einheitlichen Text, die narratio ist entsprechend der römischen Tradition ausgeweitet. Dabei fällt auf, daß das bei Hippolyt vorhandene »tibi (gratias agens)«, das den Gebetscharakter auch der verba testamenti erkennen läßt, gestrichen ist, was aber kaum von grundsätzlicherer Bedeutung ist, da das tibi im ersten eucharistischen Hochgebet verblieb. Nach der Akklamation und Anamnese ist die alte Geistepiklese Hippolyts, die um die Sendung des Hl. Geistes »in oblationem sanctae Ecclesiae« bittet und zugleich um Einheit, Erfüllung mit dem Geist und Stärkung des Glaubens für die Kommunikanten, verkürzt zur Bitte um das Einswerden durch die Kommunion. Die Gabenepiklese war ja hier herausgenommen und den verba testamenti vorangestellt. Während der hippolytische Kanon dann in die Schlußdoxologie übergeht, fügt das zweite Hochgebet Fürbitten ein für die Kirche (mit Papst, Bischof und Klerus), die Verstorbenen und die Lebenden, um mit der römischen Schlußdoxologie zu schließen.
Der »Kanon nach Hippolyt« ist durch die Institutio Generalis vor allem für Wochentage bestimmt. In der liturgischen Praxis ist er aber das am häufigsten gewählte Hochgebet auch der Sonntagsmesse geworden. Es

verwundert deshalb nicht, daß im neuen Einheitsgesangbuch gerade dieses Hochgebet in die allgemeine Ordnung aufgenommen worden ist, während die anderen Eucharistiegebete in den Anhang verwiesen wurden. Reformwille, ökumenische Öffnung und nicht zuletzt auch theologische Einsichten mögen dabei eine Rolle gespielt haben. Die Verwendbarkeit dieses Hochgebets soll dadurch noch erhöht werden, daß die Institutio ausdrücklich den Austausch der Präfation zuläßt, vor allem durch solche, »die eine Gesamtschau des Heilsmysteriums bieten«[16]. Zwar wird dadurch ein wesentlicher Teil der ursprünglichen Anaphora ad libitum gestellt, aber diese Bestimmung kommt auch der alten Praxis wieder näher, indem der Liturg zwar nicht mehr in freien Worten die Danksagung spricht, wohl aber mit der Auswahl seinen eigenen Beitrag leistet.

Zur Struktur der neuen Eucharistiegebete

Die beiden weiteren Eucharistiegebete entbehren einer konkreten historischen Vorlage. Wohl hatte der Liturgierat die Aufnahme einer byzantinischen Anaphora erwogen (der Basiliusliturgie), dies aber vor allem aus Rücksicht auf das Verhältnis zu den orthodoxen Kirchen unterlassen. Die Preces Eucharisticae III und IV sind deshalb Neuschöpfungen, die »auf ihre Weise die theologischen Anliegen der Kirche von heute widerspiegeln«[17].

Bevor wir sie näher betrachten, sollten wir einen Blick tun auf die Struktur der neuen Eucharistiegebete. *Paul VI.* hatte von den neu einzuführenden Gebeten verlangt, daß sie das »Ingenium Romanum« tragen sollten. Was ist nun aber römisch? Man hat hingewiesen etwa auf die wechselnde Präfation, die beiden Epiklesen ohne Erwähnung des Geistes, das Fehlen der Wiederkunft in der Anamnese. Sicher, das unterscheidet die römische Tradition von anderen. Aber genau zu bestimmen, was nun das spezifische Ingenium der römischen Liturgie ist, ist der Studienkommission des Liturgierates nicht gelungen. Sie ist deshalb pragmatisch vorgegangen: Alle wichtigen Bestandteile des überlieferten römischen Kanons sollen in den neuen Gebeten wiederkehren. Wir haben im »Kanon nach Hippolyt« dieses Prinzip schon am Werk

---

16 Art. 322 b), Meßbuch 71*
17 Vagaggini, Il canone, 127

gesehen, ohne näher darauf einzugehen (Sanctus, Fürbitten und doppelte Epiklese). Die Studienkommission für die Reform der Messe beschloß, in die neuen Hochgebete neben den wichtigen Bestandteilen des römischen Kanons folgendes aufzunehmen:

1. ein Postsanctus-Gebet, das die Verbindung herstellt vom Sanctus zu der ersten, auf die Gaben gerichteten Epiklese und den folgenden verba testamenti,
2. in beiden Epiklesen (über den Gaben und den Kommunikanten) den hl. Geist zu erwähnen und
3. an die verba testamenti eine Akklamation anzuschließen.

Die *Grundstruktur* der neuen eucharistischen Hochgebete sieht deshalb wie folgt aus:

I. Lobpreis und Dank
   1. Präfation und Sanctus
   2. Postsanctus, Überleitung zur
   3. Wandlungsepiklese
   4. Einsetzungsbericht
   5. Anamnese
   6. Darbringung der Opfergabe
      (Bitte um Annahme des Opfers, in III und IV)

II. Bitte
   1. für die Anwesenden
   2. für die ganze pilgernde Kirche
      (für die ganze Welt bzw. alle gutwilligen Menschen, in III und IV)

III. Schlußdoxologie.

Drittes Hochgebet: Das Römische neu gesagt

Josef Andreas *Jungmann* schreibt: »Das dritte Hochgebet ist dasjenige, in dem sich die römische Überlieferung und das wiederentdeckte Ideal eines Eucharistiegebetes auf das beste zusammengefunden haben.«[18] Es bringt in der Tat das herkömmlich Römische von allen neuen Gebeten am stärksten zum Ausdruck, obwohl die Belegstellen häufig auf alte Anaphoren des Ostens und Altspaniens verweisen. Es betont den Gedanken der »Hostia nostrae reconciliationis«, die mit der »oblatio ecclesiae« verbunden ist, und es entfaltet am deutlichsten den Weltbezug der Eucharistie, ihre Katholizität und Universalität. Dabei ist seine Sprache präzise, das gedankliche Voranschreiten zügig und das ganze Gebet bündig:

---

18 Jungmann, Messe im Gottesvolk, 78

Einleitender Dialog – Präfation (de tempore) – Sanctus
Ja, du bist heilig, großer Gott, und alle deine Werke verkünden dein Lob. Denn durch deinen Sohn, unseren Herrn Jesus Christus, und in der Kraft des Heiligen Geistes erfüllst du die ganze Schöpfung mit Leben und Gnade. Bis ans Ende der Zeiten versammelst du dir ein Volk, damit deinem Namen das reine Opfer dargebracht werde vom Aufgang der Sonne bis zum Untergang.
verba testamenti – Akklamation
Darum, gütiger Vater, feiern wir das Gedächtnis deines Sohnes: Wir verkünden sein heilbringendes Leiden, seine glorreiche Auferstehung und Himmelfahrt und erwarten seine Wiederkunft. So bringen wir dir mit Lob und Dank dieses heilige und lebendige Opfer dar.
Schau gütig auf die Gabe deiner Kirche. Denn sie stellt dir das Lamm vor Augen, das geopfert wurde und uns nach deinem Willen mit dir versöhnt hat. Stärke uns durch den Leib und das Blut deines Sohnes und erfülle uns mit seinem Heiligen Geist, damit wir ein Leib und ein Geist werden in Christus.
Er mache uns auf immer zu einer Gabe, die dir wohlgefällt, damit wir das verheißene Erbe erlangen mit deinen Auserwählten, mit der seligen Jungfrau und Gottesmutter Maria, mit deinen Aposteln und Märtyrern und mit allen Heiligen, auf deren Fürsprache wir vertrauen.
Barmherziger Gott, wir bitten dich: Dieses Opfer unserer Versöhnung bringe der ganzen Welt Frieden und Heil. Beschütze deine Kirche auf ihrem Weg durch die Zeit und stärke sie im Glauben und in der Liebe: deinen Diener, unseren Papst N., unseren Bischof N. und die Gemeinschaft der Bischöfe, unsere Priester und Diakone, alle, die zum Dienst in der Kirche bestellt sind, und das ganze Volk deiner Erlösten.
Erbarme dich unserer verstorbenen Brüder und Schwestern und aller, die in deiner Gnade aus dieser Welt geschieden sind. Nimm sie auf in deine Herrlichkeit. Und mit ihnen laß auch uns, wie du verheißen hast, zu Tische sitzen in deinem Reich.
Darum bitten wir dich durch unseren Herrn Jesus Christus. Denn durch ihn schenkst du der Welt alle guten Gaben.
Durch ihn und mit ihm und in ihm ist dir Gott, allmächtiger Vater, in der Einheit des Heiligen Geistes alle Herrlichkeit und Ehre jetzt und in Ewigkeit! Amen.

Dieses Hochgebet geht auf einen Entwurf von *Vagaggini* zurück, der für seinen »Canon B« drei theologische Grundsätze nannte:

1. Der hl. Geist wirkt in der Heilsgeschichte und besonders in der Eucharistie.
2. in der Eucharistiefeier bringt die Kirche zunächst Christus und sein Opfer, dann sich selbst dar,
3. die Heiligenkommemorationen sollen nüchtern bleiben.[19]

19 Vagaggini, Il canone, 127f.

Das Postsanctus knüpft nach mozarabischem Vorbild an das Sanctus mit »vere sanctus es« an und führt das Gotteslob über den Schöpfungs- und Gnadenmittler Christus zur Kirche, die Gott sich »bis an das Ende der Zeiten versammelt, damit deinem Namen das reine Opfer dargebracht werde vom Aufgang der Sonne bis zum Untergang« (Mal 1,11). Die Fortsetzung des Gebets mit der Gabenepiklese (»damit sie uns werden«) ist dann einleuchtend als Aktualisierung des *ἐφάπαξ* des Opfers Christi. Das in der Präfation gepriesene Heilswerk Christi wird uns nun in den Früchten der Erlösung zugeeignet. Dabei sollte beachtet werden, daß die Geistepiklese in der römischen Tradition wiedererscheint bzw. erstmals erscheint. Auch die Überleitung zu den verba testamenti ist gut eingepaßt, an »Leib und Blut Jesu Christi« wird der Relativsatz angefügt: »der uns aufgetragen hat, dieses Geheimnis zu feiern. Denn in der Nacht...«

Die der Akklamation und Anamnese (erstmals in der römischen Tradition mit dem Thema Wiederkunft Christi) folgende Darbringung der Opfergabe bringt nun eine römische Theologie zum Ausdruck, über die im interkonfessionellen Gespräch noch keine Verständigung gefunden wurde: *»Offerimus tibi,* gratias referentes, *hoc sacrificium* vivum et sanctum. Respice, quaesumus, *in oblationem Ecclesiae tuae* et, agnoscens *Hostiam,* cuius voluisti immolatione placari...« Unsere Frage muß sein: Ist der geopferte Christus die Gabe, die die Kirche Gott darbringen darf, kann und soll? Daß wir auf das Opfer Christi weisen, uns vor Gott darauf berufen, ist gut neutestamentlich. Aber liegt in Formulierungen wie diesen nicht eine Vertauschung vor von Geber und Empfänger? Auch diese Darbringung geht wieder fast nahtlos über in die Fürbitte, die getan wird zunächst für die anwesenden Kommunikanten und ihre Einheit in Christus, wobei nach alter lateinischer Tradition die Bitte eingeschlossen ist, daß Christus auch uns Gott zu einem »munus aeternum« machen möge, damit wir das verheißene Erbe erlangen mit Maria und den Heiligen. Die zweite Fürbitte gilt dem Frieden und Heil der Welt und der pilgernden Kirche, wobei hier die universale Gemeinschaft mit Papst, Bischof und Klerus angesprochen wird. Eine dritte kann de tempore eingefügt werden, eine letzte für die Verstorbenen bleibt fakultativ. Ein kurzer Satz schließt den Fürbittenteil und leitet über zu der Schlußdoxologie.

Die Fürbitten nehmen in diesem Hochgebet im Verhältnis zur Danksagung einen sehr breiten Raum ein. Was dort klar und präzise war, wirkt

hier eher breit und diffus. Daß Fürbitten ins Hochgebet aufgenommen werden können, scheint auch von evangelischen Liturgiewissenschaftlern akzeptiert zu werden. So sagt Herbert *Goltzen:* »Da alle zu dem durch Christi Opfer erlangten Heil berufen sind, können in das Hochgebet auch Interzessionen für Lebende und Verstorbene aufgenommen werden.« Aber dabei muß gefordert werden: »Damit keine Verdoppelung zu den Fürbitten eintritt, soll dies Gedenken kurz sein und nicht aus der Gesamtrichtung des Hochgebetes herausfallen.«[20]
Das dritte Hochgebet war für Sonn- und Feiertage, also als wichtigstes neues Hochgebet gedacht. Daß es in der Praxis seltener gebetet wird und ihm meist das zweite, hippolytische Hochgebet vorgezogen wird, scheint anzuzeigen, daß das »ingenium Romanum« doch weniger Anklang findet als die älteste, noch eng mit der Gesamtkirche verbundene und damit verheißungsvollere römische Tradition.

Viertes Hochgebet: Der östlichen Liturgie nachempfunden

Prex Eucharistica IV ist ebenfalls aus einer Vorlage *Vagagginis* entstanden, seinem »Canon C«. Es ist in der Konzeption der großen byzantinischen Liturgietradition nachempfunden. Es bietet einen umfassenden Lobpreis der Heilsökonomie des dreieinigen Gottes unter Verwendung zahlreicher neutestamentlicher Bibelstellen und ist ein großer, kühner Wurf. Die Danksagung ist hier ein Ganzes, während sich die lateinische Tradition sonst mit Teilen begnügt. Mit dem neugeschaffenen Gebet wird die Spiritualität der Orthodoxie in den Westen eingeführt und doch in den Rahmen der für alle Eucharistiegebete gültigen römischen Struktur eingebunden. Herbert *Goltzen* erinnert daran, daß der lutherische Konzilsbeobachter Kristen Ejner *Skydsgaard* in einer Audienz während der ersten Session des Konzils *Paul VI.* gegenüber die Hoffnung ausgesprochen hat, »daß die Lichter einer solch konkreten und geschichtlichen Theologie, genährt von der Bibel und der Väterlehre, mehr und mehr in den Arbeiten des Konzils aufleuchen« möchten. Und *Goltzen* sieht in dem Wagnis »der Schaffung eines heilsgeschichtlichen Hochgebetes IV... etwas von dieser biblisch-dogmatischen Forderung

20 Goltzen, Gratias agere, 10

für die Ökumene erfüllt«[21]. In der Tat ist dieses vierte Eucharistiegebet ohne den konziliaren Aufbruch kaum denkbar:

Einleitender Dialog – Präfation (nicht austauschbar) – Sanctus

Wir preisen dich, heiliger Vater, denn groß bist du, und alle deine Werke künden deine Weisheit und Liebe.

Den Menschen hast du nach deinem Bild geschaffen und ihm die Sorge für die ganze Welt anvertraut. Über alle Geschöpfe sollte er herrschen und allein dir, seinem Schöpfer, dienen.

Als er im Ungehorsam deine Freundschaft verlor und der Macht des Todes verfiel, hast du ihn dennoch nicht verlassen, sondern voll Erbarmen allen geholfen, dich zu suchen und zu finden.

Immer wieder hast du den Menschen deinen Bund angeboten und sie durch die Propheten gelehrt, das Heil zu erwarten.

So sehr hast du die Welt geliebt, heiliger Vater, daß du deinen eingeborenen Sohn als Retter gesandt hast, nachdem die Fülle der Zeiten gekommen war. Er ist Mensch geworden durch den Heiligen Geist, geboren von der Jungfrau Maria. Er hat wie wir als Mensch gelebt, in allem uns gleich außer der Sünde. Den Armen verkündete er die Botschaft vom Heil, den Gefangenen Freiheit, den Trauernden Freude.

Um deinen Ratschluß zu erfüllen, hat er sich dem Tod überliefert, durch seine Auferstehung den Tod bezwungen und das Leben neu geschaffen.

Damit wir nicht mehr uns selber leben, sondern ihm, der für uns gestorben und auferstanden ist, hat er von dir, Vater, als erste Gabe für alle, die glauben, den Heiligen Geist gesandt, der das Werk deines Sohnes auf Erden weiterführt und alle Heiligung vollendet.

So bitten wir dich, Vater: der Geist heilige diese Gaben, damit sie uns werden Leib und Blut unseres Herrn Jesus Christus, der uns die Feier dieses Geheimnisses aufgetragen hat als Zeichen des ewigen Bundes.

verba testamenti – Akklamation

Darum, gütiger Vater, feiern wir das Gedächtnis unserer Erlösung. Wir verkünden den Tod deines Sohnes und sein Hinabsteigen zu den Vätern, bekennen seine Auferstehung und Himmelfahrt und erwarten sein Kommen in Herrlichkeit.

So bringen wir dir seinen Leib und sein Blut dar, das Opfer, das dir wohlgefällt und der ganzen Welt Heil bringt.

Sieh her auf die Opfergabe, die du selber deiner Kirche bereitet hast, und gib, daß alle, die Anteil erhalten an dem einen Brot und dem einen Kelch, ein Leib werden im Heiligen Geist, eine lebendige Opfergabe in Christus zum Lob deiner Herrlichkeit.

Herr, gedenke aller, für deren Heil wir das Opfer darbringen. Wir bitten dich

21 Ebd. 27

für unseren Papst N., unseren Bischof N. und die Gemeinschaft der Bischöfe, für unsere Priester und Diakone und für alle, die zum Dienst in der Kirche bestellt sind, für alle, die ihre Gaben spenden, für die hier versammelte Gemeinde, für dein ganzes Volk und für alle Menschen, die mit lauterem Herzen dich suchen.

Wir empfehlen dir auch jene, die im Frieden Christi heimgegangen sind, und alle Verstorbenen, um deren Glaube niemand weiß als du. Gütiger Vater, gedenke, daß wir deine Kinder sind, und schenke uns allen das Erbe des Himmels in Gemeinschaft mit der seligen Jungfrau und Gottesmutter Maria, mit deinen Aposteln und mit allen Heiligen. Und wenn die ganze Schöpfung von der Verderbnis der Sünde und des Todes befreit ist, laß uns zusammen mit ihr dich verherrlichen in deinem Reich durch unseren Herrn Jesus Christus. Denn durch ihn schenkst du der Welt alle guten Gaben.

Durch ihn...

Die byzantinischen Liturgien gliedern das Eucharistiegebet in zwei Teile, die sie die Theologie, den Lobpreis Gottes selbst, und die Oikonomie nennen, den Lobpreis des Wirkens Gottes durch Christus in dem Geist. Diese Gliederung findet sich auch hier, nur in ungleicher Länge: Die Theologie entfaltet sich in einer feststehenden Präfation (nicht austauschbar)[22] und spart das westliche Präfations-Hauptthema Christus noch aus. Das entspricht der trinitarischen Gliederung der östlichen Anaphoren, die allerdings hier wegen der Umstellung der Epiklese vor die verba testamenti nicht eingehalten wird. Man sollte in diesem Gebet eigentlich nicht mehr von einer Präfation reden. Die Oikonomia entfaltet sich in einem sehr ausgedehnten Postsanctus, das bei der Erschaffung des Menschen beginnt, seinen Fall, den immer wieder angebotenen Bund, den Ruf der Propheten nennt, um dann zum christologischen Hauptteil zu kommen: Leben, Opfer, Auferstehung Christi bis hin zur Sendung des Geistes. Die Geistepiklese über den Gaben unterbricht den großen Bogen, den der christologische Lobpreis spannt und der mit den johanneisch (Joh 13,1) eingeleiteten verba testamenti, der Akklamation und Anamnese zum Abschluß gebracht wird. Die Anamnese hat für eine östlich nachempfundene Anaphora erstaunlich wenig Themen, statt der 10 der Jakobusliturgie oder der 8 der zuerst vorgesehenen Basiliusliturgie sind es hier nur 5, darunter noch ein ganz neues: das Hinabsteigen zu den Vätern.

Es folgt die Darbringung mit einer mehr versteckten Kommunikantenepiklese und einem ganz erstaunlich reinen Fürbittenteil: Nur der

---

22 Institutio Generalis Art. 322 d), Meßbuch 71*

Einleitungssatz spricht noch vom Opfer und der Darbringung »für«. Das folgende Fürbittgebet für Papst, Bischof, Klerus, die Anwesenden, das ganze Gottesvolk, alle Menschen, die Verstorbenen und auch die Bitte um das Erbe des Himmels in Gemeinschaft mit den Heiligen bringt den universalen Aspekt der Eucharistiefeier zum Ausdruck.
Heinzgerd *Brackmann* macht darauf aufmerksam, daß nicht nur der Aufbau dieses Eucharistiegebets von den östlichen Anaphoren abgeleitet ist, sondern auch manche Inhalte sich mit der klassisch patristischen und zeitgenössisch orthodoxen Theologie berühren: Der Mensch ist hier nicht gleich in seiner Erlösungsbedürftigkeit gesehen wie im Canon Romanus, sondern als der nach dem Bild Gottes Geschaffene: »Das Wesen des Menschen kann nicht allein vom Geist (animal rationale), nicht von der Gesellschaft allein (zoon politikon), sondern in seinem vollen Umfang nur von Gott her und in seinem existentiellen Bezug auf Gott begriffen werden.«[23] Dieser Ansatz ist im Zweiten Vatikanum neu zum Ausdruck gekommen und findet nun auch liturgisch seinen Niederschlag.
Das vierte Eucharistiegebet kann bei mancher Kritik an einzelnen Vorstellungen und Formulierungen nur begrüßt werden. Wenn man sich die jahrhundertelange Erstarrung der westlichen Liturgie in Erinnerung ruft, bedeutet es (wie das zweite) eine vor einem Jahrzehnt noch unvorstellbare Verlebendigung und Bereicherung des eucharistischen Lebens.

Weitere Hochgebete: Für besondere Anlässe

Daß wenige Jahre nach Verabschiedung des neuen Missale weitere Hochgebete zu »besonderen Anlässen« erschienen, bedeutet keine erneute Revision: Neben die ordentlichen Formen des Meßbuchs sollen für besondere Situationen zusätzliche Formulare treten, die einem Bedürfnis entgegenkommen, das sich sonst unkontrolliert in Privattexten auslebt.[24]
1. Das erste *Votivhochgebet »Versöhnung«* läßt erstmals nicht nur die Präfation und einzelne eingeschobene Orationen, sondern das ganze Hochgebet von einem Thema bestimmt sein. Es ist gut westliche

23 Brackmann, Das vierte Hochgebet, 98
24 Vier Hochgebete bei bes. Anlässen (1975), zunächst bis 1977 befristet

Überlieferung, daß das Heilsgeschehen von einem besonderen Blickpunkt aus beleuchtet wird. Aber die Frage stellt sich: Ist dies Gott gegenüber gesagt und nicht doch in erster Linie an Menschen gerichtet, Fortsetzung der Predigt oder Information? Mit aktuellen Gebeten werden heute Erfahrungen gemacht: Man kann sie einmal, vielleicht auch ein zweites Mal vollziehen, dann aber meist nicht mehr. Das ist das Problem vieler zunächst attraktiver Gebetsveröffentlichungen. Aktuelles Beten gehört in eine bestimmte Situation und entsteht ad hoc. Hier mag an das altkirchliche extemporierte Eucharistiegebet erinnert werden.

2. Die drei *Hochgebete für Eucharistiefeiern mit Kindern* sind für Schulgottesdienste, Werktagsmessen und andere Feiern gedacht. Sie folgen – wie auch das Votivhochgebet Versöhnung – der allgemein verbindlichen Struktur. Alle Teile kommen vor, hier aber in einer den Kindern leicht zugänglichen Vorstellungswelt und Sprache.

Die Befürchtung, daß es durch die Einrichtung spezieller Kindermessen und -liturgien zu einem Auseinanderdriften von Erwachsenen- und Kindergottesdienst kommen könnte, haben sich inzwischen als weitgehend unbegründet erwiesen. Erwachsene, nicht nur betroffene Eltern, nehmen gern an der Kindermesse teil. Sie ist eine Variation des Gottesdienstes der familia Dei und keineswegs eine Separatveranstaltung für eine bestimmte Altersgruppe – das Problem des evangelischen Kindergottesdienstes.[25]

Zur Theologie

Über das eucharistische Hochgebet der römisch-katholischen Kirche wird hier von evangelischer Seite referiert. Das hat sicher Nachteile: Kann man eucharistische Gebetstexte vom Schreibtisch aus beurteilen? Vielleicht aber auch Vorteile: Von draußen betrachtend könnten Entdeckungen gemacht werden, die dem Vertrauten als zu selbstverständlich entgehen. Zugleich wird dem Fremden die kontroverstheologische Relevanz und die ökumenische Dimension gerade auch liturgischer Texte existentieller bewußt.

In der deutschen evangelischen Kirche ist das eucharistische Gebet

25 Vgl. unten S. 380f. 390f.

weithin unbekannt. Die Liturgie ist im Normalfall auf Präfation, Vaterunser und verba testamenti reduziert. Damit wird die reformatorische, gerade auch lutherische Tradition ungewollt zum liturgischen Ausdruck einer westlich-spätmittelalterlichen Fehlentwicklung, die in dieser Radikalität niemals auf die römische Liturgie hat einwirken können. Das allgemeine Beharrungsvermögen der Liturgie hat die lateinische Kirche vor so weitgehenden Zerstörungen bewahrt, freilich auch das von den Reformatoren scharf bekämpfte Interesse am offertorialen Aspekt. Vor diesem Hintergrund sollen vier theologische Thesen vorgetragen werden:

Die Festlegung eines Konsekrationsmoments gefährdet das Eucharistiegebet

Dem Ursprung der Fehlentwicklung begegnen wir bereits im 4. Jahrhundert in dem aufkommenden Interesse an einem Konsekrationsmoment. In der vornizänischen Kirche herrschte die Auffassung, daß im engeren Sinne das Eucharistiegebet, im weiteren das ganze der Stiftung Christi gemäße Gebetshandeln konsekriert: Der umfassende Danksagungsakt heiligt die Elemente. Die Frühzeit bekennt die Realität der Gegenwart Christi in der eucharistischen Gabe, versucht aber noch nicht, ein zeitliches Schema aufzustellen. Dies ist heute gut lutherische Theologie. So sagt Peter *Brunner:* Man wird »den Vollzug der Feier selbst, in welche die stiftenden Worte eingebettet sind, bis hin zur Austeilung als den die Gegenwart von Leib und Blut bewirkenden Faktor anzusehen haben«[26]. In der zweiten Hälfte des 4. Jahrhunderts tritt ein Wandel ein: Man sucht einen Moment der Konsekration festzulegen. Vielleicht ist dies Zeichen der Ansiedlung und Einrichtung der in der Verfolgungszeit mehr eschatologisch ausgerichteten Gemeinde in dieser Zeit und Welt.

Der Osten macht den Anfang mit *Kyrill von Jerusalem:* Das Wirken des hl. Geistes wird so wichtig, daß nur die Epiklese die Wandlung zustande bringen kann, alles andere ist Vorbereitung oder Folge. Der Westen antwortet eine Generation später mit richtigem Instinkt, doch auf gleicher Ebene: Wenn es einen Moment der Wandlung gibt, dann nur den, in dem die Worte Christi gesprochen werden. Von *Ambrosius* an

26 Brunner, Aus der Kraft des Werkes Christi, 47

wird dann immer stärker die Theologie der Konsekration durch die Rezitation der verba testamenti entwickelt. *Augustin* sagt: »accedit verbum ad elementum et fit sacramentum.« Bei dieser Theologie ist der Westen geblieben.

Luther korrigiert die westliche Theologie, indem er die Rezitation der verba testamenti zusammensieht mit der Kommunion, und nähert sich damit wieder der altkirchlichen Schau. Um so erstaunlicher ist, daß bei ihm und seinen Schülern die dogmatische Position des ausgehenden westlichen Mittelalters zum alles zerstörenden liturgischen Prinzip wird. Mit der Lehre von der Konsubstantiation stößt Luther wieder zur neutestamentlich-altkirchlichen Theologie durch, liturgisch geht er den Weg Roms zu Ende.

Der Osten hat zuerst in Antiochien *(Theodor von Mopsuestia)* aus der Sackgasse dieser Fragestellung herausgefunden. In der Eucharistie vollzieht sich die dramatische Nachbildung des Kreuzes- und Auferstehungsgeschehens: Bereits in der Proskomidie werden die Elemente mit dem Leichnam Christi identifiziert, das eucharistische Hochgebet kulminiert dann in der »Auferweckungsepiklese« – natürlich nach den verba testamenti.[27]

Der Blick auf die Wandlung hat den Umgang des Westens mit der Eucharistie bestimmt. Er rückt sie in der Gotik ganz fern in den hohen Chor und macht die Kommunion immer seltener. Und er hat das Eucharistiegebet verkümmern lassen und gefährdet.

Das Zweite Vatikanum und die Liturgiereform bleiben bei der These, daß die Wandlung (Transsubstantiation) durch die Einsetzungsworte vollzogen wird, vgl. Institutio Generalis: »Narratio Institutionis *et consecratio.* Verbis et actionibus Christi sacrificium peragitur.«[28] Immerhin »et actionibus«! Auch die Plazierung der Epiklese nach den verba testamenti, die der Römer *Hippolyt* noch kannte, unterbleibt trotz Rückkehr zur Erwähnung des Heiligen Geistes. Die Epiklese weist mit ihrem »ut fiant« (III vgl. I) auf den bevorstehenden entscheidenden Moment hin. So bleibt auseinander, was wesensgemäß zusammengehört, die Bitte um Heiligung der Gaben und der Kommunikanten.

Aber die Einbettung der verba testamenti in das Eucharistiegebet, die durch den relativischen Anschluß (qui) auch im überwucherten Canon

27 Vgl. zum Ganzen Schmidt-Lauber, Eucharistie, 145 ff. 158 ff.
28 Art. 55 d), Meßbuch 37*

Romanus immer da war und vor allem die Anrede Gottes (ad te Deum und tibi gratias agens) zeigen, daß die verba testamenti niemals als Bericht, sondern immer als Teil des einen Hochgebets und als die ganze Handlung begründender Stiftungsbezug verstanden werden. Christus hat eben nicht gesagt: »Solches sprecht zu meinem Gedächtnis«, sondern »solches tut«.[29] Von daher hat die römische Liturgie immer ihren Ansatzpunkt zur Korrektur gehabt, und erst die Lutheraner haben die verba testamenti vollkommen isoliert und damit das Eucharistiegebet verloren.

Fürbitten im Eucharistiegebet bleiben ein Problem

Die ursprüngliche Intention des Einbezugs von speziellen Fürbitten, insbesondere bei den Votivmessen, in das Hochgebet war sicher die, daß sie dort, möglichst nahe an dem Moment der Wandlung, das Herz Gottes am ehesten erreichen.[30] Diese Motivation hat sich zumindest im Westen für den Charakter und die Einheit des Danksagungsgebets verhängnisvoll ausgewirkt. Legitim ist sicher die schon in die jüdische Danksagung nach dem Mahl eingeschlossene Bitte um Vollendung des Reiches (dort Wiederherstellung von Volk, Stadt Jersualem, Zion und Tempel[31]). Sinnvoll ist gleichfalls die in der Fürbitte zum Ausdruck kommende Universalität des Heilshandelns Gottes über Raum (Einheit der ganzen Christenheit) und Zeit (Lebende und im Glauben Vollendete) hinweg. Doch die Spezialisierung der Fürbitten auf bestimmte Gruppen, Personen und Anlässe an dieser Stelle – statt der das ganze Gottesvolk umfassenden allgemeinen Bitte um die Erfüllung der noch

---

29 Schmidt-Lauber, Eucharistie, 63f.205f. Vgl. auch Lengeling: »Der Einsetzungsbericht ist selbst Teil eines Gebets, formal weder ›Bericht‹ oder ›Verkündigung‹ (Luther), erst recht nicht eine indikative Form, wie sie bei anderen Sakramenten seit Beginn des MA eingeführt wurde« (Taufe, Firmung, Absolution), Neue Ordnung, 235

30 Vgl. Johannes Chrysostomus: »Nicht umsonst ist von den Aposteln die Anordnung getroffen worden, daß bei der Feier der schauervollen Geheimnisse der Abgeschiedenen gedacht werden soll. Sie wußten recht gut, daß denselben daraus großer Gewinn, großer Nutzen zufließe. Denn wenn das gesamte Volk dasteht mit erhobenen Händen, die ganze Priesterschar, und das schauervolle Opfer auf dem Altare liegt: wie sollten wir da nicht durch unsere Fürbitten das Herz Gottes erweichen?«, 4. hom. in Phil.

31 Vgl. Prex eucharistica, 10f. – Zur Pesach-Haggada, ebd. 27f.33

ausstehenden Verheißungen im Sinne des urchristlichen Maranatha – belastet an dieser Stelle das Dankgebet.

Wenn das römische Meßbuch das Allgemeine Kirchengebet wiedergewonnen hat, so sollte die weitere Entwicklung auf eine konsequente Plazierung der Fürbitten dringen und so jedem Gedanken an eine spezielle »Darbringung für...« widerstehen. Hieraus ergibt sich die dritte These:

Der Opfercharakter der Messe ist nicht das Wichtigste

Die Bezeichnung der Messe als ein Opfer der Kirche hat die Reformatoren auf den Plan gerufen: Aus dem beneficium Gottes darf nie ein sacrificium des Menschen werden, aus dem Empfang der Versöhnung kein sacerdotales Tun, mit dem für Lebende und Tote Versöhnung verdient werden kann.

Obwohl das Zweite Vatikanum in der Liturgiekonstitution (SC 47.48) und vor allem die Institutio Generalis[32] die tridentinische Meßopferlehre ausdrücklich bestätigen und das dritte eucharistische Hochgebet, wie wir gesehen haben, fast unerträgliche Formulierungen bringt, hat die im ökumenischen Aufbruch nach dem Kriege geführte Diskussion eine Auflockerung der Fronten gebracht.

Max *Thurians* Gedanke des »memorial«[33], Jean-Jacques *von Allmens* Plädoyer für die Rehabilitierung des Opfercharakters des Abendmahls[34], die bei Wilhelm *Averbeck* gesammelten Stimmen zum »Opfercharakter des Abendmahls in der neueren ev. Theologie«[35] und Michael *Seemanns* Dialog mit Peter *Brunner*[36] haben Brücken zum besseren gegenseitigen Verstehen geschlagen. Die bi- und multilateralen Dialoge der letzten Jahrzehnte konnten ein vertieftes Verständnis der gegenseitigen Positionen gewinnen lassen und die bislang kirchentrennende Qualität des Opferbegriffs weitgehend überwinden. Die Konvergenzerklärung zur Eucharistie von Lima 1982 versucht den Brückenschlag (Nr. 4–10) und erklärt die römisch-katholische Sühnopferlehre von dem »einmaligen Opfer am Kreuz (her), das in der Eucharistie vergegenwär-

---

32 Art. 2, Meßbuch 23*

33 Thurian, Eucharistie

34 Von Allmen, Ökumene im Herrenmahl, 98ff.

35 Averbeck, Opfercharakter des Abendmahls

36 Seemann, Heilsgeschehen und Gottesdienst

tigt und in der Fürbitte Christi und der Kirche für die ganze Menschheit vor den Vater gebracht wird. Im Licht der biblischen Vorstellung des Gedächtnisses (Memorial) können alle Kirchen die historischen Kontroversen über das ›Opfer‹ neu überdenken« (Nr. 8). Endlich hat der Ökumenische Arbeitskreis evangelischer und katholischer Theologen weitestgehende »Klärungen zum Opfercharakter des Herrenmahles« erzielt, hinter die der ökumenische Dialog nicht mehr zurückfallen sollte.[37]
Die römisch-katholische Kirche trägt die schwere Last einer langen, durch die Kontroverstheologie noch überbetonten Tradition mit sich. Sie fühlt sich genötigt, immer wieder vom Opfer der Kirche zu reden. Der Protestantismus dagegen hat hier die größten Bedenken. Wenn unser Tun in der Reflexion der Theologie mehr zurücktreten und das Handeln Christi ganz im Mittelpunkt stehen würde, wäre wohl eine Verständigung auch in der Liturgie möglich, die das dritte Hochgebet bislang erschwert. Es gilt jetzt vor allem, die unter Theologen erreichte Übereinstimmung in der praxis pietatis plausibel zu machen und Vorurteile abzubauen.

Durchbruch zur Danksagung ist der eigentliche Ertrag der Liturgiereform

Das Hochgebet von der Präfation bis zur Schlußdoxologie heißt jetzt Prex Eucharistica. Der Humanist wird sich darüber wundern, daß mit prex ein neues Wort erscheint, das klassische Latein kennt nur »preces«, ein Pluraletantum.[38] Aber mit dieser Bezeichnung ist etwas sehr Wesentliches ausgesagt: Die Danksagung ist eine Einheit, und sie ist das Wesensmerkmal des ganzen Gebets und der Feier. Diese schon aus den neutestamentlichen Einsetzungsberichten zu erhebende theologische Erkenntnis war der frühen Kirche selbstverständlich und ist es der orthodoxen bis heute geblieben. Nun findet sie wieder Eingang im Abendland, wo sie lange von latreutischer Plerophorie überdeckt war. Der Schritt, den die römische Liturgie hier gegangen ist, möge ein Anfang sein auf einem Wege, der weiterführt. Immerhin sagt die Institu-

37 Das Opfer Jesu Christi und seine Gegenwart in der Kirche

38 Allerdings hat schon Gregor d. Gr. den Singular prex zur Bezeichnung der ganzen oratio oblationis gebraucht, ep. IX,12; MPL 77, 956f., vgl. Goltzen, Gratias agere, 16

tio Generalis bei der Aufzählung der wesentlichen Elemente des eucharistischen Hochgebets: Die Danksagung »findet in der Präfation ihre stärkste Ausprägung«[39], und das heißt auch: nicht nur in der Präfation. Für das Hochgebet ist die alte Bezeichnung Anaphora nicht verwendet worden. So wenig das Motiv der Darbringung fallengelassen ist, so prägt es doch nicht mehr den Gesamtvorgang der Eucharistie. Die römische Liturgie hat den Durchbruch zur Danksagung vollzogen und erntet mit ihren neuen Preces Eucharisticae nun auch selbst die Früchte jahrzehntelanger Forschung und theologischer Arbeit, aus der heraus zuvor schon wesentliche Impulse in die liturgische Erneuerung anderer Kirchen hineingegangen sind. Sie tut das jetzt, beflügelt vom Auftrag und Geist des Reformkonzils, in einer Weise, die sie allen anderen Kirchen voranstellt, indem sie das große Erbe der Christenheit mit den Erfordernissen der Kirche unserer Zeit zu verbinden sucht. Bei mancher Kritik und manchen offen gebliebenen Wünschen dürfen auch die (noch) nicht mit der lateinischen Kirche in Abendmahlsgemeinschaft Befindlichen sagen: Gratias agamus Domino Deo nostro.

---

39 Art. 55 a), Meßbuch 37*

Die Sakramente in der Ökumene: Taufe und Eucharistie

Das auf Verwirklichung der in Christus vorgegebenen Einheit der Kirchen zielende ökumenische Gespräch hat von Anfang an den Sakramenten große Aufmerksamkeit zugewandt. Sie sind nicht nur eines von vielen Themen, ihre Behandlung bringt die ökumenischen Bemühungen an ihren kritischen Punkt. Eine Verwirklichung des ökumenischen Ziels ohne Einigung über die Sakramente ist nicht denkbar, weil sie für das Leben und für das Selbstverständnis der Kirche grundlegend sind.

Deshalb nimmt bereits die erste Konferenz der Bewegung für Glauben und Kirchenverfassung in *Lausanne* 1927 unser Thema in den Sektionen »V. Das geistliche Amt der Kirche« und »VI. Die Sakramente« auf. Daß es damals noch zwei Sektionen waren, zeigt den Beginn des Gesprächs. Mit der zunehmenden Beteiligung der römisch-katholischen Kirche am ökumenischen Dialog – spätestens seit Uppsala 1968 – wird auch das Amt unter den Sakramenten zu behandeln sein.

Schon Lausanne bezeugt Übereinstimmung darüber, daß (1) »die Sakramente auf göttlicher Stiftung beruhen…, (2) zu jedem Sakrament ein äußeres Zeichen und eine innere Gnadengabe gehören… und (3) die Sakramente Gnadenmittel sind, durch welche Gott unsichtbar in uns wirkt.«

Zugleich wird aber festgestellt, daß über die Zahl und gewisse Bedingungen Unterschiede bestehen: »Die Orthodoxe Kirche und andere (Rom) sind der Überzeugung, daß es sieben Sakramente gibt, und daß zu ihrer Verwaltung die rechte Form, die rechte Materie und das rechte Amt notwendig sind. Andere können nur die Taufe und das Abendmahl als Sakramente betrachten. Andere wieder messen zwar der sakramentalen Idee einen hohen Wert bei, machen aber keinen Gebrauch von den äußeren Zeichen der Sakramente.«[1]

Begriff und Zahl der Sakramente haben ihre Geschichte. Bei *Tertullian* bezeichnet Sakrament sowohl die Heilsoffenbarung als ganze als auch

1 Vischer, Einheit, 41 Nr. 50–52

bestimmte Gegebenheiten, vor allem Taufe und Eucharistie. *Augustin* nimmt Sakrament als gemeinsame Bezeichnung für Taufe und Eucharistie, die als äußere Handlungen mit Elementen gemäß der Einsetzung durch Christus göttliche Gnadenwirkung schenken. Die Absolution, Eheschließung, Salbungen (der Neugetauften, später als Konfirmation verselbständigt, der Sterbenden, auch der Könige), Handauflegungen (für Priester, Bischöfe, Mönche), auch Weiheakte wie Kirchweihe, Altar- und Geräteweihe und schließlich alle kirchlichen Segenshandlungen sind in der Folgezeit als Sakrament bezeichnet worden. Die *Ostkirchen* verwenden den Begriff Mysterium, wobei noch andere Bedeutungsgehalte in das Sakramentsverständnis einfließen, die Kirche aber zugleich in ihrer Theologie weniger juristisch sein lassen als die westlichen Kirchen. Erst die *Hochscholastik* bildet die *Siebenzahl* der Sakramente heraus: Taufe, Firmung (confirmatio), Eucharistie, Buße, letzte Ölung, Ordination und Ehe werden auf den Konzilien von *Florenz* 1439 und *Trient* 1547 kanonisiert. Heute wird in der römisch-katholischen Kirche auch von der Kirche als dem »allumfassenden Heilssakrament« geredet, weil sie »in Christus gleichsam das Sakrament (ist), das heißt Zeichen und Werkzeug für die innigste Vereinigung mit Gott wie für die Einheit der ganzen Menschheit« (LG 48. 1).

Die Sakramente haben keineswegs alle das gleiche Gewicht, Taufe und Eucharistie gebührt eine hervorragende Stellung. Der Unterschied in der Zahl der Sakramente hängt an dem unterschiedlichen Sakramentsbegriff der Traditionen. Die römisch-katholische Kirche definiert Einsetzung durch Christus, Heilsnotwendigkeit, effektive Gnadenmitteilung, Wirkung ex opere operato, Notwendigkeit eines gültig geweihten Spenders mit der rechten Intention, Unterscheidung von materia und forma für alle Sakramente, die Verleihung eines geistlichen character indelebilis für Taufe, Konfirmation und Weihe.[2]

Die Definition des Sakramentsbegriffs in den Kirchen der *Reformation* ist einfacher, aber nicht einheitlich. Zumeist zählen nur Taufe und Eucharistie als Sakramente, weil sie eine ausdrückliche Einsetzung durch Christus (Gottes Wort), ein sichtbares Element und die göttliche Gnadenzusage (Vergebung der Sünden) für sich haben und die Herzen zum Glauben bewegen. Für den Menschen sind sie reine Empfangshandlungen ohne Werkcharakter, in der *lutherischen* Tradition effektiv

---

2 DS 1601 ff.

und objektiv wirksam wie das Wort »wegen der Ordination und des Befehls Christi« (CA IX). Die Apologie der Augsburgischen Konfession kann auch die Absolution (Beichte) als ein Sakrament bezeichnen (XIII, 4), hier wird freilich das Element aus der Sakramentsdefinition herausgenommen. *Zwinglis* Symbolismus und *Calvins* Parallelismus zwischen dem Wirken des Geistes und dem Vollzug der Sakramente wie seine Begrenzung der Effektivität auf die Glaubenden haben in den reformierten Traditionen zeitweise stark von den lutherischen differierende Sakramentsauffassungen hervorgebracht, die zu heftigen Auseinandersetzungen führten.

Die Firmung/Konfirmation und die letzte Ölung werden in den Kirchen der Reformation, auch wo sie noch oder wieder geübt werden, nicht als Sakramente angesehen, weil sie weder von Christus eingesetzt sind noch für notwendig zur Seligkeit erachtet werden (ApolCA XIII, 6). Die Ehe ist für sie eine Naturordnung, die nicht erst von Christus eingesetzt worden ist und deshalb wohl sakramental gelebt, aber nicht als Sakrament bezeichnet werden soll. In der Frage der Ordination erkennt die lutherische Kirche wohl an, »das Predigtamt hat Gott eingesetzt und geboten«, aber gegen das in der apostolischen Sukzession verankerte und juridisch aufgegliederte römisch-katholische Sakrament des ordo setzt sie die in sich nicht sakramental verstandene Berufung und Ordination zum Amt der Evangeliumsverkündigung und Sakramentsverwaltung.[3]

Über die *Absolution* (Beichte) ist den offiziellen ökumenischen Dokumenten seltsamerweise nichts zu entnehmen, obwohl der persönliche Zuspruch der Vergebung in einem ausdrücklichen Auftrag Christi gründet und angesichts der Herausforderung durch säkulare Ersatzhandlungen in Psychologie und Medizin heute besonders dringlich geworden ist. Ebenso liegt die *letzte Ölung* außerhalb des ökumenischen Dialogs, obwohl sie in ihrem weiteren Kontext des Auftrags zur Krankenheilung gut biblischen Grund hat.[4]

Für die *Ehe* als Sakrament fehlen ökumenische Erklärungen. Hier geht

---

3 ApolCA XIII, 9–11: »Wo man aber das Sakrament des Ordens wollt nennen ein Sakrament von dem Predigtamt und Evangelio, so hätte es keine Beschwerung, die Ordination ein Sakrament zu nennen ... so möcht man auch das Auflegen der Hände ein Sakrament nennen.«

4 In den Registern von Vischer und »Dokumente« tauchen weder Beichte/Absolution noch Krankensalbung/Letzte Ölung auf. Vgl. dagegen Künneth, Vergebung als Lebenshilfe (LWB-Studiendokument)

es zwar auch um theologische Differenzen, noch mehr aber um kirchenrechtliche Definitionen und pastoraltheologische Praxis, die unter dem Stichwort konfessionsverschiedene Ehe in zahllosen Dokumenten abgehandelt werden, bei der Behandlung der Sakramente aber außer Betracht bleiben müssen.

Das *Amt* der Kirche (Ordination) ist zwar schon immer unter den kontroversen ökumenischen Themen aufgeführt worden, aber hier sind die kirchentrennenden Unterschiede noch nicht überbrückt und kaum zureichend miteinander konfrontiert. Andererseits ist das Amt aber in den letzten Jahren, vor allem durch den intensiveren Dialog der Ökumene mit Rom, zu einem neuen Hauptthema geworden, das einer gesonderten Behandlung bedarf.[5]

Taufe und *Eucharistie,* die allen Kirchen gemeinsamen »evangelischen« Sakramente, sind in der Ökumene am ausführlichsten behandelt worden. Die erzielte Übereinstimmung ist so weitgehend, daß für beide in jüngerer Zeit erste Vorlagen zu einem ökumenischen Konsens erarbeitet werden konnten. Unsere Darstellungen können sich deshalb weitgehend auf die ökumenischen Dokumente beziehen, vor allem auf die Konvergenzerklärungen von Lima, deren Rezeptionsprozeß in den Kirchen noch lange nicht abgeschlossen ist.[6]

Taufe (und Konfirmation)

In der ökumenischen Bewegung ist die Taufe von besonderer Bedeutung. Sie ist es einmal durch die Tatsache, daß die Kirchen in all ihrer Uneinigkeit »die eine Taufe zur Vergebung der Sünden« bekennen und üben. Nur die *Gesellschaft der Freunde (Quäker)* und die *Heilsarmee* lehnen die Taufe mit Wasser ab, und bei einigen – meist afrikanischen – Sekten wird die eine Taufe durch ständige Wiederholung in Frage gestellt. Zum anderen ist die Taufe seit den »Taufgesinnten« der Reformationszeit Anlaß zur Frontenbildung (hie Gläubigentaufe – hie Kindertaufe) und zur Kirchenspaltung gewesen, als deren Ergebnis sich heute Baptisten, Mennoniten und pfingstlerische Gemeinschaften auf der einen und die katholischen, orthodoxen, reformatorischen und anglikanischen Kirchen auf der anderen Seite gegenüberstehen.

---

5 Vgl. unten S. 252ff. 277ff.
6 Lima 1982

Die ökumenische Bewegung ist von Anfang an mit der Taufe befaßt gewesen, ist sie doch Zeichen der Einheit in Christus. Der Ökumenische Rat der Kirchen hat in seiner Abteilung Glauben und Kirchenverfassung zwischen *Lund* 1952 und *Montreal* 1963 bedeutsame Studien veranlaßt, deren Ergebnis in dem Bericht »Die Bedeutung der Taufe« 1960 vorgelegt wurde.[7] Die Vollversammlung von *Neu-Delhi* 1961 hat ausdrücklich anerkannt, daß hier »große Fortschritte erzielt worden« sind.[8] Freilich war dies nur möglich unter weitgehender Ausklammerung der unterschiedlichen Taufpraxis. Diese ist seit *Bristol* 1967 in die zweite große Bemühung um die eine Taufe einbezogen, an der die Ökumene zur Zeit intensiv teilnimmt und die mit der Lima-Erklärung zur Taufe 1982 in ihr entscheidendes Stadium eingetreten ist.
Das Taufproblem wird heute deshalb so wichtig, weil die meisten Baptisten Gemeinschaft mit allen anderen Gläubigen suchen, weil innerhalb der die Kindertaufe übenden Kirchen die Forderung nach Zulassung des Taufaufschubs aus theologischen und situationsbedingten Gründen und nach Anerkennung der Erwachsenentaufe (auch Mündigen-, Gläubigen-, Rechtfertigungs- oder Katechumenatstaufe genannt) als zumindest gleichberechtigte Ordnung erhoben wird und weil in erfolgreichen oder vor dem Abschluß stehenden Verhandlungen über einen Zusammenschluß mehrerer Kirchen Baptisten beteiligt sind und nach einem für beide Standpunkte annehmbaren Ausgleich gesucht wird.[9]

Das ökumenische Zeugnis – Dokumentation eines Weges

Aus den Berichten der Weltkonferenz für Glauben und Kirchenverfassung von Lausanne 1927 bis Lima 1982 und der Vollversammlung des Ökumenischen Rates der Kirchen von Amsterdam 1948 bis Vancouver 1983 wird eine wachsende Übereinstimmung aller Kirchen über die Taufe ersichtlich. Eine Zusammenstellung der Texte kommt einem ökumenischen Konsens über die Taufe nahe. Dabei ergibt sich folgendes Bild:

---

7 Taufe 1960/62, 56ff.
8 Vischer, Einheit, 162
9 Z.B. Nordindien und Pakistan (abgeschlossen), Ceylon, Ghana, Neuseeland und USA

a) Die Taufe *»ist von Christus selbst eingesetzt worden*... Wir sind uns darin einig, daß Taufe und Abendmahl im Gemeinschaftsleben der Kirche von Anfang an eine zentrale Stellung einnahmen und ihren Ursprung haben in dem, was Jesus während seines Erdenlebens getan und gelehrt hat... Die Sakramente sind Christi Gaben an seine Kirche« (Edinburgh 1937[10]).
Wenn nun die meisten Neutestamentler heute erklären, daß das Neue Testament keinen Nachweis für die Einsetzung der Taufe durch Jesus gibt[11], so steht doch fest, daß Jesus sich von Johannes taufen ließ und dessen Bußruf aufnahm, und daß Paulus die Taufe aller Christen als selbstverständlich voraussetzt. Johannes hat die Taufe geübt, die nachösterliche Gemeinde übernahm sie als Übereignung an Christus, den getauften Messias, und damit als Eingliederung in das messianische Gottesvolk. So beginnt die Lima-Erklärung (1982): »Die christliche Taufe ist im Wirken Jesu von Nazaret, in seinem Tod und seiner Auferstehung verwurzelt. Sie ist... eine Gabe Gottes und wird im Namen des Vaters, des Sohnes und des Heiligen Geistes vollzogen. Matthäus berichtet, daß der auferstandene Herr, als er seine Jünger in die Welt sandte, ihnen auftrug zu taufen (Mt 28,18–28)« (T 1).

b) Die Taufe *vereint mit Christus und mit seinem Volk und schenkt Teilhabe an Christi Tod und Auferstehung.*
»Wir sind in Christus hineingetauft« (Neu-Delhi 1961[12]). Die »Taufe nahm ihren Anfang, als er sich in der Taufe am Jordan mit den Sündern gleichstellte, und setzte sich fort, als er den Weg des leidenden Knechtes durch Passion, Tod und Auferstehung ging. Der Geist, der auf Jesus herabkam, kommt auch auf seine Kirche herab und eint sein Volk mit ihm in Tod und Auferstehung in und durch das Taufgeschehen. In der Teilhabe an Christus besteht die zentrale Bedeutung der Taufe« (Montreal 1963[13]). »Freudig bekennt die Kirche den Heiligen Geist als ›den Herrn und Lebensspender‹... Der Heilige Geist, indem er dies Leben

---

10 Vischer, Einheit, 57 Nr. 64f.
11 Danach gehört Mk 16,15f. zum Nachtragskap., Mt 28,18ff. legt die Gemeinde Jesus gemäß der Praxis des ausgehenden 1. Jh.s ein Wort in den Mund, Joh 3,5 sagt nichts hist. Verifizierbares aus.
12 Vischer, Einheit, 173 Nr. 36
13 Ebd. 225f. Nr. 111

gibt, führt Menschen durch Buße und Taufe in die universale Gemeinschaft der Freigesprochenen« (Uppsala 1968[14]).
»Völlig einbezogen in den Tod Christi werden (die Getauften) mit ihm begraben und werden hier und jetzt zu einem neuen Leben in der Macht der Auferstehung Jesu Christi auferweckt in der Gewißheit, daß auch sie schließlich mit ihm eins werden in einer Auferstehung wie der seinen« (Lima 1982, T 3).

c) Die Taufe *bewirkt die Eingliederung in den Leib Christi, die Kirche.*
»Die Taufe ist... ein Zeichen und Siegel christlicher Jüngerschaft im Gehorsam gegen den Befehl des Herrn. Alle sind sich darüber einig, daß in einer vereinigten Kirche alle Glieder durch die Taufe in die sichtbare Kirche aufgenommen werden« (Edinburgh 1937).
An dieser Stelle wird die Grenze des bis dahin erreichten Konsenses sichtbar: Die *baptistischen* Delegierten (und ein Vertreter der Disciples of Christ) verlangten den Zusatz, diese Erklärung könne »von den Baptisten nur angenommen werden, wenn sie sich auf die Taufe von Gläubigen bezieht, d.h. von solchen, die fähig sind, ein persönliches Bekenntnis abzulegen. Sie glauben, daß die Kinder Gott angehören und daß kein besonderer Ritus nötig ist, um ihnen seine Gnade zu sichern.«[15]
»Die Unfähigkeit der Kirchen, gegenseitig ihre verschiedenen Taufpraktiken als Teilhabe an der einen Taufe anzuerkennen, und ihre fortdauernde Trennung trotz gegenseitiger Anerkennung ihrer Taufe machen das gebrochene Zeugnis der Kirche tragisch sichtbar« (Lima 1982, T 6 Komm.).

d) Die Taufe *erfordert den Glauben.*
»Der Glaube ist eine notwendige Bedingung für den wirksamen Empfang der Gnade« (Edinburgh 1937).
Dieser Satz wird nun aber verschieden gedeutet:
Die *Baptisten* halten den persönlich bekannten Glauben des Täuflings als unabdingbare Voraussetzung für die Taufe. Sie wünschen deshalb die Formulierung: »Der Glaube auf seiten des Empfängers ist daher...«[16]
Andere Kirchen sehen den stellvertretenden Glauben der Eltern, Paten

14 Uppsala 68 spricht, 10
15 Vischer, Einheit, 61 Nr. 87(u.8); vgl. schon Lausanne 1927, ebd. 41 Nr. 53
16 Ebd. 58 Nr. 69(u.6)

und der Kirche im Fall der Kindertaufe als hinreichend an, das persönliche Glaubensbekenntnis soll als Frucht der Taufe und einer christlichen Erziehung in Elternhaus, Kirche und Schule später folgen. Sie betonen den Empfangscharakter der Taufe stärker als persönliche Voraussetzungen: »Wir alle empfangen seine Gabe der Taufe, durch die wir im Glauben in ihn eingepflanzt werden, selbst wenn wir uns noch sträuben, völlig miteinander vereint zu werden« (Evanston 1954[17]).

Aber auch dieser Satz muß von den Baptisten in einem anderen Sinn interpretiert werden. Es genügt zur Lösung des Gegensatzes nicht, daß die Kirchen »immer wieder daran erinnern, daß dieses Sakrament, indem es Menschen zur Gemeinschaft untereinander in Christus führt, allen menschlichen Schranken in Kirche und Welt ein Ende setzt« (Montreal 1963[18]).

Die *Kindertaufe* wird von den meisten Baptisten nicht als gültige christliche Taufe angesehen. Überhaupt ist die Taufe für sie kein Sakrament und nicht heilsnotwendig. Trotzdem stimmen sie mit den anderen Kirchen überein, daß die Taufe Aufnahme in die Kirche bedeutet (Edinburgh 1937[19]).

Glauben und Kirchenverfassung hat versucht, den zur Taufe nötigen Glauben näher zu bestimmen:

»Wenn das Element des Glaubens bei der ausdrücklichen Entscheidung eines einzelnen für Christus und seiner Verpflichtung ihm gegenüber betont wird (wie in der Gläubigentaufe), dann wird die Taufe als der krönende Augenblick und das Ziel des Glaubens, der sich dem Herrn zuwendet, gesehen. Von einem solchen Standpunkt aus wird das Vorhandensein eines persönlichen Glaubens beim Empfänger der Taufe als wesentlich erachtet. Dabei muß jedoch bedacht werden, daß diese ausdrückliche Entscheidung ihren Grund in der Treue Christi bis zum Tod, in der Entscheidung des dreieinigen Gottes für den Menschen hat und diese verkündigt. Die persönliche Entscheidung des einzelnen hat ihren Sitz im Leben und Glauben der Kirche und verkündigt durch das Leben und Zeugnis der ganzen Kirche die Treue Gottes als den Grund aller Glaubensentscheidungen.

Die Praxis der Kindertaufe steht in einem Zusammenhang, bei dem die Betonung auf dem Glauben der Gemeinschaft, auf einer Glaubensumge-

17 Ebd. 149 Nr. 12
18 Ebd. 227 Nr. 115
19 Ebd. 62 Nr. 87

bung und nicht so sehr auf der ausdrücklichen Entscheidung des Täuflings liegt. Hier bekräftigt die ganze Gemeinde ihren Glauben an Gott und verpflichtet sich, für eine solche Glaubensumgebung in der Familie, im Gottesdienst, in der Unterweisung und im Zeugnis der Kirche zu sorgen. Die Notwendigkeit, daß der Täufling selbst glaubt, wird dadurch in keiner Weise herabgemindert und noch weniger aufgehoben. In der Taufe werden dem Kind die Forderung und die Verheißung des Evangeliums zugesprochen, auf die eine Antwort im Gehorsam gegeben werden muß und die im Glauben empfangen werden müssen, wenn die Früchte der Taufe erkennbar werden und sich im Leben des Täuflings entfalten sollen. Bei der Kindertaufe tritt der Ritus also nicht an die Stelle des Glaubens, sondern er fordert den Glauben.«[20]

Es wird gemeinsam bekannt, »daß in der Taufe Gott durch seinen Heiligen Geist handelt und daß die angemessene Antwort des Getauften ausgedrückt werden muß in der Gesamtheit des Lebens im Glauben. Dieses Verständnis der Taufe würde es den Kirchen, welche die Kindertaufe praktizieren, nahelegen, das Problem der christlichen Erziehung ernster anzufassen, als es häufiger der Fall ist, und den Kirchen, welche die ›Gläubigentaufe‹ praktizieren, würde dieses Taufverständnis nahelegen, daß sie noch einmal den Platz der Säuglinge und Kinder in der Gemeinschaft der Gläubigen überdenken. Die Taufe erkennt an, daß Gott uns als seine Kinder haben will. Sie bezeichnet den ›Platz‹ für den Menschen in der Familie Gottes, so daß dieser Platz auch für den da ist, der seinen Platz nicht einnimmt« (Neu-Delhi 1961[21]).

»Obwohl nach wie vor keine Übereinstimmung besteht zwischen denen, die die Kindertaufe üben, und denen, die die Taufe an Gläubigen vollziehen, betonen doch alle mit Nachdruck, daß die persönliche Verpflichtung zur verantwortlichen Gliedschaft am Leib Christi notwendig ist. Wir sind uns auch darüber einig, daß die Taufe nicht nur dem einzelnen gilt, sondern mit dem Leben der Kirche zu tun hat, daß sie nicht nur eine momentane Erfahrung, sondern ein das ganze Leben währendes Wachsen in der Teilhabe ist... Im Glauben und Gehorsam führen die Getauften ein Leben um Christi willen, um seiner Kirche willen und um der Welt willen, die er liebt« (Montreal 1963[22]).

Deutlich wird die Mahnung ausgesprochen, »daß die Kirchen angesichts

20 Taufe 1960/62, 72f.
21 Vischer, Einheit, Nr. 36
22 Ebd. 226 Nr. 111

der großen Zahl von Taufen, die nur um der gesellschaftlichen Konvention willen vollzogen werden, ihre Praxis überprüfen sollten, die Taufe unterschiedslos zu gewähren« (Uppsala 1968[23]).
Endlich sagt die Lima-Erklärung von 1982: »Die Taufe ist zugleich Gottes Gabe und unsere menschliche Antwort auf diese Gabe. Sie ist ausgerichtet auf ein Wachsen in das Maß der Fülle Christi (Eph 4,13). Die Notwendigkeit des Glaubens für den Empfang des Heils, wie es in der Taufe verkörpert und dargestellt ist, wird von allen Kirchen anerkannt. Persönliche Verpflichtung ist notwendig für eine verantwortliche Gliedschaft am Leibe Christi. Die Taufe ist nicht nur auf eine augenblickliche Erfahrung bezogen, sondern auf ein lebenslängliches Hineinwachsen in Christus... Während sie im christlichen Glaubensleben wachsen, bezeugen die getauften Glaubenden, daß die Menschheit erneuert und befreit werden kann« (T 8–10).
Zu dem besonderen Problemkreis: »Die Gläubigen- wie auch die Säuglingstaufe findet in der Kirche als Gemeinschaft des Glaubens statt... Im Falle der Säuglingstaufe wird ein Bekenntnis zu einem späteren Zeitpunkt erwartet, und die christliche Erziehung ist auf das Ablegen eines solchen Bekenntnisses ausgerichtet. Jede Taufe gründet in und bezeugt Christi Treue bis in den Tod. Sie hat ihren Sitz im Leben und Glauben der Kirche und weist hin, durch das Zeugnis der ganzen Kirche, auf die Treue Gottes als den Grund allen Lebens im Glauben... Die Praxis der Säuglingstaufe unterstreicht den korporativen Glauben und den Glauben, den das Kind mit seinen Eltern teilt« (T 12 und Komm.).
Zum Glauben gehört aber auch die Verpflichtung zur Verwirklichung der christlichen Berufung im Leben und Zeugnis des Getauften wie der Kirche. Diese Dimension wird entsprechend der allgemeinen Schwerpunktverlagerung des Ökumenischen Rates seit etwa 1967 immer stärker hervorgehoben: »Die Taufe ist das Zeichen des neuen Lebens... Befreiung zu einer neuen Menschheit, in der die trennenden Mauern der Geschlechter, Rassen und des sozialen Standes überwunden werden... Die Getauften werden (so) von Christus freigesprochen und empfangen als Teil ihrer Tauferfahrung eine neue ethische Orientierung unter der Führung des Heiligen Geistes« (Lima 1982, T 2.4).

---

23 Uppsala 68 spricht, 87 Nr. 30

e) Auch zur *Taufordnung* gibt es Stellungnahmen. Sie sollte folgende Elemente enthalten:
»die Verkündigung der Heiligen Schrift, die sich auf die Taufe bezieht; Anrufung des Heiligen Geistes; Absage an das Böse; Bekenntnis des Glaubens an Christus und die Heilige Dreieinigkeit; Verwendung von Wasser; eine Erklärung, daß die Getauften eine neue Identität als Kinder Gottes und als Glieder der Kirche empfangen haben, dazu berufen sind, Zeugen des Evangeliums zu sein«. Neuerdings wird die Verbindung der Taufhandlung mit der »Versiegelung der Getauften mit der Gabe des Heiligen Geistes und (der) Teilnahme am heiligen Abendmahl« auch im Westen reflektiert (Lima 1982, T 20 [24]). Probleme bereiten der Ökumene einerseits die »unterschiedslose« Kindertaufpraxis »europäischer und amerikanischer Mehrheitskirchen«, andererseits die »Taufe des Heiligen Geistes durch Handauflegung und ohne Verwendung von Wasser« in einigen afrikanischen Kirchen, die aber die Taufe anderer Kirchen anerkennen (Lima 1982, T 21 b/c).
f) Das Verhältnis von *Taufe und Eucharistie* wird zunehmend bedeutsam. »Alle Kirchen sollten der Beziehung zwischen ihrer Theologie und Praxis der Taufe und ihrer Theologie und Praxis des heiligen Abendmahles Aufmerksamkeit schenken« (Lund 1952[25]).
»Wir müssen aufs neue lernen, was die eine Taufe für unsere Teilnahme an dem einen Herrenmahl bedeutet« (Evanston 1954[26]).
»Unsere ökumenische Gemeinschaft ist wesenhaft darauf gegründet, daß wir alle Gottes Gebot gehorchen wollen, indem wir zeigen, daß wir ›zu einem Leib‹ getauft sind (I Kor 12,13). Daß wir uns nicht gemeinsam um den Tisch des Herrn sammeln, daß wir nicht als ein sichtbarer und geeinter Leib leben und handeln, steht zur Gabe der Taufe, die wir alle zu besitzen behaupten, in offenkundigem Widerspruch. Dieser Widerspruch läßt sich in manchen Fällen durch den Mißbrauch von Vernunftargumenten erklären und muß darum überwunden werden. In anderen Fällen spiegelt er einen offenbaren Mangel an Übereinstimmung über die wahre Natur der Gemeinschaft wider, in welche die Taufe uns hineinführt« (Neu-Delhi 1961[27]).

---

24 Vgl. schon Montreal 1963, Vischer, Einheit, 226f. Nr. 112f. und Uppsala 1968, 87 Nr. 30
25 Vischer, Einheit, 136 Nr. 163
26 Ebd. 155 Nr. 27
27 Ebd. 172 Nr. 34

»Vor allem anderen müssen wir die Tatsache ernstnehmen, daß wir durch die Taufe ein Volk sind, das an jedem Ort dem einen Herrn dient... Die Taufe, die einmal vollzogen und niemals wiederholt wird, versetzt uns in das dauernde gottesdienstliche Leben des ›königlichen Priestertums‹ (I Petr 2,9) des Volkes Gottes. In der heiligen Eucharistie oder im Abendmahl, das ständig wiederholt wird und immer beides, Wort und Sakrament einschließt, verkündigen und feiern wir das Gedächtnis der rettenden Taten Gottes (I Kor 11,23–26)« (Montreal 1963[28]).

»In Gottes Heilswerk ist das Ostergeheimnis von Christi Tod und Auferstehung untrennbar verbunden mit der Pfingstgabe des Heiligen Geistes. In ähnlicher Weise ist auch die Teilhabe an Christi Tod und Auferstehung untrennbar verbunden mit dem Empfang des Heiligen Geistes. Ihrer vollen Bedeutung nach bezeichnet und bewirkt die Taufe beides. (Alle Kirchen) stimmen darin überein, daß die christliche Taufe mit Wasser und durch den Heiligen Geist geschieht« (Lima 1982, T 14). Diese Aussage entspricht dem gegenwärtigen Stand der theologischen Forschung und Diskussion, in der eine von der Taufhandlung zeitlich getrennte Salbung/Konfirmation kritisch in Frage gestellt wird, weil sie die umfassende Bedeutung der Taufe beeinträchtigt.

g) Die Taufe als *Band der Einheit und Ruf zur Einheit*

»Durch Taufe und Glauben werden die Christen sowohl in das Leben der universalen Kirche als auch in die sichtbare Gemeinschaft der Ortsgemeinde aufgenommen. Unsere gemeinsame Taufe ist darum das grundlegende Band der Einheit, durch das wir berufen sind, den Herrn zu bekennen und ihm zu dienen als ein Volk an jedem Ort und in der ganzen Welt« (Montreal 1963[29]).

»Die gegenseitige Anerkennung der Taufe ist an sich, obgleich sie weitreichende Folgen hat, kein direkter Weg zur Einheit. Das bedeutet, daß wir unser Verständnis von der Taufe in eine dynamische, eschatologische Perspektive rücken und uns fragen müssen: wohin führt unsere Taufe? ... Durch das Wachstum können die getauften Gläubigen schon

28 Ebd. 248 Nr. 183 und 227 Nr. 116

29 Ebd. 240 Nr. 154. Fußnote: »Wir sind der Auffassung, daß die Quäker und die Heilsarmee, die die sichtbaren Formen der Taufe und des Herrenmahles nicht gebrauchen, Anteil haben an der gemeinsamen Antwort des Glaubens auf das Wort Gottes.«

jetzt der Welt das neue Geschlecht einer erlösten Menschheit sichtbar vor Augen stellen. Hier und jetzt haben wir die gemeinsame Verantwortung, vor unseren Kirchen, vor der Welt, vor denen, die das Evangelium noch nicht gehört haben, und vor denen, die es ablehnen, ein gemeinsames Zeugnis abzulegen. Gemeinschaft im Zeugnis und Dienst kann uns dazu verhelfen, daß wir die Bedeutung der Gabe Gottes erkennen, die allen Gliedern seines Volkes geschenkt wird« (Neu-Delhi 1961[30]).
»Die Einheit mit Christus, an der wir durch die Taufe teilhaben, hat wichtige Folgen für die Einheit der Christen... Wenn die Einheit der Taufe in einer, heiligen, katholischen und apostolischen Kirche realisiert wird, kann ein echtes Zeugnis abgelegt werden für die heilende und versöhnende Liebe Gottes. Daher ist unsere eine Taufe in Christus ein Ruf an die Kirchen, ihre Trennungen zu überwinden und ihre Gemeinschaft sichtbar zu manifestieren« (Lima 1982 Nr. 6). Von hier aus ist das neue Thema des Ökumenischen Rates »Einheit der Menschheit« gleichfalls eine Konsequenz der Taufe.

Die ökumenische Aufgabe – die Problemstellung

Die Kirchen sind heute voller Hoffnung auf ein baldiges Ende der Kirchenspaltung. Sie erleben die Trennung schmerzlicher als je zuvor. Sie sehen aber die Einheit nicht nur als ihre Aufgabe, sondern in wachsendem Maße als eine vorgegebene Wirklichkeit, als Gabe Gottes. Die Taufe ist einer der Gründe für diese Hoffnung. Deshalb muß das Gespräch über die bereits erzielte Übereinstimmung hinaus weitergehen. Es zeichnen sich folgende Schwerpunkte der Diskussion ab:

Kindertaufe und Gläubigentaufe

In der obigen Dokumentation hat dieses Thema bereits einen breiten Raum eingenommen. Wir sahen, daß es den schwächsten Punkt des gemeinsamen Zeugnisses über die Taufe markiert, nach wie vor besteht der Gegensatz. Zugleich zeichneten sich aber Umrisse eines tieferen gegenseitigen Verstehens zwischen Baptisten und anderen Kirchen ab. Hier wird erneut einzusetzen sein.

30 Ebd. 172 Nr. 35

der zweiten und dritten Generation gibt. Sie können den volkskirchlichen Gefahren nicht gänzlich entgehen. So erhebt sich hier die Frage: Wieweit entspringen Taufbegehren und Taufbekenntnis einer echten Bekehrung – und wieweit sind sie Ausdruck einer kirchlichen Konvention?
Andererseits erkennen die *Volkskirchen,* wie fragwürdig die Taufe von Kindern aus unkirchlichen, nicht praktizierenden Familien ist und wie notwendig die persönliche Entscheidung angesichts einer verfallenden Kirchenzucht.
Die Kirchen in Ländern mit einer atheistischen Gesellschaftsstruktur befinden sich in einer günstigeren Lage, und es fehlt nicht an Stimmen, die der Kirche der Zukunft überall in der Welt die Diasporasituation ankündigen, in der dann die Anfechtung der kirchlichen Taufpraxis durch säkulare Konventionen nicht mehr bestehen wird.
Theologische Differenzen sind damit noch nicht beseitigt, aber der Weg zu ihrer Überwindung wird erleichtert. Wir müssen miteinander von neuem den Willen Christi aus den Quellen heraus zu erkennen suchen und seine Verwirklichung in der für die Kirche unserer Zeit angemessenen Weise wagen.

b) In *Nordindien* und *Pakistan* sind 1970 Verhandlungen zum Abschluß gekommen, die zur Vereinigung von Baptisten, Anglikanern, Methodisten, Kongregationalisten und Presbyterianern sowie der Brüdergemeinde und der Disciples of Christ in diesem Bereich geführt haben. In der Verfassung der neuen Kirche heißt es:
»Insofern die Kirche von Nordindien/Pakistan unter ihren Mitgliedern sowohl Personen haben wird, die die Kindertaufe üben in ernster Überzeugung, daß diese in Übereinstimmung mit dem Willen des Herrn steht, als auch solche, nach deren Überzeugung das Sakrament nur an einem Glaubenden vollzogen werden kann, sollen beide, Kindertaufe und Gläubigentaufe als alternative Praktiken in der Kirche von Nordindien/Pakistan angenommen werden.« Es folgen Vorschriften für die Abendmahlszulassung, in denen bei der Praxis der Erwachsenentaufe ein Darbringungsgottesdienst im Kindesalter, für beide Fälle das Versprechen der Eltern, die kirchliche Unterweisung, ein persönliches Zeugnis und die Konfirmation durch den Bischof oder Presbyter unter Gebet um den Heiligen Geist und Handauflegung vorgeschrieben wird, letztere für die Praxis der Erwachsenentaufe mit der Taufe und Zulassung zum Abendmahl.[31]

sung zum Abendmahl.[31] Es gibt damit bereits eine Kirche, die die beiden bislang unversöhnt gegeneinander streitenden Traditionen in sich vereint.

Taufe, Konfirmation und Abendmahlszulassung

Es ist schon deutlich geworden, daß unsere Bemühungen um die Taufe sich nicht auf den eigentlichen Taufvorgang beschränken dürfen. Sie müssen jene kirchlichen Handlungen mit einbeziehen, die sich an die Taufe anschließen oder ihr vorausgehen: *Katechumenat, Konfirmation* und *Abendmahlszulassung.* In den ökumenischen Dokumenten wird deshalb oft von dem »ganzen Prozeß der Initiation« gesprochen.[32]

a) Von Anfang an ist das Taufgeschehen zugleich als Mitteilung des Heiligen Geistes verstanden worden. Zur Vergebung der Sünden (als der negativen Seite) kommt die Gabe des Geistes (als die positive). Als drittes folgt sofort die Teilnahme am Heiligen Mahl mit der Gemeinde der Getauften. Die Reihenfolge konnte sich dabei in der Frühzeit verändern: In der Syrischen Kirche des 3. Jahrhunderts kommt die Salbung/Handauflegung vor der Taufe und dem ersten Abendmahlsgang, während die allgemeine Reihenfolge Taufe – Salbung – Erstkommunion ist.[33]
Den zeitlichen und sachlichen Zusammenhang von Taufe, Salbung (Chrismatisation/Konfirmation) und Erstkommunion hat nur die orthodoxe Tradition bewahrt. Da sie wie die anderen alten Kirchen die Säuglingstaufe übt, ist die Kinder- und Säuglingskommunion im Osten eine selbstverständliche Sitte.

---

31 Creedy, Baptism, 23; vgl. die Vorlage für die Kirche in Ceylon, in der es zur Taufe heißt: »in ihm empfangen wir die Wiedergeburt, die Vergebung der Sünden und die Gabe des Hl. Geistes«, ebd. 14.

32 »Die volle christl. Initiation ist ein Prozeß, der nur dann abgeschlossen ist, wenn der Einzuführende (the initiate) zum ersten Mal an der Hl. Kommunion teilhat«, Kirche von Ceylon, Creedy, Baptism, 15 Nr. 3. Während in der Accra-Erklärung zur Taufe noch von »Tauf-Initiation« die Rede war (Accra 1974, 9), ist dieser Terminus in der Endfassung von Lima aufgegeben worden, weil er zwar den Gesamtprozeß des Hineinwachsens in die kirchl. Gemeinschaft auszudrücken vermag, nicht aber hinreichend die Eindeutigkeit der Taufe innerhalb dieses Prozesses.

33 Kleinheyer, Sakramentliche Feiern I, 92ff.

b) Der Westen hat die Salbung/Handauflegung schon verhältnismäßig früh von der Taufe getrennt und auf ein späteres Lebensalter verlegt. Auch behält sich der Bischof die Firmung vor, während der Priester tauft. Die Firmung wurde so zu einem zweiten Sakrament, das Stärkung des Glaubens durch die Gabe des Geistes verleiht. Ein kleinerer Teil der reformatorischen Kirche, vor allem in Oberdeutschland und England, hat diesen Brauch in der Konfirmation übernommen: »Nimm hin den Heiligen Geist...«
Hier erhebt sich aber eine schwierige Frage: Wenn der Heilige Geist in der Taufe empfangen wird, warum ist dann eine zweite Geistmitteilung nötig? Kann man den Heiligen Geist »in Portionen empfangen«[34]? Die zeitliche und später auch sachliche Ausgliederung eines Teils des altkirchlichen Taufvorgangs leugnet die Einheit und die Fülle der Taufe. Sie gerät zwangsläufig in den Verdacht, unvollständig und ergänzungsbedürftig zu sein.
Die lutherische Reformation hat die Firmung ersatzlos abgeschafft. Die später neu eingeführte Konfirmation hat nichts mit Geistmitteilung zu tun, sie ist Abschluß des Katechumenats und Zulassung zum Abendmahl. Aber auch diese Kirchen müssen sich fragen lassen, warum sie Kinder taufen, den Getauften dann aber das Abendmahl vorenthalten. Der rationale Grund, das Kind müsse erst unterscheiden lernen und unterrichtet sein, kann deshalb nicht wirklich überzeugen, weil diese Forderung für den Empfang des anderen Sakraments, für die Taufe, nicht erhoben wird.

c) In dem ersten Studiendokument von Glauben und Kirchenverfassung, das Konfirmation und Eucharistie in die Überlegungen einbezog, wurde deshalb mit Recht gefragt: »Besteht nicht immer die Gefahr, daß die Konfirmation praktisch zu einer Entwertung der Taufe führt? Wenn in der Konfirmation die Gabe des Heiligen Geistes zur Stärkung des Glaubens gegeben wird, welche Rolle hat der Heilige Geist dann in der Taufe? Wenn die Getauften erst in der Konfirmation zum Abendmahl zugelassen werden, bedeutet dann die Taufe wirklich Eingliederung in den Leib Christi? Wenn erst die Konfirmation den Getauften zum Vollmitglied der Kirche macht, ist dann die Taufe überhaupt noch Aufnahme in die Kirche?«[35] Es scheint unausweichlich zu sein, die alte

34 Vgl. Davies, Hl. Geist, Kirche, Sakramente, 18ff.
35 Taufe, Konfirmation und Eucharistie, 5 Nr. 3

Einheit von Taufe, Salbung/Handauflegung und Abendmahlsgang neu zu bedenken und Konsequenzen zu ziehen sowohl für die Kinder- wie für die Erwachsenentaufe. Die nicht mehr sakramental als Geistmitteilung verstandene Konfirmation würde dann unterstreichen, was in der Taufe bereits geschehen ist. So hat das Lutheran Book of Worship (1978) als erste Agende die Konsequenzen gezogen und an die Stelle der einmaligen Konfirmation confirmations im Plural gesetzt, »affirmation of baptism«, Tauferinnerung und Tauferneuerung für den einzelnen an besonderen Lebensstationen und für die Gemeinde wiederholbar im Laufe des Kirchenjahres.[36]
Es gibt noch andere Gelegenheiten, die Taufe neu zu bekräftigen. »Die offenkundigste Form einer solchen erneuten Bestätigung der Taufe ist die Feier der Eucharistie. Die Erneuerung des Taufgelübdes könnte auch z.B. während der jährlichen Feier des Ostergeheimnisses oder während der Taufe anderer stattfinden« (Lima 1982 Nr. 14c).

Taufe und Leben

Einen dritten Schwerpunkt der neuen Bemühung um die Taufe finden wir in der Aufgabe, die sich aus der Taufe ergebende Verpflichtung neu und konkret aufzuzeigen. Das neue Leben mit Christus durch die Taufe muß sich unterscheiden von dem Leben ohne Christus, dem die Getauften abgestorben sind – und es muß sich in dieser Welt verwirklichen.

a) Jeder Getaufte wird immer wieder zurückbleiben hinter dieser großen Aufgabe. Die Spannung, in der der Getaufte steht, ergibt sich daraus, daß er mit der Kirche zugleich aus der Welt herausgerufen und zugleich in eben diese Welt gesandt ist, weil Gott ihn als Boten und Zeugen des neuen Lebens mit Christus haben will. Und hier wird der Getaufte schuldig.
Die Kirche hat deshalb von alters her in der Buße und im Gehorsam zur Rückkehr zur Taufe gerufen. In einer Zeit, die den Arzt und den Barkeeper zum Beichtvater wählt, ist der Zuspruch der Vergebung Gottes für den einzelnen und die Gemeinde zur brennenden Frage geworden: Die Absolution gehört zum Leben aus der Taufe.
Aber auch angesichts der Taufverpflichtung gilt der fundamentale Satz,

---

36 Lutheran Book of Worship, 324ff.

daß Gott keine Aufgabe stellt, ohne zuvor die Gabe zu schenken. Diese Gabe ist die Taufe, die deshalb zu einer nie endenden Aufgabe wird. Die Taufe setzt in Bewegung. Initiation kommt von initium, Beginn.

b) Nun sind die großen ökumenischen Konferenzen in zunehmendem Maße bestimmt von dem gewaltigen Umbruch, der sich in unserer Zeit vollzieht und auch die Kirche, da sie in die Welt gesandt ist, bis ins Innerste mitbetrifft. Die Verwirklichung der Taufverpflichtung muß diesem Wandel Rechnung tragen. Wie das Leben aus der Taufe aussieht, kann sich deshalb ändern, das konkret Gebotene kann verschieden sein: Aber der Glaube hat sich in allem Wandel der Zeit gleich zu bewähren, und zwar auf allen Ebenen.

Mit der Taufe werden wir in eine konkrete Gemeinde und Gemeinschaft hineingestellt. Die Formen dieser Gemeinde verändern sich, auch leben wir nicht immer in derselben Gemeinde. Wir müssen damit rechnen, daß die Formen der Kirche in den kommenden Jahrzehnten größere Veränderungen erfahren.

Mit der Taufe sind wir zugleich Glieder der universalen Kirche. Sieben Jahre nach dem letzten Krieg schrieb Jacques *Ellul:* Christen müssen lernen, »daß sie Christus gehören vor ihrem Land..., daß ein französischer Christ einem deutschen Christen enger verbunden ist als einem französischen Nichtchristen«[37]. Heute ist die Überwindung nationaler, rassischer und klassenmäßiger Schranken als Taufverpflichtung und Aufgabe des Christen eine die ökumenischen Konferenzen geradezu prägende Forderung.

Durch unsere Taufe in einer Gemeinde sind wir bis heute Glieder einer bestimmten Konfession. Hier bedeutet die Taufverpflichtung das beständige Gebet um die Einheit und die aktive Mitarbeit auf dem Weg zur Einheit der Kirche. Dies ist dem Wesen der Taufe um so mehr gemäß, als die Taufe Zeichen der Einheit in Christus ist. Freilich kann die Konfession nicht mutwillig übersprungen werden: Unsere Taufe gebietet uns, mit Geduld und Liebe und Wahrhaftigkeit unsere Kirche mit hineinzubringen in die erbetene und erhoffte ecclesia catholica.

c) Aber die Taufverpflichtung läßt uns nicht bei der Kirche stehenbleiben. Um der Welt willen, die Gott mit der Sendung seines Sohnes so

37 Ellul, Cultural and social factors, 274

sehr liebte, wird die Frage nach der Aufgabe der Getauften und damit der Kirche in der modernen Welt zu stellen sein. Die Erneuerung des Taufverständnisses und der Taufpraxis sind nur möglich innerhalb der umfassenden Diskussion über die Ekklesiologie. Identität und Offenheit bis hin zur Solidarität mit den Nichtchristen, Taufgrenze und Sendung bis ans Ende der Welt sind Fragen, die von der Taufe her um der Glaubwürdigkeit der heutigen Zeugen der Frohen Botschaft willen in Angriff genommen werden müssen.

Eucharistie

Schon die erste Konferenz der Bewegung für Glauben und Kirchenverfassung in *Lausanne* 1927 hat eine Erklärung zur *Eucharistie* abgegeben: »Wir glauben, daß im Heiligen Abendmahl unser Herr gegenwärtig ist und wir Gemeinschaft mit Gott, unserem Vater, haben in seinem Sohne Jesus Christus, unserem lebendigen Herrn, der unser eines Brot ist für das Leben der Welt, der das Leben seines Volkes erhält, und daß wir zugleich Gemeinschaft haben mit allen anderen, die mit ihm verbunden sind. Wir stimmen darin überein, daß das Sakrament des Heiligen Abendmahles die heiligste gottesdienstliche Handlung der Kirche ist, eine Feier, in welcher der erlösende Tod des Herrn ins Gedächtnis gerufen und verkündigt wird, und daß dieses Sakrament zugleich ein Lob- und Dankopfer ist und ein Akt feierlicher Selbstdarbringung... Wir schließen diese Erklärung mit dem Gebet, daß die Unterschiede, die heute noch der vollen Abendmahlsgemeinschaft im Wege stehen, beseitigt werden mögen.«[38]

Damit ist das zentrale Thema der ökumenischen Bewegung erstmals angeklungen, das die folgenden Konferenzen zunehmend beschäftigt und im letzten Jahrzehnt Ergebnisse gezeitigt hat, die eine sich anbahnende ökumenische Übereinstimmung über die Eucharistie sichtbar werden lassen.

Zentral ist die Eucharistie in ökumenischer Sicht aus zwei Gründen: Einmal wird Kirche überhaupt erst sichtbar und aktualisiert sich in der Teilhabe der Christen an dem einen Brot: Die Kirche ist der Leib Christi

38 Vischer, Einheit, 55 Nr. 54.56

und lebt zugleich vom Leib und Blut Christi, der sich in der Eucharistie in der Fülle seiner Heilsgaben schenkt.[39]

Zum anderen wird gerade in der Eucharistie die Uneinigkeit der Kirchen am schmerzlichsten sichtbar. Wenn die Taufe noch weithin als etwas Gemeinsames anerkannt wird, so ist der Zugang zum Tisch des Herrn auch unter den in der Ökumene zusammenarbeitenden Kirchen vielfach gegenseitig verschlossen. Die Eucharistie bezeichnet von alters her die Grenze der Kirche und Kirchengemeinschaft. Gegenseitige förmliche Exkommunikation besteht zwischen Rom und den orthodoxen Kirchen, zwischen Rom und den Kirchen der Reformation und zwischen Orthodoxen und den vor-chalcedonensischen Kirchen. Aber auch unter den reformatorischen Kirchen gibt es vielfach gegenseitigen oder einseitigen Ausschluß von der Eucharistie.

Es ist deshalb einleuchtend, daß die Herstellung gegenseitiger Abendmahlsgemeinschaft, *Interkommunion* genannt[40], das Ziel der ökumenischen Bewegung sein muß. In dem Augenblick, in dem die Kirchen das Mahl des Herrn miteinander halten können, ist die Spaltung der Kirche überwunden.

Zwischen Lund 1952 und Lima 1982 ist das Gespräch über die Eucharistie intensiv und ergebnisreich vorangetrieben worden, seit dem Ende des Zweiten Vatikanums unter Beteiligung der römisch-katholischen Kirche, die zwar nicht dem Ökumenischen Rat beitrat, wohl aber in dessen Kommissionen offizielle Delegierte entsandte.

Eine wesentliche Hilfe brachte die »Lund-Methode« (1952), die an die Stelle des Vergleichs der verschiedenen Vorstellungen vom Wesen der Kirche und der besonderen Traditionen, wie sie die getrennten Kirchen entwickelt haben, den gemeinsamen Weg zu den Quellen und von ihnen aus zu den geschichtlichen Entfaltungen[41] setzte. Im gemeinsamen Hören auf Gottes Wort und Gaben gelangen neue Einsichten, die im Zusammenhang stehen mit der intensiven Forschung gerade über die Eucharistie, wie sie die letzten beiden Generationen auszeichnet. Das

39 I Kor 10,16f., I Kor 12,12ff., Röm 12,4f. Vgl.: »Das Einssein in dem gleichen Leib durch den gleichen Geist wird sichtbar in der Verkündigung des Evangeliums, in der Taufe und in der Feier des Hl. Abendmahls«, Uppsala 68 spricht, 9

40 Vgl. schon Edinburgh 1937, Vischer, Einheit, 69 Nr. 117–120; Lund 1952, ebd., 127ff. Nr. 130–149; Interkommunion, 574ff.

41 Vischer, Einheit, 93f. Nr. 2

(vorläufige End-) Ergebnis dieser ökumenischen Bemühungen liegt in der Lima-Erklärung über die Eucharistie (1982) vor, die kaum mehr kirchentrennende theologische Differenzen aufzuweisen vermag und nahezu den Charakter eines Konsensdokuments hat. Die praktischen Fragen sind zwar nicht ausgeklammert, aber als Folge der vorrangigen Übereinkunft in Schriftverständnis und Bekenntnis gesehen. So wurde schon am Beginn der letzten und entscheidenden Phase des Dialogs über die Eucharistie erklärt:

»Die getrennten Kirchen müssen ständig von neuem prüfen, wie sie ihren Gliedern den Weg zum Tisch des Herrn freilegen können. Das Problem kann aber einer Lösung nicht nähergebracht werden, wenn die Aufmerksamkeit unmittelbar und ausschließlich der Interkommunion und den damit verbundenen theologischen und praktischen Fragen zugewandt wird. Die Vorschriften der einzelnen Kirchen haben tiefere Gründe und können nur geändert werden, wenn es gelingt, die umgreifenden theologischen Zusammenhänge zu klären« (Bristol 1967[42]).

Es soll nun versucht werden, diese umgreifenden theologischen Zusammenhänge in der heutigen Fragestellung darzustellen.

Die Eucharistie als der Gottesdienst der Kirche

Die Eucharistie ist nicht ein Gottesdienst neben anderen, sie ist *der* Gottesdienst der Gemeinde des neuen Bundes. Alle anderen Gottesdienste wie Predigtgottesdienst, Andacht, Gebetszeiten sind Ausgliederungen dieses einen Gottesdienstes, die von ihm herkommen und zu ihm hinführen.

Martin *Luther* hat dies in seinem »Sermon von dem Neuen Testament, d.h. von der heiligen Messe« 1520 deutlich gemacht: Die Einsetzungsworte Christi sind die Zusammenfassung des ganzen Neuen Testaments. »Was ist das ganze Evangelium anderes als eine Verklärung dieses Testaments? Christus hat das ganze Evangelium in einer kurzen Summa begriffen mit den Worten dieses Testaments oder Sakraments.«[43]

Deshalb hält die Kirche nicht mehr die alttestamentlichen Opferdienste, sie begnügt sich auch nicht mit dem synagogalen Wort- und Gebetsgottesdienst, ihr ist ein eigener neuer Gottesdienst gegeben, der dem neuen Bund entspricht, der heilsamen Hinwendung Gottes zum Menschen in

42 Bristol 1967, 83
43 WA 6, 374

Christus. Wir haben gelernt, das Stiftungsmahl Christi mit seinen Jüngern in der Nacht vor der Kreuzigung im Zusammenhang zu sehen mit der Mahlgemeinschaft, die er vorher mit Jüngern, Zöllnern und Sündern hielt, und auch mit der erneuerten Mahlgemeinschaft nach der Auferstehung: Christus schenkt sich den Seinen ganz, in der Fülle seiner Person, Heilstaten und Gaben.

Die Jerusalemer Urgemeinde hat die Mahlfeier »hier und dort in den Häusern« (Act 2,46) neben der zunächst noch ungebrochenen Teilnahme am jüdischen Tempelgottesdienst gehalten. Mit ihrer Lösung von der jüdischen Kultgemeinde fällt die wichtige Entscheidung für den christlichen Sonntag als Tag der Auferstehung Christi statt des Sabbats. Die Eucharistie wird der zentrale Inhalt dieses Tages. Zugleich steht eine andere wichtige Entscheidung fest:

Das *Sättigungsmahl* entfällt, aus dem Stiftungsrahmen des Mahles Jesu mit seinen Jüngern werden nur die beiden Handlungen mit dem Brot (am Anfang) und mit dem Kelch (am Schluß) herausgenommen, die Christus mit einer besonderen Bedeutung versehen hat: Die Kirche spricht – soweit wir sehen, von Anfang an – über Brot und Wein zusammen das Dankgebet und teilt beide gemeinsam aus. Zwar kann neben der Eucharistie das *Liebesmahl* (Agape) gehalten werden, aber nicht dieses ist das Entscheidende, sondern die Gemeinschaft mit Christus und durch ihn untereinander in der Eucharistie.

Daß dabei die Verkündigung des Wortes von der Eucharistie nicht zu trennen ist, zeigt uns schon Act 20,7. Der Gegensatz Kirche des Wortes – Kirche des Sakramentes ist zutiefst unbiblisch und Zeichen der Verengung auf beiden Seiten.[44]

Nun ist im Leben vieler *reformatorischer* Kirchen die Eucharistie aus dem Zentrum des gottesdienstlichen Lebens gerückt und zu einer seltenen Feier geworden. Ob die besondere Scheu, eine falsche Auslegung der Würdigkeit oder ein einfaches Vergessen der zentralen Bedeutung der Gabe Christi die Ursache war – die reformatorische Kraft hat offensichtlich nicht ausgereicht, zur biblisch-altkirchlichen Fülle wieder vorzustoßen. Auch in der *römisch-katholischen* Kirche ist die Kommunionfreudigkeit erst seit Pius X. (1903) wieder erweckt worden. Heute stehen wir mit nahezu allen Kirchen der Ökumene in einer großen Bewegung zur Erneuerung des Gottesdienstes, die das Angebot Christi

---

44 Vgl. unten S. 341 ff.

neu annimmt, der gesagt hat: »Solches tut, so oft ihr's trinkt, zu meinem Gedächtnis« und nicht: »so selten«.

Die ökumenische Bewegung hat in diesem Bereich eine bemerkenswerte Entwicklung zu verzeichnen:
»Dieses Herrensakrament des Leibes und Blutes Christi, bestimmt durch die Einsetzungsworte, mit dem Gebrauch der dazu bestimmten Elemente von Brot und Wein, ist: a) ein Mahl des Gedächtnisses an Christi Fleischwerdung und Wirken auf Erden, seinen Tod und seine Auferstehung; b) ein Sakrament, in dem er wahrhaft gegenwärtig ist, um sich uns selbst zu geben, uns mit ihm, mit seinem ewigen Opfer, und miteinander zu verbinden; c) eschatologisch, eine Vorwegnahme unserer Gemeinschaft mit Christus in seinem ewigen Reiche« (Lund 1952[45]). In Montreal 1963 wurde dann ein neuer Einsatz gemacht, in dem das Herrenmahl mit der dreifachen Bestimmung definiert wird: Es ist »eine Gabe Gottes an seine Kirche; es ist ein Sakrament der Gegenwart des gekreuzigten und verherrlichten Christus, bis daß er kommt. Es ist ein Mittel, durch das das Kreuzesopfer, das wir verkündigen, in der Kirche wirksam wird. Im Herrenmahl werden die Glieder des Leibes Christi in der Einheit mit ihrem Herrn und Heiland erhalten, der sich am Kreuze selbst darbrachte.«[46] Uppsala 1968 sagt: »Im Abendmahl wird die eigentliche Bedeutung des christlichen Gottesdienstes sichtbar... Wir dringen darauf, daß alle Kirchen ernsthaft bedenken, ob es nicht wünschenswert ist, die frühchristliche Tradition wieder aufzunehmen, nach der jeden Sonntag das Abendmahl gefeiert wurde;... daß alle beim Abendmahlsgottesdienst anwesenden Christen normalerweise auch das Abendmahl empfangen sollen.«[47] Und in der Lima-Erklärung 1982 wird die Eucharistie zuerst und vor allem als »eine Gabe vom Herrn« bezeichnet: »Die Eucharistie ist vor allem das Sakrament der Gabe, die Gott uns in Christus durch die Kraft des Heiligen Geistes schenkt... Gott selbst handelt« (E 2). Dies ist die Voraussetzung dafür, daß in den fünf »Aspekten« (Danksagung an den Vater, Christusanamnese, Anrufung des Geistes, Gemeinschaft der Gläubigen und Mahl des Gottesreiches) auch von dem gehandelt werden kann, was die Kirche im Gottesdienst tut und erfährt.

45 Vischer, Einheit, 133 Nr. 153
46 Ebd. 227 Nr. 117
47 Uppsala 68 spricht, 87 Nr. 31f.

Das eucharistische Gebet: Danksagung, Gedächtnis Christi und Bitte um den Heiligen Geist

Die Theologie der Eucharistie ist lange von der Frage nach der *Gegenwart Christi* beherrscht gewesen. Diese hat durchaus ihre Berechtigung, geht es in ihr doch um die Gewißheit, daß die kirchliche Feier kein Menschenwerk, sondern Christi Mahl ist in seiner Vollmacht. Aber aus der einfachen Freude über die Gabe Christi, über die Tatsache seiner Gegenwart, wurde bereits im 4. Jahrhundert, als die Kirche sich in der Welt häuslich niederließ, ein neugieriges Interesse an dem *Wie, Wodurch* und *Wann:* In der Festlegung eines Konsekrationsmoments sollte die Gegenwart Christi in den Elementen Brot und Wein abgesichert werden.

a) Die *Konsekration* beschäftigt deshalb bis heute die Ökumene.
Vor dem *nizänischen* Konzil (325) wurden eucharistisches Denken und Handeln von der Auffassung geleitet, daß das eucharistische Gebet als ganzes mit dem stiftungsgemäßen Handeln zusammen konsekriert. Der umfassende Danksagungsakt wurde als das die Elemente Heiligende angesehen. So gewiß die frühe Kirche an der Realität der Gegenwart Christi in der »eucharistierten« Gabe festhielt, in ein zeitliches Schema konnte sie das Geheimnis nicht pressen.
In der zweiten Hälfte des 4. Jahrhunderts vollzieht sich hierin ein bedeutsamer Wandel. Im *Osten* führt die Hochschätzung des Heiligen Geistes dazu, die seit langem in das eucharistische Gebet eingeschlossene Anrufung des Heiligen Geistes als den Zeitpunkt und das Mittel der Wandlung zu interpretieren[48], alles andere in der Liturgie wird gegenüber der Epiklese zweitrangig.
Der *Westen* antwortete eine Generation später – mit einem richtigen Gespür für die Begründung der Eucharistie in der Einsetzung Christi, aber leider auf der gleichen Ebene einer verkürzten Fragestellung – mit der Konsekration durch die Einsetzungsworte Christi: Die Rezitation des »Das ist mein Leib« und »Dieser Kelch ist das Neue Testament in meinem Blut« macht aus Brot und Wein Leib und Blut Christi.[49] Das

48 »Was auch immer der Hl. Geist berührt, ist geheiligt und verwandelt«, Kyrill von Jerusalem, 23. Kat. 7

49 Ambrosius und Augustin, »accedit verbum ad elementum et fit sacramentum«, in Joh. tract. 80,3.

Christuswort »Solches tut zu meinem Gedächtnis« (I Kor 11,24f.) versteht man so, als ob Christus damit nicht den gehorsamen Vollzug der Mahlfeier insgesamt, in dem für die alte Kirche das Vertrauen auf Christi Gegenwart und Gabe gründete, gemeint habe, sondern nur das formelhafte Nachsprechen der »Konsekrations-«worte. Für das gottesdienstliche Geschehen und die Liturgie hatte diese Festlegung auf einen Moment verheerende Folgen. Um den einzig wesentlichen Zentralpunkt sammeln sich die Fürbitten, die das Herz Gottes hier am sichersten erreichen sollten, sie rissen das jubelnde Dankgebet für Gottes gnädige Zuwendung in Christus auseinander.

Auch die *Reformation* ist nicht aus dieser Verengung herausgekommen. Das alte Danksagungsgebet ist zu kurzen Formeln erstarrt, die Abendmahlsliturgie besteht aus wenig mehr als der Rezitation der Einsetzungsworte, während in der römisch-katholischen Kirche bei unveränderter Dogmatik ein neues Verständnis für das eucharistische Gebet, d.h. für die umfassende Danksagung, die die Einsetzungsworte einbezieht wie auch wieder eine Epiklese, in unserer Zeit erwacht ist.

Es darf nicht verschwiegen werden, daß die *orthodoxe* Tradition, aus der heraus der Anstoß zur Frage nach einem Moment der Konsekration kam, schon bald nach *Kyrill* das punktuelle Verständnis der Wandlung überwunden hat. Schon in der Vorbereitung der Eucharistie werden Brot und Wein als der gegenwärtige Christus verehrt, freilich hier als der für uns geopferte Leichnam, während dann gegen Ende des Hochgebetes in der Epiklese die Auferweckung geschieht. So ist der Gottesdienst der Ostkirche nun eine dramatische Nachbildung des Kreuzes- und Auferstehungsgeschehens.[50]

Auch die Frage nach dem *Wie* der Konsekration hat in der Geschichte zu großen Schwierigkeiten geführt. Die Denkvoraussetzungen der Scholastik und die Vorstellung, daß der Leib Christi nach der Himmelfahrt eigentlich nur im Himmel und nicht auf Erden sein könne, die Reformierte und Lutheraner trennte, sind heute aber überwunden.

»Wir alle glauben, daß Christus im Abendmahl wahrhaft gegenwärtig ist, unbeschadet der Tatsache, daß wir verschiedene Auffassungen darüber haben, wie diese Gegenwart sich kundtut und verwirklicht. Jede genaue Definition seiner Gegenwart führt notwendigerweise zu Abgrenzungen, und der bloße Versuch, solche Definitionen zu formu-

50 Vgl. zum Ganzen Schmidt-Lauber, Eucharistie, 145ff.158ff.

lieren und sie der Kirche aufzuzwingen, ist in vergangenen Zeiten die Ursache von Uneinigkeit gewesen«, sagt *Edinburgh* 1937 und nennt schlicht die für die Abendmahlsfeier notwendigen Punkte: »Brot und Wein, Gebet und die Einsetzungsworte dürfen bei der Feier nicht fehlen, und wir müssen einer Meinung sein über ihre Bedeutung für den Glauben.«[51]

Die theologische Klärung ist in der Ökumene inzwischen erheblich vorangekommen. So sagt Bristol 1967: »In den ältesten Liturgien wurde der gesamte Gebetsteil als Vergegenwärtigung der von Christus verheißenen Wirklichkeit verstanden. Die Wiederherstellung eines solchen Verständnisses könnte dabei helfen, unsere unterschiedlichen Auffassungen über einen besonderen Moment der Konsekration zu überwinden.«[52] Die Lima-Erklärung 1982 kann bereits die alte Kontroverse hinter sich lassen und unbefangen von der Gegenwart Christi, der Bedeutung der Einsetzungsworte, der Christusanamnese des Eucharistiegebetes und der Epiklese reden, ohne ein punktuelles Konsekrationsverständnis zu erwähnen.

Nachdem man sich in der westlichen Theologie jahrhundertelang auf die Rezitation der verba testamenti konzentrierte, kann nun begonnen werden, ihre Aufforderung zum Nachvollzug neu zu hören. Davon handeln die nächsten drei Abschnitte:

b) Die *eucharistische Danksagung* in der ökumenischen Diskussion

Zum »Solches-Tun« gehört das Dankgebet. Wie Jesus im letzten Abendmahl die alte jüdische *beraka,* die vom Hausvater über den zur Mahlzeit herbeigebrachten Speisen gebetete Danksagung, sprach, so halten wir in der von ihm gegebenen Eucharistiefeier »die große Danksagung an den Vater für alles, was er in Schöpfung, Erlösung und Heiligung vollbracht hat, für alles, was er heute in der Kirche und in der Welt trotz der Sünden der Menschen vollbringt. So ist die Eucharistie der Lobpreis (berakah), durch den die Kirche ihre Dankbarkeit gegenüber Gott für alle seine Wohltaten zum Ausdruck bringt« (Lima 1982, E 4). Es ist ein Wesensmerkmal des christlichen Gottesdienstes, daß in ihm »Gottes mächtige Tat in Jesus Christus« gefeiert wird, er »zieht uns in die Gemeinschaft mit ihm hinein... Jesus Christus ist der Mittelpunkt und

---

51 Vischer, Einheit, 62 Nr. 89

52 Bristol 1967, 86

durch den Heiligen Geist die Ermöglichung wahren Gottesdienstes.« Der Gottesdienst bedarf darum »genausowenig einer Rechtfertigung wie die Liebe. Er erkennt das tiefe Geheimnis an, das das menschliche Leben umgibt... Gott selbst versammelt sein Volk zum Gottesdienst, und er selbst bewegt es zur Antwort« (Uppsala 1968[53]).

Danksagung ist immer Antwort, und zwar eine fröhliche und zustimmende. Sie ist unser eigentliches Werk im christlichen Gottesdienst, und sie führt wiederum dazu, daß Gott sich uns in Leib und Blut Christi von neuem schenkt. Durch Christus, »mit ihm und in ihm, der unser großer Hoherpriester und Fürbitter ist, bringen wir dem Vater in der Kraft des Heiligen Geistes unseren Lobpreis, unsere Danksagung und unsere Fürbitte dar. Mit einem demütigen Herzen bringen wir uns selbst dar als ein lebendiges und heiliges Opfer, ein Opfer, das in unserem ganzen täglichen Leben Ausdruck finden muß. So vereinigt mit unserem Herrn und mit der triumphierenden Kirche und in Gemeinschaft mit der ganzen Kirche auf Erden werden wir in dem Bund erneuert, der durch das Blut Christi versiegelt worden ist. Im Abendmahl nehmen wir das Hochzeitsmahl des Lammes im Reiche Gottes vorweg« (Montreal 1963[54]). Wenn man sich vor Augen hält, welche Kontroversen über das *Opfer* in der Eucharistie zwischen den Kirchen ausgetragen worden sind, dann bezeugt diese Schau ein neues Hören aufeinander.

Nicht alle Menschen bringen Gott die Danksagung dar. Deshalb ist die Eucharistie das große Lobopfer, durch das die Kirche auch stellvertretend für die ganze Menschheit und Schöpfung spricht: »Denn die Welt, die Gott mit sich versöhnt hat, ist in jeder Eucharistie gegenwärtig: in Brot und Wein, in den Personen der Gläubigen und in den Gebeten, die sie für sich und für alle Menschen darbringen. Christus vereint die Gläubigen mit sich und schließt ihre Gebete in seine eigene Fürsprache ein, so daß die Gläubigen verwandelt und ihre Gebete angenommen werden... So bezeichnet die Eucharistie, was die Welt werden soll« (Lima 1982, E 4).

Ganz eng verbunden mit der Danksagung und zugleich ein Teil des umfassenden Dankgebets ist

53 Uppsala 68 spricht, 83 Nr. 6.5

54 Vischer, Einheit, 228 Nr. 117; vgl. Lima 1982 (E 10 mit dem Lebensbezug des Gottesdienstes nach Röm 12,1; I Petr 2,5)

c) das Gedächtnis Christi, die *Anamnese*, denn Christus sagte: »Solches tut zu meinem Gedächtnis.«
Man hat dies Gedenken im Zusammenhang mit der Eucharistie auf eine bloße Erinnerung an den Tod Christi analog dem Gedächtnis von Abgeschiedenen anläßlich von *hellenistischen* Gedächtnismahlzeiten deuten wollen.[55] Hier geht es aber nicht um ein Trauerritual, sondern um die Verkündigung des Todes Christi als des Sieges über den Tod und der Ursache für die Hoffnung der Menschen auf das Leben in Gemeinschaft mit Christus, »bis daß er kommt«. Die Forschung hat gezeigt, daß das mit Gedächtnis (*ἀνάμνησις*) wiedergegebene Wort im *hebräischen* Denken einen höchst aktiven Vorgang bezeichnet, in dem ein Ereignis oder eine Person der Vergangenheit mit allen davon ausgehenden Wirkungen und Forderungen real in die jeweilige Gegenwart hineingenommen wird und der auch einer ebenso realen Vorwegnahme künftiger Ereignisse und kommender Personen fähig ist. Vergegenwärtigung und Vorwegnahme, die sich auf den gekreuzigten und auferstandenen Herrn beziehen, bedeuten deshalb die Zusage der wirklichen Gegenwart des gekommenen, des kommenden und des wiederkommenden Herrn für die Gemeinde, die in ihrer Eucharistiefeier den Tod des Herrn ausruft. »Die Eucharistie ist das Gedächtnis (Memorial) des gekreuzigten und auferstandenen Christus.« Er »selbst ist mit allem, was er für uns und für die gesamte Schöpfung vollbracht hat (in seiner Menschwerdung, seiner Erniedrigung, seinem Dienst, seiner Unterweisung, seinem Leiden, seinem Opfer, seiner Auferstehung und Himmelfahrt und indem er den Geist sandte), in dieser ›Anamnese‹ gegenwärtig und schenkt uns Gemeinschaft mit sich. Die Eucharistie ist auch der Vorgeschmack seiner Parusie und des vollendeten Gottesreiches. Die ›Anamnese‹, in der Christus durch die freudige Feier seiner Kirche handelt, ist somit Vergegenwärtigung wie Vorwegnahme..., die wirksame Verkündigung der Kirche von Gottes großen Taten und Verheißungen« (Lima 1982, E 5–7).
Anamnetische Vergegenwärtigung und Vorwegnahme verwirklichen sich in Danksagung und Fürbitte. Deshalb ist die Christusanamnese »Grundlage und Quelle allen christlichen Gebets. So verläßt sich unser Gebet auf die unaufhörliche Fürbitte des auferstandenen Herrn und ist mit ihr verbunden. In der Eucharistie schenkt uns Christus die Kraft,

55 So noch Lietzmann, Messe und Herrenmahl, 223; dazu Schmidt-Lauber, Eucharistie, 70ff.67ff.

mit ihm zu leben, mit ihm zu leiden und durch ihn zu beten als gerechtfertigte Sünder, die freudig und bereitwillig seinen Willen erfüllen« (Lima 1982, E 9).
Sind den Kirchen der Ökumene durch die Erkenntnis des anamnetischen Charakters der Eucharistie neue Einsichten zugewachsen, so wird dieses »in angemessener Weise im Danksagungsgebet und in einer geeigneten ›anamnesis‹ zum Ausdruck kommen« können. Christi Werk bestimmt die christliche beraka. Andererseits hat aber auch die Predigt die Christusanamnese als ihren »zentralen Inhalt.« So »stärkt eines das andere«[56].

d) »Die Anamnese führt zur *Epiklese,* denn Christus bittet in seiner himmlischen Fürsprache den Vater, seinen Kindern den Geist zu senden. Deshalb kann die Kirche, die zum neuen Bund gehört, zuversichtlich um den Geist bitten, damit sie geheiligt und erneuert, in alle Wahrheit geführt und befähigt wird, ihren Auftrag in der Welt zu erfüllen. Anamnese und Epiklese können als verbindende Handlungen nicht abgesondert von der Abendmahlsgemeinschaft verstanden werden. Außerdem ist es der Geist, der Christus in unserer Eucharistie wirklich gegenwärtig sein läßt und ihn uns gemäß den Einsetzungsworten in Brot und Wein gibt« (Bristol 1967[57]).
Der epikletische Grundcharakter der Eucharistie ist somit ökumenisches *Gemeingut.* Aber in den *liturgischen* Konsequenzen wird es sehr viel mehr Schwierigkeiten geben als bei der Anamnese. Immerhin hat – wie wir bei der Konsekration sahen – die Epiklese eine liturgiegeschichtliche, wenn nicht sogar dogmatische Spaltung von Ost und West eingeleitet. Die Anrufung des Heiligen Geistes geschieht in den *orthodoxen* Liturgien über der versammelten Gemeinde und über den Gaben von Brot und Wein mit einer ausgesprochenen Wandlungsbitte, sie erfolgt im Hochgebet nach den Einsetzungsworten. Viele Kirchen des *Westens* lehnen eine Anrufung über den Elementen und/oder die Stellung nach den Worten Christi ab, weil sie ihnen in dieser Weise die Bedeutung der Einsetzungsworte zu verdunkeln scheint[58], *andere*

56 Vgl. Bristol 1967, 85, und Lima 1982 (E 12)
57 Bristol 1967, 85
58 In der lat. Trad. ist auch die nachkonziliar wiederhergestellte Gabenepiklese nach wie vor den Herrenworten vorangestellt, während eine zweite Epiklese nach der Anamnese sich auf die Gläubigen bezieht

möchten die Bezugnahme auf das Wirken des Geistes nicht in der Gebetsform einer klassischen Epiklese, sondern in anderer Weise vornehmen. Der schon in Bristol 1967 ausgesprochene Wunsch, daß der epikletische Charakter der ganzen Eucharistie in einer »Epiklese als (der) Anrufung des Heiligen Geistes für das Volk Gottes und für die ganze eucharistische Handlung unter Einschluß der Elemente in jeder Liturgie klar zum Ausdruck kommen« sollte, wird deshalb vorerst noch unerfüllt bleiben, so sehr die folgende Aussage für den ökumenischen Konsens über die Eucharistie grundlegend ist: »Die Konsekration darf nicht auf einen ganz bestimmten Moment in der Liturgie beschränkt werden. Der Ort der Epiklese in Beziehung zu den Einsetzungsworten ist nicht von entscheidender Bedeutung.«[59]

Hier muß das Gespräch und die gemeinsame theologische Arbeit weitergehen. Wir haben aber gesehen, daß gegenüber der oft einseitig herausgestellten Lehre von der Gegenwart Christi der Vollzug der Eucharistie, also die Liturgie in allen Kirchen einschließlich der reformatorischen eine ganz neue Bedeutung erlangt hat. Lehre und Leben gehören zusammen. *Montreal* 1963 redet von einer »Wiederentdeckung des christlichen Gottesdienstes in unserer Zeit – jenes zweifachen ›Dienstes‹, sowohl Gott als auch der Welt gegenüber, wie er in dem biblischen Begriff leiturgia zum Ausdruck kommt – als zentralen und bestimmenden Akt im Leben der Kirche« und zeigt ihn als »von ganz besonderer Wichtigkeit für die gemeinsame Sendung der Kirchen heute«[60].

Der katholische Charakter der Eucharistie

Es gibt keine im Wesen voneinander unterschiedene römische Messe, orthodoxe Liturgie, anglikanische Heilige Kommunion und evangelische Abendmahlsfeier. Wenn Messe, Liturgie, Kommunion, Abendmahl, oder wie immer die einzelnen Kirchen die Feier der Eucharistie bezeichnen mögen, in Vollmacht gefeiert wird, dann ist da dieselbe Wirklichkeit. Denn Christus ist einer, und wo immer Christen durch sein Mahl mit ihm und untereinander verbunden werden, da sind sie

59 Bristol 1967, 86 – Lima 1982 zählt nur mehr die hist. gewordenen Elemente der Liturgie auf (E 27)
60 Vischer, Einheit, 222 Nr. 106

eine Gemeinde, seine Kirche. »Ein Brot ist's, so sind wir viele ein Leib, weil wir alle eines Brotes teilhaftig sind« (I Kor 10,17).

Neu Delhi 1961 entdeckte, daß die Einheit der Kirche nicht erst am Ende unserer gemeinsamen Bemühungen steht, sondern Gottes uns zuvor gegebene Gabe ist, von der wir leben und der Raum zu geben durch Beseitigung all dessen, was ihr im Wege steht, unsere Aufgabe ist.[61] *Katholizität* ist Gottes Gabe an die noch getrennten Kirchen und ihre Aufgabe untereinander wie gegenüber der ganzen Welt, das war die Erkenntnis von Uppsala 1968. Die von allen Kirchen im Nizänischen Glaubensbekenntnis bekannte Katholizität der einen Kirche Christi ist damit aus dem Mißbrauch als Konfessionsbezeichnung (hie katholisch – hie evangelisch) herausgeführt und als Wesensmerkmal für die Kirche insgesamt wieder deutlich gemacht worden. Dabei stand in Neu-Delhi die Einheit aller Christen an einem Ort im Vordergrund, Uppsala suchte die Gesamtheit der Kirche zum Ausdruck zu bringen.

Katholizität ist kein geographischer Begriff, kein quantitativer wie Ökumene und Universalität, sondern weist hin auf die Fülle des Heilshandelns Gottes und die Mannigfaltigkeit der Geistesgaben und der Dienste in der Kirche. Katholisch ist »das ›All‹umfassende und durchdringende Wirken Christi und des Geistes«[62].

Schon vor Uppsala hat *Bristol* 1967 auf die Zusammengehörigkeit von Katholizität und Eucharistie hingewiesen: Die Katholizität der Eucharistie ist eines der hoffnungsvollen neuen Themen des ökumenischen Weges. Ausgegangen wird hier von dem biblischen Begriff *ekklesia* (Kirche). Kirche ist sowohl die konkrete Ortsgemeinde als auch die Ganzheit des Gottesvolkes. »Wenn deshalb die von Christus als Gottes Sohn eingesetzte Eucharistie von einer örtlichen Versammlung von Christen an irgendeinem Ort und zu irgendeiner Zeit gefeiert wird, dann hat sie die Fülle der Katholizität. Das Teilhaben am gemeinsamen Brot und am gemeinsamen Kelch an einem bestimmten Ort weist auf das Einssein der Teilnehmer mit dem ganzen Christus und mit den gleichermaßen zu allen Zeiten und an allen Orten Teilnehmenden. Indem sie das gemeinsame Brot teilen, bezeugen sie Einheit mit der katholischen Kirche, tritt das Geheimnis der Erlösung in Kraft und

---

61 Ebd. 159 Nr. 2

62 Schlink, Hl. Geist und Katholizität, 18

nimmt der ganze Leib an Gnade zu. Deshalb ist die katholische Kirche mehr als die Summe von Ortsgemeinden und muß in jeder Ortsgemeinde ihren vollen Ausdruck finden.«[63] Diese Erkenntnis hat Konsequenzen:

a) Einmal stehen wir sofort vor der Forderung nach *Interkommunion.*[64] Wenn »das Recht von getauften Gläubigen und ihrer Pfarrer, in einer Kirche am eucharistischen Mahl teilzunehmen und es auszuteilen, von denen in Frage gestellt wird, die zu anderen eucharistischen Gemeinden gehören und dort das Mahl austeilen, wird das wahre Wesen der Eucharistie verleugnet« (Bristol 1967[65]).
Schon *Neu-Delhi* 1961 erkannte die steigende Ungeduld vieler junger Menschen und die Forderung nach rascheren Fortschritten.[66] Heute möchten einzelne ökumenisch Engagierte und »pressure-groups« die ökumenische Einigung durch Überspringen der bestehenden Abendmahlsgrenzen vorantreiben. Zwei gegensätzliche Positionen stehen sich gegenüber: »Aufgrund ihres Verständnisses des Wesens der Kirche und der Sakramente und wegen ihrer Sorge um die Aufrechterhaltung der Integrität der Kirche als etwas, was für die Verkörperung ihrer wahren Einheit wesentlich ist, sind die einen der Auffassung, daß die Eucharistie das Zeichen und die Wirklichkeit der Einheit der Kirche ist. Daher wird die Feier der Eucharistie diejenigen zusammenführen, die ihr gemeinsames Leben in der Una Sancta als der Wirklichkeit ihres Einsseins in Christus und als deren Bezeugung gefunden haben.« Dies ist nach CA VII grundsätzlich der Standpunkt der *Lutherischen* Kirchen, die die Übereinstimmung in der Lehre des Evangeliums und in der Verwaltung der Sakramente als zur wahren Einheit der Kirche genügend, aber deshalb auch nötig bekennen. Die eucharistische Gemeinschaft ist Kirchengemeinschaft und setzt Einmütigkeit im Glauben voraus. »Andere glauben, daß die Eucharistie nicht nur ein Zeichen der Einheit, sondern auch ein von Gott gegebenes Mittel ist, durch das die Gnade der Einheit geschenkt wird.«[67]

---

63 Bristol 1967, 86
64 Vgl. Nachweise oben Anm. 40, dazu Neu-Delhi 1961, Vischer, Einheit, 173f. Nr. 37 und Bristol 1967, 91ff.
65 Bristol 1967, 87
66 Vischer, Einheit, 174 Nr. 37
67 Interkommunion oder Gemeinschaft?, 576

Kann es aber ein wirkliches Fortschreiten auf dem Wege zur Einheit geben, wenn die Glaubensunterschiede zwischen den Kirchen übergangen statt im gemeinsamen neuen Hören auf Gottes Wort wirklich überwunden werden? Kann man sich bei dem Gang zum Tisch des Herrn über das Gewissen Andersdenkender hinwegsetzen, auch wenn man selbst die Unterschiede im Glauben nicht für kirchentrennend hält? »Es sollte kein Schritt in der Richtung auf Abendmahlsgemeinschaft unternommen werden, der unsere Verschiedenheiten nur oberflächlich behandeln oder die Abendmahlsgemeinschaft als ein Mittel benutzen würde, Schwierigkeiten aus dem Wege zu gehen« (Lund 1952[68]). Indem das Studiendokument von Glauben und Kirchenverfassung davon ausging, »daß beide Positionen weitgehend rechthaben«[69], blieb es pragmatisch und für eine »katholische« Lösung des Problems der Kirchenspaltung wenig hilfreich, so behutsam es allen gerecht zu werden strebt.
Auf einer ganz anderen Ebene steht die Praxis der »eucharistischen Gastbereitschaft« in besonderen (Not-)Fällen. Hier wird einzelnen aus seelsorgerlichen Gründen Hilfe zuteil. Allerdings ist der verheißungsvolle Ansatz des Ökumenischen Direktoriums Roms von 1967, das im Artikel 55 Gliedern der getrennten Kirchen unter besonderen Bedingungen Zugang zu den Sakramenten gewährte, und dann der »Instruktion für besondere Fällle einer Zulassung anderer Christen zur eucharistischen Kommunion in der katholischen Kirche« des Sekretariats für die Einheit vom 1. Juni 1972[70] doch nicht weitergeführt worden, wie es der Bischof von Straßburg im Sinne einer »eucharistischen Gastfreundschaft für konfessionsverschiedene Ehen«[71] auszulegen und auszuweiten suchte. Seitens der römisch-katholischen Kirche ist keinerlei communicatio in sacris mit den evangelischen Kirchen und einzelnen ihrer Glieder möglich – über die angeführten äußersten Notfälle hinaus. Für die evangelischen Kirchen ist zwar nicht eine gänzlich offene Kommunion über die Konfessionsgrenzen hinweg, wohl aber eine Gastbereitschaft, besonders für Katholiken in einer Ehe mit einem evangelischen Partner, inzwischen allgemeine Regel geworden. Die Generalsynode der VELKD hat auf ihrer Kieler Tagung 1975 eine entsprechende »Pastoraltheologische Handreichung zur Frage der Teilnahme evangelisch-

68 Vischer, Einheit, 129 Nr. 136
69 Interkommunion oder Gemeinschaft?, 576
70 Vgl. oben S. 154[4]
71 Vgl. Gleixner, Ökumene heute, 129ff.

lutherischer und römisch-katholischer Christen an Eucharistie- bzw. Abendmahlsfeiern der anderen Konfession« verabschiedet. Auch wird in besonderen Situationen faktisch von beiden Seiten immer wieder eucharistische Gastfreundschaft gewährt, und zwar für katholische Gastgeber gegen die Ordnung ihrer Kirche.
All diese Regelungen und Praktiken haben seelsorgerlichen Charakter und sind nicht geeignet, das Problem prinzipiell zu lösen. Die Ökumene zielt auf die Versöhnung der getrennten Kirchen auf der Grundlage einer tragfähigen Übereinkunft im Glauben und im Leben der Kirchen. Kirchengemeinschaft ist Abendmahlgemeinschaft. Der beunruhigende Satz von Bristol 1967 über die Verleugnung des wahren Wesens der Eucharistie durch die Kommunionsschranken der Kirchen muß deshalb ausgehalten werden. Er ist für den ökumenischen Weg heilsam, denn er fordert alle Kirchen heraus, die katholische Einheit, d.h. die Fülle des Glaubens und Lebens in Christus um so ernster zu suchen und zu erbitten. Wer die in den letzten Jahren erzielten Ergebnisse solchen katholischen Suchens bedenkt, wird heute mehr und begründetere Hoffnung auf Verwirklichung der Gabe der Einheit haben.

b) Zum anderen ergibt sich aus dem »katholischen« Charakter der Eucharistie eine *Verpflichtung für das Leben* der Christen untereinander und in der Welt: »Die eucharistische Feier fordert Versöhnung und Gemeinschaft unter all denen, die als Brüder und Schwestern in der einen Familie Gottes betrachtet werden, und sie ist eine ständige Herausforderung bei der Suche nach angemessenen Beziehungen im sozialen, wirtschaftlichen und politischen Leben (Mt 5,23f.; I Kor 10,16ff.; 11,20–22; Gal 3,28). Alle Arten von Ungerechtigkeit, Rassismus, Trennung und Mangel an Freiheit werden radikal herausgefordert, wenn wir miteinander am Leib und Blut Christi teilhaben. Durch die Eucharistie durchdringt die alles erneuernde Gnade Gottes die menschliche Person und Würde und stellt sie wieder her. Die Eucharistie nimmt den Gläubigen hinein in das zentrale Geschehen der Geschichte der Welt. Als Teilnehmer an der Eucharistie erweisen wir uns daher als unwürdig, wenn wir uns nicht aktiv an der ständigen Wiederherstellung der Situation der Welt und der menschlichen Lebensbedingungen beteiligen. Die Eucharistie zeigt uns, daß unser Verhalten der versöhnenden Gegenwart Gottes in der menschlichen Geschichte in keiner Weise entspricht...« (Lima 1982 Nr. 20).

In *Korinth* war es nicht eine Unterschätzung des Sakraments, die die Eucharistie der Gemeinde gefährdete, sondern die Lieblosigkeit der reichen Gemeindeglieder, die in der Agape die Sättigungsmahlzeit unter sich genossen, während die armen Gemeindeglieder, zumeist Sklaven, nach Abschluß des Essens zur Feier der Eucharistie hinzugeladen wurden. Von diesem Auseinanderbrechen von gemeinschaftlichem Leben und sakramentaler Feier sagt Paulus: »Wenn ihr nun zusammenkommt, so hält man da nicht das Abendmahl des Herrn« (I Kor 11,20). Lieblosigkeit im Umgang mit den Brüdern macht jede noch so große Hochschätzung des Sakraments zum skandalösen *Sakramentalismus.*[72]

Es ist wahrscheinlich diese Erkenntnis, die in neuerer Zeit die urchristliche *Agape*feier, die in frühester Zeit von der Eucharistiefeier abgetrennt worden war, wieder ins Blickfeld ökumenischer Überlegungen gerückt hat. Die Agape kann nicht zum Eucharistieersatz werden, erst recht nicht dort, wo die Eucharistie noch nicht gemeinsam gefeiert werden kann. Das wäre ein Rückfall hinter eine richtige und wichtige Entscheidung der frühen Kirche.

Aber die Solidarität innerhalb der eucharistischen Gemeinschaft und die Verantwortung der Christen füreinander in der Liebe (agape) sollte in der Feier der Eucharistie ihren Ausdruck finden, »zum Beispiel in der gegenseitigen Vergebung der Sünden, dem Friedenskuß, dem Mitbringen von Gaben für das gemeinsame Essen und zur Verteilung unter die Armen, dem besonderen Gebet für die Bedürftigen und Leidenden, dem Austragen der Eucharistie zu den Kranken und Gefangenen«. Hierfür waren in der alten Kirche die Diakone und Diakonissen verantwortlich. »Der Ort eines solchen Dienstes zwischen dem Tisch und den Bedürftigen ist ein echtes Zeugnis für die erlösende Gegenwart Christi in der Welt. Alle diese agapeischen Züge der Eucharistie sind direkt auf das Selbstzeugnis Jesu als Diener bezogen. An diesem Knechtsdienst nehmen die Christen kraft ihrer Einheit in Christus teil. Weil Gott in Christus in die menschliche Lage eingegangen ist, so sollte die eucharistische Liturgie den konkreten und besonderen Situationen der Menschen nahe sein« (Bristol 1967[73]). »In der Alten Kirche lag im Dienst der Diakone und Diakonissen eine besondere Verantwortung, diesem Aspekt der Eucharistie Ausdruck zu verleihen. Der Ort eines solchen

72 Vgl. Günther Bornkamm, Das Ende des Gesetzes, 120ff.
73 Bristol 1967, 89, vgl. 88ff.

Dienstes zwischen dem Abendmahlstisch und den Bedürftigen bezeugt in rechter Weise die erlösende Gegenwart Christi in der Welt« (Lima 1982, E 21).

c) Endlich bedeutet der katholische Charakter der Eucharistie *Sendung in die Welt.* »Die Kirche als der Leib Christi ist für alle Menschen da.« Sie muß »sowohl einheimisch als auch zeitgemäß« sein »in den verschiedensten kulturellen und gesellschaftlichen Situationen« (Bristol 1967[74]). »In der Eucharistie versöhnt, sind die Glieder des Leibes Christi berufen, Diener der Versöhnung unter den Menschen und Zeugen der Auferstehungsfreude zu sein« (Lima 1982, E 24). »Allein schon ihre Präsenz in der Welt bedeutet volle Solidarität mit den Leiden und Hoffnungen aller Menschen, denen sie Zeichen der Liebe Christi werden können, der sich selbst am Kreuz opferte und sich selbst in der Eucharistie gibt.«[75]
Uppsala 1968 hat, nachdem die Verpflichtung der Kirche aus ihrer dynamischen Katholizität heraus zu Zeugnis und Dienst in der Welt aufs eindringlichste dargestellt wurde, die in der Eucharistie begründete Sendung der Christen noch deutlicher formuliert: »Im Gottesdienst treten wir in Gottes Kampf gegen die dämonischen Mächte dieser Welt ein, die den Menschen von seinem Schöpfer und seinen Mitmenschen entfremden, die ihn in einem engen Nationalismus oder arroganten Sektierertum einkerkern, die sein Leben durch Rassentrennung oder Klassenkampf, Krieg oder Unterdrückung, Hunger oder Krankheit, Armut oder Reichtum angreifen und ihn in zynische Skepsis, Schuld und Verzweiflung treiben. Wenn wir Gottesdienst halten, zeigt uns Gott, daß in diesem Kampf der Endsieg Jesus Christus gehört.«[76]

---

74 Ebd. 87
75 Eucharistie im ökum. Denken, 156
76 Uppsala 68 spricht, 9ff.83 Nr. 7

Das Herrenmahl – Zum lutherisch/katholischen Dialog auf Weltebene

Neben dem multilateralen Dialog – etwa der Kommission für Glauben und Kirchenverfassung des Ökumenischen Rates mit ihrem Resultat in den Konvergenzerklärungen zu Taufe, Eucharistie und Amt (Lima 1982) – sind die bilateralen Verständigungsbemühungen für die Verwirklichung der Ökumene von großer Bedeutung. Einige von ihnen markieren theologische Durchbrüche, die auch für andere Kirchen Bedeutung haben und nicht überholt sind, wenn die nächsten Erklärungen veröffentlicht werden. So lohnt es sich, auch ein Dutzend Jahre nach seiner Verabschiedung das Dokument der Gemeinsamen römisch-katholisch/evangelisch-lutherischen Kommission »Das Herrenmahl« (1978)[1] zur Hand zu nehmen und auf dem weiteren Weg der Ökumene zu bedenken.

Anlaß und Absicht des Dokuments

Die Gemeinsame Kommission wurde vom Einheitssekretariat und vom Exekutivkomitee des Lutherischen Weltbundes nach dem Erscheinen des »Malta-Berichts« (1972)[2] ernannt und mit je sieben Theologen beschickt. Sie hat ihr Arbeitsergebnis nach sechs Jahren vorgelegt. Trotz offizieller Ernennung der Verfasser – wobei man bedenken muß, daß die römisch-katholische Kirche durch eines ihrer Organe als Kirche handeln konnte, dem Lutherischen Weltbund als Gesprächsforum und Dachorganisation zur Vertretung gemeinsamer Interessen von je für sich autonomen Kirchen diese Qualifikation aber nicht eignet – besitzt das Dokument zunächst keine andere Autorität als die ihrer Verfasser.
Das erweist sich sogleich als ungemeiner Vorteil: Das Dokument spricht eine Einladung aus an alle Gemeinden und Theologen in beiden Kirchen

1 Herrenmahl, 1978 [11]1982, künftig nach Nummern zitiert
2 Das Evangelium und die Kirche: Amt und Herrenmahl, 23–54

– und über sie hinaus –, an dem mit dem ökumenischen Aufbruch des Zweiten Vatikanischen Konzils intensivierten Prozeß der Aufarbeitung überkommener kirchentrennender Positionen in Lehre, Spiritualität und liturgischer Praxis mitzuwirken. Es stellt die in der Arbeit der vierzehn Experten aus aller Welt gefundenen (oder auch nur bestätigten bzw. wiederentdeckten) Übereinstimmungen wie die noch verbleibenden Divergenzen zur allgemeinen Diskussion, jedoch im Kontext der konkreten liturgischen Gestalt der Eucharistiefeier in beiden Kirchen und unter Beifügung von sechs weiterführenden Exkursen aus der Feder zweier Mitarbeiter, die von der Kommission »zustimmend zur Kenntnis genommen« wurden (Nr. 4). Wenn die »Bitte, unsere Überlegungen zu prüfen und zu bedenken, sie soweit wie nötig zu verbessern und sie sich soweit wie möglich zu eigen zu machen«, das Dokument beschließt (Nr. 77, vgl. Nr. 5), wird nicht nur die grundsätzliche Offenheit für die Mitwirkung aller Christen beim Finden der gemeinsamen Wahrheit zum Ausdruck gebracht, sondern auch der in allen ökumenischen Gesprächen letztlich intendierte Prozeß einer synodalen und konziliaren Rezeption vorbereiteter Lehrübereinkünfte angedeutet, der naturgemäß mühseliger und langfristiger verläuft als die Einigung einer intensiv arbeitenden Expertengruppe.

Auf diese Weise wird der »hochgestochene(n) Konzentration auf das Wesentliche«, die »überzogene intellektualistische Reduktion und oft willkürliche Selektionen« zur Folge hat, gewehrt[3]: Kirchengemeinschaft und Eucharistiegemeinschaft bedingen einander, zur gemeinsamen Feier am Tisch des Herrn gehört die Einheit im Glauben (Nr. 1.26). Die Interkommunion – in Notfällen schon jetzt gewährt und für die lutherische Seite leichter, weil sie »gemäß ihren Kriterien die Gültigkeit der Eucharistiefeier anderer eher anzuerkennen (vermag) als die katholische« (Nr. 73) – darf nicht als ein Mittel zur Wiederherstellung der Kirchengemeinschaft angesehen werden (Nr. 72, Ökumenismusdekret Nr. 8), sie bleibt das Ziel.

Deshalb wird es für uns wichtig festzustellen, was heute (noch) kirchentrennend ist und – positiv gewendet – was lutherische und katholische Christen heute (schon oder wieder) gemeinsam bekennen können. Daß dies in das Leben der Kirche und der Gemeinden gelangt, ist Anliegen des Dokuments (Nr. 2).

---

3 Küng, Anfragen an unsere Kirche, 13

Ist es somit die Absicht des Dokuments, den sich abzeichnenden Konsens in den Fragen der Eucharistie auf eine breite Basis zu stellen, so wird man mit langfristigen Terminen arbeiten müssen. Die Konvergenzerklärungen der Kommission für Glauben und Kirchenverfassung des Ökumenischen Rates sind in zwanzig Jahren herangereift, ihr Rezeptionsprozeß ist noch keineswegs abgeschlossen.[4] Verständnis für andere Positionen und Übereinkunft sind in länger zusammenarbeitenden Expertengremien leichter zu erzielen als in der breiten theologischen und allgemein kirchlichen Öffentlichkeit und damit den Entscheidungsgremien. Die intensive Bearbeitung der aufgeworfenen Fragen ist aber nötig, und ohne das lebendige Gegenüber zu anderen Traditionen kann die Rezeption, von der der Erfolg der ökumenischen Bemühungen abhängt, nicht gelingen. In der Diaspora ist die gemeinsame Bearbeitung der Texte besonders wichtig, neigt doch jede Minderheitskirche zur eigenen Profilierung auf dem Gegenbild der Majoritätskirche und damit zur Verzeichnung. Es ist keineswegs sicher, daß alle evangelischen Theologen die durch das Zweite Vatikanum ausgelösten Veränderungen und Impulse gerade im Blick auf die katholische Eucharistie schon zur Kenntnis genommen haben. Es wäre denkbar, daß sich ein ähnlicher Gewinn aus gemeinsamer theologischer Arbeit für die katholischen Theologen und Pfarrer ergeben könnte.

Der Kontext

Das Dokument über »Das Herrenmahl« hat eine besondere Vorgeschichte und steht in einem engen Zusammenhang mit anderen bilateralen wie multilateralen Gesprächsforen, die alle zumindest indirekt auf das Zweite Vatikanische Konzil und seine ökumenischen Impulse zurückzuführen sind.

Aus der Begegnung der Konzilsteilnehmer mit den offiziell eingeladenen Beobachtern aus den nicht-römischen – hier den lutherischen – Kirchen erwuchs – noch vor der vierten und letzten Session – im August 1965 eine offiziell autorisierte »römisch-katholisch/evangelisch-lutherische Arbeitsgruppe«, die künftige Kontakte, Gesprächsrunden und Zusammenarbeit besprach und im April des folgenden Jahres berich-

4 Vgl. unten S. 246ff.

tete.[5] Es folgte eine vom Sekretariat für die Einheit der Christen und dem Lutherischen Weltbund international zusammengestellte »evangelisch-lutherisch/römisch-katholische Studienkommission«, die von 1967 bis 1971 das Thema »Das Evangelium und die Kirche« behandelte und ihren Schlußbericht im folgenden Jahr veröffentlichte.

Dieser »Malta-Bericht« enthält in Teil »III. Evangelium und kirchliches Amt« bereits Überlegungen zur gegenseitigen Anerkennung der kirchlichen Ämter und in Teil »IV. Evangelium und kirchliche Einheit« solche zum päpstlichen Primat und zur Interkommunion. Man vergegenwärtige sich die historische Bedeutung dieses ersten internationalen Dialogs nach dem Konzil: Bis an die Schwelle des Konzils von Trient 1545, an dem teilzunehmen die Protestanten sich weigerten, blieben die streitenden Parteien im – keineswegs ergebnislosen – Gespräch. Mehr als vierhundert Jahre später schafft ein neues Konzil die Voraussetzungen zur Wiederaufnahme des damals abgebrochenen Dialogs zwischen Partnern, die inzwischen eigene Wege gegangen waren, viel übereinander geredet und sich dabei weiter voneinander entfernt hatten.[6] Schon aus dieser Perspektive stellt der »Malta-Bericht« ein epochales Ereignis dar.

Die Studienkommission des »Malta-Berichts« fand sogleich einen Nachfolger in der »Gemeinsamen Kommission«, in der nur zwei Teilnehmer des alten Gremiums mitwirkten.[7] Warum sonst kein Mitglied der Studienkommission wiederberufen wurde, ist wohl schwer auszumachen. Vielleicht führt uns aber der Vergleich der beiden Arbeitsergebnisse miteinander auf die Spur: »Das Herrenmahl« wurde einstimmig verabschiedet, der »Malta-Bericht« aber mit fünf Zusatzvoten, vier davon gaben katholische Mitglieder, also deren Mehrzahl, ab zur Frage der wechselseitigen Interkommunion bei besonderen Anlässen auf dem Hintergrund der ungeklärten Amtsfrage. Obwohl auch der »Malta-Bericht« ausdrücklich vermerkt, »daß bestimmte Fragen nicht völlig geklärt worden sind«, insbesondere »das Verhältnis von Kirche und Evangelium zu den Sakramenten, das Verhältnis zwischen Glaube und Sakramenten, das Verhältnis von Natur und Gnade und von Gesetz und

---

5 Röm.-kath./ev.-luth. Arbeitsgruppe, Bericht, 560ff.

6 Vgl. Harding Meyer, Ergebnisse: Amt und Herrenmahl, 11ff.

7 Bischof Hans Martensen/Kopenhagen und Prof. George A. Lindbeck/Yale Univ., New Haven: Amt und Herrenmahl, 51f.; Herrenmahl, 47

Evangelium, die Frage des Lehramtes, die Fragen der Mariologie«[8], hat »Das Herrenmahl« den unbestreitbaren Vorzug – schon in seiner Gliederung – einer klaren Trennung des »Gemeinsamen Zeugnisses« von den »Gemeinsamen Aufgaben«, bei deren Erörterung die bestehenden Differenzen – allerdings zugleich mit einer Wertung ihres Gewichtes im Blick auf die Kirchentrennung – offen auf den Tisch gelegt werden. Es wird dabei aufgrund der bisherigen Erfahrungen die Zuversicht zum Ausdruck gebracht, daß »auch die noch offenen Fragen einvernehmlich geklärt werden« (Vorwort). Da die gewichtigsten Differenzen in der Amtsfrage liegen, ist deren Behandlung als dritter Schritt im römisch-katholisch/evangelisch-lutherischen Dialog vorgesehen. Ganz hat auch »Das Herrenmahl« diesen Fragenkomplex nicht ausklammern können (Nr. 65–68).
Ein letzter Unterschied zwischen dem »Malta-Bericht« und dem Dokument »Das Herrenmahl« liegt darin, daß letzteres Bezug nehmen kann und nimmt auf eine ganze Reihe von anderen ökumenischen Dialogen, deren Dokumente oft wortwörtlich zur Sprache kommen. Obwohl die bilateralen Gespräche bislang immer die konkretesten und der Sache förderlichsten Ergebnisse gezeitigt haben, nicht zuletzt, weil darin zwei Kirchen unmittelbar mit ihrer Existenz gefordert werden und das Interesse an der Rezeption in den Gemeinden dieser Kirchen naturgemäß größer ist, haben alle Dialoge eine wechselseitige Interdependenz – ein erfreuliches Zeichen dafür, daß die Ökumene nun alle Kirchen betrifft und bewegt.

Zu dem internationalen evangelisch-lutherisch/römisch-katholischen Dialog kommt ein regionaler in den USA. Dort ist die Situation auf beiden Seiten wesentlich anders als in Europa: lebendige Gemeinden, größere Nähe in der liturgischen Praxis, weitere Entfernung von Rom wie Wittenberg. Die Dokumente über die Eucharistie (1967) und das Amt in seiner Beziehung zur Eucharistie (1970) kommen deshalb zu viel weitgehenderen Konvergenzen, in denen unter anderem auch die wechselseitige Anerkennung des Amtes schon erwogen wird.[9] Weiter liegt das Ergebnis von offiziellen Gesprächen einer lutherisch/anglikanischen Kommission (1972) und einer anglikanisch/römisch-katholischen (1971)

8 Herrenmahl, Vorwort und Nr. 9
9 Amt und Herrenmahl, 57ff. 71ff., bes. USA II Nr. 35.54

vor.[10] All diese Zeugnisse bilateraler Dialoge sind in unserem Dokument »Das Herrenmahl« ebenso verarbeitet wie die multilateralen Konsensustexte von Faith and Order, vor allem die Erklärung über die Eucharistie in der damaligen Fassung von Accra (1974) sowie die beiden Konsenstexte der regionalen Gruppe von Dombes (1971/72).[11]

Gemeinsames Zeugnis: Übereinstimmung im Zentrum

Die Lehre vom Herrenmahl ist – trotz aller gegenseitigen Polemik und mancher Unterschiede in Akzentsetzung und Praxis – zwischen der römisch-katholischen und den evangelisch-lutherischen Kirchen nie kirchentrennend gewesen. Diese These wird sich im nächsten Abschnitt, in dem die bestehenden und auszugleichenden Divergenzen behandelt werden, erhärten. Sie sei aber schon hier an den Anfang gestellt, und zwar nicht als eine Hoffnung für die Zukunft, sondern als eine Realität, die immer schon da war und die wir heute mehr und mehr zu erkennen beginnen. Sie macht erst die Bedeutung des »Gemeinsamen Zeugnisses« deutlich und stellt die noch zu verhandelnden und die verbleibenden Fragen in die richtige Relation zur gemeinsamen Basis.
Bereits die Apologie der Augsburgischen Konfession konnte feststellen: »Den zehnten Artikel fechten die Widersacher nicht an« (ApolCA X). Auch die Kanonisierung der Transsubstantiationslehre durch das Konzil von Trient[12] hat die Gemeinsamkeit in der Sache nicht aufheben können; denn nicht ein philosophisches Denkschema, sondern allein die dadurch mehr oder weniger angemessen bezeichnete Sache ist Gegenstand einer Kanonisierung, und in der stimmen beide Traditionen überein. Der Kampf der lutherischen Reformation gegen den Opfercharakter der Messe richtet sich gegen einen niemals im Dogma der Kirche gedeckten abusus; von ihren bekenntnismäßigen Grundlagen her *kann* die lutherische Seite heute nicht nur vom Opfer in der Eucharistie – nicht nur von einem aus dem Empfang des Sakraments resultierenden Dankopfer – reden, sie muß es auch.

10 Vgl. Dokumente, 54ff.139ff. Erwartungen, daß mit der Vorlage des luth./kath. Dokuments über »Das geistliche Amt in der Kirche« (1981, Dokumente, 329ff.) die wichtigsten Voraussetzungen für die Interkommunion geschaffen sein würden, haben sich nicht erfüllt.

11 Accra 1974, 94ff.; Amt und Herrenmahl, 103ff.

12 DS 1642; vgl. Lateranense IV, DS 802

Wolfhart *Pannenberg* kommt zu dem Schluß: »Die katholische Transsubstantiationslehre und die Betonung des Opfercharakters der Eucharistie bedeuten keine fundamentalen Gegensätze mehr zum evangelischen Abendmahlsverständnis.«[13] Keine der Verwerfungen des tridentinischen Eucharistiedekrets und seiner Lehre vom Meßopfer trifft die lutherische Abendmahlslehre – und erst recht widerspricht das Zweite Vatikanum dem lutherischen Bekenntnis in dieser Sache nicht. Es war die große Entdeckung der Eucharistiekommission, die das sogenannte »Accra-Papier« von Faith and Order erarbeitete, daß es in der eucharistischen Theologie kaum mehr kirchentrennende Unterschiede gibt, den Beteiligten schon 1965 deutlich. Aber die Arbeit am Eucharistiedokument konnte nur deshalb zu einem einvernehmlichen Abschluß gelangen, weil man die Frage nach dem eucharistischen Dienstamt ausgeklammert und einem eigenen Dokument zugewiesen hat, welches dann auch von den drei Erklärungen das am wenigsten ausgereifte und konsensfähige geworden ist und intensiver Weiterarbeit bedarf.
Sind so die beiden hier miteinander im Gespräch befindlichen Traditionen in ihrer eucharistischen Theologie nie so weit voneinander entfernt gewesen, daß man von kirchentrennenden Unterschieden sprechen müßte, ist es kaum verwunderlich, daß »Das Herrenmahl« zu einem umfassenden gemeinsamen Zeugnis kommt:
Nach der grundlegenden Bezugnahme auf »Das Vermächtnis Jesu gemäß der Schrift« (I) wird die theologische Deutung unter dem aus der lateinischen Liturgiegeschichte vertrauten – wenn auch immer noch nicht ganz in seiner ursprünglichen Bedeutung geklärten – »Geheimnis des Glaubens« (II) begonnen, einem Zwischenruf innerhalb des Kelchworts, der mit dem Missale *Pauls VI.* hinter die verba institutionis gerückt ist und zur Gemeindeakklamation überleitet. Damit ist die Eucharistiefeier der Gemeinde im Heilsgeschehen verankert und der entscheidende Zugang zum dreieinigen Gott aufgezeigt. Zugleich ist das Leitwort mysterium fidei aber eine unentbehrliche Hilfe, in der theologischen Reflexion überkommene Divergenzen, die das gemeinsame Zeugnis gefährden könnten, und auch unterschiedliche Weisen der eucharistischen Praxis, wie sie besonders in der Zeit der Kirchenspaltung ausgebildet wurden, in ihre Relativität gegenüber der uns gegebe-

13 Pannenberg, Ausräumung von Mißverständnissen, 48; vgl. Opfer Jesu Christi (1983)

nen Realität, von der unser Glaube lebt und in der wir eins sind, zu erkennen und ihnen das angemessene Gewicht zuzuteilen. Dies Leitwort dürfte dann im zweiten Teil, in dem die bestehenden Divergenzen aufgearbeitet werden, von großer Wichtigkeit sein. Der Abschnitt schließt mit der Schlußdoxologie des Eucharistiegebets, die den weiteren Gang des damit trinitarisch strukturierten gemeinsamen Zeugnisses bestimmt.
Es folgt der christologische Ansatz: »Durch, mit und in Christus« (III). Durch Christus empfängt die Gemeinde ihren Gottesdienst, mit ihm, der in der Eucharistie seine Gegenwart in einzigartiger Weise schenkt, um »uns in seine Lebensbewegung hinein(zu)nehmen« (Nr. 18), feiert sie die Eucharistie als Christusanamnese, in ihm sind die Glaubenden mit den vielen ein Leib, sein Leib. Dann kommt die pneumatologische Dimension zur Sprache: »In der Einheit des Heiligen Geistes« (IV). Das eucharistische Wirken Christi geschieht durch den Heiligen Geist. Die Eucharistie ist darum auch Anrufung, Epiklese, Bitte um den Geist, der den Glauben gibt, und »in der Liebe, der Freude, dem Frieden... eine Vorwegnahme der Vollendung« (Nr. 24): »So ist die Eucharistie zugleich Quelle und Höhepunkt kirchlichen Lebens« (Nr. 26), das die Gläubigen am Ort mit der weltweiten Kirche verbindet und alle verpflichtet. Der Doxologie entsprechend wird die trinitarische Deutung der Eucharistie mit dem Ziel unseres Gottesdienstes abgeschlossen: »Verherrlichung des Vaters« (V). Die Eucharistie hat ihren Namen von dieser Aufgabe her bekommen, sie ist als ganze Verkündigung, Danksagung, Fürbitte, Lobpreis und Hingabe. An dieser Stelle begegnen wir ersten wichtigen Aussagen zum Thema Eucharistie und Opfer: Wir werden »als sein Leib in das versöhnende Opfer hineingenommen, das (uns) zur Hingabe... befähigt« (Nr. 36).
Das eucharistische Opfer des Lobes ist durch das Kreuzesopfer Christi überhaupt erst möglich; »deshalb bleibt dieses selbst der primäre Inhalt des kirchlichen Lobopfers« (Nr. 37).
Es ist ein glücklicher Einfall gewesen, das gemeinsame Zeugnis mit zwei wesentlichen Aspekten abzuschließen, die der Sache nach auch in die trinitarisch geordneten Ausführungen hätten eingefügt werden können: Der Abschnitt »Für das Leben der Welt« (VI) ist christologisch motiviert und zeigt uns den Weltbezug der eucharistischen Feier – in der Anwesenheit von Brot und Wein ist die Welt gegenwärtig, dann in den Gläubigen und in den Gebeten: »So enthüllt die Eucharistie der Welt,

was sie werden soll«, heißt es hier mit Accra[14] – aber auch die Weltverantwortung der Mitfeiernden als der Versöhnten, die Diener der Versöhnung werden. Der letzte Abschnitt »Im Blick auf die künftige Herrlichkeit« (VII) hat als eschatologische Verheißung, Erschließung und Vermittlung seinen Ort im dritten Artikel.
So ergibt sich ein eindrucksvolles geschlossenes Ganzes, in dem die vier schon im Accra-Text in den Mittelpunkt gerückten neuen Entdeckungen oder Wiederentdeckungen Engführungen früherer Theologien, besonders der Kontroverstheologie, zur biblisch-katholischen Weite geöffnet haben: die eucharistische, die anamnetische, die epikletische und die gemeinschaftsstiftende Dimension des neuen Gottesdienstes der Gemeinde des Neuen Bundes, *εὐχαριστία, ἀνάμνησις, ἐπίκλησις* und *κοινωνία* als je für den ganzen Gottesdienst zutreffende sachgemäße Bezeichnungen wie als Aufgabe liturgischer Entfaltung im Eucharistiegebet. Lima (1982) hat sie um eine fünfte Dimension ergänzt, die eschatologische. Viele Nöte früherer Generationen haben ihre Ursache darin, daß der Blick nur noch die Elemente, unser Tun, das heißt die Sicherung der Realpräsenz erfaßte und nicht mehr die von Gott ausgehende und uns zur Antwort des Glaubens und der Liebe befähigende Bewegung durch, mit und in unserem Erlöser. Accra hat uns die Implikationen dieses vertieften Eucharistieverständnisses vor Augen geführt: »Sendung zur Welt«, »Ende der Spaltungen« (Nr. 23ff. 27).

Gemeinsame Aufgaben angesichts überlieferter Divergenzen

Die gemeinsamen Aufgaben bestehen vor allem darin, gegensätzliche Positionen abzuklären und zu überwinden, an denen einmal die Glaubens- und Eucharistiegemeinschaft zerbrochen ist. Dabei wird die neue Situation schon in der Überschrift des ganzen zweiten Teils schlagartig erhellt: Es wird wieder miteinander geredet, nicht um im Streitgespräch recht zu behalten und den Gegner niederzuringen, sondern um miteinander eine notwendige Aufgabe zu lösen, für die bereits die gemeinsame Basis vorhanden ist.

1. Die *Realpräsenz Christi* in den eucharistischen Elementen ist der

14 Accra 1974, Nr. 7; vgl. Lima 1982, Nr. 4

Sache nach zwischen Katholiken und Lutheranern nie strittig gewesen. Beide bekennen die wirkliche Gegenwart von Leib und Blut, der Person und dem Heilswerk Christi, in der Sprache der Lutherischen Bekenntnisschriften das adesse, exhiberi und sumi. Die Unterschiede betreffen nicht das Daß, sondern den modus praesentiae und daraus folgend die Dauer der sakramentalen Gegenwart Christi. Sie werden durch das in diesem Dokument nun gemeinsam bekannte Leitwort mysterium fidei so weit relativiert, daß in Lehre und Praxis kein kirchentrennendes Hindernis mehr erblickt werden kann.

Luthers Abneigung gegen die Transsubstantiationslehre, die ihrerseits in der Geschichte ohne Frage eine klärende und das biblische Zeugnis wahrende Bedeutung gehabt hat, liegt in dem zeitgebundenen philosophischen Denkschema begründet, das in der Tat zu Mißdeutungen verleitet hat. Die Tendenz, die Gegenwart Christi in den Elementen zu verselbständigen und damit vom Ziel der Konsekration im Mahl und der Zueignung des Heils zu lösen, ist in der Geschichte der eucharistischen Frömmigkeit unverkennbar. Dabei hat erst die Konkordienformel die Abneigung der lutherischen Reformation, die in der sog. »Konsubstantiationslehre« eine geeignetere Umschreibung der gemeinsam bekannten Wahrheit anzubieten meinte, zu einer Verwerfung eskaliert (FC Ep. VII, 1). Heute wissen wir, daß die nominalistische Schulung Luthers ihm und seinen Mitstreitern aufgrund des in der ockhamistischen Aristoteles-Interpretation veränderten Substanzbegriffs den Zugang zur thomistischen Lehre verwehrte.[15] Der Kampf gegen die spiritualistische und die rezeptionistische Deutung der Realpräsenz zeigt die lutherische Reformation auf der Seite der »katholischen« Tradition.

Die lutherische Deutung der Gegenwart Christi in, mit und unter den Gestalten von Brot und Wein nach Analogie der Menschwerdung Christi hat in unserem Dokument seitens der katholischen Gesprächspartner deutliche Kritik gefunden: sie finden die »sakramentale... Einheit wie auch die Wirklichkeit des Herrenworts: ›Das ist mein Leib‹, auf diese Weise nicht hinreichend bezeugt« (Nr. 50). Dies Urteil ist schwer verständlich, wenn man sich das Stillgebet des Liturgen vor der Präfation[16], die isolierte Stellung der verba testamenti als der verba consecra-

15 Vgl. Herrenmahl, Exkurs 1, 85ff.

16 »verleih, daß ich dein heiliges Sakrament recht verwalten und deinen Leib und dein Blut zum ewigen Leben darreichen möge«, Luth. Agende I (1955) 65*

tionis in der meistgebrauchten Abendmahlsliturgie (Form A: Vaterunser – Einsetzungsworte/Konsekration – Austeilung)[17] und schließlich die typisch lutherische Spendeformel IV vor Augen hält und nach ihrer theologischen Aussage befragt:

$$\text{»Nehmet hin und } \frac{\text{esset}}{\text{trinket}} \text{: das ist } \frac{\text{der}}{\text{das}} \text{ wahre } \frac{\text{Leib unsers Herrn Jesu Christi,}}{\text{Blut des neuen Testaments,}}$$

$$\text{für euch } \frac{\text{dahingegeben in den Tod.} \quad \text{Der}}{\text{vergossen zur Vergebung der Sünden. Das}} \text{ stärke und bewahre euch}$$

im Glauben zum ewigen Leben.«[18]

Der Liturgiker wird seine Bedenken gegen eine so gestaltete Liturgie anmelden und auf das – mit der Form B auch in der lutherischen Tradition vorhandene – gemeinsame altkirchliche Erbe verweisen. Aber die theologische Gemeinsamkeit steht außer Zweifel. Wenn »die Begrifflichkeit der Transsubstantiation... ihrerseits den Geheimnischarakter der eucharistischen Gegenwart bekennen und bewahren (will); sie will nicht erklären, *wie* diese Wandlung stattfindet«, liegt die theologische Übereinstimmung auf der Hand (Nr. 51). Auch »die Katholiken sollten anerkennen, daß eine klare und unzweideutige Bejahung der Realpräsenz Christi... auf lutherischer Seite gegeben ist«, die »nicht mehr unter ein ›anathema sit‹ fallen kann, auch dann nicht, wenn der Begriff der Transsubstantiation bzw. der Wandlung der Substanz des Brotes und Weines nicht übernommen wird«[19].
Nun gibt es aber in der Praxis ganz erhebliche Unterschiede. Sie folgen aus einer unterschiedlichen Sicht der Dauer der Konsekration. Während für die Lutheraner das »in coena domini« (CA X) den Raum bezeichnet, in dem sich die Realpräsenz Christi unter Brot und Wein ereignet – Brot und Wein hören »extra usum« auf, Träger des Leibes und Blutes Christi zu sein –, bleibt für die Katholiken das Sakrament gegenwärtig, »solange die Gestalten von Brot und Wein bestehen«, daher die Verehrung, Huldigung und Anbetung des im Sakrament gegenwärtigen Herrn auch über die Eucharistiefeier hinaus (Nr. 53).
Lutheraner gehen herkömmlicherweise keineswegs ehrfurchtslos mit den in der Kommunion nicht verbrauchten Elementen um. Das euchari-

17 Vgl. unten S. 369f.
18 Luth. Agende I (1955) 77*
19 Herrenmahl Exkurs 1, 87f.

stische Brot wird ins Ziborium zurückgelegt zur Verwendung in der nächsten Eucharistiefeier, der Kelch gewöhnlich nach dem Mahl von den Amtierenden gemeinsam ehrfurchtsvoll geleert. In den Sakristeien alter lutherischer Kirchen findet man einen eigenen, nur hierfür gebrauchten Ausguß, der den restlichen Wein in die geweihte Erde des Gottesackers fließen läßt; bei großen Kommunikantenzahlen mag dieser Ausguß noch heute verwendet werden. Die Intinktion und auch – etwa bei Alkoholikern – die Kommunion nur des eucharistischen Brotes sind Gebräuche, die sich auch hierzulande finden.

Es bleibt aber eine deutliche Divergenz. Sie kann bei der Annäherung der Kirchen zu einer Bereicherung führen, wenn unterschiedliche Frömmigkeitsformen als Ergänzung und auch Aufforderung zum tieferen Bedenken der Implikationen des eigenen Bekenntnisses erkannt werden. Für Lutheraner ist die Aufbewahrung der konsekrierten Elemente zum Zweck der späteren Krankenkommunion – eine ganz alte kirchliche Sitte – durchaus denkbar, zumal hierin die Einheit der feiernden Gemeinde durch den sich ihr schenkenden Christus deutlicher zum Ausdruck kommt als in der Veranstaltung unzählig vieler Privatfeiern an den Krankenbetten: Unsere Kranken begegnen nicht nur individuell ihrem Heiland, sie gehören auch zur Gemeinde, deren Feier die Mauern ihrer Isolierung durchstößt. Diese Krankenkommunion gehört zur Distribution im Rahmen der Gemeindeeucharistie.

Das Dokument zeigt beiden Seiten, was bei der anderen zu entdecken ist. Wird der katholische Gesprächspartner mehr auf das Mahlgeschehen aufmerksam gemacht, so der evangelische auf manchen den Katholiken verletzenden Umgang mit den Elementen. Die Anbetung Christi im Sakrament kennen beide Traditionen: die Lutheraner sub communione, die Katholiken über die Eucharistiefeier hinaus. Wie tief aber die Verehrung und Anbetung des sakramental gegenwärtigen Christus auch außerhalb der Eucharistiefeier in der katholischen Frömmigkeit über Jahrhunderte hinweg verwurzelt gewesen ist, kann erst durch bessere Kenntnis des Glaubens erfahren werden, daß Christus es ist, der gegenwärtig bleibt.

2. Das *Meßopfer* ist durch Jahrhunderte bevorzugter Gegenstand der Kontroverstheologie gewesen. Bis heute vermeidet die lutherische Theologie jede Rede von einem Meßopfer. Sie wird aber aus ihrem eigenen Ansatz heraus nicht umhinkönnen, die in eben jenem Meßopfer

bezeichnete Sache ihrerseits aufzunehmen und ihr auch liturgischen Ausdruck zu geben. Das Tridentinum hat bereits ganz eindeutig festgestellt: Es wird kein neues zusätzliches Opfer dargebracht, sondern »es ist ein und dieselbe Opfergabe und es ist derselbe, der jetzt durch den Dienst der Priester opfert und der sich selbst damals am Kreuz darbrachte, nur die Art der Darbringung ist verschieden«[20]. Solange diese Identität gewahrt ist, kann legitimerweise von einem Opfer in der Eucharistiefeier geredet werden; denn das Christusopfer wird in der Gemeindefeier »weder fortgesetzt noch wiederholt, noch ersetzt, noch ergänzt..., wohl aber kann und soll es je neu in der Mitte der Gemeinde wirksam werden« (Nr. 56).

Nun zeigt die Liturgiegeschichte, daß seit alters von der Darbringung der Gemeinde geredet wird, alle östlichen Liturgien schließen die Anamnese mit *προσφέρομέν σοι... τὸν ἄρτον τοῦτον...* (Const.Ap VIII) bzw. *τὰ σὰ ἐκ τῶν σῶν σοὶ προσφέροντες (Basilius, Chrysostomus),* die westlichen sagen seit *Hippolyt* offerimus tibi. Hier beschreibt die Liturgie, was in ihr vor sich geht, und es ist nicht zufällig, daß die älteren Ordnungen diese beschreibend-betende Deutung mit der Danksagung abschließen, quia nos dignos habuisti... tibi ministrare (so Hippolyt). Wenn die Reformation dieses ihr an sich naheliegende Anliegen gänzlich in die Danksagung nach der Kommunion (Postcommunio) verlegt, so liegt darin sicher eine Bereicherung des liturgischen Vollzugs, zugleich aber auch eine nun nicht mehr nötige Ängstlichkeit: Wer vertritt denn heute noch die absurde Theorie von dem besonderen Wert jeder einzelnen Messe (Gabriel *Biel*) und der unfehlbaren Wirkung bestimmter Messen, insbesondere zur »Erlösung«, »Befreiung« der armen Seelen?[21] Man wird vielleicht die an die Stelle vieler Einzelmessen getretene Übung der Konzelebration kritisieren können – in der altkirchlichen Schau tritt *ein* Bischof (Priester) als Vorsitzender der Eucharistiefeier aus dem Presbyterium heraus und symbolisiert Christus als den Zelebranten, bei *Luther* finden wir eine ähnliche Schau, wenn er den Priester umdreht und als Mund Christi versteht –, sie ist aber gewiß ein wichtiger Fortschritt. Will die evangelische Kirche das biblische Zeugnis voll entfalten, darf und muß sie heute positiv vom Opfer der Gemeinde in der Eucharistie reden: »Dieses die eigene Ohnmacht bekundende,

20 DS 1743, vgl. Herrenmahl Nr. 57
21 Vgl. Herrenmahl Exkurs 4, 102ff.

sich ganz auf Christus verlassende und ihn dem Vater vorstellende und darbringende Handeln ist gemeint, wenn die... Kirche zu sagen wagt, daß nicht nur Christus sich für die Menschen opfert, sondern daß auch sie ihn ›opfert‹« (Nr. 58). Ist Luthers berühmter Satz, »daß wir uns (sic!) mit Christus opfern, das ist, daß wir uns auf Christus legen mit einem festen Glauben an sein Testament...«[22], dieser Theologie wirklich noch sehr fern?

Das ex opere operato soll in der katholischen Lehre »im Zusammenhang der Sakramentenlehre die Priorität des Handelns Gottes bezeugen... und schließt die gläubige Anteilnahme des einzelnen wie der ganzen Gemeinde nicht aus: das Handeln Gottes ermöglicht und fordert sie« (Nr. 61).[23] Es ist anzunehmen, daß die durch eklatante Mißbräuche hervorgerufene reformatorische Kritik gerade an dieser Stelle, an der der Mensch im Begriff steht, mit Christus zu manipulieren, der römisch-katholischen Kirche entscheidende Dienste getan hat. Da die beiden Traditionen eines Sinnes sind hinsichtlich der Wirksamkeit der Sakramente unabhängig von der Würdigkeit ihrer Spender und darin, daß das Gnadenangebot Gottes nicht mit Glauben oder Nichtglauben des Menschen steht und fällt, ist hier ein deutlicher Konsens zu erkennen.

Bleibt noch die Frage, ob und welche Bedeutung die Messe für bestimmte Menschen und besonders für Verstorbene hat. Wenn die Einheit von Eucharistiefeier und Kreuzesopfer, das heißt die Messe als Gegenwärtigsetzung des Kreuzesopfers festgehalten wird, kann die Darbringung »nicht nur für die Sünden der lebenden Gläubigen, für ihre Strafen, ihre Genugtuungen und für andere Nöte, sondern auch für die in Christus Verstorbenen, die noch nicht vollkommen gereinigt sind« (Tridentinum)[24], nur im Sinne der Fürbitte verstanden werden. In den lutherischen Agenden sind durchweg alle Fürbitten mit Ausnahme der die Anwesenden betreffenden Bitte um würdigen Empfang der Kommunion aus dem Eucharistiegebet ausgeschlossen und – zumeist – in das Allgemeine Kirchengebet zum Abschluß des Wortgottesdienstes einbezogen. Im Eucharistiegebet B 2 (1979) heißt es: »Vereine alle, die teilhaben an Christi Leib und Blut, in der Einheit des Glaubens, in der Gemeinschaft der Liebe und in der Hoffnung auf deine Herrlichkeit.

22 WA 6, 369
23 Vgl. Herrenmahl Exkurs 3, 93ff.
24 DS 1743, vgl. Herrenmahl Nr. 57

Maranatha. Unser Herr kommt. Amen, ja komm, Herr Jesu«, im älteren Gebet B 1 immerhin schon: »Wie alle, die seinen Leib empfangen, ein Leib sind in Christus, so bringe deine Gemeinde zusammen von den Enden der Erde und laß uns mit allen Gläubigen das ewige Freudenmahl feiern in seinem Reich« (1955 in der Fassung von 1979[25]). Das amerikanische »Lutheran Book of Worship« (1978) bringt in zweien seiner vier Eucharistiegebete vor der Doxologie die Bitte: »join our prayers with those of your servants of every time and every place, and unite them with the ceaseless petitions of our great high priest until he comes as victorious Lord of all«[26]. Hier wird eine unterschiedliche Spiritualität deutlich: Während die katholische Theologie und Frömmigkeit mit der Lehre vom Fegefeuer die Fürbitte auch für längst Verstorbene übt, hält sich die evangelische Theologie und Frömmigkeit in Lehraussagen über einen Zwischenzustand und mit fürbittendem Eintreten nach der Beerdigung und der Abkündigung im Gemeindegottesdienst des folgenden Sonntags völlig zurück, hier gibt es nur noch das private Gebet der Angehörigen.

Wenn der Mensch nicht die Sache Christi in seine eigene Hand nimmt, kann das fürbittende Eintreten für Lebende und auch Verstorbene an dieser Stelle gewiß keine unüberbrückbare Kluft aufreißen. Andererseits ist der lutherischen Liturgie weitgehend der universale Aspekt des Heilsgeschehens abhanden gekommen: Mit dem Sanctus sind zwar die himmlischen Mächte im Blickfeld, aber die mit uns kämpfende »katholische« Kirche auf Erden und die Heiligen, die »uns vorangegangen sind im Glauben«[27], sind lange zu kurz gekommen gegenüber einem individualistisch eingeengten, gemeinde- und liturgiefeindlichen Verständnis des Abendmahls. Hier bedeutet der Dialog, auch wenn er nicht an allen Stellen zum Konsens führt, eine wichtige Hilfe zum Neuwerden des evangelischen Gottesdienstes. Fürbitten haben ihren Ort auch im Eucharistiegebet.

3. Hinsichtlich der *eucharistischen Kommunion,* das heißt der Bezeugung der Eucharistie als eines Gemeinschaftsmahls, und der stiftungsge-

---

25 Gebete 1979, 189.187; vgl. Erneuerte Agende 1989, Eucharistiegebete Nr. 59.62

26 223

27 Abendmahlsordinarien, Nr. 13f. In der Erneuerten Agende 1990 finden sich ähnliche Wendungen (Eucharistiegebete 454a.459a.462c. 478.479.483)

mäßen Vollgestalt der Eucharistie, die eine Kommunion sub utraque einschließt, braucht nicht viel gesagt zu werden. Beide Kirchen stimmen hier überein, wenn auch die römisch-katholische Kirche in der Praxis die Kelchkommunion noch auf besondere Gelegenheiten und kleinere Gruppen beziehungsweise Gemeinschaften beschränkt.

4. Dagegen ist die *Frage nach dem eucharistischen Dienstamt* das schwierigste Problem zwischen den Kirchen. Das Ökumenismusdekret des Zweiten Vatikanums sagt unerbittlich: Soweit das Sakrament der Ordination fehlt, ist »die ursprüngliche und vollständige Wirklichkeit (substantia) des eucharistischen Mysteriums nicht bewahrt« (UR 22). Die entscheidende Frage ist die, »wie von lutherischen Kirchen eine ohne ordinierten Amtsträger vollzogene Eucharistie betrachtet wird« (Nr. 68).

Zur Frage der Gültigkeit der Ordination tritt somit eine zweite hinzu, die eine – in manchen evangelischen Kirchen übliche – Beauftragung von Nicht-Ordinierten mit der Sakramentsverwaltung betrifft. Das lutherische Bekenntnis (CA XIV »nemo... nisi rite vocatus«) sieht die Übertragung des kirchlichen Amtes sicher nicht als einen reinen ephoralen Verwaltungsakt an, sondern bindet sie an Ordination unter Handauflegung und Gebet im Gemeindegottesdienst. Der Theologische Ausschuß der VELKD hat sich schon 1970 eindeutig geäußert: »Überall, wo das Amt der Kirche ausgeübt wird, ist Ordination erforderlich.«[28]

Ohne Zweifel hat die Ordination in der römisch-katholischen Kirche eine sehr viel stärkere Betonung gefunden als in der evangelisch-lutherischen. Die berühmte Frage, was eine Gemeinde ohne Ordinierten im Notfall tun kann, wird von den Kirchen bislang unterschiedlich beantwortet. Aber schon in einer Vorarbeit der Kommission für Glauben und Kirchenverfassung zum späteren Accra-Papier steht der bemerkenswerte Satz: »How valid is the question of validity?«

Das Dokument »Das Herrenmahl« streift diese Problematik (Nr. 65–68), überläßt ihre gründliche Abklärung dann aber einem weiteren Gesprächsgang, der 1981 zu einem Bericht über das Amt geführt hat.[29]

5. Ein letzter Abschnitt befaßt sich mit der *eucharistischen Gemeinschaft*

---

28 Vgl. unten S. 282ff. 291ff.

29 Dokumente, 329ff.

(Nr. 69–73), dem die Exkurse 5 und 6 zugehören. Die darin angesprochene Fürbitte für die Verstorbenen und die konkrete Glaubensgemeinschaft der Kirche hat uns bereits beschäftigt. Daß Interkommunion ein ungeeignetes Mittel zur Wiederherstellung der Einheit ist, sahen wir schon zu Anfang unserer Überlegungen.
Doch muß die Frage der Interkommunion uns über den untrennbaren Zusammenhang von Kirchen- und Eucharistiegemeinschaft hinaus beschäftigen. In gemischtkonfessionellen Gebieten und in der evangelischen Diaspora – in Österreich leben über 80% der Evangelischen in konfessionsverschiedenen Ehen – ist die eucharistische Gastbereitschaft von großer Bedeutung.[30] Aber im allgemeinen spielt die Interkommunion eine untergeordnete Rolle; normalerweise ist die konkrete Gemeinde mit ihren vielfältigen Lebensbezügen und Aufgaben der Ort der regelmäßigen Kommunion, im Zeitalter größerer Mobilität eine nahegelegene Gemeinde der gleichen Konfession. Überall kommunizierende Christen, die gewachsene Traditionen und bestehende Konfessionsunterschiede geflissentlich übersehen, sind ebenso eine der Sache der Einheit wenig förderliche Abnormität wie die episcopi vagantes. Die feierliche Interkommunion bleibt ein ersehntes Ziel, wenn die Lehrdifferenzen bereinigt und die Ämter versöhnt sind. Unterschiedliche Spiritualität und liturgische Tradition werden aber sicher auch nach Wiederherstellung der Kirchengemeinschaft den Alltag des Christen an »seine« Gemeinde binden.

Das Gefälle Lehre–Praxis und die gegenseitige Herausforderung

Viele Gravamina der Reformation liegen nicht in der offiziellen Lehre der Kirche begründet, sondern in der praxis pietatis vor Ort. Hans *Küng* hat in seinem bereits erwähnten Dresdner Vortrag in dieser Richtung sehr kritische Anfragen an die evangelische Kirche gerichtet. Für jeden Katholiken sei es nach wie vor ein Ärgernis, wenn Evangelische das Abendmahl als Anhängsel an den Gemeindegottesdienst und damit nur für einen kleinen Kreis feierten. *Luthers* Anliegen »echter Volksgottesdienste« sei in der katholischen Kirche Wirklichkeit geworden. »Leidet nicht die evangelische Kirche noch immer an einem individualistischen

---

30 Vgl. unten S. 424ff.

Heilsverständnis, aus dem heraus die einzelnen ihre konkrete Gemeinde weithin vernachlässigen«, warum wagt man es nicht, eine gewisse Mindestteilnahme am Gottesdienst zu fordern?[31]

So gibt es auf beiden Seiten berechtigte Anfragen an die Praxis. Die lutherische Sprachlosigkeit in den Abendmahlsliturgien, in denen die verba testamenti und das Vaterunser fast zu magischen Vollzugsformeln degenerierten, die alles übrige stiftungsgemäße *εὐχαριστεῖν* verdrängen oder zumindest relativieren, wird erst in neuerer Zeit überwunden durch die Einführung eines ausgeführten Eucharistiegebets. Die Ordnungen USA 1978, Frankreich 1966, Holland 1973 und Schweden 1976 sind neben der Lutherischen Agende I 1955 dem Dokument beigefügt, die von uns negativ beurteilte, in Deutschland wie Österreich jedoch verbreitete Praxis der Form A wird dabei – außer in der slowakischen Agende 1960 – eher verborgen als offengelegt.

Wenn man weiß, daß im Mittelalter die Kommunion bei Laien einmal, nur bei besonders frommen zwei- bis viermal im Jahr, bei Ordensleuten monatlich, höchstens wöchentlich stattfand[32], und den völligen Wandel seit *Pius X.* ab 1903 bedenkt, dann werden von draußen gestellte Forderungen relativiert: Über den inneren Zustand einer Kirche sollte eine andere nicht urteilen. Die ökumenische Begegnung mit dem darin notwendigerweise erfolgenden Austausch geistlicher Erfahrungen ist ein viel wirksameres Mittel, Fehlentwicklungen zu korrigieren und Verschüttetes freizulegen.

Unser Dokument hebt die Anstöße hervor, die von der einen Kirche an die andere ergehen; zum Beispiel von der lutherischen die Vermeidung der Messe ohne Gemeinde, die regelmäßige Verkündigung in der Eucharistiefeier und die Sakramentsspendung sub utraque, von der katholischen die häufigere Feier des Abendmahls, die stärkere Beteiligung der Gemeinde und auch der Kinder sowie die enge Verbindung von Wort- und Sakramentsgottesdienst (Nr. 76). Cipriano *Vagaggini* hat diese Bedeutung der ökumenischen Begegnung in seiner Stellungnahme zu unserem Dokument verdeutlicht und vertieft, indem er unter dem Leitsatz »Die Eucharistie ist ein unerklärliches (unfathomable, inépuisable) Geheimnis« die unterschiedliche Akzentsetzung in verschiedenen Zeiten, von verschiedenen Traditionen und durch verschiedene Persön-

31 Küng, Anfragen an unsere Kirche, 13

32 Vgl. Herrenmahl Exkurs 6, 110

lichkeiten, ohne daß damit notwendigerweise konstitutive Elemente des Mysteriums geleugnet werden, herausstellt. »Dies geschah zum Beispiel zwischen der altkirchlichen und der mittelalterlichen und nachtridentinischen Periode, zwischen den Ostkirchen und der westlichen katholischen Kirche. Dies ereignete sich zwischen dem, was man katholische Sensibilität nennen könnte, und einer lutherischen Sensibilität.« Vagaggini zeigt dann, wie die lutherische »Sensibilität« für die Zusammengehörigkeit von eucharistischer Realpräsenz und Mahlgemeinschaft, die Einheit von Verkündigung und eucharistischer Feier, für die Allgenügsamkeit und Einzigartigkeit des Kreuzesopfers und Gottes Primat und freier Gnade gegenüber allen menschlichen Aktivitäten die katholische Theologie, Frömmigkeit und Praxis herausfordert und umgekehrt die katholische »Sensibilität« für die Realpräsenz Christi unter den Gestalten von Brot und Wein als Grundlage der eucharistischen Wirklichkeit, für den Opfercharakter der Messe in der Einheit mit dem Kreuzesopfer und für die Unverzichtbarkeit des Priesters die Lutheraner.[33]
Selbst wo eine Seite nicht einheitlich zu sein scheint, wie Hans *Conzelmanns* Sondervotum zum »Malta-Bericht« dokumentiert, ist der bilaterale Dialog keineswegs sinnlos, sondern hilfreich, weil er eine immer weitere gemeinsame »Sensibilität« schafft, weil dadurch die Glaubenswahrheiten ihren entscheidenden anthropologischen Skopus erhalten, d.h. in Leben und Denken der Gläubigen Gestalt gewinnen, weil schrittweise falsche Gründe der Trennung eliminiert werden, ja endlich, weil dadurch einer den anderen veranlaßt, die eigene Lehre präziser auszudrücken und damit das eigene Denken und Leben, die Erfahrung der christlichen Werte zu vertiefen.[34] Es muß allerdings bei aller Dankbarkeit für die tiefen Ausführungen des bedeutenden benediktinischen Theologen an einer Stelle eine Korrektur angebracht werden: Die bekenntnisgebundene lutherische Theologie kennt nicht das Konzept einer wesensgemäß unsichtbaren Kirche und damit auch einer unsichtbaren Einheit[35], dies ist neulutherischer Irrtum[36]. Die Kirche ist als »congregatio sanctorum, in qua evangelium pure docetur et recte administrantur sacramenta« (CA VII, vgl. VIII) immer konkret und unmittelbar vorhanden.

---

33 Observations, 38.40
34 Das Evangelium und die Kirche: Amt und Herrenmahl, 54
35 Vgl. Observations, 38
36 Vgl. Schmidt-Lauber, Amtsverständnis, 63

Der ökumenische Dialog hat bereits ganz wichtige Früchte hervorgebracht. Wir können aber nicht erwarten, daß die Einheit der Kirche, die Neu-Delhi (1961) »zugleich (als) Gottes Wille und seine Gabe an seine Kirche« bezeugt[37], sichtbar wird ohne Veränderung aller durch die Spaltung getrennten Teile der Kirche. Die römisch-katholische Kirche hat eine weitreichende Reform durch das Zweite Vatikanische Konzil erfahren. Auch die evangelische Kirche bekennt sich als *ecclesia semper reformanda.* Wenn Wolfhart *Pannenberg* sagt, daß Unterschiede in der Frömmigkeit, zum Beispiel daß evangelische Christen nicht jeden Sonntag das Abendmahl feiern, das Bekenntnis nicht direkt beträfen[38], so kann das nicht die ganze Wahrheit sein. Wie könnte nach dem Kirchenbegriff der Augustana die Praxis des dort Bekannten zweitrangig sein? Auch die evangelischen Kirchen stehen vor der Notwendigkeit einer gründlichen Reform. Dabei werden ihnen die ökumenische Begegnung und das Bemühen, in bislang strittigen Fragen zur Übereinstimmung zu kommen, wesentliche Dienste tun. Katholische Gesprächspartner können ihnen helfen, den eigenen katholischen Wurzelgrund neu zu entdecken.

Deshalb wird der Dialog weitergeführt werden müssen – für beide Seiten. Je mehr wir nichts beschönigen und behutsam miteinander umgehen, je mehr die andersartige Praxis zu verstehen versucht wird, desto eher werden sich die Hoffnungen aller auf die Verwirklichung der Ökumene in unserer Generation erfüllen. Und wenn die Eucharistie als das Herz des kirchlichen Lebens uns wieder verbinden kann, dann wird das andere sich auch finden.

---

37 Vgl. Vischer, Einheit, 159f.

38 Pannenberg, Ausräumung von Mißverständnissen, 48

Ökumenisches Bekennen im Kontext der Gemeinde

Der verstorbene Wiener Systematiker Wilhelm *Dantine* hat in seiner Vorlesung zum Augustana-Gedenkjahr 1980 »Bekennendes Bekenntnis – Form und Formulierung christlichen Glaubens« den geschichtlich gewordenen Bekenntnissen einen exemplarischen Charakter beigemessen.[1] Diese Sicht dürfte für den Fortschritt der Ökumene nicht ohne Bedeutung sein. Ist doch das schwierigste Problem, das es zu lösen gilt, das der Vereinbarkeit der verschiedenen Lehrtraditionen mit ihren – zum Teil in offener Gegnerschaft zueinander entstandenen – dogmatischen Fixierungen und vor allem den daraus folgenden Verwerfungen. Dadurch, daß überlieferte Bekenntnisse in ihren zeitgeschichtlichen Bedingungen erkannt werden, braucht ihre Bedeutsamkeit für nachfolgende Generationen und neue Situationen keineswegs herabgesetzt zu werden, im Gegenteil: Die Erkenntnis, daß »im Bekenntnis die ganze theologische Wahrheit in ihrer aktuellen Stringenz sich ausspricht«, führt zum ernsthaften Hören auf die Väter und fordert zugleich zum »je neuen und aktuellen Bekennen und Bekenntnis« heraus.[2]

Ökumenisches Bekennen wird deshalb kaum mit einer Synopse oder gar Harmonie der verschiedenen konfessionellen Bekenntnisse und Lehrtraditionen vollzogen werden können, sondern nur in einem neuen gemeinsamen Bekennen in unserer Sprache und in unserem Handeln. Die Gemeinschaft mit den Vätern wird dabei erkennbar an der gleichen Bindung an den Grund des Glaubens, das Evangelium von Gottes rettendem Handeln in Jesus Christus, und an der innersten Nötigung zum Aussprechen der einen Wahrheit im Angesicht der Feinde des Kreuzes, und nicht so sehr an der Übernahme der Themen, Formulierungen und Abgrenzungen früherer Epochen.

Es könnte sein, daß die Aussage eines altkirchlichen Konzils oder auch einer reformatorischen Bekenntnisschrift – wobei diese Zusammenstel-

1 Wilhelm Dantine, Bekennendes Bekenntnis, 13ff.

2 Ebd. 54f.

lung den Unterschied zwischen Dogma und Bekenntnis nicht verwischen darf – in der Bekenntnissituation ihrer Entstehungszeit verständlicher und adäquater Ausdruck der »theologischen Wahrheit« war, daß die gleiche Aussage aber, unübersetzt in die heutige Situation übertragen, nicht mehr das gleiche zu leisten vermag, ja sogar in eine falsche Richtung führt und damit die intendierte Einmütigkeit im Bekenntnis mit den Vätern behindert. Das hat verschiedene Gründe, die hier nicht näher erörtert werden können. Nur soviel: Die geschichtliche Situation ist für Christen eine immer neue Station auf dem Weg zur ersehnten Vollendung des Reiches Gottes, wobei Sprache, Fragestellungen und Verstehenshorizont sich wandeln. Die Gemeinde hat die eine Botschaft immer neu zu sagen, und sie kann es nur, wenn sie selbst in ihrer immer neuen geschichtlichen Situation und in ihrer immer neuen Angefochtenheit diese Botschaft zu vernehmen imstande ist.

Wenn uns heute die Illusion einer lehrgesetzlichen Absicherbarkeit der theologischen Wahrheit genommen wird und wir uns, aller securitas bar, ganz auf die certitudo gewiesen vorfinden, so liegt darin sowohl die Schwierigkeit als auch die unerhörte Chance der lange genug gespaltenen Christenheit, zum ökumenischen Bekennen zu gelangen.

Hindernisse

Die Schwierigkeit, zu einem umfassenden ökumenischen Bekennen zu kommen, in das alle Kirchen einstimmen können, liegt vor allem darin, daß die Kirchen in der Zeit der Trennung ihre eigenen Erfahrungen gemacht und Entscheidungen gefällt haben. Dabei erweisen sich im Westen keineswegs die dogmatischen Definitionen und die canones des Trienter Konzils als das große Hindernis; im Gegenteil: Aus der Distanz erkennen wir heute die Behutsamkeit, mit der dort vorgegangen wurde, und den Willen zur Reform, dem freilich erst das Zweite Vatikanum kräftigeren Ausdruck verleihen konnte.

Die schwierigsten Probleme bereiten der Ökumene drei einsame dogmatische Lehrdefinitionen der römischen Kirche aus neuerer Zeit. Das unfehlbare Lehramt des römischen Bischofs (1870) ist nicht nur für Protestanten, sondern vor allem auch für die orthodoxen Kirchen schlechterdings unannehmbar. Hier führt wohl kein Weg an einer Neudefinition vorbei, die einer Rücknahme in der Substanz des

Anspruchs gleichkommt. Wahrscheinlich noch schwieriger sind die beiden mariologischen Dogmen von der unbefleckten Empfängnis der Jungfrau Maria (1854) und der leiblichen Aufnahme Mariens in den Himmel (1950). Manchen Kirchen sind diese Mariendogmen in der Sache unproblematisch. Es mag an dieser Stelle daran erinnert werden, daß die Mariologie in der Reformationszeit kein Streitobjekt gewesen ist. *Luther* hat sich in Predigten und Liedern ganz im Rahmen der überlieferten Frömmigkeit bewegt, und *Zwingli,* von dem man es am wenigsten erwarten würde, konnte sogar die Assumptio bejahen.[3] Problematisch sind diese Mariendogmen durch die Art ihres Zustandekommens. Bis 1854 hat die lateinische Kirche mit ihren Dogmen immer auf häretischen Widerspruch geantwortet. Sie hat ferner in ihrer Gesamtheit, also durch Konzilien oder Regionalsynoden, gesprochen. Und sie hat die Begründung immer aus der Schrift zu geben gesucht. Jetzt handelt allein der römische Bischof. Veranlassung gibt nicht die Verteidigung des Glaubens, sondern ein Volksbegehren. Außerdem wird die Tradition wie nie zuvor bemüht unter gänzlichem Absehen von der Schrift. Daß man einen derartigen Gegenstand dogmatisiert und daß dies nicht durch ein Konzil, sondern allein durch den Papst geschieht, ist auch für die orthodoxen Kirchen ein Bruch mit der bis dahin trotz allem gemeinsamen Glaubenstradition. So hat denn auch das päpstliche Vorgehen 1854 geradezu zwangsläufig zur Dogmatisierung der Unfehlbarkeit im Ersten Vatikanum geführt und zur Verhärtung der Fronten. Andere Schwierigkeiten mögen leichter zu überwinden sein – über Taufe und Eucharistie hat man sich im wesentlichen geeinigt, auch in der Frage der gegenseitigen Anerkennung und Rekonziliation der Ämter zeichnet sich ein Weg ab –, hier aber liegt das große Hindernis für ein gemeinsames ökumenisches Bekennen. Wird die römische Kirche in der Lage sein, diese partikular gefällten dogmatischen Entscheidungen der beiden letzten Jahrhunderte so weit zu modifizieren, daß ihr universaler Anspruch andere Teile der Kirche nicht mehr auf dem Weg zur Einheit hindert? Unter dem Pontifikat von Johannes Paul II. sind Schritte in

3 In der Kirchen Agenda von 1572 für Kurbrandenburg und Preußen finden sich unter den »Festa, so fürnemlich in vnsern Landen ausserhalb der Sontage gehalten vnd gefeiret werden sollen« neben den bis heute üblichen biblischen Marienfesten Purificationis, Annuntiationis und Visitationis auch Assumptionis und Natiuitatis Mariae. 1698 wird nach der Lutherbibel für die dt. Länder Carls XII. v. Schweden noch der Tag der Geburt Marias begangen.

dieser Richtung kaum vorstellbar, aber Ökumene kann auch langfristiger konzipiert werden.
Die Methode der Anerkennung und Übernahme von Lehrdefinitionen anderer Traditionen scheint überhaupt nicht angemessen und zielführend zu sein. So ist sich der ökumenische Arbeitskreis der beiden Wiener theologischen Fakultäten schon 1977 darin einig gewesen, daß die für das Augustanajubiläumsjahr 1980 vielseitg geforderte offizielle Anerkennung der Augsburgischen Konfession seitens der römischen Kirche für die ökumenische Sache kaum einen Fortschritt bringen würde und darum nicht angestrebt werden muß.[4] Viel hilfreicher wäre die Feststellung, daß in früherer Zeit ausgesprochene Verwerfungen die heutigen Positionen nicht mehr treffen, wie sie etwa in der Leuenberger Konkordie 1968 gemacht werden konnte und heute systematisch erarbeitet wird.[5]

Bekennen ist Wagnis

Die unerhörte Chance, die uns mit der Betonung der Notwendigkeit des je neuen ökumenischen Bekennens eröffnet wird, wurde in der ökumenischen Bewegung bereits auf der dritten Weltkonferenz von Glauben und Kirchenverfassung 1952 in Lund wahrgenommen[6]: Nicht der Vergleich des Lehrstatus der verschiedenen Traditionen miteinander und die Herausstellung dessen, worin man sich einig ist, unter weitgehendem Absehen von dem, was an Trennendem verbleibt, ist die legitime ökumenisch-theologische Arbeitsmethode, sondern der gemeinsame Weg zu den Quellen und von daher die Aufarbeitung der Differenzen. Die »Lund-Methode« hat dann auch den entscheidenden Durchbruch erzielt und als erste reife Frucht auf der dritten Vollversammlung des Ökumenischen Rates 1961 in Neu-Delhi in der Einheitsproblematik die Entdeckung gebracht, daß die ersehnte Einheit nicht erst das Ergebnis unserer Bemühung um Übereinstimmung und auch nicht unseres Gebets ist. Sie ist vielmehr Gottes Gabe an seine Kirche, von der aus die ökumenische Verwirklichung ihren Anfang nehmen kann. Einheit

4 Vgl. Harding Meyer u.a., Kath. Anerkennung des A.B.? (1970)
5 Vgl. z.B. Lehrverurteilungen – kirchentrennend? I (1986)
6 Vischer, Einheit, 93f. (Lund Nr. 3)

ist allem vorausgehende Gabe und kann nur deshalb zur Aufgabe werden.[7]

Wenn die Kirchen mit großer Dringlichkeit auf das neu abzulegende ökumenische Bekenntnis verwiesen werden, liegt darin die Chance der Ökumene. Dadurch, daß jetzt auch neue Themen in den Bekenntnisdialog eingebracht werden, sind die Kirchen keineswegs von ihrer Verpflichtung gegenüber den überlieferten Bekenntnissen entbunden; sie nehmen vielmehr deren Intention neu auf und setzen sie fort. Wenn heute die Kirchen nach einem umfassenden gemeinsamen und damit ökumenischen Bekennen suchen, das ihre von Gott geschenkte und doch immer wieder durch menschliche Schuld verdunkelte Einheit sichtbar machen kann, dann stehen sie in einer großen lebendigen Tradition des Bekennens vor Gott und den Menschen durch Wort und Tat, wenngleich diese Tradition sie in der Vergangenheit auch in Opposition zueinander stehen ließ und niemand ausschließen kann, daß durch ein neues Bekennen der einen Wahrheit auch neue Gegensätze und vielleicht sogar Scheidungen entstehen.

Wichtig ist, daß der Aufbruch-Charakter des aktuellen Bekennens erkannt wird: Bekennen ist ein Wagnis. Wer sich darauf einläßt, muß damit rechnen, daß er nicht unverändert bleibt. Man kann diesen Tatbestand auch mit Erneuerung bezeichnen, vielleicht auch mit Reformation. Wer das Risiko des neuen Bekennens vermeiden will, verliert das Recht, sich auf die alten Bekenntnisse der Kirche zu berufen, die als norma normata stets neu der einzigen Norm, dem Worte Gottes, ausgeliefert werden müssen, damit dieses sie entweder bestätigt zurückgibt oder aber ihrer aktuellen Gültigkeit enthebt.

Es ist folgerichtig, daß die Ökumene mit der »Lund-Methode« vor allem seit Neu-Delhi die Bereiche ihrer Wirksamkeit sehr ausgeweitet und die Verantwortung der Kirchen für Frieden, Entwicklung und Einheit der Menschheit in die Suche nach dem ökumenischen Bekennen einbezogen hat, seit Vancouver 1983 auch für die Bewahrung der Schöpfung. Die Ausweitung des Bekennens über den klassischen Bereich hinaus in den sozialen und politischen Raum hat die Übereinstimmung nicht leichter gemacht, vielleicht aber den totalen Anspruch erst deutlich werden lassen, den dieser Vorgang an den Christen erhebt. Manche klassischen Themen der Bekenntnistradition mögen dadurch

7 Ebd. 159f. (Neu-Delhi Nr. 2)

einen anderen Stellenwert bekommen haben, man wird alt und neu aber nicht gegeneinander ausspielen dürfen.

Ökumenisch Bekennen ist nicht Wandern zwischen den Konfessionen

Es wird nun aber auch gefragt werden müssen, welche Bedeutung das ökumenische Bekennen für das Leben der Gemeinden und dann auch des einzelnen Christen hat. Wie dringlich ist auf der Ebene der Basis die im gemeinsamen Bekennen dokumentierte ökumenische Einheit?
Bei dieser Fragestellung wird als erstes die konfessionsverschiedene Ehe und Familie ins Blickfeld treten. Sie ist, wenn es ihr mit dem Glauben ernst ist, vital an der Überwindung der Kirchenspaltung interessiert und erlebt die ökumenische Herausforderung existentiell. Die konfessionsverschiedenen Ehen sind im Zunehmen begriffen und prägen mancherorts das Bild der Gemeinde. In der Evangelischen Kirche in Österreich beträgt ihr Anteil an den Ehen der Gemeindeglieder über 80%. Der aus diesem Bereich kommende und die Ökumene vorantreibende Impetus ist nur zu verständlich. Das Problem der Interkommunion wird hier in der Praxis meist schon gelöst durch bewußt gewährte, stillschweigend geduldete oder unerkannt in Anspruch genommene Gastkommunion – und das wegen der Notsituation sicher zu Recht, ohne daß es dadurch zu einer Nivellierung des Zusammenhangs Abendmahlsgemeinschaft/ Kirchengemeinschaft kommen muß.
Dennoch ist die konfessionsverschiedene Ehe nicht typisch und hilfreich für die Beantwortung unserer Frage nach der Relevanz des ökumenischen Bekennens für die Gemeinden. Daß Gemeinden verschiedener Konfession regional Gebetsgottesdienste halten, vielleicht sogar Prediger austauschen, daß an einzelnen Orten gemeinsame Kirchenzentren gebaut werden, wobei die Kirche oder der größere gottesdienstliche Raum in der Regel in das Eigentum der römischen Gemeinde genommen wird, daß gemeinsame Aktivitäten in sozialer, diakonischer und entwicklungspolitischer Richtung entfaltet werden, daß es zu guter Zusammenarbeit auf lokaler und regionaler Ebene kommt – das alles kann die Tatsache nicht verdecken, daß das Problem der ökumenischen Einheit weithin noch kein existentielles Problem weder für evangelische noch für katholische Gemeinden ist. Vielleicht muß man sogar eine

Abnahme des Interesses nach dem kühnen Aufbruch der sechziger Jahre eingestehen, gewiß aber hierarchisch verordnetes Retardieren.
Man sollte eine solche Feststellung nicht gleich als beklagenswertes Defizit deklarieren, sondern die gemeindegebundene Verwurzelung des Christen auch von ihrer positiven Seite her betrachten. Wer jeden Sonntag einen anderen Gottesdienst sucht, bringt damit kaum etwas anderes zum Ausdruck, als daß er seine eigentliche geistliche Heimat in einer konkreten Gemeinde, die ihn auch in Pflicht nimmt und Aufgaben stellt, noch nicht gefunden oder längst aufgegeben hat. Es ist fraglich, ob die Ökumene durch letztlich an nichts gebundene Wanderer zwischen den Konfessionen und Gemeinden vorangebracht werden kann. Und manche Berufsökumeniker dieser Art schaden der Sache des gemeinsamen Bekennens mehr, als sie nützen; wie der Kirche nicht mit episcopis vagantibus gedient ist, so der Ökumene auch nicht mit vagabundierenden Gemeindegliedern.
Mit dem Eucharistieempfang wird es sich in der Regel ähnlich verhalten: Wir brauchen gerade hier ein Zuhause, und der häufige Wechsel ist keineswegs Zeichen des ökumenischen Fortschritts, sondern eher eines Defizits an Behausung und Verwurzelung. Sicher wird die strenge Bindung der Kommunion an die konkrete Ortsgemeinde, wie sie in der alten Kirche, in der man selbst auf Reisen zur Kommunion in einer anderen Gemeinde Empfehlungsbriefe des eigenen Bischofs brauchte, selbstverständlich war und auch in den Beichtlisten der reformatorischen Kirchen noch zu erkennen ist, in einer mobil gewordenen Gesellschaft nicht mehr möglich und auch nicht nötig sein. Aber wird der viel reisende Christ, der Urlauber und der Wochenendausflügler nicht in der Regel nach einem Gottesdienst seiner Konfession und, wenn möglich, auch seiner liturgischen Tradition Ausschau halten und die Eucharistie nur dort empfangen?
So stehen wir vor einem eigentümlichen Phänomen: Obwohl die allgemeine Erwartung auf die Einheit der getrennten Kirchen hindrängt und im Volksbewußtsein in der Frage der Konfessionen sich längst ein gewaltiger Wandel vollzogen hat, würde die Verwirklichung der Ökumene auf der Gemeindeebene wahrscheinlich nicht viel in Bewegung setzen. Das darf auf keinen Fall bedeuten, daß der ökumenische Aufbruch und die Bemühungen um Überwindung des noch Trennenden relativiert oder gar überflüssig werden; die Spaltung der Kirche und der Verlust ihrer sichtbaren Einheit bleiben ein Skandalon ersten Ranges,

das die Glaubwürdigkeit der Christen und damit ihre Befähigung zur Erfüllung des von Gott gegebenen Auftrags tief beeinträchtigt.
Ökumene am Ort ist nun aber nicht nur ein Problem der Gemeinschaft aller Getauften und Glaubenden verschiedener Gemeinden und Konfessionen in einem bestimmten Gebiet, wie sie die Einheitsformel von Neu-Delhi in den Blick stellt, sondern auch ein innergemeindliches Problem. In jeder konkreten und heute unausweichlich konfessionell geprägten Ortsgemeinde finden wir eine Vielfalt, die schon der Parochie eine alltägliche ökumenische Aufgabe stellt. Und auch innerhalb einer Konfession gibt es diese ökumenischen Spannungen; es ist Roms besonderes Problem, den vielfältigen und oft auseinanderstrebenden Tendenzen in der eigenen Familie Raum zu geben und sie zu ordnen. Vielleicht ist die Unausweichlichkeit der ökumenischen Fragestellung in der konkreten Ortsgemeinde wie in der Gesamtkirche ein Hinweis auf das biblische Verständnis von »Ekklesia«, die sich sowohl als lokale, konkret die Eucharistie feiernde Gemeinde wie auch als universale Größe manifestiert. Wenn wir diesen inneren Zusammenhang sehen und uns nicht von den Zwischengrößen irritieren lassen, die sich im Lauf der Zeit herausgebildet haben und die ihr Selbstbewußtsein und Regiment nicht immer vom biblischen Befund her bestimmen lassen, nach dem sie keinerlei selbständige ekklesiale Größe sein können und ausschließlich der Gemeinde und der Universalkirche zu dienen haben, dann wird die konfessionelle Selbstgenügsamkeit überwunden werden können und ein neuer Impuls zum ökumenischen Bekennen gerade von der Basis ausgehen.

Einheit in Vielfalt: die Vorschläge

Das Nachdenken über die Bedeutung ökumenischen Bekennens an der Basis führt zur Frage nach der Zielvorstellung von verwirklichter Ökumene.
Die Vorstellung von einer Einheitskirche mit zentraler Organisation und Leitung wird dabei von vornherein ausscheiden. Trotz aller Versuche hat es sie nie gegeben, auch nicht im Mittelalter, denn die römische Kirche ist nie in der Lage gewesen, ihr Primatsverständnis, nachdem es einmal herausgebildet war, für andere Patriarchate akzeptabel zu machen. Sie wurde in dem Augenblick, in dem sie es versuchte, selbst

zur Partikularkirche. Das Zweite Vatikanum hat die Synodalverfassung gestärkt und vor allem durch die Freigabe der Landessprache anstatt der bis dahin lateinischen Einheitssprache den Willen zu einer stärkeren Pluriformität angezeigt. Dieser ist übrigens in der Missionsgeschichte dieser Kirche im Unterschied etwa zu den meisten protestantischen Missionen schon immer stark ausgeprägt gewesen. Inkulturisation, Indigenization, Solidarität sind der Bezeichnung nach moderne Begriffe, der Sache nach längst in der römischen Missionspraxis vorgebildet. Auch der Ökumenische Rat der Kirchen darf nie etwas anderes werden als eine Stätte des Austauschs, der Forschung und der Impulsgebung; zur Zentrale einer Superkirche ist er gänzlich ungeeignet.

In Neu-Delhi 1961 ist die Zielvorstellung von verwirklichter Ökumene ganz von dem neutestamentlichen »Ekklesia«-Verständnis bestimmt: Der Ton liegt auf der Einheit am Ort: »Wir glauben, daß die Einheit, die zugleich Gottes Wille und seine Gabe an seine Kirche ist, sichtbar gemacht wird, indem *alle an jedem Ort,* die in Jesus Christus getauft sind und ihn als Herrn und Heiland bekennen, durch den Heiligen Geist in eine völlig verpflichtete Gemeinschaft geführt werden.« Demzufolge ist die weitere Beschreibung ganz von der gemeindlichen Wirklichkeit bestimmt (Evangeliumsverkündigung, Eucharistie, Gebet, gemeinsames Leben, das sich in Zeugnis und Dienst an alle wendet). Zugleich aber ist die universale Dimension im Blick: »Sie sind zugleich vereint mit der gesamten Christenheit an allen Orten und zu allen Zeiten«, wobei die Anerkennung der Ämter und der Gemeindegliedschaft als Vision herausgestellt wird unter der Zubilligung, »daß alle gemeinsam so handeln und sprechen können, wie es die gegebene Lage im Hinblick auf die Aufgaben erfordert, zu denen Gott sein Volk ruft.« Neu-Delhi hat zur ökumenischen Verpflichtung vor Ort gerufen und für die Verwirklichung der Ökumene noch kein organisatorisches Modell gegeben.[8]

Das Zweite Vatikanum ist – wie alle Konzilien – als »ökumenisches« Konzil ausgeschrieben worden unter ausdrücklicher Einladung der getrennten Brüder. Was zunächst im Überschwang der Erwartungen als das von den Reformatoren verlangte, für Mantua angesetzte und doch nicht zustande gekommene Reformkonzil angesehen wurde, das nun wegen der inzwischen eingetretenen mehrfachen Kirchenspaltungen ein Versöhnungskonzil hätte werden müssen, stellte sich in der nüchternen

8 Ebd.

Realität als ein innerrömisches Reformkonzil mit allerdings gewaltiger Formkraft und ökumenischer Öffnung dar. Es ist nur natürlich, daß nach einem solchen Ereignis zunächst eine Atempause eingelegt werden mußte, die manche – hoffentlich zu Unrecht – als ein Zurückstecken deuten. Geblieben ist die intensive Mitarbeit offizieller römischer Delegierter in den Kommissionen des Ökumenischen Rates und eine ständige Diskussion der ökumenischen Frage auf allen Ebenen, wie es sie vorher nie gegeben hat. Geblieben ist aber auch die *konziliare Idee als ökumenische Zielvorstellung:* Die getrennte Christenheit kann die Versöhnung nur in gemeinsamer Beratung unter Anrufung des Heiligen Geistes vorbereiten und durchhalten.

Bald darauf kommt eine neue Zielvorstellung, die die konziliare Idee ergänzt, ins Gespräch, die Konzeption der *Patriarchate.* Damit wird die Selbständigkeit der Region mit vielerlei eigenen Rechten, zum Beispiel dem einer eigenständigen Liturgie, wie sie die alte Kirche geprägt hat, betont. Die regionale Gliederung eines solchen Patriarchatsprinzips wird aber nach den geschichtlichen Veränderungen vieler Jahrhunderte nicht mehr realisiert werden können. Kaum irgendwo finden wir heute einkonfessionelle Regionen vor. In den Ballungsräumen vor allem der Großstädte ist das Nebeneinander der verschiedensten Konfessionen von unterschiedlicher Gemeindezahl und -größe selbstverständlich geworden. Keiner Gemeinde und keinem Christen wird zuzumuten sein, sich wegen der kleinen Zahl der Mitglieder einer Majoritätskirche zu unterstellen, nur damit die Landkarte bereinigt werden kann. Die Patriarchate werden deshalb nicht mehr als regionale Einheiten, sondern als Konfessionsfamilien vorgestellt, die in der einen Region schwächer und in der anderen stärker vertreten sind. Die Patriarchate fassen die Gemeinden nach der Art ihrer Liturgie, Frömmigkeit und Organisationsstruktur zusammen und vertreten diese im Chor aller Patriarchate, etwa einem Patriarchenrat und in der Gesamtsynode, dem Konzil. Andererseits gehen die gesamtkirchlichen Anliegen über die Patriarchate in die Gemeinden.

Die fünfte Vollversammlung des Ökumenischen Rates hat 1975 in Nairobi den Begriff *konziliare Gemeinschaft* aufgenommen, in der sich die Einheit der Kirchen in ihrer Vielfalt darstellen kann: »In dieser konziliaren Gemeinschaft hat jede der Gemeinden zusammen mit den anderen volle Katholizität, sie bekennt denselben apostolischen Glauben und erkennt daher die anderen als Glieder derselben Kirche Christi an.«

»Kulturelle, soziologische, psychologische, politische oder historische Unterschiede (können) die Integrität des einen apostolischen Glaubens nicht antasten.« Die Einmütigkeit in den Grundfragen des Glaubens ist hier ausdrücklich vorausgesetzt. Da diese noch nicht in zureichendem Maße erreicht ist, sieht sich der Ökumenische Rat als ein »vorlaufendes Zeichen voller konziliarer Gemeinschaft«, als einen »Vorgeschmack« ihrer Begründung.[9]

Die konfessionellen Zusammenschlüsse sind in der Erarbeitung eines Einheitskonzeptes auch nicht untätig gewesen. Sie haben 1974 das Konzept der *versöhnten Verschiedenheit* als Ergebnis bilateraler Verhandlungen ins Gespräch gebracht. Die Vollversammlung des Lutherischen Weltbundes sagt 1977 in Daressalam dazu: »Die Verschiedenheiten werden nicht ausgelöscht. Sie werden auch nicht einfach konserviert und unverändert beibehalten. Sie verlieren vielmehr ihren trennenden Charakter und werden miteinander versöhnt.«[10] Zugleich aber wird die theologische Aufgabe deutlich markiert: Neben die Anerkennung der Sakramente und der kirchlichen Ämter, ohne die das Konzept der versöhnten Verschiedenheit sinnlos wäre, soll eine grundlegende Übereinstimmung im Verständnis des Evangeliums und eine Begründung treten, warum die verbleibenden Verschiedenheiten als legitime Ausprägungen des christlichen Glaubens und der kirchlichen Ordnungen betrachtet werden. Auch wird das Verständnis des Amtes als Dienst der Einheit die Kirchen verbinden müssen. Das lutherische Modell zeichnet sich durch ein Minimum an organisatorischer Vereinheitlichung aus.

In die neuere Diskussion hat der Münsteraner Bischof Heinrich *Tenhumberg* die alte römische Idee der *korporativen Wiedervereinigung* neu eingebracht, allerdings in einer erstaunlichen Weite. Zentral ist dabei die volle Eucharistiegemeinschaft und damit eine gemeinsame Antwort auf die Frage nach dem apostolischen Amt und seiner Vollmacht. Interessant ist dazu sein Gedanke: »Ich sehe eine Lösungsmöglichkeit darin, daß die evangelische Seite den Fortbestand des Petrusamtes anerkennt, wobei bestimmte Formen der konkreten Ausübung des unbeschränkten Jurisdiktionsprimates aber auf den Bereich der römisch-katholischen Kirche beschränkt bleiben.«[11] Hier wird ein Weg gezeigt,

9 Nairobi 75, 26–28

10 Daressalam 1977, 205

11 Tenhumberg, Union bzw. Wiedervereinigung, 24f. Vgl. Ratzinger, Theol. Prinzipienlehre, 121.

auf dem man mit dem Dogma von dem unfehlbaren Lehramt des Papstes fertig werden könnte: indem es nicht mehr angewandt wird. Die korporative Wiedervereinigung soll sich in einem Versöhnungsgottesdienst unter gegenseitiger Handauflegung der Bischöfe oder Präsides vollziehen, die Weitergabe der (apostolischen) Vollmacht geschieht dann durch den Bischof jeder Teilkirche.
Die verschiedenen Einheitsmodelle und Formen der Kirchengemeinschaft sind zuletzt von der Gemeinsamen römisch-katholischen/evangelisch-lutherischen Kommission in der viel beachteten Erklärung »Einheit vor uns« (1985) ausgewiesen worden. Die deutlich über die Lima-Erklärungen von 1982 hinausgehenden Konkretionen scheinen nun aber ihre zunächst unüberwindliche Grenze in dem katholischerseits vermerkten »Fehlen der Vollgestalt des kirchlichen Amtes als eines um der Kirchengemeinschaft willen gemeinsam zu überwindenden Mangels« zu finden, der das »Vorhandensein des von Christus seiner Kirche eingestifteten Amtes in den lutherischen Kirchen« begleitet.[12] Es ist kaum vorstellbar, daß das Amt der einen Kirche defizitär ist und das der anderen, mit der Kirchengemeinschaft gesucht wird, im Besitz der Fülle bleibt.
Dennoch ist das Maß an neu gewonnener Einmütigkeit im gemeinsamen Bekennen und damit der erledigten historischen Kontroverspunkte ermutigend. Die Ökumene wird sich nicht anders verwirklichen als in einer allen geschenkten vollen Einmütigkeit im Glauben. Und von dieser sind die Kirchen trotz aller Fortschritte doch noch weit entfernt.

Eucharistisches Bekennen

Wilhelm *Dantine* schließt seine Vorlesung mit der Aufnahme des in der katholischen Theologie wiedergewonnenen und sich auch im protestantischen Bereich mehr und mehr empfehlenden Begriffs *Eucharistia.* Auch unsere, durch seine Vorlesung angeregten Überlegungen zum ökumenischen Bekennen im Kontext der Gemeinde kommen sinnvollerweise zu diesem Abschluß. Wenn Wilhelm Dantines überall spürbare Intention die ist, den Bekenntnisvorgang wieder in personale und aktuelle Verantwortung zu nehmen, die das ganze Leben und nicht nur

12 Einheit vor uns, 70

einige theologische Aussagen zu ausgewählten Themen umfaßt und eine reine Versachlichung nicht zuläßt, so muß er folgerichtig bei der den großen Gott für seine erwiesenen Wohltaten lobend feiernden Gemeinde anlangen. Eucharistie ist kein Schlagwort für liturgische Feinschmecker, denn »Homologia« und »Eucharistia« sind sehr nahe verwandt und im Geschehen des Gottesdienstes der feiernden Gemeinde wie auch im Gottesdienst des Lebens nie voneinander zu trennen.

Eucharistia ist der adäquate Sammelbegriff für den Gottesdienst der Gemeinde des Neuen Bundes, eine Bezeichnung, die im Text der verba testamenti ihren Ursprung hat, die aber aus der sehr eindrucksvollen Glaubenshaltung der alttestamentlichen Gemeinde übernommen ist. Wie Gott sich zu seiner Gemeinde bekennt in leiblichen und geistlichen Wohltaten, so ist das ganze Leben der Gläubigen umschlossen von der danksagenden Antwort. Dabei ist die Danksagung vor dem Mißbrauch besser geschützt als die Homologie, sie verliert den Adressaten nie aus dem Auge und vollzieht sich heute schon in der großen, Raum und Zeiten überschreitenden Gemeinschaft der ecclesia catholica, um derentwillen nach dem ökumenischen Bekennen gefragt wird.

Taufe, Eucharistie und Amt – Zur Rezeption der Konvergenzerklärungen von Lima 1982

Seit 1982 sind die verschiedenen Kirchen überall in der Welt und auf allen Ebenen mit der Aufgabe beschäftigt, sich den Inhalt der drei Konvergenzerklärungen des Ökumenischen Rates der Kirchen zu Taufe, Eucharistie und Amt[1] anzueignen und darauf zu antworten, ob sie sich und ihren Glauben in ihnen wiedererkennen können. Eine derartige weltweite ökumenische Bemühung hat es noch nie gegeben. Die Erklärungen sind der Ertrag einer langwierigen Studienarbeit von über fünfzig Jahren in unzähligen Begegnungen, der für die unmittelbar Beteiligten überzeugend herangereift ist. Nun aber muß es sich zeigen, ob die erreichte Gemeinsamkeit für die Mitgliedskirchen des Ökumenischen Rates Plausibilität gewinnen kann und ob die Konvergenz, die Begegnung verschiedener Traditionen, zum Konsens geführt werden wird. Es ist etwas anderes, ob ökumenische Experten eine gemeinsame Sprache finden oder ob die Gemeinden und Synoden in die große ökumenische Bewegung aufeinander zu hineingezogen und für das Bemühen um eine tragfähige Basis zur Erneuerung der Kirchengemeinschaft gewonnen werden können.

Es gibt viele Stimmen pro und auch contra. Einigen sind die Erklärungen zu katholisch, anderen zu protestantisch. Einige sind optimistisch über den Weg der Ökumene, andere fühlen sich, nachdem die eigentliche Arbeit begonnen hat, ernüchtert und enttäuscht. Und wieder andere spielen die Bedeutung des ganzen Prozesses herunter, indem sie entweder die hinter den Erklärungen stehende Brisanz der dogmatischen Probleme nivellieren oder der Selbstgenügsamkeit einer sich nicht mehr in Frage stellenden Gemeinde, Kirche oder Konfession ihren Tribut leisten.

Nach acht Jahren liegt eine Fülle von offiziellen Stellungnahmen aus den Kirchen vor[2], unter denen naturgemäß die der römisch-katholischen

---

1 Lima 1982 (^{11}1987), zit.: Taufe = T, Eucharistie = E, Amt = A

2 Vgl. Churches Respond to BEM, 6 Bde. (1986–88), 2 weitere in Vorb. mit letzten Antworten der Kirchen sowie Reaktionen von Synoden, Fakultäten,

Kirche[3] und die orthodoxen Stimmen am interessantesten sind, weil sich in ihnen die Möglichkeiten einer größeren Ökumene abzeichnen könnten. Dennoch kann eine abschließende Zusammenfassung noch nicht gegeben werden. Die Lima-Texte waren in ihrem Bemühen, den vielen verschiedenen Traditionen Formulierungen an die Hand zu geben, die ihnen den Weg zu einem daraus zu erarbeitenden Konsens eröffnen könnten, an vielen Stellen noch zu unbestimmt, um den ökumenischen Prozeß in seine entscheidende Phase führen zu können. Andererseits kann die Bedeutung der Lima-Texte gar nicht unterschätzt werden, denn sie führen die getrennten Kirchen zu den entscheidenden Themen und fordern zu einer fortschreitenden Auseinandersetzung heraus, in der Zustimmung ebenso wichtig ist wie Kritik. Es kann mit der Ökumene nur weitergehen, wenn alle Kirchen den Prozeß der Rezeption dieser Texte als ihre vordringliche Aufgabe ansehen. Die Ökumene entscheidet sich in der konkreten Gemeinde, Kirche und Konfession, nicht nur auf den großen Konferenzen. In der Reformation kam es zu den neuen Bekenntnissen nicht durch diplomatisches Aushandeln von Kompromissen, sondern durch das Hören auf das Wort Christi, durch das sich der magnus consensus ereignete (CA I). Auf einen ähnlich dynamischen und umfassenden Vorgang sollte die Christenheit heute hoffen, nur daß diesmal nicht nur ein Teil, sondern alle Kirchen davon erfaßt werden.

Mit den Lima-Erklärungen zu Taufe, Eucharistie und Amt kommen in erster Linie Anfragen auf uns zu. In zweiter Linie sollen dann auch wir fragen. Aber wichtig ist, daß wir zunächst die Stimme hören, die uns vielleicht vertraut, vielleicht aber auch fremd, sogar sehr fremd klingt. Aus der Ökumene, und das ist vor allem von draußen, kommt ein Chor von Stimmen auf uns zu, der zum Unisono gefunden hat. Können wir in ihn einstimmen? Was muß geschehen, daß die Konvergenzerklärungen zu Konsensdokumenten reifen können? Am Anfang der ökumenischen Bewegung waren es nur die von Rom getrennten westlichen, vorwiegend protestantischen Kirchen, die sich auf diesen Prozeß einließen. In den sechziger Jahren stieß die Orthodoxie hinzu. Heute ist die römisch-

---

ökum. Arbeitskreisen und Einzelpersonen. Die Kommissionstagung in Budapest, August 1989, behandelte eine Zusammenfassung als Vorlage für die Vollversammlung des ÖRK in Canberra 1991, vgl. Kindt-Siegwalt, Die Antwort der Kirchen auf Lima, 1 ff.

3 Dt. Übers.: HerKorr 42 (1988) 27–43

katholische Kirche intensiv beteiligt. Ihre Delegierten in den Kommissionen und Berater bei den Weltkonferenzen haben zunehmend und effektiv mitgewirkt am Zustandekommen der nun vorliegenden Dokumente, und am Rezeptionsprozeß beteiligt sie sich in gleicher Weise wie die Mitgliedskirchen des Ökumenischen Rates. Weithin, wenn auch nicht überall, werden die Lima-Erklärungen als ein ökumenischer Duchbruch empfunden. Es ist deshalb wohl richtig, daß hier nicht der geschichtliche Werdegang der Erklärungen entfaltet oder deren Einzelaussagen nachgegangen wird, sondern vor allem die Kernfrage im Mittelpunkt steht: Auf welches Problem antwortet Lima in welcher Weise?

Zur Erklärung über die Eucharistie

Wir beginnen mit der Eucharistie aus historischen wie sachlichen Gründen. Die letzte und entscheidende Phase der theologischen Arbeit der Kommission von Faith and Order an einem für die Wiederherstellung der Kirchengemeinschaft tragfähigen Konsens setzte ein mit der Bemühung um ein neues gemeinsames Verstehen der Eucharistie, und zwar auf einer Konsultation in Grandchamp 1965, auf der der reformierte Theologe Jean-Jacques *von Allmen* einen Entwurf zur »Ökumene im Herrenmahl« vorlegte. Im späteren Verlauf der Arbeit fragte man auch nach den Voraussetzungen zur Teilnahme am Herrenmahl in der Taufe (und Konfirmation). Und das schwierigste Problem der Ökumene, die Amtsfrage, stellte sich immer unausweichlicher, je mehr das Eucharistiedokument zu einem Konvergenzpapier heranreifte, was zwar intendiert, aber keineswegs garantiert war. Die Eucharistie ist also für den ökumenischen Dialog der Einstieg. Sie ist es auch in sachlicher Hinsicht.
Aus reformatorischer Sicht ist das Hauptproblem: Wie kann die Eucharistie Gabe und Handeln Christi sein und zugleich Handeln und Eucharistie der Kirche? Die Kontroverstheologie hat sich seit dem 16. Jahrhundert dieses Problems mit großer Leidenschaft angenommen. Die römische Lehre vom Meßopfer, wohl noch mehr die vulgäre Praxis, schien den Protestanten die Allgenügsamkeit des Opfers Christi einzuschränken und eine Ergänzung durch das immer wieder vom Priester dargebrachte Meßopfer notwendig zu machen. Solus Christus: Den Evangelischen ist das alleinige Handeln Christi im Abendmahl wichtig,

sie stellen jegliche menschliche Mitwirkung zurück. Daß die römische Kirche niemals die Ergänzung des Opfers Christi durch das Opfer der Kirche gelehrt hat, wird inzwischen von niemandem mehr bezweifelt. Aber wie verhalten sich göttliches Handeln und menschliches Tun zueinander?

Die Ökumenische Erklärung zur Eucharistie bietet folgende Lösung an: »Die Eucharistie ist vor allem das Sakrament der Gabe, die Gott uns in Christus durch die Kraft des Heiligen Geistes schenkt... Gott selbst handelt« (E 2). Und dann heißt es, die Eucharistie ist »Verkündigung und Feier der Taten Gottes« (E 3), sie »ist das Gedächtnis (Memorial) des gekreuzigten und auferstandenen Christus« (E 5), sie ist Bitte an »den Vater um die Gabe des Heiligen Geistes, damit das eucharistische Geschehen Wirklichkeit werden möge« (E 14), sie ist »die Gemeinschaft im Leibe Christi« (E 19), und sie ist »Vorgeschmack... der göttlichen Herrschaft« (E 22). Mit anderen Worten: Die Eucharistie ist zunächst und vor allem Gabe Christi, die sich aber im Handeln der Kirchen entfaltet. Christus schenkt sich in, mit und unter dem Handeln der Kirche, die so handelt, wie er es ihr aufgetragen hat. Danksagung, Anamnese, Epiklese, Koinonia und die eschatologische Dimension – das ist die fünffache Bedeutung der Eucharistie, die Lima den Kirchen neu zu bedenken gegeben hat. Dabei ist es wichtig, daß die Eucharistie dies alles ist und nicht erst durch das Handeln der Kirche oder eine perfekte Liturgie wird – und daß dies darum auch entsprechenden Ausdruck finden sollte in der Liturgie (E III).

Damit sind wichtige Entscheidungen gefällt: Die punktuelle Verengung der Konsekration auf einen Moment, wie sie seit dem 4. Jahrhundert besonders die westliche Eucharistiefeier belastet hat, ist nicht mehr möglich. Die großen exegetischen Entdeckungen zum jüdisch-christlichen Verständnis von Gedächtnis *(zakar/anamnesis)* als eines Person und Ereignis der Vergangenheit und auch der Zukunft mit all ihren Wirkungen real und aktiv in die Gegenwart hineinbringenden Vorgangs lassen das konsekratorische Geschehen eher wieder wie in der vornizänischen Kirche die ganze Handlung umfassen mit den Schwerpunkten Anamnese und Epiklese in Beziehung zu den Einsetzungsworten: Die Anamnese (»Gedächtnis«) ist »das lebendige und wirksame Zeichen seines Opfers« (E 5) und: »Indem die Kirche durch Jesu Verheißung in den Einsetzungsworten dessen versichert wird, daß sie erhört werden wird, bittet die Kirche den Vater um die Gabe des Heiligen Geistes, damit das eucharistische Geschehen Wirklichkeit werden möge: die wirkliche Gegenwart (Realpräsenz) des gekreuzigten und auferstandenen Christus, der sein Leben für die ganze Menschheit gibt« (E 14).

Zur Realpräsenz äußert sich die Erklärung sehr offen: Christus ist gegenwärtig, der Modus dieser Gegenwart aber vielfältig ausdrückbar. Mit dem Begriff Opfer geht die Erklärung sehr behutsam um. Das Thema wird im Rahmen der Anamnese unter dem Stichwort Fürbitte aufgenommen: »In Danksagung und Fürbitte ist die Kirche mit dem Sohn, ihrem großen Hohenpriester und Fürsprecher, vereinigt (Röm 8,34; Hebr 7,25). Die Eucharistie ist das Sakrament des einzigartigen Opfers Christi, der ewig lebt, um Fürsprache für uns einzulegen.« Die römische Bezeichnung der Eucharistie als Sühnopfer wird in diesem Zusammenhang so gedeutet: Es gibt »nur eine Sühne..., das einmalige Opfer am Kreuz, das in der Eucharistie vergegenwärtigt und in der Fürbitte Christi und der Kirche für die ganze Menschheit vor den Vater gebracht wird«. Es schließt sich die Aufforderung an, »im Lichte der biblischen Vorstellung des Gedächtnisses (Memorial)... die historischen Kontroversen über das Opfer neu (zu) überdenken« (E 8 u. Komm). Hier könnte wohl noch sehr viel mehr gesagt werden, man denke nur an die Ergebnisse des Ökumenischen Arbeitskreises Kunst/Volk in der Bundesrepublik Deutschland von 1982.[4]

Die wichtigsten kritischen Anfragen an dieses Dokument aus dem Protestantismus sind diese beiden: 1. Von der Vergebung der Sünden sei kaum die Rede. Bei diesem Einwand wird aber übersehen, daß bereits der grundlegende Artikel 2 bezeugt: »Gemäß Christi Verheißung empfängt jedes getaufte Glied des Leibes Christi in der Eucharistie die Zusage der Vergebung der Sünden (Mt 26,28) und das Unterpfand des ewigen Lebens (Joh 6,51–58).« 2. Die Predigt sei ungenügend bedacht. Abgesehen davon, daß die Erklärung eine sehr grundsätzliche Aussage über die Christusanamnese als den »zentralen Inhalt des gepredigten Wortes wie des eucharistischen Mahles« enthält, es »stärkt eines das andere« (E 12), könnte eine weitere Ausarbeitung der Erklärung dieses Anliegen wohl aufnehmen. Der Sache nach fehlt aber nichts.

Die Lima-Erklärung zur Eucharistie zeigt, wie nahe sich die Kirchen gekommen sind. Diese Tatsache sollte bei der angeforderten kritischen Rückmeldung nicht mehr in Frage gestellt werden.

---

4 Das Opfer Jesu Christi und seine Gegenwart in der Kirche

Zur Erklärung über die Taufe

Das ökumenische Problem besteht vor allem in der zum Teil kirchentrennenden Taufpraxis. Einige Kirchen erkennen die Säuglingstaufe nicht als christliche Taufe an und üben ausschließlich die sogenannte Gläubigentaufe. Sie als Wiedertäufer zu bezeichnen, ist nach ihrem Selbstverständnis unrichtig, da für sie die Säuglingstaufe überhaupt keine Taufe ist.

Das dahinterliegende Sachproblem ist das des Verhältnisses von Taufe und Glauben. Die ökumenische Erklärung nimmt das berechtigte Anliegen der sogenannten Taufgesinnten auf und definiert: »Die Taufe ist zugleich Gottes Gabe und unsere menschliche Antwort auf diese Gabe« (T 8). Sie ist ferner auf ein Wachsen ausgerichtet, der Glaube ist für den Empfang des Heils notwendig und verpflichtend.

Die unterschiedliche Praxis der Gläubigen- und der Säuglingstaufe sucht die Erklärung dadurch zu versöhnen, daß sie beide mit dem Glauben verbunden sieht. Im ersten Fall ist es der Täufling selbst, der sein persönliches Glaubensbekenntnis ablegt, im anderen Fall »wird die persönliche Antwort zu einem späteren Zeitpunkt gegeben werden. In beiden Fällen wird die getaufte Person im Verständnis des Glaubens wachsen müssen.« So ist es die »Kirche als... Gemeinschaft des Glaubens«, innerhalb deren Gottes Gabe empfangen wird. »Der Unterschied zwischen Säuglings- und Gläubigentaufe wird weniger scharf, wenn man anerkennt, daß beide Formen Gottes eigene Initiative in Christus verkörpern und eine Antwort des Glaubens, die innerhalb der Gemeinschaft der Glaubenden gegeben wird, zum Ausdruck bringen« (T 12 u. Komm).

Um es nochmals kurz zu sagen: Die Taufe kleiner Kinder ist eine Taufe auf Glauben hin. Umgekehrt beruht auch die Erwachsenentaufe auf der zuvorkommenden Gnade Christi. Unser Glaube macht die Taufe nicht, er empfängt sie.

Damit wird die Verständigung über Wesen und Bedeutung der Taufe (T 1,2–7) in dem Sinne ermöglicht, daß die Taufe »Gabe Gottes« ist (T 1.5.8) und nicht (nur) öffentliches Glaubenszeugnis ihres Empfängers: Die Taufe ist Gottes Handeln an uns, aus dem unser Handeln erst erwächst.

Die entscheidende Frage wird die sein, ob die Baptisten und andere ausschließlich Gläubigentaufe übende Kirchen dieses Angebot akzeptieren können. Es müßte sich darin zeigen, daß neue Gemeindeglieder nicht mehr getauft werden, wenn sie schon als Kinder in einer anderen Kirche getauft worden sind. Dies scheint mehr und mehr der Fall zu sein, vor allem in den baptistischen Großkirchen der USA.

Die Erklärung greift das Problem Taufe/Firmung vorsichtig auf, indem sie nur ihre wesensgemäße Zusammengehörigkeit bezeugt: »Die Teilhabe an Christi Tod und Auferstehung (ist) untrennbar verbunden mit dem Empfang des Geistes« (T 14). Über die sakramental verstandene Firmung im zeitlichen Abstand von der Taufe, die die Orthodoxie nicht kennt, schweigt die Erklärung. Dagegen wird die Konfirmation als Abendmahlszulassung in Frage gestellt: »Diejenigen Kirchen, die Kinder taufen, ihnen aber die Teilnahme an der Eucharistie vor einem solchen Ritus verweigern, werden vielleicht darüber nachdenken wollen, ob sie die Konsequenzen der Taufe voll anerkannt und akzeptiert haben« (T 14 Komm.).

Die Taufe dürfte der Ökumene keine großen Schwierigkeiten mehr bereiten.

Zur Erklärung über das Amt

Es ist allgemein erkannt, daß die Frage des Amtes das schwierigste und bis heute noch am wenigsten gelöste ökumenische Problem ist. Alle Kirchen haben irgendeine Form gemeinde- und kirchenleitender Ämter. Das Problem ist das der gegenseitigen Anerkennung.

Die Lima-Erklärung zum Amt sucht zur Klärung und Versöhnung dadurch beizutragen, daß zwischen der apostolischen Tradition und der episkopalen Sukzession unterschieden wird (A 34.35). Die apostolische Sukzession ist »die vorrangige Manifestation... der apostolischen Tradition der Kirche als ganzer« (A 35). Das heißt, daß es auch andere Manifestationen geben kann. Apostolische Tradition ist damit viel umfangreicher als episkopale Sukzession. Allerdings, »wo Kirchen der Bedeutung der geordneten Weitergabe (des Amtes) wenig Bedeutung beimessen, müssen sie sich selbst fragen, ob sie nicht ihr Verständnis von Kontinuität in der apostolischen Tradition ändern sollten« (A 35). Die Erklärung will Kirchen ohne Bischofsamt ermöglichen, »die bischöfliche Sukzession als ein Zeichen, jedoch nicht als eine Garantie der Kontinuität und Einheit der Kirche zu schätzen« (A 38).

Andererseits heißt es: »Kirchen, die die Sukzession durch das Bischofsamt praktizieren, erkennen zunehmend an, daß eine Kontinuität im apostolischen Glauben, Gottesdienst und in der Sendung bewahrt ist in Kirchen, die nicht die Form des historischen Bischofsamtes beibehalten haben« (A 37). Auf jeden Fall wird es zu keiner Lösung kommen, in der das Amt in einer nichtepiskopalen Kirche als bislang ungültig betrachtet werden müßte. Und nun kommt ein sehr wichtiger Satz: Die »Annahme der bischöflichen Sukzession wird die Einheit der ganzen Kirche am besten fördern, wenn sie Teil eines umfassenderen Prozesses ist, durch den auch die bischöflichen Kirchen selbst ihre verlorene Einheit wiedergewinnen« (A 38). Hier wird angedeutet, was allein aus der fortdauernden Aporie in der Amtsfrage herausführen kann: die Erkenntnis, daß alle Kirchen in ihrem Amt durch die Tatsache der fortbestehenden Kirchenspaltung defizitär sind und keine »die Fülle« besitzen kann, solange es nicht zur Versöhnung der Kirchen und ihrer Ämter gekommen ist. Daß dies durch einen liturgischen Akt gegenseitiger Handauflegung geschehen könnte, wird im letzten Artikel angedeutet (A 55), anderwärts eine Epiklese bei diesem Vorgang empfohlen.

Ein Problem ist die dreifache Gliederung des Amtes, wie sie in den orthodoxen Kirchen wie auch in der römischen fast iure divino festgehalten wird. Die Erklärung schildert ihre Entstehung und ihren Sinn sehr offen und empfehlend: »Das dreifache Amt des Bischofs, Presbyters und Diakons (könnte) heute als ein Ausdruck der Einheit, die wir suchen, und auch als ein Mittel, diese zu erreichen, dienen« (A 22). Es bedarf allerdings einer Reform (A 24). Der Diakonat fügt sich nicht recht dem Gemeinsamen des Amtes ein, weil ihm die Sakramentsverwaltung fehlt, die doch Wesensmerkmal des Amtes ist. Das gibt aber andererseits die Möglichkeit, den Diakonat zu einem Sammelbecken für alle möglichen Dienste zu machen (A 31.32). Das Verhältnis von Bischof und Priester ist noch nicht abgeklärt (A 29.30).

An dieser Stelle ergeben sich für die *lutherische* Theologie Schwierigkeiten in der Rezeption des Lima-Textes: Herkömmlich geht sie von der Einheit des ordinierten Amtes aus, das im Pfarramt und im ephoralen Amt nur auf verschiedenen Ebenen ausgeübt wird. Die an Eph 4,11 orientierte reformierte Ämterlehre (Pastoren, Lehrer, Älteste, Diakone), mit der schon *Calvin* hinter die altkirchliche Dreigliedrigkeit des Amtes zurückzugehen sucht[5], hat es an diesem Punkt leichter.

---

5 Calvin, Institutio IV 4,1f. vgl. 3

Jedoch wird das Amt in der Lima-Erklärung aus der »Berufung des ganzen Volkes Gottes« abgeleitet (A I). Das Amt entsteht aus der Kirche, nicht umgekehrt. Die Berufung auf das allgemeine Priestertum aller Gläubigen in der Amtsfrage ist in der lutherischen Theologietradition relativ jung. Der Erlanger Johann Friedrich Wilhelm *Höfling* bezog die göttliche Einsetzung des ministerium ecclesiasticum nach CA V auf das ganze Gottesvolk und erst CA XIV auf das »ordentlich bestellte Kirchenamt«. Dagegen steht aber die klassische, von Wilhelm *Löhe* reklamierte Deutung von CA V, »daß das kirchliche Amt von Christus durch die Berufung und Sendung der Apostel gestiftet und von ihnen auf ihre Nachfolger übertragen worden sei. Diese Vorstellung, der auch der Limatext in A 10–11 folgt, ist auch Luther nicht fremd gewesen.« In der Lima-Erklärung ist es »zu einer Verbindung orthodoxer und calvinistischer Anliegen gekommen«[6].

Diese Erklärung ist unter den dreien die am wenigsten ausgereifte. Vielen ist eine Konvergenz noch nicht erkennbar. So gibt es heftige Kritik von Theologen derjenigen Traditionen, in denen die Amtsfrage bislang eine sekundäre Rolle gespielt hat. Andererseits finden sich Stimmen, die ein ganz anderes Verständnis vom kirchlichen Amt mit unbedingter Bedeutung der Hierarchie für die Kirche und der Forderung einer (einseitigen) Wiederherstellung der apostolischen Sukzession für die protestantischen Kirchen durch die orthodoxe oder die katholische Kirche geltend machen.

Aber es ist gerade in der Amtsfrage etwas in Bewegung geraten. Wenn Kirchen sich in bislang kontroversen Grundfragen des Glaubens überraschend treffen, wird auch an den anderen Fronten ein neues Hören einsetzen. Die Anerkennung einer gewissen ekklesiologischen Qualität außerhalb der eigenen Grenzen muß zwangsläufig Folgen haben für eine Öffnung bislang exklusiver Vorstellungen. In dieser Hinsicht ist die weitere Entwicklung der Amtsdiskussion das wohl spannendste Kapitel ökumenischer Geschichte, in das wir jetzt eintreten. Gerade an der Amtsfrage wird aber auch deutlich, daß die theologische Problembewältigung noch nicht ausreichen wird, das gemeinsame Ziel zu erreichen. Ohne das Gebet und den Glauben an das Wunder heute bleibt Ökumene Utopie.

---

6 Pannenberg, Lima pro und contra, 48.45

Zur Rezeption und zum weiteren Weg

Die Kommission für Glauben und Kirchenverfassung hat in Lima 1982 zur Rezeption der Konvergenzerklärungen »auf allen Ebenen des kirchlichen Lebens« und unter »größtmöglicher Beteiligung« aufgerufen. Sie hat ferner »offizielle Stellungnahmen zu diesem Text auf der höchsten hierfür zuständigen Ebene der Autorität« von allen Kirchen erbeten. Damit wurde ein Prozeß in Gang gesetzt, wie es ihn bisher noch nicht gegeben hat (Vorwort 6f.). Der Ökumenische Rat der Kirchen hat diese Aufforderung auf der 6. Vollversammlung in Vancouver 1983 unter Anerkennung der geleisteten Arbeit übernommen.

Die Erklärungen sind dabei ganz bewußt noch nicht als Konsenserklärungen bezeichnet worden: Die Kirchen werden jetzt beteiligt an der Erarbeitung der Grundlage für die von allen ersehnte Wiederherstellung der Kirchengemeinschaft. Es geht um einen Konsens, der im Leben der Kirche verwurzelt sein muß und darin seine Legitimation findet.

Es muß nun gesehen werden, daß die Konvergenzerklärungen noch nicht das ganze Feld abdecken, auf dem ein Konsens zur Erneuerung der Kirchengemeinschaft erreicht werden muß. Taufe, Eucharistie und Amt sind Schwerpunkte eines umfassenderen Unternehmens, in dem es um ein neues »Gemeinsames Aussprechen des apostolischen Glaubens heute« geht.[7] Zugleich befaßt sich die Kommission mit dem Thema »Die Einheit der Kirche und die Erneuerung der menschlichen Gemeinschaft«[8]. Lima und die dann aus den Stellungnahmen der Kirchen in der ganzen Welt resultierenden neuen Erklärungen zu Taufe, Eucharistie und Amt sind Meilensteine auf einem Weg, dessen Ziel zwar deutlicher in Sicht ist als je einer Generation seit der großen Kirchenspaltung, das zu erreichen aber die ganze Konzentration und Kraft der Kirchen jetzt erfordert.

Der ursprüngliche Zeitplan, nach dem Ende 1984 und dann Ende 1985 die Stellungnahmen der Kirchen vorliegen sollten, hat sich inzwischen um Jahre verschoben. Auch hat sich gezeigt, daß der Weg von der Konvergenz zum Konsens weitere Phasen benötigen wird und daß die methodologischen Voraussetzungen dieses Prozesses vertieft werden

---

7 Vgl. Kühn, Ev. Rezeption altkirchl. Bekenntnisse, 652ff.

8 Vgl. Kreta 1984: Einheit und Erneuerung, 338ff.; dazu Raiser, Einheit, 18ff., und Schäfer, Einheit, 47ff.

müssen.[9] Signifikantestes Beispiel dafür ist die Stellungnahme der römisch-katholischen Kirche, die einerseits Defizite in den Bereichen Sakrament und Sakramentalität (sogar die in den allgemeinen Denkvoraussetzungen längst überholte Lehre von der Transsubstantiation wird angemahnt), apostolische Tradition und Autorität der Kirche feststellt[10], andererseits aber die bereits erreichte Konvergenz äußerst positiv würdigt. Es wird weitergearbeitet werden müssen, wobei es nun nicht mehr kleine elitäre Expertengruppen sind, sondern die Kirchen sich in erheblicher Breite engagieren. Daß die Konfessionen in diesem Prozeß durchaus nicht immer einheitlich votieren, sondern auch in sich selbst ein breites Spektrum verschiedener Meinungen bis zu gegensätzlichen Ansätzen beherbergen – ganz abgesehen von der Notwendigkeit, immer wieder fundamentale Mißverständnisse der gegnerischen Position auszuräumen –, zeigt die Kontroverse zwischen Reinhard *Slenczka* / Eilert *Herms* auf der einen und Wolfhart *Pannenberg* (in gewisser Weise auch Ulrich *Kühn*) auf der anderen Seite.[11]
Ein besonderes Problem ist die Frauenordination, von der römisch-katholischen Kirche unter Rückgriff auf die Schrift, die das priesterliche Amt dem Mann vorbehält, abgelehnt und von protestantischen Kirchen, die sonst mit dem sola scriptura argumentieren, aus der jüngsten gesellschaftlichen Entwicklung, also aus der Tradition, gerechtfertigt, diesmal also seltsam vertauschte Rollen.[12] Da Fakten geschaffen worden sind, wird sich das Problem nicht allein mit der Überlieferung und ohne zureichende theologische Argumentation aus der Welt schaffen lassen. Es mehren sich die Stimmen – bis hinein in die Orthodoxie –, die eine

---

9 Vgl. Witzel, Lima-Prozeß, 14ff., der den in Gang gekommenen ökum. Lernprozeß und das Miteinander von »Gemeinsamkeiten und Verschiedenheiten« hervorhebt (20). »Die Gegensätze stellen die Gemeinschaft oder das Gemeinschaftsbemühen nicht in Frage, sondern sind Ausdruck des Drängens, die Gemeinschaft durch Klärung weiterer Fragen voranzutreiben« (23). Wohl zu Recht wird die Frage nach der gegenseitigen Anerkennung der Ämter (A 51ff.) als »sehr verfrüht« bezeichnet (20f.).

10 Vgl. Wenz, Eine ev. Stimme zu Roms Antwort, 30ff.

11 KuD 31 (1985) 2ff. (Slenczka, Konvergenzerklärungen), 65ff. (Herms, Stellungnahme); 32 (1986) 35ff. (Pannenberg, Lima – pro und contra), 170ff. (Kühn, Reformatorisches Proprium), 207ff. (Slenczka, Ökum. Erklärungen); 33 (1987) 93ff. (Pannenberg, Dogm. Grundsatzentscheidungen?)

12 Vgl. die röm.-kath. Stellungnahme, HerKorr 42 (1988) 30. Dazu Kindt-Siegwalt, Die Antwort der Kirchen auf Lima, 11

Entscheidung in den Bereich der einzelnen Kirche verweisen und damit auch hier eine ökumenische Flexibilität ermöglichen möchten.
Die Herausforderung, die mit den Lima-Texten gegeben ist, ist deutlich. Es geht nicht um einen Minimalkonsens, sondern um das Wagnis des Glaubens, mit dem die verborgen schon vorhandene Einheit in Christus sichtbar werden könnte. Niemand kann erwarten, daß seine spezifische theologische Sprache die Konvergenz- und später die Konsenstexte prägt. Es geht um Inhalte, die zuerst erkannt werden müssen in der Vielfalt ihrer Ausprägungen und Sprachformen. Man kann die gleiche Sprache sprechen und sich doch nicht verstehen. Und man kann ganz verschieden reden und doch das Gemeinsame erkennen. Das ist das Aufregende an diesem Prozeß, in den wir hineingestellt sind.
Zugleich darf die Bereitschaft, den einen Glauben in ganz anderer Sprache und Ausdrucksform zu erkennen, und die Liebe zu den Brüdern nicht nachlässig werden lassen in der unerbittlichen Frage nach der Wahrheit. Eine Ökumene, die alles unter ihre Fittiche versammelt, was unter Religion zusammengefaßt werden kann, nur um mächtiger zu werden, ist sicher nicht mehr die una sancta catholica et apostolica.
Es geht jetzt um klare Stellungnahmen zu den Fragen:
- Können und wollen wir von den Erfahrungen anderer Kirchen lernen?
- Sind wir bereit, andere Weisen des Glaubens und der kirchlichen Lebensformen anzuerkennen, auch wenn wir ihnen im einzelnen nicht immer zu folgen vermögen?
- Welche Aussagen der Konvergenzerklärungen widersprechen unserem Glauben, so daß eine klares Nein gesagt werden muß?

Die Bedeutung der »Lima-Liturgie« für die ökumenische Bewegung

In allen Stadien der fünfzigjährigen Arbeit von Faith and Order an einem Konsensdokument zur Eucharistie ist die liturgische Verwirklichung mit ins Auge gefaßt gewesen. So haben die Vorlagen stets mit sehr praktischen Vorschlägen zur Feier der Eucharistie geschlossen. Anläßlich der Verabschiedung der Konvergenzerklärungen zu Taufe, Eucharistie und Amt auf der Tagung der Kommission für Glauben und Kirchenverfassung des Ökumenischen Rates der Kirchen in Lima wurde am 15. Januar 1982 – übrigens erstmals in der Geschichte der Ökumenischen Bewegung – eine Eucharistiefeier gehalten, deren von einem kleinen Arbeitskreis eigens zu diesem Anlaß erarbeitete Liturgie jetzt als die »Lima-Liturgie« vorliegt.[1] Sie war gewissermaßen eine erste von vielen möglichen liturgischen Konkretionen der Aussagen des Konvergenzdokuments zur Eucharistie. Ein Jahr später, am 31. Juli 1983, wurde diese »Lima-Liturgie« auf der 6. Vollversammlung des Ökumenischen Rates der Kirchen in Vancouver ein zweites Mal in abgewandelter Form gefeiert und von den mehr als 3000 Gläubigen aller Kirchen als Höhepunkt der Vollversammlung erlebt.[2] Bis dahin hatte es nur Wortgottesdienste gegeben. Das Wagnis einer allgemeinen Einladung aller Delegierten, unbeschadet der noch zwischen ihren Kirchen bestehenden Interkommunionsschranken, entsprach der Bedeutung des Augenblicks: Erstmals war das ersehnte Ziel der Wiederherstellung der zerbrochenen Kircheneinheit aufgrund der erzielten Gemeinsamkeit in den Grundfragen Taufe, Eucharistie und Amt sichtbar geworden.

Die positive Bedeutung der »Lima-Liturgie«

Damit ist unübersehbar, daß die »Lima-Liturgie« für die ökumenische Bewegung eine besondere Bedeutung haben muß. Sie markiert ein

1 Thurian, Eucharist. Liturgie von Lima; Schulz, Lima-Liturgie
2 The Feast of Life, Genf 1983

kirchengeschichtliches Ereignis, und zwar zunächst durch die reine Tatsache, daß sie die Form der ersten großen ökumenischen Eucharistiefeier bestimmte.
Ein zweites kann im gleichen Atemzug gesagt werden: Die Bemühung, die gewonnene Übereinstimmung – bei der Erklärung zur Eucharistie kann man mit Fug und Recht von einem Konsenspapier sprechen, während die Erklärung zum Amt sicher nur eine erste Konvergenz sichtbar machen konnte – auch in der konkreten liturgischen Ordnung zur Geltung zu bringen, ist gemäß dem alten Grundsatz *»lex credendi – lex orandi«* paradigmatisch. Alle künftige Arbeit an der Liturgie wird sich der gleichen Bemühung unterziehen müssen.
Damit ist jedoch die positive Bedeutung der »Lima-Liturgie« für die ökumenische Bewegung bereits aufgezeigt. Auf keinen Fall kann und darf die »Lima-Liturgie« als eine Art *editio typica* gewertet werden für die künftigen Bemühungen um eine theologisch sachgerechte und das Leben der Gemeinden bestimmende liturgische Reform. Wenn hie und da die »Lima-Liturgie« Vorbild für liturgische Experimente und Demonstrationen geworden ist, dann muß in aller Deutlichkeit gewarnt werden vor jedem Versuch einer konstruierten Liturgie.
Deshalb muß nun zunächst aus dem Wesen der Liturgie heraus von dem gehandelt werden, was die »Lima-Liturgie« für die Ökumene und die Kirchen der Welt nicht zu leisten vermag. Und das scheint wichtiger zu sein als die Tatsache, daß es einen ersten Versuch der liturgischen Konkretion auf der Ebene der ökumenischen Konferenz gegeben hat. Später wird dann die positive Bedeutung der »Lima-Liturgie« in ihren Anfragen an die Praxis der verschiedenen Kirchen wieder zur Geltung kommen können.

Das Verhältnis der »Lima-Liturgie« zur Konvergenzerklärung von Lima über die Eucharistie

Als die Vollversammlung des Ökumenischen Rates in Vancouver die Konvergenzerklärungen mit überraschender Einmütigkeit und Hervorhebung ihrer Bedeutung als eines der wichtigsten Ergebnisse der ökumenischen Bemühungen um einen für die Wiederherstellung der Kirchengemeinschaft unter den getrennten Kirchen tragfähigen Konsens den Kirchen übergab, war zunächst vorgesehen, das intensive Studium der Erklärungen *und* der »Lima-Liturgie« zu empfehlen.

Gegen diese Verbindung der Erklärungen mit der »Lima-Liturgie« erhoben sich gewichtige Stimmen, die sowohl die unterschiedliche Relevanz betonten als auch auf die Eigenart liturgischer Konkretion hinwiesen. Die Lima-Erklärungen sind die Frucht fünfzigjährigen ökumenischen Ringens um einen theologischen Grundkonsens, an dem immer mehr Kirchen teilnahmen, zuletzt faktisch alle, einschließlich der römisch-katholischen. Die »Lima-Liturgie« hingegen ist von wenigen, freilich kompetenten ökumenischen Experten in ein paar Monaten verfaßt worden. Frère Max *Thurian,* William *Lazareth,* Geoffrey *Wainwright* und Hans-Georg *Link* mögen hier genannt sein, Reformierte, Lutheraner und Methodisten, denen sich Anglikaner und Orthodoxe zugesellten. Die Lima-Erklärungen sind tief in der Arbeit und Erfahrung der Kirchen verwurzelt und herangereift. Die »Lima-Liturgie« hingegen ist aus einem Sektor liturgischer Spezialisierung heraus von Experten, wenn auch interkonfessionell, konstruiert worden.

Das zweite Argument ist noch gewichtiger: Liturgie gibt es nicht im Singular, sondern nur im Plural. Balthasar *Fischer* sagte in seiner Trierer Abschiedsvorlesung, daß die Liturgiekonstitution des Zweiten Vatikanums »allen rechtlich anerkannten Riten gleiches Recht und gleiche Ehre zuerkennt« und damit »Liturgie... etwas (ist), das in der katholischen Kirche seiner Natur nach in verschiedenen Spielarten, im Plural von Liturgien existiert«[3]. Liturgie hat es immer mit der konkreten Feier der christlichen Gemeinde in einer bestimmten Region zu tun und muß deshalb auf entsprechende Inkulturation achten. Aus diesem Grund ist der nachtridentinische Versuch einer weltweiten Einheitsliturgie, wie er mit dem Meßbuch *Pius' V.* 1570 erstmals für den römisch-katholischen Bereich unternommen wurde, zum Scheitern verurteilt gewesen und spätestens mit dem Zweiten Vatikanum aufgegeben worden, das mit seiner Liturgiekonstitution das Meßbuch *Pauls VI.* 1970 veranlaßte, mit dem eine in die jeweilige Landessprache zu übertragende Liturgie mit vielen Variationsmöglichkeiten geschaffen wurde, also auch ein Plural von Liturgien.

Liturgie muß von unten wachsen und dabei den Kontext der regionalen Tradition und Kultur beachten. Sie ist stets der örtlichen Gemeinde und der jeweiligen Situation zugewandt. Niemals kann eine Liturgie von

3 Balthasar Fischer, Liturgie oder Liturgien?, 265, vgl. SC 4

oben her eingeführt werden, und sei sie noch so sachgerecht konzipiert. Die evangelische Liturgik ist sich längst darüber im klaren, daß das *jus liturgicum* nur im Zusammenspiel aller Ebenen wahrgenommen werden kann. Im dritten Jahrzehnt des vorigen Jahrhunderts gab es in Preußen den Agendenstreit, weil *Friedrich Wilhelm III.* seine im übrigen für die damalige Zeit und dem Zustand liturgischer Praxis gegenüber vorbildliche Agende per Kabinettsordre in Ausübung seiner Rechte als Summepiskopus einzuführen gedachte.[4] Der Streit wurde erst beendet, als die in der Mitte des 19. Jahrhunderts neugeschaffene Synode sich der Sache annahm, die dann 1895 die (preußische) Agende für die evangelische Landeskirche beschloß. Und immer noch war es möglich, daß einzelne Gemeinden mehr oder weniger gewichtige Abweichungen praktizierten. Auch in unserem Jahrhundert gibt es ein gutes Beispiel für das Zusammenwirken aller Ebenen in Ausübung des *jus liturgicum:* Bayern hat 1958 die neue Lutherische Agende I (1955) eingeführt. Aber noch 1980 mußte die Landessynode ein Gutteil der Gemeinden, die immer noch die alte bayerische Agende von 1854 benutzten, auffordern, den Beschluß von 1957 zu vollziehen – und sie tat es nicht mit einem Gesetz, sondern mit dringlicher Aufforderung und mit Argumenten.[5] Keine Gemeinde wird in der evangelischen Kirche ausgeschlossen wegen der Besonderheit ihrer Liturgie, kein Pfarrer allein wegen seiner Abweichung von der Agende einem Disziplinarverfahren unterworfen, es sei denn, er errege grobes Ärgernis in der Gemeinde mit seinen Eigenarten. Bei der Erarbeitung neuer Liturgien und bei der Einführung regionaler Agenden werden heute alle Pfarrer, Gemeinden, Diözesen und die Gesamtkirche beteiligt – die ökumenische Perspektive sollte nunmehr hinzukommen. Niemand kann allein entscheiden, besonders nicht der einzelne Pfarrer. Der Konsens in liturgicis muß aus der Sache heraus erwachsen, an der alle sowohl bei der Erarbeitung als auch bei der Rezeption beteiligt werden. Auch das Meßbuch *Pauls VI.* ist in einem entsprechenden Miteinander aller Diözesen der Welt und aller Gemeinden und Pfarrer entstanden, übrigens überraschend zügig, aber auch nicht ohne Widerstand, wie der Fall *Lefebvre* zeigt.
Die »Lima-Liturgie« kann also nur ein Beispiel liturgischer Konkretion sein, noch dazu eines ohne Verankerung in einer konkreten Kirche. Die

4 Vgl. Alfred Niebergall, Agende, 2,55 ff.
5 Vgl. oben S. 105[31]

Badische Landessynode hat anläßlich ihrer sehr positiv verlaufenen Verhandlungen über die Lima-Erklärung unter kundiger Vorarbeit von Frieder *Schulz* eine überarbeitete »Lima-Liturgie« unter großer Zustimmung der Synodalen gefeiert.[6]
Wir werden also gut beraten sein, die »Lima-Liturgie« sorgsam von den Lima-Texten zu unterscheiden und ihren paradigmatischen, aber niemals prototypischen Charakter zu beachten.

Die Struktur der »Lima-Liturgie«

Die im Eucharistiedokument gewonnene Konvergenz in den fünf Grundaspekten der Eucharistie – Danksagung, (Christus-) Anamnese, Epiklese, Gemeinschaft (*κοινωνία*) und eschatologisches Mahl des Gottesreiches – wird in der »Lima-Liturgie« auf die Ost wie West gemeinsame Struktur der Messe exemplarisch angewandt. Man pflegt diese Messe heute in fünf Teile zu gliedern: Eröffnung, Anrufung, Verkündigung und Bekenntnis, Mahlfeier und Sendung.[7] Dabei werden herkömmliche Traditionen des Westens wie des Ostens sowie neuere Entwicklungen vor allem der Anglikanischen Kommunion, der amerikanischen Lutheraner und aus Taizé aufgenommen.[8]
Die *Eröffnung* besteht aus (1) einem Eingangspsalm mit Gloria patri bzw. einem Eingangslied, (2) dem Wechselgruß im biblischen Wortlaut von II Kor 13, 13 (wie im Meßbuch Pauls VI. von 1970) und der üblichen Antwort der Gemeinde. Die älteren westlichen Traditionen lassen diese Begrüßung (Salutatio) erst der Kollekte vorangehen. Es folgt (3) ein Sündenbekenntnis aus dem amerikanischen Lutheran Book of Worship (1978) mit (4) einer ausdrücklich exhibitiven Absolution (»Ich verkündige euch die völlige Vergebung aller eurer Sünden«).
An der Eröffnung fällt auf, daß das In nomine fehlt und das Confiteor zu einer – in manchen evangelischen Überlieferungen unmittelbar vor der Kommunion gehaltenen – allgemeinen Beichte mit Absolution ausgeweitet ist. Die Gemeinde erfährt gleich am Anfang des Gottesdienstes die Zusage Gottes und beugt sich daraufhin im Bekenntnis ihrer

6 Vgl. Schulz, Rezeption der Lima-Liturgie, 1ff.
7 Vgl. Versammelte Gemeinde, s. oben S. 118
8 Vgl. zum Folgenden Schulz, Lima-Liturgie; Garijo-Guembe, Kommentar, 241ff.

Schuld als Vorbereitung auf die neuerliche Begegnung mit Gott in seinem Wort und Sakrament.

Zur *Anrufung* gehört das Kyrie, das nach orthodoxem Vorbild zu einer kurzen (5) Kyrie-Litanei erweitert ist. An dieser Stelle pflegte der Osten schon sehr früh die große Friedenslitanei zu beten, eine (erste) Ektenie. Damit ist das Kyrie nicht nur als Bußruf, sondern als umfassende Anrufung des Herrn verstanden. Er folgt unmittelbar – im Unterschied zur altpreußischen und auch österreichischen Zwischenschaltung eines Gnadenspruchs, mit dem das Kyrie zum Confiteor eingeengt wird – (6) das Gloria in excelsis und (7) das Kollektengebet. Letzteres versteht die »Lima-Liturgie« nicht als Zusammenfassung und Abschluß des voraufgegangenen Betens des einzelnen Gläubigen und der gemeinsamen Anbetung, sondern mehr als Einleitung des Wortteils. Darauf deutet auch der de tempore-Charakter der Kollekte, die mit den Lesungen zum Proprium des Sonntags gehört.

In dem Teil *Verkündigung und Bekenntnis* sind die drei Schriftlesungen aus (8) dem Alten Testament oder der Apostelgeschichte, aus (10) den apostolischen Episteln und (12) aus den Evangelien wiedergewonnen, zwischen denen (9) ein Psalmgesang bzw. ein Meditationslied und (11) das Halleluja stehen und dem (13) die Predigt mit anschließender (14) meditativer Stille folgt. Jetzt erst betet die Gemeinde (15) das Credo in der Form des Nizänums von 381 ohne Filioque. Lesungen und Predigt werden somit als Einheit – als das an uns ergehende Wort Gottes – aufgefaßt, dem die Gemeinde mit ihrem Bekenntnis und (16) den Fürbitten antwortet. Das Allgemeine Kirchengebet erhält wieder – wie bei der Kyrie-Litanei – die Form der Ektenie aus der östlichen Tradition, die die altpreußische Agende dem Westen schon im vorigen Jahrhundert als die sogenannte Chrysostomusektenie zugänglich gemacht hatte. Dieser Fürbitteil ist auch offen für freies Beten aus der Gemeinde. Ungeklärt bleibt bei der Struktur dieses Teils, ob die Predigt nicht der entsprechenden Lesung zugeordnet werden und damit einen variablen Ort erhalten sollte.

So weit verläuft die »Lima-Liturgie« in der allen großen abendländischen Liturgietraditionen gemeinsamen Struktur. Die nun folgende *Mahlfeier* bringt dagegen zumindest für manche Kirchen neue Elemente und muß besonders aufmerksam bedacht werden.

Die (17) Gabenbereitung, hier Vorbereitung bezeichnet, erfolgt unter zwei für Brot und Wein in der jüdisch-altchristlichen *beraka*-Tradition formulierten Lobsprüchen (in Anlehnung an das römische Meßbuch 1970, nur ohne die dortigen abschließenden Darbringungsformeln) und einem abschließenden Gebet in Anlehnung an das bekannte Didachegebet (9, 4: »Wie das Brot zerstreut war über den Bergen und zusammengebracht eins wurde, so bringe deine Kirche zusammen von den Enden der Welt zu deinem Reich«). Die Gemeinde nimmt das Gabengebet auf mit dem urchristlichen Gebetsruf »Maranatha« und seiner deprekativen Übersetzung: »Komm, Herr Jesu.«

Es fällt auf, daß in der »Lima-Liturgie« weder Abkündigungen erwähnt werden noch die Einsammlung einer Kollekte. Es wäre altkirchlichem Brauch entsprechend, wenn die Kollekte um des Einbezugs der sozialen Verpflichtung der Gemeinde willen zugleich mit der Gabenbereitung erfolgen würde; die Abkündigungen mit ihrer Funktion der Information der Gemeinde, der Vorbereitung der Gebetsanliegen in den Fürbitten und der Bekanntgabe der Dankopferbestimmung können an verschiedenen Stellen der Liturgie, auch geteilt, ihren Ort finden.

Das Eucharistiegebet beginnt mit (18) dem dreigliedrigen Dialog und (19) der – anglikanische Formulierungen aufnehmenden – Präfation mit (20) anschließendem Sanctus. Jetzt folgt (21) eine erste Epiklese in Wendungen aus Taizé, der Erinnerung an das Wirken des Geistes im Reden Moses' und der Propheten, in der Verkündigung Mariens, in der Taufe Jesu und im Pfingstereignis. Diese Epiklese ist eine Gabenepiklese ganz in der altkirchlichen Tradition, wobei die Bitte: »Laß das Ausgießen dieses feurigen Geistes unser Mahl der Danksagung so verwandeln (transfigure[9]), daß dieses Brot und dieser Wein für uns zum Leib und Blut Christi werden«, in einer eindrucksvollen Weise die altkirchliche theologische Aussage der »transfiguratio« – heute wird auch der Begriff »transsignificatio« diskutiert – mit der reformatorischen Einbindung der Elemente in das ganze Mahlgeschehen (unser Mahl der Danksagung soll verwandelt werden, nicht nur die Elemente!) und dem Für-euch-Charakter der Realpräsenz Christi unter Brot und Wein (für uns zum Leib und Blut Christi werden) verbindet. Wieder wird eine Darbringungsformel, wie sie die alte Liturgiegeschichte stets mit der Epiklese verknüpft,

9 Vgl. Schmidt-Lauber, Eucharistie, 158ff., bes. Tabelle z. Epiklese Ziff. 3; von Allmen: »das, was hier geschieht, wird verklärt und gewandelt (transfiguratio, metamorphosis) durch das Wirken des Hl. Geistes«, Ökumene im Herrenmahl, 129; Komm. zu Mt 17,2

vermieden. Die Gemeinde nimmt die Bitte um das Kommen des Geistes auf mit dem Responsorium: »Komm, Schöpfer Geist.«

An den überleitenden Satz: »Laß diesen Schöpfergeist die Worte deines geliebten Sohnes erfüllen«, werden (22) die Einsetzungsworte relativisch angeschlossen (der in der Nacht...) als Verweis auf die Begründung und Ermächtigung zur neuen Feier der Eucharistie. Die Gemeinde nimmt die Einsetzungsworte auf mit der inzwischen weitverbreiteten, ursprünglich wohl in der alexandrinischen Tradition beheimateten Akklamation nach I Kor 11, 26: »Deinen Tod, o Herr, verkünden wir...«[10]. Die (23) Anamnese erweitert die klassischen Themen Tod und Auferstehung (so allein bei Hippolyt um 215) entsprechend dem allgemeinen Trend der späteren Liturgieentwicklung[11] um etliche Themen und formuliert die hier übliche abschließende Darbringungsformel wieder in theologisch präziser und unanfechtbarer Weise: »Vereint in Christi Priestertum bringen wir vor dich dieses Gedächtnis. Gedenke des Opfers deines Sohnes und gewähre allen Menschen den Segen seines Erlösungswerkes.« Wiederum akklamiert die Gemeinde mit »Maranatha« und jetzt der auch möglichen indikativischen Übersetzung: »Der Herr kommt.«

Die zweite – und liturgiegeschichtlich eigentliche – Epiklese (24) beginnt mit der Bitte, Gott möge auf die der Kirche von ihm geschenkte Eucharistie blicken und sie gnädig aufnehmen, »wie du das Opfer deines Sohnes annimmst, durch das wir wieder aufgenommen sind in deinen Bund«, um dann ausschließlich um das Kommen des Geistes auf die Gemeinde zu bitten: »Erfülle *uns* mit dem Heiligen Geist, wenn wir Christi Leib und Blut empfangen, daß *wir* ein Leib und ein Geist werden in Christus, ein lebendiges Opfer zum Lobe deiner Herrlichkeit.« Das schon bei der ersten Epiklese verwendete Responsorium »Komm, Schöpfer Geist« wird auch hier angefügt.

Die beiden Epiklesen sind ein deutlicher Schwerpunkt dieser Liturgie. Sie geben der theologischen Einsicht Ausdruck, daß der Eucharistie insgesamt ein epikletischer Charakter eignet. Freilich ist die altkirchliche Einheit der epikletischen Bitte um das Kommen des Geistes auf die Gemeinde und auf die Gaben und die dem trinitarischen Aufbau entsprechende Position der Epiklese ausschließlich gegen Ende des

---

10 Zur Akklamation s. oben S. 88. 92ff.

11 Vgl. Schmidt-Lauber, 150f. (Tabelle zur Anamnese)

Eucharistiegebets, nach Einsetzungsworten und Anamnese, aufgegeben worden zugunsten einer zweifachen Epiklese. Um das Kommen des Geistes auf die Gaben im Sinne einer Konsekrationsbitte wird vor den Einsetzungsworten gebeten – eine deutliche Verbeugung vor der westlichen römisch-lutherischen Konsekrationstheologie –, um sein Kommen auf die Gemeinde und den Segen des Mahls für uns nach den verba testamenti und der Anamnese. Diese Lösung wird kaum der berechtigten orthodoxen Kritik standhalten. Die Epiklese gehört an ihren herkömmlichen Ort.

Noch einmal wird die Gemeinde zur Fürbitte angeleitet (25), und zwar für die Kirche, ihre Diener und die Verstorbenen. Die Gemeinde nimmt diese Fürbitten auf mit dem dritten »Maranatha« – wieder mit indikativischer Übersetzung: »Der Herr kommt.« Das Eucharistiegebet schließt (26) mit einer Doxologie.

Fürbitten innerhalb eines Eucharistiegebets sind evangelischer Theologie fremd und zum Teil sogar höchst suspekt wegen der möglichen Deutung als Darbringung der Eucharistie für bestimmte Menschen. Doch sind Fürbitten von Anfang an im Eucharistiegebet vorgebracht worden, jedoch gerade nicht als besondere Darbringung für die genannten Gruppen, sondern als Ausdruck der durch die Gemeinschaft mit Christus in der Eucharistie geschenkten Einheit der Gemeinde mit der ganzen Kirche und mit der oberen Schar der Vollendeten.

Die Formulierungen halten strengen theologischen Maßstäben reformatorischen wie ökumenischen Denkens stand. Gerade die orthodoxen Liturgien erinnern uns daran, daß das Gottesvolk den Vater immer wieder anruft und dabei ganz konkrete Fürbitten äußert, am Anfang, im Allgemeinen Kirchengebet und nun auch hier zum Schluß des Eucharistiegebets.

Das (27) Vaterunser und (28) der Friedensgruß, eingeleitet durch das schöne Friedensgebet der lateinischen Tradition (»Schau nicht auf unsere Sünden, sondern auf den Glauben deiner Kirche«) und mündend in das durch die Gemeinde gehende Zeichen des Friedens und der Versöhnung (»Laßt uns einander ein Zeichen der Versöhnung und des Friedens geben«), das Brotbrechen (29) unter Zitation von I Kor 10, 16 und (30) das Agnus Dei bereiten die (31) Kommunion vor, zu der kein besonderer Austeilungsmodus und eigentümlicherweise auch keine Spendeformel angegeben werden. Das (32) Dankgebet – eine ökumenische Neufassung – und (33) ein Lied beschließen die Mahlfeier.

Der letzte Teil, die *Sendung*, ist bewußt knapp gehalten: (34) Sendungswort und (35) der übliche trinitarische Segen. Die Feier findet keinen wortreichen Ausklang, sondern entläßt die Kommunikanten mit der Gabe, die sie in Wort und Sakrament empfangen haben, unmittelbar in den Alltag, in dem der Gottesdienst des Lebens zu geschehen hat.

Anfragen der »Lima-Liturgie« an die liturgische Praxis unserer Kirchen

Nachdem zu Beginn unserer Überlegungen ausgesprochen werden mußte, was die »Lima-Liturgie« nicht zu leisten vermag und in welchem Sinne sie keine Bedeutung für die Kirchen der Ökumene haben kann, kommen wir nun wieder zu einer höchst bedeutsamen Funktion auch dieser ersten liturgischen Konkretion der theologischen Aussagen der Lima-Erklärung zur Eucharistie für die liturgische Praxis unserer Kirchen.

Dabei darf wohl die generelle Kritik des Liturgikers außer Betracht bleiben, die sich etwa auf die Plerophorie der »Lima-Liturgie«, auf ihre aus der Situation einer Weltkonferenz so verschiedener Kirchen verständlichen Tendenz der Aufnahme möglichst vieler verschiedener Einzelelemente aus den Liturgietraditionen von Ost und West und damit die eklektische Vermischung von Traditionen und Stilen sowie auf ihren Charakter eines konstruierten und nicht gewachsenen Entwurfs richtet. Der an unsere Kirchen und Gemeinden ergehende Aufruf zur Beteiligung des Gottesvolks, zu kreativer Innovation wie zur Wahrnehmung des ererbten liturgischen Guts und zur Entdeckung von geistlichen Erfahrungen anderer Kirchen und anderer Erdteile wäre auch bald abgehandelt.

Entscheidend wird aber die inhaltliche Anfrage sein, die sich vor allem an die Haupttraditionen der römisch-katholischen, der evangelischen und der orthodoxen Liturgik richtet in naturgemäß sehr unterschiedlicher Weise.

Anfragen an die römisch-katholische liturgische Praxis

1. Die römisch-katholische Tradition ist zutiefst von einer zwar bereits in der Alten Kirche angelegten, aber im Mittelalter immer kräftiger

ausgebauten und schließlich die Einheit gefährdenden *Opferterminologie* bestimmt. Wenn auch die Lehrentscheidungen der Kirche niemals ein eigenständiges Opferhandeln der Kirche zugelassen haben, das das Opfer Christi ergänzen oder gar ersetzen kann, so ist doch das Interesse am priesterlichen Opfer der Kirche in der Praxis über weite Strecken in Konkurrenz getreten zu dem ein für allemal für uns dargebrachten Christusopfer. Die abendländische Liturgiegeschichte ist geprägt von einer fortlaufenden Vermehrung der Opferformeln und durch die Spekulation über den Wert der einzelnen Messe.

Die »Lima-Liturgie« zeigt, wie der in der Theologie kaum mehr kirchentrennende Opfergedanke[12] in der eucharistischen Liturgie einen legitimen und vor Mißdeutungen und Mißbrauch geschützten Ausdruck finden kann. Es sei dazu besonders auf die Gabenbereitung (17), den Abschluß der Anamnese (23) und der beiden Epiklesen (21 und 24) sowie auf die Fürbitten im Hochgebet (25) hingewiesen, die nur mit den entsprechenden Texten der römisch-katholischen Liturgie verglichen zu werden brauchen: Die Sache ist viel klarer bezeugt. Im übrigen hat die jüngste römische Liturgiereform in diesem Bereich sehr erfreuliche Reformen vorgenommen, besonders bei der Gabenbereitung und in der Aufnahme des nach *Hippolyt* (215) geformten zweiten Eucharistiegebetes, in dem von unseren Opfern überhaupt nicht mehr die Rede und die Darbringung von Brot und Wein in der Anamnese ökumenisch akzeptabel formuliert ist.

Indem dieses zweite Hochgebet den anderen, vor allem dem in Grundstruktur und -aussagen unveränderten ersten der vorkonziliaren römischen Liturgietradition, zugesellt worden ist, hat das neue Meßbuch die bislang zwischen den Konfessionen alter und reformatorischer Observanz in der Opferfrage herrschende Spannung in die eigene Theologie und Praxis hineingenommen.

Es ist Zeit, daß die Freude über das uns erlösende Christusopfer – die Danksagung (Eucharistia) – die liturgische Sprache mehr beherrscht als das Interesse an unserem Tun, auch wenn dieses nötig ist, weil ohne gehorsames Handeln nach der Einsetzung Christi keine Eucharistie zustande kommt. Gottesdienst heißt, daß Gott uns dient. Unsere Antwort ist der Glaube, der diese Gabe annimmt und sich im Leben bewährt.

12 Vgl. unten S. 325. 332ff. und bes. Das Opfer Jesu Christi

2. Die abendländische Tradition hat seit dem 5. Jahrhundert die ursprünglich auch in ihr beheimatete Bitte um das Kommen des Geistes auf die feiernde Gemeinde und auf die eucharistischen Gaben aus theologischen Gründen im Gegensatz zur östlichen Epiklesentheologie verdrängt und dann überhaupt zunehmend den dritten Glaubensartikel aus dem Gesichtsfeld verloren. Die Wiedergewinnung der *Epiklese* an dem ihr ureigenen Ort nach den verba testamenti und der Anamnese – und damit der trinitarischen Struktur des Eucharistiegebets – ist so eine wichtige Anfrage, die aus der Ökumene der römisch-katholischen Kirche gestellt ist.

Auch hier ist ein erster Schritt getan: Im zweiten Hochgebet gibt es unter Rückgriff auf die älteste uns bekannte römische Tradition aus dem Anfang des 3. Jahrhunderts die Bitte: »Sende deinen Geist auf diese Gaben herab und heilige sie, damit sie uns werden Leib und Blut deines Sohnes, unseres Herrn Jesus Christus.«[13] Allerdings hat diese Epiklese ihren Platz vor den verba testamenti – im Unterschied zur altrömischen Überlieferung – und nicht nach ihnen.

Der gesamte Westen ist gefragt, ob die Fixierung eines Konsekrationsmoments im 4. Jahrhundert, als die Kirche sich vielleicht zu jäh aus der Verfolgungszeit mit ihrer eschatologischen Ausrichtung des Gottesdienstes heraus in dieser Welt häuslich einzurichten begann, der biblisch-altkirchlichen Weite des Eucharistieverständnisses entspricht. In dieser Frage sind die lutherischen Kirchen noch weit mehr betroffen, denn sie haben um der konsekrierenden Herrenworte willen weitgehend das gesamte Danksagungsgebet verloren, es zumindest relativiert.

Hier muß nun aber auch an die »Lima-Liturgie« eine kritische Frage gestellt werden: Die Verdoppelung der Epiklese vor und nach den verba testamenti versucht, einen Kompromiß herzustellen zwischen der westlichen Theologie einer Konsekration durch die Herrenworte – deshalb die auf die Gaben gerichtete Epiklese vor den Einsetzungsworten – und der orthodoxen Theologie der Konsekration durch die Epiklese – deshalb in der »Lima-Liturgie« eine zweite Epiklese, die sich aber nur auf die Gläubigen und nicht auf die Gaben richtet. Vergessen ist, daß die

13 Im Quam oblationem des herkömmlichen röm. Kanons – nunmehr Erstes Hochgebet – ist die Konsekrationsbitte unmittelbar vor dem Einsetzungsbericht wohl enthalten, aber das Spezifikum der Epiklese – die Herabrufung des Hl. Geistes auf die Gaben – fehlt, so daß vor der jüngsten Liturgiereform kaum von einem epikletischen Gebet im Kanon gesprochen werden kann.

orthodoxe Theologie schon bald nach dem Aufkommen des Gedankens eines Konsekrationsmoments, den Ost und West verschieden festlegen, zu einer dynamischen Spannung fand, die die ganze Eucharistie umfaßt: Bereits in der Prothesis, der Vorbereitung am Anfang der Eucharistiefeier, wird in einem symbolischen Ritus das Brot mit dem geopferten Christus identifiziert – nach den Einsetzungsworten und der Anamnese erfolgt dann die Auferweckungsepiklese. So entsteht gewissermaßen eine gestreckte Konsekration, die wieder wie in der vornizänischen Kirche die ganze Handlung, genauer das ganze Eucharistiegebet mit seinen Handlungen, als das die Gegenwart von Leib und Blut Christi Bewirkende bezeichnet. Mit der Wiedergewinnung der Epiklese an der herkömmlichen Stelle der Liturgie könnte die römische Liturgie neuen Zugang zum ursprünglichen stiftungsgemäßen Handeln und Denken der Kirche finden.

3. Vielleicht sollte eine dritte Anfrage den beiden entscheidenden angefügt werden: daß nämlich die Bedeutung des Wortgeschehens im Gottesdienst angemessenen Ausdruck findet. Hier handelt es sich allerdings nicht mehr um ein Defizit in der Liturgie, denn nach der Liturgiereform ist das römische Meßbuch den meisten evangelischen Agenden hinsichtlich des Umfangs, in dem Gottes Wort in den Lesungen zu Gehör kommt, überlegen. Jedoch bedarf es wohl einer weiteren homiletischen Durchformung und Aufmerksamkeit bei Pfarrern und Gemeinden. Dies letzte sei mit großer Vorsicht gesagt und in der Bereitschaft, es gern bald zurückzunehmen.

Anfragen an die evangelische liturgische Praxis

In der »Lima-Liturgie« begegnet der evangelischen Kirche eine Theologie, die biblisch fundiert ist und zugleich ökumenische Übereinstimmung ermöglicht. Die theologische Forschung hat uns in der letzten Generation ein gutes Stück vorangebracht. In den biblischen Wissenschaften waren es die Entdeckungen zum hebräischen Verständnis des zakar-Anamnesis-(Gedächtnis-)Geschehens, in der Systematik die Überwindung des sowohl die reformatorische Theologie als auch die ihrer römischen Gegner im 16. Jahrhundert behindernden Nominalismus, der die Einheit von Zeichen und Sache nicht zu realisieren vermochte, und in der historischen Forschung hat man erkannt, daß Jesus an die Stelle des jüdischen Kultus eine Tischgemeinschaft gesetzt hat, in

deren Rahmen die Wortverkündigung stattfand, und eben nicht zwei Gottesdienste etablierte.[14] Ferner hat man wahrgenommen, daß die Fixierung eines Konsekrationsmoments im 4. Jahrhundert die umfassende Einheit dieses Gottesdienstes einengen und gefährden mußte.
Von daher ergeben sich einige ernste Anfragen an die gottesdienstliche Praxis der evangelischen Kirche:
1. Das nachreformatorische Auseinanderbrechen von Wort und Sakrament in einen Predigtgottesdienst als die Hauptform und eine – mit besonderem Ernst gefeierte und deshalb keineswegs gering geschätzte – Abendmahlsfeier als den selteneren Gottesdienst muß überwunden werden. Wer heute nach der früher ohne Zweifel in der römischen Praxis vorhandenen Überordnung des Sakraments über das Wort einer protestantischen Vorordnung des Wortes vor das Sakrament das Wort redet, kann sich nicht auf die Reformation und erst recht nicht auf die Schrift und den Konsens der frühen Kirche, die die Grenzen der Schrift festlegte, berufen. Er antwortet auf der gleichen unbiblischen und unreformatorischen Ebene, statt diesen falschen Gegensatz zu überwinden und mit dem Augsburgischen Bekenntnis die *Einheit von Wort und Sakrament* zu bezeugen, in der Gott seine Gemeinde sucht und Glauben wirkt. Auch *Calvin* hat die sonntägliche Feier von Wort und Sakrament gefordert, konnte sich in Genf nur nicht durchsetzen, und zwar wegen der Fortwirkung spätmittelalterlicher Kommunionscheu!
Die früher gern gesuchte Herleitung des Predigtgottesdienstes aus der synagogalen Praxis und des Abendmahls aus der besonderen Stiftung Christi ist heute entlarvt als ein tendenziöses Hineinlesen der nachreformatorischen Praxis in die biblischen Texte, die nichts anderes als einen Abusus darstellt.
Übrigens ist an der Entwicklung dieser Trennung von Wort und Sakrament die im Mittelalter beginnende Verlagerung der Frömmigkeit von der Gemeindekommunion der Alten Kirche auf die gottesdienstliche und später auch außergottesdienstliche Verehrung des in den eucharistischen Gestalten geheimnisvoll gegenwärtigen Christus schuld. Im 12. Jahrhundert kommunizierte man ganz selten, selbst Nonnen nicht mehr als viermal im Jahr, und auch die Reformation hat die kommunizierende Gemeinde noch nicht voll wiedergewinnen können. Man muß dabei bedenken, daß die römisch-katholische Kirche die Gemeindekom-

---

14 Vgl. unten S. 341 ff.

munion erst mit der eucharistischen Bewegung in diesem Jahrhundert wiederentdeckte. Ein der Rückkehr zur Kommunion der ganzen Gemeinde entgegenstehendes Argument ist – nicht nur in der protestantischen Frömmigkeit – die besondere Vorbereitung auf den Abendmahlsgang. Aber ist die Begegnung mit Christus in seinem Wort weniger gefährlich als die Begegnung mit ihm im Sakrament? Wieso muß sich der Gläubige durch die Beichte und Absolution eine Disposition zum Abendmahlsempfang verschaffen, wenn der Kern des Abendmahls Vergebung der Sünden ist? Das ist ein fragwürdiges bibelfernes Denken. Für die Alte Kirche war es undenkbar, daß sich auch nur ein einziges Gemeindeglied selbst von der Kommunion ausschloß, nur die Exkommunizierten, die Poenitenten und die noch nicht getauften Katechumenen durften nicht teilnehmen, die unbußfertigen groben Sünder und die Heiden.

Die evangelischen Kirchen haben nun seit etwa einer Generation die Einladung und die Gabe Christi in Wort und Sakrament neu entdeckt. Die Lutherische Agende I (1955) hatte für den Hauptgottesdienst an Sonn- und Feiertagen nur die eine Form der evangelischen Messe vorgesehen, die Predigt und Abendmahl umschließt, der Predigtgottesdienst als Hauptgottesdienst ist nur für wenige Tage aufgenommen, zum Beispiel für den Karfreitag und den Bußtag. Der Vorentwurf der »Erneuerten Agende« (1990) bietet ebenfalls beide Grundformen mit dem Heiligen Abendmahl an.

Die evangelische Kirche ist auf dem Weg zur Wiedergewinnung der Einheit von Wort und Sakrament im sonntäglichen Hauptgottesdienst der Gemeinde. Die Statistik zeigt ein starkes und ständiges Ansteigen der Eucharistiefeiern und der Kommunikanten. Man wird mit Geduld und seelsorgerlicher Weisheit Gemeinden und auch Pfarrern helfen müssen, diesen Weg auf evangelische Weise zu wagen, den die römisch-katholische Kirche seit dem ersten Jahrzehnt dieses Jahrhunderts gegangen ist. Gerade aus der reformierten Tradition sind hierzu die intensivsten Impulse gekommen, nicht nur aus Taizé. Die Lima-Texte und auch die «Lima-Liturgie« sind deshalb weniger eine Anfrage, sondern eher eine Bestätigung, Ermutigung und Hilfe auf einem bereits beschrittenen Weg. Vielleicht darf man dieses Problem für die evangelischen Kirchen als aus ihrer reformatorischen Verwurzelung heraus im Prinzip gelöst betrachten.

2. Die zweite Anfrage betrifft die Abendmahlsliturgie, genauer das

eucharistische Gebet. Luther hat in Abwehr einer zum Handeln Gottes in Konkurrenz tretenden Überbetonung des menschlichen Tuns im Opferhandeln die Einsetzungsworte Christi in Gegensatz zum römischen Kanon gesetzt. Für ihn gehen dabei Danksagung, Anamnese und Epiklese nicht verloren. Sie sind in die Rezitation der verba ipsissima subsummiert, die eine dreifache Bedeutung haben: Sie sind Einsetzungsworte, mit denen der Herr seiner Gemeinde einen Auftrag gibt, sie sind Vollzugsworte, die bewirken, was sie sagen, und sie sind Testamentsworte, Danksagung und Proklamation des Heilshandelns Gottes.[15] Danksagung, Anamnese und Epiklese tauchen auch an anderer Stelle des lutherischen Gottesdienstes auf, besonders im reformatorischen Choral. Luther hat mit seiner eigentümlichen Isolierung der verba testamenti den römischen Wildwuchs nun gerade mit dem Kernpostulat der abendländischen Konsekrationstheologie zu überwinden gesucht, daß nämlich das uns die Gabe von Leib und Blut Christi zur Vergebung der Sünden Gewährleistende nur seine eigenen Worte sein können.

Aber es gibt ein sehr einfaches und einleuchtendes Argument gegen diese lutherische These in ihrer liturgischen Auswirkung: Christus hat nicht geboten: »solche meine Worte rezitiert«, sondern »solches tut zu meinem Gedächtnis«. Und das heißt: Nehmt das Brot und den Kelch, sagt über ihnen Dank – wie es der jüdische Hausvater tut und Christus in besonderer Weise getan hat –, brecht das Brot und teilt beide Gestalten aus. Deshalb ist die theologisch sicher richtige Konzentration auf die Einsetzungsworte von ihrem Inhalt her zu verbinden mit einem wirklichen Tun dessen, was Christus seinen Jüngern aufgetragen hat.

Die evangelischen Kirchen haben begonnen, das Gotteslob über den Gaben in jüdisch-christlicher *beraka*-Tradition neu zu entfalten. Die Lutherische Agende I (1955) hatte noch als Form A und damit als die meistgebrauchte die unmittelbare Verbindung von Einsetzungsworten und Austeilung empfohlen, die auf Luthers Deutsche Messe von 1526 zurückgeht und die Präfation, aus wenig mehr als der formelhaften Einleitung und dem zum Sanktus überleitenden Abschluß mit gelegentlichen Einschüben de tempore bestehend, wie das Vaterunser davon deutlich abhebt. Aber schon damals gab es eine Form B mit einem ebenfalls auf Luther zurückgehenden (Formula Missae et Communionis 1523) und in der Reformationszeit durchaus gebrauchten Eucharistie-

15 Knolle, Luthers Reform, 88ff.

gebet (Pfalz-Neuburg), das die Einsetzungsworte umschloß. Der Vorentwurf der »Erneuerten Agende« kennt die lutherische Eigenart nur noch als eine Variante, obwohl eine gesungene Liturgie in dieser Form ausgedruckt wird. Man kann deshalb sagen, daß die evangelische Liturgiereform auch im deutschen Sprachraum jetzt – nach fast allen außerdeutschen Kirchen – den Anschluß an die Neubesinnung auf die biblisch fundierte altkirchliche Weite des Eucharistiegebets gewinnt. Aber auch hier bedarf es geduldiger theologischer Aufklärung von Pfarrern und Gemeinden und seelsorgerlicher Hinführung. Die evangelische Kirche ist auf dem Weg.

3. Es gibt noch eine Reihe von Anfragen der »Lima-Liturgie« an die evangelische Praxis, die aber nicht von der gleichen zentralen Bedeutung sind wie die beiden vorausgegangenen.
a) Es sollte gerade den Kirchen, denen das Wort Gottes so am Herzen liegt, ein Anliegen sein, die drei Schriftlesungen im Gottesdienst, besonders die im Westen lange vernachlässigte alttestamentliche, wiederzugewinnen. Die Länge des Gottesdienstes ist kein Argument für die weithin geübte Reduktion auf eine Altarlesung und den Predigttext. Erst recht wäre eine Argumentation bedenklich, die das Gotteswort immer nur durch die Auslegung der Predigt vermitteln möchte.
b) Die Vorbereitung des Mahls sollte nicht dem Küster überlassen werden, der die Geräte auf den Altar stellt und mit dem Velum überdeckt. In den Gottesdienst gehört eine Gabenbereitung, die mit dem Dankopfer verbunden werden kann. Dadurch würde die Gemeinde stärker beteiligt und auch Bewegung in den Gottesdienst hineinkommen.
c) Der Friedensgruß kann von der Gemeinde mit dem Austauschen eines Zeichens des Friedens und der Versöhnung mitvollzogen werden.
d) Das Brotbrechen – von Luther als ein Opfergestus gedeutet und abgelehnt – kann durchaus nach dem Wortlaut der verba testamenti einbezogen werden. Es setzt aber voraus, daß entweder richtiges Brot oder eine größere (Brot-) Hostie verwendet wird.
e) Für die ganze Feier sollte gelten und Ausdruck finden, daß die Eucharistie *actio ecclesiae,* Gottesdienst der ganzen Gemeinde ist, die an vielen Stellen tätig werden, Lesungen und Gebete übernehmen, an der Austeilung beteiligt werden und, wo dies möglich ist, auch das freie Gebet wieder zuchtvoll üben kann.

Anfragen an die orthodoxe liturgische Praxis

Die Begegnung mit der Orthodoxie hat die Ökumene außerordentlich befruchtet und beflügelt. Den westlichen Kirchen wurden verlorene geistliche Erfahrungen des gemeinsamen Ursprungs und Anfangs neu erschlossen – nicht nur die epikletische Dimension des Gottesdienstes.
Doch bedeutet die »Lima-Liturgie« auch eine ernste Anfrage an die heutige Praxis des orthodoxen Gottesdienstes, die aufzuweisen einem westlichen Theologen freilich gewisse Zurückhaltung auferlegt.
1. Die orthodoxe Kirche hat aus bestimmten, der westlichen Geschichte durchaus parallelen Entwicklungen die sonntägliche Kommunion der ganzen Gemeinde, die mindestens bis zum 5. Jahrhundert ökumenische Übung war, durch die seltene und besonders vorbereitete Kommunion ersetzt. Alles konzentriert sich auf die großen Feste. Eine spirituelle Teilnahme vermag der Einladung des Herrn an seinen Tisch kaum gerecht zu werden. Wie kann die Orthodoxie die Gemeindekommunion wiedergewinnen?
2. Die aktive und korporative Beteiligung der Gemeinde am liturgischen Geschehen ist heute weitgehend durch die am Altar zelebrierenden Ordinierten und einige Helfer sowie durch den Chor abgelöst. Die Folge ist, daß die Gemeinde sich oft erst im Verlauf der Liturgie im Gottesdienst einfindet und die Predigt gehalten wird, wenn der Wortgottesdienst längst vorbei ist. Wie kann der orthodoxe Gottesdienst wieder ein gemeinsames Handeln des Gottesvolkes werden?
3. Die Alte Kirche hat die Liturgie stets in der Landessprache gehalten. Heute haben sich die alten Sprachen so sehr weiterentwickelt, daß das Volk die Kirchensprache nicht mehr versteht. Das Festhalten an einer nicht mehr lebenden Sprache in der Liturgie steht im Widerspruch zur Praxis der Alten Kirche. Wie kann die Gemeinde dem Gottesdienst folgen, wenn die orthodoxen Kirchen sich weiterhin einer – in den anderen Kirchen vollzogenen – Liturgiereform widersetzen?
Die Ökumene darf und wird den gescheiterten Versuch Pius' V. nicht wiederholen, zu einer einheitlichen Liturgie für die wieder geeinte Ökumene zu kommen. Der Reichtum der verschiedenen Kulturen, Sprachen und Länder wird ein kostbares Gut sein, das zu Bereicherung, Ansporn und Mitfreude Anlaß gibt. Synkretismus ist das letzte, was die ökumenische Bewegung bewirken darf.
Aber sie hat in der gegenwärtigen Situation der getrennten Kirchen die

unerhörte Herausforderung anzunehmen, den sich abzeichnenden neuen Konsens im Glauben – die *lex credendi* – zu einer angemessenen liturgischen Lebensform – der *lex orandi* – zu führen und damit die Glaubwürdigkeit der ökumenischen Sache zu beweisen.

Die Lima-Erklärung zum Amt als Anfrage an die evangelische Ordinationspraxis – insbesondere in der österreichischen Diaspora

Eine Ökumenische Liturgik kann, wie die bisherigen Untersuchungen ergeben haben, auf einen fast völligen Konsens in der Gottesdiensttheologie und auf eine weitestgehende Konvergenz in der gottesdienstlichen Praxis zurückgreifen – dies allerdings nur, wenn die Amtsfrage ausgeklammert bleibt. Sie ist eines der wesentlichen Hindernisse zur Gewährung der Interkommunion. Das (Pfarr-) Amt hat zudem als zentrale Aufgabe die Verantwortung für die Verkündigung in einem bestimmten Bereich und die Leitung der Gottesdienste, insbesondere der mit der Spendung der Sakramente verbundenen. Deshalb kann die Amtsfrage bei der Behandlung der Liturgie nicht ausgespart werden. Die Ordination ist zudem eine gottesdienstliche Handlung, die also auch für sich in den Bereich der Liturgie gehört.

Unter den Konvergenzerklärungen von Lima 1982[1] ist der Text zum Amt der bei weitem schwierigste, sowohl der Sache nach als auch im Blick auf das bislang erreichbare und erreichte Maß an Übereinstimmung. Er stellt an die Ordinationspraxis der verschiedenen Kirchen gewichtige Anfragen, wobei die nicht in der apostolischen Sukzession stehenden evangelischen Kirchen besonders betroffen sind, aber auch ihrerseits Fragen stellen. Weder die Nivellierung der Amtsfrage – jede Kirche hat in irgendeiner Weise ein Amt, erkennen wir sie darum alle an – noch die Aufteilung der Kirchen in solche mit intakten und in solche mit defekten Amtsstrukturen – das hieße Rückkehr in den Schoß der allein seligmachenden Kirche – bringt die Verwirklichung der Ökumene voran, im Gegenteil. Verheißungsvoll ist nur der Dialog, in dem die notwendigen Fragen ganz offen gestellt und ehrlich beantwortet werden. Gerade in der Amtsfrage wird dabei jenes Erschrecken über das Ausmaß dessen, was uns noch trennt, und damit die Fremdheit des anderen, dem wir uns schon so nahe dachten, nicht erspart bleiben, das uns aus dem ökumenischen Aufbruch der sechziger Jahre in Erinnerung

1 Lima 1982. Der Text zum Amt wird hier zitiert: A 1–55

ist und das wir längst überwunden glaubten. Zugleich mag uns dieser Rückblick ermutigen, vom Dialog auch einen Fortschritt in der Sache zu erwarten, eine Bereicherung und Veränderung nicht nur des einen Partners – und damit die heute noch kaum vorstellbare Versöhnung in der Ämterfrage, die neue Kirchengemeinschaft ermöglicht.

Zum Amtsverständnis der Evangelischen Kirche in Österreich

Wenn die Anfragen der Konvergenzerklärung von Lima zum Amt an die Ordinationspraxis der Evangelischen Kirche (A.B.) in Österreich artikuliert werden sollen, wird zunächst das Amts- und Ordinationsverständnis dieser Kirche darzulegen sein, wie es vor allem der »Verfassung der Evangelischen Kirche A.u.H.B. in Österreich 1949« in der Fassung der Wiederverlautbarung von 1983[2] und der »Ordnung des geistlichen Amtes 1968« in der Fassung der Wiederverlautbarung von 1988[3] zu entnehmen ist.[4]

Das Amt und die Ämter

Die Verfassung gibt dem vierten Abschnitt der Allgemeinen Bestimmungen die Überschrift »Das kirchliche Amt«, handelt dann aber sofort von den Ämtern im Plural: »§ 12: (1) Die kirchlichen Ämter sind dazu gesetzt, daß in der Gemeinde das Wort Gottes lauter verkündigt und die Sakramente recht verwaltet werden.« Damit wird das Amt der Kirche zum einen in dem umfassenden Auftrag der Kirche überhaupt verwurzelt. Zum anderen wird es nicht von einem einzigen, sondern von mehreren in der Gemeinde in nicht notwendigerweise gleicher Funktion wahrgenommen. Die Ämter »erfüllen diesen Auftrag entweder unmittelbar durch die Wortverkündigung und Sakramentsverwaltung (geistliches Amt) oder mittelbar, indem sie diesen Dienst ermöglichen, fördern und unterstützen«.
Dies entspricht der Grundtendenz der Lima-Erklärung zum Amt, in der es im Kommentar zu der Verantwortung des ordinierten Amtes (A 13

---

2 ABl f.d.Ev.K.A.u.H.B.i.Ö. Nr. 63/1988
3 OdgA, ebd. Nr. 112/1988
4 KV und OdgA gelten sowohl für die Ev. Kirche A.B. (1990: 350.022 Mitglieder) als auch für die Ev. Kirche H.B. (14.633 Mitglieder), obwohl der Bekenntnisstand unterschiedlich ist.

Komm.) heißt: »Diese Aufgaben werden nicht ausschließlich durch das ordinierte Amt ausgeübt. Da das ordinierte Amt und die Gemeinschaft eng aufeinander bezogen sind, haben alle Glieder an der Erfüllung dieser Funktion teil... Das ordinierte Amt erfüllt diese Funktionen in repräsentativer Weise, indem es der Bezugspunkt für die Einheit des Lebens und des Zeugnisses der Gemeinschaft ist.« Man mag auch schon hier an jene Aussagen zur Ordinationshandlung denken, in denen ihr Zusammenhang mit dem Gottesdienst und ihr Verständnis »als ein Akt der gesamten Gemeinschaft und nicht eines bestimmten Standes in ihr oder des einzelnen Ordinierten« unterstrichen wird (A 41).

Die Aufgaben des ordinierten Amtes

Ein ausgewogenes Miteinander von ordiniertem Amt und Ämtern in der Gemeinde ist nur denkbar, wenn die Pfarrer sich auf allen Ebenen auf das Proprium ihres Amtes konzentrieren und die anderen Dinge denen überlassen, die sie auch und vielleicht mit ihrem besonderen Charisma sogar besser wahrnehmen können. Oft stehen die Pfarrer in guter Absicht, doch schlechter Amtsführung den Gemeindegliedern bei der Entfaltung ihrer Gaben im Wege. Die Evangelische Kirche in Österreich ist aus ihrer besonderen Geschichte heraus stark durch aktive Mitarbeit und eigenständige Verantwortung ihrer Gemeindeglieder, etwa im Amt des Kurators, geprägt worden. Aber auch sie ist nicht davor gefeit, daß im Selbstverständnis ihrer Pfarrer und in der Erwartung der Gemeindeglieder gelegentlich der Pfarrer alle Ämter der Gemeinde in dem seinen subsumiert.

Neben den Hauptaufgaben des ordinierten Amtes in der Wortverkündigung und Sakramentsverwaltung – die wichtige reformatorische Qualifikation des »publice, öffentlich« lehren oder die Sakramente reichen nach CA XIV findet sich nicht ausdrücklich – nennt die Verfassung die Leitung der Gemeinde und die Seelsorge (§ 99) sowie – unter dem Leitsatz »Der Pfarrer hat die kirchliche Ordnung sowie den Frieden der Gemeinde und die Rechte derselben zu wahren« – gottesdienstliche, seelsorgerliche, katechetische und diakonische Aufgaben sowie die Verwaltung (§ 100).

Wenn man die Aufgaben des ordinierten Amtes nach der Verfassung zu ordnen sucht, so hat es zwei sehr unterschiedliche Dienste zu leisten:

1. die Proklamation der Heilstat Gottes in Christus – dazu gehört der

Gesamtbereich der (öffentlichen) Verkündigung und Sakramentsverwaltung, die Seelsorge und die Beichte – und
2. unvermeidliche Verwaltungsleistungen, Interessenvertretungen und Hilfsdienste.
Manches wird nicht leicht einzuordnen sein, zum Beispiel gewisse diakonische Aufgaben. Aber man wird Carl Heinz *Ratschows* Verweis auf das »theologische Modell vom Unterschied zwischen der humana und divina natura Christi« zur Lösung der Schwierigkeit, beide Seiten des Amtes miteinander zu verbinden, wohl verwenden können.[5]
Die Dienste der Gemeindeleitung und -verwaltung haben sich aus aktuellen Bedürfnissen entwickelt. Die Episkopen amtierten zunächst kollegial in der Leitung der Mahlversammlung, in der Ausübung der Kirchendisziplin und in der Seelsorge. Bald traten Diakone für den Tisch- und den Armendienst hinzu. Die Aufgaben der Gemeinde können sich bis heute sehr wandeln. In den östlichen Landeskirchen Deutschlands wurden unter der Herrschaft des realen Sozialismus andere Akzente gesetzt als in der Volkskirche im Wohlstand des Westens, und noch andere ergeben sich in einer Diasporasituation wie der der österreichischen Evangelischen Kirche, deren Verfassung noch bestimmen mußte, daß nur ein Pfarrer in jeder Gemeinde wirken soll (§ 101 : 1). Die Theorie vom Pfarrer als dem theologischen Fachmann innerhalb eines Teams und auch die vom Teampfarrer mit mehreren Spezialisten hat sich inzwischen als impraktikabel erwiesen. Aufgabe des ordinierten Amtes wird es immer wieder sein, das Evangelium in die unterschiedlichen Strukturen hinein auszurichten. »Wie das Amt der Wortverkündigung und die anderen Ämter sich im einzelnen zueinander ordnen, das wird heute gemäß der Gemeindebedürfnisse verschieden sein, wie es in den einzelnen Perioden der Geschichte verschieden war. Die Einheit der Kirche ist nicht an die Einförmigkeit der Ämter gebunden.«[6]

Ebenen der Ausübung des ordinierten Amtes

Das ordinierte Amt wird außer in der Gemeinde auf den Ebenen der Diözese (Superintendentur) und der Gesamtkirche (Gesamtgemeinde)

5 Ratschow, Amt, 594
6 Ebd. 618

ausgeübt. Dem Superintendenten »als Oberhirten der Diözese« (§ 150) obliegen Aufsicht, Ordination und Einführung (§ 151), dem Bischof »als erstem Pfarrer der Kirche A. B. ... im ständigen Blick auf die Einheit der Kirche und ihre Führung im großen« das Wächteramt, das Hirtenamt und das »Amt der Verkündigung in Kirche und Öffentlichkeit« (§ 176).

Der eigentliche Ortsordinarius ist also der Superindendent. Für den gesamtkirchlichen Bischof finden sich nur vage Angaben, nachdem die genuin episkopalen Aufgaben der Ordination und Visitation auch dem Superintendenten zugewiesen worden sind. Man wird dabei bedenken müssen, daß das Bischofsamt in den evangelischen Kirchen meist erst in diesem Jahrhundert neu eingeführt worden ist. Ein den Diözesen übergeordneter Bischof ohne eigene Diözese ist ein kirchenrechtliches Novum. Primas der Österreichischen Bischofskonferenz ist der Bischof der Erzdiözese Wien, Papst der Bischof von Rom. Insofern sind die hierarchischen Strukturen nicht unmittelbar vergleichbar, nachdem in der Zeit des Dritten Reichs das Amt eines Reichsbischofs, der über die Landeskirchen mit ihren Bischöfen gestellt war, geschaffen wurde und die Evangelische Kirche A.B. in Österreich dieses Ordnungsmodell übernommen hat. Die Evangelische Kirche in Deutschland hat sich übrigens nach dem Kriege hiervon gelöst und den herkömmlichen föderativen Charakter der Gesamtkirche, in der Terminologie der Alten Kirche könnte man vom konziliaren Modell sprechen, wiederhergestellt. Es muß aber bemerkt werden, daß das Problem des Verhältnisses des Bischofsamtes zu dem des Superintendenten noch vielschichtiger ist, als es hier aufgezeigt werden kann: Einerseits ist die Gliederung in drei Ebenen für die kleine Diasporakirche durchaus sinnvoll, andererseits kennt die evangelische Tradition insgesamt die prinzipielle Unterscheidung Roms innerhalb des ordo nicht, sondern betont die Einheit des ordinierten Amtes, das in verschiedenen Ebenen ausgeübt wird.

Zum Ordinationsverständnis der Evangelischen Kirche in Österreich

Über die Notwendigkeit des kirchlichen Amtes scheint weitgehend Übereinstimmung zu herrschen. Wie aber die Indienstnahme vor sich geht, wovon sie abhängt und welche Folgen sie hat, ist Gegenstand lebhafter Diskussion nicht nur in der Ökumene, sondern auch innerhalb der lutherischen Kirche selbst.

Rite vocatus

Für die lutherischen Agenden ist der XIV. Artikel der Augsburgischen Konfession maßgebend, wonach »niemand in der Kirchen offentlich lehren oder predigen oder Sakrament reichen soll ohn ordentlichen Beruf – nemo... nisi rite vocatus«. Die Ordination ist die Übertragung des Grundamtes der Kirche, der öffentlichen Wortverkündigung und Sakramentsverwaltung. Weil aus der Begegnung mit Wort und Sakrament der rechtfertigende Glaube erlangt wird, ist das »Predigtamt (ministerium ecclesiasticum)« (CA V) im Unterschied zu anderen Ämtern, die in reicher Fülle und sich im Wandel der Zeiten ändernd der Gemeinde dienen, unentbehrlich. Deshalb wird die Ordination zur öffentlichen Wortverkündigung und Sakramentsverwaltung von der Einsegnung (eines Pfarrhelfers, Diakons, Katecheten usw.) unterschieden werden müssen und auch unterschieden. Die übergreifende Einheit aller Ämter der Gemeinde, unter denen das sogenannte Geistliche Amt[7] (nur) eines von mehreren ist, wird hierdurch nicht angetastet: Um der Bedeutung des Wortes Gottes für das Leben der Gemeinde und jeden einzelnen Christen willen bleibt die Notwendigkeit zur Gliederung und Unterscheidung der Ämter bestehen, die sich aus der Funktion ergibt und keine persönliche Absonderung oder gar Höherstufung des Amtsträgers begründet. Die österreichische Kirchenverfassung sucht die Einheit der Ämter durch gemeinsame Ausrichtung darauf, »daß in der Gemeinde das Wort Gottes lauter verkündigt und die Sakramente recht verwaltet werden«, zur Geltung zu bringen und die Unterschiedenheit dadurch, daß dieser Auftrag »unmittelbar durch die Wortverkündigung und Sakramentsverwaltung (geistliches Amt)« erfüllt wird und »mittelbar« durch die anderen Ämter, die »diesen Dienst ermöglichen, fördern und unterstützen« (§ 12).
Ganz im Einklang mit dem gegen die auf eine innere Berufung rekurrierenden Schwärmer gerichteten Artikel CA XIV bindet die österreichische »Ordnung des geistlichen Amtes« in § 1 (2 f.) das geistliche Amt

7 Der Ausdruck ist denkbar ungeeignet zur Bezeichnung des ordinierten Amtes, da die reformatorische Aufhebung des Unterschiedes zw. Klerus und Laien das Standesdenken überwunden haben sollte.

an »ordnungsgemäße Berufung« und Übertragung »durch die geordneten kirchlichen Organe«. Dabei ist aber nicht die Gemeinde der Auftraggeber, denn das Amt »wird im unmittelbaren Auftrag des Herrn ausgeübt« (§ 1: 1.).[8] Das bedeutet auch, daß die kirchliche Obrigkeit auf die Lehre und Verkündigung des Ordinierten keinen Einfluß nehmen kann, daß jeder Ordinierte unmittelbar seinem Herrn gegenüber verantwortlich ist. Es gibt keine weisungsgebundene Verkündigung. Wohl aber hat der Ordinierte seiner Kirche Rechenschaft abzulegen über die Schriftgemäßheit und Bekenntnisbindung seiner Verkündigung und Amtsführung, zumal wenn Zweifel an seiner Rechtgläubigkeit entstehen. Wenn jeder Christ durch die Taufe zur Verkündigung in seinem persönlichen (privaten) Bereich berufen ist, dann gibt die Berufung einzelner in das ordinierte Amt der Kirche diesen die Verantwortung für die ganze Gemeinde und die dazu nötige Vollmacht des (öffentlichen) Dienstes an Wort und Sakrament.

Daß die Kirche den Auftrag zum Dienst an Wort und Sakrament weitergibt, ist ihr als »mandatum de constituendis ministris« von Gott aufgetragen, »sie soll (allezeit) Prediger und Diakonos bestellen« (Apol CA XIII, 12). »Aber *wie* sie das tut, ist ihrer christlichen Freiheit anvertraut.«[9] Ob das allerdings allein durch einen Rechtsakt der Kirchenbehörde geschehen kann, über den dann etwa auf dem Postweg eine Urkunde zugestellt werden kann, ist heute mehr als fraglich geworden. Die Kirche hat von Anfang an die Ordination als ein geistliches Geschehen verstanden, bei dem das Amt unter Gebet und Handauflegung der dazu Berufenen im Gottesdienst der Gemeinde übertragen wird. Zur Wahl und Berufung ist, soweit wir sehen, das Gebet der Gemeinde und die Handauflegung getreten, sobald die unmittelbaren Geistberufungen zu Ende gingen und der Herr nur mehr durch die Gemeinde handelte.[10] Es ist in der Geschichte des Protestantismus gelegentlich die Neigung zu beobachten, dem Rechtsakt Priorität vor dem geistlichen Geschehen

8 Vgl. jedoch: »Alle Amtsträger üben ihr Amt im Namen und Auftrag der Kirche aus«, KV 12 (2). Der röm.-kath. Theologie macht die Gleichsetzung »Christus – Kirche« kaum Schwierigkeiten, doch in einer ev. Kirche, besonders der Diaspora, bedürfen derart unterschiedliche Formulierungen der Klärung. Vgl. Luth. Agende IV ^{2}1987, 9: »Im Auftrag ihres Herrn beruft die Kirche unter Gebet und Handauflegung zur öffentlichen Wahrnehmung dieses Dienstes«, und Bischofskonferenz der VELKD, Einheit in der Kirche (1984), 8

9 Christoph Link, Geistliches Amt und Ordination, 101

10 Vgl. Act 6,6; 13,2f.; I Tim 4,14; 5,22a; 6,20; II Tim 1,6

einzuräumen – wie andererseits die Verwurzelung des ordinierten Amtes im Allgemeinen Priestertum aller Gläubigen häufig undifferenziert verabsolutiert wird. Dabei gerät die theologische Reflexion unversehens auf falsche Ebenen, auf denen um einen character indelebilis gestritten werden muß[11] oder das Amt ausschließlich als Funktion der Gemeinde und nicht mehr als ihr gegenübertretender und sie begründender Auftrag betrachtet wird. Beides ist nicht mit der reformatorischen Erkenntnis zu vereinbaren. Das Amt ist in den Bekenntnisschriften stets aus der Theologie des Wortes Gottes und nie aus dem Allgemeinen Priestertum aller Gläubigen begründet worden, während heute sowohl die Texte des Zweiten Vatikanums wie auch die Lima-Erklärung zum Amt von der Berufung des ganzen Volkes Gottes ausgehen – dann aber das Amt aus dem Auftrag Christi begründen.

An dieser Stelle muß das Defizit am Anfang der Reformationsgeschichte und womöglich auch in späteren Zeiten der Auflösung der kirchlichen Ordnung, etwa in der Aufklärung, offen eingestanden werden. Soweit wir sehen, hat die erste lutherische Ordination in Wittenberg im Jahr 1535 stattgefunden, nachdem Kurfürst *Johann Friedrich* am 12. Mai 1535 in einem Erlaß an die Visitatoren von Meißen und Vogtland angeordnet hatte, daß diejenigen, die, ohne die bischöfliche Weihe empfangen zu haben, ein geistliches Amt im Kurfürstentum begehren, nach ihrer Prüfung zu ihrer Ordination an die theologische Fakultät zu Wittenberg verwiesen werden sollten, die Befehl erhalten habe, »zu ordinieren und also Macht und Gewalt ihres Priester- und Diakonenamtes zu geben«. Darauf solle die landesfürstliche Bestätigung erfolgen.[12] *Bugenhagen* wurde der Wittenberger Ordinator, selbst *Luther* amtierte nur in seiner Vertretung – und dies auch nur zögernd, denn für Luther waren alle Getauften in den Stand der Priester erhoben, die Übertragung des Amtes sah er vor allem in der rite vollzogenen Wahl oder Berufung, also in der Vokation begründet. Es ist anzunehmen, daß in der Zeit vor 1535 – und weit darüber hinaus in anderen Landeskirchen[13] – zumeist die den evangelischen Theologen vom katholischen Bischof verweigerte

11 Vgl. OdgA § 1 (3)

12 Luthers Ordinationsformular (1535), WA 38,423ff.

13 Württemberg kannte bis zur Mitte des 19. Jh.s keine Ordination, sondern nur die kirchenamtl. Konfirmation der Tüchtigkeit zum geistlichen Amt, der die feierliche Introduktion in der Gemeinde folgte, die bei jedem Wechsel der Pfarrstelle zu wiederholen war.

Ordination ersatzlos gestrichen wurde und nur ein Rechtsakt der Installation oder Introduktion erfolgte, der keineswegs gottesdienstliche Gestalt anzunehmen brauchte. Am Anfang der evangelischen Tradition steht offenbar die »Formlosigkeit bei der Besetzung der Pfarren«, die Bestätigung des neuen Pfarrers als rite vocatus in einem öffentlichen Gottesdienst durch Gebet und Handauflegung der anderen Pfarrer des Ortes bzw. der Nachbargemeinden wird aber auch hie und dort belegt.[14]
Diese Entwicklungen sind nur zu verstehen, wenn man die Situation der evangelischen Gemeinden und Landeskirchen der damaligen Zeit bedenkt, die sich über Luthers Tod hinaus noch nicht als eine eigene Kirche, sondern als Teil der katholischen Kirche verstanden, um deren Reformation es ging und deren Erneuerung damals auf tragische Weise mißlang.
Der historische Bruch, der in der Reformationszeit entstand, wurde zunächst mit Notordnungen, bei denen der Landesherr als summus episcopus den Bischof ersetzte, überbrückt und später durch neue Ordnungen zu heilen gesucht, die keineswegs immer dem Wesen der Kirche nach evangelischem Verständnis entsprachen und nur zu oft sich an staatliches Recht und Verwaltung und den Zeitgeist anlehnten. Heute erkennen wir immer mehr, daß dieses Defizit nur auf ökumenische Weise überwunden werden kann.

Ordination als Bezeugung von Befähigung und Bestimmung

Die »Ordnung des geistlichen Amtes« sagt: »Mit der Ordination bezeugt die Kirche, daß der Ordinierte zum öffentlichen geistlichen Amt befähigt und bestimmt ist (§ 14: 4.).
Wenn in der Ordination bestätigt wird, daß eine für das Amt nötige Befähigung vorliegt, so kann es sich nicht um die in der Taufe allen Christen gegebenen Gaben handeln, sondern nur um natürliche, geistige und auch geistliche Begabungen, denen sich eine entsprechende Ausbildung für dieses Amt zugesellt hat. In dieser Hinsicht ist die Ordination Abschluß einer vorausgegangenen Prüfung durch die Kirche, zu der weniger die akademischen Examina gehören als vielmehr kirchliche Vorbereitung, erste Praxiserfahrung (Vikariat) und vor allem die Feststellung der geistlichen Voraussetzungen im Glauben und Leben, soweit

14 Vgl. Drews, Einleitung zu Luthers Ordinationsformular, WA 38,406

das möglich ist. Auch das einzureichende Zeugnis des Gemeindepfarrers und das Ordinationsgespräch haben diesen Sinn. Endlich ist das Einverständnis des Ordinanden mit seiner Berufung in das Amt der Kirche und mit deren Bekenntnis Teil jener Befähigung, die in der Ordination bezeugt wird.

Zugleich aber bezeugt die Kirche in der Ordination, daß der Ordinand zu diesem Amt bestimmt ist, und setzt damit einen Anfang. Sie überantwortet dem Ordinanden durch Gebet und Handauflegung das Amt der Kirche. Nach der Lutherischen Agende IV (1987) folgt dem Ordinationsgebet die – unter Handauflegung des Ordinators und der Assistenten gesprochene – Ordinationsformel: »Christus spricht: Gleichwie der Vater mich gesandt hat, so sende ich euch. Im Gehorsam gegen diesen Auftrag, den der Herr seiner Kirche gegeben hat, und im Vertrauen auf seine Verheißung berufen, segnen und senden wir dich/euch zum Dienst im Amt der Kirche (das Evangelium von Jesus Christus öffentlich zu verkündigen und die Sakramente zu verwalten). Im Namen des + Vaters und des Sohnes und des Heiligen Geistes.«[15]

Es ist mit Recht kritisiert worden, daß in der Vergangenheit nur Ordinierte dem Ordinator assistieren konnten und damit der Eindruck entstanden sei, als gäbe das Amt exklusiv das Amt weiter.[16] Inzwischen werden wohl überall nichtordinierte Gemeindeglieder als Assistenten an der Ordinationshandlung beteiligt.[17] Dadurch kommt zum Ausdruck, daß das Ordinationsgeschehen Handeln der ganzen Kirche ist. Jedoch liegt der lutherischen Theologie die Gefahr nahe, das Amt ganz ins Funktionale zu verflüchtigen und die unlösliche Verbindung von Amt und Person zu übersehen. Sie ist vor allem deswegen wichtig, weil der Pfarrer seine Ordination als einen festen Halt in seinen Dienst mitnehmen darf und soll: Der mir das Amt übertragen ließ, wird mich auch in meinen Anfechtungen und Fehlern halten.

Ordinationsgabe und Amtscharisma

Wenn die Ordination nicht nur Bestätigung eines bereits erreichten

15 Luth. Agende IV, 25 vgl. 34

16 Z.B. Brunotte, Amt bei Luther, 202

17 Z.B. »Die Ordination wird durch den Bischof oder einen dazu Beauftragten und zwei ordinierte Pfarrer als Assistenten vorgenommen. Zusätzlich können auch andere Kirchenglieder assistieren«, Luth. Agende IV, 17

Zustandes ist, sondern auch Berufung, Segnung und Sendung, dann wird mit ihr ein Anfang gesetzt. Hier stehen wir vor der Frage nach der Ordinationsgabe, in neutestamentlicher Sprache nach dem Ordinationscharisma.[18] Die »Ordnung des geistlichen Amtes« lehnt einen mit der Ordination übertragenen »unverlierbaren Charakter« ausdrücklich ab (§ 1: 3.). Dementsprechend ist die mit der Ordination geschehende Bezeugung der Befähigung und Bestimmung des Kandidaten zum geistlichen Amt »ihrem Wesen nach widerruflich« (§ 14: 4.). Über eine Wiederholung der Ordination bei neuerlicher Indienstnahme eines Theologen, dem der Widerruf widerfahren ist, finden sich keine Bestimmungen. Vor allem wegen der biblischen Bezüge wird die Frage des Amtscharismas aber nicht ad acta gelegt werden können, es sei denn, man verleugne das geistliche Wesen der Ordination und liefere sie gänzlich der Zuständigkeit des Kirchenrechts und der Verwaltung aus. Warum man dann aber noch eine gottesdienstliche Handlung braucht, ist nicht mehr einsichtig zu machen.

Die Weitergabe eines besonderen Charismas ist seit dem 13. Jahrhundert mit einer an Joh 20, 22f. orientierten Formel signalisiert worden. Auch reformatorische Kirchenordnungen kennen solch eine exhibitive Vollzugsformel, etwa Kassel 1539: »Nimm hin die hand und hülf Gottes, den heiligen Geist, der dich lehr, für, sterk, deinen dienst furchtbar zu verrichten durch unsern Herrn Jhesum Christum. Amen.«[19] Nun ist die exhibitive Formel in der Sache mit der liturgiegeschichtlich älteren deprekativen Redeweise – eben dem Ordinationsgebet – aufs innigste verbunden. Es geht um ein und dasselbe: Die Kirche vertraut darauf, daß der Herr, der ihr das Amt gegeben hat, seine Zusage auch dem nun in dieses Amt Berufenen geben wird. Für die orthodoxe Tradition besteht hier kaum ein Unterschied, weil für sie das Gebet um den Heiligen Geist die intensivste Form der Zusage ist.

---

18 Vgl. oben Anm. 10

19 EKO 8 (1965) 58f. Ähnlich das Book of Common Prayer 1662: »Receive the Holy Ghost for the office and work of a Priest in the Church of God, now committed unto thee by the imposition of our hands. Whose sins …« Die Prayer Books Edwards VI. (1549/1552) gingen noch von Joh 20,22ff. aus. Das Alternative Service Book 1980 dagegen kehrt zurück zum epikletischen Ordinationsgebet (ohne Vollzugsformel): »Send down the Holy Spirit upon your servant N. for the office and work of a priest in your Church« mit weiterem Gebet. – Zur röm. Entwicklung Kleinheyer, Ordination und Beauftragungen, 32ff.43ff.

Es ist deshalb durchaus evangelisch, von einem Charisma in Verbindung mit der Ordination zu reden. Nur ist dieses Charisma etwas anderes als potestas, Gewalt oder gar Weihegewalt. Wenn die Gemeinde für den Ordinanden bittet, wenn sie durch Ordinator und Assistenten segnet und sendet, dann geht es nicht bloß um eine feierliche Bestätigung von etwas längst Vorhandenem, sondern um eine reale Zusage, mit der das Amt überhaupt erst gewagt werden kann. Diese reale Zusage wird in anderen Traditionen nur anders bezeichnet. Und wenn Wilhelm *Brunotte* von der Handauflegung bei der Ordination abrät, um zu dokumentieren, hier wird nichts gegeben[20], so befindet er sich wohl kaum im Einklang mit dem Neuen Testament: II Tim 1, 6 ermahnt, das Charisma Gottes anzufachen, das durch Auflegen der Hände des Apostels zuteil geworden ist. Handauflegung ist Gebetsgestus.

Anfragen des Lima-Textes an die evangelische Praxis

Nachdem das Amts- und das Ordinationsverständnis der Evangelischen Kirche A.B. in Österreich in ihren Grundzügen aufzuzeigen versucht worden ist, sollen jetzt die Anfragen bedacht werden, die sich aus dem ökumenischen Konvergenztext zum Amt an Theologie und Praxis dieser Kirche ergeben.

Apostolische Sukzession

Die Lima-Erklärung zum Amt sieht die apostolische Sukzession mit den frühen Vätern mehr durch den Inhalt der apostolischen Lehre bestimmt als durch eine formale Weitergabe von Bischof zu Bischof. Schon der »Malta-Bericht« des evangelisch-lutherisch/römisch-katholischen Dialogs vermerkt einen evangelischen Zugang zur Lehre von der apostolischen Sukzession, »wenn die Sukzession der Lehre als das Vorrangige anerkannt wird und wenn die ununterbrochene Kette der Amtsübertragung nicht als eine ipso facto sichere Garantie der Kontinuität der rechten Evangeliumsverkündigung betrachtet werden muß«[21]. Damit wird den nicht-episkopalen Kirchen des Protestantismus ein neuer Zugang zur Bedeutung des Bischofsamtes eröffnet. Die Lima-Erklärung

20 Brunotte, Amt bei Luther, 202
21 Amt und Herrenmahl, 23 ff., bes. 44

ordnet die Apostolische Tradition in der Kirche der Sukzession des apostolischen Amtes vor und ermöglicht es »Kirchen ohne Bischofsamt, die bischöfliche Sukzession als ein Zeichen (der Apostolizität des Lebens der ganzen Kirche), jedoch nicht als eine Garantie der Kontinuität und Einheit in der Kirche zu schätzen«. Sie wehrt zugleich allen Vorstellungen, als ob das Amt in nicht-episkopalen Kirchen »nicht gültig sein sollte bis zu dem Augenblick, wo es in eine bestehende Linie der bischöflichen Sukzession eintritt«. Ja, die »Annahme der bischöflichen Sukzession wird die Einheit der ganzen Kirche am besten fördern, wenn sie Teil eines umfassenderen Prozesses ist, durch den auch die bischöflichen Kirchen selbst ihre verlorene Einheit wiedergewinnen« (A 38).

Damit ist eine entscheidende neue Erkenntnis formuliert, die aus der gegenwärtigen Sackgasse der Amtsdiskussion herausführen könnte: Durch die Tatsache der fortdauernden Kirchenspaltung besitzt keine Kirche mehr die Fülle. Erst die Versöhnung der Ämter und die volle Wiederherstellung der Kirchengemeinschaft vermag auch dem Amt der sogenannten katholischen Kirchen den Defectus zu nehmen, den sie zwangsläufig durch die Kirchenspaltung erlitten haben. Jede Kirche hat zu geben und jede hat zu nehmen. Darum ist der ökumenische Prozeß für das Kirchesein aller Kirchen lebensnotwendig.

Wenn nach evangelischem Verständnis das Amt sowohl in der Gemeinde steht als auch ihr gegenüber, weil es das Evangelium zu Gehör bringt und insofern Christus repräsentiert, dann dürfte der Gedanke der apostolischen Sukzession der evangelischen Kirche nicht mehr ganz fern sein. *Melanchthon* hat in einem Zusatz zu seiner Unterschrift unter die Schmalkaldischen Artikel 1537 sogar dem Papst eine »Superiorität uber die Bischofe, die er hat jure humano« »um Friedens und gemeiner Einigkeit willen« zugestehen wollen, »so er das Evangelium wollte zulassen«[22].

Die Bezeichnung der Ordination als Sakrament ist hauptsächlich eine terminologische Frage, bei der man sich kaum mehr aufzuhalten braucht.

Die dreifache Gliederung des Amtes

Die Lima-Erklärung empfiehlt die Übernahme der altkirchlichen Drei-

---

22 BSLK 464

gliedrigkeit des kirchlichen Amtes. Hier kommen die evangelischen Traditionen in erhebliche Schwierigkeiten.

Das Bischofsamt ist ursprünglich das gemeindeleitende Amt gewesen, das in Verbindung mit dem Presbyterium wahrgenommen und dem bald der Diakon mit spezifischen gottesdienstlichen und sozialen Aufgaben beigestellt wurde. Die Herausbildung der späteren Dreigliedrigkeit hat historische Gründe, die mit dem Ursprung kaum mehr etwas zu tun haben. Der Presbyter wurde im Priester zu einem Gemeindeleiter mit verminderten Befugnissen, ein Mini-Bischof und Stellvertreter, weil die Bischöfe bei der Ausbreitung des Evangeliums nicht in jede neue Gemeinde wiederum einen Bischof einsetzten. In Italien hat jede kleine Stadt einen Bischof, das Bistum Osnabrück erstreckte sich bis vor kurzem über fast tausend Kilometer nach Norden. Diese Entwicklung ist wirklich nicht überzeugend. Sie ist von Machtvermehrung und nicht von geistlichen Motiven bestimmt gewesen. Deshalb ist die reformatorische Gleichsetzung episcopi seu pastores, also von Bischöfen und Priestern, durchaus berechtigt. Und der Diakon: Ist sein Amt in der römischen Entwicklung zur Geltung gekommen? Der Diakon ist bis heute weitgehend ein Durchgangsstadium zur Priesterweihe. Deshalb betont die Lima-Erklärung mit Recht, »die dreigliedrige Amtsstruktur bedarf offenkundig einer Reform« – und zwar hinsichtlich ihrer Einbindung in die kollegiale Dimension der Leitung der Gemeinde und hinsichtlich der spezifischen Funktionen (A 24). Da auch die innerevangelische Bemühung um eine Erneuerung der Mehrgestaltigkeit des Amtes bzw. der Ämter in der Gemeinde unvermindert andauert, mag der Anstoß aus der Ökumene durchaus positiv aufgenommen werden. Besonders der Diakonat eröffnet die Chance, die vielen Ämter in der Gemeinde deutlicher miteinander zu verbinden und in Beziehung zur Gemeinde als dem Leib Christi zu setzen.

Die kritische Frage ist nun aber die: Wer ordiniert zu diesen vielen Ämtern oder auch nur zu dem einen Amt in seiner dreifachen Gliederung? Der Lima-Text ist hier sehr vorsichtig, indem er sagt, »die Ordination wird... von Personen vollzogen, in denen die Kirche die Autorität der Weitergabe des Amtsauftrages anerkennt« (A 37). An anderer Stelle wird davor gewarnt, eine von den verschiedenen kirchlichen Praktiken der Ordination als allein gültig herauszustellen. Allerdings wird im gleichen Atemzug die Hoffnung ausgedrückt, daß die Kirchen, wenn sie einander »im Zeichen der apostolischen Sukzession

anzuerkennen« bereit sind, auch »die alte Tradition, nach der es der Bischof ist, der unter Beteiligung der Gemeinde ordiniert«, anerkennen würden (A 39 Komm.).
Nach gegenwärtigem Recht und Brauch ordiniert in der Evangelischen Kirche in Österreich der Bischof, der Superintendent oder ein dazu beauftragter Pfarrer aufgrund eines Beschlusses der Kirchenbehörde (Oberkirchenrat). Es dürfte nicht schwerfallen, diese Regelung dem Duktus der ökumenischen Erklärung anzupassen, zumal sie die Ordination als ein »Handeln Gottes und der Gemeinschaft, durch das die Ordinanden durch den Geist für ihre Aufgabe gestärkt und durch die Anerkennung und Gebete der Gemeinde getragen« werden, bezeichnet (A 40). Es geht also nicht um die Alternative »entweder der Bischof oder die Gemeinde«, sondern immer ist die Kirche im Ordinationshandeln insgesamt aktiv, das heißt: Bischof, Pfarrer und Gemeinde wirken zusammen.
Dieses entspricht übrigens auch dem Zweiten Vatikanum. An dieser Stelle fällt es leicht, Lima zu folgen.

Wortverkündigung und Sakramentsverwaltung vor der bzw. ohne Ordination

Nun hat die österreichische evangelische Ordinationspraxis einen neuralgischen Punkt: Der Bischof kann »die befristete Ermächtigung zur Wortverkündigung und Sakramentsverwaltung an Theologen in einer bestimmten Gemeinde vor Ablegung der Amtsprüfung« erteilen (Verfassung § 176 2.). Damit ist gemeint, daß Vikare vor ihrer Ordination bereits die nach § 112 (3) den (ordinierten) Geistlichen vorbehaltene Sakramentsverwaltung übernehmen können. Der Grund ist offenkundig: Die Verfassung will sicherstellen, daß die Gemeinden mit Wort und Sakrament versorgt werden. Ist kein ordinierter Pfarrer vorhanden, so wird eben ein Vikar beauftragt. Die Frage drängt sich unabweisbar auf: Was bedeutet dann noch die später erfolgende Ordination? Die Erklärung der »Ordnung des geistlichen Amtes«, »Vikare und Vikarinnen üben die öffentliche Wortverkündigung und Sakramentsverwaltung im Auftrag des Pfarrers aus« (§ 25: 1.), deutet in die Richtung einer rein funktionalen Auffassung des Amtes, die dem lutherischen Bekenntnis ganz offen widerspricht (CA XIV).
Nach § 113 (5) der Kirchenverfassung können sogar »bewährte und

besonders zugerüstete Lektoren () über Antrag ihres Presbyteriums vom Superintendenten oder vom Landessuperintendenten H. B. zeitlich und räumlich begrenzt mit der Spendung der Sakramente beauftragt werden. Die Beauftragung hat schriftlich zu erfolgen.« Hier haben wir den klassischen Fall einer Briefordination, wenn auch in zeitlicher und räumlicher Eingrenzung. Es muß nun gefragt werden: Warum ordiniert diese Kirche nicht solche Lektoren? Die Ordination ist ja nicht an einen bestimmten akademischen Ausbildungsgang und an ein hauptamtliches Dienstverhältnis zur Kirche gebunden.

Zur Rechtfertigung dieser eigentümlichen Praxis wird gern angeführt, die Ermächtigung zur Wortverkündigung werde ja auch kasuell oder gar generell neben der Ordinationspraxis erteilt. Die Gleichsetzung von Wortverkündigung und Sakramentsverwaltung, so einleuchtend sie auf den ersten Blick, wenn man an CA V denkt, zu sein scheint, ist aber kurzschlüssig. An der Wortverkündigung hat jeder Christ in seinem Bereich teil von der Mutter, die ihrem Kind die biblische Geschichte erzählt, bis zum Zeugnis am Arbeitsplatz. Die Sakramentsverwaltung gibt es aber nur im öffentlichen Gottesdienst der Gemeinde. *Luther* hat die Hauskommunion durch den Hausvater, die der konsequenten Gleichsetzung von Wortverkündigung und Sakramentsverwaltung im privaten wie im öffentlichen Bereich entsprechen würde, strikt abgelehnt: »Daß ein Hausvater die Seinen das Wort Gottes lehret, ist recht und soll so sein; denn Gott hat befohlen, daß wir unser Kinder und Haus sollen lehren und ziehen, und ist das Wort einem iglichen befohlen. Aber das Sakrament ist ein offenbarlich Bekenntnis und soll offenbarliche berufene Diener haben.« Luther rät zum Verzicht auf das Abendmahl, wo es nicht durch das Amt der Kirche gereicht werden kann, und tröstet: Wo »die tyrannischen Kirchendiener, so es zu tun wohl schuldig seind, (weder) ihm noch den Seinen (das Sakrament) nicht reichen wollen, (ist es möglich, daß er) dennoch wohl kann in seinem Glauben selig werden durchs Wort«[23].

---

23 An Pfarrer Wolfgang Brauer in Jessen 1535, WA.B 7,338f. (Nr. 2281); ähnlich an Lorenz Kastner und Genossen in Freiberg 1536: »lehren mag ich daheimen, aber öffentlicher Prediger bin ich damit nicht, ich wäre denn öffentlich berufen ... Darumb ist's nicht geredt: Das Sacrament wird durchs Wort gemacht, darumb mag ich's im Hause machen. Denn es ist Gottes Ordnung und Befehl nicht; sondern er will, daß das Sakrament durch öffentlich Ampt gereicht werde. Denn das Sakrament ist eingesetzt zu offentlicher Bekenntnis« (I Kor 11,26), WA.B 7,366 (Nr. 2296).

Es muß deshalb – mit Luther – festgehalten werden, daß eine völlige Gleichsetzung von Wortverkündigung und Sakramentsverwaltung ein theologischer Trugschluß ist: An der Wortverkündigung haben alle Christen teil, obwohl die Verantwortung für die öffentliche Wortverkündigung Sache des ordinierten Amtes ist, keineswegs aber an der Leitung des Abendmahlsgottesdienstes. Man kann die Frage stellen, wie sich die Gemeindepredigt des Studenten im Rahmen des Homiletischen Seminars, mehr noch die – in der österreichischen Diaspora weitgehend selbständige – Predigttätigkeit des Lehrvikars oder gar des Pfarramtskandidaten[24] und dann des Lektors zu der »öffentlichen« Wortverkündigung verhält. In diesem Bereich wird es Übergänge geben, obwohl allein der ordinierte Pfarrer die Verantwortung für die öffentliche Verkündigung in seinem Amtsbereich hat. Der Student, der Vikar und das nicht-ordinierte Gemeindeglied, das gelegentlich die Predigt übernimmt, können in der Tat »im Auftrag« tätig werden. Das ist aber für die Sakramentsverwaltung nicht möglich, denn diese ist immer »gemeindeöffentlich« und damit ausschließlich dem ordinierten Amt aufgetragen.[25] Die obigen Lutherzitate sind eindeutig.

Die VELKD hat sich mehrfach und eindeutig dahingehend geäußert, daß die öffentliche Wortverkündigung und Sakramentsverwaltung in jedem Falle die Ordination voraussetzt.[26] Dabei wird auch die zeitliche

24 Die Generalsynode der Ev. Kirche A.u.H.B. i.Ö. hat 1988 die zweite Ausbildungsphase unter Einbezug des bisherigen unständigen Dienstes auf vier Jahre (je zur Hälfte Lehrvikariat und Pfarramtskandidatur, § 7 Ziff. 1 OdgA 1988, 1990 auf drei Jahre reduziert) festgesetzt. Sie schließt (erst dann) mit dem Amtsexamen ab und führt zu Ordination und Wählbarkeit. Das bedeutet, daß Vikare über weite Strecken bereits den vollen Dienst an Wort und Sakrament versehen müssen, ohne ordiniert zu sein. Das Ordinationsverständnis verschiebt sich somit zu einer Aufnahme in den Stand der hauptamtlichen Pfarrer.

25 Vgl. dazu Kühn, Sakramente, 65ff.302f.

26 Vgl. Theol. Ausschuß der VELKD: Gutachten z. Frage des ministerium ecclesiasticum und der Ordination (2.6.1955), Amt und Ordination, 82ff.; Stellungnahme zur Frage des kirchl. Amtes und der Ordination (13.10. 1970), ebd. 70ff.; Stellungnahme zur Frage des kirchl. Amtes und der Ordination (26.3.1976), VELKD-Informationen 25/1976. Die Bischofskonferenz der VELKD stellte 1984 fest, »daß die Leitung des Hl. Abendmahles gemäß dem Bekenntnis unserer Kirche Aufgabe des ordinierten Pfarrers ist«, VELKD-Informationen 26/1984, 8. Vgl. ferner Das luth. Verständnis vom Amt: Gottesdienst in luth. Kirchen, bes. 11 n. 28

und räumliche Einschränkung der Ermächtigung zur öffentlichen Wortverkündigung und Sakramentsverwaltung sowie die Beauftragung ohne Ordination als im Widerspruch zum Wesen des Amtes nach evangelischem Verständnis befindlich abgelehnt: »Die Berufung zur öffentlichen Wortverkündigung und Sakramentsverwaltung (ist) eine Angelegenheit der ganzen Kirche und nicht nur der einzelnen Gemeinde. (Sie ist) von der Einführung in einen bestimmten Dienstbereich zu unterscheiden.«[27]
Zuletzt hat die Bischofskonferenz der VELKD in ihrer Kundgebung zum Thema »Einheit der Kirche« vom Juni 1984 nochmals darauf hingewiesen, »daß die Leitung des Heiligen Abendmahls gemäß dem Bekenntnis unserer Kirche Aufgabe des ordinierten Pfarrers ist«[28].

Daß auch die lutherischen Mehrheitskirchen in Deutschland bis heute immer wieder an die Ordination als Voraussetzung für die Leitung des Abendmahlsgottesdienstes erinnert werden müssen, zeigt, daß dieses Problem nicht ein ausschließlich österreichisches ist. Aber die Evangelische Kirche in Österreich ist wohl die einzige lutherische Kirche, die der öffentlichen Wortverkündigung und Sakramentsverwaltung vor der Ordination und unabhängig von ihr eine verfassungsmäßige Legitimation – wenn auch als Ausnahmebestimmung – gegeben hat. Darin befindet sie sich nicht mehr im Konsens mit ihrer eigenen Bekenntnisgrundlage, der Augsburgischen Konfession, und mit dem Weltluthertum, ganz abgesehen von dem sich anbahnenden ökumenischen Konsens.

Der Versuch, das »rite vocatus« von der Ordination abzukoppeln und andere Formen der Berufung mit CA XIV zu legitimieren, setzt an der falschen Stelle an und löst das Problem nicht. Was in der Reformation anfangs noch Vokation genannt wurde, ist nun Ordination.[29] Wenn man für den selbständigen Dienst des Vikars an Wort und Sakrament in einer vakanten Gemeinde die Vokation als eine Art Präordination wieder einführen wollte, ergäben sich unlösbare Ungereimtheiten. Warum sollte ein solcher Vikar später noch ordiniert werden? Seine Berufung ohne Ordination hat ihm bereits den Dienst an Wort und Sakrament übertragen.

Der Lima-Text zum Amt stellt an dieser Stelle eine entscheidende

27 Theol. Ausschuß der VELKD (1976): Amt und Ordination, n. 6
28 Einheit der Kirche, 7f.
29 Vgl. Ratschow, Amt, 567,43 ff. 614 ff.

Anfrage an die Praxis der evangelischen Kirchen.[30] Er erinnert sie an ihre eigenen Grundlagen und bringt zugleich die tiefe Besorgnis anderer Kirchen der Ökumene zum Ausdruck.

Es stellt sich für den evangelischen Theologen wohl nicht die Frage, ob denn eine ohne ordiniertes Amt gehaltene Eucharistiefeier überhaupt gültig sei, genauer: ob Christus unter Brot und Wein wirklich gegenwärtig und empfangen werden kann. Hier wird Unordnung, Unwissenheit, ja auch Ungehorsam nicht die Zusage Gottes zunichte machen können. Aber nicht nur der katholische Theologe kommt von seinem Verständnis aus in große Gewissenskonflikte, und dies sollte respektiert werden. Die Sakramentsverwaltung – und öffentliche Wortverkündigung – ohne Ordination ist und bleibt auch und gerade nach lutherischem Verständnis illegitimes, bekenntniswidriges Handeln. Daß Vikare in der Großstadt einen Abendmahlsgottesdienst halten, an dem ordinierte Pfarrer als Gemeindeglieder teilnehmen, ist ein höchst bedenklicher Vorgang, der zeigt, wie wenig bisher über ein biblisch-reformatorisches Ordinationsverständnis nachgedacht worden ist. Seit der Urgemeinde sind Handauflegung und Gebet die Weise gewesen, mit der die Gemeinde einen wichtigen Dienst übertrug. Sollte der Vikar sich mit seinem Examen und der schriftlichen Einweisung in das Lehrvikariat zufriedengeben müssen, wenn er den Dienst eines Ordinierten übernehmen muß? Die Rechtsverhältnisse sind vielleicht geordnet, wo aber bleiben die geistlichen Vorgänge?

Reordination und ökumenische Anerkennung

Der Lima-Text sagt, die »Verpflichtung zum ordinierten Amt sollte gewöhnlich ohne Vorbehalt und zeitliche Begrenzung vorgenommen werden. Eine Beurlaubung von diesem Dienst ist jedoch nicht unvereinbar mit der Ordination« (A 48).

Nach dem Recht der österreichischen Evangelischen Kirche ist die

30 die auch dt. ev. Kirchen trifft. Die Prof. der Erlanger Theol. Fakultät haben nahezu vollzählig gegen eine entsprechende »Neuregelung im Änderungsgesetz« Bayerns votiert: Kann die Ordination als »gestreckter Vorgang« aufgefaßt werden?, Eingabe vom 22.1.1988; vgl. Roloff/Seitz, Verständnis der Ordination, 565f.; Pfarrerverein in Bayern, Korrespondenzblatt 103 (1988) 129ff.153ff.167ff.; 104 (1989) 8ff.; Pannenberg, Abendmahlsverwaltung und Ordination, masch. Gutachten vom 9.9.1988

Ordination »ihrem Wesen nach widerruflich« (OdgA § 14: 1.): »Der Verlust des geistlichen Amtes tritt ein: 1. durch Austritt aus der Evangelischen Kirche A. B. in Österreich oder der Evangelischen Kirche H. B. in Österreich; 2. durch ein rechtskräftiges, auf Verlust des geistlichen Amtes lautendes Disziplinarerkenntnis« (OdgA § 45: 1.). Mit ihm »erlischt... das Recht zur gottesdienstlichen Wortverkündigung, zur Verwaltung der Sakramente und zur Vornahme von Amtshandlungen«, welches Recht auch dann verlorengeht, »wenn sich ein geistlicher Amtsträger ohne erforderliche Bewilligung länger als einen Monat schuldhaft von seinem Amte ferngehalten hat« (OdgA § 45: 3.5).

Die Frage ist nun die: Was geschieht bei Wiedereintritt des Ordinierten in die Rechte des ordinierten Amtes? Muß neu ordiniert werden, oder genügt ein Rechtsakt des Oberkirchenrats ohne gottesdienstliche Handlung? Im letzteren Fall gäbe es auch in der evangelischen Kirche trotz § 1: 3. OdgA eine Art character indelebilis – analog zur Taufe, die bei Wiedereintritt eines Ausgetretenen auch nicht wiederholt wird. Lima jedenfalls sagt ganz eindeutig: »Eine Wiederaufnahme des ordinierten Amtes erfordert die Zustimmung der Kirche, aber keine erneute Ordination. In Anerkennung des gottgegebenen Charismas des Amtes wird die Ordination für irgendeines der einzelnen ordinierten Ämter niemals wiederholt« (A 48).

Das Problem taucht in einer anderen Zuspitzung noch einmal auf bei der Übernahme ordinierter Pfarrer aus einer anderen Konfession. Ein katholischer Priester, der aus Überzeugung evangelischer Pfarrer werden will, kann doch nicht in der gleichen Weise ordiniert werden wie ein Vikar, als ob das Amt in der römisch-katholischen Kirche ein Nichts gewesen wäre? Hier befindet sich die evangelische Theologie und Kirche in einer grundsätzlich anderen Lage als das römisch-katholische Gegenüber: Für das römisch-katholische Verständnis liegt bei einem evangelischen Pfarrer keine valide Ordination vor, weil die apostolische Sukzession fehlt. Deshalb ist es zwar schmerzlich, aber verständlich, wenn übertretende evangelische Pfarrer in der katholischen Kirche ordiniert (geweiht) werden. Für das evangelische Verständnis könnte die Priesterweihe trotz einiger nicht geteilter Vorstellungen in der Sache durchaus als eine gültige Ordination in einer anderen Kirche anerkannt werden. Deshalb würde eine nochmalige Ordination die Glaubwürdigkeit des eigenen Handelns in Frage stellen. Wir müssen so weit kommen, daß die Ordination in einer anderen Kirche der Ökumene anerkannt wird,

und vielleicht kann die evangelische Kirche hier den ersten Schritt tun. Die VELKD hat schon einen wichtigen Schritt auf diesem Wege getan. Ihr Theologischer Ausschuß erklärt: »Wenn das Amt der Kirche der Einheit der ganzen Kirche dient, sollte die Berufung in dieses Amt unabhängig von der Einführung in besondere Funktionen (z.B. Pastorenamt in einer bestimmten Gemeinde usw.) und für die ganze Kirche erfolgen. Es ist angemessen, die Ordination (unabhängig von der Ausübung bestimmter Funktionen und unabhängig von deren zeitlicher Begrenzung) nicht zu wiederholen, sondern ein für allemal gelten zu lassen« (1970).[31] Und zur Ordination ehemaliger römisch-katholischer Priester heißt es: »In diesem Fall wird weder der Zwang zur uneingeschränkten Ordination noch der grundsätzliche Verzicht darauf den unterschiedlichen Tatsachen gerecht, daß der Betreffende zwar einerseits nicht als im reformatorischen Sinne ordiniert gelten kann, wohl aber andererseits schon einmal im Dienst an Wort und Sakrament gestanden hat. Darauf sollte die gottesdienstliche Handlung, durch die er zum Dienst mit Wort und Sakrament in der lutherischen Kirche berufen wird, in angemessener Weise Bezug nehmen« (1976).[32]
Die Lima-Erklärung weist uns nach vorne: »Ordination ist eine Anrufung Gottes, daß der neue Amtsträger die Kraft des Heiligen Geistes in der neuen Beziehung empfangen möge, die hergestellt wird zwischen diesem Amtsträger und der örtlichen christlichen Gemeinschaft und, der Intention nach, auch zur universalen Kirche« (A 42). Reordination und Verweigerung der Anerkennung der Ordination in einer anderen Kirche werden zunehmend überwunden werden, je mehr uns die neutestamentliche Weite des Kirchenbegriffs (*ἐκκλησία* sowohl die konkrete Eucharistie feiernde Ortsgemeinde als auch die universale Kirche) wieder bewußt wird und damit auch das Amt der Einheit.

Ministerium ecclesiasticum semper reformandum

Die ökumenische Vision der Versöhnung der Kirchen, die auch die Versöhnung der Ämter einschließt, ist die, daß sich die Ordinierten der bislang getrennten Kirchen gegenseitig die Hand auflegen und unter Gebet so mitteilen, was noch fehlen mag. Dabei ist eine gewisse Band-

31 Amt und Ordination, 73 zu 3 c
32 Stellungnahme, VELKD-Informationen 25/1976, zu 7

breite in der theologischen Interpretation durchaus denkbar und sogar notwendig: Dem einen mag die Kontinuität der apostolischen Sukzession in der Form der Ordination durch die Bischöfe unaufgebbar sein, dem anderen dagegen die apostolische Tradition in der Weitergabe des unverfälschten Evangeliums vorrangig. Die Kirchen haben in der langen Zeit der Kirchenspaltung unterschiedliche Akzente gesetzt und alle ohne Ausnahme in ihrer Qualität als Kirche und damit auch in ihrem Amt gelitten. Jetzt möge die Zeit kommen, wo sie sich einander geben, was sie bewahren konnten, und empfangen, was sie verloren haben. So ist gerade in diesem schwierigsten ökumenischen Thema eine unerhörte Chance verborgen.

Voraussetzung für diesen Weg aufeinander zu wird die Erkenntnis sein, daß keine Kirche die Fülle für sich selbst bewahrt hat. Durch die bloße Tatsache der fortbestehenden Kirchenspaltung und der Uneinigkeit unter den Christen ist ein Defectus in allen Kirchen gegeben, der nur durch die Verwirklichung der Ökumene behoben werden kann. So sagt der Lima-Text zum Schluß: »Um auf dem Wege zur gegenseitigen Anerkennung der Ämter Fortschritte zu machen, sind bewußte Anstrengungen erforderlich. Alle Kirchen müssen die Formen des ordinierten Amtes und das Maß, in dem sie seinen ursprünglichen Intentionen treu sind, überprüfen. Die Kirchen müssen zu einer Erneuerung ihres Verständnisses und ihrer Praxis des ordinierten Amtes bereit sein« (A 51).

Für die Evangelische Kirche in Österreich steht eine intensive theologische Arbeit bevor, in der anhand von Schrift und Bekenntnis neu gefragt werden muß, was Amt und Ordination für das Kirche-Sein bedeuten – und zwar zunächst im Hören auf die anderen Stimmen aus der gleichen Konfessionsfamilie. Eine zentrale Frage wird dabei sein, ob das Amt weiterhin so stark funktional verstanden und gehandhabt werden kann, wenn Paulus von »seinem Evangelium« redet (II Tim 2, 8, vgl. I Thess 1, 5 u.ö.), ob es nicht eine sehr konkrete, lebenslange und universale Bindung ganz bestimmter Personen in der Gemeinde verlangt. Auch muß die geistliche Bedeutung endlich auch bei uns über die kirchenrechtliche, meist aus staatlicher Verwaltung abgeleitete, dominieren.

Die Anfragen des Lima-Textes über das Amt an die anderen Kirchen, vor allem die römisch-katholische, sind nicht minder gewichtig. Sie darzustellen, ist aber nicht Sache eines evangelischen Theologen. Über die Mitwirkung der Gemeinde bei der Ordination, über die Erneuerung des dreifachen Amtes, über die Frage der Weihegewalt und nicht zuletzt über das Problem der Geistmitteilung so zu handeln, daß den noch getrennten Kirchen die in der römisch-katholischen Tradition bewahrte Wahrheit zugänglich werden kann, ist Aufgabe der Kollegen der anderen Fakultät.

Wir haben zu geben und wir haben zu nehmen. Deshalb ist das Amtsthema nicht nur ein besonders schwieriges, sondern auch ein besonders verheißungsvolles: Es könnte uns mehr zusammenführen, als wir jetzt ahnen.

Konvergenzen katholischer und evangelischer Liturgiereform

Das 20. Jahrhundert scheint in die Geschichte als Jahrhundert der Liturgiereformen einzugehen. Sowohl in der römisch-katholischen Kirche wie in den evangelischen Kirchen hat es bislang kaum vergleichbar anhaltende und umfassende Bemühungen um die Erneuerung des Gottesdienstes gegeben. Dabei läßt sich deutlich eine zunehmende Konvergenz der Gottesdiensttheologie und auch der Gestaltungsprinzipien erkennen, die im Bereich der Wissenschaft längst zu einer engen Kooperation geführt hat.
Nach der Liturgiekonstitution des Zweiten Vatikanums (1963) ist der Gottesdienst »der Höhepunkt, dem (alles) Tun der Kirche zustrebt, und zugleich die Quelle, aus der all ihre Kraft strömt« (SC 10). »In der Liturgie spricht Gott zu seinem Volke; in ihr verkündigt Christus noch immer die Frohe Botschaft. Das Volk aber antwortet mit Gesang und Gebet« (SC 33). In diesen – und vielen anderen – Sätzen erkennt der evangelische Theologe das Anliegen der Reformation wieder. Es ist in der Tat die These keineswegs so abwegig, daß das Konzil die entscheidenden Erkenntnisse und Forderungen der Reformation aufgenommen hat, die im 16. Jahrhundert aus vielschichtigen Gründen nicht gehört werden konnten und zur tragischen Spaltung der Christenheit führten.
Das Konzil hat nicht mit einem Nebenthema begonnen; der Gottesdienst hat für das Leben der Kirche vorrangige Bedeutung. Alles andere ist Folge, weil die Begegnung mit Gott und die Erfahrung seines Dienstes am Menschen Ursprung und Ziel allen wirklichen Glaubens und christlichen Lebens ist. Darin sind sich die getrennten Kirchen einig.
Wenn man dann aber einen Blick auf die gottesdienstliche Realität wirft, ergibt sich ein erheblich anderes Bild: Der Anteil der Gemeindeglieder, die am gottesdienstlichen Leben teilnehmen, liegt nach der römisch-katholischen Statistik bei wenig mehr als einem Viertel pro Sonntag (1985: 26%), nach der evangelischen bei gerade einem Zwanzigstel (1987: 5,1%)[1] – und auch bei einer differenzierteren Berechnung nach

1 Vgl. zum Ganzen oben S. 133

»gestufter Teilnahme« ergeben sich noch immer 26% katholische und 35% evangelische Kirchgangsabstinenzler.[2] Es läßt sich nicht leugnen, daß besonders in der Kirche des Wortes das Wort offenbar nicht sehr gesucht ist.

Doch vom Wesen der Kirche her muß dem Gesetz der Zahl und des Erfolgs das Evangelium der Gnade und die Verheißung geistlicher Frucht aus der Begegnung mit dem lebendigen Gott entgegengesetzt werden. Deshalb wird die Aufgabe für Kirche und Theologie immer dringlicher, den Menschen besser kennenzulernen in den Bedingungen, in denen er heute lebt und in denen seine (erkannte oder unbewußte) Gottesbedürftigkeit nach dem Gottesdienst verlangt. Dies wird dann auch zur entscheidenden Begründung und tiefsten Bedeutung der Liturgie:

Liturgien beschreiben das Haus der Gnade, das dem unbehausten Menschen der Gegenwart zur bergenden Heimat werden soll. In ihm erweckt das Evangelium den Glauben und bewahrt in der Anfechtung. In ihm überstrahlt die Vorahnung der eigentlichen Liturgie vor Gottes Angesicht Mühsal und Dunkel des Weges durch die Zeit.

Liturgien geben die Wortgestalt des Geschehens wieder, in dem der Dialog Gottes mit seiner Gemeinde sich ereignet und Sprachlose zur Antwort ermächtigt und befähigt werden. Aufgabe der Liturgie und der sich mit ihr befassenden Wissenschaft ist es, dieses Haus mit allen zur Verfügung stehenden Mitteln so zugänglich und wohnlich zu machen wie nur möglich.

Die Empirie ist eine zwar nicht unwichtige, aber doch vorletzte Größe. Die Spannung zwischen der alle Menschen suchenden Menschenfreundlichkeit unseres Gottes und den Zahlen der Statistik resultiert zuletzt aus dem geistgewirkten und damit unverfügbaren Wesen des Glaubens. Sie hat den Weg des alten Gottesvolkes, in dem es immer wieder nur einen »kleinen Rest« gab, der umkehrte, wie den Weg der Kirche ständig begleitet. Die empirischen Fakten müssen mit wacher Aufmerksamkeit bedacht werden, aber sie brauchen weder zu ängstigen noch kommt ihnen eine entscheidende Funktion bei der Bemühung um die *liturgia semper reformanda* zu.

---

2 Zulehner, Wie kommen wir aus der Krise?, 16; Was wird aus der Kirche?, 207

Beide Kirchen haben in unserem Jahrhundert, wenn auch zeitlich versetzt und streckenweise kontrovers, einen erstaunlich parallelen Neubeginn ihrer Bemühungen um eine zeit- und gemeindegemäße Liturgie mit bemerkenswerten Ergebnissen erlebt.
Nach 400 Jahren Geltung ist das nachtridentinische Meßbuch *Pius' V.* (1570) durch das nachvatikanische Meßbuch *Pauls VI.* (1970) abgelöst worden. In beiden Fällen kam der Impuls von einem Konzil und erschienen die Bücher sieben Jahre nach den entsprechenden Konzilsbeschlüssen.
Die in den Zusammenschlüssen der VELKD und der EKU repräsentierte überwiegende Mehrheit des deutschen Protestantismus erhielt 1955 bzw. 1959 die Agende I für den Hauptgottesdienst (und in zeitlich engem Zusammenhang auch die anderen Agenden für Gebetsgottesdienste, Amtshandlungen, Ordination usw.) und steht nach Erscheinen des Entwurfs im Herbst 1990 unmittelbar vor der Entscheidung über eine »Erneuerte Agende« und deren Rezeption. Auch alle anderen evangelischen Kirchen deutscher Sprache sind zu diesem Prozeß eingeladen, so daß sich erstmals die Chance einer einheitlichen Agende ergibt.
Da die römisch-katholische Liturgiereform in einer Phase erfolgte, die evangelische sich aber in zwei Phasen vollzieht, bleibt zunächst die neueste evangelische Entwicklung ausgeklammert. Man sollte sich aber an dieser Stelle den Unterschied verdeutlichen, der zwischen den beiden Traditionen hinsichtlich der Entstehung und Geltung liturgischer Bücher besteht: In der römisch-katholischen Kirche ist Liturgie Gegenstand der kirchlichen Gesetzgebung und unterliegt fortlaufender Regelung, für den lateinischen Ritus durch die (Ritenkongregation 1588 und seit 1969 durch die) Kongregation für den Gottesdienst. In den evangelischen Kirchen wird das *jus liturgicum* im Zusammenwirken aller Ebenen ausgeübt.[3] Doch handelt es sich kaum um einen prinzipiellen, sondern nur um einen graduellen Unterschied. Auch der Papst entscheidet nicht ohne Konsultation der Basis und kommissionelle Vorarbeit, wobei der teilkirchlichen Liturgie heute ein erheblicher Freiraum eingeräumt und die parochiale Praxis überdies flexibel gehandhabt wird. Andererseits folgt auch der evangelische Gottesdienst eingeführten

3 Vgl. oben S. 104ff.

Agenden, wenngleich deren Verbindlichkeit unterschiedlich gehandhabt wird.

Die theologische Entwicklung in der römisch-katholischen Liturgischen Bewegung

Die römisch-katholische Liturgische Bewegung des 20. Jahrhunderts braucht hier nicht im einzelnen dargestellt zu werden. Ihre Wurzeln seien kurz genannt: Reformwünsche der Aufklärung, Erneuerungsbestrebungen und vertieftes Eindringen in die großen liturgischen Überlieferungszusammenhänge, besonders in den Benediktinerklöstern Solesmes und Beuron, die Wiederbelebung der Kommunionfreudigkeit unter *Pius X.*, dessen Leitsatz der »tätigen Teilnahme« der Gläubigen (1903) später in die Liturgiekonstitution eingeht, und der Mechelner Kongreß 1909 (mit der Rede von Pater Lambert *Beauduin*), den man gewöhnlich als den eigentlichen Beginn dieser Liturgischen Bewegung bezeichnet.
Für die Liturgiewissenschaft am wichtigsten ist der *Aufbruch zur Theologie der Liturgie.* Bis zum Anfang des 20. Jahrhunderts wurde Liturgik vornehmlich als Teilgebiet des Kirchenrechts begriffen, befaßt mit der praktischen Anwendung der Rubriken (Rubrizistik), und dann – wie schon im Humanismus – als historisches Fach. Die Liturgische Bewegung überwindet diese Engführung, indem sie zunehmend systematisch-theologische und pastorale Fragestellungen einführt.
1. Es war vor allem Romano *Guardini,* der der Liturgiewissenschaft eine primär theologische Aufgabe zuwies: »Gegenstand der systematischen Liturgieforschung ist die lebendige, opfernde, betende, die Gnadengeheimnisse vollziehende Kirche« – nicht mehr lediglich der einzelne liturgische Akt gemäß liturgischer Gesetzgebung, auch nicht nur die historische Genese.[4] Allerdings fehlt bei Guardini eine kritische Sicht des liturgischen Erbes; er erliegt einer Idealisierung der Vergangenheit und macht aus seiner Abneigung gegen die ungeistige Welt der Neuzeit keinen Hehl, was ihm gelegentlich herbe Kritik einträgt.[5] Die im letzten Lebensabschnitt gestellte Frage nach der Liturgiefähigkeit des modernen Menschen, die mit der Säkularisierungsdebatte zusammenhängt, hat er

---

4 Guardini, Über die syst. Methode in der Liturgiewiss., 104
5 Ders., Geist der Liturgie, 88ff.; vgl. ders., Ende der Neuzeit. Dazu Cornehl: »konservativ-modernistisch«, Gottesdienst (1974), 452; vgl. jedoch ders., Liturg. Bildung

im Grunde selbst schon lange zuvor beantwortet, als er schrieb: »Aus innerer Notwendigkeit wird unsere Zeit reif zur Liturgie. Mehr: Es gehört zu den letzten Entscheidungen, die uns gestellt sind, ob jenes hervordrängende Leben sich zur Liturgie erhöht... So ist das liturgische Problem... eines der dringlichsten unserer geistlichen wie kulturellen Zukunft.«[6] Die Sehnsucht nach dem Objektiven, nach Gemeinschaft und nach Transzendenz begründet diese Erwartung. So wird Guardini zum »Wegbereiter und Wegbegleiter der liturgischen Erneuerung«[7] und der sich als Theologie verstehenden neuen Liturgiewissenschaft.

Kurz nach Guardinis bahnbrechendem Aufsatz von 1921 stellt Athanasius *Wintersig* die – bereits in der Aufklärungszeit anzutreffende – Pastoralliturgik als dritten Zweig der Liturgiewissenschaft neben den historischen und den systematisch-theologischen. Die Pastoralliturgik fragt, »ob und wie sich das liturgisch-priesterliche Gemeindeleben auferbauen und erhalten läßt«[8].

Damit hat nun die Liturgiewissenschaft ihre drei Methoden gefunden, nämlich die historisch-kritische für eine Aufarbeitung der Geschichte, die systematisch-theologische für die eigentliche liturgietheologische Aussage und die seelsorgwissenschaftliche für die pastorale Dimension der Liturgiewissenschaft.

2. Für die inhaltlich-theologische Ausprägung des neuen liturgietheologischen Ansatzes wird dann Odo *Casels* Werk zum eigentlichen Stimulans. Mit seiner nicht ohne Widerspruch gebliebenen Mysterienlehre sieht Casel in der Feier der Liturgie den Zugang zum Heilsgeschehen eröffnet: »Im Mittelpunkt der christlichen Religion steht... das heilige Pascha, der Übergang des für uns im Fleische der Sünde als Mensch erschienenen Gottessohnes zum Vater.«[9] Das Sakrament ist »für den Menschen... ein Mit-tun, ein Mit-leiden, ein Mit-auferstehen, d.h. ein Tun und Erleiden, das sich einem objektiv vorhandenen, mächtigen Tun und Erleiden anschließt«. So ist »das Sakrament in seiner Sichtbarkeit der unmittelbare Zugang zum Leben Christi«[10]. »Das Mysterium ist eine heilige kultische Handlung, in der eine Heilstatsache unter dem Ritus Gegenwart wird; indem die Kultgemeinde diesen Ritus vollzieht,

---

6 Guardini, Liturgie und liturg. Bildung, 28
7 Schilson, Guardini, 3.18f.
8 Wintersig, Pastoralliturgik, 158
9 Casel, Kultmysterium, 29
10 Ders., Glaube, Gnosis und Mysterium, 251.261

nimmt sie an der Heilstat teil und erwirbt sich dadurch das Heil.«[11] Nicht die Inkarnation, »nicht die Epiphanie Gottes, sondern das Kreuz unseres Herrn Jesus Christus (ist) der Inhalt des wahren und einzigen Festes der Christen geworden... Denn die Verherrlichung kommt erst durch die Passion.«[12] Der einflußreiche Konzilstheologe Cipriano *Vagaggini* hat Casels Ansatz aufgenommen und in die Liturgiekonstitution 1963 eingebracht, und Joseph *Ratzinger* hält diesen für »die vielleicht fruchtbarste theologische Idee unseres Jahrhunderts«[13].

3. Joseph Andreas *Jungmann* hat wie kaum ein anderer den Ertrag der historischen Erforschung der Liturgie unter dem Gesichtspunkt der Liturgie als Handeln des Gottesvolks zusammengefaßt[14] und den pastoralliturgischen Ansatz von Wintersig weitergeführt. »Erneuerung der Liturgie aus dem Geiste der Seelsorge« war das Thema des 1. Internationalen Pastoralliturgischen Kongresses 1956 in Assisi und »Seelsorge als Schlüssel der Liturgiegeschichte« Jungmanns These[15].

4. Die durch das Zweite Vatikanum inaugurierte Liturgiereform ist Frucht dieser mit ihren Hauptgestalten aufgezeigten Liturgischen Bewegung. Sie hat eine tiefgehende Erneuerung des Verständnisses und der Praxis der Liturgie sowie eine Reform der Liturgischen Ausbildung bewirkt.

Das *Gottesdienstverständnis* der nachkonziliaren römisch-katholischen Kirche ist bestimmt durch

a) das dialogische Konzept der Vergegenwärtigung des Heils durch Gott und der Antwort des Menschen in Dank und Bitte (SC 33).

b) Die Liturgie ist »Vollzug des Priesteramtes Jesu Christi; durch sinnenfällige Zeichen (signa sensibilia, gelegentlich auch mit »Symbole« übersetzt) wird in ihr die Heiligung des Menschen bezeichnet und in je eigener Weise bewirkt« (SC 7).

c) Liturgie ist Vergegenwärtigung des Pascha-Mysteriums Christi (SC 5–7.102ff.). Er selbst ist in vielfacher Weise gegenwärtig: in der Ver-

11 Ders. Kultmysterium, 79

12 Ders., Mysterium des Kreuzes, 213f. Zum Ganzen Schilson, Theol. als Sakramententheol.

13 Vagaggini, Theol. der Liturgie; Ratzinger, Christl. Existenz, 5. Vgl. dazu die Entwicklung des Ansatzes von Casel bei Bouyer, Le Mystère Pascal; Daniélou, Bible et Liturgie; ders., Sacramentum Futuri; Parole de Dieu et Liturgie (Straßburger Kongreß 1958)

14 Jungmann, Missarum Sollemnia; ders., Gottesdienst der Kirche

15 Ders., Seelsorge als Schlüssel der Liturgiegesch., 48ff.

sammlung der Gläubigen, in der ganzen Handlung, in den eucharistischen Gestalten, in der Person des Vorsitzenden der Eucharistiefeier und vor allem in seinem Wort (SC 7).

d) Liturgie ist kein isoliertes Handeln des Priesters, sondern Handeln des ganzen Volkes Gottes und darin zugleich Quelle und Ziel allen Tuns der Kirche (SC 10.26–29).

e) Das Wesen der Liturgie fordert die »volle, bewußte und tätige Teilnahme« aller Gläubigen (plena, conscia atque actuosa participatio). Hier wird ausdrücklich auf I Petr 2,9 verwiesen (SC 14).

f) Der einen endzeitlichen Liturgie vor Gottes Angesicht entsprechen auf dieser Erde verschiedene teilkirchliche Liturgien. Dem Uniformitätsprinzip des Meßbuchs Pius' V. (1570) wird der Abschied gegeben zugunsten regionaler Inkulturation. Dazu gehört auch die Muttersprache (SC 8.4.37–40.54).

g) Liturgie ist Wortgeschehen. Die Schrift hat ihre Sprache geprägt. Vornehmlich durch Lesungen und Predigt – als Teil der Liturgie verstanden und in jeder Sonn- und Feiertagsmesse zur Pflicht gemacht – soll »jenes innige und lebendige Ergriffensein von der Heiligen Schrift gefördert werden, von dem die ehrwürdige Überlieferung östlicher und westlicher Riten zeugt« (SC 24.35.52).

Im Geiste dieses Liturgieverständnisses werden die liturgischen Bücher revidiert. Vom Kyriale Simplex (1965) bis zum Caeremoniale Episcoporum (1985) sind sämtliche Bücher für die Eucharistie, das Stundengebet, das Pontifikale und das Rituale erneuert worden. Damit ist die Liturgiereform (zunächst) abgeschlossen, nicht aber der regionale und parochiale Rezeptionsprozeß.

Die theologische Entwicklung in der (jüngeren) evangelischen Liturgischen Bewegung

Den Weg der evangelischen Liturgischen Bewegung aufzuzeigen, ist ungleich schwieriger. Er unterteilt sich nämlich in zwei recht konträre Phasen: die »ältere« Liturgische Bewegung, die dem anthropozentrischen Ansatz von *Schleiermacher* folgt (Kultus als darstellende Mitteilung des religiösen Bewußtseins der versammelten Gemeinde, Fest und Feier) und in der liberalen Liturgik von *Smend* und *Spitta* bis hin zu *Arper-Zillesen* agendarisch konkret wird. Im 20. Jahrhundert geht es dann vor allem um die »jüngere« Liturgische Bewegung, die auf die

Reformation zurückgreift und dogmatisch-theologisch fundiert wird. Zunächst löst letztere erstere ab. In neuester Zeit sind jedoch beide Ansätze nebeneinander anzutreffen – und erfreulicherweise auch im Gespräch miteinander.

1. In den zwanziger Jahren dieses Jahrhunderts setzt eine *theologische Neuorientierung* ein, die Theologie und Praxis miteinander verbindet und der evangelischen Liturgiewissenschaft ein klares Profil gibt. Während die jüngere Liturgische Bewegung mit Rudolf *Otto* (das Wesen des »Heiligen« in der »Welt der Religion«, das »Sakrament des heiligen Schweigens«) anfangs noch Nachwirkungen der älteren Liturgischen Bewegung zeigt, wird dann das reformatorische Erbe neu entdeckt und zugleich Verbindung gesucht zur Alten Kirche (Alpirsbach: Gregorianik in Hauptgottesdienst und Stundengebet als den Text unverfälscht zur Geltung bringende Dienerin des Wortes, Friedrich *Buchholz*), zur Ökumene (Hochkirchliche Bewegung: evangelische Katholizität, Begegnungen mit der Schwedischen Kirche, den Anglikanern, der orthodoxen Liturgie und der frühkatholischen Messe, Friedrich *Heiler*), zur Jugendbewegung mit ihrem Drängen nach umfassender Erneuerung und Gestaltwerdung (Berneuchen/Michaelsbruderschaft: Messe, Tagzeitengebet, Beichte, Wilhelm *Stählin* und Karl-Bernhard *Ritter*) und zur Singbewegung (reformatorischer Choral, Gemeindesingen und neue Kirchenmusik, Oskar *Söhngen*).

Das neu gewonnene Verständnis der *reformatorischen Theologie* (Karl *Barth* und Eduard *Thurneysen*) konzentrierte sich zunächst auf Inhalt und Vollmacht der Verkündigung in Frontstellung sowohl gegen den neuprotestantischen Modernismus als auch gegen den »katholischen Sakramentalismus«[16], wandte sich dann aber auch der Gottesdiensttheologie und Liturgie zu, vor allem im Kirchenkampf (Hans *Asmussen* und Joachim *Beckmann*)[17]. Gleichzeitig mit der Dialektischen Theologie erwachte in der *Lutherrenaissance* neues Interesse an reformatorischer Gottesdienstlehre und -praxis (Paul *Althaus,* Otto *Dietz,* Theodor *Knolle*).

2. Zu Beginn der umfassenden Liturgiereform nach dem Zweiten Weltkrieg legte Peter *Brunner* eine Gottesdiensttheologie vor, »die bisher in unserem Jahrhundert einzigartig geblieben ist«[18]. Bereits der Titel »Zur

16 So Cornehl, Gottesdienst (1985), 73

17 Vgl. Barmen 1934, These 3

18 Aus dem Nachruf im JLH 25 (1981) X

Lehre vom Gottesdienst der im Namen Jesu versammelten Gemeinde«[19] gab als Ertrag der neutestamentlichen Begriffsanalyse (99–112) ein zentrales Stichwort »versammelte Gemeinde«, das künftig in der Liturgiewissenschaft beider Kirchen eine wichtige Rolle spielt. Der dreifachen Ortsbestimmung des Gottesdienstes – innerhalb der universalen Heilsökonomie Gottes, in der Existenz des einzelnen Christen (anthropologischer Ort) und zwischen dem Gotteslob der außermenschlichen Kreatur und dem der Engel (kosmologischer Ort, 116–180) – folgt das »Heilsgeschehen im Gottesdienst«, das in Wortverkündigung und Abendmahl pneumatisch Ereignis wird (181–267). In der Wortverkündigung, die mit dem »grundlegenden Wort« die »Taufgrenze« zur Gemeinde hin überschreiten hilft und mit dem »auferbauenden Wort« die Gemeinde erinnert und erweckt, geschieht »Christusanamnese«. Diese macht gleichfalls – verbunden mit der Handlung – als »effektive repraesentatio« des Christusgeschehens und als »antecipatio« des noch Ausstehenden das Wesen des Abendmahls aus (194f. 209ff. 229ff.). Mit dem Begriff »Identitätsverknüpfung« deutet Brunner die Konsekration. Für sie ist im Sinne der Alten Kirche der Gehorsam gegenüber dem Stiftungswort, genauer die Abendmahlseulogie grundlegend, die nicht nur die Rezitation der Herrenworte umfaßt, obwohl diese die Danksagung wie die ganze Handlung begründen (238ff.341.346f.[20]). Nachdem die liturgische Konkretion schon zuvor ständig mitbedacht worden ist (besonders 195ff.235ff.), wendet sich Brunner zuletzt der »Gestalt des Gottesdienstes« zu, gibt deren dogmatische Begründung (Unentrinnbarkeit der Formgebung, eschatologische Freiheit, Wortgebundenheit, Zeichenhaftigkeit, konkrete Geschichtlichkeit und Unterwerfung unter die Liebe, 268ff.), untersucht die Verwirklichung mit ihren gestaltenden Faktoren (einschließlich des Problemkreises Gottesdienst und Kunst) und schließt mit dem Entwurf einer eigenen Abendmahlseulogie mit Anamnese und Epiklese (283ff.). Wichtig für die Reform und den Gebrauch von Agenden ist das Postulat der »pneumatischen Angemessenheit des Zeichens« (277).

Neben Brunners Arbeit verdient die gründliche Studie von Vilmos *Vajta* zur Gottesdiensttheologie Martin *Luthers* Beachtung, in der das Verhältnis von beneficium und sacrificium und das von Gottesdienst als

19 Brunner, Lehre vom Gottesdienst, 83–364

20 Vgl. Schmidt-Lauber, Eucharistie, 145f.

Werk Gottes und Gottesdienst als Werk des Glaubens dargelegt wird.[21]
3. Unlängst hat die evangelische Gottesdiensttheologie einen neuen Impuls erhalten durch die Systematische Theologie des Methodisten Geoffrey *Wainwright*, die ganz aus der Liturgie entwickelt wird und den bezeichnenden Titel »Doxology« trägt.[22] Damit nimmt Wainwright den alten Grundsatz *lex orandi – lex credendi* wieder auf, wie vor ihm *Casel* und *Vagaggini*. Die klassischen loci der evangelischen Dogmatik (15–146), die Vermittlung der christlichen Botschaft (Schrift, Credo und Hymnen, 149–283) und kontextuelle Aspekte (Ökumenismus, Erneuerung, Kultur und »Rewards«, 287–462) werden so bearbeitet, daß dieses Werk sowohl als dogmatische Theologie aus liturgischer Perspektive wie auch als Gottesdiensttheologie gelesen werden kann. Die fundamentale Interdependenz von Theologie und Liturgie wird in weiteren Aufsätzen entwickelt.[23]
Die evangelische Liturgiewissenschaft hat entscheidende Anstöße bekommen durch einschlägige Arbeiten zum Gottesdienst aus anderen theologischen Disziplinen. Aus der Exegese sind vor allem Arbeiten von *Lohmeyer, Cullmann, Mowinckel, Reicke* und *Hahn* hervorzuheben, aus der Kirchengeschichte solche von *Lietzmann, Fendt, Graff, Kunze, Mahrenholz, Dix* und *Kretschmar*, aus der Hymnologie die von *Gabriel, Ameln* und *Blankenburg* und aus der Dogmatik vor allem die Tauflehre von *Schlink*. Hier deutet sich die immer notwendiger werdende *interdisziplinäre Forschung* zur Liturgiewissenschaft an, die ihrerseits ein gutes Beispiel für die Funktion der Praktischen Theologie innerhalb des Fächerkanons der Theologie überhaupt ist, den anderen Disziplinen die Praxis zu vermitteln und der Praxis theologische Erkenntnis zuzuordnen.
4. Die *Agendenreform* der Nachkriegszeit konnte so auf eine breite theologische Basis gestellt werden. Sie empfing ihre Impulse aus der Notwendigkeit des kirchlichen Wiederaufbaus wie den sich anbahnenden größeren Zusammenschlüssen der VELKD und der EKU. Die Lutherische Liturgische Konferenz (seit 1941) leistete als unabhängige, bald auch nicht-lutherische Vertreter einbeziehende Arbeitsgemeinschaft von Fachleuten unter Christhard *Mahrenholz* die Vorarbeiten für das Agendenwerk der Lutherischen Kirchen (1951–1962) wie für die

21 Vajta, Theologie des Gottesdienstes bei Luther
22 Wainwright, Doxology
23 Ders., Gottesdienst, 248ff.

EKU-Agenden (1959–1964). Der Hauptgottesdienst übernimmt in jedem Fall die Meßstruktur[24], das Eucharistiegebet findet wieder Eingang[25]. In den nicht diesen Zusammenschlüssen zugeordneten Kirchen vollziehen sich ähnliche Liturgiereformen. Ob die spätere Kritik (»verordnete Einheit«) und die Bezeichnung dieser epochalen Liturgiereform als »Restauration«[26] die kirchengeschichtliche Leistung zu würdigen versteht, mag dahingestellt bleiben.

Konvergenzen aus der Geschichte der Liturgischen Bewegungen

Die theologischen Konvergenzen sind nicht zu übersehen:
1. Konzil und Liturgiereform ermöglichten einen breiten *Grundkonsens:*
- Gottesdienst als Heilsgeschehen,
- dialogischer Charakter unter Vorrang des katabatischen Aspektes (vgl. Odo *Casel* und Peter *Brunner*),
- Gottesdienst als »Versammlung« des Gottesvolks, das ihn trägt, gestaltet und (mit-)vollzieht *(Jungmann);* deshalb auch »Deutlichkeit und Durchschaubarkeit liturgischer Vollzüge (zum) sinnvollen Mitvollzug«,
- Rücknahme juridischer Kategorien zugunsten einer »heilsgeschichtlichen, biblischer Theologie verpflichteten Begrifflichkeit« sowie »der breite Raum, der dem Worte Gottes eingeräumt wird«[27].
- Die konziliare Definition der Liturgie SC 33 entspricht fast wörtlich Luthers klassischer Torgauer Formel[28].
- Endlich wird die prinzipielle Vielfalt teilkirchlicher Riten ausdrücklich anerkannt (SC 4).[29]

Auf evangelischer Seite ist vor allem auf die wachsende Realisierung der

---

24 Die EKU-Agende I (1959) bietet jedoch wegen der konfessionellen Verschiedenheit der Gemeinden eine Zweite Form, die den oberdt. Prädikantengottesdienst als Hauptgottesdienstform ermöglicht.

25 EKU-Agende I (1959): Postsanctus, Anamnese, Epiklese vor verba testamenti und Vaterunser; Luth. Agende I (1955) Form B: Postsanctus, Epiklese, verba testamenti, Anamnese, eschatologische Bitte und Schlußdoxologie, dann Vaterunser

26 Cornehl, Gottesdienst (1985), 77; Kalb, Grundriß, 39

27 Bieritz, Chancen einer ökum. Liturgik, 473

28 S. oben S. 27, WA 49,588

29 Vgl. dazu Balthasar Fischer, Liturgie oder Liturgien?, 265

von beiden reformatorischen Kirchen in ihrem Bekenntnis von Anfang an festgehaltenen, in der Geschichte jedoch weithin verdunkelten Einheit von Wort und Sakrament in Theologie und Praxis zu verweisen. Die Agenden haben dies, wie schon gezeigt, neu rezipiert, die Gemeinden zeigen eine wachsende Sakramentsfreudigkeit.[30] Kirchentage und Feierabendmahl, auch die in weniger als zehn Jahren von nahezu allen Landeskirchen ermöglichte Eingliederung der getauften Kinder in die Mahlgemeinschaft haben das ihre dazu beigetragen. Die »inklusive Christologie« (von Rudolf *Bultmann* bis Dorothee *Sölle*) brachte ein neues »Überdenken der eigentlich eucharistischen Dimension im Geschehen des Abendmahls«, Zeichencharakter der Liturgie und symbolische Kommunikation wurden neu entdeckt. Es entsteht eine »ökumenische Liturgik«[31].

2. Während die Amtsfrage weithin offenbleibt, können folgende Einzelprobleme als weitgehend geklärt gelten:

a) Die Bezeichnung des Gottesdienstes als *Kultus,* bei den Reformatoren noch völlig unproblematisch, ist kein sicheres Indiz für die Bevorzugung des latreutischen Aspekts der Liturgie, sondern Augustinischer Terminus, der durchaus den Bedeutungsgehalt des deutschen Begriffs Gottesdienst in sich bergen kann.[32] Bereits Otto *Haendler* hat den Begriff Kultus für unentbehrlich erachtet.[33] Als notwendige religionssoziologische und -psychologische Kategorie leistet er »die Kommunikation mit den nichttheologischen Wissenschaften und mit artikulierter Alltagserfahrung«[34].

b) Das In- und Miteinander von Gottes Handeln und menschlichem Gehorsam, von Wort und Antwort, wird in der evangelischen Theologie nur zögernd reflektiert. In der Definition der »Liturgie als *Vollzug des Priesteramtes Jesu Christi«* (SC 7) kommt das reformatorische Anliegen durchaus zur Geltung: Gott handelt, aber er bedient sich dabei des Handelns der Gemeinde. Diese Aussage wird nur dann bedenklich,

---

30 Vgl. oben S. 61

31 Vgl. Bieritz, Chancen einer ökum. Liturgik, 470ff., bes. 474; Kühn, Abendmahl, 145ff., bes. 171.201

32 Vgl. Wainwright, Gottesdienst, 250

33 Haendler, Grundriß der Prakt. Theol., 144ff.245ff.

34 Daiber, Gottesdienstreform und Predigttheorie, 47; vgl. Volp, Perspektiven der Liturgiewiss., 2; Mußner, Kirche als Kultgemeinde, 50ff.; Khoury, Religionswiss. und Kult, 54ff.

wenn sich das aufgetragene menschliche Handeln verselbständigt und Gott gegenüber als Leistung geltend macht. Ein solcher Verdacht der römisch-katholischen Theologie gegenüber wird nach der Liturgiekonstitution nicht mehr aufrechterhalten werden können. Im Gegenteil, dem Verständnis der Praktischen Theologie als Handlungswissenschaft käme diese konziliare Formulierung sehr gelegen, weil sie Gottes Handeln in unserem Handeln vor Fehldeutungen absichert.[35]

c) Endlich darf der Streit um das *Opfer* im Gottesdienst als geklärt bezeichnet werden. Kein römisch-katholischer Theologe vertritt (mehr) die Theorie eines Opferhandelns der Kirche im Unterschied von und zusätzlich zum »ἐφάπαξ« des Kreuzesgeschehens. Die aus der Frühzeit der Kirche herrührende liturgische Formel »offerimus tibi« bezeichnet nichts anderes als das Gegenwärtigwerden Christi und seines Opfers – und somit seine Realpräsenz.[36]

3. Eine neue *ökumenische Pespektive* ist durch die Lima-Erklärung zur Eucharistie (1982) eröffnet worden.[37] Sie versteht die Eucharistie vor allem als »Sakrament der Gabe« (2), die sich in den fünf Aspekten Danksagung, Anamnese, Epiklese, Communio und eschatologisches Mahl des Gottesreiches entfaltet (3–26) und auf entsprechende liturgische Konkretion (27–33) wie auch Folgerungen für das Leben der Christen (19ff.) zielt. Die Theologie wird in den Lima-Erklärungen den heute erreichbaren theologischen Konsens in Umrissen erkennen können.

Konvergenzen neuer Fragestellungen und Lösungsversuche

Die nachkonziliare Liturgiereform wurde begleitet von einer großen Vielfalt von Reformvorschlägen und Experimenten, die auch nach Veröffentlichung und Einführung des Meßbuchs *Pauls VI.* (1970) keineswegs ein Ende fanden, sondern bis heute auch ohne kirchliche Approbation veröffentlicht und sicher nicht selten praktiziert werden. Dies wird am deutlichsten bei den Fürbitten, aber auch in neuen Hochgebeten. Ohne Zweifel haben das Abrücken von der lateinischen Einheitsliturgie, die Inkulturation in die Region, Muttersprache und Variation sowie die

---

35 Zum Ganzen Kühn, Sakramente, 213–225

36 Vgl. Das Opfer Jesu Christi und seine Gegenwart in der Kirche

37 Lima 1982, 18ff.

Beteiligung der Gemeinde neben einer Verlebendigung des liturgischen Geschehens auch eine Verunsicherung gebracht. Der Prozeß der Rezeption der neuen liturgischen Ordnung ist keineswegs abgeschlossen. Auch Defizite werden beklagt, etwa der weitgehende Verlust der außereucharistischen Gottesdienste.[38] Vor allem aber ist über der außerordenlichen Belastung durch die nachkonziliare Liturgiereform ein Theoriedefizit entstanden, zu dessen Überwindung erst wenige Ansätze gemacht worden sind.[39] Die katholische Liturgiewissenschaft ist durch die großen Veränderungen der sechziger und siebziger Jahre vor ganz neue Fragenkomplexe gestellt und wohl kaum mehr als gerade im Begriff, Lösungsangebote zu entfalten.

In der evangelischen Liturgiewissenschaft und -praxis sind ganz ähnliche Entwicklungen zu beobachten, nur daß sie sich zeitweise phasenverschoben vollzogen. Die große Agendenreform der Nachkriegszeit als Ergebnis und Frucht der jüngeren Liturgischen Bewegung geriet nach wenigen Jahren – Mitte der sechziger Jahre, als die römisch-katholische Liturgiereform eben erst einsetzte – in das Kreuzfeuer heftiger Kritik. Kaum daß die lutherischen und unierten Agenden eingeführt waren, äußerte sich ein allgemeines Unbehagen an Form, Sprache und zum Teil auch Inhalt, vor allem aber an der vermeintlichen Unbeweglichkeit der Ordnungen. Es entstand, aus anderen Motiven als in der im Aufbruch befindlichen Schwesterkirche und im Grunde weitgehend desillusioniert durch die geringe Überzeugungskraft der Agende I, eine Fülle von neuen Gottesdiensten als antithetische Gegenmodelle, als Variationen oder Ergänzungen herkömmlicher Liturgie und dann auch als Fortschreibung agendarischer Reformbemühung. Experiment, Kreativität, Innovation und Improvisation traten an die Stelle der Agendenbindung. Zugleich wurde auch hier das Theoriedefizit bewußt und in ersten Schritten an dessen Überwindung gearbeitet.[40]

So ist die neueste Periode der Liturgiewissenschaft bestimmt durch neue Fragestellungen und weithin parallele, oft schon gemeinsame Lösungsangebote.

1. Die Lutherische Liturgische Konferenz Deutschlands, durch deren

---

38 Zuletzt Balthasar Fischer, Grundaussagen der Liturgiekonst. 5. Dort wird auf SC 35 Abs. 4 verwiesen.

39 Vgl. Gärtner/Merz, Prolegomena f. eine integrative Methode, 165

40 Vgl. oben S. 139ff.

Arbeit das Nachkriegsagendenwerk entstanden war, erkannte im evangelischen Bereich als erste die neue Herausforderung und antwortete mit einer Denkschrift »Versammelte Gemeinde. Struktur und Elemente des Gottesdienstes« (1974), in der Verständnis- und Erschließungshilfen zum flexiblen Gebrauch der vorhandenen Agenden geboten werden sollten. Sie unterschied zwischen bleibender Grundstruktur, die sich in nahezu allen vorhandenen Agenden vorfindet, und variablen Ausformungsvarianten. Trotz aller sicher nicht ganz unbegründeten Kritik am Strukturbegriff und seiner Verwendung ermöglichte dieses neue Agendenkonzept die zweite Agendenrevision der Nachkriegszeit, als deren Ergebnis nunmehr der Vorentwurf einer »Erneuerten Agende« (1990) erscheint.[41]

2. Bis zur Mitte der sechziger Jahre war von einer grundlegenden Theoriediskussion noch nichts zu spüren. Dann aber bewirkte die Begegnung mit den Humanwissenschaften die sogenannte anthropologische Wende. Auch für die katholische Liturgiewissenschaft in dieser Zeit wird von kompetenter Seite eine tiefe Krise diagnostiziert, weil unter den geänderten Verhältnissen die Eigenart und die Funktion der Liturgiewissenschaft noch nicht hinreichend bestimmt werden konnte.[42]

a) Ernst *Lange* eröffnet die Diskussion. Er fragt nach der »Funktion des christlichen Gottesdienstes in der Gegenwart«: »Diese Welt ist im Wirkfeld der Christusverheißung entstanden, und es gibt nichts Wirkliches in ihr, das nicht Spuren dieser Herkunft trüge.« Funktion der Liturgie ist es daher, in der »örtlichen Gemeinde als Normalfall« »Christusverheißung und Weltwirklichkeit ineinander zu halten«. »Als ›Ekklesia‹ und als ›Diaspora‹ in Versammlung und in Zerstreuung« erleben Christen »Liturgie als Bundeserneuerung«, in der sie ermächtigt werden, »ihre alltägliche Wirklichkeit im Licht der Verheißung wahrzunehmen und anzunehmen«[43]. In seiner Berliner Ladenkirche beginnt er, Gottesdienst als »Feier der Befreiung« zur besonders in der Industriegesellschaft unverzichtbaren Bewahrung der Humanität zu verwirklichen.[44]

Karl Ferdinand *Müller* plädiert für Öffentlichkeit und Profanität der

---

41 Vgl. oben S. 118ff.

42 Z.B. Häußling, Liturgiewiss. zwei Jahrzehnte nach Konzilsbeginn, 6; vgl. Kohlschein, Liturgiewiss. im Wandel?, 36ff.

43 Lange, Chancen des Alltags, 3.132.138.193.141, Nachw. Cornehl 353

44 Ders., Erwachsenenbildung, 68ff.; vgl. zum Ganzen Nagel/ Schmidt, Gottesdienst, 41ff.

Liturgie des »Gottesdienstes in einem säkularisierten Zeitalter«, in der die »Transformation der gegebenen Inhalte« erforderlich wird, nicht nur der Formen. Modernisierung der »tradierten Gottesdienstmodelle« und »Gottesdienstversuche in neuer Gestalt« sind seine Folgerungen.[45]
Auf der gleichen Konsultation von Faith and Order in Genf 1969 erklärt Charles *Davis* die Liturgie für einen »Zustand der Abweichung von der Kultur der Gegenwart«. Die einzige Alternative heißt »Ghetto oder Wüste... Christen, die die Wüste gewählt haben, müssen heute ohne Liturgie auskommen.«[46]
Damit ist eine wichtige Linie der heutigen Theoriediskussion angedeutet, der sich Peter *Cornehls* These des dem Gottesdienst wesensgemäß eignenden und in der Neuzeit abhanden gekommenen Öffentlichkeitscharakters einfügt.[47]
b) Gleichzeitig entwickelt die *Kirchensoziologie* ein Instrumentarium, mit dem empirische Fakten zum »Gottesdienst in einer rationalen Welt« erstmals wissenschaftlich exakt verfügbar werden.[48]
Die Säkularisierungsdebatte[49] und die gängige These von der Aufhebung der Trennung von ›heilig‹ und ›profan‹ haben inzwischen neue Nuancen erhalten durch Forschungen zu *Symbol und Ritual* als tragenden anthropologischen Voraussetzungen und Elementen menschlicher *Kommunikation* und so auch der Liturgie: Es geht in ihr um einen »symbolischen transitus«. Rituale verbürgen Ordnung und Sinn, vermitteln Tradition, Integration und Vergewisserung.[50] Während die römisch-katholische Liturgiewissenschaft schon immer die Bedeutung des Zeichens in Wort, Handlung, Element und Gemeinde gegenwärtig hielt[51], hat die evangelische Liturgiewissenschaft erst der *Semiotik* bedurft, um die sich in der Liturgie vollziehenden Zeichenprozesse verstehen zu lernen.[52] Unter

---

45 Müller, Gottesdienst, 3.138.152
46 Davis, Gottesdienst, 12.19.23
47 Cornehl/Bahr, Gottesdienst und Öffentlichkeit, 118ff.
48 Vgl. oben S. 134ff.
49 Vgl. Figl, Säkularisierung, 84ff.; Schrey, Säkularisierung
50 Vgl. Jetter, Symbol und Ritual; ferner Seydel, Spiel und Ritual, 507ff.; Daiber, Trauung als Ritual, 578ff.; Cornehl, Theorie des Gottesdienstes, 178ff.; ders., Aufgaben und Eigenart, 12ff.; Kohlschein, Symbol und Kommunikation, 200ff.
51 SC 2.7.3; vgl. Balthasar Fischer, Zeichensprache, 45ff.
52 Vgl. Schiwy, Strukturalismus und Zeichensysteme; Volp, Zeichen; Bieritz, Luth. Gottesdienst als Überlieferungs- und Zeichenprozeß, 3ff.

Aufnahme der Erfahrung des Sakralen im »je und je Neuen« hat Karl-Heinrich *Bieritz* für eine neue Zuordnung von »heilig« und »profan« plädiert und diese seinen »Ansätzen zu einer Theorie des Gottesdienstes« zugrunde gelegt.[53]

c) Die Begegnung mit den modernen *Erfahrungswissenschaften* hat die Liturgiewissenschaft außerordentlich bereichert, aber auch verunsichert und zusätzlich belastet. Psychologie einschließlich Tiefen- und Pastoralpsychologie, Soziologie, Kommunikations-, Verhaltens- und Symbolforschung, Semiotik, Linguistik, Institutions- wie Informationslehre vervielfältigen die Methoden, ganz abgesehen von den schon herkömmlich theologiebezogenen Bereichen Religionswissenschaft, -pädagogik und Ästhetik. Hinzu kommt die »kritische Funktion der Liturgiewissenschaft innerhalb der Theologie und im kirchlichen Leben«[54].

Da die Liturgiewissenschaft sich einerseits vor »die Frage nach der Verwirklichung von Kirche schlechthin« gestellt sieht[55], andererseits aber auch fragen muß, ob ihr »Themenkatalog noch den eigentlichen Fragestand trifft, die geschichtliche Situation der Menschen«[56], ist die Erarbeitung einer Theologie wie Empirie umgreifenden Theorie des Gottesdienstes unausweichlich. »Eine für die liturgische Forschung gefährliche Situation tritt ein, wenn sich Neuerungen lediglich auf empirische Motive berufen, während die Verteidiger des Alten auf dogmatischen Entscheidungen der Kirchengeschichte beharren.«[57]

3. Die *Theoriediskussion* ist nicht mehr nur eine Forderung, sie hat bereits begonnen und erhält Impulse aus beiden Kirchen, wobei konfessionelle Akzente nicht mehr erkennbar sind.

a) Peter *Cornehl* war wohl der erste, der eine Theorie des Gottesdienstes zu entwerfen versuchte. Seine These lautet: »Im Gottesdienst vollzieht sich das darstellende Handeln der Kirche als öffentliche symbolische Kommunikation der christlichen Erfahrung im Medium biblischer und kirchlicher Überlieferung. Als Feier der Befreiung und Versöhnung zielt der Gottesdienst auf Orientierung, Ausdruck, Vergewisserung und

---

53 Bieritz, Theorie des Gottesdienstes, 721ff., bes. 734 (nach Heribert Mühlen, zit. ebd.)

54 Häußling, Krit. Funktion der Liturgiewiss., 117ff.; vgl. Richter, Liturgie, 9ff.

55 Merz, Liturgiewiss., 107

56 Häußling, Liturgiewiss. zwei Jahrzehnte nach Konzilsbeginn, 8

57 Volp, Perspektiven, 17. Jörns: »In Wahrheit gehören Erlösung und Problemlösung zusammen«, Problemlösung oder Erlösung?, 413

Erneuerung des Glaubens.«[58] Die Option für die von der Aufklärungsliturgik und *Schleiermacher* herkommende liberale Theologietradition mit ihrer Kritik an »normativen Verbindlichkeiten«[59] führt Cornehl zu einer Trennung von Theorie und Theologie: In der Theorie wird Gottesdienst »als allgemeines menschliches Phänomen begriffen und mit Hilfe anthropologischer, religionstheoretischer und anderer humanwissenschaftlicher Erklärungsmodelle systematisch rekonstruiert«. Die Theologie dagegen, die bei der »biblischen und kirchlichen Überlieferung« ansetzt, tritt im Sinne einer »auf Verständigung« angelegten Begegnung hinzu und erfährt »ihrerseits die kirchliche Gottesdienstlehre als ein wichtiges kritisches Korrektiv«. Die Theologie, genauer die »liturgische Dogmatik«[60], bleibt aus der Theoriebildung ausgeklammert.[61]

Ist das aber möglich? »Eine Theorie, die sich auf anthropologische bzw. human- und sozialwissenschaftliche Untersuchungen allein stützt, eröffnet dem Verständnis zwar wichtige Bereiche, kann aber zu dem Grund der Feier, nämlich zu der Erlösungshandlung Gottes in Jesus Christus und seiner wirkenden Offenbarung, keine Aussage machen.«[62]

b) Karl-Heinrich *Bieritz* sieht Theologie und Empirie im Spannungsfeld einer beide umschließenden Theorie. Er verbindet, was *Cornehl* trennt, und unternimmt die theologische Aufarbeitung der aus der Begegnung mit den Sozialwissenschaften gewonnenen Einsichten, indem er die Inhalte spezifisch christlicher Liturgieerfahrung bedenkt. So fordert er – mit Heribert *Mühlen* – die Umwandlung der Begriffe »profan« und »heilig« »aus Bezeichnungen für bestimmte Wirklichkeitsbereiche in ›Beziehungsbegriffe‹«, die Ursprung und Inhalt des Glaubens zur Geltung bringen.[63] Die »synchrone Liturgik, die primär daran interessiert ist, wie vorfindliche Strukturen ›funktionieren‹«, wird ergänzt durch eine »diachrone Liturgik, die nach Entstehung und Entwicklung liturgischer Gestalten und Strukturen fragt« und damit nach dem gestifteten und nicht aus dem Humanum ableitbaren Inhalt. Endlich wird das Problem der Inkulturation der Liturgie – mit Hermanus *Schmidt* und

58 Cornehl, Theorie des Gottesdienstes, 186
59 Ders., Aufgaben und Eigenart, 25
60 Vgl. Wainwright, Doxology
61 Cornehl, Aufgaben und Eigenart, 28 ff.
62 Merz, Gottesdienst und Theorie, 159
63 Bieritz, Ansätze zu einer Theorie, 733f.

Franz Schupp – nicht nur als Einfügung in die kulturelle Umwelt gesehen: Liturgie schafft und prägt auch ihrerseits Kultur.[64]
c) Angelus A. *Häußling*, der dritte der in der liturgiewissenschaftlichen Theoriediskussion maßgeblichen Autoren, kommt als römisch-katholischer Theologe von der entgegengesetzten Position einer dogmatisch orientierten Liturgiewissenschaft und vollzieht den Übergang zur integrativen Methode.[65] Bei der Begegnung mit der »gesellschaftlich konstruierten Wirklichkeit« gewinnt die in der liturgischen Tradition der Kirche bereitgehaltene »Anamnese des Heilswerks« eine große Bedeutung. Sie macht nicht nur das heilsgeschichtliche Handeln Gottes »in der Gegenwart verifizierbar« und ermöglicht »die Identität des berufenen Gottesvolkes«. Sie »gibt auch weiterhin dem einzelnen die Möglichkeit der Identifikation« und bietet zudem eine wirksame »Kontrolle« bei der Begegnung der Theologie mit der humanwissenschaftlich erschlossenen Wirklichkeit. Subjektivität der Akteure, »Betonung des (Selbst-) Bewußtseins und Achten auf Gewinnung eines neuen, befreiten Selbstverständnisses« erweisen sich als das gleiche Phänomen, das in dem überwundenen Mißverständnis von Liturgie als einer Leistung vorlag: »Ein Agieren des Menschen, um eigentlichere Möglichkeiten des Daseins zu gewinnen, hier wie dort.«[66] Andererseits ist »Objekt der Liturgie nicht (mehr) die betende Kirche *(Guardini)*, sondern (unter Berufung auf Vatikanum II) der Mensch, ... insofern er ... den Sinn seiner Existenz zu ergründen und darzustellen und somit zu gewinnen suchte, sucht und weiterhin suchen wird.« »Liturgie ist mehr als Wort«, sie ist »ein Gesamtgeschehen, ein actus humanus, eine Praxis der Kirche«[67].

Ein dritter Weg?

1. Agenden haben in unserer sich rasch verändernden Zeit offenbar eine viel kürzere Lebensdauer als in früheren Zeiten, in denen auch auf anderen Gebieten die Erfahrungen der Väter den Kindern und Enkeln langfristig bereitlagen.[68]

64 Ders., Chancen einer ökum. Liturgik, 477.482
65 Vgl. Gärtner/Merz, Prolegomena, 165ff.
66 Häußling, Kosmische Dimension, 5f.1f.
67 Ders., Liturgiewiss. Aufgabenfelder vor uns, 100f.
68 S. oben S. 114f.

Jedoch wird künftige agendarische Arbeit nur noch ökumenisch vorstellbar sein, weil die Probleme die gleichen sind und die Lösungsversuche gemeinsam unternommen werden. Diese Entwicklung ist kaum mehr umkehrbar. Als Ausgangspositionen für weitere Agendenarbeit und zugleich als Ertrag eines langen Weges beider Liturgischer Bewegungen aufeinander zu können folgende Erkenntnisse festgehalten werden:

- Gottesdienst ist Versammlung der Gemeinde im Kontext der Zeit und des Alltags.
- In der Liturgie ereignet sich Kommunikation: ein anthropologischer Begriff, der jetzt zum grundlegenden theologischen Prinzip wird.
- Kommunikation vollzieht sich in Symbolen (Ritual, Sakrament, Mysterium).
- Die jüdisch-christlich verwurzelte Anamnese verbürgt Gottesdienst als Heilsgeschehen und wirkt zugleich als Kontrolle des Weltbezugs.
- Die trinitarische Dimension des Gottesdienstes muß neu realisiert werden.

2. Die Gemeinsamkeit der beiden so lange schon getrennten Liturgie- und Theologietraditionen ist aber an einer wichtigen Stelle viel größer, als frühere Generationen es zu erkennen vermochten: Beide sind *abendländisch*, beide gründen in einer *Theologie des Wortes*. Die präzise Klarheit und Prägnanz ihrer liturgischen Sprache hebt sich deutlich ab von dem Bilderreichtum, der Symbolkraft und der meditativen, das Mysterium umkreisenden, unbekümmert wiederholenden Redundanz östlicher Liturgien.

An einer liturgie- wie theologiegeschichtlich bedeutsamen Weichenstellung von großer Tragweite für Rom und später für Wittenberg mag dies verdeutlicht werden: Im 4. Jahrhundert hat der Westen gegen die aufkommende östliche Epiklesentheologie einen Moment der Konsekration festgelegt in der Rezitation der verba testamenti. Wenn die Abendmahlsworte Christi gesprochen werden, geschieht die Konsekration. Damit wurde nun aber die Einheit der eucharistischen Danksagung gefährdet. Die Reformation setzte diese Theologie konsequent fort und isolierte die Herrenworte unter dem – in vielen Agenden dann auch eingetretenen – Risiko des völligen Verlustes der alttestamentlich/urchristlich/altkirchlichen *beraka/εὐχαριστία* über den Gaben. Peter *Brunner* hat diese Engführung vorsichtig angedeutet.[69] Eine Unter-

69 Brunner, Lehre vom Gottesdienst, 238ff.340ff.

suchung zur »Eucharistie als Entfaltung der verba testamenti« wurde mit der Forderung nach Rückkehr zur altkirchlichen Konzeption der Konsekration durch das ganze Eucharistiegebet bzw. durch die stiftungsgemäße Handlung deutlicher.[70] Dem methodistischen Dogmatiker Geoffrey *Wainwright* blieb es vorbehalten, unlängst die Schwäche der westlichen Liturgietheologie unüberhörbar aufzudecken: Die Schrifthermeneutik der Reformatoren war »zeitbedingt. Der Nachdruck, den sie z. B. auf die eucharistischen Einsetzungsworte legten, war gut christologisch begründet, aber blieb immerhin bei der begrenzten Fragestellung des westlichen Mittelalters. Ihre Sorge um die Reinheit des Gottesdienstes hat auch zu dessen Verarmung geführt. Ihre Besessenheit vom gepredigten Wort hat den protestantischen Gottesdiensten zumeist einen trockenen, didaktischen Charakter auferlegt«.[71] Die westliche Engführung und Abweichung von der altkirchlichen Liturgietheologie ist im römischen Meßbuch auch nach der Liturgiereform deutlich zu erkennen: Die auf die Elemente gerichtete (Gaben-) Epiklese bleibt in den neuen Eucharistiegebeten II–IV den verba testamenti vorangestellt, während das Moment der Segensbitte für die Kommunikanten den ursprünglichen Ort der Epiklese im Anschluß an die Anamnese markiert. Die »Lima-Liturgie« folgt dieser problematischen Tradition mit zwei weiter ausgebauten (Gaben- und Gläubigen-)Epiklesen[72], statt beide Inhalte wieder zusammenzubringen und dem trinitarischen Aufbau des Eucharistiegebetes entsprechend den verba testamenti nachzuordnen.[73]

Gottesdienst als »Ort der Theologie« ist Doxologie (*Wainwright*[74]). Bekenntnis ist zuerst gottesdienstliches Geschehen (*Schlink*[75]). Die bekannte Formel »Liturgie ist gebetetes Dogma« darf nicht mißverstanden werden, als präge das Dogma die Liturgie. Es ist in Wahrheit umgekehrt: In der Begegnung mit dem uns suchenden Gott im Gottesdienst der im Namen Jesu versammelten Gemeinde – durch sein Wort – entstehen Bekenntnis, Theologie und Dogma.

Rom und Wittenberg sind Ausprägungen der gleichen Tradition und

---

70 Schmidt-Lauber, Eucharistie, 145 ff. 205 f.
71 Wainwright, Gottesdienst, 252
72 Vgl. Schulz, Lima-Liturgie, 16.18
73 Vgl. Schmidt-Lauber, Eucharistie, 154 ff., bes. Tabelle nach 160
74 Vgl. oben S. 309 u. 22
75 Vgl. Bieritz, Chancen einer ökum. Liturgik, 100

sitzen in einem Boot. Aber auch die an dem kirchlichen Bekenntnis orientierte »dogmatische Liturgiekonzeption« (zuletzt *Guardini* / *Casel* / *Jungmann* / Peter *Brunner* / *Wainwright* / Liturgiereformen) und die »liberale Liturgiekonzeption« (*Schleiermacher* / ältere Liturgische Bewegung / *Cornehl* / neuere Gottesdienstbewegung, auch im römisch-katholischen Bereich z.B. *Zerfaß*) können ihre gemeinsame Herkunft und prinzipielle Orientierung an der Theologie des Wortes nicht verbergen.

3. Die Begegnung mit der Orthodoxie, die die gegenwärtige Phase der ökumenischen Bewegung bestimmt, stellt die abendländische Theologie- und Liturgietradition vor die Frage: Sind deren Konzeptionen die einzigen Möglichkeiten zur Begründung einer plausiblen Liturgietheorie?

Es gibt einen dritten Weg der theologischen Begründung des Gottesdienstes und seiner Agenden: den des Verständnisses von Orthodoxie nicht als Lehre, sondern als gottesdienstliches Geschehen, aus dem Lehre gestalthaft wird. Dabei würde aber eine Überprüfung der Theologie des Wortes unumgänglich: Theologie des Wortes und die des Heiligen Geistes müßten neu aufeinander abgestimmt werden.

Teil III

Geschichtliches Werden und besondere Formen

Der Opfergedanke in der jüdischen und in der christlichen Liturgie

An der Frage, ob die Eucharistie als Opfer oder gar als Opfer der Kirche verstanden werden könne, ist in der Reformationszeit ein Streit aufgebrochen, ohne dessen Beilegung ein für die Wiederherstellung der Kirchengemeinschaft tragfähiger dogmatischer Konsens kaum denkbar ist.

Für *Luther* war jede Rede von Meßopfer, Offertorium und Darbringung (oblatio) ein usurpiertes »monopolium sacerdotale«, mit dem Opfer und Ehre Christi angetastet werden. Es war ihm unerträglich, daß die ipsissima verba in ein von Darbringungsformeln durchzogenes Hochgebet eingebettet waren, er verglich ihre Position mit der der Bundeslade im Tempel Dagons[1] und rief aus: »Cede, canon, Euangelio et da locum spiritui sancto, cum sis verbum humanum.«[2] Christi einmaliges Kreuzesopfer wird allein durch sein eigenes Wort im Gottesdienst der Gemeinde gegenwärtig und ihr zur Gabe, die Vergebung der Sünden zueignet. Wohl kennt die Reformation auch das Lob- und Dankopfer, es ist aber immer Folge und Frucht der Begegnung mit dem Christusopfer, nie dessen Begleitung oder gar Voraussetzung.

Doch hat die Kirche nahezu von Anfang an ganz unbefangen vom Darbringen des Brotes und Weines, aber auch des Opfers Christi reden können. »Das Deine von dem Deinen bringen wir Dir dar«, heißt es zum Beispiel in der antiochenischen Liturgietradition vor der Epiklese.[3] Das Tridentinum, das noch im 16. Jahrhundert die Glaubensspaltung zu überwinden suchte, sagt überhaupt nichts Neues, wenn es die Eucharistie bezeichnet als ein »sacrificium, quo cruentum illud semel in cruce peragendum *repraesentaretur* eiusque memoria in finem usque saeculi permaneret«. Seine weitere Aussage »in divino hoc sacrificio, quod in Missa peragitur, idem ille Christus continetur et *incruente immolatur*«[4]

1 Formula missae et communionis 1523, WA 12,207.211

2 De abroganda missa privata 1521, WA 8,448,27f.

3 Byzant. Chrysostomus und Basiliusliturgien, Prex euch. 226. 236; vgl. griech. Markusliturgie (alexandrinische Trad.), ebd. 114

4 DS 1740.1743

trägt deutlich Zeichen nominalistischer Engführung, unter der auch viele reformatorische Aussagen leiden.

Der ökumenische Dialog ist an dieser für die protestantische Theologie besonders neuralgischen Stelle ein tüchtiges Stück vorangekommen. Die gemeinsame römisch-katholische/evangelisch-lutherische Kommission auf Weltebene gelangte 1978 zu so weitgehenden Konvergenzen, daß sie erklären konnte: »Diese Einsichten geben uns die Zuversicht, auch die noch offenen Fragen klären zu können.«[5] Noch deutlicher zeichnet sich ein erreichbarer Konsens in dem Bericht des Ökumenischen Arbeitskreises evangelischer und katholischer Theologen über »Das Opfer Jesu Christi und der Kirche« 1982 ab, der die verbleibenden Divergenzen als nicht mehr im Bereich des Kirchentrennenden gelegen erscheinen läßt.[6] Ähnliche Ergebnisse brachten bilaterale Dialoge in anderen Ländern und zwischen anderen Konfessionen.[7] In der Lima-Erklärung zur Eucharistie tritt der Opfergedanke zurück gegenüber Aussagen über das Opfer Christi wie dieser: »Die Eucharistie ist das Sakrament des einzigartigen Opfers Christi, der ewig lebt, um Fürsprache für uns einzulegen«, Danksagung und Anamnese stehen an der Stelle, an der die alten Traditionen gern von Darbringung und Opfer der Kirche redeten.[8]

Die bislang erreichten Konvergenzen und die Hoffnung auf einen völligen Konsens beruhen auf neuen Erkenntnissen und vertieften Einsichten besonders der alttestamentlichen Exegese und der Liturgiegeschichte. Dabei gewinnt der Zusammenhang von jüdischer Liturgie und christlichem Gottesdienstverständnis neue Aktualität.

Jüdische Liturgie: Tempel oder Synagoge?

Bei der Frage nach dem Opfergedanken in der jüdischen Liturgie muß zunächst geklärt werden, was unter letzterer zu verstehen ist. Ismar *Elbogen* schreibt in seiner wohl immer noch klassischen Geschichte des jüdischen Gottesdienstes auf der ersten Seite: »Der jüdische Gottesdienst hat in der Religionsgeschichte eine ganz hervorragende Bedeutung. Er war der erste, der, völlig losgelöst vom Opfer, als Gottesdienst

5 Herrenmahl, 39, vgl. 18f.26f.35ff.101ff.
6 Opfer Jesu Christi und seine Gegenwart in der Kirche, 231ff.
7 Vgl. Dokumente, bes. 140f.144f.152f.439f.505f.
8 Lima 1982, E 3–13, bes. E 8

mit dem Herzen bezeichnet werden durfte.«[9] Das Buch handelt dann ausschließlich vom Gottesdienst der Synagoge, als ob es den Tempelkult nie gegeben hätte. Wenn wir jüdische Liturgie in diesem Sinne verstehen würden, dann wäre der Opfergedanke wenig mehr als eine historische Reminiszenz an eine längst überwundene Vorstufe zu dem eigentlichen Gottesdienst des Toragehorsams. Diese Interpretation ist in der Tat nicht ungewöhnlich.

Doch wurden die biblischen Opferperikopen nach der Zerstörung des Tempels in die synagogale Liturgie aufgenommen und in der rabbinischen Literatur als Ersatz der Opfer interpretiert; Gott nimmt die Lesung an, »als ob sie vor mir Opfer darbrächten« (bTaan 27b).[10] Die jüdische Gemeinde betet im Achtzehngebet, dem Schemone Esre, der täglichen Morgenliturgie: »Bring den Dienst zurück in das Heiligtum deines Hauses, und die Opfer Israels und ihr Gebet nimm in Liebe und Wohlgefallen auf«[11], und verwendet den alten priesterlichen Segen aus dem Tempelkult, auch wenn es längst keine Priester mehr gibt.[12] Ja, die jüdische Orthodoxie erwartet bis heute die messianische Wiederaufrichtung des Tempels und Erneuerung des Opferkultes, wenn auch die liberale Synagoge Tempel und Opferdienst der Vergangenheit überläßt.

Mehr noch: Tempel und Synagoge sind miteinander verbunden und haben sich, solange der Tempel stand, gegenseitig ergänzt. Zur Zeit des Zweiten Tempels wurde die zu groß gewordene Priesterschar in 24 Abteilungen aufgeteilt, die je eine Woche im Halbjahr den Dienst am Heiligtum versahen. Zudem teilte man das ganze Land in entsprechende Bezirke ein, aus denen Delegationen nach Jerusalem entsandt wurden, die beim Opferdienst ihrer Priestergruppe zugegen waren – und zur gleichen Zeit kam man im Heimatbezirk zusammen zur Schriftlesung und wohl auch zum Gebet. Diese »Institution der ma'amadot, der Lokalversammlungen« war es, die »zur Institution der Synagoge führte«[13]. In ihrem Ursprung ist die Synagoge also innig mit dem Tempel verbunden gewesen. Zuletzt scheint die synagogale Praxis selbst

9 Elbogen, Jüd. Gottesdienst, 1

10 Petuchowski, Gesch. der jüd. Liturgie, 18

11 Ders., Achtzehngebet, 79 (17. Bitte). Wahrscheinlich ursprünglich ein Gebet um Annahme des vom Priester dargebrachten Opfers, vgl. Elbogen, Jüd. Gottesdienst, 31

12 Elbogen, Jüd. Gottesdienst, 67ff.

13 Petuchowski, Gesch., 15

in den Tempel hineingedrungen zu sein. Die Mischna Tamid vermeldet, daß die Priester das Morgenopfer unterbrachen, um in der Quaderhalle des Tempels das Sch'ma Israel, die Zehn Gebote und einige Gebete zu sagen[14], und Josua b. Chananja berichtet aus der Zeit um 60 vom Morgen-, Musaf- und Mittagsgebet am Laubhüttenfest, deren erstes nach, die beiden anderen vor den Opfern gehalten wurden.[15] Opfer und Gebet, Tempel und Synagoge fanden, ohne ihre je eigenen Schwerpunkte einzubüßen, zueinander. Auch sind sicher Priestergebete aus der Tempelliturgie in die synagogale Praxis übernommen worden, wie schon beim aaronitischen Segen zu erkennen war, nur sind sie im einzelnen schwer zu identifizieren.

Die Tempelfrömmigkeit mit ihrer Konzentration auf das Opfer und die synagogale Tora- und Gebetsfrömmigkeit mit ihrem Schwerpunkt im Gesetzesgehorsam dürfen also nicht in einen prinzipiellen Gegensatz gebracht werden, auch wenn die Katastrophe des Jahres 70 sie faktisch zu zwei einander ablösenden Stufen gemacht hat und bald schon 2000 Jahre Synagogengottesdienst nur 1000 Jahren Tempelkult gefolgt sind. Der prophetische Protest zielte nicht auf den Opferdienst als solchen, sondern auf die falschen Voraussetzungen und die versagten Konsequenzen im Leben von Priesterschaft und Volk: Opfer und Toragehorsam, Sakrament und Wort, Glauben und Leben gehören zusammen.

Jedoch darf der große Unterschied zwischen Tempel und Synagoge nicht übersehen werden. Den Tempel gibt es nur an einem Ort, Synagogen überall, sie sind nicht ortsgebunden. Den Tempeldienst versieht ein erbliches Priester- und Levitentum, in der Synagoge kann jeder(mann) lesen, predigen, vorbeten – nicht einmal ein Rabbiner ist nötig. Im Tempel ist das Volk Zuschauer, wenn es überhaupt beim Opfer anwesend ist, in der Synagoge ist es handelnde Gemeinde. Im Tempel geht es um das Opfer, in der Synagoge um Torastudium und Gebet. Die deuteronomistische Kultreform beseitigte die Lokalheiligtümer zugunsten des Zentralheiligtums in Jerusalem. Jede sich später entwickelnde Gottesdienstform mußte sich zwangsläufig vom Opferkult unterscheiden. Und es ist nur zu verständlich, daß das Ende des Tempelkults zunehmend nicht mehr als ein Verlust und Verzicht empfunden wurde und der Synagogengottesdienst immer weniger als Ersatz und Interim.

14 Ebd. 16

15 Elbogen, Jüd. Gottesdienst, 249

Daß damit die sakramentale Dimension aus der Praxis des alten Gottesvolkes zu verschwinden drohte und sich die Orthopraxie gegenüber der Orthodoxie in den Mittelpunkt zu setzen suchte, liegt auf der Hand.[16]
Für unsere Frage nach dem Opfergedanken in der jüdischen Liturgie ergibt sich deshalb, daß aus dem reichen Material der synagogalen Liturgiegeschichte aus strukturellen Gründen kaum eine Antwort zu erwarten sein wird, während die hinsichtlich der liturgischen Praxis und gar der Formulare überaus sporadischen Quellen zur israelitischen Tempelliturgie[17] uns weiterführen müßten. Jüdische Liturgie heißt deshalb im Zusammenhang unserer Fragestellung alttestamentlicher Opferkult und nicht synagogaler Gottesdienst.

Das Opfer im alttestamentlichen Kultus

Es dürfte angesichts der vielfältigen Erscheinungsformen des Opfers im Alten Testament kaum gelingen, zu einer übergreifenden Definition zu kommen.[18] Auch der deutsche Begriff Opfer läßt eine Eingrenzung auf Darbringung (von offerre) schon etymologisch nicht zu, sondern verweist mit der Verwurzelung in operari (eine religiöse Handlung vollziehen, der Gottheit durch Opfer dienen)[19] auf ein weites Spektrum von Handlungen, Anlässen und Intentionen. Doch läßt sich deutlich eine Entwicklung nachzeichnen, die man mit den drei Grundvorstellungen Gemeinschaft, Gabe und Sühne grob zu kennzeichnen pflegt.[20]
Aus semitischem Nomadenbrauch kam das Opfer zum Weidewechsel beim Frühlingsvollmond. Das Blut wird als Anteil Gottes auf den Erdboden gegossen, das Fleisch in der Situation des Aufbruchs verzehrt: Im Pesachmahl erfährt das Volk die Gemeinschaft mit seinem Gott. Die Verbindung dieses uralten Brauches mit dem für die Geschichte Israels grundlegenden Exodus-Geschehen liegt auf der Hand: Jahwe, der Befreier aus der ägyptischen Sklaverei, ist als Gastgeber anwesend. Der Blutritus bezeichnet seine bewahrende Macht über das Volk. Ex 12,14

16 Vgl. Maier, Kultfrömmigkeit 46
17 Ebd. 42
18 Vgl. Mowinckel, Religion und Kultus, 103
19 Vgl. Deissler, Opfer im AT, 17
20 Zum Ganzen vgl. de Vaux, Lebensordnungen II, 259ff.; Eichrodt, Theol. des AT I, 83ff.; Wilms, Freude vor Gott, 109ff.

wird das Pesachfest ein Zikkaron genannt, Gedächtnis/Anamnese: Das historische Ereignis wird so aktuell, als ob die späteren Generationen mit dabei wären beim Aufbruch, übrigens eine für das Verständnis der Eucharistie höchst bedeutsame hebräische Denkstruktur. Und endlich besiegelt das gemeinsame Mahl den Bundesschluß Gottes mit seinem Volk (Ex 24,11). »Die Kraft der durchs Opfer vermittelten sakralen Kommunion ruht... auf der Bereitschaftserklärung des Gottes, zu diesem seinem Volk in ein besonderes Verhältnis zu treten und ihm an seinem Leben Anteil zu geben. Das Gemeinschaftsopfer wird zum Sakrament.«[21]

Am Anfang war wohl jede Schlachtung (Lamm und Ziege bei den Nomaden, dazu Rind und Taube bei den Seßhaften) ein am Heiligtum vollzogener Opferritus, der den Geber alles Lebens verehrt, ihm das im Blut vorgestellte Leben übergibt und im Opfermahl Gemeinschaft mit ihm erfährt. Mit der Kultzentralisation in Jerusalem wurde die Schlachtung auf dem Land säkularisiert, das Opfer rückte fern. Im Opfergesetz des zweiten Tempels hatte der *zebach (schelamim)*, das *Schlacht- und Gemeinschaftsopfer*, sein Kennzeichen darin, daß das Opfertier unter Jahwe, Priestern und Opfernden aufgeteilt wurde, man verstand es als Lobopfer *(todah)*, freiwilliges Opfer *(nedabah)* oder Gelübdeopfer *(neder)*.[22]

Zugleich mit agrarischen Festen und Sitten übernahm Israel nach der Landnahme von den kanaanäischen Ureinwohnern eine zweite Weise des Opferns, die den Nomaden unbekannt war: das Ganz- oder Brandopfer (*'olah*, Wurzel: aufsteigen). Die Gabe an Gott, nicht mehr die empfangene Gemeinschaft, steht im Mittelpunkt. Das Opfer, auch Speisen und Feldfrüchte, wird im Rauch zu Jahwe hinaufgesandt, der Priester deutet die Annahme oder Ablehnung. Seit der späteren Königszeit drücken sich Hingabe, Huldigung, Unterwerfung, Buße, Dank und Bitte auf diese Weise aus, der Tempel übt sie im täglichen Morgen-, später auch im Abendopfer. Auch hier hat sofort eine Vertiefung der ursprünglich primitiven Motivation und eine Einbindung in die Gottesvorstellung Israels und in das Bundesverhältnis stattgefunden. Gott bedarf keiner Nahrungszufuhr, so heißt es Ps 50,12f. ironisch: »Wenn mich hungerte, wollte ich dir nicht davon sagen; denn der Erdkreis ist mein und alles, was darauf ist. Meinst du, daß ich Fleisch von Stieren

---

21 Eichrodt, Theol. des AT I, 95
22 Lev 3 und 7; vgl. de Vaux, Lebensordnungen II, 262

essen wolle oder Blut von Böcken trinken?« Vielleicht ist in den Schaubroten im Tempel noch ein Rest der Idee von der Speisung der Götter vorhanden. Auch das do-ut-des-Motiv wird diesem Ganzopfergedanken nicht gerecht: Alles kommt von Gott und gehört Gott. Im Brandopfer wird die Gabe, ein Stück von einem selbst, zerstört, weil sie nur dadurch unwiderruflich wird und in das Unsichtbare übergehen kann. Das Opfer der Ernteerstlinge und der Erstgeburt, das beim Menschen in Israel wohl immer abgelöst worden war, wie auch die Hergabe des Zehnten sind ein Bekenntnis zu dem Gott, der Leben gibt und erhält und dem man gerade deshalb eine Gabe von dem Lebensnotwendigen darbietet. Im deuteronomistischen Tempelkult haben sich Ganz- und Gemeinschaftsopfer öfter verbinden können, wobei das Ganzopfer in den Vordergrund rückt und seinen Charakter einer Ehren- und Huldigungsgabe mehr und mehr verliert zugunsten der – ebenfalls sehr alten – Grundvorstellung vom Opfer als eines Mittels zur Wiederherstellung des gestörten Gottesverhältnisses, zur Versöhnung, die nun die dritte Phase beherrscht.
Vorbereitet durch die Zwangspause des Exils mit Ezechiel und dem Heiligkeitsgesetz brachte der nachexilische Kult im zweiten Tempel eine starke Betonung des Rituals und die Subsumtion des gesamten Opfer- und Festkultes unter den Gedanken der *Sühne,* kulminierend im Ritual des Großen Versöhnungstages (Lev 16). Das *Sündopfer* (*chatta't,* was sowohl Sünde als auch den Ritus, der sie überwindet, bezeichnet) soll den Zorn Gottes besänftigen und zugleich den Sünder wieder in den Zustand der Reinheit versetzen. Ein ausgedehnter Blutritus, die Verbrennung des Fettes auf dem Altar und die Zuteilung des Fleisches an die Priester (nicht die Schuldigen) als ein Zeichen der Wiedergutmachung bestimmen den Ritus (Lev 6). Letzteres widerlegt die Auffassung, daß dem Opfertier die Schuld des Opfernden aufgeladen würde: Dann wäre das Tier nämlich unrein; aber »es ist ein Gott wohlgefälliges Opfertier, der in Anbetracht dieser Opfergabe die Sünde hinwegnimmt«[23]. Die Geste des Aufstemmens der Hand des Opfernden auf das Opfertier bedeutet keine Übertragung der Sünde, sondern die Bestätigung der Herkunft des Tieres vom Opfernden, der Opferung in seinem Namen und der Rückleitung des Opfersegens auf ihn.

---

23 De Vaux, ebd., 264. II Kor 5,21 hat Paulus die Bedeutung von chatta't im Sinne von Sündopfer (und nicht Sündenbock) aufgenommen

Das Problem der Stellvertretung in der Übernahme der Sünden stellt sich noch einmal im Ritus des Großen Versöhnungstages. Dort gibt es zwei Böcke, von denen einer als Sündopfer für Jahwe ausgelost wird, dem anderen legt der Hohepriester die Hände auf, um alle Sünden des Volkes auf ihn zu übertragen, und läßt ihn in die Wüste fortjagen für Asasel, nicht für den Herrn. Die Entsühnung geschieht ganz eindeutig durch das Sündopfer, nicht durch den kultisch unrein gewordenen Sündenbock. Das stellvertretende Sterben ist an dieser Stelle ein ganz und gar unkultischer Vorgang.[24]

Neben dem Sündopfer *(chatta't)* gibt es noch das *Schuldopfer* (*'ascham,* wiederum sowohl für Schuld, den schuldtilgenden Ritus und das Opfer). Es scheint dem Sündopfer zu ähneln, doch nur für den einzelnen zu gelten, weshalb das Blut nie ins Heiligtum gebracht wird. Die genaue Unterscheidung ist sonst schwierig.

Am Rande sei bemerkt, daß es noch weitere Opferarten gibt, so das Speiseopfer *(minchah)* aus Mehl und Öl, gebacken oder einfach gemengt, und das Weihrauchopfer *(qetoret),* für das es einen eigenen Altar gibt. Beides kann mit anderen Opfern verbunden werden.[25]

Der Weg des Opfergedankens in der israelitischen Tempelliturgie ging von der Vorstellung des in Gericht und Gnade mit seinem Volk in Gemeinschaft tretenden Gottes über die Huldigung in der dargebrachten Gabe hin zur alles beherrschenden Sühnehandlung, als die Gott alles Opfern verordnet hat. Damit erweist sich zwar, daß das Alte Testament in seiner prinzipiellen Magiefeindlichkeit dem Opfer keinerlei »apersonale Dynamik« zugesteht.[26] Zugleich aber wurde der Opferkult eingeengt zu einem »einseitigen Ausdruck menschlicher Unterwerfung unter die strenge Gehorsamsforderung des fernen Gottes und ebenso wie das ganze Gesetz... zu einem Mittel degradiert, durch das die endliche Verwirklichung des heiß ersehnten Hoffnungsgutes herbeigezwungen werden könnte«[27]. Nach Wegfall des Kultus konnten entsprechende Gesetzesleistungen dessen Funktion übernehmen, das Opfer wurde entbehrlich. Israel verlor das Sakrament und wurde ganz auf die Ethik gewiesen.

---

24 Vgl. Lev 16,7–22
25 Lev 2; Ex 30,7f. 34–38; Lev 16,12f.
26 Kornfeld, Opfer, 1169
27 Eichrodt, Theol. des AT I, 104

Schon die Tatsache, daß das Neue Testament für den Gottesdienst der im Namen Jesu versammelten Gemeinde keinerlei geprägte kultische Termini verwendet, weist unübersehbar auf den völligen Bruch mit dem Opferkult des Alten Testaments hin.[28] Im Wort über den Tempel (Mk 13,2 par.) und in der Tempelaustreibung (Mk 11,15ff. par.) hat Jesus das mit seiner eschatologischen Botschaft vom Anbrechen der Gottesherrschaft gekommene Ende des Opferkultes angezeigt. Sein Anspruch, Sünden zu vergeben, macht den Tempel als Ort des Sühneopfers überflüssig (Mk 2,5 par.). Sein Kreuzestod ist ein ganz und gar unkultisches Geschehen, die urchristliche Deutung mit dem leidenden Gottesknecht von Jes 53 zieht die eben gerade nicht kultische Sühnevorstellung des stellvertretenden Leidens und Sterbens heran: »für unsere Sünden« und dann ganz universal »für die vielen«[29]. Loskauf und Versöhnung sind nichtkultische Interpretamente, die Mahlfeier der Gemeinde findet in den Häusern statt.

Jedoch wird der Tod Christi von der Gemeinde in der Sprache der Opferterminologie gedeutet: Christus ist das Pesachlamm, für uns geopfert (I Kor 5,7). Er hat sich dargegeben als Ganzopfer (Eph 5,2). Wir sind »mit dem teuren Blut Christi als eines unschuldigen und unbefleckten Lammes« erlöst (I Petr 1,19). Christus ist das Sühnopfer, das Gott hingestellt hat (Röm 3,25). Vor allem aber wird im Herrenmahl das Blut des Neuen Bundes gereicht (Mk 14,24) in deutlicher Anspielung auf das Bundesopfer (Ex 24,8). Das Herrenmahl ist kein Opfer, aber in ihm wird Jesu Sterben als Opfer für uns präsent. Der Hebräerbrief endlich deutet Jesu Sterben »draußen vor dem Tor« (13,12) als das alle Opferpraxis des Alten Bundes erfüllende und ablösende Versöhnungsopfer, das der wahre Hohepriester ein für allemal dargebracht hat, mit dem er in das wahre himmlische Heiligtum eingetreten ist, um mit seiner Fürbitte »jetzt für uns vor dem Angesicht Gottes zu erscheinen« (9,24). Damit ist er der Mittler des Neuen Bundes. Die Opfervorstellung des Neuen Testaments konzentriert sich so ganz in der Christologie, nur im übertragenen Sinne kann sie in der Paränese auf die Christen Anwendung finden: Die Gemeinde ist der Tempel Gottes (I Kor 3,16),

28 Brunner, Lehre vom Gottesdienst, 99ff., bes. 104f.; vgl. Ferdinand Hahn, Urchristl. Gottesdienst, 14ff.

29 Trotz 'ascham, V. 10; vgl. Ferdinand Hahn, Opfer im NT, 57f.

sie soll als die königliche Priesterschaft geistliche Opfer opfern (I Petr 2,5.9), die apostolische Evangeliumsverkündigung ist priesterlicher Dienst (Röm 15,16), das eigentliche Opfer ist die Hingabe im Alltag als der vernünftige Gottesdienst (Röm 12,1).[30]

Damit ist klar: Es kann keinen anderen Opfergedanken in der christlichen Liturgie geben als den des Opfers Christi, das in der Eucharistie gegenwärtig wird. Jede Ergänzung durch weitere Opfer der Christen würde das »ein für allemal« des Kreuzesopfers in Frage stellen. Das Neue Testament läßt keine Deutung des Herrenmahls als Opferhandlung oder Opfermahl zu.[31]

Und doch dringt spätestens zu Beginn des 2. Jahrhunderts die Opferterminologie in die christliche Liturgie und Gottesdiensttheologie ein. Das mag einmal aus dem wachsenden Abstand zum Judentum und dem Ende der Konflikte zwischen Juden- und Heidenchristen erklärt werden, mit denen die Notwendigkeit einer scharfen Abgrenzung gegenüber Gesetz und Kultus des Alten Bundes zurücktrat. Mehr noch werden die typologische und die allegorische Deutung der Schrift sowie die Herausbildung eines neuen priesterlichen Standes zu der Entwicklung beigetragen haben. Dabei vollzieht sich in der Alten Kirche unter Aufnahme der Kultkritik der Propheten und der Psalmen eine Spiritualisierung der Opfervorstellungen: Wahre Gotteserkenntnis und rechter Lebenswandel sind die einzig gültigen Opfer, die das neue Israel Gott darbringt. Die Eucharistiefeier bringt diese neue Weise der Hingabe an Gott zum Ausdruck. »Dieser neue ›Kult‹ kann bei *Irenäus* zugespitzt sogar als eine in der Anamnese der Heilstat erfolgende ›Darbringung‹ Christi durch die Kirche gedeutet werden, weil in Christi Leib die neue Menschheit in der Einheit von Schöpfung und Erlösung... exemplarisch repräsentiert ist, wie sie individuell in der Christenexistenz verwirklicht wird.« In der Rede der Väter vom eucharistischen Opfer bleibt »die Eucharistie in engem Zusammenhang mit dem tagtäglichen Christenleben gesehen, und die ›Darbringung‹ bleibt an Christus als das eigentliche, handelnde Subjekt gebunden«[32]. Diese christologische und ekklesiologische Begründung der Verbindung des Opfergedankens mit der Eucharistie bestimmt die Alte Kirche auch in ihrer Liturgie.

---

30 Ebd. 72–81

31 Ebd. 84ff.

32 Schlußbericht des Ökum. Arbeitskreises: Opfer Jesu Christi, 225

In den frühchristlichen Liturgien findet der so begründete Opfergedanke an verschiedenen Stellen und in einer sichtlich differenzierten Bedeutung seinen Ausdruck. In der Didache sind die deutlich in der jüdischen *beraka*-Tradition stehenden Danksagungsgebete ohne jede Spur einer Verbindung mit Opfervorstellungen. Das mag daran liegen, daß sie – ob sie nun zur Eucharistie oder zur Agape gehören – noch ganz der häuslichen Feier zugeordnet sind (Did 9f.). Aber bei den Anweisungen zur Exhomologese vor dem Brotbrechen und Danksagen am Herrentag heißt es, daß sie zu geschehen habe, »damit euer Opfer rein sei«, und dann wird Mal 1,11.14 zitiert: Die Eucharistie ist das vom Propheten angekündigte »reine Opfer« (Did 14,1–3). Bei *Justin* sind Gebete und Danksagungen »allein vollkommen und Gott angenehme Opfer«, die Christen haben nur diese Opfer bei ihrer Eucharistie (Dial 117,2f.).[33] Bei *Hippolyt* (um 215, Rom) begegnet uns dann das Darbringen (offerre) in seinen beiden klassischen Verwendungen. In der einleitenden Rubrik steht: Dem Bischof »bringen die Diakone die Gabe(n) (oblationem) dar, der legt die Hände auf sie und sagt Dank mit dem ganzen Presbyterium«. In der Anamnese des Hochgebets heißt es »bringen wir dir Brot und Wein dar« und in der anschließenden Epiklese »Und bitten dich, daß du deinen heiligen Geist auf die Darbringung (in oblationem) der heiligen Kirche sendest.«[34] Diese beiden Formen der Darbringung entsprechen einem uralten liturgischen Gesetz, nach dem das, was die Gemeinde tut, in den Worten der Liturgie seinen Ausdruck sucht.

Die erste *Darbringung zur Gabenbereitung* ist nichts anderes als eine betende Beschreibung der für die Feier des Mahls unentbehrlichen Zurüstung von Brot und Wein, die zum Altar gebracht werden. Ursprünglich war dies zugleich der Ort des Dankopfers zur Versorgung der Bedürftigen und damit der sozialen Verpflichtung der Gottesdienst feiernden Gemeinde. Das zeigt schon die wohl erste Erwähnung der Gabenbereitung bei *Justin:* »der Adressat des Darbringens ist nicht Gott: Die Gaben nehmen wir selbst zu uns und geben davon den Bedürftigen.«[35] Doch spricht wohl nichts dagegen, auch diese Darbringung als Ausdruck des Dankes und der Verpflichtung – ohne eine Spur von Verdienstlichem oder gar Versühnendem – an Gott zu richten:

33 Vgl. Frank, Opferverständnis in der Alten Kirche, 45ff.
34 Prex eucharistica, 80f.
35 Frank, Opferverständnis, 46 – zu Justin, apol. I 13

»offerimus tibi«. Im Meßbuch *Pauls VI.* (1970) heißt es zur Gabenbereitung – in Anlehnung an die jüdischen *berakot:* »Du schenkst uns das Brot, die Frucht der Erde und der menschlichen Arbeit. Wir bringen dieses Brot vor dein Angesicht, damit es uns das Brot des Lebens werde« und »Du schenkst uns den Wein, die Frucht des Weinstocks und der menschlichen Arbeit. Wir bringen diesen Kelch vor dein Angesicht, damit er uns der Kelch des Heiles werde.« Damit wurden die problematischen Opfergebete abgelöst, in denen von der Annahme der makellosen Opfergabe (immaculatam hostiam) und von Opferung für die eigenen unzähligen Sünden und für die Umstehenden, alle Gläubigen und die Lebenden und Verstorbenen die Rede war. Die Intention dieser Darbringung berührt sich durchaus mit der Motivation des Ganzopfers, die wir in Huldigung und Verehrung Gottes fokussiert sahen, nur daß hier die Gaben gesegnet zurückkommen sollen.

Die zweite *Darbringung der eucharisierten Gaben* ist theologisch ebenso unanfechtbar, doch stellt sie uns vor Probleme. *Hippolyt* kannte noch keinen Konsekrationsmoment, für ihn galt die ganze Feier als das die Elemente Heiligende. Deshalb kann er auch nach dem Einsetzungsbericht noch einfach Brot und Wein sagen.[36] Die nachnizänischen abendländischen Liturgien verwenden dann aber im Anamnesenschluß sehr massive Opfertermini. Bei *Ambrosius* heißt es: »wir bringen dir dar dieses makellose Opfer, vernünftige Opfer, unblutige Opfer, dieses heilige Brot und den Kelch des ewigen Lebens. Und wir bitten und flehen, du mögest diese Darbringung annehmen auf deinem höchsten Altare durch die Hände deiner Engel, wie du die Gaben deines gerechten Knechtes Abel und das Opfer unseres Patriarchen Abraham anzunehmen gnädig warst und was dir der Hohepriester Melchisedek dargebracht hat.«[37] Was dargebracht wird, sind nicht mehr irdische Gaben, damit Gott sie uns zur eucharistischen Gabe macht, sondern dargebracht wird die eucharistische Gabe, der geopferte Christus. Auf dieser Linie bleibt die westliche liturgische Entwicklung, nur daß im Meßbuch *Pius' V.* (1570) die Darbringungsformeln sich von der Gabenbereitung an bis zum Ende des Kanons in massivsten Opfertermini multiplizieren.[38]

36 Vgl. Schmidt-Lauber, Eucharistie, 145ff.

37 De sacramentis IV 5,27, prex eucharistica, 421f.

38 Während die Liturgiereform die Gabenbereitung grundlegend revidiert, bleibt der Canon Romanus – jetzt Erstes Hochgebet – in seinen entsprechen-

Der Osten hat sich im Anamnesenschluß wesentlich zurückhaltender verhalten. Er bleibt in seinen Liturgien auf der von *Hippolyt* vorgezeichneten Linie: »Wir bringen nach seiner Anordnung dar dieses Brot und diesen Kelch und sagen dir Dank, daß du uns gewürdigt hast, vor dir zu stehen und dir priesterlichen Dienst zu verrichten« (Klementinische Liturgie).[39] »Das Deine von dem Deinen (von deinen Gaben)«, heißt es in anderen Liturgien (Markus-, Chrysostomus- und Basiliusliturgie).[40] Die Chrysostomusliturgie leitet die Epiklese ein mit: »wir bringen dir diesen vernünftigen *(λογικὴν)* und unblutigen Dienst *(λατρείαν)* dar«[41], die Basiliusliturgie mit: »wir nahen deinem heiligen Altar und legen dar die Abbilder *(ἀντίτυπα)* des heiligen Leibes und Blutes deines Christus«[42]. Die Jakobusliturgie betet zwar: »wir bringen dir, Gebieter, dieses furchterregende und unblutige Opfer dar«, der Duktus liegt dann aber ganz auf unserer Schuld und der Bitte um Vergebung, wie auch in anderen östlichen Liturgiefamilien zu beobachten.[43]

Es muß festgestellt werden, daß die alten Liturgien in ihrer Verwendung der Opferterminologie zwar verbal die neutestamentliche Distanz zu allem Kultischen nicht mehr wahrnehmen, aber den Opfergedanken in keiner Weise von dem einen Opfer Christi lösen und das Handeln der Kirche verselbständigen wollen. Bei genauerer Analyse dürfte die reformatorische Kritik sie nicht treffen. Daß Gott beim Wort genommen werden will, daß das Kreuzesopfer Christi uns zum Heil gegenwärtig wird und daß Christus der eigentlich Handelnde bleibt, ist auch Lehre der Väter. Andererseits nimmt *Luther* das Anliegen der Alten Kirche mit ihrer Übernahme des Opfergedankens in die Liturgie positiv auf, wenn er etwa sagt: »Auß welchen worten wir lernen, das wir nit Christum, sondern christus uns opffert, und nach der weyß ist es leydlich, yha nuetzlich, das wir die meß ein opffer heyßen, nit umb yret

den Aussagen unverändert: Te igitur, Hanc igitur, Quam oblationem (vor der Konsekration), der Anamnesenschluß des Unde et memores, Supra quae und Supplices sind reine Darbringungsgebete. Im Memento ist vom Lobopfer die Rede. In Te igitur und Memento wird das Opfer/Lobopfer mit einer Fürbitte verbunden. Ohne den Opferterminus gibt es weitere ins Hochgebet eingestreute Fürbitten.

39 Prex eucharistica, 92

40 Ebd. 114.226.236, vgl. oben Anm. 3

41 Ebd. 226 (vgl. Röm 12,1)

42 Ebd. 236

43 Ebd. 248, vgl. vor allem die assyrischen und chaldäischen Liturgien, ebd. 375 ff.

willen, sondern das wir uns mit Christo opffern, das ist, das wir uns auff Christum legen mit eynen festen glauben seynes testaments, und nicht anders mit unserm gepeet, lob und opffer fur gott erscheynen, den durch yhn und seyn mittel, und wir nit dran zweyffeln, er sey unser pfarrer oder pfaff ym hymel fur gottis angesicht. Solcher glaub fur war macht, das Christus sich unser annympt, uns selb, unser gepet und lob fur tregt, und sich selbs auch fur uns dar gibt im hymel. Wo man alßo die meß ein opffer hieß und vorstund, were es woll recht, nit das wir das sacrament opffern, sondern das wir durch unser loben, beeten und opffern yhn reytzen, ursach geben, das er sich selb fur uns ym hymel und uns mit yhm opffer.«[44]

Der Opfergedanke in der Liturgie als ökumenisches Problem

Nachdem sich bereits im frühen Mittelalter das Handeln der Kirche in der Eucharistie so in den Mittelpunkt gedrängt hatte, daß es sich von dem Handeln Christi zu lösen und zu einer eigenständigen Opferhandlung zu werden drohte, wird in spätmittelalterlicher Praxis die Messe zu einer Sache, mit der der Priester handeln kann: Der Eigenwert jeder einzelnen Messe führt zu deren Multiplikation und zugleich zur Verunsicherung der Gewissen, die schon früher eingeführte Votivmesse und die Privatmesse zur Individualisierung und zum Verlust der kommunizierenden Gemeinde. Der Liturgiehistoriker wird aber ehrlicherweise zugeben müssen, daß sich die Praxis nicht ohne weiteres im liturgischen Formular niederschlägt. Die Texte sind auch anders deutbar als aus vorreformatorischem Abusus. Andererseits bekommt der Text durch seinen Kontext, das heißt hier durch den Gebrauch, seine verbindliche Auslegung. Es ist die Frage, ob die altehrwürdige und theologisch über jeden Zweifel erhabene »erste Schicht«[45] des Hochgebets durch die vielen eingestreuten offertorialen Gebete nur überlagert oder nicht doch tief beeinträchtigt ist in ihrem Charakter als eucharistische Danksagung: Das Interesse ist, seitdem im 4. Jahrhundert das problematische Theologoumenon eines Konsekrationsmoments erfunden wurde, immer mehr auf möglichst nahe an den entscheidenden Augenblick herange-

---

44 Ein Sermon von dem neuen Testament 1520, WA 6,369,3–19
45 Pascher, Eucharistia, 169f.

schobene Fürbitten gerichtet und immer weniger auf Gemeinschaft mit Christus, Danksagung, Anamnese, Epiklese und die eschatologische Vorahnung.

Dabei kann das interzessorische Moment aus dem Hochgebet nicht ausgeklammert werden. Bereits das alttestamentliche Opfer als ein wesentlich personales und ganz und gar antimagisches Handeln ist zu Recht mit »Gebet als Handlung« und damit auch als Fürbitte[46] gedeutet worden. Geht es in der Eucharistie um das Gegenwärtigwerden des Opfers Christi als einer für uns heute wirksamen Realität, dann ist zumindest die Fürbitte des Hohenpriesters Christus inkludiert, in die sich Beten und Fürbitte der Kirche hineinbirgt: Das interzessorische Moment ist schlechterdings nicht auszuklammern, aber es hat seine Einordnung zu finden in das Gesamtgefüge der Stiftung Christi.

Das neue Meßbuch hat die Gabenbereitung wiederhergestellt und ökumenisch akzeptabel gemacht. Es hat dann aber interessanterweise die ökumenische Spannung aus dem geschichtlichen Streit in sich aufgenommen, indem es im ersten Hochgebet das – für evangelische Theologie weiterhin problematische – mittelalterliche Erbe des Canon Romanus bewahrt, im zweiten jedoch an die älteste römische Tradition, den hippolytischen Kanon, anknüpft. In letzterem taucht nur ein einziges Mal ein Opferterminus auf – und dann in einer evangelischer Theologie durchaus akzeptablen Weise. In der Anamnese heißt es: »wir feiern das Gedächtnis des Todes und der Auferstehung deines Sohnes und bringen dir so das Brot des Lebens und den Kelch des Heils dar«.

Das Gespräch über den Opfergedanken in der Eucharistiefeier ist nicht nur ein Gespräch zwischen den Konfessionen, es wird auch innerhalb der Konfessionen geführt, vor allem in der römisch-katholischen Kirche. Neuere Untersuchungen und die ökumenischen Dialoge befördern eine intensive Aufarbeitung der ehemals kontroverstheologischen Problematik.[47]

Es wird hinreichend deutlich geworden sein, daß die liturgiewissenschaftliche Interpretation nicht ohne Dogmatik auskommt. So ist die übervorsichtige Zurückhaltung der reformatorischen Väter gegen die Übernahme des Opfergedankens aus der frühen Kirche ebenso wie die römische Isolierung des Opfermotivs aus dem Gesamtkomplex der

46 De Vaux, Lebensordnungen II, 301

47 Vgl. Dokumente wachsender Übereinstimmung (1931–1982); Opfer Jesu Christi; Kühn, Abendmahl, 145ff.

Anamnesis heraus nicht zu verstehen ohne die beide verbindende nominalistische Trennung von Sakrament als Zeichen und Heilshandeln Gottes.[48] Beide sehen in memoria das subjektive Erinnern im Sinne der hellenistischen Totengedächtnismahlzeiten und nicht das aus der hebräisch-urchristlichen Denkstruktur des *zakar/anamnesis* resultierende Gegenwärtigwerden im Vorgang des danksagenden Gedächtnisses. An dieser Stelle sind wir durch die neuere Forschung einfach über die Polemik des 16. Jahrhunderts und später hinausgewachsen. Wir erkennen aber zugleich mit Erstaunen, welch eine Konvergenz bereits unter den begrenzten Denkstrukturen und Erkenntnissen zwischen der Reformation und dem Tridentinum erreicht werden konnte. Martin *Luther* hat »den personalen Charakter des neutestamentlichen Opfergedankens wiederentdeckt,... die Väter des Tridentinums (hielten) die biblische Einheit von Opfer Jesu Chrsiti und Eucharistie durch«, doch »beide Seiten zollen der mittelalterlichen ›Krise der sakramentalen Idee‹ ihren Tribut«[49] und kamen deshalb damals noch nicht zusammen.
Der Ökumenische Arbeitskreis evangelischer und katholischer Theologen in Deutschland hat wesentliche Klärungen zum Opferbegriff erreicht. Selbsthingabe aus Liebe (Eph 5,2), christologische Prägung und Personalisierung der Opfervorstellung, Einmaligkeit und Einzigartigkeit des Selbstopfers Christi, Handeln Gottes als Ermöglichung der Antwort des Menschen und damit Teilhabe am Opfer Christi sind hier als Grundstrukturen des Opfergedankens in einem gemeinsamen Glaubenszeugnis genannt.[50] Sie ermöglichen und fordern die sakramentale Gedächtnisfeier, in der das Selbstopfer Jesu Christi allein versöhnend ist, aber gerade in seiner Einzigartigkeit und Universalität unsere Teilhabe ermöglicht. Hingabe an Gott und die Menschen kann nicht ausgeschlossen sein, wo die Hingabe Gottes erfahren wird. Nur daß unser Opfern niemals versöhnend sein kann. Das bleibt sein Werk. Fragen wir nach einer ganz einfachen Formel für das Problem, um das es bei dem Opfergedanken in der Liturgie geht, so kann vielleicht gesagt werden: Es geht um das Verhältnis von Gottes Handeln und Handeln der Kirche in der Eucharistie. Die Reformation versuchte nur das eine zu betonen und mußte in der Konsequenz den Gemeinden eine elementare Gefährdung ihrer gottesdienstlichen Existenz aufbürden. Die römische Kirche

48 Vgl. Opfer Jesu Christi, 226
49 Ebd. 229f.
50 Ebd. 231f.

hat immer wieder das andere über Gebühr hervorzuheben gesucht und dabei den Gemeinden das elementare Leben aus der Freude des Evangeliums und in der Gewißheit des Heils schwierig gemacht.
Die Lösung kann nur in einer neuen Zuordnung gefunden werden. Die Lima-Erklärung (1982) mag dafür Beispiel sein: »Die Eucharistie ist vor allem das Sakrament der Gabe, die Gott uns in Christus durch die Kraft des Heiligen Geistes schenkt... Gott selbst handelt.« Das ist der erste Satz, in dem wir das unter uns gegenwärtig werdende und uns zugeeignete Opfer Christi begreifen. Und dann lautet der zweite Satz: Die Eucharistie ist Verkündigung und Feier der Taten Gottes, Anamnese, Epiklese, Gemeinschaft, Vorgeschmack der kommenden Gottesherrschaft.[51] Alles Dinge, die wir in der Eucharistie tun, unsere Danksagung, unsere Hingabe an Gott und an die Menschen, unsere Huldigung und Gabe – also unser Opfer. Christus schenkt sich in, mit und unter dem Handeln der Kirche – eigentümlicherweise nur so, nie ohne dies. Das Opfer Christi wird im Handeln der Kirche gegenwärtig.
Vielleicht wird es gelingen, dieses überaus schwierige und doch so bedeutsame Thema auf dieser Linie zu einem Konsens zu führen, einem Konsens, der wohl im Grunde trotz aller Abirrungen und Mißverständnisse schon immer bestanden hat, wo Christen wirklich Eucharistie feierten, nur daß sie sich dessen nicht bewußt waren. Die Frage des Opfers in der Eucharistie ist kein kirchentrennendes Kontroversthema mehr.

---

51 Lima 1982, 18ff. (E 2.3)

Das Verhältnis von Wort und Sakrament im evangelischen Gottesdienst

»Nach übereinstimmendem Zeugnis aller Überlieferungsgeschichten und -stränge hat Jesus Christus anstelle des jüdischen und heidnischen Kults eine Tischgemeinschaft gegründet, in der er schon vor seiner Wiederkunft unter den Seinen gegenwärtig ist und ihnen Anteil an seiner Vollendung geben will. Diese Tischgemeinschaft umfaßt folgende Handlungen:

Die Verkündigung dieser Vollendung,
den Lobpreis dafür,
ihren Empfang in der Speise,
das gemeindliche Dankopfer dafür.

Wohl gab es auch außerhalb dieser Tischgemeinschaft Zusammenkünfte, denen die Gegenwart des Herrn verheißen war. Aber ihre Zusammenfassung als Höhepunkt des Gemeindelebens war diese Tischgemeinschaft.«

Diese These Hans-Wolfgang *Heidlands,* die der damalige badische Landesbischof 1974 einem Vortrag über »Wesen und Wert des Gottesdienstes« vor der Pfälzischen Synode voranstellte, mag allgemeine Zustimmung finden, obwohl sie auf ihre Gültigkeit hin noch überprüft werden muß. Ob die daraus gezogene Folgerung aber überall anerkannt werden wird, ist fraglich: »Die Christenheit, insbesondere die evangelische, ist dieser Stiftung gegenüber ungehorsam geworden. Die zentrale Stellung des Predigtgottesdienstes und die Verdrängung der Mahlfeier stellt einen offensichtlichen Bruch der Stiftung dar.«[1] Erst recht wird der für die evangelische Tradition provozierende Satz: »Der Predigtgottesdienst ist in Wahrheit ein Nebengottesdienst«[2], Widerspruch hervorrufen. Doch hat kaum ein anderer evangelischer Theologe das Kernproblem evangelischen Umgangs mit Wort und Sakrament schärfer und treffender formuliert als der hochkirchlicher Neigungen gänzlich unverdächtige frühere Heidelberger Praktische Theologe.

---

1 Heidland, Thesen zu Wesen und Wert des Gottesdienstes, 132f.

2 Ders., Wesen und Wert des Gottesdienstes, 16

Dabei ist gerade für die Evangelische Kirche Augsburgischen Bekenntnisses die Einheit von Wort und Sakrament grundlegend für ihre Existenz. Definiert doch die Augsburgische Konfession Kirche als »Versammlung aller Gläubigen, bei welchen das Evangelium rein gepredigt und die heiligen Sakrament lauts des Evangelii gereicht werden«. Zur wahren Einheit der Kirche ist es genug, über die Lehre des Evangeliums und die Verwaltung der Sakramente übereinzustimmen.[3] Andere Konfessionen mögen Tradition, Amt und Hierarchie als unentbehrlich zur Kennzeichnung von Kirche erachten, Luthers Reformation bietet mit ihrer Konzentration auf Wort und Sakrament eine für das ökumenische Gespräch überaus wichtige Verständigungsbasis. Deshalb geht die Frage, ob sie ihrer Grundlage untreu geworden ist, ins Zentrum ihrer Existenz und muß ausgehalten werden.

Das Thema Wort und Sakrament kann in sehr verschiedene Richtungen entfaltet werden. Allein die Definition beider Begriffe je für sich und in Beziehung zueinander eröffnet viele Möglichkeiten, wobei die konziliare Rede von der Kirche als dem »Sakrament der Einheit« (SC 26) – denn sie »ist ja in Christus gleichsam das Sakrament, das heißt Zeichen und Werkzeug für die innigste Vereinigung mit Gott wie für die Einheit der ganzen Menschheit« (LG 1), der Auferstandene hat sie »zum allumfassenden Heilssakrament gemacht« (LG 48) – eine besonders interessante ist. Christus das »Ursakrament«, die Kirche in ihrem Auftrag der Heilsmitteilung das »Grund-« oder »Wurzelsakrament«, so wird heute in der katholischen Theologie formuliert[4] und bis in den Evangelischen Erwachsenenkatechismus hinein mitgedacht.[5] Jedoch legt der reformatorische Sprachgebrauch Wortverkündigung und Sakramentsverwaltung und damit vor allem den gottesdienstlichen Bezug als die vitalste Perspektive nahe, in der das Thema behandelt werden will. Der ökumenische Dialog unterstreicht die Dringlichkeit der Aufgabe; es sei nur auf den laufenden Rezeptionsprozeß zu den Konvergenzerklärungen zu Taufe, Eucharistie und Amt (Lima 1982) verwiesen.[6]

Wenn die ökumenischen Texte die eucharistische Grundstruktur des christlichen Gottesdienstes herausstellen, die landläufige protestantische Praxis jedoch ein ganz anderes Bild vermittelt, muß die primäre Frage-

3 CA VII dt. und lat.
4 Vgl. Schulte, Einzelsakramente, 70ff.; Kühn, Sakramente, 205ff.
5 Ev. Erwachsenenkatechismus, 1125
6 Vgl. oben S. 246ff.

stellung lauten: Wie ist das Verhältnis von Wort und Sakrament im Gottesdienst der Gemeinde neutestamentlich begründet, in der Geschichte entfaltet bzw. variiert und der evangelischen Christenheit heute zu neuem Durchdenken ihrer Praxis aufgegeben?

Begründung und erste Entfaltung

Das Neue Testament zum Verhältnis von Wort und Sakrament

Lassen sich aus dem Neuen Testament verbindliche Grundstrukturen für das Verhältnis von Wort und Sakrament im Gottesdienst der Gemeinde erheben? Die Frage nach der konkreten liturgischen Form kann sogleich ausgeklammert werden: Sie ist nicht nur am Anfang variabel – und da in besonderer Vielfalt –, sie muß es ihrem Wesen nach auch bleiben, auch da, wo gemeinsame Ordnungen beschlossen und die Gemeinden auf sie verpflichtet werden. Für die Gestalt gilt der Grundsatz der Angemessenheit.[7] Daß aber das Evangelium verkündigt wird, daß Taufe und Abendmahl gehalten werden, ist nicht dem Belieben des jeweiligen Liturgen oder der Gemeinde anheimgestellt. Ebensowenig kann das Verhältnis von Wortverkündigung und Mahlfeier völlig freigestellt sein, wenn es sich um Auftrag und Stiftung des Herrn handelt. Hans-Wolfgang *Heidland* schließt hierin auch die Häufigkeit der Feier ein.[8]

Die neutestamentliche Wissenschaft hat sich in den letzten Jahrzehnten intensiv mit dem Gottesdienst der Urgemeinde und der frühen Kirche befaßt. Bis dahin lehrte der Protestantismus das Nebeneinander von zwei Gottesdienstformen im Neuen Testament: dem aus dem Synagogalgottesdienst abgeleiteten Wortgottesdienst und der Mahlfeier, für die es im außerchristlichen Bereich keine Vorformen gibt. Damit war die protestantische Übung von Predigtgottesdienst und Abendmahlsfeier als zwei getrennten und dann auch verschieden häufig und mit sehr unterschiedlicher Teilnahme geübten Gottesdienstformen legitimiert. In der Tat finden wir im Neuen Testament eine Fülle verschiedener

7 Vgl. Brunner, Lehre vom Gottesdienst, 270ff.

8 »Erst recht verletzt es die Stiftung, daß diese Feier nicht häufiger begangen wird. Noch schlimmer ist, wie man dann diese Feier vom sogenannten Hauptgottesdienst abtrennt«, Wesen und Wert des Gottesdienstes, 16

Einzelaussagen zum Gottesdienst: Teilnahme am Tempelgottesdienst, Brotbrechen in den Häusern, missionarische Predigt und die charismatisch bewegte Vielfalt in der korinthischen Gemeinde sowie das gemeinsame Gebet – dazu eine Fülle offensichtlich liturgisch geprägter Texte. Erst um die Mitte des 2. Jahrhunderts lassen sich feste einheitliche Strukturen nachweisen.[9]

Oscar *Cullmann* hat 1944 die These aufgestellt, daß es sich bei der herkömmlichen Unterscheidung von zwei verschiedenen urchristlichen Gottesdienstformen um eines jener »wissenschaftlichen Dogmen« handelt, die »so lange wiederholt werden, bis sie als Tatsachen hingenommen werden, deren Richtigkeit nicht mehr an den Texten nachgeprüft wird«: Der Protestantismus hat seine partikulare Praxis in die neutestamentlichen Texte hineingelesen. Cullmann kommt zu dem Ergebnis, »daß die Mahlfeier Grund und Ziel aller Versammlungen ist«. Es gibt »in der Urkirche überhaupt nur diese beiden gottesdienstlichen Feiern: das gemeinsame Mahl, in dessen Rahmen immer Wortverkündigung stattfindet, und die Taufe«[10]. Diese These ist weitgehend aufgenommen worden, aber nicht überall und nicht ohne Modifikationen.

Ferdinand *Hahn* verhält sich ihr gegenüber zurückhaltender. Das neutestamentliche Überlieferungsgut läßt sich weder »auf einer Ebene summarisch zusammenfassen, noch kann die im zweiten Jahrhundert sich herauskristallisierende Form des Einheitsgottesdienstes als einzig mögliche und notwendige Konsequenz angesehen werden... die rechte Gestalt des Gottesdienstes gibt es immer nur für die je eigene Zeit, weil nur so die missionarische Funktion und die Zurüstung der Glaubenden zum Dienst in der Welt... wahrgenommen werden können«[11]. Andererseits kommt Hahn aber nicht an der Tatsache vorbei, daß die »auf Grund der Gemeinschaftsmahle des irdischen Jesus, seines Abschiedsmahles und der Erscheinungsmahle... in frühester nachösterlicher Zeit (ausgebildete) Feier des Herrenmahles« »eine spezifisch urchristliche Form gottesdienstlichen Handelns« ist[12]. Die Frage stellt sich hier, was dieses »eine« bedeutet. Wird die in dieser Form dargestellte Sache in einer anderen Situation austauschbar oder gar verzichtbar? Die hessische Statistik hat schon einmal zu der Überlegung geführt, »ob die Kirche

9 Vgl. Justin, Apol. 1,65–67; Prex eucharistica 68ff.
10 Cullmann, Urchristentum und Gottesdienst, 30.32f.
11 Ferdinand Hahn, Urchristl. Gottesdienst, 85
12 Ders., Abendmahl, 35.33

dem Gottesdienst nicht einen niedrigeren Stellenwert beimessen und ihn aus seiner zentralen Funktion entlassen müsse«[13]. Ferdinand Hahn hat einer solchen Interpretation die Grundlage entzogen, wenn er jetzt formuliert: »Grundform des urchristlichen Gottesdienstes war in jedem Fall die Versammlung zur Feier des Herrenmahles.«[14]

Georg *Kretschmar* zeigt die Veränderungen auf, die die Abendmahlsfeier bis zur Wende vom 4. zum 5. Jahrhundert erfahren hat, »daß sich der eucharistische Gottesdienst vom wirklichen Mahl zu einem differenzierten Gefüge von Handlungen und Gebeten wandelt, das in eine nunmehr zeremonielle Kommunion ausmündet, und daß dieses Abendmahl nun im Regelfall nur im Rahmen einer umfassenden Liturgie gefeiert wird«. Aber er bezeichnet das Abendmahl als den – nicht einen – von Anfang an »spezifische(n) Gottesdienst der Christen«, der dann »in der Epoche der frühen Reichskirche... auch zum zentralen Gottesdienst der Kirche geworden« ist[15].

Wir werden darauf verzichten müssen, dem Neuen Testament direkte und unmittelbare Anweisungen zur Gestalt und Liturgie des christlichen Gottesdienstes entnehmen zu wollen. Der Versuch, zur ersten Messe Christi und zum simplicissimus ritus der Urgemeinde zurückzukehren, bleibt ein unerfüllbarer Wunschtraum, was die liturgische Konkretion anlangt, auch wenn *Luther* in seinen frühen Schriften zum Gottesdienst davon ausgeht. Der Zusammenhang der kirchlichen Feier mit der Einsetzung durch Christus, der Stiftungsbezug und die Ausrichtung der Verkündigung am Evangelium bleiben aber unabdingbare Forderungen an jede theologische und liturgische Arbeit am Gottesdienst, wie auch die Taufe nicht durch einen der jeweiligen Epoche zeitgemäßer erscheinenden anderen Ritus ersetzt werden kann.

Das Ausscheiden des Sättigungsmoments

In sehr früher Zeit sind wichtige Entscheidungen gefallen, die kaum mehr rückgängig gemacht werden können: Daß das Sättigungsmahl aus der nachösterlichen Eucharistiefeier der Kirche bald ausgeschieden wurde, mag zunächst praktische Gründe gehabt haben. Die Sättigungs-

---

13 1974, mitgeteilt von Heidland, Wesen und Wert, 17
14 Ferdinand Hahn, Gottesdienst, 33.29f.
15 Kretschmar, Abendmahlsfeier, 231

mahlzeit ist an eine kleinere Gemeinde gebunden, sie gehört in die Häuser. Die größer werdenden Gemeinden wären kaum in der Lage gewesen, der Stiftung des Herrn, die jedes einzelnen Gemeinschaft mit ihm und darin begründet die Gemeinschaft aller untereinander zum Inhalt hat, so zu folgen, daß die Einheit der Gemeinde praktiziert werden kann. Die Ausscheidung des Sättigungsmoments und damit die Trennung von Eucharistie und Agape war eine hochbedeutsame theologische Entscheidung der Kirche, die das schlechterdings Neue der Stiftung Christi unterstreicht. Es geht nicht um Fortsetzung oder Überhöhung einer überlieferten jüdischen Mahltradition. Vom Hauptgericht – im Passamahl dem Osterlamm – ist überhaupt nicht mehr die Rede, Brot als Zukost und der letzte gemeinsame Becher Wein werden aus dem umfangreichen Stiftungsrahmen herausgegriffen und Zeichen eines völlig neuen Inhalts: Der sich schenkende Christus ist Mitte und Gabe dieses Mahls. Der Leib Christi wird aktualisiert durch den Empfang des Leibes Christi. Damit braucht das agapeische Moment keineswegs verlorenzugehen: Die Verwurzelung der kirchlichen Diakonie und des Amtes des Diakons im eucharistischen Gottesdienst erhält gerade von dieser neuen Mitte ihre Vitalität in Geschichte und Gegenwart, das heißt von der schenkenden Gegenwart dessen her, der seinen Jüngern gesagt hat: »Ich bin mitten unter euch wie ein Diener« (Lk 22,27).[16]
Die liturgische Konsequenz dieser frühkirchlichen Entscheidung der Ausscheidung des entbehrlichen Stiftungsrahmens und Konzentration auf das eschatologisch Neue war die Zusammenlegung der beiden ursprünglich getrennten Handlungen mit Brot und Wein. Aus den sieben Akten der verba testamenti wird das »Four-Action-Shape« der kirchlichen Eucharistiefeier[17], das sich in allen liturgischen Formularen der Geschichte manifestiert und sachgerecht erscheint wie der Übergang vom Sabbat zum christlichen Sonntag, hinter den zurückzugehen stets einen Rückfall in evangeliumswidrige Gesetzlichkeit zur Folge hatte. *Luthers* Vorschlag in der Deutschen Messe 1526, daß man »flux auff die consecration des brods das sacrament reyche vnd gebe, ehe man den kilch segenet«[18], hat zwar die Absicht, die Zusammengehörigkeit von Konsekration und Kommunion – in der Sprache der lutherischen Bekenntnisschriften von adesse und distribui bzw. exhiberi (CA X bzw.

16 Vgl. Schmidt-Lauber, Gottesdienst und Diakonie, 6ff.
17 Dix, The Shape of the Liturgy, 48ff.
18 WA 19,99

ApolCA X) – zu unterstreichen, und kann sich auf die neutestamentlichen Einsetzungsberichte berufen, impliziert aber dennoch eine Kritik der in der ganzen Liturgiegeschichte durchgehaltenen Entscheidung der frühesten Kirche und widerspricht einer einmütigen Grundaussage zum theologischen Gottesdienstverständnis. Die Umsetzung in die Praxis ist zudem nirgends dauerhaft gelungen.

Einheit von Wort und Sakrament im christlichen Gottesdienst

Wenn man die neueren Forschungsergebnisse zum jüdisch-christlichen Vorstellungskomplex »Gedächtnis« (*zakar*, *ἀνάμνησις*, frz. *memorial*) in die Überlegungen einbezieht, wird die innige Zusammengehörigkeit von Wortverkündigung und Abendmahl in dem spezifischen und zentralen christlichen Gottesdienst als im Neuen Testament angelegt und von der Kirche, sobald sie historisch greifbar wird, in pneumatischer Freiheit und in Bindung an Stiftung und Auftrag Christi sachgerecht aufgenommen, vollends evident: Sowohl Wortverkündigung als auch Abendmahl sind in ihrem Kern Christusanamnese, in der nicht nur von ihm berichtet wird, erst recht nicht nur seiner als eines Abwesenden oder einer vergangenen großen Stunde gedacht wird, sondern in der er selbst gegenwärtig wird und handelnd auf den Plan tritt mit allem, was er für uns getan hat, tut und tun wird. Die Lima-Erklärung zur Eucharistie sagt deshalb zu Recht: »Da die ›Anamnese‹ Christi den zentralen Inhalt des gepredigten Wortes wie des eucharistischen Mahles ausmacht, stärkt eines das andere.«[19]
Die zunächst provozierend wirkende – möglicherweise auch so gewollte – These von *Heidland* darf deshalb als im wesentlichen bestätigt angesehen werden: Die Einheit von Wort und Sakrament in der Haupt- und Grundform des christlichen Gottesdienstes kann schlechterdings nicht mehr geleugnet werden. Karl *Barth* hat diese Erkenntnis 1938 ausgesprochen: »Das, was wir heute im katholischen und im protestantischen Bereich als kirchlichen Gottesdienst kennen, ist ein Torso. Die katholische Kirche hat einen Sakramentsgottesdienst ohne Predigt... Wir haben einen Predigtgottesdienst ohne Sakrament. Es ist beides gleich unmöglich... Wir wissen nicht einmal mehr, daß ein Gottesdienst ohne die Sakramente ein äußerlich unvollständiger Gottesdienst ist... Würde die Predigt nicht ganz anders gehalten und gehört und würde nicht auch

19 Lima 1982 21, E 12; vgl. oben S. 69ff. und unten S. 406ff.

ganz anders gedankt werden in unseren Gottesdiensten, wenn das alles auch sichtbar von der Taufe herkäme und dem Abendmahl entgegenginge?«[20] Und dann: »Es wird vielleicht eine von den dem Protestantismus gestellten Entscheidungsfragen der nächsten Zukunft bilden, ob es gelingt, den evangelischen Gottesdienst seiner von Luther wie Calvin intendierten Ganzheit entgegenzuführen, d.h. die unsinnige Trennung von Predigt und Sakrament aufzuheben und ihre natürliche Zusammenordnung wiederherzustellen.«[21]

Gefährdung der Einheit von Wort und Sakrament

Evangelische Praxis

In der Lutherischen Agende I (1955) wird ausdrücklich erklärt: »Der vollständige Hauptgottesdienst ist Gottesdienst mit Predigt und heiligem Abendmahl. Das gilt auch, wenn zur Zeit manche Hauptgottesdienste ohne Feier des Altarsakramentes begangen werden.«[22] Doch die Geschichte der Reformation und der aus ihr hervorgegangenen Kirchen hat diesen Anspruch kaum je erfüllt gesehen: Die Einheit von Wort und Sakrament im Hauptgottesdienst ist immer bedingt und gefährdet gewesen.

Die wichtigsten statistischen Daten hierzu sind bereits an anderer Stelle wiedergegeben.[23] Die früher überwiegende Sitte der separaten Abendmahlsfeier leitet sich aus den um 1600 in Dresden erstmals nachweisbaren Privatfeiern vor allem für die Vornehmen ab.[24] Aber die Individualisierung und dann auch Privatisierung des Abendmahlsganges vermag noch keine zureichende Erklärung zu geben.

Die Frage, warum gerade in der Kirche, der Wort und Sakrament so wichtig sind, Kirchgang allgemein und Kommunion im besonderen so sehr außer Übung geraten konnten – in auffallendem Unterschied zur römisch-katholischen Kirche –, ist schwer, wenn überhaupt, zu beantworten. Einflüsse der Sitte – in städtischen Ballungsgebieten ganz andere

20 Barth, Gotteserkenntnis und Gottesdienst, 199
21 Ders., KD I/2 853
22 Luth. Agende I (1955), 41*
23 Vgl. oben S. 61
24 Graff, Gesch. der Auflösung I, 179; vgl. zum Ganzen ebd. 176ff.

als in traditionsreichen und ländlichen Gebieten – Zeitläufte, Geistesströmungen, theologische Entwicklungen und veränderte Akzentsetzungen mögen das ihre beigetragen haben. Auch hat man unlängst eine Umschichtung vom regelmäßigen zum kasuellen Kirchgang festgestellt.[25] In der römischen Kirche spielt sicher die Sonntagspflicht eine nicht zu unterschätzende Rolle. Über diese und andere Faktoren, die durchaus bedacht werden sollen, dürfen aber Eigenart und Wesen des Glaubens nicht übersehen werden, der unter dem Hören des Evangeliums durch das Wirken des Heiligen Geistes ubi et quando visum est Deo geschenkt wird (CA V). Geistliche Lebensgesetze sind unverfügbar. Das offenkundige Defizit des Protestantismus in diesem Bereich kann auch nicht durch Weltoffenheit und sozialethisches Engagement ausgeglichen werden. Aber es steht in einer Geschichte, die weit vor die Reformation zurückverfolgt werden kann.

Das 4. Jahrhundert als Ursprung abendländischer Engführungen

Für die vornizänische Kirche war der Gottesdienst mit Wort und Sakrament eine Einheit, an der bis auf ganz besondere Fälle (z.B. Pönitenten) alle Getauften selbstverständlich kommunizierend teilnahmen. Es ist für die Alte Kirche undenkbar, daß ein Christ sich selber von der Kommunion ausschließt. Mit dem Ende der Verfolgungszeit richtet sich die Kirche in der Welt fest ein, das Kirchenjahr entfaltet das bislang an jedem Sonntag als einem kleinen Osterfest zusammengefaßte Heilsgeschehen, der Kirchbau blüht auf, und auch der Umgang mit Wort und Sakrament wandelt sich entscheidend durch das wachsende Interesse an dem punktuellen Augenblick der Konsekration. Es ist nicht mehr die Feier der Eucharistie als ganze, die im schlichten Gehorsam gegen die Einsetzung Christi die Konsekration der Gaben bewirkt, sondern ein Moment wird gesucht und gefunden, in dem das Wunder der Wandlung geschieht. Der Osten betraut damit zunächst die Epiklese, die Herabrufung des Heiligen Geistes auf (die Gläubigen und) die Gaben. Der Westen antwortet mit richtigem theologischen Instinkt, leider aber auf der gleichen Ebene einer Engführung in der Fragestellung, mit der Herausstellung der Herrenworte, der verba testamenti. So wurde das ganzheitliche Verständnis, das die eucharistische Praxis bis dahin

25 VELKD-Umfrage, 75

bestimmt hatte, gefährdet, in dem Gemeinschaft mit Christus und darum auch untereinander, Festfreude, Diakonie und Erwartung des Kommenden bis in das tägliche Leben hineinreichen, so daß die Gläubigen die Eucharistie mit nach Hause nehmen können, um das gesegnete Brot an jedem Morgen »vor jeder Speise« zu genießen[26]: Wort und Sakrament gehörten zum täglichen Leben, das mit der sonntäglichen Eucharistie als Lebenszentrum der Gemeinde innig verbunden war.[27]
Es mag an dieser Stelle hervorgehoben werden, daß die Kirche bis zum Ende des ersten Jahrtausends nicht auf die Idee kam, den eucharistischen Gestalten außerhalb des Gottesdienstes irgendeine Verehrung zuzuwenden. Außer zur täglichen häuslichen Kommunion an Tagen ohne Gemeindeeucharistie fand die Reservation des eucharistischen Brotes nur statt zum Gebrauch als Viaticum, als Geleit der christlichen Seele in die Ewigkeit und zur Übersendung an andere Gemeinden als Zeichen der Glaubens- und Mahlgemeinschaft bzw. als Fermentum für Filialkirchen, um die Einheit der Gemeinde und ihrer Feier zu symbolisieren. Die östlichen Kirchen haben anfangs sogar überhaupt die Berechtigung zur Aufbewahrung der Eucharistie bestritten.[28] Dieser alte Umgang mit der Eucharistie hat sich auch im Kirchbau niedergeschlagen: Den Kirchen wurden gut verschließbare Räume angefügt, in denen das eucharistische Brot sicher vor Mißbrauch zum Zwecke eines neuen Gebrauchs in der Kommunion Kranker und Reisender aufbewahrt wurde. Die Bezeichnung Sakristei hat hier ihren Ursprung, sie diente hauptsächlich der Bereithaltung des Viaticums.
Und doch ist die im 11. Jahrhundert aufkommende selbständige kultische Verehrung der Hostie in der Engführung angelegt, die das Eucharistieverständnis im 4. Jahrhundert erlitten hatte. Die Elevation, zunächst mit der Doxologie des Hochgebets verbunden (7. Jh.), findet sich im 12. Jahrhundert gleich nach der Konsekration. Das Fronleichnamsfest, das die eucharistische Frömmigkeit vom Gottesdienst gelöst zeigt, wurde zuerst 1246 in Lüttich gefeiert: Das Hauptinteresse galt fortan der Gegenwart Christi in den Elementen, die Konsekration beherrschte Theologie und Praxis.
Die Folge ist, daß im Mittelalter die Gemeindefeier zurücktritt gegen-

26 Tertullian, ad. ux. 2,9; de or. 19; vgl. Hippolyt, trad. ap., hg. von Hauler, 117
27 Zum Ganzen vgl. Schmidt-Lauber, Eucharistie, 158ff.145ff.
28 Nußbaum, Aufbewahrung der Eucharistie, 22ff.465ff.

über dem Handeln des Priesters, der nun kraft seiner Weihegewalt das Wunder vollbringt, das durch das Sprechen der formelhaften Einsetzungsworte geschieht. Später können Handeln am Altar und Gottesdienst der Gemeinde in zentralen Teilen völlig auseinandertreten (Stillkanon). Allein die Wandlung ist wichtig, alles andere nur »zeremonielle Zutat; die Kirche, repräsentiert durch den Priester, nicht aber durch die feiernde Gemeinde, bringt den kraft der Konsekration gegenwärtigen Leib und das Blut Christi als ihr Opfer dem Vater dar – eine Auffassung, die einer ›Wiederholung‹ des Kreuzesopfers bedenklich nahe kommt und das Verständis der Messe als der Gemeinde aufgetragener Gedächtnisfeier vermissen läßt«[29]. Erst das Zweite Vatikanum hat die Gemeinde wieder als Träger der Feier erkannt und zur »vollen, bewußten und tätigen Teilnahme« aufgerufen (SC 14).
Die Auswirkungen der mittelalterlichen Theologie auf die Liturgie waren so verheerend, daß die Reformation das zerstörte Eucharistiegebet nicht wiederherzustellen vermochte und sich mit einer radikalen Reduktion, im wesentlichen auf die Herrenworte, begnügte.
Auch die Kommunion wird von dieser Entwicklung betroffen: Seit dem 4. Jahrhundert sinken die Kommunionszahlen rapide. Schon *Ambrosius* erwähnt, daß im griechischen Orient die jährlich einmalige Kommunion Brauch war.[30] Die Synode von Agde (506) muß ein Minimum von dreimal im Jahr festsetzen. Das 4. Laterankonzil (1215) fordert endlich die jährliche Beichte zur Fastenzeit als Voraussetzung für die österliche Kommunion, die einmalige Kommunion wird so die Regel.[31] Selbst in Frauenklöstern begnügt man sich im späteren Mittelalter mit drei- bis viermaliger Kommunion. Das 13. Jahrhundert bringt den Tiefstand eucharistischer Praxis.
Waren zunächst Erfordernisse der rechten Vorbereitung, Vermehrung der Vorbedingungen in Fasten und Beichte und eine wachsende Scheu vor dem Heiligen Grund für die seltene Kommunion, so wurde diese später durch den Kult mit den eucharistischen Elementen nahezu überflüssig: Geistige Kommunion, Anbetung der Hostie, Anwesenheit bei der Wandlung und Elevation in möglichst vielen Messen, Spekulationen über den Wert der Messe und Handel mit den Meßfrüchten kennzeichnen die sogenannte eucharistische Bewegung des Mittelalters. Von dem

29 Hans Bernhard Meyer, Abendmahlsfeier, 285
30 Vgl. Jungmann, Kommunion, 411
31 DS 812

ursprünglichen Umgang der Kirche mit Wort und Sakrament als den Gaben ihres Herrn ist nicht mehr viel erkennbar, obwohl eine Gegenbewegung mit neuem Nachdenken über die Kommunion schon vor der Reformation einsetzte.
Das Tridentinum bringt den Wunsch zum Ausdruck, »daß in den Einzelmessen die Gläubigen nicht allein spirituali affectu dabeistehen, sondern auch im sakramentalen Empfang der Eucharistie kommunizieren möchten«[32]. Aber erst die durch *Pius X.* am Anfang unseres Jahrhunderts initiierte neue eucharistische Bewegung leitete den entscheidenden Umschwung und die Erneuerung der eucharistischen Praxis der römischen Kirche in der Gemeindemesse und in häufiger Kommunion ein.[33] Klärende Aussagen über die Vorbedingungen und Erleichterungen der Nüchternheitsvorschriften gingen der Liturgiereform voraus, die das Zweite Vatikanum in Angriff nahm und deren Umfang und Bedeutung kaum zu unterschätzen ist. Die römisch-katholische Kirche hat in den sechziger und siebziger Jahren dieses Jahrhunderts eine echte Reformation erlebt und sich weitgehend von dem Erbe befreit, das seit dem 4. Jahrhundert die Kirchen beschwert und auch die reformatorischen Kirchen stärker belastet, als gemeinhin erkannt und zugegeben wird.

Anfragen an die Reformation und die evangelischen Kirchen

Vorrangstellung statt Einheit

Luther hat mit der Wiederentdeckung des Evangeliums und der Lehre von der Rechtfertigung des Gottlosen als dessen Herzstück dem Dienst des Wortes Gottes in der Kirche wieder den ihm gebührenden Raum verschafft. Während die oberdeutschen Protestanten und die Reformierten an die mittelalterliche Tradition des Prädikantengottesdienstes anknüpften und den reinen Predigtgottesdienst als Normalform, das Abendmahl – nur wenige Male im Jahr, dann aber mit der Kommunion der ganzen Gemeinde – als eine besonders hervorgehobene Sonderform einführten, bleibt die lutherische Kirche bei der prinzipiellen Einheit von Wortverkündigung und Abendmahl in dem einen Hauptgottesdienst der Gemeinde. Wort und Sakrament sind beides Anordnungen

32 1562, DS 1747
33 Dekret »Sacra Tridentina Synodus« (1905), DS 3375ff.

und Gaben Gottes und darum nicht nach menschlichem Gutdünken voneinander zu trennen.
Der Umsetzung dieses Grundsatzes in die gemeindliche Praxis stellten sich nun aber mehrere Widerstände entgegen. Zunächst eine theologische Gewichtung innerhalb der Einheit von Wort und Sakrament:
Luther selbst hat in einigen Aussagen dem Wort eine Vorrangstellung gegeben, weil »das Wort Gottes das größest, nötigst und höchste Stück ist in der Christenheit (denn die Sakrament ohne das Wort nicht sein können, aber wohl das Wort ohne Sakrament); und zur Not einer ohne Sakrament, aber nicht ohne das Wort könnte selig werden.«[34] Wenn er daraus nun aber die Folgerung zieht, »daß man mehr acht habe auf die Wort, denn auf die Zeichen. Darum soll man auch die Wort mehr treiben, lehren und predigen, auch üben, denn das Zeichen«[35], dann ist die Einheit von Wort und Sakrament nicht mehr allein in der Weisheit und Liebe Gottes begründet, sondern durch eine Rangordnung relativiert. Es gibt auch andere Aussagen Luthers, und von der Augsburgischen Konfession her (CA V und VII) ergibt sich eine andere Sicht. Aber es legt sich die Vermutung nahe, daß der Reformator trotz aller Hochschätzung des Abendmahls doch nicht im gleichen Maße die Erneuerung der Eucharistie betreiben konnte, in dem er sich um die Erneuerung der Predigt bemüht hat. Aus welchen Gründen auch immer er zu der Vorrangstellung des Wortes gekommen sein mag – pädagogischen, katechetischen, seelsorgerlichen –, sie hat das gottesdienstliche Leben der Reformation mitbestimmt und die später allgemein üblich gewordene Scheidung von Predigt- und Abendmahlsgottesdienst begünstigt. Im Wittenberg Luthers gingen viele nach der Predigt fort.[36]
»Die überragende Bedeutung, welche die Predigt durch die Reformation gewann, hatte auch im lutherischen Bereich zur Folge, daß sie mit Hingabe gehört wurde, aber die Beteiligung am Sakrament nachließ.«[37]
Die Frage erhebt sich hier: Ist mit dieser Theologie und Praxis die falsche Ebene, auf der Rom das Sakrament über das Wort stellte, schon überwunden?

---

34 Von der Winkelmesse und Pfaffenweihe 1533, WA 38,231; vgl. WA 10 III,68.70; WA 6,363.373

35 Predigt aus dem Jahre 1522, WA 10 III,69

36 »Post concionem maior pars populi abiuit«, Kolde, Analecta Lutherana, 228 (Reisebericht des Wolfgang Musculus 1536)

37 Nagel/Schmidt, Gottesdienst, 95

Verknüpfung von Beichte und Abendmahl

Neben dem theologischen Problem stehen die Nachwirkungen einer jahrhundertelangen Praxis der Enthaltsamkeit von der Kommunion. Wenn nun nicht mehr das Opferhandeln des Priesters in der Wandlung Herzstück des Abendmahls sein konnte, sondern die Verkündigung der Frohen Botschaft, die gleichfalls in der Predigt geschieht, war nicht ohne weiteres zu erwarten, daß die Gemeinden das Sakrament sogleich geschlossen annahmen. Dies um so mehr, als die schon in der Alten Kirche aufgekommene Notwendigkeit einer besonderen Vorbereitung auf den Empfang des Abendmahls im Unterschied zu der Begegnung mit der Wortverkündigung in der Reformation mit der Beichte oder auch dem Katechismusverhör als Bedingung der Zulassung zum Sakrament ihre kräftige Fortsetzung fand.

Eine verhängnisvolle Rolle spielte dabei die falsche Auslegung von I Kor 11,27.29: »unwürdig« essen und trinken; »den Leib des Herrn nicht achte(n)«. Die Entartung der korinthischen Mahlfeier bestand nicht darin, daß die Gemeindeglieder das Sakrament nicht mehr von anderer Speise unterschieden und damit geringschätzten. Im Gegenteil, bei ihnen war ein »sehr massives Sakramentsverständnis« vorhanden, das sich aber skandalös von der die Gemeinde als Leib Christi bestimmenden Liebesgemeinschaft gelöst hatte: Die Reichen nahmen ihre Mahlzeit vorweg »unbekümmert um die später kommenden Armen, die man sicher von der abschließenden Sakramentsfeier nicht ausschloß«. Lieblosigkeit begründete die Unwürdigkeit der Gemeinde, und das Achten des Leibes des Herrn bedeutet: »den Leib Christi als den für uns hingegebenen Leib Christi verstehen, der die Empfangenden zum Leib der Kirche zusammenschließt und sie damit für einander verantwortlich macht«[38].

Die korporative Seite der Eucharistie war im Mittelalter wie in der Reformation gegenüber der individuellen in den Hintergrund getreten, die Ekklesiologie gegenüber der Soteriologie. Dies hatte Folgen für das Verständnis der Feier und den Gebrauch, den die Gemeinde von der Gabe Christi macht.

Hier erhebt sich eine zweite Anfrage an die Reformation und die evangelischen Kirchen: Wieso verlangt man die Absolution in der Beichte als Voraussetzung für den Empfang des Leibes und Blutes

38 Günther Bornkamm, Das Ende des Gesetzes, 119–122

Christi, die ja ihrerseits Vergebung der Sünden und ewige Seligkeit zueignen? Was kann es für eine andere »Würdigkeit« geben als die, daß der Christ sich seiner Unwürdigkeit und Angewiesenheit auf die unverdiente gnädige Zuwendung Gottes bewußt wird? Hat die Reformation ihre tiefe Erkenntnis von der Rechtfertigung angemessen in die Praxis umsetzen können, oder ist sie unversehens wieder dem alten mechanistischen Gnadenstandsdenken verfallen, das mit zweifelhaften Kategorien wie Verdienst, Leistung und Vorleistung zu operieren pflegt?
Die Beichte ist ein eigenständiges Mandat Christi, das seine besondere Bedeutung an einem besonderen Ort hat. Die Verbindung mit der Eucharistie hat ohne Frage beide Stiftungen des Herrn in ihrem einsetzungsgemäßen Gebrauch eingeschränkt und behindert.

Auswirkungen der westlichen Konsekrationstheologie

Luther hat entschlossen die westliche Konsekrationstheologie übernommen mit ihrer Hervorhebung der verba testamenti als der Konsekrationsworte. Sie bewirken durch ihre Rezitation, was uns die Stiftung Christi zueignen will. Damit wird alles andere Beten und Handeln unwesentlich und geht weithin verloren. Es kommt nur noch auf Einsetzungsworte und Kommunion an. Aber es heißt in eben jenen Einsetzungsworten nicht »Solche Worte *sprecht*«, sondern »Solches *tut* zu meinem Gedächtnis«: Daß Brot und Wein genommen werden, daß über ihnen das Dankgebet gesprochen wird, daß das Brot gebrochen wird und daß Brot und Wein gegeben werden, ist Auftrag an die Gemeinde. Zentraler Teil des stiftungsgemäßen Tuns ist somit das Gotteslob über den Gaben, das in der jüdisch-christlichen Tradition der *beraka/anamnesis* das ganze Heilshandeln Gottes zum Inhalt hat. Sein Ersatz durch die Rezitation der Einsetzungsworte kann von diesem Auftrag des Herrn her schwerlich legitimiert werden. »Die Einsetzungsworte des Abendmahls sind ursprünglich nicht Bestandteil der Liturgie wie heute, sondern bilden das Statut, die Stiftungsurkunde der Tischgemeinschaft.«[39]

---

39 Heidland, Wesen und Wert des Gottesdienstes, 16. – In der ostsyrischen Anaphora Addai und Mari fehlt der Einsetzungsbericht (Prex eucharistica, 374ff.). Nach Ligier folgt das Eucharistiegebet in den ersten beiden Jh. der jüdischen Danksagung nach dem Mahl (birkat ha-mazon), der Einsetzungsbe-

Die radikale Reduktion der Abendmahlsliturgie auf den Einsetzungsbericht war in der Reformationszeit wohl verständlich als ein theologischer Hinweis auf die Begründung des Handelns der Gemeinde und ihrer Hoffnung allein in der Stiftung Christi. Sie war erst in zweiter Linie ein liturgisches Konzept. *Luther* hat mit seiner Deutung der verba testamenti als Stiftungswort, mit dem Christus uns das Abendmahl schenkt, als Vollzugswort, mit dem er uns gibt, was er verheißt, und als Testamtentswort, mit dessen Verkündigung unser Glaube geweckt und gestärkt werden soll[40], die Befreiung des Herrenmahls aus der Manipulation durch Menschenhand vollzogen und unterstrichen: Abendmahl ist in seinem Kern Wortgeschehen. Es gelang aber nicht, zu einer entsprechenden liturgischen Konkretion der in eben diesen verba testamenti angezeigten Sache zu finden. Charakteristisch für protestantische Ordnungen war dann der Ersatz der Präfation durch eine Vermahnung: Betender Lobpreis Gottes wird in Belehrung umgewandelt!
Der römischen Kirche blieben die Konsequenzen der westlichen Konsekrationstheologie kraft des Beharrungsvermögens der Liturgie weithin erspart. Es war die lutherische Reformation, die trotz ihres theologischen Aufbruchs paradoxerweise liturgisch den Weg Roms zu Ende ging. Das für die Alte Kirche unentbehrliche, gut neutestamentlich fundierte Eucharistiegebet ging verloren bis auf einen Präfationsrest und das Sanctus.
Die Geschichte der gottesdienstlichen Formen in der evangelischen Kirche Deutschlands ist eine »Geschichte der Auflösung«[41] genannt worden. Vielleicht müßte auch von einem Verfall des gottesdienstlichen Lebens gesprochen werden, der sich mit der Hypertrophie der Lehrpredigt im Zeitalter der Orthodoxie ankündigt, im Rückzug in die fromme Innerlichkeit und erweckte Gemeinschaft mit Beginn des Pietismus auswirkt, in der Massenauswanderung aus gottesdienstlicher Praxis im Rationalismus und in der Aufklärung vollzieht und dem sich nur der kleine Teil der von Wort und Sakrament heute lebenden evangelischen

---

richt kommt erst später, allg. im 4. Jh., in das Eucharistiegebet hinein und verschiebt die Achse der Eucharistie, The Origins of the Eucharistic Prayer, 161ff., bes. 178.181f.; vorsichtiger: Talley, Von der Berakah zur Eucharistia, 111ff.

40 Vgl. Knolle, Luthers Reform, 94ff.

41 Graff, Gesch. der Auflösung

Zeitgenossen widersetzt. Könnte diese Entwicklung – neben uns nicht einsichtigen und steuerbaren Faktoren – auch etwas zu tun haben mit manchen Unausgewogenheiten und Defiziten der Reformationszeit? In dieser zentral reformatorischen Frage nach dem Verhältnis von Wort und Sakrament und dem rechten Umgang mit ihnen ist die *ecclesia semper reformanda* der Erneuerung bedürftig: Die Reformation muß fortgesetzt und vollendet werden.

Erneuerung der Einheit von Wort und Sakrament als Aufgabe

Die Übung eines Hauptgottesdienstes nach abendländischer Meßform ohne Abendmahl war einmal legitim, insofern ohne Kommunikanten oder bei alleiniger Kommunion des Liturgen kein Abendmahl gehalten werden kann.[42] Niemand darf durch Sitte oder gar Zwang zur Teilnahme am Sakrament genötigt werden. Aber daß keine Kommunikanten da sind, hat auch mit der Bedeutung des Sakraments in Verkündigung, Unterricht und Lehre der Kirche zu tun.

Deshalb liegt eine große und verheißungsvolle Aufgabe vor der Kirche, die reformatorische Erkenntnis der Bedeutung und Einheit von Wort und Sakrament der Gemeinde wichtig und einladend zu machen, so daß daraus neue Praxis wird. Diese reformatorische Erkenntnis lautet: Wortgottesdienst und Sakramentsfeier bilden »wesensmäßig eine Einheit. Beide Teile legen einander aus: Von der Verkündigung des Wortes Gottes her wird auch das sakramentale Handeln als Zueignung des Evangeliums in, mit und unter Brot und Wein verstanden, und vom Sakrament her bedeutet auch die Wortverkündigung mehr als nur ein Redegeschehen, nämlich ›Wort des Lebens‹ in, mit und unter menschlichen Worten der Predigt.«[43]

---

42 »dat wy nicht vallen in den gruweligen misbruck des sacramentes Christi wedder synen bevehl«, KO Braunschweig 1528, EKO 6/1/1, 442

43 Nagel/Schmidt, Gottesdienst, 95

Luthers Gottesdienstverständnis und Liturgik in ihrer Gegenwartsbedeutung

Die Reformation und besonders Martin Luthers Theologie haben in der gegenwärtigen römisch-katholischen Theologie eine Beachtung und positive Würdigung gefunden, die früheren Generationen nicht vorstellbar gewesen wären.[1] Die Liturgischen Bewegungen beider Kirchen, die sich zwischen den beiden Weltkriegen entfalteten, ergaben so weitgehende Konvergenzen im Gottesdienstverständnis, daß, wenn man von der Amtsfrage absieht, heute ein breiter Grundkonsens festgestellt werden kann, der schwerwiegende und damit kirchentrennende Divergenzen nicht mehr erkennbar macht. Ob diese, was das Bekenntnis bzw. Dogma beider Kirchen angeht, jemals bestanden haben, und ob die gegenseitigen Verwerfungen die andere Seite wirklich getroffen haben, mögen die Historiker klären. Die reformatorische Kritik an dem Versuch, das Geheimnis der Wandlung mit zeitgenössischer Philosophie als Transsubstantiation zu umschreiben, trifft einen Erklärungsversuch, nicht das gemeinsame Bekenntnis zur Sache, und ist in einer Zeit, in der der Begriff Substanz längst ganz andere Bedeutung erhalten hat, gegenstandslos. Die Verweigerung des Laienkelchs entsprang einer inzwischen prinzipiell aufgehobenen Praxis. Die grundlegende Kritik am Meßopfer als Mittel menschlicher Selbstrechtfertigung und Verdunkelung des ein-für-allemal dargebrachten und in der Eucharistie gegenwärtig werdenden und uns zugeeigneten Christusopfers hatte sicher in der spätmittelalterlichen Theorie und Praxis der Messe ihren Anhalt, hätte aber schon damals nicht »mit der katholischen Position überhaupt identifiziert« werden dürfen.[2]

Der ökumenische Dialog über die Eucharistie zeigt somit eine überraschende Verständigungsbereitschaft auf beiden Seiten. Blickt man auf die vielfältigen bi- und multilateralen Dialoge, so kann über den lutherisch/katholischen Dialog hinaus auch eine globale Tendenz auf eine sich deutlich zu einem Konsens verdichtende Konvergenz hin beobach-

---

1 Vgl. Einheit vor uns, 30f.

2 Lehrverurteilungen I, 89(–124); Opfer Jesu Christi, bes. 215ff.

tet werden.[3] Allerdings zeigt die Praxis noch eine breite Vielfalt unterschiedlichen Umgangs mit der Eucharistie, deren Beurteilung sorgfältiger Überlegungen bedarf.

Theologie und Praxis können nach reformatorischer Erkenntnis nicht voneinander geschieden werden. Der rechte »Brauch« legitimiert und verifiziert die Theologie. Zwar gilt der Grundsatz, daß die getrennten Kirchen sich bei der Beurteilung der Praxis des Gesprächspartners zurückhalten und ihn vorwiegend in seiner Lehrgrundlage ernst nehmen sollten – die Herstellung der Übereinstimmung von Lehre und Praxis ist primär Sache der jeweiligen Kirche –, doch sind Glaube und Leben, Lehre und Praxis aufeinander bezogen.

An dieser Stelle werden Martin Luthers Theologie des Gottesdienstes und die daraus abgeleitete Gottesdienstpraxis der evangelischen Kirchen relevant. Luthers Theologie reifte im Kampf gegen spätmittelalterliche Mißbräuche und Entstellungen des altkirchlichen Gottesdienstes. Er war der Meinung, Schrift und Väter für sich zu haben und die legitime katholische Tradition zu bewahren, von der die römische Kirche abgewichen war. Er wollte keinen neuen Gottesdienst aufrichten, »sed eum (cultum dei), qui in usu est, pessimis additamentis viciatum, repurgare, et usum pium monstrare. Nam hoc negare non possumus, Missas et communionem panis et vini, ritum esse a Christo divinitus institutum.«[4] So kann die Augsburgische Konfession 1530 den Vorwurf zurückweisen, daß die Evangelischen »die Messe sollen abgetan haben. Denn das ist offentlich, daß die Messe, ohn Ruhm zu reden, bei uns mit großerer Andacht und Ernst gehalten wird denn bei den Widersachern.« Ihre Beweisführung schließt sie ab mit der Feststellung: »Postquam igitur missa apud nos habet exemplum ecclesiae, ex scriptura et patribus, confidimus improbari eam non posse« (CA XXIV, 1.40).

Luthers Gottesdienstverständnis

Martin Luther hat den aus dem Althochdeutschen stammenden Begriff Gottesdienst zur Bezeichnung der Sache eingeführt, die zuvor Kult (cultus Dei) oder Amt (officium), im übrigen Liturgie und (auf den

3 Vgl. Lima 1982, 18ff.
4 Formula missae et communionis 1523, WA 12,206

Hauptgottesdienst eingeschränkt) Messe, Eucharistie, ferner caeremonia, opus, servitus, obsequium, officia divina, ritus, mysteria oder sacramenta benannt wurde. Neuerdings bürgert sich der Begriff Gottesdienst auch im römisch-katholischen Sprachgebrauch ein.[5] Zunächst wird die Genitivverbindung noch getrennt geschrieben[6], später dann auch bei Luther in einem Wort.[7] Dadurch wird verständlich, daß dieser Begriff von Anfang an beide Bedeutungen umfaßt: die des Dienstes Gottes an uns und die unseres Dienstes vor Gott.

Luthers Gottesdienstverständnis ist dementsprechend von dem dialogischen Konzept des Gottesdienstes als Werk Gottes an uns und als Werk des Glaubens geprägt. Gottesdienst ist zuerst und vor allem *Werk Gottes* an uns, durch das der Glaube erweckt, erhalten und vertieft wird. Damit widerspricht der Reformator der spätmittelalterlichen Schau, nach der der Mensch im Gottesdienst Gott im Sinne mittelalterlicher Tugendlehre eine Leistung, einen Gott geschuldeten Dienst, zu erbringen habe: Gottesdienst ist Gottes Gabe (beneficium, donum, testamentum, sacramentum), nicht Menschenwerk (sacrificium, opus bonum, meritum). In Christus hat uns Gott den Dienst der Erlösung getan. Luthers Gottesbild stellt dem mittelalterlichen des zornigen Gottes, den der Mensch erst versöhnen müsse, das des Evangeliums von dem barmherzigen, uns in Christus suchenden und selbst versöhnenden Gott entgegen. »Denn das heisst ein rechter Gott, der da gibt und nicht nimpt, der da hilfft und nicht jhm helffen lesst, ... Summa, der alles thut und gibt, und er niemands darff, und thut solchs alles umbsonst, aus lauter gnaden on verdienst, den unwirdigen und unverdieneten, ja den verdampten und verlornen, Solch gedechtnis, bekentnis und ehre wil er haben.«[8] Deshalb ist die Messe »nit beneficium acceptum, sed datum, es nympt nit wolthat von uns, sondern bringt uns wolthat«[9]. Der Kampf gegen das Meßopfer ist ein Kampf gegen das schriftwidrige Gottesver-

---

5 Vgl.: Gottesdienst der Kirche (Hb.); Gottesdienst (Zs.). Der engl./roman. Sprachraum kennt keine entspr. Wortbildung und verwendet meist den Begriff Kult (im Sinne von »fide, spe et caritate colendus est Deus«, Augustin, Ench. 3), der die Doppelbedeutung von Gottesdienst umschließen kann, vgl. Wainwright, Gottesdienst, 249f., und keineswegs den »latreutischen« Aspekt gegenüber dem »soterischen« prävalieren läßt, Lengeling, Liturgie, 28f.

6 Von ordenung gottis diensts, WA 12,35; Dt. Messe 1526, WA 19,72

7 Luther-Bibel, vgl. DWb 8, 1213ff.

8 Vermahnung zum Sakrament, WA 30 II 603,12ff.

9 Ein Sermon von dem NT 1520, WA 6,364,19f.

ständnis des fordernden Richters, »darum musse man Maria und die verstorbenen Heiligen zu furbittern haben und durch die Opffer Messe Gott versonen«[10]. Für die Papisten, so meint Luther, sei *Gott* dem Menschen ferngerückt und darum der Himmmel verschlossen, während in Wahrheit der *Mensch* von Gott abgefallen und »im Aufruhr gegen einen liebevollen und gnädigen Gott« befindlich sei[11]. Danksagung ist deshalb die einzige Gabe, die der Christ dem Schöpfer darbringen kann. »Danckopffer gibt mir meine Gottliche ehre, Es macht mich zum Gott und behelt mich zum Gott, Gleich wie widderumb die Werckopffer nemen jhm seine Gottliche ehre und machen ihn zum Götzen und lassen ihn nicht Gott bleiben.«[12]

Der Gabecharakter des Gottesdienstes kommt auch in dem Testamentum-Gedanken zum Ausdruck. »Testamentum est ipsa promissio«, heißt es schon in der ersten Auslegung des Galaterbriefs 1516/17[13]. Christus hat uns mit der Einsetzung der Eucharistie, genauer in den Einsetzungsworten, ein Vermächtnis hinterlassen und mit seinem Sterben für uns in Kraft gesetzt, in dem die Verheißungen des Alten und des Neuen Bundes sowie des sacramentum eingeschlossen sind. Die Verkündigung dieses Testaments soll »unsern Glauben wecken und stärken«[14]. Als Ausdruck des Testamentum-Gedankens, der zum Glauben an die Gabe auffordert, kann Luther auch die Elevation der Elemente gutheißen.[15] An Luthers Testamentum-Gedanken ist nun kritisiert worden, er zwänge die Messe in eine »legalistische Metapher, die die Bedeutung des Opfertodes Christi nicht wiederzugeben vermag«[16]. Diese Kritik trifft die Sache aber nicht, denn Luthers Auslegung erhält ihre »Prägung vom Bundesgedanken als einem Ausdruck der Glaubensgerechtigkeit«[17]. Das ganze Evangelium ist »in uerbo testamenti comprehensum«[18], »den die prediget sol nit anders sein, den vorklerung der

10 Das 14. und 15. Kapitel Johannis 1538, WA 40,524,8f.
11 Vajta, Theol. des Gottesdienstes, 58; zum Ganzen 53 ff.
12 Vermahnung. WA 30 II 602,30 ff.; vgl. Kirchenpostille 1522, WA 10 I 1 38,15 ff.
13 Zu Gal 3,15, WA 2,519,6
14 Vgl. Knolle, Reform, 100; Schmidt-Lauber, Eucharistie, 103 ff.
15 Dt. Messe 1526, WA 19,99,17 ff.
16 Brilioth, Eucharistic Faith and Practice, 102. Ähnlich schon Johannes Eck, vgl. Iserloh, Eucharistie (bei) Johannes Eck, 169
17 Vajta, Theol. des Gottesdienstes, 65
18 De captivitate Babylonica 1520, WA 6,525, 39

wort Christi, da er sagt und die meß einsetzt ›das ist mein leib, das ist mein blut etc.‹. Was ist das gantz Evangelium anders, den eine vorklerung dieses testaments? Christus hat das gantz Evangelium ynn eyner kurtzen summa begriffen mit den worten dises testaments oder sacraments.«[19] Alle Verkündigung ist ausgerichtet auf diese »Summe des Evangeliums«, also sakramentsbezogen – im Abendmahls- wie im Predigtgottesdienst.

Endlich ist für Luther das *pro vobis* der verba ipsissima entscheidend.[20] Hierin wird die in Gottes Dienst an uns erfahrene Zuwendung der göttlichen Barmherzigkeit zusammengefaßt. Vergebung der Sünden nimmt nicht nur das Negative hinweg, sondern schenkt positiv »Leben und Seligkeit«[21]. Dem steht das »hoc facite« gegenüber, das in der vorkonziliaren römischen Theologie betont wurde und die priesterliche Konsekrationsvollmacht begründet, somit die Messe zum Werk der Kirche macht. Luther legt es »nicht als Befehl zu einem menschlichen Tun vor Gott, sondern als Verkündigung des Handelns Christi für uns« aus und stellt dem scholastischen Begriff des opus operatum den des opus operantis entgegen.[22] An die Stelle der Bindung der Gnadenwirkung an den bloßen Vollzug tritt bei Luther der rechte Gebrauch der Gaben Gottes: »glaubstu, so hastu.«[23]

Gottesdienst ist nun aber auch *Werk des Glaubens*. Das Heil hängt am Vertrauen auf den Christus pro me. Doch »solcher Glaube kommt nicht aus menschlicher Kraft, sondern Gott schafft ihn in uns«[24]. Messe ohne persönlichen Glauben wirkt keine Gnade, ist Ausdruck menschlicher Werkgerechtigkeit. »Die Gnade ist bei Luther nicht als eine unabhängig von der Person wirkende übernatürliche Kraft gedacht, sondern Gnade ist die Gemeinschaft, die Gott mit dem Menschen aufrichtet, indem er in sein Leben eintritt und ihn vom Leben des Unglaubens zum Leben des Glaubens umschafft.«[25] »Die zwey gehören zuhauffe, glaube und Gott. Worauff du nun dein hertz hengest und verlessest, das ist eygentlich

---

19 Ein Sermon von dem NT 1520, WA 6,374,1ff.

20 Stillmesse 1525, WA 18,28,31; missa privata 1521 WA 8,442f.; GrKat 1529, WA 30 I 224,33ff.; KlKat 1529, WA 30 I 317,20ff.

21 KlKat 1529 ebd. 5. Hauptstück. Zum Anderen

22 Vajta, Theol. des Gottesdienstes, 75(ff.)

23 Belege ebd. 14 Anm. 38

24 (1.) Ep. S. Petri gepredigt und ausgelegt 1523, WA 12,294

25 Vajta, Theol. des Gottesdienstes, 81

dein Gott«, heißt es im Großen Katechismus.[26] So steht der Mensch vor einer unentrinnbaren Alternative: entweder Gott oder Abgott, entweder Glaube oder Aberglaube, entweder Glaubensgerechtigkeit oder Werkgerechtigkeit. In einer Predigt zum Opfer Abels heißt es »deus primum respicit personam, antequam respicit opus«[27].

Ist Gottesdienst Gottes Handeln durch Wort und Sakrament an seiner Gemeinde, so ergibt sich daraus die Notwendigkeit der Verkündigung des Werkes Christi und der Spendung der Sakramente als *Auftrag an seine Gemeinde.* Es ist aber Christus, der durch das Amt der Kirche handelnd gegenwärtig wird und die Versöhnung darreicht: »Die ampt und Sacrament sind nicht unser sondern Christi, Denn er hat solchs alles geordent und hindersich gelassen jnn der Kirchen, zu uben und gebrauchen bis an der welt ende, und leugnet und treuget uns nicht. Darumb konnen wir auch nichts anders draus machen, Sondern müssen seinem befelh nach thun und solchs halten.«[28] In diesem Zusammenhang kann sogar der Ausdruck cooperatio fallen: »Solus quidem operator ipse, sed per nos.«[29]

Der eigentliche Gottesdienst ist aber der *Glaube.* »Das ist der hawbtgottisdienst und das hohist stuck, den wyr nennen eynen auffrichtigen, Christlichen glawben und liebe tzu gott durch Christum«[30], die Messe ist folglich eine »offentliche reytzung zum glauben vnd zum Christentum«[31]. Im Glauben nimmt der Christ teil am Werk Gottes, im Glauben aber auch teil an dem einzigen *Priestertum* Jesu Christi: »omnes in Christo sumus sacerdotes et reges, quicunque in Christum credimus«[32]; denn er will alles mit den an ihn Glaubenden teilen (I Petr 2,9). Das »Mit-Christus-Priester-Sein« wird zum »Für-den-Nächsten-Priester-Sein«[33]. Bei aller Polemik gegen das Meßopfer hat Luther nie geleugnet, daß das Opfer zum allgemeinen Priestertum gehört, allerdings steht es nicht mehr auf der Seite des Amtes, sondern ist Aufgabe des Gottes

---

26 WA 30 I 133,1ff.

27 zu Gen 4,4; WA 14,160,9

28 Von der Winkelmesse und Pfaffenweihe 1533, WA 38,240,28ff.

29 Genesisvorlesung 1545, WA 44,648,31; vgl. Fastenpostille 1525, WA 17 II 179,23ff.

30 Kirchenpostille 1522, WA 10 I 1 675,12ff.; vgl. Von der Beicht 1521, WA 8,172,3

31 Dt. Messe 1526, WA 19,75,2

32 Tractatus de libertate christiana 1520, WA 7,56,38f.

33 Vajta, Theol. des Gottesdienstes, 272

Gabe empfangenden Glaubens und wird vollzogen im Lob- und Dankopfer, im Gebetsopfer und in der leiblichen Hingabe: »Das Opfer ist ein Realisieren der Taufe... Der neue Mensch, der Mensch des Opfers, ist unter dem Töten des alten Menschen verborgen.«[34] Hier weitet sich der Gottesdienst als Werk des Glaubens hinein in den *Beruf und Alltag*. Gustav *Wingren* hat aufgezeigt, daß Luthers Lehre vom Beruf eng mit dem Töten des alten und dem Leben des neuen Menschen zusammenhängt[35]: »Beruf ist Werk des Glaubens, der Gottesdienst im weltlichen Regiment.«[36]

Beide Seiten des Gottesdienstverständnisses Martin Luthers bilden eine Einheit: »Der Gottesdienst als Werk Gottes er(weist) sich als Gottes Dienst an uns, mit dem er sich in Christus der Menschheit zuwendet. Der Gottesdienst als Werk des Glaubens zeigt () sich als der Dienst des Menschen des Glaubens, in dem er in Christus im Glauben vor Gottes Angesicht lebt. In dieser Einheit von Gott und Glauben in Christus kann auch die Einheit der Theologie des Gottesdienstes gewahrt bleiben: Christus ist Gottes Dienst an uns, und er ist auch unser Gottesdienst im Glauben.«[37]

Luthers Gottesdienstverständnis im ökumenischen Dialog

Eine Durchsicht der *Liturgiekonstitution* des Zweiten Vatikanums ergibt eine erstaunliche Konvergenz mit der Gottesdiensttheologie Martin Luthers.

(1) Das grundlegende *dialogische Verständnis* des Gottesdienstgeschehens formuliert Luther in seiner Predigt zur Einweihung der Torgauer Schloßkirche, wie folgt: In diesem Haus soll nichts anderes geschehen, »dann daß unser lieber Herr selbs mit uns rede durch sein heiliges Wort und wir widerumb mit jm reden durch Gebet und Lobgesang«[38]. In der Liturgiekonstitution heißt es: »in der Liturgie spricht Gott zu seinem Volk; in ihr verkündigt Christus noch immer die Frohe Botschaft. Das Volk aber antwortet mit Gesang und Gebet« (SC 33). In beiden Fällen

---

34 Ebd. 279.281
35 Wingren, Luthers Lehre vom Beruf, 46
36 Vajta, Theol. des Gottesdienstes, 314
37 Ebd. 351
38 5.10.1544, WA 49,588

schließt das Wortgeschehen natürlich das Sakrament ein. Die hebräische Redewendung *haja ha'dabar* (Jer 1,4; 11,13; Hes 1,3) und die Augustinische Einheit des verbum audibile mit dem verbum visibile lassen eine Eingrenzung des dialogischen Geschehens auf Predigt (Lesung) und Gebet auch bei Luther nicht zu – ganz abgesehen von dem eindeutigen Wortlaut der Torgauer Formel, die das Abendmahl ein-, nicht ausschließt.

Mit Wort und Antwort ist zudem der latreutische Aspekt eindeutig zurückgestellt. Gottesdienst ist immer zuerst Gottes Handeln an uns, das unser Handeln erst ermächtigt und auslöst. In diesem Grundkonsens sind die entscheidenden Erkenntnisse und Forderungen der Reformation heute gesamtkirchliches Gut, hinter das keine Gottesdiensttheologie mehr zurückgehen kann. Dazu gehört dann:

(2) Gottesdienst ist *Heilsgeschehen*, das auf gläubige Annahme ausgerichtet ist. Luthers Insistieren auf dem »Christus pro nobis / pro me« entspricht die Konzilsdefinition: »In der Liturgie... vollzieht sich das Werk unserer Erlösung..., das Leben der Gläubigen (wird) Ausdruck und Offenbarung des Mysteriums und des eigentlichen Wesens der wahren Kirche« (SC 2). Die Liturgie vergegenwärtigt das Pascha-Mysterium Christi (SC 5–7.102ff.), wobei er selbst in vielfacher Weise gegenwärtig ist: in der Versammlung der Gläubigen, in der ganzen Handlung, in den eucharistischen Gestalten, in der Person des Vorstehers und vor allem in seinem Wort (SC 7). Mit der durch die neuere Exegese gewonnenen Einsicht in die hebräisch-urchristliche Denkstruktur des *zakar/anamnesis*-Geschehens wird uns heute die Gegenwart des Heilsgeschehens im Gottesdienst durch die (Christus-)Anamnese – repraesentatio, aber auch anticipatio – leichter definierbar als den Theologen des 16. Jahrhunderts, die noch ganz in der lateinischen memoria-(Erinnerung)-Begrifflichkeit befangen waren.[39] Odo *Casel* und Peter *Brunner* sind von verschiedenen Ausgangspositionen zu der gleichen Erkenntnis vorgestoßen, die die Liturgiekonstitution und dann auch die Konvergenzerklärung des Ökumenischen Rates der Kirchen zur Eucharistie (Lima 1982) prägt.[40]

Gottesdienst als Heilsgeschehen ist Handeln Gottes. Das Konzil definiert Liturgie als »Vollzug des Priestertums Jesu Christi« (SC 7). Damit

---

39 Vgl. Schmidt-Lauber, Eucharistie, 66ff.

40 Vgl. oben S. 304f. und 307f.

wird das reformatorische Anliegen aufgenommen: Gott handelt, aber er bedient sich dabei des Handelns der Gemeinde. Nur dann wäre die Konzilsaussage bedenklich, wenn sich das aufgetragene menschliche Handeln verselbständigen und Gott gegenüber als Leistung geltend machen würde. In der neuen Situation der Liturgiewissenschaft, die humanwissenschaftliche Erkenntnisse zum Gottesdienst zu verarbeiten hat[41], leistet eine solche Definition gerade für die evangelische Theologie einen wichtigen Dienst: Gegenüber der empirisch verifizierbaren Fakten innewohnenden Eigendynamik sichert sie die Priorität des göttlichen Handelns. Da sich die evangelische Theologie mit der Reflexion des In- und Miteinanders von Gottes Handeln und menschlichem Glaubensgehorsam immer schwergetan hat, wird ihr hier ein Angebot zu tieferer methodischer Durchdringung des Problems zuteil.[42]

(3) Gottesdienst als *Versammlung* der Gemeinde – nicht mehr als isoliertes Handeln des Priesters – und zugleich als Quelle und Ziel allen Tuns der Kirche wird von Luther wie von der Liturgiekonstitution gleichermaßen gelehrt (SC 10.26–29). Dabei verweisen beide auf I Petr 2,9 (SC 14). Während die Liturgiekonstitution daraus die »plena, conscia atque actuosa participatio« aller Gläubigen ableitet (SC 14[43]), die sich aus dem Miteinander des »Werkes Christi, des Priesters, und seines Leibes, der die Kirche ist«, (SC 7) ergibt, steht bei Luther das Empfangen der Zuwendung Gottes ausschließlicher im Mittelpunkt. Das ist aber nur ein gradueller und kein prinzipieller Unterschied, der sich aus der unterschiedlichen zeitbedingten Situation leicht erklären läßt. Die Reformation hatte es mit einer Gemeinde zu tun, die in Unwissenheit über das Evangelium befangen und deshalb zuerst der Predigt bedürftig war. Die katholische Kirche unserer Zeit kann auf eine jahrzehntelange liturgische Bewegung rekurrieren, ruft aber gleichwohl zu einer vertieften Begegnung mit dem Wort Gottes (SC 24.35.52).

(4) Die Begründung des besonderen *Amtes* bleibt unterschiedlich und das Hauptproblem der gegenwärtigen Phase des ökumenischen Dialogs. Immerhin sind Luthers Ansatz bei dem allgemeinen Priestertum aller Gläubigen in der Taufe[44] und die Begründung der tätigen Teilnahme des

41 Vgl. oben S. 316ff.

42 Vgl. Kühn, Sakramente, 215–225

43 Vgl. schon Pius X. »actuosa communicatio«, Motu proprio Tra le sollecitudini (1903)

44 Vgl. Vajta, Theol. des Gottesdienstes, 216ff.

Gottesvolkes in der Berechtigung und Verpflichtung zur Liturgie »kraft der Taufe« (SC 14) nicht ohne interessante Anknüpfungsmöglichkeit.
(5) Endlich kann das Problem des *Opfers* im Gottesdienst als im wesentlichen geklärt angesehen werden. Es gibt kein eigenes Opfern der Kirche zusätzlich zu und unterschieden von dem ein-für-allemal dargebrachten Kreuzesopfer Christi, das im Gottesdienst uns zugute gegenwärtig wird. Die aus der Frühzeit der Liturgie herrührende Formel »offerimus tibi« bezeichnet nichts anderes als dieses Gegenwärtigwerden Christi und seines Opfers im *zakar/anamnesis*-Geschehen des Gottesdienstes und somit seine Realpräsenz.[45] Sein Opfer ist auch unser Opfer, nur daß wir es nicht sakrifiziell darbringen müssen und können, sondern vielmehr Gott vorhalten und unser ganzes Vertrauen auf ihn, nicht auf unser Tun, setzen sollen.[46]

Die liturgische Praxis Martin Luthers

Luther hat sich zur praktischen Liturgik nur zögernd geäußert und immer wieder betont, daß er mit seinen Schriften keinerlei bindende Vorschriften für den Gottesdienst der evangelischen Gemeinden erlassen will. Von dem Bericht über den Wittenberger Brauch in der Deutschen Messe von 1526 sagt er: »wyr auch solchs nicht der meynung lassen ausgehen, das wyr yemand darynnen meystern oder mit gesetzen regiern wolten, sondern, die weyl allenthalben gedrungen wird auff deudsche Messe vnd Gottis dienst...« Er warnt »alle die ienigen, so diese vnser ordnunge ym Gottis dienst sehen, odder nach folgen wollen, das sie ia keyn nöttig gesetz draus machen, noch yemands gewissen damit verstricken odder fahen, sondern der Christlichen freyheyt nach, yhres gefallens brauchen, wie, wo, wenn vnd wie lange es die sachen schicken vnd foddern«[47]. Es muß dabei bedacht werden, daß das römische Einheitsmeßbuch *Pius' V.* erst 1570 herauskam, die Vielfalt der Ordnungen somit zu Luthers Zeiten nichts Ungewöhnliches war.[48]
Bei der Beurteilung der Liturgik Luthers wird man sich die besonderen

45 Vgl. Opfer Jesu Christi; Kühn, Sakramente, 286ff.
46 Vgl. das Lutherzitat oben S. 336f., Sermon von dem NT 1520, WA 6,369, 3–19
47 WA 19,72. Vgl. im Titel der Formula missae et communionis *pro Ecclesia Vuittembergensi,* WA 12,205
48 Vgl. oben S. 101ff.

Bedingungen vergegenwärtigen müssen, unter denen die Reform des Gottesdienstes im 16. Jahrhundert stand: Der spätmittelalterliche Gottesdienst schied das Geschehen am Altar von dem Gottesdienst des Volkes in zwei voneinander getrennte Vorgänge: hier die Messe am Altar, dort eine parallele Volksandacht. Der Kanon wurde zudem still gebetet, so daß sein Wortlaut dem Volk unbekannt blieb, nur das Läuten zur Wandlung machte den Höhepunkt der Feier manifest.
Die Forderung nach Verständlichkeit und Mitvollzug durch die Gemeinde lag deshalb auf der Hand. Und ein enormer Nachholbedarf an Unterweisung (Katechismus) und Predigt des Evangeliums bestimmte die ersten Schritte auf dem Weg zu einem evangelischen Gottesdienst, der den gesunden Kern des katholischen Erbes wieder an den Tag bringen sollte.
In der Schrift »Von ordenung gottis diensts ynn der gemeyne« (Pfingsten 1523) geht es weniger um die Messe als um das Stundengebet (Mette und Vesper), in dem die lectio continua aus Altem und Neuem Testament mit Auslegung gepflegt wird. Privat- und Totenmessen entfallen, die Mittlerschaft des Priesters wird abgelehnt, und in der Sonntagsmesse erhält die Predigt ihren festen Platz. »Der Gottis dienst der itzt allenthalben gehet, hat eyn Christliche feyne ankunfft gleych wie auch das predigamt... es ist alles zuthun vmb gottis wort, das dasselb ym schwang gehe, vnd die seelen ymer auffrichte vnd erquicke, das sie nicht laß werden.«[49]
Die Formula missae et communionis, im Dezember 1523 auf Drängen des Zwickauer Pfarrers Nikolaus *Hausmann* und mit Billigung des Kurfürsten und des Wittenberger Rates herausgegeben[50], beschreibt die Wittenberger lateinische Messe. Alles, was an Opfer, Werk und »priesterliche Prärogative«[51] erinnert, ist getilgt, die Kommunion wird unter beiderlei Gestalt gereicht, deutsche Lieder, an denen es allerdings noch mangelt, beteiligen die Gemeinde. Im Glaubensverhör (interrogatio seu exploratio), einmal im Jahr, bei den Gebildeten jedoch nur insgesamt einmal, soll geprüft werden, ob der Kommunikant in der Lage ist, rationem fidei suae reddere – der Beginn einer notvollen Verquickung von Glaubensverhör (später Beichte) und Abendmahl in der Geschichte des evangelischen Gottesdienstes. In der Abendmahlsliturgie ist das

49 WA 12,35(ff.)
50 WA 12,205ff
51 Vgl. Niebergall, Agende, 6

Eucharistiegebet zwar noch vorhanden, aber auf den einleitenden Dialog, die Präfation, die (relativisch angeschlossenen und im Evangelienton gesungenen) verba testamenti und das Sanctus/Benedictus (hic!) mit Elevation zusammengestrichen. Ihm folgen Vaterunser und Pax, als »publica quaedam absolutio a peccatis communicantium... vnica illa et dignissima ad mensam domini preparatio« gedeutet[52]. Das Agnus wird unter der Kommunion gesungen. Deutlich ist, wie Luther in dieser Schrift noch der abendländischen Überlieferung zu folgen sucht.

Die Deudsche Messe und ordnung Gottis diensts 1526[53], der sehr viele Kirchenordnungen – vor allem *Bugenhagens* – im 16. Jahrhundert folgen[54], zeigt nun aber einen deutlichen Bruch mit der Überlieferung: Die eucharistische Liturgie ist auf die »konstitutiven« Elemente, Rezitation der Einsetzungsworte und Kommunion, aufs äußerste reduziert.[55] Um die Zusammengehörigkeit von Konsekration und Spendung zu unterstreichen, kann Luther sogar den Vorschlag machen, nach der Konsekration des Brotes dieses sofort zu reichen, dann den Kelch zu konsekrieren und sogleich zu spenden.[56] Dieser Vorschlag ist von keiner einzigen Agende aufgenommen worden und wäre schon aus technischen Gründen nur im kleinsten Kreis praktikabel. Das Vaterunser wird in der Form einer Vermahnung der Konsekration vorangestellt. Die Vermahnung nimmt zwar auch Elemente der Danksagung auf, aber man bedenke, was hier geschehen ist: Aus dem Gebet wird eine Predigt, die Danksagung gegenüber Gott wird zur Anrede der Gemeinde und kann conceptis seu praescriptis verbis, also in fester agendarischer Form, schon auf der Kanzel gehalten werden.[57] Nur die Elevation bleibt als Verkündigungsgestus. Luther erliegt damit einem im Mittelalter verbreiteten Mißverständnis von »Präfation« als »Vorrede«.[58]

Es ist immer wieder versucht worden, diese äußerste Reduktion auf das Konstitutive des Abendmahls als das reformatorische Proprium einer Abendmahlsliturgie zu deuten, als das grundlegend Neue, mit dem der Reformator »aus der Opfer- und Schaumesse des Mittelalters wieder die

52 WA 12,213,8ff.
53 WA 19,72ff.
54 Vgl. Niebergall, Agende, 13ff.
55 WA 19,97ff.; vgl. Knolle, Luthers Reform, 88ff.; Schmidt-Lauber, Eucharistie, 93ff.
56 WA 19,99,4ff.
57 Ebd. 96f.
58 Belege s. oben S. 85[23]

biblisch begründete Mahlfeier der Gemeinde gemacht« habe.[59] Einige – durchaus nicht alle – landeskirchliche Liturgietraditionen haben in diesem Sinn die Form A der Abendmahlsliturgie der Lutherischen Agende I (1955) (Vaterunser – Verba testamenti – Austeilung) vorgeschrieben, wobei allerdings stets Dialog, Präfation und Sanctus/Benedictus vorangestellt werden, das danksagende Element somit nicht ganz verlorengeht. Die Agende I der EKU (1959) dagegen läßt in ihrer »Ersten Form« die Grundstruktur des alten Eucharistiegebets deutlich wiedererkennen. Sie steht in der Tradition des auf Luthers Formula missae 1523 zurückgehenden »Typus Brandenburg-Nürnberg«[60] und bietet nach der Präfation mit Sanctus/Benedictus ein Abendmahlsgebet, verba testamenti (Neueinsatz: »Unser Herr«!), Vaterunser, Pax und Austeilung, ähnlich Form B der Lutherischen Agende I.
Es mag vermerkt sein, daß die Deutsche Messe 1526 weiterhin eine Fülle von Tagzeitengebeten an Sonn- und Werktagen mit umfangreichen Predigtreihen beschreibt, drei verschiedene Gottesdienstformen (lateinisch, deutsch und eine »dritte Weise« für »die ienigen, so mit ernst Christen wollen seyn«, die allerdings ein noch unerfüllbarer Wunschtraum bleibt) konzipiert und von einem durchgehenden pädagogischen Impetus gekennzeichnet ist.[61]

Luthers Grenzen als Liturgiker

Nachdem Luther sich in seiner Gottesdiensttheologie als überragender, weit in die Zukunft bis zum ökumenischen Dialog unserer Tage hinein-

---

59 Nagel, Gesch. des christl. Gottesdienstes, 137
60 Vgl. Niebergall, ebd. 13ff.
61 WA 19,75. – »Aller meist aber geschichts vmb der eynfeltigen vnd des iungen volcks willen, wilchs sol vnd mus, teglich ynn der schrifft vnd gottis wort geubt vnd erzogen werden«, ebd. 73; vgl. 112,1ff. – »Der ganze Ton des Gottesdienstes war in zweifacher Hinsicht gewandelt: es war mehr da an Schrift und Unterweisung. ... Die Kirche wurde so nicht nur das Haus des Gebetes und Lobpreises, sondern auch ein Klassenzimmer«, Bainton, Hier stehe ich, 293. Luthers »pädagogisch-didaktische Wertung hat sich zeitweise verhängnisvoll in der Gesch. des ev. Gottesdienstes ausgewirkt«, Nagel, Gesch., 125. – »Die Sorge um die Reinheit des Gottesdienstes hat auch zu dessen Verarmung geführt. (Die) Besessenheit vom gepredigten Wort hat den prot. Gottesdiensten zumeist einen trockenen, didaktischen Charakter auferlegt«, Wainwright, Gottesdienst, 252.

wirkender Theologe erwiesen hat, wird ein gleiches Urteil über seine praktische Liturgik kaum möglich sein. Es ist schlichtweg Pflicht geschichtlicher Wahrhaftigkeit festzustellen, daß Luther in seiner auf diesem Gebiet unpraktischen Art keine seiner theologischen Bedeutung kongeniale liturgische Persönlichkeit zur Seite gestellt wurde.
Luther bleibt zu stark dem Spätmittelalter und seinen Begrenzungen verhaftet, auch wenn er dessen Entstellungen evangelischer Praxis überwand. Deutlichstes Beispiel ist sein Unvermögen, die eucharistische Dimension des Abendmahls wiederzugewinnen. Es ist eine Ironie der Geschichte, daß der Reformator mit seiner Konzentration auf die verba testamenti unter Preisgabe der ihm in ihrer Bedeutung nicht mehr oder noch nicht wieder erkennbaren hebräisch-urchristlichen *beraka* über den Gaben, also des Eucharistiegebets, die liturgische Konsequenz aus einer bereits im 4. Jahrhundert einsetzenden westlich-römischen Fehlentwicklung ziehen mußte, die dem römischen Ritus aufgrund des der Liturgie eignenden Beharrungsvermögens zuletzt doch erspart blieb. Der Exeget Luther erkannte die Bedeutung des zweimaligen »dankte« im Einsetzungsbericht, aber er wandte dem »deswegen keine größere Aufmerksamkeit zu, weil die in der Messe seiner Zeit auftretenden Gebete aufgrund des Mangels einer Schrifttradition über Christi Gebet bei der Einsetzung dennoch als menschliche Zusätze zu gelten hatten«[62]. Die bloße Reduktion der Tradition ohne bibeltheologisch gedeckte neue Kreativität wurzelt einerseits in einer ihm – wie den meisten Theologen seiner Zeit – ermangelnden zureichenden Kenntnis der Liturgiegeschichte, andererseits aber auch in einer methodologisch bedenklichen Idealisierung der Anfänge des christlichen Gottesdienstes, das heißt seiner Vorstellung von der »ersten Messe Christi«, dem »primitivus usus«[63], die das eschatologisch Neue der Stiftung und die Ausscheidung des Stiftungsrahmens bereits in den ältesten uns bekannten Liturgien übersieht. Zwar kann er manche der späteren »Zusätze« positiv beurteilen[64], aber die Skepsis gegen die im gottesdienstlichen Leben der christlichen Gemeinde vorgenommene Entfaltung der verba testamenti überwiegt.

62 Vajta, Theol. des Gottesdienstes, 47f.

63 Vgl. De captivitate Babylonica 1520, WA 6, 512,39ff.523,25ff.; Ein Sermon von dem NT 1520, WA 6, 355,3ff.; De abroganda missa privata 1521, WA 8, 435,1ff.; Formula missae 1523, WA 12,206 u.ö.

64 Formula missae 1523, WA 12,206f.

In seiner Worttheologie ist Luther Kind der westlichen Überlieferung. Die Rezitation des Einsetzungsberichts mit den darin überlieferten Christusworten kann die uns aufgetragene Handlung und insbesondere die Danksagung, wie sie Christus über Brot und Wein gesprochen hat, nicht ersetzen. Christus hat nicht gesagt: »Solche Worte sprecht zu meinem Gedächtnis«, sondern: »Solches *tut* zu meinem Gedächtnis.« Der liturgische Einsetzungsbericht gibt die Begründung und Ermächtigung zur Feier der Eucharistie. Die Reduktion der Liturgie auf die Rezitation der verba ipsissima weist zwar in theologisch bedeutsamer Weise darauf hin, daß Christus es ist, der hier der eigentlich Handelnde ist, kann aber in der liturgischen Konkretion noch nicht als angemessene Entfaltung des Auftrags angesehen werden. Die neueren Einsichten in die hebräisch-urchristliche *zakar/anamnesis*-Denkstruktur führen uns über Luther hinaus und zur urchristlich-altkirchlichen Eucharistie zurück. Diese Erkenntnis setzt sich immer stärker durch, so daß die evangelischen Kirchen unserer Zeit überall das Eucharistiegebet als unverzichtbar zurückgewinnen.[65] Die Erneuerte Agende 1990 enthält die lutherische Isolation der verba testamenti nur noch als eine Variante, während die Normalform jetzt das Eucharistiegebet in einer Vielzahl alter und neuer Texte vorsieht.

Die Pädagogisierung des Gottesdienstes, die Homiletisierung der Liturgie und die Verknüpfung der Beichte mit dem Abendmahl (zum Teil auch mit dem Predigtgottesdienst) sind weitere Tendenzen, in denen sich Luthers überragende Autorität gegen seine Absicht über weite Strecken evangelischer Gottesdienstgeschichte lähmend auf die Entfaltung einer seiner Theologie kongenialen liturgischen Gestaltung gelegt hat.

Ökumenischer Ausblick

Das Zweite Vatikanum hat als ein in seiner Intention wahrhaft ökumenisches Konzil die Anliegen der Reformation weitgehend aufgenommen. Im ökumenischen Dialog, der in der Kommission von Glauben und Kirchenverfassung des ökumenischen Rates zu den Konvergenzerklärungen zu Taufe, Eucharistie und Amt (Lima 1982) führte, sind die

---

65 Vgl. oben S. 79ff.

beiden durch lange Jahrhunderte geschiedenen Traditionen heute eng miteinander verbunden. Die abendländische Entfaltung der Liturgie findet in unseren Tagen aus ihrer traditionellen Fokussierung auf die eucharistischen Elemente – von der die Theologie und zum Teil auch die Praxis beider Kirchen betroffen sind – und aus dem Antagonismus zwischen Sakrament und Predigt heraus zu einem neuen und umfassenden Gottesdienstverständnis. Der frühe Luther hatte die *κοινωνία* als das weite Umfeld des Mahlgeschehens stark reflektiert[66], die in der liturgischen Erneuerung aller Kirchen jetzt eine wichtige Rolle spielt. Die eschatologische Dimension und die Bedeutung der trinitarischen Grundlegung der Gottesdiensttheologie ist dem Westen durch die Begegnung mit der Orthodoxie, aber auch aus seiner eigenen Liturgiegeschichte heraus zum Bewußtsein gebracht worden.

Die Bemühung um den Gottesdienst und seine Gestalt hat entscheidende Impulse aus der ökumenischen Konvergenz erhalten. Sie ist in Zukunft nur noch ökumenisch fortzusetzen, weil sowohl das Erbe als auch die Herausforderung der Gegenwart konfessionelle Scheidungen nicht mehr zuläßt.

66 Z.B. Ein Sermon von dem hw. Sakrament des hl. wahren Leichnams Christi und von den Bruderschaften 1519, WA 2, 739ff.; vgl. Johannes Dantine, Sakrament als Gabe und Feier, 12f.

Der Kindergottesdienst im Spannungsfeld zwischen Gottesdienst und Pädagogik

Vor etwas mehr als einem Jahrhundert – man kann auch sagen: erst im 19. Jahrhundert – hat sich in den evangelischen Kirchen Deutschlands ein regelmäßiger Sonntagsgottesdienst speziell für Kinder herausgebildet, der heute in nahezu allen Gemeinden angeboten wird, wenn auch in sehr verschiedenen Formen und in einem sehr unterschiedlichen Verhältnis zum Gemeindegottesdienst: Der Kindergottesdienst gilt heute als fester Bestandteil des evangelischen Gemeindelebens.

Kindergottesdienst in der Krise – Zur Situation

Der Kindergottesdienst ist in den beiden letzten Jahrzehnten zunehmend in eine Krise geraten: Sein Angebot wird von den jungen Gemeindegliedern immer weniger angenommen, in seiner Gestaltung werden zentrifugale Kräfte wirksam, und über die theologische Grundlegung ist offenbar zur Zeit keine befriedigende Übereinkunft zu erzielen. Dennoch hat der Kindergottesdienst in den Jahren seit 1970 mit dem Übergang zum religionspädagogisch-themenorientierten Ansatz »eine vorher kaum zu erwartende Entfaltung erfahren«[1], die sich jedoch auf den allgemeinen Trend nicht – oder noch nicht? – auswirkte.

1. Bis zu einem gewissen Grad hat der Rückgang des Kindergottesdienstbesuchs teil an der allgemeinen Entwicklung des kirchlichen Lebens, wie sie seit den großen kirchensoziologischen Umfragen zu Anfang der siebziger Jahre empirisch einsichtig und deutbar geworden ist.[2] Die Statistik zeigt aber, daß der Besuch des Kindergottesdienstes wesentlich stärker zurückgegangen ist als der des allgemeinen Sonntagsgottesdienstes. Im Bereich der EKD ist für das eine Jahrzehnt zwischen 1963 und 1973 ein Rückgang des Besuchs des Hauptgottesdienstes um nahezu ein Drittel (31%), des Kindergottesdienstes aber um mehr als die

1 Fries/Kaufmann, Mit Kindern Glauben erfahren, 18
2 Vgl. oben S. 133

Hälfte (52%) zu verzeichnen. Während der Besuch des Hauptgottesdienstes sich in den folgenden Jahren stabilisiert – 1987 beträgt der zahlenmäßige Rückgang gegenüber 1963 36%, aber im Verhältnis zu der gesunkenen Mitgliederzahl ergibt sich ein leichter Anstieg (von 4,6% 1973 auf 5,1% 1987) –, setzt sich der Rückgang des Kindergottesdienstbesuchs unvermindert fort: 1987 kamen – absolut gerechnet – gegenüber 1963 73%weniger Kinder, das sind – bezogen auf die Gemeindegliederzahl im Alter von 5 bis unter 10 Jahren – 18% statt 32% (1963).[3] Bemerkenswert ist dabei, daß nach wie vor ein erheblich höherer Anteil der Kinder ihren Gottesdienst besucht, als dies bei den Erwachsenen der Fall ist. Zugleich mit dem zahlenmäßigen Rückgang zeigt sich eine Veränderung der Altersstruktur »immer mehr in Richtung ›Kleinkindergottesdienst‹. Die Vorschulkinder kommen, und die Großen über 10 bleiben fort. So stellen in manchen Gemeinden die 3–5jährigen bereits einen Anteil von 20 bis 30%.«[4]

Wo mögen die Ursachen liegen für diesen markanten Rückgang der Teilnahme am Kindergottesdienst? Da die Geburtenrate erst mit dem »Pillenknick« nach 1968 rapide sinkt und auf den besonders auffälligen Zeitraum 1963–1973 noch keinen Einfluß nehmen konnte[5], scheidet der Mangel an potentiellen Teilnehmern als primärer Grund sicher aus. Es gab Kinder und es gibt Kinder, wenn auch nicht so viele wie früher. Warum aber kommt heute ein so viel kleinerer Teil? Die Antwort wird wohl in dreifacher Richtung gesucht werden müssen:

a) Schon früh ist »ein Nachlassen kirchlicher Sitte in einzelnen Landeskirchen« vermutet, später »mangelndes Interesse der Eltern, das sich auf die Kinder überträgt«, festgestellt worden[6]: Das Elternhaus fällt immer mehr als Träger kirchlicher Erziehung, als religiöser Sozialisationsfaktor aus.[7]

b) Es gibt verlockende konkurrierende Angebote: Seit Anfang der siebziger Jahre sendet das ARD-Fernsehen sonntags vormittags Kinder-

3 Laut ABlEKD Statist. Beil. Nr. 85/1989, 17f.31f.

4 Clotz, Theorie und Praxis, 296. Zum Ganzen vgl. die Umfrage von 1985: Hannover, 20. Landessynode 1985, 93ff.630ff.

5 Die Geburtenrate sinkt von 1964 bis 1967 nur um 4%, 1967 bis 1972 jedoch um 30,2%, vgl. Schubnell, Bevölkerungssituation, 178

6 Paul Zieger, KJ 90 (1963) 291; 99 (1972) 447

7 Vgl. Schmidtchen, Was den Deutschen heilig ist, 189; »Nachlassende Traditionslenkung«, Christsein gestalten, 14ff.

programme. Zur Konkurrenz gehören auch – so seltsam das zunächst klingen mag – vermehrte Freizeit und damit veränderte Freizeitgewohnheiten (Wochenendhaus, Mobilität durch das Auto).
c) Schließlich ist der Kindergottesdienst selbst zu befragen: Mangelnde Attraktivität in der Gestaltung, immer jüngere und oft unzureichend ausgebildete und begleitete Helfer und vielleicht auch Vernachlässigung gegenüber dem Hauptgottesdienst mögen sich auswirken, wobei das Schrumpfen der einst stattlichen Kinderschar die Motivation aller Beteiligten zusätzlich belastet.[8]
2. Ist die Gestaltung des Kindergottesdienstes schon immer recht unterschiedlich gewesen, so hat der plötzliche Rückgang seines Besuchs die sich gerade abzeichnende größere Einmütigkeit in um so größere Divergenzen umschlagen lassen. Noch 1960 hatte Gerhard *Bohne* den Kindergottesdienst als den »lebendigste(n) und gesündeste(n) Teil dieser Arbeit…, den jungen Menschen in der Gemeinde als behütetem Raum heimisch zu machen«, bezeichnet; »wir haben heute weithin einen Kindergottesdienst, zu dem die Kinder gerne kommen und durch den sie wirklich im Gottesdienst heimisch werden.«[9] Ähnlich urteilte Kurt *Frör:* »Wir befinden uns hier in einer Bewegung, die auf das gottesdienstliche Verständnis hinführt, die aber noch nicht zu einem klaren Abschluß gekommen ist.«[10] Zehn Jahre später kann noch erklärt werden: »Erst im letzten Jahrzehnt schient es in breitem Maße gelungen zu sein, das schulische Verständnis des Kindergottesdienstes durch ein gottesdienstliches zu ersetzen, die Lehrmethode durch kindgemäße Verkündigung zu verdrängen und der gesamten Veranstaltung einen eigenen liturgischen Stellenwert zu geben.«[11] »In vielen Gemeinden ist der Kindergottesdienst nach wie vor eine relativ gute Visitenkarte, vor allem angesichts des sich entvölkernden Gottesdienstes der Erwachsenen. Der Kindergottesdienst ist besucht, die Kinder kommen.«[12]
Dann aber wendet sich das Blatt. Neben an Gottesdienst und kindgemäßer Verkündigung ausgerichteten Modellen mit recht unterschiedlichem Gebrauch von Liturgie – die amtlichen Agenden für den Kindergottes-

8 Vgl. Hegerle, Einführung in die Modellarbeit des Themenplans, 144; Fries/Kaufmann, Mit Kindern Glauben erfahren, 24ff.
9 Bohne, Aufgabe und Weg der Erziehung, 190
10 Frör, Gottesdienst der Kinder, 12
11 Stark, Strukturen des Kindergottesdienstes, 7f.
12 Obendiek, Vergessene Reformen, 10

dienst von 1952 bzw. 1964[13] sind keineswegs überall rezipiert worden, sie waren auch eher Miniausgaben der Agende I – meldet sich ein neuer pädagogischer Impetus und entfaltet ein breites Spektrum von Modellen: Die Religionspädagogik nimmt sich des Kindergottesdienstes an. Wolfgang *Longardt* sieht die Rissener Modelle eingebettet »in die gesamte Gemeindearbeit«. Dem Kind soll »vom Evangelium her Hilfe zur Selbstverwirklichung« gegeben werden, und dies sei nur möglich, »wenn auch zu fünfzig Prozent pädagogisch vorgegangen wird«. Im Niendorfer Modell ist man auf den Samstagvormittag ausgewichen und braucht zwei Stunden für das Programm.[14] Friedrich W. *Bargheer* verortet den »Kindergottesdienst im Feld der Gemeindepädagogik«[15]. Das *Comenius-Institut* (Münster) legt in einer Serie von zehn Heften den Ertrag seiner Studienarbeit vor.[16] Sie zeigen, wie stark die Begegnung mit Lernpsychologie, Kommunikationsforschung und Didaktik sowie die Anlehnung an Arbeitsformen aus Kinderarbeit, Vor- und Grundschule die Kindergottesdienstarbeit zu verändern vermag. Auch Gottfried *Adam* ordnet den Kindergottesdienst ein in das »Feld der Gemeindepädagogik«[17].

Das radikalste Beispiel neuerlicher Verschulung bietet das sozialtherapeutische Modell von Ingrid *Adam* (Burckhardthaus): »Der Kindergottesdienst hat, wie alle Kinderarbeit, eine sozialtherapeutische Funktion: ...Aufarbeiten von Problemen des Kindes, Bereitstellen von Sprachhilfen, ...Prägung von Verhaltensmustern, Anleitung zur emotionalen und kognitiven... Reaktion.« Biblische Geschichten, die diesen Zielen nicht dienen, sind ungeeignet. Sie werden überhaupt nur »dann erzählt, wenn sie eine Lösungsmöglichkeit für ein Problem der Kinder anbieten. Das Evangelium als solches habe ich nicht nötig. Aber ich habe es dann nötig, wenn ich es brauche und wenn andere es brauchen«. Dem Evangelium als (austauschbarem) Medium entspricht dann die Entbehrlichkeit der Liturgie: »Liturgische Formen und Räume sind... in den meisten Fällen ungeeignet.«[18] Im therapeutischen Kindergottesdienst ist

---

13 Agende für den Kindergottesdienst (EKU/Ost) 1952; (Luth.) Kindergottesdienstagende 1964

14 Longardt, Neue Kindergottesdienstformen II, 12.19.195

15 Bargheer, Kindergottesdienst, 95ff.

16 Bargheer/Kaufmann (Hg.), Kindergottesdienst heute, 1972–1976

17 Gottfried Adam, Kindergottesdienst (1987) 292ff.; (1989) 185f.

18 Ingrid Adam, Aufgaben und Ziele, 68.111.69; vgl. dies., Kindergottesdienst, 9ff.

ein Konzept übernommen, das für den Religionsunterricht entwickelt worden ist. Ist das aber möglich, und ist die Übertragung gelungen?
3. Damit sind wir vor das Problem der theologischen Begründung des Kindergottesdienstes gestellt, das Kurt *Frör* 1975 in der »Grundfrage« liegen sah, »wie der Kindergottesdienst das vermehrte Angebot an altersgerechten und didaktisch wertvollen Tätigkeitsformen aufnehmen kann, ohne sich selbst aufzugeben«[19]. Wird die Kindergottesdienstarbeit vorwiegend von der Pädagogik mit ihren Bezugswissenschaften beherrscht, läuft sie Gefahr, sich auch deren ungelöste Probleme und vielgesichtige Orientierungsschwäche einzuhandeln und ihre Verwurzelung im Gottesdienst der im Namen Jesu versammelten Gemeinde zu verlieren. Wird die Kindergottesdienstpraxis vorwiegend von einer Theologie des Gottesdienstes bestimmt, in der die Besonderheit der Kindergemeinde nach dem heutigen Wissensstand weithin unberücksichtigt bleibt, läuft sie Gefahr, wirkungslos zu werden. War man sich Anfang der sechziger Jahre fast einig, daß der Kindergottesdienst Teil des Gottesdienstes der Gesamtgemeinde und nur von daher theologisch zu begründen ist, so gilt für die gegenwärtige Situation das bereits 1931 geschriebene Wort Erich *Hoyers* in verstärktem Maße: »Ein sicheres grundsätzliches Urteil über die Bedeutung des Kindergottesdienstes und seine Stellung zum Gemeindegottesdienst hat sich bislang weder in der kirchlichen Praxis noch in der theologischen Wissenschaft durchgesetzt.«[20]
Dabei muß beklagt werden, daß die wissenschaftliche Theologie den Kindergottesdienst ganz offensichtlich vernachlässigt. Es gibt kaum neuere umfassende Monographien[21], die Diskussion wird in den einschlägigen Handbüchern nur nebenbei, wenn überhaupt, und dann meist unter dem Gesichtspunkt der Gemeindepädagogik und weniger

---

19 Frör, Religionspädagogik, 216. Die Begegnung mit der modernen Pädagogik hat den Kindergottesdienst »auch zu einer Verunsicherung seiner Theorie und Praxis geführt, die erst noch aufgearbeitet werden muß.« Es muß »die Weichenstellung gesehen werden, um die es dabei geht. Man kann den Kindergottesdienst in seiner bisherigen Form ganz aufgeben und eine Kinderstunde daraus machen«, ebd. 215

20 Hoyer, Kindergottesdienst und Gemeindegottesdienst, 5

21 Außer: Berg, Gottesdienst mit Kindern; Maria R. Bottermann, Beteiligung des Kindes an der Liturgie (kath.). Vgl. ferner Clotz, Theorie und Praxis, 295ff.; Gottfried Adam, s. oben Anm. 17

unter dem der gottesdienstlichen Begegnung geführt.[22] Drückt sich darin Zweifel an dem Bestand der Institution Kindergottesdienst aus, »der bereichsweise fast zum Erliegen gekommen ist«[23]? Auf der anderen Seite findet sich eine beachtliche Produktion von praktischen Arbeitshilfen und Gestaltungsvorschlägen, wiederum vor allem didaktisch und funktional ausgerichtet.[24]

Friedrich *Niebergall* hat bereits 1919 die auch heute noch nicht gelöste Problematik in der für die ältere Liturgische Bewegung charakteristischen – und nun wieder aktuellen – Weise zum Ausdruck gebracht: »Die Kinder wollen nicht nur unterrichtet werden, sondern sie wollen vor allem feiern und sie sollen feiern lernen.«[25] Hinter dieser Aussage steht ein theologisches Konzept. Hat die »Reformbewegung Kindergottesdienst«, die sich seit Anfang der siebziger Jahre entfaltet[26], ein entsprechendes Konzept entwickeln können – oder bleibt das »Stiefkind Kindergottesdienst« weiterhin eine Herausforderung der theologischen Wissenschaft, wie sie am Beginn des reformerischen Aufbruchs auf die Formel gebracht wurde: »Was uns fehlt, ist ein Hinweis der wissenschaftlichen praktischen Theologie, daß und welche Probleme hier vorhanden sind«[27]?

Gert *Otto* hat zweimal auf diese Anfrage Antwort zu geben gesucht, und obwohl seine Arbeiten kaum ein Jahrzehnt auseinanderliegen, sind sie völlig konträr und spiegeln in klassischer Weise den Dissensus wider, der bis heute ungelöst geblieben ist. 1961/62 wird eine klare Trennungslinie zwischen allem Pädagogischen und dem Gottesdienst gezogen: »Preisgabe aller in den Gottesdienst eingeschleusten unterrichtsähnlichen Veranstaltungen... Gottesdienst für Kinder muß liturgisch an das gottesdienstliche Leben der Gemeinde gebunden sein«, deshalb: »Bindung an die Lesungen der Kirche«, Kinderpredigt, Gruppenunterweisung nur als Vorbereitungsarbeit auf den Gottesdienst. Die Liturgie ist dem Kind gemäßer als unterrichtliches Tun, das dem Religions- und

22 Das HPTh/DDR behandelt den Kinder- wie den Familiengottesdienst bezeichnenderweise im Teil Unterweisung, III, 50ff.; im HPTh/Gütersloh kommt der Kindergottesdienst nicht im Praxisfeld Gemeinden, sondern erst in dem von Gesellschaft und Öffentlichkeit vor, IV, 57ff.

23 Christsein gestalten, 95

24 Lit.-Übersicht: Koerver, Kindergottesdienst-Helferbuch, 503–543

25 Friedrich Niebergall, Prakt. Theol. II, 237

26 Clotz, Theorie und Praxis, 300; vgl. »Aufbruch im Kindergottesdienst«: Fries/Kaufmann, Mit Kindern Glauben erfahren, 18

27 Obendiek, Vergessene Reformen, 10

Konfirmandenunterricht vorbehalten bleibt.[28] 1970 tritt uns ein ganz anderer Otto entgegen, der dem Kindergottesdienst »primär anthropologische Motivation« zuschreibt, um deretwillen das »Angebot der Kirche... gruppenspezifisch erfolgen« muß. Die »Kindergruppen-Stunden« legen »einen vorsichtigen Vergleich mit der Sonntagsschule« nahe. »Ob und inwieweit dabei... die biblische Überlieferung eine Rolle spielt, ist ebenfalls unter pädagogisch-psychologischen Aspekten zu fragen und keineswegs vorentschieden.« Auch die Frage nach der Liturgie wird vom »psychologisch richtigen Ort«, das heißt von der »Funktion« her gelöst.[29]

Nun erhebt sich aber die Frage: Sollte die Schwierigkeit, zu einem Konsens zu kommen, vielleicht doch nicht so sehr in der jeweiligen theologischen Situation und in den sie prägenden Persönlichkeiten begründet liegen als vielmehr in dem Gegenstand selbst? Ist der eben hundertjährige evangelische Kindergottesdienst eine bleibende Einrichtung, die sich etwa auch der römisch-katholischen oder der orthodoxen Kirche anempfehlen müßte? Drei historische Impulse sind bis in die Gegenwart hinein wirksam, der sozial-diakonische, der katechetisch-unterrichtliche und der homiletisch-liturgische: Der Kindergottesdienst wird seine Vergangenheit nicht los, er muß sich ihr immer neu stellen. Er ist entstanden aus einer Not heraus, hat er seinen »Notcharakter«[30] inzwischen abstreifen können? Vielleicht muß viel grundsätzlicher gefragt, genauer in Frage gestellt werden. Dies ist aber nur möglich, wenn man sich die Entstehung, die Geschichte und damit auch die unbestreitbare Leistung des Kindergottesdienstes vergegenwärtigt. Da jeder Gottesdienst auch Wissensvermittlung und das Moment der Bildung einschließt, vor allem in der Verkündigung, ist mit einem exklusiven Entweder-Oder zwischen Pädagogik und Liturgik nichts gewonnen. Man wird aber beide in das rechte Verhältnis zueinander bringen müssen.

Hundertjähriges Erbe als Gabe und Problem – zur Geschichte

1. Kinder sind schon immer am Gottesdienst beteiligt gewesen. Der

28 Otto, Theologie, 125.129.131.133; ders., Kindergottesdienst (1962)
29 Otto, Kindergottesdienst (1975), 336ff.
30 Kindergottesdienstagende, Begleitwort Mahrenholz/Honemeyer, 207

Alten Kirche – und den Orthodoxen bis zum heutigen Tag – erwachsen dabei kaum Probleme: Die Liturgie erfaßt den ganzen Menschen und verwurzelt ihn mit Wort, Handlung und Symbol in der Feier des göttlichen Mysteriums. Der Westen hat es mit der Knappheit und intellektuellen Akzentsetzung seines Ritus schwerer: Schon das hohe Mittelalter macht die Rücksichtnahme auf die Kinder zur Pflicht des Pfarrers, dazu kommen Kinderpredigten bei besonderen Gelegenheiten. Im übrigen ist es Aufgabe des Vaters, daheim mit Kindern und Gesinde die Predigt zu besprechen. Die Reformation knüpft hieran an, richtet aber die Kinderpredigt am Sonntagnachmittag ein. Veit *Dietrichs* Nürnberger »Kinderpredigt« (1546) fand als Hauspostille weite Verbreitung. Hinzu kommt die reformatorische katechetische Tradition in Kinderlehre und Katechismusbeten. Als Vorläufer des Kindergottesdienstes werden gern genannt die monatlichen Bet- und Danktage der Kinder in der Brüdergemeine, dann frühe Betätigungen der Inneren Mission: Johann Friedrich *Oberlins* Gottesdienste mit noch nicht schulpflichtigen Kindern im Steintal/Vogesen (um 1770)[31], Johannes *Falks* Sonntagsschule im eigenen Weimarer Haus und dann im Lutherhof (1813/25), Johannes Evangelista *Goßners* Gottesdienste für Kinder in der Berliner Böhmisch-lutherischen Bethlehemsgemeinde und seiner Kinder-Warte-Anstalt (1830/34) und natürlich die Kindergottesdienste in Waisen- und Armenhäusern.

Diese Unternehmungen erreichten aber immer nur einen kleinen Teil der Jugend und waren örtlich begrenzt. Dies bedeutet, daß hier noch nicht dem längst erkannten Notstand abgeholfen und den durch die Fehlentwicklung des protestantischen Gottesdienstes weithin geistlich heimatlos gewordenen Kindern wieder ein gottesdienstlicher Ort gewonnen werden konnte. Vorerst gilt noch die Klage Johann Heinrich *Pestalozzis:* »Und der Geistliche... wird... ein Hirt werden, dessen Stimme seine Schaafe nicht folgen können, weil sie selbige nicht verstehen.«[32] Und es bleibt die Forderung Friedrich *Schleiermachers* bestehen: »Es ist ein gemeinsames Leben für die Jugend zu organisiren, in welchem das Gemeingefühl erregt und entwikkelt werden kann.«[33]

31 Zur Geschichte vgl. die unter konzeptionsgesch. Interesse verfaßte Diss. von Berg, Gottesdienst mit Kindern, 17

32 Pestalozzi, Ein Schweizer Blatt, Sämtl. Werke 8, 295

33 Schleiermacher, Vorlesungen, Sämtl. Werke III/9, 221

Die Predigt und damit der von ihr bestimmte Gemeindegottesdienst ist von Kindern noch nicht mitvollziehbar. In den Kindergottesdiensten muß sich die Versammlung der Kinder als kleine Gemeinde fühlen können, die sich selbständig und selbsttätig beteiligt. Sicher wird hier die Erinnerung an die Schulzeit im Herrnhuter Pädagogium von Niesky wirksam.

2. Der eigentliche Impuls zur Begründung des Kindergottesdienstes im evangelischen Deutschland kam von außen: aus der zunächst sozialdiakonisch begründeten englischen Sonntagsschule und über deren Modifikation in der gemeindebezogenen amerikanischen Sonntagsschule.
Für die im Zuge der beginnenden industriellen Revolution in die Städte abwandernde arme Landbevölkerung, deren Kinder sich schon früh als billige Arbeitskräfte in die Fabriken verdingen mußten, begann der Buchdrucker und Journalist Robert *Raikes* 1780 in Gloucester Sonntagsschulen einzurichten. Die Kinder erhielten nach dem gemeinsamen Besuch des Gottesdienstes Unterricht im Lesen, vornehmlich anhand der Bibel. Diese Einrichtung verbreitete sich rasch, vor allem durch die 1785 von dem Londoner Kaufmann William *Fox* gegründete »Gesellschaft zur Gründung und Unterhaltung von Sonntagsschulen in Großbritannien«, so daß 1789 bereits 300000 Kinder in britische Sonntagsschulen gingen. 1803 wurde die Londoner Sunday-School-Union gegründet. Allmählich erkannte auch die anglikanische Kirche die Bedeutung dieser Arbeit, sie richtete 1843 das Church of England Sunday School Institute ein. Da die allgemeine Schulpflicht in Großbritannien erst 1870 eingeführt wurde, hat christliche Laieninitiative – Raikes stand dem Methodismus nahe – mit der Sonntagsschule eine elementarpädagogische Diakonie für die benachteiligten Armen geschaffen, die zwar stets gemeindlich verankert wurde, aber in ihrer unterrichtlichen Abzweckung nicht mit einem Gottesdienst für Kinder in eins gesetzt werden darf.
Nach Deutschland kam die Sonntagsschulidee in einem ersten temporären Versuch schon 1790 ins Hamburger Waisenhaus, in dem für solche Kinder, die wegen ihrer Arbeit oder anderer Aufgaben die Schule nicht besuchen konnten, die werktägliche Abendschule durch eine Sonntagsschule ergänzt wurde. Diese sollte zum einen »die Elementarunterweisung der arbeitenden Kinder der Unterschicht befördern, zum anderen soll sie den anderen Kindern die Möglichkeit bieten, dem Gebot der

Sonntagsheiligung nachzukommen«[34]. Eine Generation später kommt es zu der ersten deutschen Sonntagsschule von Dauer, die der Pastor Johann Wilhelm *Rautenberg* zusammen mit dem Kaufmann und Agenten der britischen Continental Society und späteren Baptisten Johann Gerhard *Oncken* 1825 in seiner Gemeinde in Hamburg-St. Georg gründet und an der für kurze Zeit Johann Hinrich *Wichern* als Oberlehrer wirkte, bevor er 1833 sein Rettungshaus für verwahrloste Kinder und Jugendliche, das Rauhe Haus in Horn, eröffnete. Der St. Georger Sonntagsschule folgen bald weitere im Stadtbereich und in anderen Städten wie Bremen, Berlin, Erlangen, Elberfeld u.a. Die Sonntagsschule kommt aber in Deutschland in der bisherigen Form ab 1848 überall zu ihrem Ende, weil die allgemeine Schulpflicht (außer in den Hansestädten Hamburg und Bremen, dort erst 1870), die auf Forderungen *Luthers* zurückgeht und von vielen Ländern bereits im 16. Jahrhundert realisiert wurde, mehr und mehr greift, und weil entweder die soziale Lage der armen Bevölkerung nicht wirklich ins Bewußtsein gedrungen war oder den englischen Verhältnissen dann doch nicht gleichkam. Der Analphabetismus verschwand mehr und mehr. Das Sonntagsschulwesen ging alsdann über in Bemühungen um einen Gottesdienst für Kinder, wie ihn Wichern in seiner Denkschrift 1848 bereits gefordert hatte.[35]

Die amerikanische Sonntagsschule ist, historisch gesehen, zunächst ein Ableger der englischen. Der methodistische Bischof Francis *Ashbury* brachte die Idee 1786 von einer Englandreise mit. Als 1824 die amerikanische Sunday-School-Union in Philadelphia gegründet wurde, vereinigte sie bereits 88000 Helfer und 590000 Sonntagsschüler. Doch unterscheidet sich die amerikanische Sonntagsschule grundlegend von der englischen. Die Verfassung der Vereinigten Staaten verfügt eine strikte Trennung von Staat und Kirche, Religionsunterricht kann es an öffentlichen Schulen folglich nicht geben. So wurde die Sonntagsschule

34 Zuerst wurde der Stoff des Religionsunterrichtes der Abendschule wiederholt, dann – nur für die eigentlichen Sonntagsschüler – Lesen und Schreiben gelehrt, Berg, Gottesdienst mit Kindern, 29f.

35 »Der wichtigste und fruchtbarste Gesichtspunkt für (die Sonntagsschulen) ist, wenn sie als Kinderkirchen aufgefaßt und behandelt und dabei von freiwilligen Arbeitern besorgt werden. In anderer, aber doch sehr ähnlicher reichgesegneter Weise, sind die Kindergottesdienste ... durchgeführt«, Wichern, Innere Mission, 121. – »1855 wurden die noch bestehenden Sonntagsschulen in Kindergottesdienste überführt«, Berg, Gottesdienst mit Kindern, 38

zum Ort kirchlicher Unterweisung der Gemeindejugend, nicht nur der benachteiligten Kinder. Kirchlicher Unterricht wird in mehreren Klassen bis zum 25. Lebensjahr erteilt und erfaßt sogar Jungvermählte.
Dieses amerikanische Modell der Sonntagsschule wurde 1863/64 von dem presbyterianischen Kaufmann Albert *Woodruff* und seinem Dolmetscher, dem früheren Bremer Kaufmann Wilhelm *Bröckelmann,* in Deutschland verbreitet. Beide reisten werbend durch das Land. Nachdem im Frühjahr 1864 mehrere Gemeinden Berlins die ersten Sonntagsschulen gegründet hatten, kehrte Woodruff nach Amerika zurück und überließ Bröckelmann als von der Sunday-School-Union für Deutschland angestelltem Reiseagenten die Arbeit. Nach zehn Jahren gab es bereits 366 Sonntagsschulen mit 44000 Kindern und 2800 Lehrern.[36] Daß die Freikirchen überall ihre Sonntagsschulen unterhielten, ergibt sich aus der Notwendigkeit des Religionsunterrichts nach ihrem Bekenntnis, der in den öffentlichen Schulen nicht möglich ist.[37] Zur raschen Ausbreitung der Sonntagsschulen hat besonders der Centralausschuß für die Innere Mission beigetragen, der sich auf seinen Parallelkonferenzen zu den Kirchentagen von Kiel 1867, Stuttgart 1869 und Halle 1872 dieser Sache annahm und sie als Aufgabe der Kirche empfahl. Nach anfänglichem Mißtrauen seitens der Kirche wie der Schule, zum Beispiel gegen die Laienmitarbeit ohne besondere Ausbildung, folgt dann später eine »kirchliche Adoption der Laieninitiative«[38] mit allgemeiner Umbenennung der Sonntagsschule in Kindergottesdienst, wie sie zuerst von dem Dresdener Oberhofprediger Franz Wilhelm *Dibelius* auf einer Spezialtagung des Kongresses für Innere Mission in Bremen 1881 gefordert wurde.[39] Schon 1873 war die Mehrzahl der Sonntagsschulen (68%) nicht mehr auf Privatinitiativen angewiesen, sondern landeskirchlich errichtet.[40] Kurz vor der Jahrhundertwende gibt es in Deutschland 5908 Kindergottesdienste, davon 1647 mit Gruppensystem, mit 18269 Helferinnen und Helfern, wie man nun die Lehrer nennt, und 721312 Kindern.[41]

36 Nieden, Wilhelm Bröckelmann, 15
37 Dazu Titus, Kurze Gesch. der Sonntagsschule
38 Berg, Gottesdienst mit Kindern, 64(ff.)
39 Franz Wilhelm Dibelius, Kindergottesdienste, Auszüge bei Berg, Gottesdienst mit Kindern, 75
40 Vgl. Berg, Gottesdienst mit Kindern, 66.201[12]
41 Dalton, Stand 1898, 8ff., vgl. die Tabelle bei Berg, Gottesdienst, 204[71] (16% Laienleitung, 78% der Helfer sind Frauen)

3. Deutlich abgehoben von der englischen Sonntagsschule für die Armen- aber auch von der amerikanischen, in der am Sonntag Religionsunterricht erteilt wird – ist der Kindergottesdienst in Deutschland eine Verbindung von gottesdienstlichen und katechetischen Momenten. Das ist durchaus nichts Neues, sondern seit der Reformation ein besonderes Merkmal des Protestantismus. Daß aber die Kinder jetzt prinzipiell aus dem Gemeindegottesdienst ausgegliedert werden, ist allerdings neu und bedarf einer sorgfältigen Analyse und gegebenenfalls Überprüfung. Mit der Parole »Von der Sonntagsschule zum Kindergottesdienst« – oder in der Formulierung des ausgehenden 19. Jahrhunderts »Sonntagsschule *als* Kindergottesdienst« und damit »Kirche statt Schule, Feier statt Unterricht, Gruppe statt Klasse, Helfer statt Lehrer« wurde versucht, dem Übergewicht der Pädagogik zu begegnen und das Spezifikum eines Gottesdienstes der Kinder zu unterstreichen. Daß dabei die freie Trägerschaft der Landesverbände und später des Reichsverbandes (1925 bzw. nach 1945 Gesamtverbandes) für Kindergottesdienst zu den verfaßten Organen der Kirche in Spannung geriet, ist nicht verwunderlich, gibt es doch auch im Bereich Diakonie und Kirche ähnliche Phänomene. Doch sollte wohl vermieden werden, hieraus schroffe Antithesen zu formulieren wie Laieninitiative gegen Primat des geistlichen Amtes oder gar »Priestertum aller Gläubigen« gegen eine »verunsichert und repressiv in Institutionalisierung erstarrte Amtskirche«[42]. Sie entsprechen weder der historischen Wahrheit noch fördern sie die nur gemeinsam zu bewältigende Aufgabe.
Die Gruppenkatechese und das Helferamt gehören als legitime pädagogische Momente in den Kindergottesdienst. Die Statitstik der EKD hat bis 1971 Kindergottesdienste mit und ohne Gruppensystem getrennt aufgeführt. Das Verhältnis blieb seit 1948 konstant: 60–62% der Kinder wurden durch Helfer in Gruppen unterwiesen.[43] Abgesehen von der willkommenen Möglichkeit, am Gottesdienst möglichst viele, noch dazu junge Gemeindeglieder aktiv zu beteiligen, hat der Helfer im Kindergottesdienst drei unentbehrliche Funktionen: Er ermöglicht die

42 So Berg, Gottesdienst, 75.84f., im Widerspruch zu der ausdrücklichen Würdigung der frühen Förderung der Sonntagsschularbeit durch Kirchenleitungen, ebd. 56f. Auch der Terminus »Amtskirche« wie die Unterscheidung zwischen dem »Pastor als Vertreter der Amtskirche und den Mitarbeitern als Vertretern der mündigen Gemeinde«, 182, sind einer wiss. Arbeit kaum angemessen.

43 Vgl. KJ 79 (1952) 478 für 1948 mit KJ 99 (1972) 462f. für 1971

altersspezifische Gruppenaufteilung, er stellt die Bezugsperson für das Kind dar (weil die Eltern es nicht mit in den Gottesdienst nehmen oder nehmen können) und er gewährleistet die Gesprächsform der Katechese innerhalb der kleinen, 10–20 Kinder umfassenden Gruppe. Gemeinschaft und Kommunikation sind die besonderen Strukturmomente des Kindergottesdienstes der Vier- bis Dreizehnjährigen, die ihn aus anderen Angeboten der »Gemeindepädagogik« herausheben.[44] Der Helferdienst kann als konstitutiv für den Kindergottesdienst angesehen werden, die Fachzeitschriften richten sich deshalb vor allem an diesen Leserkreis.

Auch dort, wo kein Gruppensystem besteht, muß nicht immer Ablehnung des Helferdienstes vorliegen; in der Diaspora, bei kleinen Teilnehmerzahlen oder auch wenn sich keine Helfer finden lassen, können der Pfarrer oder der Kindergottesdienstbeauftragte als Bezugsperson und in Gesprächsform im Sinne des Helferdienstes tätig werden. Umgekehrt ist Helferdienst durch Begleiten und Betreuen in jeder Situation möglich, auch bei Ablehnung der Gruppenkatechese.

Die Verkündigung im Kindergottesdienst geschieht sowohl durch die Gruppenkatechese wie durch die Gesamtkatechese bzw. die Ansprache. Die Auffassung, daß nur der Pfarrer verkündigen dürfe oder daß die Gruppenarbeit lediglich vorbereitenden Charakter habe, ist ebenso irrig wie die Meinung, »der natürlichen Aktivität der kindlichen Psyche entspreche allein das katechetische Frage-Antwort-Spiel«[45]. Schon durch den Ort Kinder-»Gottesdienst« wird deutlich, daß auch der Gruppenarbeit, wie immer man sie ordnet, von vornherein ein Grundzug eignet, auf den die moderne Religionspädagogik für den schulischen Bereich verzichten zu müssen meint: Jedermann weiß und erwartet, daß in einem Gottesdienst eingeladen, verkündigt und die Gegenwart des Herrn und sein Anspruch proklamiert wird. Daß bei dieser Priorität dem Gottesdienst zugleich eine »pädagogische« Komponente eignet, die besser bedacht als unbewußt dem Zufall überlassen wird, macht die verkündigende Gruppenkatechese um so wichtiger. Die reine Kinderpredigt ist eine hohe Kunst und auch in der Vorbereitung für den Pfarrer »schwerer« als eine »gute« Katechese.[46] Das Thema »Kindertümlichkeit« betrifft nicht nur die Verkündigung, sondern den ganzen Kinder-

---

44 Nach Bargheer, Kindergottesdienst, 111f.
45 Rabus, Die Kinderpredigt, 50
46 Ebd.

gottesdienst. Es sollte schon bei Erich *Hoyer* geklärt sein: Kindergottesdienst soll »nicht psychologisch kindertümlich komponiert«, sondern »echter Gottesdienst« sein[47]: »›Kindertümlichkeit‹ ist ein Problem gezielter Anpassung; ›Kindergemäßheit‹ dagegen das ›Wagnis der dekkungslosen Offenheit‹« (Otto Friedrich *Bollnow*).[48]
Damit sind wir bei der Frage nach der liturgischen Gestalt, die »um so mehr von Bedeutung (ist), als gerade Kinder ritualisierter Lebensbezüge bedürfen«. »Diadaktisches Ziel der Liturgie ist die Einübung in die Gestalthaftigkeit des Glaubens..., didaktisches Ziel der Verkündigung... die Einübung in die Verarbeitung von Information, die den Menschen unmittelbar und unbedingt betrifft«, sagt Hans-Jürgen *Fraas* und fährt fort: »Der Unterschied zum therapeutischen Kindergottesdienst... besteht darin, daß... dem Gottesdienst gegenüber der Diakonie, dem Symbolgehalt des christlichen Glaubens gegenüber seiner Ethik, dem Grund christlicher Mitmenschlichkeit gegenüber ihrer ausschließlichen Ausübung eine Eigenbedeutung zuerkannt wird, die in der Geschichtlichkeit des Glaubens begründet ist.«[49]
Daß jeder Kindergottesdienst eine liturgische Gestalt hat, wenn er überhaupt Gottesdienst ist, dürfte nach Werner *Jetters* Analyse der »anthropologischen Elemente im Gottesdienst« unstrittig sein.[50] Ende 1968 wurden Kindergottesdienste in folgenden Formen gehalten:

dem Hauptgottesdienst ähnliche Form	47%
landeskirchliche Sonderordnung	22%
Andacht	20%
Hore (Mette)	3%
dazu:	
Familiengottesdienst	4%.[51]

In den inzwischen verstrichenen zwanzig Jahren hat sich das Bild

---

47 Hoyer, Kindergottesdienst und Gemeindegottesdienst, 18f. Vgl. Bruno Jordahn, Liturgische Gestaltung, 226. – Statt eines »kindertümlich verwässerte(n) Hauptgottesdienst(es)« empfielt Goltzen die Horenform, Der tägliche Gottesdienst, 223

48 Nach Rabus, Die Kinderpredigt, 18

49 Fraas, Rel. Erziehung und Sozialisation im Kindesalter, 225–228

50 Jetter, Symbol und Ritual. Die Bezeichnung der Periode von 1930 bis 1965 als Zeit des »liturgischen Kindergottesdienstkonzepts« und die Rede von einer »liturgischen Wendung«, Berg, Gottesdienst, 121 u.ö., bedürfen somit einer Revision

51 Griese, Kindergottesdienst und Helferamt, 47.52

erheblich verändert. Zum einen dürften die Verkleinerungen der Kinderschar und die verstärkten Freizeitunternehmungen der Familie die Zahl der selbständigen Kindergottesdienste verringert und die Verbindung des Kindergottesdienstes mit dem Hauptgottesdienst bis zur Predigt begünstigt haben. Zum anderen sind ganz neue Gottesdienstformen für Erwachsene wie für Kinder entstanden: Fest und Feier wurden wiederentdeckt und damit auch »das Kirchenjahr als didaktisches Prinzip«[52]. Neue Kommunikations- und Feierformen werden erprobt, mit denen der Kindergottesdienst »zur Avantgarde einer Gottesdienstreform werden« könnte[53]: »Der Kindergottesdienst wird immer mehr zum ›Gemeindegottesdienst‹ – und damit auch ein Vorbild für den Erwachsenengottesdienst.«[54] Besondere Bedeutung haben deshalb die Familiengottesdienste erlangt, die für manche Autoren geradezu das Bindeglied zwischen dem Gemeinde- und dem Kindergottesdienst sind.[55]

Für die liturgische Gestaltung des Kindergottesdienstes werden die neuen Erkenntnisse zur Struktur des Gottesdienstes von großer Bedeutung sein können, die bereits zur »Erneuerten Agende« geführt haben. Sie empfehlen sich um so mehr, als sie den soeben genannten neuen Impulsen entsprechen und eine Gemeinsamkeit des Kindergottesdienstes mit dem Erwachsenengottesdienst in der Struktur ermöglichen, bei der die Ausformungsvarianten der Grundformen in großer Freiheit kindgerecht gestaltet werden können. Die Liturgische Konferenz Niedersachsens hat, gemeinsam mit der hannoverschen Arbeitsstelle für Gottesdienst und Kirchenmusik, bereits 1982 eine entsprechende Arbeitshilfe herausgebracht, die jetzt Vertiefung verdient.[56]

Zur Zeit scheint die liturgische Situation des Kindergottesdienstes schwer überschaubar zu sein. Jede Form hat ihre Vor- und Nachteile:

a) Die Teilnahme der Kinder am Hauptgottesdienst bis zum Credo hat die Vorteile, daß Familien zusammen zum Gottesdienst gehen können und daß die Kinder sich in Formen, Raum und Lieder des Gemeinde-

52 Gottfried Adam, Kindergottesdienst (1989), 186; vgl. Klocke/ Thiele, Mit Kindern durch das Kirchenjahr

53 Longardt, Neue Kindergottesdienstformen I, 36; II; ders., Gottesdienst feiern

54 Liturgie im Kindergottesdienst, 26

55 Vgl. die Literaturliste von Wiese (1961) über Kugler (1971) bis Grünberg (1982) bei Berg, Gottesdienst mit Kindern, 219[24]

56 Gottesdienst der Kinder. Mut zur Liturgie

gottesdienstes eingewöhnen. Nachteile sind der notwendige Raumwechsel und die begrenzte Aufnahmemöglichkeit von Liedgut und Gebeten der Kinder, auch ist fraglich, ob die Predigtdauer für die Gruppenkatechese reicht. Man kann den Gottesdienst der Kinder natürlich auch getrennt abschließen.

b) Der separate, auch zeitlich verschiedene Kindergottesdienst hat den Vorteil, daß die Kirche zur Verfügung steht und in der Gestaltung der Liturgie ganz auf die Kinder eingegangen werden kann. Nachteile sind die bekannten Schwierigkeiten des späteren Übergangs in den Hauptgottesdienst. Nach der Statistik findet nur jeder vierte Kindergottesdienstbesucher zum Hauptgottesdienst. Die unzureichende Kraft des Kindergottesdienstes zur gemeindlichen Sozialisation ist deshalb die entscheidende kritische Anfrage an diese Institution. Außerdem steht die Freizeitmobilität der Familie unterschiedlichen Gottesdienstzeiten für Eltern und Kinder entgegen.

c) Ein parallel zum Gemeindegottesdienst gehaltener Kindergottesdienst erfordert eigene Räume und wird in der Regel auf die Kirche und oft auch auf die Mitwirkung des Pfarrers verzichten müssen.

Wichtig ist nun auch die Frage nach den im Kindergottesdienst verwendeten Texten. Die Textplankommission des Gesamtverbandes für Kindergottesdienst hat früher in der Regel fortlaufende biblische Geschichten ausgewählt, während für Berlin und die DDR an den alten Evangelien orientierte Texte maßgebend waren.[57] Seit 1972/73 gibt die Textplankommission auch themen- und problembezogene Pläne heraus, drei Themenreihen mit 37 Einzelthemen stehen zur Verfügung. Zugleich werden die Einheiten über mehrere Sonntage disponiert.[58] Diese Änderung ist nicht ohne Probleme: Sind die gleichen Kinder über mehrere Sonntage im Kindergottesdienst, wie ist die Verbindung zum Ge-

57 Vgl. Korth, Denn solcher ist das Reich Gottes; Thiel, Kindergottesdienst und Christenlehre, 154ff.

58 Themenplan für den Kindergottesdienst. Die Themen wurden in 6 Gruppen zusammengefaßt: Leben in Erwartung und Geborgenheit, Leben als Hingabe, Leben in Vertrauen und Hoffnung, Leben in der Gemeinschaft, Leben als Geschenk, Leben an der Grenze. Nach einer Überarbeitung, die text- und themenorientierte Methoden miteinander zu verbinden suchte (1979), kehrte die Textplankommission 1983/84 wieder zum Themenplan zurück. Neben Themenbearbeitungen werden Bibeltexte als Ersatz angeboten, vgl. Berg, Gottesdienst, 149ff.

meindegottesdienst und Kirchenjahr? Dennoch tritt Wolfgang *Longardt* leidenschaftlich für das Programm »Statt 52 Texten... thematische Blöcke« ein. Es gibt für ihn dann vier verschiedene Kindergottesdienste: Biblische Textentfaltung über mehrere Sonntage, die Rückschau »Wißt ihr noch?«, Themen aus der Alltagswelt des Kindes und Kinderdank- und Kindergeburtstagsgottesdienst.[59] Wenn so an mehreren Sonntagen ein Thema erarbeitet wird, ist der Familiengottesdienst für die Vertreter der Einordnung des Kindergottesdienstes in die Gemeindepädagogik der Ort für »das gemeinsame, Generationen übergreifende Lernen von Jung und Alt«[60].
Endlich gehören die Kinderbibelwochen und -tage in das Umfeld des Kindergottesdienstes. In Kinderbibelwochen werden unsere jungen Gemeindeglieder zu fünf Tagen intensiven Hörens auf die Bibel und des gemeinsamen Fragens zusammengeführt.[61] Gerade in diesen Wochen ist nun aber die zentrale Frage aufgetaucht, die den Kindergottesdienst in ein ganz neues Licht stellt: die Frage nach dem Abendmahl für die Kindergemeinde und damit nach ihrer Integration in *den* Gottesdienst des einen Leibes Christi, seiner Gemeinde.

Offene Fragen: die familia Dei

Die Gemeinde Jesu Christi ist sein Leib mit vielen Gliedern, die alle verschieden sind und doch zusammengehören und einander nötig haben. Jede Aufteilung und Gruppierung kann also nur vorläufigen Charakter haben, sonst kommt es in der Konsequenz zur Sektenbildung.
Das Problem: Wie finden unsere Kinder aus der ihnen für einige Jahre geistliche Heimat bietenden Kindergottesdienstgemeinde, wenn die Zeit kommt, zur gottesdienstlichen Gesamtgemeinde? kann nur von der Ekklesiologie her gelöst werden. Andere Kirchen zeigen uns, daß das Problem lösbar ist.
Die römisch-katholische Kirche sucht ihre Kinder so früh wie möglich in die eucharistische Gemeinschaft zu integrieren. Das kindgemäße

59 Longardt, Neue Kindergottesdienstformen II, 14.16
60 Z.B. Gottfried Adam, Kindergottesdienst (1987), 308f.
61 Vgl. Longardt/Gerts, Kinderbibeltage – Kinderbibelwochen

Erleben hat seinen gleichberechtigten Platz im Gemeindegottesdienst. Kind- und jugendgemäße Gottesdienstformen gehören zum regelmäßigen, oft sonntäglichen Angebot jeder Gemeinde und werden auch von erwachsenen Gemeindegliedern gern mitgefeiert. Die protestantische Begrifflichkeit auf den katholischen Gottesdienst angewandt, sind Kinder- und Erwachsenengottesdienst in einem Ganzen integral zusammengebunden. Ritus, Zeichen, Geheimnis sind dabei hilfreiche Komponenten, die unabhängig von Altersstufe und Bildungsgrad miterlebt und mitvollzogen werden können.
In der orthodoxen Kirche erlebt das Kind bildhafte Gestalt und symbolische Vollzüge, die nie langweilig werden. Die Familienbindung unterstützt das gottesdienstliche Erleben.
In den Freikirchen wird der erste Teil des Gottesdienstes gemeinsam gefeiert. Die Kinder haben sodann Anrecht auf eine eigene altersstufengerechte Begegnung mit dem Wort Gottes und dem Glauben der Gemeinde. Die kleine Zahl und die enge Vertrautheit der ganzen Gemeinde miteinander, gelegentlich auch ein elitäres Bewußtsein, erleichtern die Integration.
Der evangelische Gottesdienst befindet sich offensichtlich in einer Krise, der Kindergottesdienst noch mehr. Nachdem das gottesdienstliche Konzept von der Wort-Gottes-Theologie an bis zum Ende der sechziger Jahre gegen die fortschreitende Säkularisierung die Sammlung der jungen Gemeinde nicht (mehr) mit überzeugender Gestalthaftigkeit versehen konnte, versucht seit den siebziger Jahren die Religionspädagogik, dem Kindergottesdienst neue Impulse zu vermitteln, ohne allerdings bislang die erhoffte Breitenwirkung zu erzielen. Es liegt nahe, zu formulieren: Nach dem Ende des Konzeptes »Kirche in der Schule« bietet sich die Religionspädagogik an, dem Kindergottesdienst mit dem Konzept »Schule in der Kirche« aufzuhelfen. Auch der Begriff »Gemeindepädagogik« vermag die Brisanz der Fragestellung nicht zu entschärfen: Im Gottesdienst geht es nicht primär um einen Lernprozeß, der methodisch und didaktisch sauber aufbereitet werden kann, sondern um elementare Begegnung mit Gott, um die Erfahrung der Annahme aus Gnade und um die Vision des Kommenden, von dem man im Heute bestehen kann. Darin ist sowohl der Gemeindegottesdienst wie der Kindergottesdienst der evangelischen Kirche heute defizitär. Das heißt nun nicht, daß die pädagogischen Elemente des Gottesdienstes übersehen werden dürften, sie müssen nur im Gespräch der Disziplinen

miteinander – und noch mehr in der gemeindlichen Praxis – an der richtigen Stelle eingeordnet werden. Es ist einfach nicht wahr, daß das Kind erst seit *Rousseau* in seinen wahren Bedürfnissen erkannt wird und zu seinem Recht kommt.[62] Es wäre aber ebenso falsch, die Erkenntnisse der Aufklärung und der Romantik zu übergehen und an eine geschichtlich vergangene Epoche anzuknüpfen.

So mögen die Überlegungen zur heutigen Situation des Kindergottesdienstes beschlossen werden mit drei Thesen:
1. Der selbständige Kindergottesdienst ist Zeichen einer Not und kritische Anfrage an den evangelischen Gemeindegottesdienst. Er entstand, als die Kinder der Gemeinde ihren Platz im Gottesdienst verloren hatten. Die Fragestellung lautet deshalb keineswegs: Wie schaffen wir für unsere Kinder einen eigenen (Ersatz-) Gottesdienst? sondern: Wie kann der Gemeindegottesdienst wieder offen werden für die Kinder, was muß an ihm anders werden?
Obwohl ohne Zweifel vielen einzelnen Christen und damit auch den Gemeinden zum Segen gediehen, ist der Kindergottesdienst als Dauereinrichtung problematisch.
Alle Begründungen erweisen sich letztlich als nicht ausreichend:
- die altersspezifische Aufgliederung (pädagogisch/psychologisch)
- Ersatz für mangelnde Lebendigkeit des Religionsunterrichts (katechetisch)
- neuer Anfang einer lebendigen Gemeinde (missionarisch)
- Ausgleich für das unbewegliche gottesdienstliche Leben der Gesamtgemeinde
- Ersatz für Bibel und Gebet in der Hausgemeinde.

Diese Begründungen rechtfertigen noch nicht die Aufsplitterung der Gemeinde im Zentrum ihres Lebens, die Folgen haben muß für alle:
- Alltagsleben und Gemeinschaft mit und vor Gott fallen auseinander

---

62 Berg stellt zu Recht fest, »daß erst im 18. Jh. die Kindheit als eigenständige Lebensphase *wieder*entdeckt und dies in pädagogische Programme und Praxis umgesetzt worden ist«, Gottesdienst mit Kindern, 10. Er zeigt dann aber nicht auf, wie das Kind in früherer Zeit im Gottesdienst verwurzelt war, sondern beginnt mit Rousseau und Schleiermacher. Dies ist ein methodisches Versäumnis, das zwangsläufig zur Konkurrenz von Gottesdienst und Pädagogik führen mußte, bei der die notwendige Zuordnung kaum gelingen kann. Vgl. dagegen Bottermann, Beteiligung des Kindes, und Grethlein, Kindergottesdienst heute, 350

- Überbewertung des Kognitiven zu Lasten des Emotionalen
- Förderung weiterer »Versektung und Vergruppung« der Volkskirche.[63]

Zugleich ist der separat etablierte Kindergottesdienst aber eine heftige Anklage gegen den Gemeindegottesdienst, in dem Kinder offensichtlich keinen Platz finden:

- wegen der Kopflastigkeit und der Verarmung an Zeichen und Symbolen
- wegen der unterentwickelten Beteiligungsmöglichkeit der Gemeinde, die weithin nur hören und singen darf
- wegen des Individualismus anstelle des Korporativen
- weil oft düsterer Ernst oder Langeweile an die Stelle der Freude tritt, wenn die Eucharistie fehlt
- wenn angebliche Kultfeindlichkeit unbewußt selbst einen unkontrollierten Kult produziert.

2. Es ist Aufgabe der Theologie und der Kirchenleitung auf allen Ebenen, den Gemeindegottesdienst der ganzen familia Dei wieder zugänglich zu machen, und das heißt auch den Kindern. Wo der Gottesdienst der familia Dei intakt ist, kommt auch das Kind vor:

- Chordienst und Kinderbänke im Chorraum erinnern an konkrete Aufgaben, die jede Generation im Gottesdienst hat
- die kommunikative Kraft des Ritus vertieft – z.B. in orthodoxen und vielen afrikanischen und asiatischen Gemeinden – Gemeinschaft zwischen den Generationen und gegenseitigen Austausch
- Symbol und Ritual als anthropologische Voraussetzungen des Gottesdienstes fügen Eltern und Kinder zusammen.

Die Alte Kirche hat die Katechumenen in den ersten Teil ihres Gottesdienstes hineingenommen:

- Kinderkatechese während der Predigt ist sinnvoll
- Christenlehre in der Woche entlastet die Liturgie
- regelmäßige Familiengottesdienste verbinden Kinder und Erwachsene im Gottesdienst.

Das Herrenmahl ist integraler Bestandteil des christlichen Gottesdienstes und grundsätzlich allen Getauften zugänglich:

- wenn die Kirche Kinder tauft, kann sie diese nicht vom Tisch des Herrn ausschließen
- Gottesdienst ist Danksagung (Eucharistie). Kann es Feste und Freude ohne Kinder geben?

---

63 Mauder, Kinderfreundlicher Hauptgottesdienst, 44

- die Zulassung zum Sakrament darf nicht an kognitiv-lehrhafte Bedingungen gebunden werden, sondern an altersgerechte Hinführung und Begleitung
- die Hauptaufgabe der Kirche an ihren Kindern ist seelsorgerlich, nicht katechetisch.

3. Die ungeteilte Gemeinde mit Erwachsenen und Kindern, Frauen und Männern stellt einen wesentlichen Beitrag dar zur Überwindung der Spaltungen in Kirche und Gesellschaft und manifestiert ihren Gottesdienst als den Ort, von dem das Heil ausgeht in die ganze Welt.

Die Kinderfeindlichkeit unserer Gesellschaft zeigt sich auch im Bereich des Gottesdienstes:

- wenn das Kind in einen Schonraum, auf die »Spielwiese Kindergottesdienst« (Christian *Möller*) abgedrängt wird,
- wenn es Erwachsene stört: »man ist erst ganz Mensch, wenn man kein Kind mehr ist... So reduziert man das Kind zum negativen Bild des Noch-nicht-Erwachsenen« (M. J. *Langeveld*),
- wenn man »die Kinder immer mehr zum Objekt von Pädagogik macht«, in bester Absicht, aber doch mit dem Ergebnis, »daß die Barrieren zwischen Erwachsenen und Kindern desto höher werden« (Christian *Möller*[64]).

Der Gottesdienst war »ursprünglich als derjenige Ort gedacht, an dem die Gemeinschaft der Generationen vor Gott sich ereignen kann und wo es zu einer Bekehrung der Väter zu den Kindern und der Kinder zu den Vätern kommt« (Mal 3,24)[65]. Die Kirche hat in ihrem Gottesdienst, in dem sie Kreuz und Auferstehung ihres Herrn feiert, eine Kraftquelle, alle Schranken zu überwinden. Das Leben des Gottesvolkes bringt die Menschenfreundlichkeit dessen, der es konstituiert, in die Welt hinein. Dies muß sich zuerst im eigenen Haus erweisen.

Falsch wäre es, aufgrund der hier vorgelegten Thesen den Kindergottesdienst einfach abzuschaffen, tabula rasa zu machen in der Erwartung, es würde von selbst etwas Neues wachsen. Es gilt, den Pfarrern und Gemeinden die hier angedeutete Dimension kirchlicher Wirklichkeit bewußt zu machen, das Erkannte zu lehren und dann behutsam in kleinen Schritten zu verwirklichen.

---

64 Möller, Das Kind in der Kirche, 9

65 Ders., Bekehrung der Väter zu den Kindern, 34

Das Pascha-Mysterium im Osterlob – Zur Feier der Osternacht

Die Feier der Osternacht und mit ihr der festliche Lobgesang des Exsultet ist in den Kirchen des Abendlands in den letzten fünfzig Jahren zu neuem Leben erwacht. Während die »mater omnium vigiliarum«[1] seit dem Mittelalter im Abendland – auf den Karsamstagmorgen vorgezogen und damit ihrer altkirchlichen zentralen Aussagekraft beraubt – ein Schattendasein fristete, wurde die Feier der Osternacht zuerst in den evangelischen Kirchen wiederentdeckt. In einer Denkschrift der Niedersächsischen Liturgischen Konferenz und des Berneuchener Kreises aus dem Jahr 1934 wirbt Wilhelm *Stählin* dafür, aus der »überquellenden Fülle des Karsamstagsritus im Missale und in der Ostkirche und aus zum Teil auch reformatorischen Quellen[2] die Ordnung für den Gottesdienst zusammenzustellen, der in der Osternacht oder zur Stunde des Sonnenaufgangs am Ostermorgen gehalten werden sollte«[3]. Eine erste agendarische Verwirklichung erscheint im Jahr 1936.[4] Es folgen verschiedene Privatentwürfe, bis die Feier der Osternacht 1960 fester Bestandteil des deutschsprachigen lutherischen Agendenwerkes wird.[5]

---

1 Augustin, sermo 219, PL 38, 1088

2 Die Dessauer Ostervigil von 1566 enthält eine, allerdings – wie damals Brauch – bereits Karsamstag um 10 Uhr gehaltene, an einigen Stellen reformatorisch geänderte Osternachtsfeier. Melanchthon, Luther und Justus Jonas äußerten sich positiv, Luther besonders zum »Exultet chorus Angelicus«, Boes, Die ev. Ostervigil, 89ff.

3 Knolle/Stählin, Das Kirchenjahr, 72

4 Osternacht, hg. v. Heitmann/Ritter/Stählin 1936; dann Stählin/ Schumann, Hl. Woche 1951, 81ff.; Mahrenholz, Osternacht 1954

5 Luth. Agende II (1960) 239ff. Vgl. auch Ritter, Eucharistische Feier (1961), 305ff.; Löwe, Osternacht (1978), 31ff.; Heinz Fischer, Osternacht (1979); Ziegert, Osternachtsfeier (1980), 30ff.41ff.; Kugler/Lindner, Neue Familiengottesdienste 4 (1980), 53ff.; Völker, Osternacht (1983); Karwoche (1984), 52ff. – Daß die Osternacht gegenwärtig eine »liturgische Renaissance« erlebt, weil »von den ›Liturgischen Nächten‹ der Kirchentage seit Düsseldorf 1973 angeregt«, so Ruddat, Feste, 136, dürfte konstruiert sein.

In anderen evangelischen Kirchen zeigt sich eine parallele Entwicklung.[6] Obwohl die liturgische Bewegung in der römisch-katholischen Kirche schon im 18. Jahrhundert die Bedeutung der Osternacht als des eigentlichen Höhepunktes des liturgischen Jahres erkannte (P. *Guéranger*/Solesmes) und seit den zwanziger Jahren dieses Jahrhunderts ihre Erneuerung forderte (Pius *Parsch*/Klosterneuburg, Odo *Casel,* Romano *Guardini,* Louis *Bouyer*/Paris)[7], brachten erst die Dekrete von 1951 und 1956 und vollends die nachkonziliare Liturgiereform im Meßbuch *Pauls VI.* 1970 die Verwirklichung dieser Bestrebungen. Heute wird in allen römisch-katholischen und in vielen evangelischen Gemeinden die Feier der Osternacht unter großer Beteiligung der Gläubigen gehalten und dabei (zumeist auch) das altkirchliche Osterlob gesungen.

Die Einheit von Kreuz und Auferstehung in der Osternacht und im Osterlob

Die jährliche Osterfeier ist älter als das Karfreitagsgedenken, das erst durch die Reformation zu einem dem Osterfest gleichrangigen Fest ausgebildet wurde. Die biblischen Berichte von der Passion und der Auferstehung Christi legen es wohl nahe, die einzelnen Stationen dieses Weges in verschiedenen Feiern nacheinander gottesdienstlich zu begehen. So hat die Kirche die Passionsberichte am Palmsonntag (Matthäus), Dienstag (Lukas, MR 1570: Markus), Mittwoch (Markus, MR 1570: Lukas) und Karfreitag (Johannes) gelesen. Die neue römische Leseordnung 1969 ordnet alle drei synoptischen Berichte im Wechsel der Jahresreihen dem Palmsonntag zu. Doch in den ersten drei Jahrhunderten ist ein besonderer Karfreitagsgottesdienst noch unbekannt. Der Todestag Christi war wie der Tag der Grabesruhe dem Fasten und der Trauer gewidmet, was man im Westen dann zeitweise auf alle Freitage und Samstage des Jahres übertrug. Das Geheimnis von Kreuz und Auferstehung wurde als das eine umfassende neue Pascha-Mysterium des Übergangs vom Tod zum Leben gesehen und auch als untrennbare Einheit, zu der die Erhöhung und auch die Geistausgießung gehörten,

6 Liturgie Bd. 3 (ref. Schweiz 1983), 119ff.374ff.; dazu Henrich, Feier der Osternacht; Liturgies pascales à Taizé (1971), 70ff.; Triduum paschale/Osternacht (christkath. Schweiz 1980); The Book of Alternative Services (anglik. Kanada 1985), 322ff.

7 Auf der Maur, Wiederentdeckung, 2ff. (Zum Ganzen und Lit.!); vgl. ders., Feiern im Rhythmus der Zeit I, 56ff.76ff.124ff.

gefeiert.[8] Die Osternachtsfeier ist keineswegs nur eine Feier der Auferstehung. Seit es sie gibt, gehören Passionslesung wie Osterbericht zu ihren Perikopen. Hansjörg *Auf der Maur* hat deshalb Grund zu bedauern, daß die Passionslesung im 5. Jahrhundert aus der Osternacht verschwand und die Einteilung der Nacht – bis Mitternacht Trauer und Fasten, danach Osterbotschaft und Osterfreude – aufgegeben wurde.[9] Die Ausbildung des Karfreitags als des volkstümlichsten Festes hat sicher auch zu den bekannten Defiziten des Protestantismus dem Osterfest gegenüber beigetragen.[10]

Ob nun in der Konsequenz der Entwicklung des österlichen Triduums von der Einsetzung des Abendmahls am Gründonnerstagabend bis zur Ostersonntagsvesper, wie sie sich nach dem 4. Jahrhundert vollzieht, das Geheimnis unserer Erlösung in mehreren Schritten gefeiert wird, oder ob man es wie zuvor in einer einzigen Nacht erlebt – die wesentliche Einheit von Kreuz und Auferstehung bleibt unantastbar. Sie ist dadurch begründet, daß das Christusopfer die Erfüllung der Heilsgeschichte Gottes mit seinem Volk ist: »Auch wir haben ein Passalamm, das ist Christus, der geopfert ist«, schreibt Paulus (I Kor 5,7) und stellt damit Karfreitag und Ostern hinein in die sich nun erfüllende Geschichte des befreienden und rettenden Handelns Gottes an seinem Volk, die das Wesen des jüdischen Pesachfestes ist. Auch der johanneische Passionsbericht bezieht den Kreuzestod Christi ausdrücklich auf das Pesachlamm (Joh 19, 33b.36).

Die Feier der Osternacht ist sicher älter als die uns zugänglichen Zeugnisse für das Osterlob. Es gibt die nicht unbegründete These, daß schon die synoptischen Abendmahlsberichte »ein Spiegelbild urchristlicher Paschafeier im Apostolischen Zeitalter« sind.[11] Wohl feierte die frühe Kirche an jedem Sonntag das Ostermysterium, aber es ist kaum vorstellbar, daß sie das jüdische Pesachfest – nun mit neuem Inhalt – nicht mehr alljährlich begangen hätte. Der Streit um den Ostertermin in der zweiten Hälfte des 2. Jahrhunderts deutet darauf hin, und kleinasiatische wie syrische Zeugnisse des 2. und 3. Jahrhunderts lassen die frühe Osterfeier als einen einzigen Gottesdienst erkennen, der die ganze Nacht bis zum »Hahnenschrei« dauert. »Damit übernimmt die Früh-

8 Vgl. Schmidt-Lauber, Himmelfahrtsfest, 341 ff.

9 Auf der Maur, Wiederentdeckung, 16

10 »Ostern ist kein Volks- und kein volkskirchl. Fest«, Nitschke, Ostern, 7

11 Haag, Pascha, 129

kirche zwar jüdischen Pesachbrauch; während aber nach Pes 10,9 das Mahl um Mitternacht beendet sein muß, dauert das christliche Pascha bis zum frühen Morgen« und verlegt das Mahl in die Stunden nach Mitternacht.[12]

Die Osternachtsfeier ist in der frühen Kirche stets als das Pascha der Christen bezeichnet worden. Damit wird der reiche Bedeutungsgehalt des jüdischen Pesachfestes mit dem Geschehen von Karfreitag und Ostern verbunden und der Bezug zur Geschichte des Alten Testaments hergestellt. Die frühe Kirche hat den Terminus Pascha in dreifacher Weise verstanden[13]:

»1. Pascha meint *πάσχειν-πάθος-passio:* Es geht in der Feier um die Schlachtung des Lammes, deren Erfüllung im Leiden und Tod des Herrn gesehen wird. ...(Dies) ist der zentrale Inhalt jedenfalls der kleinasiatischen (2./3. Jh.) und alexandrinischen (3. Jh.) Tradition.

2. Pascha bedeutet *Vorübergang* (*ὑπερβαίνειν*): Ausgehend von der atl. Deutung psḥ = rettend vorübergehen, ist Pascha rettender Vorübergang des Kyrios Jesus *(Origenes).*

3. Pascha bedeutet *transitus.« Philo, Klemens von Alexandria, Origenes* interpretieren den Auszug des Volkes »allegorisch auf den Auszug der Seele aus dem Körperlichen und den Leidenschaften... Die Idee des transitus des Volkes, jedoch heilsgeschichtlich verstanden, ist sehr zentral in der Pesach-Haggada... *Hippolyt* spricht deutlich vom Abstieg Christi vom Himmel zur Erde und vom Aufstieg von der Erde zum Himmel (kleinasiatische und syrische Paschaliturgie).«[14]

Mit der engen Verbindung von Pascha und dem christlichen Ostern wird die Einheit von Kreuz und Auferstehung in der Osternachtsfeier und im Osterlob der Alten Kirche verständlich und unaufgebbar.

Zur Geschichte des Osterlobs

Das erste Zeugnis für das Osterlob findet sich in einem Brief des *Hieronymus* an den Diakon *Praesidius von Piacenza* aus dem Jahr 384, aus dem hervorgeht, daß zu dieser Zeit das Osterlob als Danksagung und Kerzengesang fester Bestandteil der Osternacht ist. Es war Aufgabe

12 Auf der Maur, Feiern, 67

13 Mohrmann, Pascha, Passio, Transitus, 205 ff.

14 Auf der Maur, Feiern, 69

des Diakons, das Osterlob vorzutragen und auch zu verfassen, wohl ex tempore, wie auch der Bischof zu dieser Zeit noch das Eucharistiegebet zu extemporieren pflegte. Der Inhalt stand aber fest.[15] *Augustin* berichtet, daß auch er eine »laus cerei« verfaßt habe.[16] Von Papst *Zosimus* (417–418) berichtet eine Notiz im Liber Pontificalis, daß er den Diakonen für die Vorstadtkirchen Roms die Osterkerzenbenediktion erlaubt habe.[17]

Inhaltliche Anklänge an das Osterlob finden sich noch früher zu Beginn des 4. Jahrhunderts in einer Homilie des *Asterios Sophistes,* dessen sechzehnzeiliger Hymnus auf die Osternacht in sieben Zeilen diese Nacht als Nacht des Lichtes preist.[18] Auf jeden Fall ist die Osternacht in nachkonstantinischer Zeit der Tauftermin schlechthin geworden. Sie ist es geblieben, bis sich die Kindertaufe im 5./6. Jahrhundert, nicht zuletzt unter dem Einfluß der Theologie *Augustins,* ganz durchsetzte.

Das Osterlob verbindet sehr unterschiedliche Motive. Allein das Pascha/Oster-Motiv faßt in sich bereits ein Bündel von Themen: Pascha des alten Gottesvolkes (Lamm/Mahl, Exodus/Durchzug durchs Meer, Beschneidungsbund), Pascha Christi (Tod/Auferstehung, Descensus/Ascensus, Osterlamm/Eucharistie) und Pascha der Kirche (Tauf-Initiation, Lob des Heilshandelns Gottes, Parusie-Erwartung). Dazu kommt die im allabendlichen Lucernarium des jüdischen Brauchs wurzelnde Lichtdanksagung (Darbringung der Kerze, Kerzenlob, Bienenlob).[19]

Wenn zudem das Osterlob zuerst vom Diakon immer neu zu aktualisieren war, nimmt es nicht wunder, daß sich sehr bald ganz verschiedene Traditionen herausgebildet haben, von denen nur eine, das gallikanische Osterlob, sich über Rom im Abendland durchsetzte.

Das *gallikanische Osterlob,* dem wir uns in den folgenden Abschnitten zuwenden werden, ist der älteste uns bekannte Text, der erstmals im Missale Gothicum (um 700) überliefert ist und sich in dem langen Tradierungsprozeß bis zum Meßbuch *Pius' V.* 1570 und zur jüngsten

15 Hieronymus lehnt die Bitte ab, ein »carmen cerei« zu verfassen, ep. 18, PL 30,182–188. Dazu Schuberth, Osterkerze, 95ff.

16 De civitate Dei XV 22, CChrSL 48,488. Da kein anderes Kerzenlob bekannt ist, kann es sich nur um die Osterkerze handeln; vgl. Zweck, Osterlobpreis und Taufe, 9

17 Duchesne, Le Liber Pontificalis, XLIII

18 In Ps 5 hom. 6, nach Auf der Maur, Feiern, 73

19 Vgl. die thematische Zusammenstellung und Gliederung bei Zweck, Osterlobpreis, 17–23

Liturgiereform *Pauls VI.* 1970 fast nicht verändert hat, wenn man von der Streichung des umfangreichen Bienenlobs unter Pius V. absieht. Aber auch die Rückverfolgung der Quellen in den gallikanischen Sakramentaren, die inhaltlichen Beziehungen zu *Ambrosius, Hieronymus* und *Petrus Chrysologus* sowie andere literarische Eigenheiten »deuten darauf hin, daß das gallikanische Osterpraeconium in Norditalien/Südgallien entstanden ist... (und) vermutlich Ende 4./Anfang 5. Jahrhundert verfaßt wurde«[20]. Das Invitatorium, das mit seinem Anfang den Namen des gallikanisch-römischen Osterlobs hergegeben hat (Exsultet iam angelica turba caelorum), gehört dabei nicht eigentlich zum Osterlob, sondern dient der Vorbereitung und Einstimmung, wie sie auch ganz anderen Texten des Osterlobs vorangestellt wurden.[21]

Neben dem genannten gallikanisch-römischen Exsultet-Text hat im gleichen Raum der gallischen Liturgie das *gelasianische Osterlob* »Deus, mundi conditor« eine bedeutende Rolle gespielt. Es hat die Form einer umfassenden Oration, nicht die einer Danksagung analog dem Eucharistiegebet, und stellt eine Kompilation aus verschiedenen Texten und Gebeten, besonders der römischen Liturgie, dar. Den zentralen Inhalt bildet »das Mysterium der Osternacht als Nacht des Abstiegs Christi in das Reich des Todes« und »die daraus resultierende Errettung des Menschen aus der Herrschaft des Todes.« Als Entstehungszeit wird Anfang 5. Jahrhundert (Pinell) bis Anfang 7. Jahrhundert (Zweck) angenommen.[22]

In Gebrauch ist heute noch das *ambrosianische Osterlob* aus dem 5./6. Jahrhundert, das weitschweifiger ausholt, den umfangreichsten Schriftbezug aufweist, klar aufgebaut ist und sich inhaltlich mehr lehrhaft in Antithesen am jüdischen Pesach orientiert: »Was sich bei den Vätern in zeichenhafter Vorausbildung ereignet hat, gelangt für uns in Christus zur Erfüllung.«[23] Im Zuge der nachkonziliaren Liturgiereform ist das ambrosianische Osterlob gekürzt und gestrafft worden.[24]

Ebenfalls heute noch in Gebrauch (in Toledo) ist das aus dem 6./7. Jahrhundert stammende *altspanische Osterlob,* das zwei Danksagungen

20 Ebd. 82, vgl. 38–42. Dazu Auf der Maur, Feiern, 90

21 Z.B. dem mailänd. und beneventanischen Osterlob, wahrscheinlich auch dem des Ennodius von Pavia, Zweck, Osterlobpreis, 44

22 Ebd. 190.171.191f.; Text 160–165

23 n. 7, ebd. 87; Text 84–91, zum Ganzen 110ff.

24 Messale Ambrosiano 1976, vgl. Zweck, Osterlobpreis, 92

zusammenfügt: die benedictio lucernae und die benedictio cerei, und möglicherweise von *Isidor von Sevilla* († 636) verfaßt ist. Die Erlösung und die Taufe stehen im Zentrum.[25] Ein weiterer spanischer Text ist das – nach dem Aufbewahrungsort des Codex Camarin benannte – *Osterlob des Escorial,* vielleicht 7. Jahrhundert, »Contestata« (gallisch statt römisch Praefatio) überschrieben, obwohl der typische Beginn des Eucharistiegebets fehlt. Dieses Osterlob beschränkt sich hauptsächlich auf die Darstellung der Osternacht und das Kerzen- wie das Bienenlob.[26]

Drei frühe Texte beschließen unsere Übersicht: *Ennodius von Pavia* hat, vermutlich in den Jahren 502 und 504 als Diakon von Mailand und deshalb auch stark orientiert am Mailänder Osterlob, zwei Fassungen hinterlassen, deren erste das Paschamysterium prägt, ohne daß Tod und Auferstehung Christi und auch nicht die für die frühchristliche Ostervigil charakteristische Parusie-Erwartung zur Sprache kommen, und ein umfangreiches Bienenlob. Die zweite konzentriert sich ganz auf das Pascha der Kirche, die Taufe, hier findet sich dann auch die Parusie-Erwartung.[27] Schließlich ist das *Osterlob von Bennevent,* wohl aus dem 5. Jahrhundert und noch im 10. Jahrhundert in Süditalien verbreitet, zu nennen. Es hat als zentrales Thema das Pascha Christi, ist eine Kompilation von alten liturgischen Texten und deutlich von älteren Osterlobfassungen beeinflußt.[28] Bekannt sind die süditalienischen Exsultet-Rollen, mit denen der Vortrag des Osterlobs erfolgte.[29]

»Erst im 12./13. Jahrhundert übernehmen die Bücher der römischen Kurie die Benedictio cerei und wählen zudem den (gallikanischen) Exsultet-Text (z.B. PontRom 12. Jh.; MRomCur 13. Jh.).«[30] Das Osterlob des Westens kann also nun in dieser Fassung festgehalten werden. Es gliedert sich in eine hymnische Einleitung (Invitatorium: Exsultet iam angelica turba caelorum), der die Aufforderung zur Fürbitte für den vortragenden Diakon – außer beim Kantorendienst – angefügt wird. Es folgt analog zum klassischen Hochgebet eine Eucharistia mit dreigliedri-

25 Zweck, Osterlobpreis, 204ff.227–229; Text 194–203
26 Ebd. 264.275f.; Text 258–263
27 Ebd. 132–134.156–158; Text 114–131
28 Ebd. 236f.255f.; Text 230–235
29 Ebd. 238f.
30 Auf der Maur, Feiern, 90

gem Dialog, Präfationseingang[31], Motiv des Dankes, Anamnese/Darbringung, Bitte und Schlußformel – und dies zusammengefügt mit einem Lob der Osternacht und dem Kerzen- wie dem Bienenlob.

Dies ist die Nacht: Vergegenwärtigung des Heilsgeschehens in der Danksagung

Wenn wir die Aussagen des gallikanisch-römischen Osterlobs inhaltlich einer genaueren Untersuchung unterziehen, fallen zunächst einige Sätze auf, die mit »Dies ist die Nacht« beginnen. In welchem Sinne kann die heutige Osternachtsfeier zu vergangenen Geschehnissen in Beziehung gesetzt werden?[32]

---

31 Text nach Zweck, Osterlobpreis, 26ff.:
Invitatorium
a Frohlocket, ihr himmlischen Chöre der Engel,
frohlocket, ihr himmlischen Diener Gottes. (divina mysteria)
Zum Sieg eines solch großen Königs erschalle die Posaune des Heils.
b Freue dich, Erde, überstrahlt von solch königlichem Glanz,
und erhellt von der Pracht des ewigen Reiches sehe die Erde,
daß von ihr gewichen ist das Dunkel der ganzen Welt.
c Freue auch du dich, Mutter Kirche,
geschmückt von solch großem Lichtglanz.
Von den lauten Rufen des Volkes töne wider diese heilige Halle.
Apologie (Aufforderung zur Fürbitte für den vortragenden Diakon)
d Darum bitte ich euch, geliebte Brüder, die ihr
die wunderbare Herrlichkeit dieses heiligen Lichtes schaut:
Ruft mit mir zum allmächtigen Vater um sein Erbarmen,
daß er, der mich ohne mein Verdienst, aus reiner Gnade, in die Schar der Leviten berufen hat,
mich mit der Gnade seines Lichtes erleuchte,
um das Lob dieser Kerze zu verkünden. Durch
Osterlob
1 Wahrhaft würdig und recht ist es,
2 mit der ganzen Hingabe unseres Herzens und Verstandes und mit Hilfe unserer Stimme den verborgenen Gott, den allmächtigen Vater, und seinen eingeborenen Sohn, unseren Herrn Jesus Christus, zu preisen:
3 Dieser …

32 Wir folgen der krit. Textherstellung von Zweck, Osterlobpreis, 26–37, und notieren lediglich wichtige Abweichungen zum heutigen Text des Missale Romanum 1970.

4 Dies nämlich ist das Fest des [alten und neuen] Pascha: (festa paschalium)
an diesem wird das wahre Lamm geschlachtet und
sein Blut weihend an den Türpfosten° angebracht. (°Stirnen[33]) Ex 12,7.22
5 Dies ist die Nacht,
in der du zuerst unsere Väter, die Söhne Israels, aus
Ägypten herausgeführt
und sie auf trockenem Pfade durch das Rote Meer
geleitet hast. Ex 13,17–14,31
6 Dies ist die Nacht,
die das Dunkel der Sünden durch die erleuchtende Feuer-
säule getilgt hat. Ex 13,21 f.;14,24
7 Dies ist die Nacht,
die heute auf dem ganzen Erdkreis alle, die an Christus
glauben und von den Lastern der Welt und dem Dunkel der
Sünde geschieden sind,
der Gnade wiedergibt, der Heiligkeit eint.
8 Dies ist die Nacht,
in der Christus die Ketten des Todes zerbrach und
aus dem Reich des Todes als Sieger emporstieg.
...
15 Dies ist die Nacht, von der geschrieben steht:
»Und die Nacht wird leuchten wie der Tag,
und wie strahlendes Licht wird die Nacht mich umgeben« (Ps 139,12.11).
16 Die heiligende Weihe dieser Nacht also (sanctificatio noctis)
verbannt die Verbrechen, wäscht ab die Schuld,
gibt den Sündern die Unschuld, den Trauernden die Freude zurück,
vertreibt den Haß, schafft Eintracht und beugt die Gewalten.[34]

Zunächst begegnen wir Sätzen, deren Aussagen im Perfekt stehen: Gott

---

33 Die Kirchenväter deuten das Bestreichen der Türpfosten mit dem Blut des Pesachlammes als Vorabbildung der signatio frontis in der Taufe, wie überhaupt das atl. Pascha als Vorbild der christl. Initiation betrachtet wird, vgl. Zweck, Osterlobpreis, 326 ff.

34 Die dt. Übersetzung des Meßbuchs 1975 überträgt häufig frei (im obigen Abschnitt z.B. »Reich der Gnade« für gratiae, »hl. Kirche« für sociat sanctitati [7]; »Glanz dieser hl. Nacht« für sanctificatio noctis [16]), interpretiert durch Hinzufügung (z.B. »und das Volk bewahrt vor Tod und Verderben«, Schluß von [4]) und verändert (z.B. »die Nacht hat durchs Meer geführt« statt transire fecisti [5]; ob der Subjektwechsel und die Aufgabe der Gottesanrede sinnvoll sind, mag bezweifelt werden). Auch Streichungen sind erfolgt, wobei die des hodie [7] besonders erstaunt, weil dessen atl. Bezüge der Aktualisierung des Heilsgeschehens entsprechen.

hat die Väter aus Ägypten herausgeführt und sie durchs Rote Meer geführt (5), diese Nacht *hat* das Dunkel der Sünden getilgt (6), Christus *hat* die Ketten des Todes zerbrochen und *ist* aus der Tiefe als Sieger emporgestiegen (8). In dieser Sprachform kommt zum Ausdruck, daß es sich in dieser Nacht um Geschehnisse handelt, die nicht mehr in Frage gestellt werden können und die damit zur Grundlage unserer Glaubensgewißheit und Hoffnung geworden sind.

Wie verhalten sich diese perfektischen Aussagen aber zu dem Heute der Osternacht? Daß es sich nicht nur um Erinnerungen an weit zurückliegende Vergangenheit handeln kann, wird an den anderen, durchweg präsentisch gefaßten Sätzen unseres Abschnitts deutlich: Diese Nacht gibt alle an Christus Gläubigen und Getauften – darauf spielt die Trennung von den Lastern der Welt und dem Dunkel der Sünde an – der Gnade wieder und »eint sie der Heiligkeit« (7). Diese Nacht ist die Erfüllung des von den Kirchenvätern als Prophetie verstandenen Psalmworts 139,12 »et nox sicut dies lucebit«[35] (15), in ihr wird das Pascha-Mysterium Christi so zur Gegenwart, daß es Verbrechen bannt, Sünden abwäscht, Sündern Unschuld und Traurigen Freude zurückgibt, Haß vertreibt und alle Gewalten beugt (16). Noch deutlicher wird die Verbindung von Vergangenheit und Gegenwart, von Heilsgeschichte im Alten und im Neuen Bund und gegenwärtiger Osterfeier in der ersten Prädikation des Paschapraeconiums: Dies ist das Paschafest, es wird das wahre Lamm geschlachtet und sein Blut an die Türpfosten/Stirnen gezeichnet (4). Das geschah nicht nur zur Zeit des Exodus Israels, auch nicht nur in Tod und Auferstehung Christi, es geschieht heute unter der Danksagung der christlichen Gemeinde in der Osternacht! Vergangenheit wird zur Gegenwart, verändert und verwandelt die Sitution der Christen. Es sind »unsere« Väter, die in Ägypten befreit wurden (5), der Gekreuzigte und Auferstandene befreit uns heute (7/16).

Der jüdische Theologe *Flavius Josephus* (37/38–100) redet in seinem

---

35 Vgl. dazu den oben S. 399 erwähnten Hymnus des Asterios Sophistes auf die Osternacht:

14. Und als er aufstand, da wurde die Nacht wie ein Tag erleuchtet…
16. Warum wurde die Nacht wie ein Tag erleuchtet?
    Weil der Prophet sagte:
    Die Finsternis wird nicht dunkel vor dir und die Nacht
    wird hell wie ein Tag erleuchtet,

Auf der Maur, Die Osterhomilien des Asterios Sophistes, 103f.

Targum zu Ex 12,42 von vier (Pesach-) Nächten: Die erste Nacht ist die, in der Jahwe es Licht werden ließ aus der Finsternis, die zweite Nacht ist die der Opferung Isaaks, die dritte Nacht die der Befreiung aus Ägypten, und die vierte Nacht steht noch aus und wird sein, wenn das Ende der Welt kommt.[36] Diese vier Nächte bilden eine Einheit und sind im Pesach-Mahl gegenwärtige Wirklichkeit.
In der Pesach-Haggada des Seder-Mahles, der alljährlichen häuslichen Pesachmahlfeier, wird die rettende Tat Gottes an den Vätern miterlebte Gegenwart, die den Weg in die Zukunft öffnet, auf die Erfüllung der göttlichen Verheißungen zu. Bereits in der ersten Danksagung *(beraka)*, dem Kiddusch-Gebet, heißt es[37]:
»so gabst du uns... dieses Mazzoth-Fest, die Zeit *unserer* Befreiung zur heiligen Verkündigung, zum Andenken an den Auszug aus Ägypten. Ja, du hast uns auserwählt und geheiligt vor allen Völkern« (5f.).
In der Haggada erfolgt dann die katechismusartige Wechselrede:
»Der Jüngste der Tischgesellschaft fragt: Wodurch unterscheidet sich diese Nacht von allen anderen Nächten?...
Die Tischgesellschaft antwortet: Einst waren *wir* Sklaven des Pharao in Ägypten, aber der Ewige, unser Gott, führte *uns* von da heraus mit starker Hand und mit ausgestrecktem Arme« (7f.).
Noch deutlicher wird das jüdische Miterleben des Festereignisses in den Sätzen:
»In allen Zeiten ist jeder verpflichtet, sich zu betrachten, als ob er gleichsam selbst aus Ägypten gegangen wäre... Nicht unsere Väter nur hat der Heilige – gelobt sei er – erlöst, sondern auch *uns* mit ihnen... Darum sind wir verpflichtet, zu danken, zu loben, zu rühmen, zu preisen, zu erheben, zu verherrlichen, zu benedeien, Hochachtung und Verehrung zu erweisen ihm, der unseren Vätern *und uns* allen diese Wunder getan. Er hat *uns* aus der Dienstbarkeit zur Unabhängigkeit, aus dem Kummer zur Freude, aus der Trauer zu Festtagen, aus düsterer Finsternis zu hellem Licht und aus der Knechtschaft zur Freiheit geführt. So laßt uns denn ihm singen Hallelujah!« (29f.).
»Gelobt seist du, Ewiger, unser Gott, der *uns* und unsere Väter aus Ägypten erlöst hat und uns der heutigen Nacht zugeführt, an ihr ungesäuertes Brot und bitteres Kraut zu essen« (31).

---

36 Le Déaut, La nuit pascale, 64f.; TC 4, 9–11
37 Zit. nach: Pessach-Hagada, Sperrungen von uns

Das Pesach-Opfer wird als »Überschreitungsopfer« gedeutet:
»Das Peßach-(Überschreitungs-)Opfer, das unsere Väter zur Zeit, als der heilige Tempel noch gestanden hat, gegessen haben, was sollte das bedeuten? Es sollte darauf deuten, daß der Heilige – gelobt sei er – über die Häuser unserer Väter in Ägypten hinweggeschritten« (27).
Die Pesach-Haggada schließt mit einem mehrfachen eschatologischen Ausblick:
»Oh, erbaue doch bald die heilige Stadt Jerusalem in unseren Tagen. Gelobt seist du, Ewiger, dessen Barmherzigkeit Jerusalem wiedererbaut. Amen!« (37).
»Der Allbarmherzige, er wolle das unseren Nacken drückende Joch zerbrechen und uns aufrecht führen nach unserem Lande« (38).
»Der Allbarmherzige, er wolle uns beseligen mit den Tagen des Messias und des ewigen Lebens in einer zukünftigen Welt! Da wird er hoch heben das Heil seines Königs und wohltun seinem Gesalbten, David und dessen Geschlecht in Ewigkeit. – Er, der Frieden stiftet in seinen Höhen, er stifte auch Frieden bei uns und bei ganz Israel!« (39f.).
Das letzte Wort vor dem Segen zum vierten Becher lautet:
»Das kommende Jahr in Jerusalem!« (57).
Die Nähe all dieser Texte zum christlichen Osternachtslob ist unübersehbar, viele Themen kehren hier wieder, und Hansjörg *Auf der Maur* wird recht haben, wenn er den Ansatz des Osterlobs in der jüdischen Pesach-Haggada ortet[38]: Aus der jüdischen Pesach-Haggada »hat sich im Spätjudentum ein Hymnus auf die Paschanacht, der ›Hymnus auf die vier Nächte‹, entwickelt, dessen christliche Ausprägung im Osternachtslob des Praeconium paschale fortlebt. Innerhalb des Osterpraeconiums dient das Osternachtslob zur Vergegenwärtigung der Pascha-Ereignisse in... der Osternachtsfeier.«[39]
Das christliche Osterlob hat aber nicht nur wesentliche Themen der Pesach-Haggada übernommen, sondern mit diesen zugleich das grundlegende jüdisch-urchristliche *zakar/anamnesis*-Verständnis, das erst in unserer Zeit von der christlichen Theologie neu entdeckt wurde und das Gottesdienst- und Liturgieverständnis entscheidend verändert hat. Hatte Hans *Lietzmann* 1926 noch den sogenannten Anamnesenbefehl

38 Auf der Maur, Feiern, 63, vgl. 56ff.
39 Zweck, Osterlobpreis, 54[60]. – Der Begriff Praeconium Paschale (MR 1970) löst Benedictio cerei (MR 1570) ab.

der Abendmahlsworte »Solches tut zu meinem Gedächtnis« (I Kor 11,24f.; Lk 22,19) im Sinne der antiken Totengedächtnismahlzeiten als bloße Erinnerung verstanden[40], so eröffnete die Realisierung der hebräischen Denk- und Erfahrungsstruktur des *zakar/zikkaron*[41], in der die Heilsgeschichte mit ihren Ereignissen und vor allem mit dem, der sie machtvoll begann, fortführt und vollenden will, lebendige Gegenwart wird, ein außerordentlich dynamisches Miterleben in der gottesdienstlichen Feier. Dies ereignet sich in der christlichen *beraka*/Eucharistia. Indem wir Gott für sein befreiendes Handeln mit den Vätern des Alten Bundes und für unsere Erlösung durch Christi Kommen, Tod, Auferstehung und Erhöhung danksagend preisen, bleibt dies nicht weit zurückliegende Vergangenheit, sondern erfaßt uns und nimmt uns hinein, verwandelt und erneuert uns. Unser Gedenken wird zur repraesentatio der großen Taten Gottes und anticipatio der noch ausstehenden Vollendung des Reiches Gottes.

»Dies ist die Nacht« heißt: Heilsvergangenheit und Heilszukunft verdichten sich im Osterlob der Kirche zur gewißmachenden und Hoffnung stiftenden Heilsgegenwart. Die Osternacht ist nicht nur die Urvigil[42] aller Vigilien, sondern der Quellort des christlichen Gottesdienstes schlechthin. Jede Eucharistiefeier kann als Kind der Osternacht bezeichnet werden. »Christliches Ostern ist nicht außerhalb und neben dem jüdischen Pessach. Unser Ostern ist ein Zweig, aufgepfropft auf dem edlen Ölbaum des Pessach, wie denn auch die christliche Kirche aufgepfropft ist auf dem Stamm Israels (Röm 11,16–24).«[43] Diese Erkenntnis ist die Frucht jener theologischen Neuorientierung, die der anglikanische Benediktiner Dom Gregory *Dix* 1949 mit dem klassischen Satz beschrieben hat: »Das Verständnis unserer gottesdienstlichen Formen hat vor vierzig Jahren eine radikale Umwandlung erfahren, als jemandem der Gedanke kam, daß Jesus Jude war.«[44] In der Lima-Erklärung 1982 zur Eucharistie findet diese neue Theologie ihren Niederschlag in der Hervorhebung der anamnetischen Grunddimension (Aspekt) der

40 Lietzmann, Messe und Herrenmahl, 223

41 Zum Begriff zakar/zikkaron vgl. Eising, zkr, 571ff.; ferner Füglister, Heilsbedeutung des Pascha; Segal, The Hebrew Passover; Elbogen, Jüd. Gottesdienst. – Zum ntl. Anamnesis-Begriff vgl. oben S. 69ff.

42 Ruddat, Feste, 136,41

43 Auf der Maur, Die Wiederentdeckung, 19

44 Mitgeteilt von Talley, Von der Berakah zur Eucharistia, 93

Eucharistie: »Die Eucharistie ist das Gedächtnis (Memorial) des gekreuzigten und auferstandenen Christus, d.h. das lebendige und wirksame Zeichen seines Opfers... Der biblische Gedanke des Gedächtnisses, angewandt auf die Eucharistie, bezieht sich auf diese gegenwärtige Wirksamkeit des Werkes Gottes, wenn es von seinem Volk in einer Liturgie gefeiert wird.«[45] Hatte die Kirche der ersten drei Jahrhunderte jeden Sonntag als »kleines Osterfest« gefeiert, so brachte erst die feste Ansiedlung der Kirche in dieser Welt die Entfaltung der ursprünglichen Einheit des Heilsmysteriums in verschiedene Stationen des Kirchenjahres hinein. Und doch bleibt wahr: »Was der Sonntag für die Woche bedeutet, ist Ostern für das ganze Jahr.«[46]

Unfaßbare Liebe des Vaters: Schuld und Erlösung

Wenn wir uns nun den Aussagen über unsere Erlösung durch Christi Tod und Auferstehung, dem zentralen theologischen Thema des Osterlobs, zuwenden, so begegnen uns zunächst gleich nach der Einleitung[31] zwei gut neutestamentliche Gedanken:

3 Dieser hat für uns beim ewigen Vater Adams Schuld bezahlt
und den Schuldschein der alten Sünde
mit seinem heiligen Blut getilgt.[47] Kol 2,14

Diese werden nach den bereits besprochenen ersten vier »Dies-ist-die-Nacht«-Sätzen (5–8) im Sinne der Theologie der Kirchenväter weiter entfaltet:

9 Nichts nämlich hätte es uns genützt, geboren zu werden,
wäre uns nicht der Erlöser zu Hilfe gekommen (nisi redimi profuisset)
10 O wunderbare Gnade deiner Liebe zu uns! (tuae pietatis dignatio)
11 O unbegreifliche Fülle der Liebe:
um den Knecht zu erlösen, gabst du den Sohn dahin! Röm 8,32
12 O gewiß unausweichliche Sünde Adams,
die durch Christi Tod vernichtet wurde!
13 O glückliche Schuld, (felix culpa)

---

45 Lima 1982, 19 E 5

46 Grundordnung des Kirchenjahres: Meßbuch 1975, 80*

47 Das Meßbuch 1975 übersetzt pio (cruore) interpretierend: »das er aus Liebe vergossen hat«.

die einen solch großen Erlöser haben durfte! (meruit habere)
14 O glückselige Nacht,
die allein erfahren durfte Zeit und Stunde, (meruit scire)
in der Christus aus dem Reich des Todes auferstand![48] (ab inferis)

Zunächst werden zwei einander verwandte biblische Bilder gebraucht: Christus hat *Adams Schuld bezahlt* – Christus hat den Schuldbrief ausgelöscht (3). Dieser Satz klingt wie eine Ankündigung des Themas, das das Osterlob in folgendem entfaltet und in seinen Konsequenzen ausdeutet. Das erste Bild nimmt die Adam/Christus-Typologie von Röm 5,12–22 auf: »Wie nun durch die Sünde des Einen die Verdammnis über alle Menschen gekommen ist, so ist auch durch die Gerechtigkeit des Einen für alle Menschen die Rechtfertigung gekommen, die zum Leben führt. Denn wie durch den Ungehorsam des einen Menschen die Vielen zu Sündern geworden sind, so werden auch durch den Gehorsam des Einen die Vielen zu Gerechten« (Röm 5,18f.). Mit dieser paulinischen Theologie wird dann das synoptische Christuswort »Der Menschensohn ist nicht gekommen, daß er sich dienen lasse, sondern daß er diene und sein Leben gebe als Lösegeld für viele« (Mk 10,45; Mt 20,28) verbunden. In diesem Christuswort, das der Messiaserwartung der Juden so diametral entgegengesetzt ist, wird der Gedanke der Stellvertretung offenkundig und zudem Gott als der Empfänger des Lösegeldes bezeichnet, wenn er auch nicht ausdrücklich genannt ist. Sicher legt der Kontext der Bitte der Zebedäussöhne auch den Vorbildcharakter Jesu für die dienende Nachfolge der Jünger nahe (Mk), aber in der letzten Tiefe richtet sich der Dienst Jesu auf Gott: »Gott verlangt das Leiden von seinem Sohne.«[49]
Hier stehen wir vor den letzten Fragen der Soteriologie: Warum fordert Gott den Opfertod Jesu, weshalb muß dieses Lösegeld für die Befreiung der Vielen von ihrer Schuld erbracht werden? Wir könnten diese Frage nur dann beantworten, wenn sie uns in den überlieferten Worten Jesu gestellt und beantwortet wäre. Diese aber »entschleiern nirgends die letzten Gründe für Gottes Verfahren mit seinem Sohne, zeigen vielmehr

48 Das Meßbuch 1975 faßt (10/11) zusammen: »O unfaßbare Liebe des Vaters«, interpretiert »wahrhaft heilbringende (statt: certe necessarium) Sünde des Adam, du wurdest uns zum Segen, da Christi Tod dich vernichtet hat« (12) und ersetzt ab inferis durch »von den Toten« (14).
49 Friedrich Büchsel, *λύτρον*, 345, vgl. Colpe, *υἱὸς τοῦ ἀνθρώπου*, 458

den Sohn bereit, sich unter Gottes Willen zu beugen«. Gott ist niemandem, auch seinem Sohne nicht, Rechenschaft schuldig über seinen Willen und sein Handeln. Gottes Wille hat seine Gründe, aber »dem Menschen ist dieses Warum nur erkennbar, wenn es ihm Gott offenbart und soweit es ihm Gott offenbart«[50]. Unsere Weisheit kann nicht an die Stelle der Offenbarung Gottes treten. Hier mag an Jes 55,8f. und Röm 11,33f. erinnert werden.

Und doch erkennt der Glaube, daß er selbst in Unbegreiflichem nicht einer Willkür ausgeliefert wird. Auch wenn unser Verstand das Geheimnis der Erlösung durch das Opfer Christi nie ganz ergründen kann, erahnen wir letzte Zusammenhänge in der Liebe Gottes zu uns. Deshalb ist die an dieser Stelle (3) interpretierende deutsche Übersetzung des Meßbuchs 1975 sachgerecht.[47] Wir sind dem Geheimnis der Erlösung dann am nächsten, wenn sich unser ganzes Wesen ihm zuwendet und im Lobpreis seiner Taten wiederzugeben sucht, was er uns zuerst schenkt. Auf dieser Ebene der antwortenden Verehrung und Hingabe sind die Aussagen des Osterlobs über die Erlösung zu verstehen, nicht auf der Ebene des reflektierenden Denkens allein, das die Wahrheit, soweit möglich, in logische Zusammenhänge einzuordnen sucht. Dies wird dann erst recht die Voraussetzung sein für den Zugang zu der kühnen Aussage von der felix culpa.

Zunächst aber ist noch das zweite Bild zu bedenken, das des *Schuldscheins,* der mit dem Blut Christi *ausgelöscht* wird. Hier klingt Kol 2,14 an: »Er hat den Schuldbrief getilgt, der mit seinen Forderungen gegen uns war, und hat ihn weggetan und an das Kreuz geheftet.« Der Gedanke, daß Gott Buch führen läßt über die Schuld der Menschen und gemäß den Schuldscheinen durch Engel die Schuld einfordern bzw. die Strafe vollstrecken läßt, findet sich schon im Judentum. Der Kolosserbrief bringt dieses Bild in Zusammenhang mit der Taufe: Mit ihm begraben durch die Taufe, mit ihm auferstanden durch den Glauben aus der Kraft Gottes: Gott hat alle Sünden vergeben und den Schuldbrief gelöscht, wie man heute noch davon spricht, daß eine Hypothek gelöscht wird (2,12ff.). Dieses Bild ist nun aber bei den Kirchenvätern mit dem Mythos verbunden worden, daß der Mensch einen Schuldvertrag mit dem Teufel abgeschlossen und diesem darin für Leistungen, die Satan erbringt, die Verpflichtung zum Leben in Sünde und die Aner-

50 Büchsel, ebd. 346

kenntnis des Todes zugestanden habe. Der mit der Hand ausgestellte Schuldbrief ist dann das Dokument dieses Vertrages. Es ist anzunehmen, daß diese Kirchenvätermythologie hinter den Worten des Osterlobs steht. Doch die klare biblische Aussage, daß Gott uns alle Sünden vergeben hat, führt auch ohne den Mythos von der Verpflichtung Satan gegenüber unmittelbar zu dem Bild vom Schuldschein, der ans Kreuz geheftet wird.[51]

Nach dieser Prädikation des Erlösungswerks in neutestamentlicher Begrifflichkeit, mit der das Proprium der Danksagung des Osterlobs eröffnet wird (3), erfolgt dann später eine Entfaltung in der Sprache und den theologischen Gedanken der Kirchenväter (9–14): Eingeleitet wird dieser Abschnitt durch ein *Ambrosius*-Zitat: »Nichts hätte es uns genützt, geboren zu werden, wenn es uns nicht genützt hätte, erlöst zu werden« (9)[52]. Die Erlösung ist mehr als die Schöpfung. Diesen Schluß ziehen die Kirchenväter aus den zu Beginn dieses Abschnitts bereits herangezogenen paulinischen Aussagen zu Adam/Christus: »Wenn durch die Sünde des Einen die Vielen gestorben sind, um wieviel mehr ist Gottes Gnade und Gabe den vielen überreich zuteil geworden durch die Gnade des einen Menschen Jesus Christus... Wo die Sünde mächtig geworden ist, da ist doch die Gnade noch viel mächtiger geworden« (Röm 5,15.20b). Erklärt wird die über die Wirkung der Schöpfung weit hinausgehende Wirkung der Erlösung durch die Verbindung der menschlichen Natur mit Gott in Christus. So heißt es bei *Leo dem Großen:* »Viel war es, von Christus das Ebenbild (formam) empfangen zu haben, aber noch mehr ist es, in Christus die Natur (substantiam) zu haben.«[53] Gottes Inkarnation in Christus und die in der Taufe geschenkte Verbindung des Menschen mit Christus begründen die Aussage, daß die Erlösung viel mehr bringt als die Schöpfung. Und nur auf diesem Hintergrund sind die folgenden Verse zu verstehen.

Entfaltet wird diese Theologie in fünf mit »O« beginnenden Sätzen, den sogenannten »O-Akklamationen«. Der Verfasser des Osterlobs nimmt die österliche Gemeinde hinein in das Staunen über das Geheimnis unserer Erlösung. »O wunderbare Gnade deiner Liebe zu uns« (10). »Um den Knecht zu erlösen, gabst du den Sohn dahin!« (11). Das ist eine paradoxe Wahrheit, denn wieviel mehr muß dem Vater der Sohn

---

51 Vgl. zum Ganzen Lohse, *χειρόγραφον*, 425; Zweck, Osterlobpreis, 52f.

52 Expositio evangelii sec. Lucam II, 41; CChrSL 14,49

53 Sermo 72,2; PL 54,390D

bedeuten als der Knecht. So begegnen wir hier einer *paradoxen Erlösungslehre,* die in den beiden folgenden O-Akklamationen ihre letzte Zuspitzung erfährt: »O certe necessarium Adae peccatum« – die deutsche Übersetzung schwächt ab und ersetzt »notwendig« durch »heilbringend« (12), »O felix culpa – glückliche Schuld, die einen solch großen Erlöser zu haben verdiente« (13). Es hat in der Geschichte der Kirche so heftigen Widerstand gegen diese harten Formulierungen gegeben, daß diese beiden O-Akklamationen in deutschen Handschriften des 10. Jahrhunderts gestrichen wurden. Vermutlich sorgte *Thomas von Aquin* für ihre Wiederaufnahme, die dann durch das Meßbuch *Pius' V.* 1570 bestätigt wird. Thomas nahm die felix culpa des Osterlobs als Beleg für seine These, daß die menschliche Natur durch das Erlösungsgeschehen zu noch höherer Würde erhoben wurde, als sie ihr vor dem Fall eignete.[54] Es geht in der Geschichte des Heils, die im Ostermysterium kulminiert, um die Vollendung, nicht mehr nur um Wiederherstellung.

Die paradoxe Erlösungslehre kann sich auf eine breite Gedankenbasis bei den Kirchenvätern berufen. Die frühchristliche Theologie konnte die Sünde Adams schon unter der Perspektive der renovatio in melius, der reicheren Wiederherstellung, betrachten.

Unser Osterlob nimmt Gedanken des *Ambrosius* auf, der z. B. schreibt: »Er wußte, jener würde fallen, damit er von Christus erlöst würde. Glückliche Ruine, die zum Besseren repariert wird.«[55] Und zur Schuld: »Die Schuld ist fruchtbarer als die Unschuld. Die Unschuld hat mich überheblich gemacht, die Schuld hat mich der demütigen Unterwerfung zurückgegeben.«[56] In diesen Worten ist die felix culpa des Osterlobs mit Händen zu greifen.

---

54 Summa theologica III, q. 1 a. 3

55 »quia sciebat illum esse casurum, ut redimeretur a Christo. Felix ruina, quae reparatur in melius«, Explanatio in Ps 39,20; CSEL 64,225

56 De Jacob et vita beata I,6,21; CSEL 32,2,18,3/12: »Facta est mihi culpa mea merces redemptionis, per quam mihi Christus advenit ... Fructior culpa quam innocentia«; vgl.: »Amplius nobis profuit culpa quam nocuit, in quo redemptio quidem nostra divinum munus invenit«, de institutione virginis 17,104; PL 16,331A. – Nachdem man das gallikanische Osterlob unter Fehldeutung der (oben zu Anm. 16 wiedergegebenen) De civitate-Stelle zunächst Augustin zugeschrieben hatte, wird im Mittelalter aufgrund der o.a. und weiterer Ambrosius-Zitate der Mailänder Bischof als Autor angenommen. Der eigentliche Verfasser bleibt aber unbekannt, obwohl eine »gewisse Verwandtschaft mit Ambrosius« und anderen Kirchenvätern besteht, Zweck, Osterlobpreis, 81, vgl. 80–82. Zum Ganzen: Dassmann, Die Frömmigkeit des Kirchenvaters Ambrosius, 129–134

Die Aussagen über die glückliche Schuld sind sehr kühn und streng dogmatisch sicher nicht durchzuhalten. Adams Sünde und unsere Gottesferne dürfen nicht verharmlost werden. Aus dem Zusammenhang der gebrachten Ambrosiuszitate geht hervor, daß sie »Zeugnisse der ambrosianischen Frömmigkeit biete(n), nicht aber eine dogmatische Definition«[57]. Der Glaube preist Gott und die Erlösung durch Jesus Christus, darum kann er so reden, ohne Gottes Geheimnisse damit deuten zu wollen.

Offenbar hat das fatale *Mißverständnis,* daß mit der mächtigeren Gnade die Sünde aufgewertet werden könnte, von Anfang an als Versuchung bestanden. *Paulus* hat schon Christen gekannt, die meinten: »Wenn es so ist, daß gerade der Sünder Gnade empfängt, dann ist es ja besser, wir sündigen. Dann hat der gnädige Gott Gelegenheit zu zeigen, daß er barmherzig ist.«[58] Paulus antwortet unmißverständlich: »Das sei ferne! Wie sollten wir in der Sünde leben wollen, der wir doch gestorben sind?« (Röm 6,2). Von hier aus könnte man nun auf die pastoralliturgischen Konsequenzen des Osterlobs eingehen in einer Zeit, die das Sündenbewußtsein weit zurückdrängt und die Gewissen einschläfert. *Luthers* »pecca fortiter« ist ebensowenig geeignet wie die »felix culpa«, die säkularisierte Ethik des modischen »Wir können und dürfen alles« religiös zu verbrämen. Beide haben ihre Voraussetzungen und Folgen: die felix culpa das »Ihr seid teuer erkauft; werdet nicht der Menschen Knechte« (I Kor 7,23), Luthers pecca fortiter die den Gläubigen tief bedrängende Gewissensnot und die Fortsetzung des Zitats: »sed fortius fide et gaude in Christo«[59]. Gott läßt kein Gras wachsen über die Sünde, aber er vergibt Schuld. *Augustin* hat zu dem Pauluswort: »Wir wissen, daß denen, die Gott lieben, alle Dinge zum Besten dienen« (Röm 8,28), die Randbemerkung geschrieben: »etiam peccata nostra«[60]. Nur so, überwältigt von der Erlösung und der Größe der Liebe Gottes, kann der Glaube wagen zu sagen: felix culpa.

In der letzten O-Akklamation wird die Osternacht gepriesen, »die allein erfahren durfte Zeit und Stunde, in der Christus aus dem Reich des Todes auferstand« (14). Es bleibt Gottes Geheimnis, denn die Nacht ist wie die Zeit keine selbständige Größe, sondern Umschreibung für den,

57 Dassmann, Ambrosius, 133

58 Boeckh, felix culpa, 1f. (nach Röm 6,1)

59 Brief vom 1.8.1521 an Melanchthon, WA.B 2,372,84f.

60 Vgl. Boeckh, felix culpa, 2

der die Zeit der Erlösung bestimmte. Hier wird das »ab inferis« aus dem ersten Teil des Osterlobs (8) wieder aufgenommen, das uns dann ein drittes Mal in den abschließenden Bitten (31) begegnen wird: Der descensus ad inferos und ascensus ab inferis ist in der Theologie der Kirchenväter von großer Bedeutung – es sei nur an den entsprechenden Passus des Apostolikums erinnert: Christus hat den Tod am Ort seiner Herrschaft überwunden. Darum geschieht die Auferstehung von dort aus. Ostern bedeutet das Ende des mächtigsten Feindes und den Anbruch des wahren Lebens, über das der Tod keine Macht mehr hat. Und diese »gewaltigen Ereignisse um den Erlösertod Christi werden den Gläubigen nicht begrifflich auseinandergesetzt, sondern bildhaft lebendig vor Augen gestellt«[61].

Das Lob dieser kostbaren Kerze / Das Bienenlob: die außermenschliche Kreatur im Osterlob

Der letzte Teil des Osterlobs, mit Hansjörg *Auf der Maur* »Lichtdanksagung« genannt[62], ist ganz vom *Kerzenlob* und – in der ursprünglichen Fassung – auch vom Bienenlob bestimmt. Wir haben bereits gesehen, daß die Lichtdanksagung eine der Wurzeln des Osterlobs ist, wahrscheinlich die älteste.[63] In seiner »Apologie« hatte der Diakon bereits um Fürbitte gebeten für die rechte Verkündigung des »Lobs dieser Kerze«, laus cerei (d). Dort werden auch die Chöre der Engel, die divina mysteria, die Erde und die aula, der Kirchenraum, zum Osterlob aufgefordert (a–c)[31], außermenschliche Kreaturen wie nun die Kerze und die Bienen, aus deren Fleiß die Osterkerze bereitet ist: Himmel und Erde sind beteiligt am Jubel über die Erlösung.

17 In dieser Nacht der Gnade also (In huius noctis gratia)
nimm an, heiliger Vater, das Abendopfer Ps 141,2
dieser brennenden Kerze;
aus dem Wachs der Bienen bereitet, bringt sie dir
feierlich die heilige Kirche dar
durch die Hand deiner Diener.

---

61 Zweck, Osterlobpreis, 55, vgl. 55–58

62 Auf der Maur, Die österliche Lichtdanksagung, 38–52

63 Vgl. Hieronymus, Augustin, Zosimus, Asterios und das antike/ jüd. lucernarium, oben zu Anm. 15–19

18 Doch nun kennen wir den Lobpreis dieser Wachssäule,
die das rötlich leuchtende Feuer zur Ehre Gottes
entzündet hat.
19 Mag auch das Licht vielfach verteilt werden,
nicht erleidet es durch die Weitergabe Schaden.
20 Die Flamme wird genährt vom schmelzenden Wachs,
das zum Stoff für diese kostbare Leuchte
die Mutter Biene bereitet hat.
(21–27: Bienenlob)
28 O wahrhaft glückselige Nacht,
die die Ägypter beraubt und die Hebräer reich beschenkt hat! — Ex 3,22; 11,2; 12,35
29 Nacht, in der Himmel und Erde verbunden werden!
30 Wir bitten dich, Herr,
daß diese Kerze, geweiht zu Ehren deines Namens,
unablässig fortleuchte, um die Finsternis dieser
Nacht zu vertreiben.
Nimm die Kerze an als lieblich duftendes Opfer
und vermähle ihr Licht mit den Leuchten des
Himmels. — Gen 8,21; Lev 2,9.12; Num 15,7; Ez 16,19; 20,41; Eph 5,2; Phil 4,18
31 Ihre Flamme leuchte, bis der Morgenstern erscheint,
jenen Morgenstern meine ich, der keinen Untergang
kennt, — II Petr 1,19; Apk 2,28; 22,16
jenen, der aus dem Reich des Todes auferstand
und den Menschen [im österlichen Lichte] aufleuchtete. [serenus]
32 Wir bitten dich also, Herr:
Gewähre uns, deinen Dienern, dem gesamten Klerus und dem
andächtigen Volk zusammen mit unserem Vater N. ruhige
Zeiten und erhalte uns in dieser österlichen Freude. Durch[64] (paschalibus)

Eine erste Durchsicht dieses Textes wiederholt und ergänzt die Reihe der am Osterlob beteiligten außermenschlichen Kreatur: Kerze, als Abendopfer und festliche Gabe dargebracht (17.30), Wachs und Bienen (17.20), Wachssäule (18), Licht (19.20.30), Himmel und Erde (29) – sie alle dienen der Verherrlichung des Ostersieges Christi.

64 Das Meßbuch Pauls VI. 1970 nimmt folgende, zum Teil bedeutsame, Korrekturen vor: (17) »laudis sacrificium« statt »incensi sacrificium«: Damit wird der geistige Charakter dieses Opfers betont. (28) entfällt »expoliavit Aegyptios, ditavit Hebraeos«. (32) die Schlußbitte für Diener, Klerus, Volk und Papst wird durch »et vivit et regnat in saecula saeculorum« ersetzt. Das Bienenlob (21–27) strich bereits das Missale Pius' V. 1570

Das Licht, von Gott am vierten Schöpfungstag mit Sonne, Mond und Sternen erschaffen, ist in der ganzen Bibel von Anfang bis zum Ende Symbol für die lebenspendende Güte Gottes. Es wird zum Zeichen seiner Gegenwart. Christus bezeichnet sich als das Licht der Welt, er ist der Morgenstern, der in Ewigkeit nicht untergeht (31). Seine Jünger haben den Auftrag, Licht der Welt zu sein. Das Lichtmotiv ist besonders mit der Taufe verbunden. Die Kirchenväter bezeichnen sie als die Erleuchtung (*φωτισμός*) und die Getauften als die Erleuchteten (*φωτιζόμενοι*). *Asterios Sophistes* nennt die Osternacht, weil sie die Taufnacht ist, die »Mutter der Neuerleuchteten«[65].

Die österliche Lichtdanksagung nimmt diese umfassende Symbolik auf. Sie steht in Zusammenhang mit dem abendlichen Lichtanzünden, bei dem eine Danksagung gebetet wurde, und mit dem täglichen Abendgottesdienst der frühchristlichen Gemeinde. Sicher liegen die Wurzeln in der jüdischen *beraka* zum Anzünden der Lampe, besonders am Anfang (Ende) des Sabbats: »Gelobet seist du, Herr, unser Gott, ewiger König, der du das Licht der Lampe erschufst.«[66] Der älteste christliche Text der abendlichen »Lichteucharistie« (Auf der Maur[67]) findet sich bei *Hippolyt*[68]. Danksagung *(beraka)* und Segnung sind in der jüdischen Tradition eines. So segnet die Danksagung das Licht, und die Lichtsegnung ist nichts anderes als lobpreisende Danksagung an Gott. Von hier aus muß auch die uralte Sitte der benedictio cerei, der Segnung der (Oster-)kerze, verstanden werden. Sie wird gänzlich mißverstanden, wenn man den Symbolcharakter des Geschaffenen für den Schöpfer verkennt und ersterem eine eigene Dignität beimißt, die von letzterem distanziert werden kann. Manche Probleme westlicher – und vor allem protestantischer – Theologie wären gelöst, wenn diese elementaren Bezüge alttestamentlich-jüdischen Denkens neu rezipiert werden könnten. Die Orthodoxie hat diese Schwierigkeiten nie gehabt. Eine der wichtigsten Erkenntnisse unserer Zeit ist die des Verhältnisses von Symbol und Zeichen und damit die Aufgabe, Zeichen wieder in Symbole zurückzuverwandeln – nicht nur im Bereich der Liturgik. Segnung und Verehrung gelten nicht eigentlich den Dingen, die Gott uns gegeben, und den Menschen, die er in seine Nähe gerufen hat als auserwählte

---

65 In Ps 5 hom. 6, vgl. Auf der Maur, Feiern, 72
66 Mischna-Traktat Shab 2,1–2; vgl. Dix, Shape of the Liturgy, 87
67 Auf der Maur, Feiern, 74
68 Traditio apostolica, Botte, 25

Werkzeuge, sondern immer dem Geber aller guten Gaben (Mt 5,16). Es war naheliegend, daß die allabendliche Lichtdanksagung zum Osterfest besonders ausgestaltet wurde. Während des 4. Jahrhunderts entwikkelt sich eine Lichtfeier der Osternacht. Wann und wo das Lucernar mit dem Osterlob verbunden wurde, ist allerdings noch nicht geklärt. Während die Sitte des allabendlichen Lichtanzündens mit einer Danksagung im Abendland allmählich bis auf Reste verschwindet, gibt es die österliche Lichtdanksagung in immer neuen Texten.

Die Lichtdanksagung im Osterlob beginnt mit der Darbringung der Kerze, dem österlichen Abendopfer der Kirche nach Ps 141,2 (17). Odo *Casel* hat hervorgehoben, daß es sich um ein »rein pneumatisches Gebetsopfer« handelt.[69] Dies zu unterstreichen diente die nachkonziliare Textkorrektur an dieser Stelle.[70] Im nun folgenden Kerzenlob mag mit columna, der rötlich leuchtenden Wachssäule (18), noch einmal auf die »erleuchtende Feuersäule« des Exodus (6) angespielt werden, vor allem aber wird an den Osternachtsbrauch des 4. Jahrhunderts erinnert, den Glanz der Auferstehung Christi mit einer Lichtfülle widerzuspiegeln, die die Osternacht zum Tag macht. Sehr plastisch beschreibt *Euseb: Konstantin* »hat die heilige Vigilnacht in taghelles Licht verwandelt, indem er sehr hohe Wachssäulen in der ganzen Stadt aufstellen ließ. Und es waren Feuerfackeln da, die die ganze Stadt beleuchteten, um die mystische Vigilnacht heller zu machen als einen strahlenden Tag.«[71] Das den Auferstandenen symbolisierende Osterlicht wird durch Weitergabe nichts an seiner Leuchtkraft einbüßen (19), denn wie die Flamme vom schmelzenden Wachs ernährt wird (20), so – in der typologischen Ausdeutung der Kirchenväter – nährt Christus in den Herzen der Christen das in der Taufe geschenkte göttliche Licht.[72] Daß das Osterlicht durch Weitergabe nichts an seiner Kraft verliert, ist noch heute ein schönes Bild für die Taufberufung der Christen und das Weitergeben in der Gemeinde – aber es wird auch nicht mehr.

An dieser Stelle setzt der Originaltext des gallikanischen Osterlobs mit dem *Bienenlob* fort, das seit 1570 nur noch in der Erwähnung der

69 Casel, Der österliche Lichtgesang der Kirche, 182

70 Vgl. oben Anm. 64; dazu Zweck, Osterlobpreis, 67–69

71 Euseb, Vita Constantini IV 22,2; GCS 7,128. Auch Kyrill von Jerusalem, Augustin und Gregor von Nazianz bezeugen Ähnliches, vgl. Zweck, Osterlobpreis, 65

72 Belege bei Zweck, Osterlobpreis, 70[122]

»Mutter Biene«, die den Stoff für die kostbare Kerze bereitet hat, als kaum erkennbarer Merkposten besteht (20).[73]

Das Bienenlob ist in der Antike wohlbekannt. Einige Wendungen des gallikanischen Osterlobs sind direkt aus *Vergils* Georgica entnommen.[74] Weil nur die Königin sich vermählt und den Nachwuchs hervorbringt, während die Arbeitsbiene ihn pflegt und aufzieht, galten die Bienen als keusch und jungfräulich. Die Kirchenväter sehen deshalb in den Bienen ein Sinnbild der Jungfrau Maria. Doch der Vergleich hinkt: Ohne ihre Königin gibt es das Bienenvolk nicht. Und Maria ist Mutter geworden, für sie kann die Aussage »keine Geburten plagen sie und keine Kinder zerstören ihre Keuschheit« (26) nicht gelten. Aber das Geheimnis der jungfräulichen Geburt unterstreicht die Göttlichkeit des inkarnierten Logos. Christus wurde Mensch, um die verlorene Menschheit zu erlösen. Dies ist die Zielrichtung der Aufnahme des Bienenlobs in das Osterlob der Kirche. Menschwerdung und Erlösung gehören zusammen. Die Inkarnation »vollendet zwar noch nicht die Erlösung, aber diese ist mit ihr grundlegend begonnen. In der Zusammenschau von Auferstehung (8–15) und Inkarnation (27)... zeigt sich ein Grundge-

---

73 Das *Bienenlob* im gallikanischen Osterlob:

21 Die Biene überragt alle anderen Tiere, die dem Menschen unterworfen sind. Obgleich sie sehr klein von Gestalt ist, trägt sie einen ungewöhnlichen Mut in ihrer engen Brust: schwach ist sie an Kräften, stark aber durch ihre Kunstfertigkeit.

22 Hat die Biene den Wechsel der Jahreszeiten ausgemacht, in der der reifbesprenkelte Winter seine weißgraue Farbe abgelegt und die milde Frühlingszeit das hinschwindende Eis zum Schmelzen gebracht hat, dann zieht die Biene sogleich zur Arbeit aus.

23 Mit zart schwingenden Flügeln verteilen sie sich über die Fluren und mit herabhängenden Beinen lassen sie sich nieder.

24 Ein Teil sucht mit dem Munde die Blüten ab und kehrt, beladen mit Nahrung, zum Lager zurück.

25 Dort bauen andere in unbeschreiblicher Kunst Zellen mit zähem Leim, andere füllen den Honig ein, andere wandeln die Blüten in Wachs um, andere bilden mit dem Munde die Brut, wieder andere flößen der von den Blättern gesammelten Brut Nektar ein.

26 O wahrhaft glückliche und wunderbare Biene!
Ihr Geschlecht wird von keinem Manne verletzt, keine Geburten plagen sie und keine Kinder zerstören ihre Keuschheit.

27 So hat auch die heilige Maria als Jungfrau empfangen, als Jungfrau geboren und ist Jungfrau geblieben.

74 Siehe bei Zweck, Osterlobpreis, 70[123]

danke der patristischen Theologie: Inkarnation und Auferstehung sind nach Ansicht der Väter das Alpha und das Omega der göttlichen Oikonomia. Die letztere vollendet das Werk der Erlösung, das die erstere begann.«[75] So ist bei den Vätern selten von der Auferstehung die Rede ohne Bezugnahme auf die Menschwerdung. Die Parallele zu der in der paradoxen Erlösungslehre schon angesprochenen Beziehung der Schöpfung auf die Erlösung (9) liegt auf der Hand.

Im Bienenlob zeigt sich das bild- und gleichnishafte Denken, das die Kirchenväter geprägt hat und uns weithin abhanden gekommen ist. Es wäre wohl überzogen, wenn wir aus dem Bienenlob einen ausdrücklichen Schöpfungsbezug ableiten würden. Doch fehlt dieser weithin in der westlichen, besonders der reformatorischen Theologie. Dort ist alles so sehr auf die Erlösung, also auf die Christologie konzentriert, daß das alte Bekenntnis der Kirche zu Christus als dem Schöpfungsmittler fast verlorengegangen zu sein scheint. Es ist wohl nicht zufällig, daß das Mittelalter gleichzeitig mit der Streichung der felix culpa (12/13) auch das Bienenlob zu streichen suchte[76], das dann mit dem Meßbuch *Pius' V.* 1570 bis auf den kleinen Rest (20) endgültig ausgeschieden wurde. In der Bibel ist der Schöpfungsbezug der Erlösung elementar. Was Gott erschaffen hat, will er retten und vollenden. In der Erlösung durch das Pascha-Geschehen geht es um die Heimholung des von Gott Erschaffenen.

Daß das Bienenlob an dieser Stelle zu stehen kam, hat seinen Grund in der Darbringung der Kerze als Abendopfer (17). Das Opfer muß rein sein, die Kerze ist aus reinem Wachs der jungfräulichen Bienen gefertigt. Die Keuschheit der Maria und die Sündlosigkeit Christi, des filius dei unigenitus ex patre natum, bilden die Voraussetzung für das Opfer Christi, das die Kirche mit ihrem Lobopfer der Osterkerze preist.

Noch einmal wird die Präfiguration des Mysteriums der Osternacht im alttestamentlichen Pesach-Exodus angesprochen: Die Ägypter – in der Allegorese der Kirchenväter Symbol für die Mächte der Unterwelt[77] – werden ihrer Schätze beraubt und die Hebräer reich gemacht – worin die Kirchenväter einen Hinweis auf die Taufgaben Heil und Leben

75 Ebd. 72

76 bis auf einige, vor allem franz. und ital. Mss. des 11.–13. Jh., Zweck, Osterlobpreis, 72

77 Vgl. Dölger, Sonne der Gerechtigkeit, 52ff.

vorausgesagt sahen (28).[78] Noch einmal werden die Gnaden des Pascha-Mysteriums zusammengefaßt: Himmel und Erde sind miteinander verbunden (29), nach Josef *Casper* eine »direkt klassische Sakramentsdefinition«[79].

Damit wird nun aber zugleich eine Reihe von *eschatologischen Aussagen* eröffnet, mit der das Osterlob in den Schlußbitten ausklingt: Die Osterkerze möge »unablässig fortleuchten, um die Finsternis dieser Nacht zu vertreiben« (30a), es möge »ihr Licht mit den Leuchten des Himmels« vermählt werden (30b). Dies sind nicht nur Anklänge an die abendliche Lichtdanksagung, aus der sich die österliche Lichtdanksagung herausgebildet hatte, sondern erste Hinweise darauf, daß das Pascha-Mysterium sich nach der zukünftigen Vollendung des Reiches Gottes ausstreckt, die in ihm schon angebrochen ist. Ganz deutlich wird die eschatologische Dimension des Ostergeschehens in der messianischen Rede von dem »Morgenstern, der keinen Untergang kennt«. Dieser ist nicht nur zukünftig, denn er ist jener, »der aus dem Reich des Todes auferstand und den Menschen als der gnadenvolle aufleuchtete« (31). *Augustin* bezeichnet »Christus als den Tag ohne Untergang«[80], *Zeno von Verona* als »die Sonne, die nach dem Wiedererstehen aus dem Totenreich keinen Untergang mehr erfahren werde«[81]. »Wie der Morgenstern jeden Abend im Westen untergeht, wo nach antikem Glauben Satan und Teufel herrschen, und am Morgen wieder als Licht des Lebens auftaucht, so ist Christus, unser Morgenstern, am Karfreitag in die Unterwelt hinabgestiegen und durch seine Auferstehung am Pascha zum ewigen Licht und Leben der ganzen Menschheit geworden.«[82]

Aber nicht nur in diesen eschatologischen Lobpreisungen wird die Ausrichtung des Pascha-Geschehens auf die Zukunft deutlich, schon das Osterlicht selbst ist eschatologisches Zeichen. Die frühe Kirche war der Überzeugung, daß die Stunde der Auferstehung auch die Stunde der Wiederkunft des Herrn zum Gericht und ewigen Leben ist. »Wie die Auferstehung des Herrn sich an einem Pascha ereignete, so wird auch seine Parusie an einem Pascha stattfinden.«[83] Hier sind die Bezüge zu

78 »In der Taufe vollzieht sich das atl. Heilsereignis aufs neue«, Zweck, Osterlobpreis, 73
79 Casper, „Exsultet", 289ff.; vgl. Vagaggini, Theologie, 31ff.
80 Enarrationes in Ps 26,7; CChr.SL 38,157
81 Tract. II, 19; CChr.SL 22,193
82 Zweck, Osterlobpreis, 76
83 Ebd. 64 (Lit.!)

den »Vier (Pesach-)Nächten« des *Flavius Josephus* deutlich erkennbar.[84] In den ersten Jahrhunderten war das Leben der christlichen Gemeinde ganz von jener eschatologischen Ausrichtung bestimmt, die sich mit dem Osterlicht nun auch als dominante Grundlage des ganzen Osterlobs erweist. Sie reflektiert das Licht der Lampen in den Händen der fünf klugen Jungfrauen, die ihrem Herrn entgegengehen zur Hochzeit (Mt 25). So gehen die Christen mit dem Osterlicht auf die Wiederkunft Christi zu, damit er sie wachend findet und einlädt, an seinem Tisch Platz zu nehmen.

Es war die Schwärmerei der Gnostiker des 2. Jahrhunderts, daß sie lehrten, die Auferstehung zum ewigen Leben in der neuen Welt Gottes sei schon da. Vielleicht ist es unsere Schwärmerei, daß wir mit diesem Neuwerden fast kaum mehr rechnen und so die Kraft und die Vollmacht der österlichen Gemeinde und die Sendung der Christen in unserer verworrenen Zeit nicht mehr wahrnehmen. Ostern ist aber der Beginn der letzten Dinge. Seit Ostern liegt eine Verheißung über der ganzen Schöpfung. So wird die erste Lesung der evangelischen Osternachtsfeier mit den Worten eingeleitet: »In dieser Nacht, da Gott in der Auferweckung seines Sohnes die neue Schöpfung heraufführt und allen Kreaturen Heil und Leben schenkt, gedenken wir der ersten Schöpfung am Anfang der Welt.«[85]

Wir können nicht mehr so leben, als gäbe es die Auferstehung Christi noch nicht. Die Begegnung mit dem Pascha-Mysterium – grundlegend vermittelt durch die Taufe und in jedem Gottesdienst neu gegenwärtig – bedeutet einen Neubeginn für die Lebensgestalt jedes Getauften unter der Verheißung der erneuernden Kraft des Geistes (II Kor 5,17), aber auch für die ganze Schöpfung, die darauf wartet, »daß die Kinder Gottes offenbar werden« (Röm 8,19). Das eschatologische Pascha-Mysterium ist wohl noch verborgen, tectum sub cruce, aber es ist die Wirklichkeit, die im Glauben zu ergreifen Berufung der Getauften ist und die sie ermächtigt, allen Kräften des Nein das göttliche Ja der Osternacht entgegenzusetzen.

---

84 S. oben S. 404f.

85 Luth. Agende II (1960), 246; vgl. 304f. (Begleitwort v. Mahrenholz)

Zwei Jahrzehnte Gemeinsame kirchliche Trauung

Was vor zwei Jahrzehnten eine umwälzende Neuerung war, ist heute alltägliche Selbstverständlichkeit: Konfessionsverschiedene Brautleute können auf Wunsch von Geistlichen beider Kirchen getraut werden. Dem ersten stürmischen Jahrzehnt, über das der Verfasser schon einmal berichtet hat[1], folgte ein ruhiges zweites, nicht ohne deutliche Veränderungen sowohl in der Einstellung zur Ehe im allgemeinen wie auch in der Weise des Umgangs mit der gemeinsamen Trauung, die sich nun eben doch nicht in Richtung einer »deutlicheren Gemeinsamkeit«[2] entwickelt hat.

Am 28. April 1967 fand in der Marburger Schloßkapelle die Trauung eines konfessionsverschiedenen Paares statt, bei der Geistliche beider Konfessionen, der evangelische Pfarrer Walter *Lotz* und der römisch-katholische Dechant Karl-Heinz *Hütten,* gemeinsam amtierten.[3] Zwar hatte es schon vorher vereinzelt solch gemeinsames Handeln über die Konfessionsschranken hinweg gegeben[4], dieses Marburger Datum muß aber als der Beginn einer neuen ökumenischen Praxis für den deutschsprachigen Raum festgehalten werden: Hier handelte es sich nicht mehr nur um das Vorpreschen einzelner ökumenischer Avantgardisten, sondern um ein gemeinsam verantwortetes Handeln, das aus Beratungen und Entscheidungen der von Dekan und Dechant einberufenen evangelisch-katholischen Pfarrkonferenz erwachsen war. Zugleich gab diese gemeinsame Trauung den Auftakt zu einer Serie von weit mehr als hundert in den drei Jahren bis zur allgemeinen Freigabe der gemeinsamen Trauung seitens der römisch-katholischen Kirche zum 1. 10. 1970

1 Schmidt-Lauber, Gemeinsame kirchl. Trauung, 160ff.

2 Vgl. unten S. 439

3 Mitteilung von Lotz. Vgl. ders., Ökum. Trauung, 44ff.

4 So noch vor Abschluß des Zweiten Vatikanums die Berndorfer »ökum. Trauung« (Niederösterreich) vom 2.10.1965: Kauer, Weisungsgebundenheit, 1ff. Die holl. Versuche sind noch älter. Bei der Trauung vom 19.10.1963 in Tübingen/St. Johannes (kath.) handelt es sich vermutlich nicht um eine »ökum.« Trauung, sondern um die kath. Trauung eines konfessionsverschiedenen Paares, vgl. Kleemann/Nitschke, Ökum. Trauungen, 66ff.

nach gleicher Ordnung vollzogenen Amtshandlungen. Alle Marburger Pfarrer beider Konfessionen, mit einer Ausnahme, beteiligten sich, und obwohl dann bald auch an anderen Orten gemeinsame Trauungen ermöglicht wurden, reisten die Brautpaare von überall her nach Marburg; es hatte sich herumgesprochen, daß man dort in Mischehennot Hilfe bekommen konnte. Die Massenmedien taten das ihre dazu, und der Katholikentag 1968 in Essen rief Pfarrer Lotz in ein Forum, das eine Entschließung zur Mischehe herbeiführte.[5]

Inzwischen sind mehr als zwei Jahrzehnte vergangen. Die Entwicklung hat mehrere Stadien durchlaufen und die Kirchen in ihrer Gesamtheit erfaßt. Es ist heute nicht nur möglich, sondern überall üblich, daß gemeinsame Trauungen stattfinden, deren Zahl ständig gestiegen ist.

Alle Freude über das unerwartet große Maß an Gemeinsamkeit und – was viel wichtiger ist – alle Erleichterung über die nun mögliche Hilfe für die betroffenen Brautpaare dürfen uns aber nicht von der Frage entbinden, ob die gemeinsame kirchliche Trauung wirklich ökumenisch ist, genauer: ob sie ökumenisch genug ist. Mit anderen Worten: Wir müssen fragen, ob unsere Erwartungen an die Ökumene nicht dahin gehen und es nicht das Ziel unserer Bemühungen sein müßte, daß die Kirchen sich mit ihrem Handeln in der Trauung gegenseitig als in rechter kirchlicher Ordnung befindlich erkennen können, wie dies bei der Taufe jetzt schon möglich ist und für die Eucharistie in absehbarer Zeit erwartet werden darf.[6] Dabei genügt es noch nicht, als anzustrebendes »Ziel die generelle Anerkennung der evangelischen Trauung durch die römisch-katholische Kirche« zu proklamieren.[7] Es muß grundsätzlicher gefragt werden, nämlich auch umgekehrt: ob die römisch-katholische Traupraxis von evangelischer Seite als rechte Ordnung anerkannt werden kann[8], und dann gegebenenfalls eine Angleichung in Theologie, Recht und Form herbeigeführt werden, nach der sich die gemeinsame Trauung erübrigt. Auf keinen Fall darf die gemeinsame Trauung einen Mangel an ökumenischer Übereinstimmung überdecken – und damit

5 Lotz, Ökum. Trauung, 56ff. (Ordnung), 63f. (Entschließung)

6 Vgl. Lima 1982, oben S. 246ff.

7 Ev. OKR A.B. in Wien, Handreichung, 1; inzw. abgelöst durch die Gemeinsame Handreichung

8 Angesichts der Anerkennung des bürgerlichen Eheschlusses unter Dispens von der Formpflicht ohne weiteres kirchl. Handeln erhebt sich die Frage nach dem besond. Dienst der Kirche bei der Trauung.

den weiteren Weg aufeinander zu weniger wichtig erscheinen lassen.
Die gemeinsame Trauung bleibt also ein Problem, sie ist keine endgültige Lösung. Sie ist eine, allerdings sehr erfreuliche und weit über die Erleichterung für die unmittelbar Betroffenen hinausreichende Station auf dem Weg der getrennten Kirchen zueinander. In den Titeln einschlägiger Fachliteratur spiegelt sich dieser Prozeß deutlich wider: von der »Mischehe«[9] über die »konfessionsverschiedene Ehe«[10] zur »konfessionsverbindenden Ehe«[11].
Es soll nun versucht werden, das mit der gemeinsamen Trauung gestellte Problem aufgrund der empirischen Fakten, der liturgischen Formulare und endlich der theologischen Implikationen zu behandeln.

Empirische Beobachtungen

Wenn wir die Statistik befragen, so läßt sich bald erkennen, daß der Bereich Eheschließung/Trauung außerordentlich in Bewegung geraten ist.

1. Die Zahl der Eheschließungen geht zurück. In der Bundesrepublik Deutschland wurde 1962 mit 530646 standesamtlich geschlossenen Ehen ein Höchststand erreicht, 1978 mit 328215 Eheschließungen der bislang absolute Tiefstand, gegenüber 1962 eine Abnahme um 38,1%. Dann stiegen die Zahlen wieder etwas an und veränderten sich 1981 bis 1986 – dem letzten in der EKD-Statistik ausgewerteten Jahr[12] – nur unwesentlich. 1986 lag mit 372112 Eheschließungen um 13,8% höher als 1978, aber um 29,9% niedriger als 1962. Auf 10000 Einwohner kamen damit 88 (1962), 54 (1978) und 61 (1986) Hochzeiten. Für Österreich ergeben sich vergleichsweise 84 (1962), 59 (1978) und 61 (1986) standesamtliche Eheschließungen auf 10000 Einwohner.[13] Dabei

9 Vgl. Dt. Bischofskonferenz, Neue Regelung der Mischehe
10 Vgl. Schöpsdau, Konfessionsverschiedene Ehe
11 Vgl. Beate und Jörg Beyer, Konfessionsverbindende Ehe; Beykirch, Von der konfessionsversch. z. konfessionsverbindenden Ehe?
12 ABlEKD Statistische Beil. Nr. 83/1988, 34ff. – Zum Ganzen vgl. Nr. 26/1965 für 1963; Nr. 40/1971 für 1968; Nr. 57/1979 für 1978 und Nr. 85/1989 für 1987
13 Statistisches Jb. für die Republik Österreich, Wien 1962, 1978, 1987. Stadt Wien: 93 (1962), 61 (1978) und 67 (1986), Statistisches Jb. der Stadt Wien 1962, 1978, 1987

sind Schwankungen zwischen Stadt und Land und auch zwischen den einzelnen Regionen zu beobachten. Auch wird beim langjährigen Vergleich der wachsende Anteil nicht-christlicher Ausländer zu berücksichtigen sein.

Wo mögen die Gründe liegen für diese Entwicklung? Sicher hängt sie auch mit der Alterspyramide zusammen, in der die Jahrgänge von der Vorkriegszeit bis in die Mitte der fünfziger Jahre als besonders geburtenschwach ausgewiesen sind. Aber es hat sich vor allem die Einstellung zur Ehe verändert: Die Frühehen haben abgenommen, mehr Menschen verbringen eine »lange Jugend«, mit der dann eine Phase der »Post-Adolenz«, der spätere Berufseinstieg und der noch spätere Familienaufbau verbunden ist.[14] Allerdings kann dieser Grund noch keine zureichende Erklärung bieten, denn er würde sich statistisch nur für eine Übergangsperiode auswirken können. Die zweite EKD-Umfrage von 1982 hat dagegen eine erheblich distanziertere Einstellung zur Ehe erbracht: 38% halten die formelle Eheschließung auf jeden Fall für nötig, 41% erst, wenn Kinder da sind, und für 24% ist sie überhaupt nicht nötig. Gegen die letztgenannte Überzeugung steht allerdings das Faktum, daß nur 4% der Befragten (in der Altersgruppe zwischen 20 und 40 jedoch 8%) unverheiratet zusammenleben. »Nach wie vor ist die Ehe als die dominierende Lebensform der Erwachsenen anzusprechen.«[15]

Die Entwicklung der evangelischen Traustatistik zeigt, daß der Anteil der kirchlichen Trauungen gegenüber den Eheschließungen rückläufig ist. An rein evangelischen Ehen wurden kirchlich getraut: 1963 85%, 1968 83%, 1978 70% und 1987 68%. Dabei zeigt sich eine auffällige Diskrepanz zwischen der Großstadt und ländlichen Regionen. In Berlin wurden von den standesamtlich geschlossenen rein evangelischen Ehen kirchlich getraut: im Jahr 1900 66%, 1930 41%, 1963 49%, 1968 44%, den Tiefstand brachte 1976 mit nur 29%, 1978 waren es 31% und 1987 wieder 43%. Die letzten Zahlen scheinen anzudeuten, daß mit dem extremen Rückgang des evangelischen Bevölkerungsanteils zwischen den Volkszählungen von 1961 (73,1%) und 1987 (51,7%) inzwischen

14 Was wird aus der Kirche? (EKD-Umfrage II 1982), 187

15 Ebd. 184, »Gut 90% aller Befragten zwischen 35 und 49 Jahren sind verheiratet bzw. verheiratet gewesen. Zurückgegangen ist jedoch die Zahl der ‚Frühehen'; der Verheiratetenanteil in den beiden jüngeren Altersgruppen hat von 1972 auf 1982 um rund 10% abgenommen«; vgl. 183f.

die evangelischen Trauungsabstinenzler großteils ausgeschieden sind. Für Schleswig-Holstein lauten die entsprechenden Zahlen: 1900 96%, 1930 82%, 1963 77%, 1976 58% (die benachbarte Großstadt Hamburg nur 36%) und 1987 – jetzt mit Hamburg zusammen als Nordelbische Kirche – wieder 60%.[16]

In der zuletzt veröffentlichten Statistik für 1987 zeigt sich eine große Bandbreite von 77% (Württemberg und das reformierte Lippe) bis 50% (Bremen), Berlin mit 43% wurde schon erwähnt. Zwischen 1963 und 1987 hat sich somit der Anteil kirchlicher Trauungen an rein evangelischen Ehen um ein knappes Fünftel von 85% auf 68% verringert.

Es müssen nun aber auch die Trauungen hinzugerechnet werden, an denen nur ein Evangelischer beteiligt ist, von denen 1963 32%, 1968 34%, 1978 32% und 1987 27% in der evangelischen Kirche getraut wurden. Dann ergibt sich allein für den Zeitraum zwischen den beiden EKD-Umfragen von 1972 und 1982 ein Rückgang von 51% auf 45% Anteil evangelischer Trauungen an allen geschlossenen Zivilehen.[17]

Wenn man nach den Gründen für diesen Rückgang fragt, wird einmal der Anstieg der Scheidungen und damit der Wiederverheiratung Geschiedener zu bedenken sein, die 1963 mit 15,5% und 1987 bereits mit 28,1% in den standesamtlichen Registern vermerkt sind. Geschiedene verlangen die Trauung seltener, sie werden auch kaum mehr abgewiesen. Auf die evangelischen Trauungen entfielen 1963 4,5% und 1987 bereits 10,6% Paare, bei denen der eine oder beide Partner geschieden waren. Sodann ist der Anteil jüngerer Jahrgänge an den Austritten überproportional hoch, was sich auf die Trauungen auswirkt. Endlich wird sich der allgemein rückläufige Trend im Gottesdienstbesuch wie im sonstigen Gemeindeleben auch auf die Motivation zur kirchlichen Trauung auswirken.[18]

Auch die römisch-katholische Kirche hat einen Rückgang ihrer Trauungen zu verzeichnen, jedoch überholt die Zahl rein katholischer Trauungen bereits 1973 die der evangelischen. 1962 war das Verhältnis 80:100, 1987 dagegen bereits 118:100.[19]

Der Anteil konfessionsverschiedener Ehen hat – im Verhältnis zu den

---

16 Vgl. Spiegel, Gesellschaftl. Bedürfnisse und theol. Normen, 213, und ABlEKD Statistische Beil. Nr. 55/1978, 9

17 Vgl. EKD-Umfrage II, 182

18 Vgl. ABlEKD Statistische Beil. Nr. 85/1989, 12ff.

19 Vgl. ABlEKD Statistische Beil. Nr. 83/1988, 37 und Graphik 36

stark gesunkenen rein evangelischen und den relativ konstanten rein katholischen – stark zugenommen. Er betrug 1962 22% und erreicht 1986 bereits 30%, während die rein katholischen Eheschlüsse bei 37,8% und die rein evangelischen bei 32,1% liegen. Es war schon früh erkennbar: »Umsiedlung und Binnenwanderung haben die konfessionelle Zusammensetzung der Bevölkerung« vor allem der Bundesrepublik stark verändert und die Zunahme konfessionsverschiedener Ehen bewirkt.[20] Alle Versuche der kirchlichen Obrigkeiten, auf die Schwierigkeiten solcher Ehen hinzuweisen und vor ihnen zu warnen, blieben wirkungslos.[21] Im Gegenteil: Konfessionsverschiedene Ehen sind kirchlicher mit höherer Trauungsquote, weisen geringere Scheidungsquoten auf, bei ihnen ist der Geburtenrückgang weniger ausgeprägt – und sie lassen ihre Kinder jetzt häufiger in der evangelischen Kirche taufen (1963 41%, 1984 53%).[22] Die Kirchen in der Bundesrepublik haben es also mit einem knappen Drittel konfessionsverschiedener Eheschließungen zu tun.

Die Gemeinsame kirchliche Trauung hat somit ein beachtliches potentielles Reservoir. Die Statistik muß hier allerdings ernüchtern. Von 100 evangelisch-katholischen Paaren wurden 1963 bis 1987 ziemlich gleichbleibend 32% evangelisch getraut. Für 1979 liegt die Vergleichszahl katholischer Trauungen mit 42% vor. Das ergibt einen weit höheren Anteil als den der rein konfessionellen Trauungen.

Die evangelische Statistik weist die hier vor allem interessierenden Gemeinsamen kirchlichen Trauungen »unter Mitwirkung eines katholischen Pfarrers« nur von 1972 (3240 = 10,7%) bis 1979 (3690 = 14,5%) auf, dann leider nicht mehr. Aus der katholischen Statistik liegen für Gemeinsame Trauungen »unter Mitwirkung eines evangelischen Pfar-

---

20 Bischofskonferenz der VELKD 1958: Ev. Mischehenseelsorge, 45

21 Noch am Vorabend des Konzils heißt es in einem gemeinsamen Hirtenwort der dt. kath. Bischöfe (1958): »Die Zahl der Mischehen ist zu einer Hochflut angestiegen. Das Herz der Kirche blutet um Hunderttausende, die ihr verlorengehen ... Auch nichtkath. Religionsgemeinschaften beklagen die Mischehen. Auch sie wissen, daß die Ehe für die Begegnung der Konfessionen kein guter Boden ist.«, in einer röm.-kath. Handreichung zur Mischehe (1960) sogar: »Nach der allg. Regel ist die Mischehe ein furchtbares Unglück.« Auch die Bischofskonferenz der VELKD sagt (1958), schon seelsorgerlicher: »Wer eine Mischehe eingeht, nimmt eine schwere Last auf sich.«, alle Zitate: Ev. Mischehenseelsorge, 55f.60.46

22 Vgl. Schöpsdau, Konfessionsverschiedene Ehe, 64–66

rers« Zahlen in etwa gleicher Größenordnung vor (1972 2732, 1979 3239). Das ist insgesamt ein recht bescheidener, aber ein für den ökumenischen Weg bedeutsamer Anteil. Die evangelische Statistik führt in den genannten Jahren zugleich auch evangelische Trauungen mit Dispenserteilung für den katholischen Partner auf (1972 7,7% bis 1979 12%). Ein viel größerer Teil läßt sich ohne Dispens evangelisch trauen.

2. Nicht nur die Statistik, auch andere empirische Forschungsmethoden helfen uns, den Gegenstand unserer Überlegungen schärfer zu erkennen, vor allem was die kirchliche und gesellschaftliche Funktion der Amtshandlungen und im besonderen der Trauung und dabei speziell der Gemeinsamen Trauung betrifft.

Rudolf *Bohren* hat 1960 die Praxis der Amtshandlungen einer scharfen Kritik unterzogen und zum Kasualstreik aufgerufen: »Wir bescheinigen fortwährend, und zwar an allen entscheidenden Punkten des Lebens, dem Menschen seine Christlichkeit und Kirchlichkeit und dispensieren ihn damit vom Kerygma, von der Koinonia und von der Diakonie der Kirche. Damit wird die Kasualpraxis zur Feindin des Kerygmas, sie wird zur unmöglichen Möglichkeit, zur Sünde.«[23] Die leidenschaftliche Diskussion änderte aber nichts. Und dann kamen ganz neue Aspekte: Die Kirchensoziologie zeigte die Kasualien in einem ganz neuen Licht und forderte ihre Aufwertung in Theologie und Praxis. So ließ die EKD-Umfrage von 1972 »Wie stabil ist die Kirche?« erkennen: »Die am weitesten reichende Gemeinsamkeit der Evangelischen in ihrem Verhältnis zur Kirche sind die Amtshandlungen..., in denen sich das kirchliche Angebot mit den wichtigen lebensgeschichtlichen und sozialen Bedürfnissen ihrer Mitglieder besonders deutlich verschränkt.«[24] Und die Pastoralpsychologie entdeckte zur gleichen Zeit das Kasualgespräch als eine große Gelegenheit.[25]

Sozialwissenschaftliche Untersuchungen, besonders zur kirchlichen Trauung, haben auf Bezüge aufmerksam gemacht, die bis dahin weitgehend unberücksichtigt blieben bzw. kritisch abgewehrt oder nur mit einem schlechten Gewissen aufgenommen wurden. Yorick *Spiegel* fragt nach den »Gesellschaftliche(n) Bedürfnisse(n) und theologische(n) Normen«. Warum kommen sie? Wer ist an der Trauung interessiert? Er

23 Bohren, Kasualpraxis, 24
24 EKD-Umfrage I, 236
25 Thilo, Beratende Seelsorge

erkennt die Notwendigkeit einer »Instanz von öffentlicher Relevanz jenseits der Familie... zur emotionalen Stabilisierung«[26]. Joachim *Matthes* hebt im Anschluß an die großen Umfragen von 1973/74 die Bedeutung der Übergangssituationen, die mit der Sinnfrage verbunden sind, hervor und fordert das Ernstnehmen der Passageriten in einer Praxis, die der Mehrschichtigkeit der Lebenswirklichkeit aller Beteiligten gerecht wird.[27] Und Wolfgang *Steck* untersucht die »soziale Funktion der kirchlichen Trauung«: »Der personale Rahmen, in dem sich die Trauung abspielt, (ist) von erheblicher Bedeutung.« In ihr »konstituiert sich menschliche Gemeinschaft«, sie »ist ein extrem kommunikativer Akt. Nicht das individuelle Erleben, sondern die sozialen Bindungen und Beziehungen werden hier dargestellt.«[28] Daß nicht immer das gesprochene Wort der Traupredigt, sondern eine »große Kette symbolhafter Handlungen den Brautleuten in Erinnerung« bleibt, wie der Weg zum Altar, der Ringwechsel und Segenshandlungen, ist jedem Gemeindepfarrer bekannt.[29] Man spricht heute auch von der »Trauung als Ritual«[30], wie Werner *Jetter* in seinem Buch »Symbol und Ritual«[31] ganz umfassend Chancen und Gefahren ritueller symbolischer Kommunikation behandelt.

So sind die Trauungen als »kirchlich begangene Torsituationen« heute mit Recht in das Zentrum praktisch-theologischer Bemühungen gerückt. In ihnen vollzieht sich eine einzigartige Verknüpfung von Lebenssituation, Gemeinschaft und Kirche – mit den Worten von Manfred *Seitz* – von Lebenszyklus, Zukunft und Gnade[32].

Was für die Trauung generell gilt, betrifft auch den Sonderfall Gemeinsame Trauung: Sie steht in besonderen anthropologischen, sozialen und psychologischen Bezügen und Verflechtungen. In der konfessionsverschiedenen Ehe treten nicht nur zwei Menschen mit je ihrer eigenen Geschichte und Familie zur neuen Gemeinschaft zusammen, sie bringen auch ihre unterschiedlichen religiösen Verwurzelungen mit, die sie nicht aufgeben oder zurückstellen wollen. Die Probleme werden dadurch

---

26 Spiegel, Gesellschaftl. Bedürfnisse, 212ff, hier 219f.
27 Matthes, Volkskirchl. Amtshandlungen, 111
28 Steck, Soziale Funktion der kirchl. Trauung, 27ff., bes. 35.41
29 Thilo, Nichttheol. Faktoren bei der kirchl. Trauung, 233ff.
30 Daiber, Trauung als Ritual, 578ff.
31 Jetter, Symbol und Ritual
32 Seitz, Kasualpraxis, 75f.78

nicht gelöst, sondern erst eigentlich aktuell. Auf keinen Fall dürfen sie verdrängt werden. Aus diesem Grund ist die Gemeinsame Trauung als exemplarisches Handeln der Kirchen von besonderer Bedeutung. Indem Menschen in dieser Situation durch das gemeinsame Handeln von Vertretern ihrer getrennten Kirchen begleitet werden, erhalten sie Ermutigung, die Spannungen zwischen den Konfessionen in ihre Ehe hineinzunehmen. Zugleich wird ihnen eine Vision der kommenden Einheit, die ihnen die Spannungen auszuhalten hilft, durch das Beispiel brüderlichen Zusammenwirkens ihrer Pfarrer mitgegeben. Das Motivationsgeflecht mag vielschichtiger sein, gelegentlich sogar Repräsentationsdenken oder Familienrücksichten enthalten. Solange letztere aber nicht beherrschend sind, kann hier ein wichtiger Dienst nicht nur am Brautpaar wahrgenommen werden.

Zu den Ordnungen

Wie soll nun aber dieses gemeinsame Geleit konfessionsverschiedener Paare aussehen? Neben privaten oder regional vereinbarten Formularen[33] handelt es sich vor allem um vier seit 1971 im deutschen Sprachraum aufgrund von zwischenkirchlichen Übereinkünften veröffentlichte Ordnungen: Die »Gemeinsame kirchliche Trauung« (1971) für die Bundesrepublik, die »Ökumenische Trauung« (1973) für die deutsche Schweiz, die »Gemeinsame kirchliche Trauung, Formular C« (1974) für Baden und die österreichische »Ordnung der kirchlichen Trauung konfessionsverschiedener Paare« (1979). Auch wenn von der damit gebotenen Möglichkeit nur ein kleiner Teil der konfessionsverschiedenen Paare Gebrauch macht, dokumentiert die gemeinsame Herausgabe dieser Ordnungen wie auch der Empfehlungen und Erklärungen zu einer umfassenden gemeinsamen Seelsorge an konfessionsverschiedenen Brautpaaren und Ehen einen völligen Wandel in der Mischehenpraxis der katholischen Kirche und das veränderte ökumenische Klima.[34] Wie ist es dazu gekommen?

33 Z.B. Lotz, Ökum. Trauung, 56ff.; Sanders/Schmidt-Lauber, Gemeinsame kirchl. Trauung. Ein Formular C, 257ff.

34 Gemeinsame kirchl. Trauung (BRD 1971); – Ökum. Trauung (Schweiz 1973); – Gemeinsame kirchl. Trauung, Formular C (Baden 1974); – Ordnung der kirchl. Trauung konfessionsverschiedener Paare (Österreich 1979); – Gemeinsame kirchl. Empfehlungen für die Ehevorbereitung konfessionsverschiedener Partner (BRD 1971/1974)

1. 1968 noch hatte der Katholikentag in Essen Veranlassung, in einer Entschließung darauf hinzuweisen, daß 55% der derzeit geschlossenen Mischehen in Deutschland katholisch-kirchenrechtlich nichtig waren. Er forderte freie Gewissensentscheidung der Brautleute, Befreiung von der Formpflicht und den Kautelen sowie eine gemeinsame Mischehenseelsorge.[35] Zum 1. 10. 1970 trat aufgrund des Motu proprio »Matrimonia mixta« vom 31. 3. 70 und der Ausführungsbestimmungen der Bischofskonferenzen eine keineswegs alle Forderungen und Wünsche erfüllende, aber – wie sich herausgestellt hat – sehr weitreichende Neuregelung in Kraft: Anpassung der Mischehengesetzgebung an die regionalen Verhältnisse, Übertragung der Dispensierungsvollmacht von der Formpflicht auf den Bischof und Freigabe einer gemeinsamen Trauung nach einem von der Bischofskonferenz approbierten Ritus bzw. einer Beteiligung des katholischen Seelsorgers an einer evangelischen Trauung. Dazu kam die automatische Dispensierung vom – nach wie vor bestehenden – Hindernis der Konfessionsverschiedenheit durch den trauungsberechtigten Pfarrer und eine Fassung der Erklärung des katholischen Partners zur Kindererziehung, die auf das Gewissen des Partners Rücksicht nimmt und nicht mehr einseitig verpflichtet.[36]

Die Praxis der gemeinsamen Trauung hat aber einen noch früheren Ursprung, nämlich in der nachkonziliaren Instruktion der Glaubenskongregation »Matrimonii sacramentum« vom 18. 3. 1966, die im übrigen zumeist als völlig unbefriedigend angesehen wird, weil sie den Empfehlungen der Konzilsväter so wenig zu folgen vermochte.[37] Sie verweigert zwar »jede Eheschließung in Gegenwart eines katholischen Priesters und eines nichtkatholischen Religionsdieners, die miteinander ihren jeweiligen Ritus vollziehen«, aber der Bischof kann die Erlaubnis geben, »daß nach Abschluß der katholischen Trauung der nichtkatholische Religionsdiener dem Brautpaar einen kurzen Glückwunsch ausspricht und einige Worte mit auf den Lebensweg gibt. Ferner können manche Gebete gemeinsam mit den anwesenden Nichtkatholiken ver-

35 Mischehe, 63f.

36 Gerhartz, Rechtliche Ordnung der Mischehen, 118ff.

37 Gegen Ende der dritten Session des Zweiten Vatikanums hat das Konzil über ein Votum zur Ehe mit Vorschlägen zur Mischehenordnung verhandelt (19.–20. 11. 1964), aber nicht mehr abgestimmt, da der Papst die Sache an sich zog, vgl. Gerhartz, Rechtliche Ordnung, 83f.; Nikolasch, Ökum. Trauung, 157

richtet werden.«[38] So diskriminierend diese Formulierung heute klingt, die dann manche evangelische Kirche zur eilfertigen Entwicklung eines von den Grundlagen der Reformation her höchst fragwürdigen Gegenrechts trieb, mit dem eine Beteiligung evangelischer Pfarrer untersagt wurde[39] – es war der entscheidende Schritt: Mit der Zulassung des nichtkatholischen Geistlichen zur katholischen Trauung, wenn auch „nach Abschluß", war das Tor zum gemeinsamen Handeln geöffnet. Man interpretierte Glückwunsch, Worte und Gebete als Verkündigung, Fürbitten und Segnung und fragte, warum diese Elemente, die auch zur katholischen Trauungsliturgie gehören, noch einmal kommen müßten und nicht gemeinsam gehalten werden könnten. Man fragte ferner, was das Wesentliche der katholischen Trauung sei, fand die Antwort in der Entgegennahme des Ehekonsenses und amtierte bis einschließlich der Traufragen, der Skrutinien, partnerschaftlich miteinander. Da solch eine gemeinsame Trauung mit der Entgegennahme des Ehekonsenses durch den trauungsberechtigten katholischen Seelsorger eine kanonisch gültige Ehe bewirkt, wurde die Vorschrift zur Einholung der Genehmigung durch den Bischof weniger beachtet oder durch generelle Freigabe überflüssig gemacht. Diesem Zustand erster Begeisterung über neue ökumenische Möglichkeiten suchten die Ausführungsbestimmungen zum Motu proprio »Matrimonia mixta« 1970 Zügel anzulegen: »Um eine sinnvolle Mitwirkung zu ermöglichen, wird die... Bischofskonferenz im Einvernehmen mit den nichtkatholischen Kirchenleitungen klären, welche Teile des Eheschließungsritus der nichtkatholische Seelsorger übernehmen kann«, heißt es in der deutschen wie der österreichischen Fassung.[40] Schon im nächsten Jahr war nach Übereinkunft der beiden Kirchenleitungen die deutsche »Gemeinsame kirchliche Trauung« herausgebracht. Die österreichischen Kirchen haben zunächst Richtlinien vereinbart[41], denen 1979 entsprechend ausgeführte Ordnungen folgten.

2. Nachdem sich die Deutsche Bischofskonferenz in den Ausführungsbestimmungen zu »Matrimonia mixta« für zwei Ordnungen der gemeinsamen Trauung und damit gegen eine auch denkbare Kombina-

38 Gerhartz, Rechtliche Ordnung, 87ff. bes. 95

39 Vgl. Kleemann/Nitschke, Ökum. Trauungen, 7ff.

40 Gerhartz, Rechtliche Ordnung, 149[10]. Die österr. Fassung im Wiener Diözesanblatt 11/1970, Nr. 174, 143

41 ABl. für die Ev. Kirche A.u.H.B.i.Ö. Nr. 82/1974, 63ff.

tion ausgesprochen hatte, fand diese Konzeption die Zustimmung des Rates der EKD. So bietet die »Gemeinsame kirchliche Trauung« von 1971 zwei verschiedene Ordnungen: eine »Trauung in einer evangelischen Kirche unter Beteiligung des katholischen Pfarrers« und eine »Trauung in einer katholischen Kirche unter Beteiligung des evangelischen Pfarrers«. In der Form A haben wir es mit einer evangelischen, in der Form B mit einer katholischen Trauung zu tun. In beiden Ordnungen ist genau festgelegt, welche Teile auf welchen Pfarrer entfallen. Der in beiden Formularen mit »Trauung« überschriebene Mittelteil ist jeweils ganz dem Pfarrer reserviert, in dessen Kirche die Trauung gehalten wird. Allerdings legt auch der beteiligte Pfarrer der anderen Konfession seine rechte Hand mit auf die ineinandergelegten und mit der Stola umwundenen Hände des Brautpaares zu der für die katholische Trauung entscheidenden Konsenserklärung. Der evangelische Pfarrer ist also im Herzstück der katholischen Trauung, am Eheschließungsritus, mitbeteiligt. An formal entsprechender Stelle der evangelischen Ordnung wird auch der katholische Pfarrer in gleicher Weise beteiligt, aber trotz der neuen Überschrift »Trauung« ist nach der Aufforderung »Reichet einander die Hand« die Handauflegung (mit dem Votum Mt 19,6b) nur ein Kopulationsgestus, Reminiszenz an die vor Einführung der Zivilehe hier vorgenommene, nun aber entfallende Eheschließung. Die zweite auffallende Gemeinsamkeit ist, daß in beiden Ordnungen zwei Schriftlesungen mit zwei anschließenden kurzen Ansprachen vorgesehen sind, wobei der Gastpfarrer jeweils den Vortritt erhält. Es drängt sich die Frage auf: Haben die beiden Pfarrer wirklich so Unterschiedliches zu verkündigen, daß eine Traupredigt nicht ausreicht? Im übrigen folgen die Formulare ihren konfessionellen Vorlagen, die Form A der Lutherischen Agende III mit leichten Variationen und der Hinzufügung von Zwischentiteln, die Form B zunächst der damals gültigen vorkonziliaren Collectio rituum von 1950 unter Übernahme einiger Teile des Ordo celebrandi matrimonium von 1969, später dann der neuen »Feier der Trauung« (1975). In der evangelischen Form A wird der katholische Pfarrer in der Eröffnung bei der Begrüßung an der Kirchentür und durch Übernahme des Psalms (als Alternative zum Eingangsgebet) beteiligt. Nach den Predigten übernimmt er die für die evangelische Trauung besonders wichtigen Schriftlesungen zum Ehestand, auf die die Brautleute mit den Traufragen antworten. Bei der Segnung und den Fürbitten ist er mit Gebet und Gestus tätig. Das

Vaterunser – im Unterschied zur Agende III hier nicht unmittelbar mit der Kopulation verbunden, sondern Abschluß der Gebete – wird von ihm eingeleitet. In der katholischen Form B richtet der evangelische Pfarrer schon bei der Begrüßung ein Wort an die Brautleute, leitet das Vaterunser ein, der Entlassungssegen kann von ihm oder von beiden Pfarrern abwechselnd gesprochen werden. Die Ordnung der Gemeinsamen kirchlichen Trauung zeigt somit ein beachtliches Maß an Miteinander bis in das Zentrum der Handlung hinein bei grundsätzlicher Wahrung der konfessionellen Identität der Feier.

Die österreichische »Ordnung der kirchlichen Trauung konfessionsverschiedener Paare unter Mitwirkung der Pfarrer beider Kirchen« (1979) steht der »Gemeinsamen kirchlichen Trauung« (1971) nahe. Wir finden zuerst eine »Katholische Trauung unter Mitwirkung eines evangelischen Pfarrers« und dann eine »Evangelische Trauung unter Mitwirkung eines katholischen Priesters«, allerdings nicht mehr an den entsprechenden Kirchenraum gebunden. Die katholische Trauung folgt der »Feier der Trauung« (1975) bis auf einige Alternativen bei den Fürbitten, ein hinzugefügtes Segensgebet für den »anderen Pfarrer« und kleine sprachliche Veränderungen. Für den ersten Teil dieser Handlung – hier Wortgottesdienst vor der Trauung genannt – gibt es nur Rubriken, die auf Lesungen, Gebete und die »von einem der beiden Pfarrer gehalten(e)« Predigt verweisen. Segen und Entlassung sind angefügt. In dieser Ordnung wird der evangelische Pfarrer nach Abschluß des frei zu vereinbarenden Wortgottesdienstes nur tätig bei der Segnung der Neuvermählten und den Fürbitten. Die evangelische Trauung hält sich an die Lutherische Agende III, nur daß eine Begrüßung durch den evangelischen Pfarrer eingefügt wird, in der der evangelische Charakter dieser Trauung, »bei der auf Wunsch des Brautpaares ein Geistlicher der römisch-katholischen Kirche mitwirkt«, hervorgehoben und auf die offenbar besonders Wert gelegt wird[42], und daß zwischen die Schriftlesungen zum Ehestand und die Traufragen ein »Rüstgebet« überschrie-

---

42 Ordnung der kirchl. Trauung 1979 für Österr., 29. Schon in den Richtlinien vom 26.4.1974 ist die Begrüssung »jenem Geistlichen, der nach der genannten Ordnung die Trauung vornimmt«, vorbehalten. Der Ev. OKR hat nochmals am 16.4.1975 daran erinnert: »In der Begrüßung ist darauf hinzuweisen, daß es sich um eine ev. Trauung handelt, bei der mit Rücksicht auf das Bekenntnis des einen Teils ein röm.-kath. Seelsorger mitwirkt.« Die Bezeichnung »Ökum. Trauung« wird abgelehnt, ABl. Nr. 28/1975, 37f.

bener Einschub rückt, der sehr einer Vorbereitung auf einen nun fälligen, in der evangelischen Kirche aber nicht mehr vollzogenen Eheschluß nahekommt: »Wir geben einander unser Ja. Sprich du darauf dein Amen.« Die Beteiligung des katholischen Pfarrers (der in der evangelischen Ordnung immer Priester genannt wird) ist beschränkt auf fakultativ zu übernehmende Teile wie Eingangsgebet, Schriftlesungen zum Ehestand, allenfalls auch Traupredigt und das Fürbittengebet, sofern man die Form der Ektenie wählt. Man wird bei der Beurteilung dieser Ordnungen bedenken müssen, daß eine der Partnerkirchen Diasporakirche ist und deshalb vielleicht weniger geneigt, ein Optimum an Gemeinsamkeit zu suchen, und mehr darauf bedacht, die eigene Identität zu wahren. Man findet deshalb nur wenig Eingehen auf die besondere Situation des konfessionsverschiedenen Paares und der beteiligten Familien und Kirchen und nur in der katholischen Ordnung leichte Anklänge an entsprechende Fürbitten. Dabei hatte die Generalsynode der Evangelischen Kirche A. u. H. B. in Österreich schon am 18. März 1970 eine seelsorgerlich motivierte Erklärung zur Mischehenfrage abgegeben, in der es heißt: »Da aber manchen konfessionsverschiedenen Brautleuten in ihrer Bindung an ihr Bekenntnis eine Entscheidung darüber, in welcher Kirche ihre Trauung stattfinden soll, schwerfällt, erachtet es die Generalsynode für zulässig, wenn die zuständigen Amtsträger beider Konfessionen die Trauung gemeinsam vollziehen.«[43] Ist die hier vorgelegte Ordnung geeignet zu einem solchen gemeinsamen Vollzug?

3. Ganz anders verhält es sich mit den beiden übrigen offiziellen Ordnungen, dem Badener Formular C und der Schweizer Ökumenischen Trauung. Beide Veröffentlichungen gehen von der Überlegung aus, daß es möglich sein müßte, das unterschiedliche Trauverständnis der getrennten Kirchen so in einer Ordnung zusammenzufügen, daß für beide Seiten eine wirkliche Trauung gehalten wird, ohne daß der katholische Partner der Befreiung von der Formpflicht bedarf. Die Intention des Badener Formulars ist es, den beiden auch in Baden gültigen Formularen A und B der »Gemeinsamen kirchlichen Trauung« ein Formular C hinzuzufügen, das »den beteiligten Pfarrern ein möglichst gleichberechtigtes Zusammenwirken ermöglicht«.[44] Es wird überhaupt

43 ABl. Nr. 27/1970, 34
44 Gemeinsame kirchl. Trauung, Formular C (1974), Geleitwort, 3

nicht mehr vorgeschrieben, welche einzelnen Stücke den jeweiligen Pfarrern zukommen – mit einer Ausnahme: die Konsenserfragung (zu unterscheiden von den vorausgehenden Skrutinien, den Traufragen) erfolgt durch den katholischen Pfarrer: »Erklärt nun, daß ihr einander vor Gottes Angesicht als Mann und Frau annehmen wollt«, darauf beide Partner: »N. N., vor Gottes Angesicht nehme ich dich zu meiner Frau/ zu meinem Mann.« Alle anderen Teile der Eröffnung, Wortverkündigung, Trauung und des Fürbitteils werden nach der Situation frei vereinbart. Das Material ist verschiedenen Traditionen entnommen und mit seinen vielen Alternativen bausteinartig zusammengefügt. Der unbestreitbare Vorteil dieses Formulars C ist seine Variabilität im Blick auf die örtliche Situation und das gewünschte Maß an gemeinsamem Handeln und damit seine Ausrichtung auf den Menschen unter gleichzeitiger Einhaltung kirchenrechtlicher Vorschriften.

Bei der schweizerischen »Ökumenischen Trauung« wird endlich besonders deutlich, daß es in dem Unternehmen, das wir bisher Gemeinsame kirchliche Trauung genannt haben, nicht nur und gar nicht in erster Linie um die Überbrückung kirchenrechtlicher und liturgischer Unterschiede geht, sondern um das Eingehen auf die betroffenen Menschen. Der ökumenische Trauungsgottesdienst setzt voraus, daß die Brautleute ernsthafte Gründe haben, Verbundenheit mit der eigenen Konfession und vor allem die Absicht, »damit ein Zeichen setzen zu wollen, daß sie in der Ehe alle religiösen Probleme gemeinsam und unter der Wahrung der Glaubensüberzeugung des anderen Partners zu lösen suchen und sich für die Einheit der Christen einsetzen wollen«. Auch das ist nötig, daß die beiden Seelsorger sich selbst für die Einigung der getrennten Christen einsetzen. Ziel der Ordnung ist es, daß die Teilnehmer beider Konfessionen »die Liturgie voll und ganz bejahen und mitvollziehen können«[45]. Deshalb kann sie in gewissen Fällen auch mit nur einem Pfarrer gehalten werden, das Ja-Wort kann auch von dem evangelischen Pfarrer erfragt und entgegengenommen werden – hier natürlich unter Befreiung von der Formpflicht. Die Brautleute haben die Möglichkeit, ihr Trauversprechen selbst nach Wunsch zu formulieren: Es geht nicht mehr nur um die Gültigkeit, es geht um Menschen, Situationen und Kirchen. Ökumenisch heißt im engeren Sinn des Wortes: das partnerschaftliche Zusammenwirken der Pfarrer, im weiteren, daß der Trau-

45 Ökum. Trauung (1973), 14f.

ungsgottesdienst von Teilnehmern beider Konfessionen verstanden, bejaht und mitvollzogen werden kann.
Unter diesen beachtlichen Grundsätzen wurden drei Formulare als Modelle entwickelt, welche die Freiheit eigener Gestaltung nicht ausschließen. Die Elemente Begrüßung – Gebet – Wortverkündigung – Trauhandlung – Überreichung der Bibel – Fürbitten und Entlassungssegen werden ökumenisch variiert, wobei das Formular B stärker an die katholische und das Formular C stärker an die evangelische Tradition angelehnt ist. Die Begrüßung und die Fürbitten gehen expressis verbis auf die Situation des Paares und die Trennung der Christenheit ein. »In der Hoffnung, daß eure Ehegemeinschaft durch die Kraft des Herrn ein Baustein der Einheit der Kirche werde«, heißt es zu Beginn.[46] Die Skrutinien sind zu adhortativen Einleitungen der Konsensfragen umgeformt. Beide Seelsorger handeln völlig partnerschaftlich, jede Doppelspurigkeit wird vermieden. Diese Ordnung ist konsequent von der seelsorgerlichen Hinwendung der Kirche zum Menschen, von Annehmen und Begleiten bestimmt. Grundsätzliche theologische, psychologische und soziologische Überlegungen werden in ihr fruchtbar.
Hier taucht nun die Frage nach der katholisch-kirchenrechtlichen Zulässigkeit dieser ökumenischen Trauung auf. Sie kann positiv beantwortet werden. Das päpstliche Motu proprio »Matrimonia mixta« verbietet »die Trauung vor dem katholischen Priester oder Diakon und einem nichtkatholischen Geistlichen, die beide zusammen je ihren eigenen Ritus vollziehen«. Die deutschsprachigen regionalen Ausführungsbestimmungen verlangen deshalb einen von der Bischofskonferenz approbierten Eheschließungsritus auch bei der Beteiligung eines nichtkatholischen Seelsorgers.[47] Daß der Erzbischof von Freiburg seine Unterschrift unter das Formular C geben und der Liturgiebeauftragte der schweizerischen Bischofskonferenz der Ökumenischen Trauung zustimmen konnte, deutet schon darauf hin, daß das päpstliche Verbot etwas anderes im Auge hatte als die ökumenische Trauung. In der Tat ist man sich heute einig, daß diese ökumenische Trauung keine Doppeltrauung ist, denn darunter »wäre die Aufeinanderfolge von zwei Riten mit zwei Konsenserklärungen vor einem katholischen und einem nichtkatholischen Geistlichen zu verstehen. In der Bestimmung des Motu proprio

46 Ebd. (Formular A) 20
47 Gerhartz, Rechtliche Ordnung, 131 (13). 139 (5b), vgl. 56f.

›Matrimonia mixta‹ geht es doch darum, eine doppelte Konsensabgabe oder Konsenserneuerung zu vermeiden, und nicht darum, einem nichtkatholischen Geistlichen das Mitwirken bei einer katholischen Trauung zu verweigern.«[48] Dies um so weniger, als das evangelische Trauverständnis unter den gegenwärtigen Umständen die bürgerlich-rechtliche Eheschließung voraussetzt.

4. Wir sind bei unserer Suche nach der richtigen Gestaltung des gemeinsamen kirchlichen Geleites für konfessionsverschiedene Paare auf zwei unterschiedliche Lösungsangebote und auch zwei verschiedene Bezeichnungen gestoßen: Gemeinsame Trauung – ökumenische Trauung, wobei letztere die ältere ist. Im amtlichen Sprachgebrauch Deutschlands und Österreichs hat sich »gemeinsam« durchgesetzt unter deutlicher Ablehnung von »ökumenisch«. Warum?

Es ist vorgetragen worden, daß

a) mit »ökumenisch« ein noch nicht erreichter Zustand vorgetäuscht würde; noch sind beide Trauungen grundverschieden,

b) praktisch aus solchen Unternehmungen immer eine katholische Trauung würde unter mehr oder minder ausreichender Beteiligung eines evangelischen Pfarrers.[49]

Beide Einwände lassen sich nicht aufrechterhalten: Der zweite muß daraufhin befragt werden, ob er das evangelische Handeln bei der Trauung mit Verkündigung, Fürbitte und Segnung ernst genug nimmt und nicht – auf die erneute Eheschließung in facie ecclesiae fixiert – das Proprium evangelischer Trautheologie vergißt. Wenn keine kanonisch gültige Eheschließung zustande käme, wäre dem katholischen Ehepartner nicht geholfen, aber daß zugleich auch eine richtige evangelische Trauung geschehen kann, ist der ungemeine Vorteil der ökumenischen Trauung. Darf es hier nicht gut lutherisch lauten: Was tut's, wenn nur das Evangelium gepredigt wird?

Der erste Einwand – Vortäuschung eines noch nicht erreichten Zustandes – hat insofern ein relatives Recht, als unter allen Umständen der Eindruck einer dritten Art von Trauung neben der evangelischen und

---

48 Nikolasch, Ökum. Trauung, 167. Vgl.: »Das Verbot der religiösen Doppeltrauung mag für viele Länder (z.B. auch Rom und Italien) einleuchten, für den dt. Raum fehlt ihm die Begründung«, Sanders, »Gemeinsame« oder »Ökum.« Trauung?, 258f. Vgl. ferner Ökum. Trauung (1973), 13

49 Schulz, Liturgische Gestaltung der »Ökum. Trauung«, 264f.

der katholischen, der keine dritte kirchliche Wirklichkeit entspräche, in der die Ehe gelebt werden kann, verhindert werden muß. Aber wer hat denn diesen Eindruck? Umgekehrt ist das Wort »ökumenisch« auf jeden Fall im Protestantismus Merkmal für den Weg der getrennten Christenheit aufeinander zu. Sonst dürften keine ökumenischen Gebetsgottesdienste gehalten werden. Eine ökumenische Taufe kann es gerade aus dem Grund nicht geben, weil über die christliche Taufe Einmütigkeit besteht. Unser Sprachgebrauch von ökumenisch empfiehlt sich somit für die gemeinsame Trauung eher, als daß von ihm abzuraten ist.

Die Bezeichnung »Gemeinsame Trauung« ist ebenfalls nicht unproblematisch. Zum einen: Ist es dem Außenstehenden verständlich, daß es um gemeinsames Handeln von Geistlichen verschiedener Kirchen geht – und nicht um die Binsenweisheit, daß die Nupturienten schon gemeinsam tätig werden müssen? Zum anderen: Geht es in den Ordnungen, für die dieser Titel verwendet wird, im Unterschied zur badischen Form C und den Schweizer Formularen wirklich um ein partnerschaftliches gemeinsames Handeln? Die spezifischen Elemente bleiben reserviert für den Pfarrer, in dessen Kirche die Trauung gehalten wird, der Gastpfarrer wird dem untergeordnet. Noch gravierender ist der Umstand, daß bei der gemeinsamen Trauung in der evangelischen Kirche die Befreiung von der Formpflicht eingeholt werden muß, während umgekehrt die katholische Trauung durch die evangelische Kirche anerkannt wird.

Wahrscheinlich ist es dieses Ungleichgewicht, das die Würzburger Gemeinsame Synode der Bistümer in der Bundesrepublik Deutschland drei Jahre nach Erscheinen der »Gemeinsamen kirchlichen Trauung« den Beschluß zu fassen veranlaßte: »Diese Ordnung sollte in Richtung auf noch deutlichere Gemeinsamkeit weiter entwickelt werden.«[50] Wie diese deutlichere Gemeinsamkeit aussehen kann, ist Sache der Liturgiker, deren Vorschläge vorzustellen hier zu weit führen würde. Aber daß die offizielle Ordnung der »Gemeinsamen kirchlichen Trauung« auch in der evangelischen Kirche in Deutschland keine überzeugende Lösung auf Dauer sein kann, zeigt die Statistik, nach der schon jetzt mehr gemeinsame Trauungen in evangelischen Kirchen (für die eine Dispens von der Formpflicht erforderlich sein sollte) stattfinden, als Dispensen erteilt werden.[51] Mit anderen Worten: Überall in Deutschland – nicht

50 Pastorale Zusammenarbeit der Kirchen, 23 Nr 7.71

51 Vgl. z.B. Statistische Beil. Nr. 55/1976 für 1974: 10,5% Dispensen bei 13,8% gemeinsamen Trauungen in ev. Kirchen

nur in Baden, wo mit der Form C durch die Kirchen die Möglichkeit dazu geschaffen worden ist – werden auch in evangelischen Kirchen im Rahmen der gemeinsamen Trauung kanonisch gültige Ehen geschlossen. Die Durchsicht der bislang entwickelten offiziellen Ordnungen führt deshalb bei aller Anerkennung des gemeinsam Erarbeiteten zur Notwendigkeit weiterer Bemühungen, in deren Mittelpunkt weniger die liturgische Gestaltung als vielmehr die gründliche theologische Rückbesinnung auf die beiderseitigen Fundamente und der offene ökumenische Dialog stehen sollten.

Zur Theologie

Wenn auch im allgemeinen die empirische und die liturgisch-poimenische Betrachtungsweise der Praktischen Theologie besonders angemessen ist, so kann sie bei diesem Problem die Hilfe der historischen, der systematisch-ethischen und auch der kirchenrechtlichen Disziplin nicht entbehren. Im Zusammenspiel mit ihnen ergeben sich folgende vier Thesen, die man dem fälligen Dialog zugrunde legen könnte.

1. Mit der Entgegennahme des Ehekonsenses treibt die Kirche nicht ihr ureigenes Amt. Dieses liegt in der Verkündigung des Wortes Gottes, Fürbitte und Segnung der Neuvermählten. Deshalb kann die Kirche die Eheschließung so lange der öffentlichen Hand überlassen, als diese die Einehe auf Dauer beibehält.

Das Neue Testament gibt uns keine Anweisungen für die Eheschließung. Sie ist von alters her Sache der Sippe und des Landesrechts. Dabei beschränkt sich das römische Recht auf die (genossenschaftliche) Willenseinigung der Brautleute, ein Getrautwerden durch einen Dritten ist undenkbar; consensus facit nuptias. Im deutschrechtlichen Bereich spielt das (herrschaftliche) Moment des Übergangs der Braut in die andere Familie eine Rolle. Es wird eine »gestreckte Handlung« entwickelt: Mit dem Verlöbnis wird die Ehe rechtlich schon geschlossen, die Trauung bedeutet die tatsächliche Übergabe der Braut durch den Muntwalt zum Vollzug der Ehe. Seit dem 12. Jahrhundert konnte diese deutschrechtliche traditio puellae statt durch den geborenen Vormund auch durch einen von der Braut oder dem Brautpaar Beauftragten geschehen. So kam auch der Priester zum Amt des gekorenen Trauungsvormunds, die Sitte der kirchlichen Trauung (von truwen = anvertrauen/übergeben) nahm ihren Anfang.[52] Das Book of Common Prayer hat die Erinnerung an den alten Rechtsbrauch bis heute festgehalten in der Frage: »Who giveth this woman to be married to this man?«

Neben dieser vorstaatlich-öffentlich-rechtlichen Eheschließung gab es seit früher Zeit genuin kirchliches Handeln aus Anlaß der Hochzeit: Darbringung und Segnung der Opfergaben, Brautmesse und Brautsegen. Dies und die Ermahnung im Sinne der wenigen biblischen Weisungen zur Ehe war das eigentliche Amt der Kirche in dieser Sache. *Luthers* Traubüchlein von 1529 läßt die Konsenserfragung noch vor der Kirchentür geschehen: »Hans wiltu Greten zum ehelichen gemalh haben? Dicat/Ja«, Trauringübergabe, Handschlag und: »Was Gott zu samen fügt, sol kein mensch scheiden... So spreche ich sie ehelich zu samen ym namen...«, und dann folgt der Einzug in die Kirche zu Verkündigung, Fürbitte und Segnung.[53] Mit Württemberg 1536 wird die Eheschließung in den Traugottesdienst hineingenommen, es folgen alle weiteren Kirchenordnungen.[54]

Das Konzil von Trient hat im Grunde nichts anderes getan, indem es – nach der Weise dieser Kirche kanonisch-rechtlich – mit dem Dekret »Tametsi« 1563 die Formpflicht einführte: Eine Ehe von Katholiken ist nur gültig, wenn sie in facie ecclesiae geschlossen wird, d.h. vor dem Priester. Diese Regelung kam auf Drängen des Reiches zur Behebung der Rechtsunsicherheit im Ehe-, Familien- und Erbrecht bei mehr als 50 Gegenstimmen zustande vor allem wegen der auch von Luther bekämpften »clandestinen«, d.h. geheim und ohne Zeugen geschlossenen Ehen. Sie bedeutete aber zugleich Schutz vor anderen deutschrechtlichen Eheformen wie Friedelehe und Kebsehe, in denen es Aufkündigung gab. Beide Kirchen haben von dieser Zeit an auf ihre Weise als Mandatare für die Öffentlichkeit gehandelt.[55]

Mit Einführung der Zivilehe – schrittweise seit dem Code civil und der Frankfurter Nationalversammlung, 1876 im Deutschen Reich, 1938 in

---

52 Vgl. Mahrenholz, Neuordnung der Trauung; Dombois, Das Recht der Gnade I, 628ff.; Pirson, Eherecht, 742ff.

53 WA 30 III 70

54 Vgl. Schulz, Liturgische Gestaltung der »Ökum. Trauung«, 267

55 Vgl. Huizing, Kirchl. und standesamtliche Trauung, 138; Pirson, Eherecht, 744

Österreich – hat sich dieses Notamt erledigt. Die evangelischen Kirchen gewannen den rein gottesdienstlichen Charakter der kirchlichen Trauung zurück. Die beibehaltenen Traufragen sind nun auf eine confessio, das Ja zur Gabe und Ordnung Gottes, nicht auf den bereits vorliegenden consensus abgestellt.[56] Die katholische Kirche hat ihren Auftrag nicht zurückgegeben, vor allem aus Mißtrauen gegen den hinreichenden Ehewillen bei der zivilen Eheschließung, sie bleibt auf die Eheschließung als Kern auch der kirchlichen Trauung fixiert. Die Folge ist, daß das eigentlich kirchliche Handeln in praedicatio, oratio und benedictio in den Hintergrund rückt.[57] Wenn mit entsprechender Dispens die standesamtliche Eheschließung zum Ort wird, an dem die Eheleute sich das Ehesakrament spenden, dann ist spezifisch kirchliches Handeln für den Anfang einer christlichen Ehe nicht nötig. In dieser Hinsicht ist das evangelische Trauverständnis katholischer als die heutige römische Praxis und dieser an geistlicher Substanz überlegen. Hier müssen also Differenzen eminent theologischer Art aufgearbeitet werden, wobei eine Übereinkunft keineswegs so ausgeschlossen ist, wie gelegentlich behauptet wird. Auch auf evangelischer Seite wird der Fall ins Auge gefaßt, daß die öffentliche Rechtsordnung einmal unaufgebbare Maßstäbe christlichen Eheverständnisses nicht mehr gewährleisten könnte, z.B. die Unauflöslichkeit und die Einehe. Dann müßte die Kirche im Notamt für den gegen Gottes Schöpfungsordnung verstoßenden Staat tätig werden. Zur Zeit ist dies nicht der Fall.

2. Die Bezeichnung der Ehe als Sakrament kann mit der Auffassung vom christlichen Ehestand verglichen werden, wenn man unterschiedliche Terminologie und Denkweise zugesteht.

Die katholische Kirche zählt seit dem frühen Mittelalter die Ehe zu den Sakramenten. Wahrscheinlich hat die Vulgata-Übersetzung von Eph 5,32 dazu den Anstoß gegeben. Entscheidend ist aber, daß nicht jede Ehe Sakrament ist, sondern nur die zwischen Getauften, und daß nicht die Kirche das Sakrament spendet, sondern die Ehepartner sich selbst. Damit kann die ontische Aussage in eine dynamische umgeformt werden. Protestantische Polemik gegen die Ehe als Sakrament beruht

56 Vgl. Seitz, Trauung, 17
57 Vgl. Mahrenholz, Neuordnung, bes. 55

zumeist auf einem oberflächlichen Mißverständnis und untergräbt in der Konsequenz das eigene Bekenntnis zum christlichen Ehestand. Wenn *Luther* von der Ehe als einem »weltlich Stand« redet, so fügt er sofort hinzu: »so hat er dennoch Gottes Wort für sich und ist nicht von Menschen erdichtet und gestiftet«[58]. Auf diesem Gebiet ließe sich unschwer eine Verständigung und gegenseitiger Respekt erzielen. Die viel schwierigere Frage ist die, ob die Bezeichnung der Ehe als Sakrament nicht eine kirchenpolitische Maßnahme gewesen ist, mit der die katholische Kirche diesen Bereich unter ihre Rechtshoheit hat ziehen wollen, den sie nun nicht mehr freigibt. Damit stellt sich die Frage nach dem Verhältnis von Kirchenbegriff und Recht.

3. Die Unauflöslichkeit der Ehe wird von beiden Kirchen bekannt. Nur gehen sie unterschiedlich mit gescheiterten Ehen um. Hier kann ein neues gemeinsames Hören auf die Schrift Brücken schlagen.

Die prinzipielle Unauflöslichkeit der Ehe war nie strittig, nur die Art, wie man fertig wird mit ihrem Scheitern. Die orthodoxe Kirche kann vermittels der Oikonomia Scheidung und Wiederverheiratung dulden, worauf das Tridentinum im Blick auf die unierten Kirchen mit der Formulierung von Can. 7 der sessio XXIV ganz offensichtlich Rücksicht nimmt (DS 1807). Die römisch-katholische Kirche läßt aber nur den Weg der Nichtigkeitserklärung durch die kirchlichen Ehegerichte zu und akzeptiert dabei oft im nachhinein Gründe, die einer kritischen Beurteilung nicht standhalten. Außerdem ist der Weg zu den kirchlichen Gerichten nicht selten eine Sache der Privilegierten. Peter *Huizing* berichtet von einem alten Missionar aus Indonesien, der von vornherein für die kanonische Ungültigkeit der kirchlichen Eheschließung sorgte, wo das Ehepaar vermutlich nicht lange zusammenbleiben würde[59], auch eine Art prophylaktischer Eheseelsorge. In der evangelischen Kirche gibt es die außerordentliche Möglichkeit der Vergebung für den hier Schuldiggewordenen und damit den neuen Anfang. Manfred *Seitz* sagt zur Scheidung: »Wo sie erfolgt, wird Sünde geordnet, aber das Gebot bleibt in Kraft.«[60] Wenn man die Praxis der Ehegerichtsbarkeit der

58 WA 30 III 71
59 Huizing, Kirchl. und standesamtliche Trauung, 137
60 Seitz, Trauung, 14f.

katholischen Kirche überschaut, gewinnt man den Eindruck, daß der Unterschied nicht prinzipieller, sondern gradueller Art ist. Dahinter steht die theologische Frage: Kann man in diesem Bereich mit dem Gesetz allein, ohne die Gnade, auskommen?
So groß die Gefahr des Verfalls der Ehemoral ist, der Umgang Jesu mit den Sündern läßt uns fragen, ob das Beharren auf dem Recht ohne die Gnade der Vergebung und des neuen Anfangs seinem Willen entspricht.

4. Ökumenische Trauungen sind Notlösungen für eine begrenzte Zeit. In dieser Begrenzung erfüllen sie aber einen wichtigen Dienst auch für den Weg der Kirchen zur einer tieferen Erkenntnis des Evangeliums und zur Lösung von Problemen zwischen den Kirchen, die jetzt schon lösbar sind.

Es ist eine völlige Verkennung der Tatsachen, wenn die römischen Erlasse und in ihrem Gefolge dann auch Stellungnahmen evangelischer Kirchenleitungen durchweg von der Annahme ausgehen, die gemeinsame Trauung werde dann erstrebt, wenn sich die Brautleute nicht oder noch nicht für eine der beiden konfessionellen Trauungen entscheiden können.[61] Wäre dies der Fall, so müßte die Trauung zurückgestellt werden, weil sie nur ein Hinausschieben der für die solide Grundlegung der christlichen Ehe notwendigen Entscheidung sein und in vielen Fällen zur Entkirchlichung führen würde. Die ökumenische Trauung ist von engagierten Christen, die ihre Kirche mit in die Ehe hineinnehmen wollten, gegen viele Widerstände erkämpft worden. Viele evangelische Pfarrer machen die Erfahrung: Bei evangelischen Trauungen konfessionsverschiedener Paare zeigt sich der katholische Partner in der Regel kirchlich desinteressiert, selten wird die Dispenseinholung der Mühe wert geachtet, bei ökumenischen Trauungen hingegen sind beide Partner meist kirchlich engagiert und motiviert. Darum ist die ökumenische Trauung ein für den Fortgang der Ökumene wichtiges Moment, auch wenn sie nur für eine – allerdings elitäre – Minderheit der Betroffenen in Frage kommt und auf jeden Fall eine Interimslösung bleiben muß. 1971 hat man sich vorerst für die kleine Lösung der »Gemeinsamen kirch-

61 Vgl. dazu Erklärung der Generalsynode der Ev. Kirche A.u.H.B. in Österr. zur Frage der Mischehe 1970, ABl. Nr. 27/1970, 34 zu 2; Ausführungsbestimmungen zum Motu proprio Matrimonia mixta: Gerhartz, Rechtliche Ordnung, 136 zu 4a)

lichen Trauung« entschieden. Vieles spricht dafür, daß der Rat der EKD gebremst und vielleicht sogar Repräsentationsdenken aufgrund der Entwicklung eines evangelischen Gegenrechts – z. B. in den Lebensordnungen – seinen Einfluß genommen hat. Die größere – und, wie wir gesehen haben, dem Kasus angemessenere, theologisch wie ökumenisch ungleich offenere und deswegen auch ehrlichere – Lösung der »Ökumenischen Trauung« wäre wahrscheinlich schon damals zu erreichen gewesen. Sie fügt das unterschiedliche Trauverständnis zu einer wirklich gemeinsamen Trauung zusammen, dem evangelischen Interesse an Verkündigung, Gebet und Segnung – die die katholische Praxis in diesem Bereich angesichts der Fixierung auf die Rechtssicherheit zu verlieren droht – wird Raum gegeben und dem katholischen am Zustandekommen der Lebensordnung Rechnung getragen. So wird den Kirchen das Zusammenleben erleichtert und konfessionsverschiedenen Ehepartnern geholfen, sich in ihrem Anderssein bei unbeeinträchtigter Verwurzelung in ihren Kirchen zu respektieren. Das Hinzutreten eines anderen Pfarrers zur konfessionellen Trauung kann Dekoration sein, ein pseudo-ökumenisches Alibi. Heute mögliche Ökumene geht weiter, in der Mischehenseelsorge ist sie bereits sehr konkret.
Der Rückblick auf zwei Jahrzehnte Gemeinsame kirchliche Trauung muß deshalb die beiderseitig vereinbarten geltenden Ordnungen als noch nicht voll befriedigend erkennen. Erst ihre Weiterentwicklung zu einer wirklich ökumenischen Trauung wird der Situation und den betroffenen Christen gerecht. Auch hierbei haben jene Sätze aus der Regel von Taizé Gültigkeit:
»Finde dich niemals ab mit dem Skandal der Spaltung unter den Christen, die alle so leicht die Nächstenliebe bekennen und doch getrennt bleiben. Habe die Leidenschaft für die Einheit des Leibes Christi.«[62]

62 Frère Roger Schutz, Die Quellen von Taizé

Segnungsfeiern als ökumenische Gottesdienste

Das Problem und seine Begrenzungen

Ökumenische Gottesdienste beschränken sich in der Regel auf gemeinsame Wortgottesdienste zur Gebetsoktav bzw. Gebetswoche für die Einheit der Christen und auf besondere Anlässe.
Wenn hier nach ökumenischen Gottesdiensten gefragt werden soll, in denen Benediktionen, d.h. Segnungen oder Weihen[1], im Mittelpunkt stehen, so ergibt sich zunächst das Problem der sehr unterschiedlichen Praxis der Kirchen in ihren je eigenen Traditionen. Man wird feststellen dürfen, daß es kaum mehr grundsätzliche theologische Differenzen in der Frage gibt, was aufgrund der jüdisch-christlichen *beraka*/Danksagungs-Tradition Benediktionen sind und welche Bereiche sie erfassen *können.* Damit, daß in der nachkonziliaren römisch-katholischen Theologie »Segnungen von ihrer Struktur her als gemeinschaftliche Feiern konzipiert werden«, daß in ihnen »dem Wort Gottes ein gebührender Platz eingeräumt« wird und daß bei der Segnung von Gegenständen das Gebet »sich auf die Menschen beziehen (soll), die den Gegenstand gebrauchen«[2], ist eine Brücke geschlagen zu dem von I Tim 4,4f. ausgehenden und ebenfalls die Danksagung betonenden evangelischen Verständnis der Segenshandlungen.
Trotz der erkennbaren theologischen Konvergenz sind nun aber die evangelischen Kirchen in dem Gebrauch, den sie von Segnungshandlungen machen, sehr viel zurückhaltender als die katholische Kirche. In rein

1 Agenden: Benediktionale (Studienausg. ad interim 1977, die röm. editio typica von 1985 ist noch nicht in dt. Ausgabe erschienen); Luth. Agende IV (neubearb. Ausg. 1987). – Die Begriffe segnen und weihen sind nicht klar gegeneinander abzugrenzen. Wenn von der gemeinsamen Wurzel in der Danksagung ausgegangen wird, vgl. *εὐχαριστήσας* und *εὐλογήσας* in den ntl. Einsetzungsberichten (Mk 14,22f.par.), können sie synonym gebraucht werden.

2 J.R. Kardinal Knox an die Liturgischen Kommissionen des dt. Sprachgebietes am 27.2.1976: Hollerweger, Das neue dt. Benediktionale, 74; vgl. SC 79

oder überwiegend evangelischen Gebieten ist die Segnung von anderen Gebäuden als Kirchen und Gemeindehäusern fast gänzlich unbekannt. Auch die Segnung von Gegenständen beschränkt sich völlig auf Altargeräte, Taufstein, Kanzel, Orgel und Glocken. Allenfalls werden Friedhöfe und deren Kapellen »eingeweiht«. Zwar sieht die Agende IV der VELKD (1987) auch Einweihungen von Wohnhäusern, Schulen, öffentlichen Gebäuden und dergleichen vor, diese sind jedoch entgegen früherem Brauch weitestgehend abhanden gekommen. Der allgemeinen Säkularisierungstendenz folgend hat die evangelische Praxis sich auf die kirchlichen Segnungshandlungen konzentriert, wobei sicherlich auch die evangelische Spiritualität eine Rolle spielt, die von der Unmittelbarkeit des Zugangs der Christen zu Gott und der alleinigen Vermittlung durch Christus geprägt ist. Der evangelische Christ hat deshalb weniger das Verlangen nach weit in den öffentlichen Bereich wie den privaten Alltag hineingehenden Segnungshandlungen, ohne daß er letzteren dabei etwa Grenzüberschreitung in eine Verdinglichung personaler Beziehungen oder sogar magischen Umgang mit dem Heiligen unterstellen will und darf.

Eine zweite Einschränkung ergibt sich dadurch, daß ökumenische Gottesdienste in einer gewissen Entfaltung zwar möglich, sinnvoll und auch üblich sind, aber doch als Ausnahme. Die getrennten Kirchen begegnen sich, doch vollzieht sich das gottesdienstliche Leben im wesentlichen in konkreten Gemeinden und damit innerhalb der eigenen konfessionellen bzw. kirchlichen Tradition und Identität. Auch nach Überwindung der Kirchenspaltung wird sich daran kaum etwas ändern: Es wird keine Einheitskirche angestrebt, sondern die Versöhnung und Kirchengemeinschaft von bislang getrennten Kirchen. Das heißt, daß die verschiedenen in der Zeit der Kirchenspaltung entwickelten Traditionen ihr Recht und ihre Bedeutung behalten, soweit ihr Wesen nicht in prinzipieller Negation anderer legitimer Traditionen besteht. Sie pflegen innerhalb der wiedergewonnenen Einheit die Vielfalt und den Reichtum geistlicher Erfahrung und befruchten sich gegenseitig. Bathasar *Fischer* hat in seiner Trierer Abschiedsvorlesung aufgezeigt, daß Liturgie auch innerhalb der katholischen Kirche niemals im Singular, sondern immer nur im Plural von »verschiedenen Spielarten, im Plural von Liturgien existiert« hat[3], eine für den Weg zur Einheit und deren Verwirklichung

3 Fischer, Liturgie oder Liturgien?, 265

bedeutsame Erkenntnis, die in der Liturgiekonstitution des Zweiten Vatikanums begründet ist (SC 4). Unter den gegenwärtig verhandelten Einheitskonzeptionen ist das konziliare Modell, das auf dem altkirchlichen Verständnis der Patriarchate mit weitgehender Eigenständigkeit aufbaut, das für unser Thema interessanteste.[4] Ökumenische Gottesdienste haben unter diesen Gesichtspunkten eine begrenzte Bedeutung. Sie sind weitgehend – wie die sogenannte gemeinsame Trauung – eine Notlösung, seelsorgerliche Hilfe für die von der Kirchenspaltung besonders betroffenen Christen und zugleich Zeichen eines gemeinsamen Strebens nach Verwirklichung der in Christus schon, wenn auch verdeckt, vorhandenen Einheit.[5] Wenn das Ziel der ökumenischen Bewegung erreicht sein wird, wird das Zusammenkommen von Gemeinden verschiedener Traditionen/Patriarchate zu gemeinsamen Gottesdiensten ganz andere Funktionen haben, weil die vereinigten Teilkirchen ihr Handeln wechselseitig nicht mehr in Frage stellen. Es werden dann auch »ökumenische Gottesdienste« überflüssig sein, weil jeder Gottesdienst wahrhaft ökumenisch sein wird, ob er nun von einer einzelnen Gemeinde oder von mehreren unterschiedlicher Riten gefeiert wird. Doch hat das Modell der organischen Einheit insofern auch für die Zukunft noch Bedeutung, als niemand einen großen geisterfüllten neuen Aufbruch der Christenheit ausschließen kann, in dem aus den neu verbundenen historischen Kirchentümern ein für alle überzeugendes Neues entsteht – Deo volente.

Aus den beiden aufgezeigten Begrenzungen – durch die unterschiedliche Bedeutung, die Benediktionen in der Praxis der Kirche haben, und durch den Interimscharakter ökumenischer Gottesdienste – ergibt sich, daß unsere weiteren Überlegungen nicht eine möglichst umfassende Ausweitung ökumenischer Segnungsgottesdienste anstreben und deren theologische Begründung wie praktische Realisierung eruieren sollten. Es gilt vielmehr, Vorhandenes aufzuspüren und zu werten. Dazu bietet sich die Gliederung der Studienausgabe des deutschen »Benediktionale« von 1977 an.

---

4 Vgl. Einheit vor uns, 18ff.

5 Vgl. die Einheitsformel von Neu-Delhi 1961: Vischer, Einheit, 159f.

Innerkirchliche Segnungsfeiern

Von den innerkirchlichen Segnungen[6] werden nur ganz wenige im Zusammenwirken von Pfarrern verschiedener Konfessionen vorgenommen und noch weniger als ökumenische Gottesdienste vollzogen.
In gemischt-konfessionellen Orten gibt es die Feier der Segnung der *Erntegaben* bzw. *Erntekrone.* Wenn den Benediktionen allgemein die jüdisch-urchristliche beraka/anamnesis-Danksagung zugrunde liegt, ist ein gemeinsamer Gottesdienst, in dem Danksagung an den Schöpfer und Geber »aller guten Gaben«[7] der Anlaß ist, nicht nur möglich, sondern sehr sinnvoll. Im Erntedankgottesdienst der evangelischen Kirchen geschieht – unter Darlegung der Erntegaben am Altar – in der Liturgie überhaupt nichts anderes, als auch im katholischen »Benediktionale« vorgesehen ist. Die Bitte: »Segne diese Feldfrüchte, die wir dankbar aus deiner Hand empfangen haben. Laß auch die Armen und Hungernden den Reichtum deiner Güte erfahren« deckt sich inhaltlich genau mit dem evangelischen Brauch, der im Tischgebet täglich wiederholt wird. Der Gebrauch des Weihwassers ist zwar fremd, in seinem Bezug auf die Taufe jedoch nicht unverständlich.
Bei der *Segnung der Gräber* an Allerheiligen/Allerseelen kommt es jedoch zu unterschiedlichen Auffassungen, weil die Fürbitte für die Verstorbenen nach evangelischem Verständnis nach dem Gemeindegottesdienst anläßlich der Beerdigung dem privaten Bereich zugeordnet wird. Ein gemeinsamer Gottesdienst auf dem Friedhof wäre zwar denkbar, aber nicht als Segnungsgottesdienst für die Verstorbenen.
Die Segnungen bei besonderen Anlässen betreffen zunächst Kasualien. Der *Muttersegen* nach der Geburt ist als Mutter- bzw. Elternsegnung in der evangelischen Kirche der Taufe zugeordnet und entfällt für ökumenische Segnungshandlungen, da es keine ökumenische Taufe gibt und geben kann. Dagegen ist ein gemeinsamer Segnungsgottesdienst anläßlich von *Ehejubiläen* durchaus möglich und mit der Liturgie des »Benediktionale« auch agendarisch vereinbar.
An dieser Stelle stellt sich das Problem der sog. *Gemeinsamen Trauung.* In der evangelischen Theologie ist die Ehe eine Schöpfungsordnung und

6 »Segnungen im Leben der Pfarrgemeinde« und »Segnungen im Leben der Familie«, Benediktionale 23–275.
7 Vgl. das Matthias Claudius-Lied »Wir pflügen und wir streuen«, EG 501

kein Sakrament. Das liegt im unterschiedlichen Sakramentsbegriff begründet. Sehr wohl aber geschieht in der Trauung die Segnung der Eheleute, die im Fall der konfessionsverschiedenen Ehe als ökumenischer Segnungsgottesdienst vollzogen werden kann. Im »Formular C« der Kirchen im badischen Raum und im »Formular A« der schweizerischen »Ökumenischen Trauung« sind die Pfarrer beider Konfessionen in diesem Sinne gemeinsam tätig, während in der »Gemeinsamen kirchlichen Trauung« der übrigen deutschsprachigen Gebiete konfessionelle Gottesdienste unter Hinzutreten des Pfarrers der anderen Konfession gehalten werden, die kaum als ökumenische Gottesdienste bezeichnet werden können.[8] Das benediktorische Element ist jedoch auch hier vorhanden, für die evangelische Theologie ist es sogar das Konstitutive der Trauung.

Von hier aus müßte weiter nachgedacht werden, inwiefern alle ökumenischen (Wort-) Gottesdienste nicht auch Segnungsfeiern sind, weil in allen einzelne oder die ganze Versammlung (durch beide Pfarrer) gesegnet werden, und sei es durch den Schlußsegen. Es zeigt sich, daß die Übergänge fließend sind. Benediktionen sind nicht nur spezielle Handlungen, sondern integrierende Bestandteile aller Gottesdienste und sakramentalen Handlungen der Kirche.

Schließlich könnte auch der *Reisesegen für Urlauber* Inhalt eines ökumenischen Segnungsgottesdienstes sein.

Abgesehen von der Einweihung der – seltenen – ökumenischen Gemeindezentren, wie etwa in Kiel-Mettenhof, wird sich die Reihe von innerkirchlichen Anlässen zu ökumenischen Segnungsgottesdiensten mit der *Friedhofsweihe* und der *Segnung einer Friedhofskapelle* beschließen lassen, zumal wenn es sich um kommunale bzw. simultane Einrichtungen handelt. Auch in der evangelischen Tradition werden die Grabstätten aus dem profanen Bereich ausgegrenzt. Zur Liturgie des »Benediktionale« kann wohl die gleiche Zustimmung gegeben werden, die schon bei der Segnung der Erntegaben konstatiert wurde.

Tischsegen, Segnung eines Hauses oder *einer Wohnung* sind Handlungen, die nicht im strengen Sinn als gemeindebezogen bezeichnet werden können. Sie gehören mehr in den privaten Bereich und kommen für ökumenische Segnungsgottesdienste kaum in Betracht.

Damit zeigt sich, daß von den 60 Segenshandlungen des innerkirch-

---

8 Vgl. oben S. 432ff.

lichen Bereichs lediglich vier, nämlich die Segnung zum Erntedankfest, zur Trauung und zu Ehejubiläen und allenfalls die Urlaubersegnung für ökumenische Segnungsgottesdienste geeignet sind.

Ökumenische Segnungsfeiern im Leben der Öffentlichkeit

Die »Segnungen im Leben der Öffentlichkeit« unterliegen seitens des evangelischen Herkommens anderen Bedingungen. Von sich aus wird kaum ein einziger evangelischer Pfarrer eines rein evangelischen Gebietes in einem der 37 unter diesem Abschnitt im »Benediktionale« aufgeführten Falle tätig werden.

Das mag ein Defizit anzeigen, denn es ist nicht immer so gewesen. Die Geschichte des Protestantismus ist durch eine enge Verbindung von Thron und Altar belastet. Die Kirche hat in der Vergangenheit Kasernen, Kriegsleute und Waffen gesegnet, was nach dem Ersten Weltkrieg zu einer außerordentlichen Vertrauenskrise bei den Gemeindegliedern geführt hat. Auch ist ohne Zweifel der christologische Ansatz der Reformation von einer Distanz zur Theologie der Schöpfung und – gemeinsam mit der gesamten westlichen Tradition – zur Pneumatologie begleitet gewesen. Die Zuordnung von Natur und Gnade hat stets den Argwohn evangelischer Theologie hervorgerufen. Heute wird deutlich gesehen, daß hierin von der Ökumene gelernt werden kann und muß. Wenn die Lutherische Agende IV *Einweihungshandlungen von Schulen, öffentlichen Gebäuden, Brücken »und dergleichen«* vorsieht, so ist immerhin ein Merkposten aus der eigenen Tradition vorhanden.

Dennoch wird intensive theologische Arbeit nötig sein, das Tätigwerden der evangelischen Kirche im Bereich der Öffentlichkeit im Sinne von Segenshandlungen zu begründen, weit größerer Anstrengungen wird es aber bedürfen, Gemeinden und Pfarrer zur entsprechenden Praxis zu bewegen. Die umfassende katholische Praxis kann sicher nicht ohne weiteres übernommen werden.

Daraus ergibt sich, daß in den Fällen, in denen evangelische Pfarrer und Gemeinden sich an ökumenischen Benediktionshandlungen im öffentlichen Bereich beteiligen, nicht primär theologische Überzeugungen maßgeblich sind, sondern ein Repräsentationsbewußtsein, mit dem die Kirche an die Öffentlichkeit treten will. Dies wird zuerst in gemischtkonfessionellen Gebieten wirksam werden und sich deshalb am Han-

deln der katholischen Schwesterkirche und an der durch sie geprägten öffentlichen Erwartung orientieren.
Wenn man nun die Ordnungen der Lutherischen Agende IV mit den entsprechenden des »Benediktionale« vergleicht, so ergibt sich – wie im innerkirchlichen Bereich – wiederum kein grundsätzlicher Gegensatz. Mit der Grundstruktur Wortverkündigung, Danksagung, auf die Benutzer der einzuweihenden Einrichtungen bezogene Fürbitte sowie dem sachbezogenen Segensvotum »So befehlen wir... der Gnade/dem Schutze Gottes + des Vaters und des Sohnes und des Heiligen Geistes« ergibt sich eine unverkennbare Übereinstimmung in allen wesentlichen Einzelheiten – und somit die Möglichkeit eines gemeinsamen Handelns in ökumenischen Segnungsgottesdiensten.
Allerdings wird man nicht erwarten dürfen, daß sich die Mitwirkung der evangelischen Kirche bei ökumenischen Segnungsgottesdiensten weiter erstreckt als auf beispielhafte und herausragende Einrichtungen der öffentlichen Hand. Die Segnung von Gegenständen, Tieren, privaten Unternehmen, Fahrzeugen, Instrumenten, Geräten usw. bleibt ein katholischer Brauch, dem der evangelische Christ kaum Verständnis entgegenbringen wird und bei dem er die Gefahr eines magischen Mißverständnisses durch das Kirchenvolk für nicht ausgeschlossen hält. Hier wird es bei einer unterschiedlichen Spiritualität verbleiben, für die innerhalb der ersehnten und erbetenen Einheit der Kirche sowohl Raum gegeben werden kann als auch kritische Hinterfragung akzeptiert werden muß.

Ökumenischer Segnungsgottesdienst zur Versöhnung der Ämter

Das Thema ökumenische Segnungsgottesdienste wird nun noch in einer weiteren, das Ziel der ökumenischen Bewegung ins Auge fassenden Weise aktuell: in der *Versöhnung der Ämter.* Diese ist bekanntlich das schwierigste, möglicherweise auch letzte Hindernis auf dem gemeinsamen Weg.
Der Stand der ökumenischen Diskussion hat das Stadium längst überwunden, in dem man das Problem durch gegenseitige Anerkennung aller existierenden Formen des Amtes zu lösen suchte, da ja jede Kirche irgendeine Form des Amtes hat. Eine rein additive oder quantitative Lösung widerspricht der Wahrheit.

Zugleich aber wächst die Erkenntnis, daß keine Kirche in ihrem Kirchesein unangetastet bleibt und die »Fülle des Amtes« rein bewahren kann, solange die gottgeschenkte Einheit der Kirche durch die Sünde der Spaltung verdunkelt bleibt.

Wenn deshalb auf der theologischen Ebene Übereinkunft erzielt worden ist über die Stiftung des Amtes und seine Form in der ecclesia militans, so ist die Versöhnung der Ämter durch einen Akt gegenseitiger Mitteilung dessen, was der anderen Tradition fehlt, nötig. Die Interpretationen mögen vielleicht variabel bleiben, jedenfalls innerhalb eines gewissen Spielraums. So mag dem einen die Apostolische Sukzession Zentrum seiner Amtstheologie sein, dem anderen die apostolische Tradition noch wichtiger – dies ist der Weg, den die Lima-Erklärung zum Amt zu gehen sucht.[9] Da aber nicht theologischer Konsens allein die zerbrochene Einheit wiederherzustellen vermag, sondern auch ein geistlich-liturgischer Vollzug hinzugehört, in dem etwas geschieht, bietet sich die gegenseitige Benediktion dafür an.

Die Versöhnung der Ämter von Kirchen, die in der Apostolischen Sukzession standen, und solchen, die eine nicht-bischöfliche Amtsstruktur hatten, ist kein völlig neuer Vorgang. Die Kirche von Südindien hat sie bereits 1947 vorgenommen, freilich in einer typisch englischen, pragmatischen Weise: Man vereinbarte die Ordination aller Pfarrer durch Bischöfe, für eine Übergangszeit von 30 Jahren sollten die Ämter der aus kongregationalistischen, methodistischen und presbyterianischen Kirchen kommenden Pfarrer anerkannt bleiben, danach nicht mehr.[10]

Heute wird in der ökumenischen Bewegung ein anderes Modell konzipiert: In einem großen Vereinigungsgottesdienst legen sich alle Amtsträger der verschiedenen Traditionen gegenseitig die Hand auf und teilen sich unter einer Epiklese das mit, was jedem fehlt. Für die aus der Apostolischen Sukzession kommenden Bischöfe ist dieser Vorgang die Wiederherstellung der verlorenen Verbindung mit der von den Aposteln ausgehenden Vollmacht. Für die aus einer nicht-episkopalen Tradition kommenden Amtsträger ist er keineswegs weniger bedeutungsvoll, er ist Zeichen des gegenseitigen Gebens und Nehmens und der Anerkennung einer übergreifenden, alle verbindenden Ordnung. Für die einen ein

9 Vgl. oben S. 252ff.
10 Vgl. Sundkler, Art. Südindien, 468.471

Sakrament, für die anderen eine Benediktion, für alle ein neugewonnenes zentrales Zeichen der Einheit.
Die theologische Brücke zwischen beiden, vielleicht für eine Zeit noch unterschiedlich akzentuierten Amtsauffassungen ist der innere Zusammenhang von Sakrament und Sakramentalie/Benediktion, den zu akzeptieren uns der jüdisch-urchristliche Ursprung beider vielleicht um des großen Zieles willen erleichtern mag.
Dieser umfassende Versöhnungsgottesdienst ist dann der wichtigste ökumenische Segnungsgottesdienst, der überhaupt denkbar ist. Die Danksagung für die neu geschenkte Einheit wird zugleich zu dem wirksamen Mittel der Wiederherstellung dessen, was im Lauf der Geschichte von Schuld und Tragik im Leben der Kirche verlorengegangen war: Ein Gottesdienst, der von nun an jeden Gottesdienst zu einem wahrhaft ökumenischen machen wird.

Literaturverzeichnis

Abkürzungen nach Siegfried Schwertner, Abkürzungsverzeichnis, Berlin/New York 1976 (TRE)

Das hl. Abendmahl, (Der dt. Dom), hg. i. A. der Berneuchener Konferenz v. Ludwig Heitmann/Karl Bernhard Ritter/Wilhelm Stählin, Hamburg o.J. (1926)

Abendmahl mit Kindern. Entwicklung in den ev. Kirchen in der BRD und in der DDR, Dokumentation 1977–1982, Comenius Institut Dokumentation 4, Münster 1983

Abendmahlsordinarien, hg. v. Christhard Mahrenholz/Herwarth von Schade, reihe gottesdienst 4, Hamburg 1972

Accra 1974: Taufe, Eucharistie, Amt. Kommission für Glauben und Kirchenverfassung des ÖRK, hg. v. Geiko Müller-Fahrenholz, ÖR.B 27 (1975) 93ff.

Gottfried Adam, Kindergottesdienst, TRE 18 (1989) 185ff.

Ders., Kindergottesdienst: Gemeindepädagogisches Kompendium, ders./Rainer Lachmann (Hg.), Göttingen 1987, 292ff.

Ingrid Adam, Der Kindergottesdienst: dies. (Hg.), Arbeitshilfe f. den Kindergottesdienst, Gelnhausen/Berlin 1971, 9ff.

Dies., Aufgaben und Ziele des Kindergottesdienstes: Kindergottesdienst heute H. 1, Münster 1972, 68ff.109ff.

Agende f. den Kindergottesdienst, hg. v. Oskar Söhngen/Wulf Thiel, Berlin 1952

Agende f. die Ev. Kirche der Union I. Die Gemeindegottesdienste, Bielefeld 1959 ^{3}1981

Agende f. ev.-luth. Kirchen und Gemeinden, I Der Hauptgottesdienst, Ausgabe f. d. Pfr., Berlin 1955 ^{4}1969 – II Die Gebetsgottesdienste, Berlin 1960 ^{3}1980 – IV Ordination und Einsegnung, Einführungshandlungen, Einweihungshandlungen, neu bearb. Ausg., Hannover 1987 – Zweiter Sonderband: Kindergottesdienst, im Einvernehmen mit dem Gesamtverband f. Kindergottesdienst, Berlin 1964

Agende I (Kurhessen-Waldeck), Kassel 1968; Ergänzungen 1979; ^{2}1983; Die Sonn- und Feiertage 1985

Jean-Jacques von Allmen, Essai sur le Repas du Seigneur, Neuchâtel 1966, dt.: Ökumene im Herrenmahl, Kassel 1968

Karl Amon, Gratias agere. Zur Reform des Meßkanons, LJ 15 (1965) 79ff.

Um Amt und Herrenmahl. Dokumentation zum ev./röm.-kath. Gespräch, hg. v. Günther Gassmann/Marc Lienhard/Harding Meyer/Hans-Volker Herntrich, Frankfurt 1974

Amt und Ordination im Verständnis ev. Kirchen und ökumenischer Gespräche, hg. v. Alfred Burgsmüller/Reinhard Frieling, Gütersloh 1974
Amt und Ordination, Stellungnahme des Theol. Ausschusses der VELKD v. 26.3.1976, VELKD-Informationen 25/1976,9
Dieter Andresen, Kirche am Montag, Hamburg 1973
Arbeitshilfe f. gottesdienstliches Beten (EKU/DDR), Berlin 1973
Karl Arper/Alfred Zillesen, Ev. Kirchenbuch, I Gottesdienste, Göttingen 1910(ff.)
Hansjörg Auf der Maur, Die Osterhomilien des Asterios Sophistes als Quelle f. die Gesch. der Osterfeier, Trier 1967
Ders., Die österliche Lichtdanksagung, LJ 21 (1971) 38ff.
Ders., Die Wiederentdeckung der Osternachtsfeier in den abendländischen Kirchen des 20. Jh., BiLi 60 (1987) 2ff.
Ders., Feiern im Rhythmus der Zeit I, Gottesdienst der Kirche 5, Regensburg 1983
Wilhelm Averbeck, Der Opfercharakter des Abendmahls in der neueren ev. Theologie, Paderborn 1967
Ders., Die Wiedergewinnung des eucharistischen Hochgebets im ev. Bereich, LJ 18 (1968) 19ff.
Roland H. Bainton, Hier stehe ich. Das Leben Martin Luthers, Göttingen 1952 [6]1967
Friedrich W. Bargheer, Kindergottesdienst im Feld der Gemeindepädagogik, WPKG 65 (1976) 95ff.
Ders./Hans Bernhard Kaufmann (Hg.), Kindergottesdienst heute Bd. 1–10, Münster 1972–1976
Karl Barth, Die Ordnung der Gemeinde, München 1955
Ders., Gotteserkenntnis und Gottesdienst nach ref. Verständnis, Zollikon 1938
Ders., KD 1/2, Zollikon 1938
Johannes Behm, *ἀνάμνησις*, ThWNT I (1933) 351f.
Benediktionale. Studienausgabe ad interim, Freiburg 1977
Carsten Berg, Gottesdienst mit Kindern. Von der Sonntagsschule zum Kindergottesdienst, Gütersloh 1987
Peter L. Berger, Auf den Spuren der Engel. Die moderne Gesellschaft und die Wiederentdeckung der Transzendenz, Frankfurt 1970
Joop Bergsma, The Eucharistic Prayer in the Non-Roman Catholic Churches of the West Today, StLi 11 (1976) 177ff.
Bericht der röm.-kath./ev.-luth. Arbeitsgruppe, LR 16 (1966) 560ff.
Beate und Jörg Beyer, Konfessionsverschiedene Ehe, Mainz 1986
Ursula Beykirch, Von der konfessionsverschiedenen zur konfessionsverbindenden Ehe?, Würzburg 1987
Karl-Heinrich Bieritz, Ansätze zu einer Theorie des Gottesdienstes, ThLZ 100 (1975) 721ff.

Ders., Chancen einer ökum. Liturgik, ZKTh 100 (1978) 470ff.
Ders., Luth. Gottesdienst als Überlieferungs- und Zeichenprozeß, LJ 34 (1984) 3ff.
Ders., Struktur. Überlegungen zu den Implikationen eines Begriffs im Blick auf künftige Funktionen liturgischer Bücher, JLH 23 (1979) 32ff.
Ders./Michael Ulrich, Gottesdienstgestaltung. Göttingen ^{2}1987
Arnold Bittlinger, Gottesdienst heute, Stuttgart 1968
Jürgen Boeckh, O felix culpa, Quat. 51 (1987) 1ff.
Adolf Boes, Die ev. Ostervigil der Dessauer Kirche im 16. Jh., JLH 12 (1967) 89ff.
Gerhard Bohne, Aufgabe und Weg der Erziehung, Hamburg ^{2}1960
Rudolf Bohren, Unsere Kasualpraxis – eine missionarische Gelegenheit? TEH 147, München 1960 ^{5}1979
Dietrich Bonhoeffer, Finkenwalder Homiletik, Ges. Schr. Bd. 4, 237ff., München 1961
Ders., Sanctorum communio, München 1930 ^{2}1954
The Book of Common Prayer: The First and Second Prayer Book of Edward VI (1549/1552), Everyman's Library 448, London/New York 1949 – 1662, SPCK London 1910ff. – proposed in 1928, London 1928 – The Scottish Book of Common Prayer 1929, Edinburgh/London 1929 – The Alternative Service Book, Oxford 1980 – The Book of Alternative Services (Kanada), Toronto 1985
Günther Bornkamm, Das Ende des Gesetzes, München 1952
Maria R. Bottermann, Die Beteiligung des Kindes an der Liturgie von den Anfängen der Kirche bis heute, Frankfurt 1982
Louis Bouyer, Le Mystère Pascal (Paschale Sacramentum), Paris 1950 ^{5}1957
Heinzgerd Brackmann, Das vierte Hochgebet, LGD 16, Münster 1971
Yngve Brilioth, Eucharistic Faith and Practice. Evangelical and Catholic, London 1953
Bristol 1976, hg. v. Reinhard Großcurth, ÖR.B 7/8 (1967)
Peter Brunner, Aus der Kraft des Werkes Christi, München 1950
Ders., Die Ordnung des Gottesdienstes an Sonn- und Feiertagen: Untersuchungen zur Kirchenagende I 1, hg. v. Joachim Beckmann/Hans Kulp/Peter Brunner/Walter Reindell, Gütersloh 1949, 7ff.
Ders., Die Wormser dt. Messe: Kosmos und Ekklesia (FS Wilhelm Stählin), hg. v. Heinz-Dietrich Wendland, Kassel 1953, 106ff.
Ders., Theol. des Gottesdienstes, KuD 22 (1976) 96ff.
Ders., Zur Lehre vom Gottesdienst der im Namen Jesu versammelten Gemeinde, Leit. I (1954) 83ff.
Wilhelm Brunotte, Das geistliche Amt bei Luther, Berlin 1959
Friedrich Büchsel, *λύτρον*, ThWNT IV,341ff.

Axel von Campenhausen/Joachim E. Christoph, Grenzen der Gestaltungsfreiheit, ZevKR 26 (1981) 294ff.
Odo Casel, Das christl. Kultmysterium, Regensburg (1932) [4]1960
Ders., Das Mysterium des Kreuzes, Paderborn 1954
Ders., Der österliche Lichtgesang der Kirche, LiZs 4 (1931/32) 179ff.
Ders., Glaube, Gnosis und Mysterium, JLW 15 (1941) 155ff.
Fritz Chenderlin, Do This as My Memorial. The Semantic and Conceptual Background and Value of Anamnesis in I Cor 11:24f., AnBib, Rom 1982
Rolf Christiansen/Peter Cornehl, Alle an einen Tisch: Forum Abendmahl 2, Gütersloh 1981
Christsein gestalten. Eine Studie zum Weg der Kirche (EKD), Gütersloh [4]1987
Churches Respond to BEM. Official Responses to the »Baptism, Eucharist and Ministry« Text, hg. v. Max Thurian, 6 Bde., Genf 1986-1988
Paul Martin Clotz, Zur Theorie und Praxis des Kindergottesdienstes, ThPr 21 (1986) 295ff.
Coena Domini I. Die Abendmahlsliturgie der Reformationskirchen im 16./17. Jh., hg. v. Irmgard Pahl, Freiburg/Schweiz 1983
Carsten Colpe, *υἱὸς τοῦ ἀνθρώπου*, ThWNT VIII, 403ff.
Peter Cornehl, Aufgaben und Eigenart einer Theorie des Gottesdienstes, Pastoraltheol. Informationen 1981 H. 1, 12ff.
Ders., Gottesdienst VIII, TRE 14 (1985) 54ff.
Ders., Gottesdienst: Prakt. Theol. heute, hg. v. Ferdinand Klostermann/Rolf Zerfaß, München/Mainz 1974, 449ff.
Ders., Liturg. Bildung, (masch.) Vortrag vor der Luth. Liturg. Konferenz Fulda 1988
Ders., Öffentlicher Gottesdienst. Zum Strukturwandel des Liturgie: Ders./Hans-Eckehard Bahr, Gottesdienst und Öffentlichkeit, Hamburg 1970, 118ff.
Ders., Theorie des Gottesdienstes – ein Prospekt, ThQ 159 (1979) 178ff.
Harvey Cox, Das Fest der Narren, Stuttgart 1970 [4]1972
L.A. Creedy, Baptism in Church Negotiations (FO/70:40), Genf 1970
Oscar Cullmann, Urchristentum und Gottesdienst, Zürich 1944 [4]1962
Karl-Fritz Daiber, Die Trauung als Ritual, EvTh 33 (1973) 578ff.
Ders., Gottesdienstreform und Predigttheorie, JLH 18 (1973/74) 36ff.
Hermann Dalton, Der Stand der Sonntagsschulen und Kindergottesdienste in Deutschland 1898, Berlin 1899
Jean Daniélou, Bible et Liturgie, Paris 1951 [2]1958
Ders., Sacramentum Futuri. Études sur les Origines de la Typologie Biblique, Paris 1950
Johannes Dantine, Sakrament als Gabe und Feier, ThZ 38 (1982) 3ff.
Wilhelm Dantine, Bekennendes Bekenntnis – Form und Formulierung christl. Glaubens: Bekennendes Bekenntnis (GedenkS Wilhelm Dantine), hg. v. Eric Hultsch/Kurt Lüthi, Gütersloh 1982, 15ff.

Daressalam 1977, epd-Dokumentation 18, Frankfurt 1977
Ernst Dassmann, Die Frömmigkeit des Kirchenvaters Ambrosius von Mailand, MBTh 29, Münster 1965
John Gordon Davies, Der Heilige Geist, die Kirche und die Sakramente, Stuttgart 1958
Charles Davis, Gottesdienst in einem säkularisierten Zeitalter: Karl Ferdinand Müller (Hg.), Gottesdienst, Kassel/Trier 1971
Alfons Deissler, Das Opfer im Alten Testament: Das Opfer Jesu Christi und seine Gegenwart in der Kirche (²1986) 17 ff.
Dt. Bischofskonferenz, Neue Regelung der Mischehe. Ausführungsbestimmungen zum Motu proprio »Matrimonia Mixta« 1970, Leutesdorf a.R. 1970
Gregory Dix, The Shape of the Liturgy, London 1945 ⁴1949
Dokumente wachsender Übereinstimmung. Sämtl. Berichte und Konsenstexte interkonfessioneller Gespräche auf Weltebene 1931–1982, hg. v. Harding Meyer/Hans Jörg Urban/Lukas Vischer, Paderborn/ Frankfurt 1983
Hans Dombois, Das Recht der Gnade I, Witten 1961 ²1969
Franz Joseph Dölger, Die Sonne der Gerechtigkeit und der Schwarze. Eine religionsgesch. Studie zum Taufgelöbnis, LQF 14, Münster 1919
Paul Drews, Das Ordinationsformular (Luthers), WA 38,401 ff.
Louis Duchesne, Le Liber Pontificalis, Paris ²1982
Walther Eichrodt, Theol. des AT, Stuttgart/Göttingen I ⁸1968
Die Einheit der Kirche und die Erneuerung der menschlichen Gemeinschaft. Programmübersicht (Kreta 1984), ÖR 34 (1985) 338 ff.
Einheit der Kirche, Kundgebung der Bischofskonferenz der VELKD Juni 1984, Texte aus der VELKD 26/1984,1 ff.
Einheit vor uns. Modelle, Formen und Phasen kath./luth. Kirchengemeinschaft, Gemeinsame röm.-kath./ev.-luth. Kommission (Hg.), Paderborn/Frankfurt 1985
Hermann Eising, zkr, ThWAT 2 (1975) 571 ff.
EKD-Umfragen, s. unten: I Wie stabil ist die Kirche? II Was wird aus der Kirche?
Ismar Elbogen, Der jüd. Gottesdienst in seiner gesch. Entwicklung (1913), Hildesheim ⁴1962
Jacques Ellul, On the cultural and social factors influencing church division, ER 5 (1952) 269 ff.
Erneuerte Agende. Vorentwurf, Hannover 1990
Eucharistie à Taizé, Taizé 1963
Die Eucharistie im ökum. Denken, ÖD 4 (1968)
Ev. Erwachsenenkatechismus, Gütersloh ⁵1989
(EG) Ev. Gesangbuch. Vorentwurf 1988
Ev. Mischehenseelsorge, hg. v. Elisabeth Baden, Missionierende Gemeinde 2, Berlin 1961

The Feast of Life, Genf 1983
Johann Figl, Säkularisierung, Neues HThG 4 (1985) 84ff.
Balthasar Fischer, Die Grundaussagen der Liturgie-Konst. und ihre Rezeption in 25 Jahren, Korrespondenzbl. des Canisianums (Innsbruck), 122 (1988/89) H. 1, 2ff.
Ders., Liturgie oder Liturgien? TThZ 90 (1981) 265ff.
Ders., Reform der Zeichensprache bei der nachkonziliaren Erneuerung der kath. Liturgie. Verlust oder Gewinn?, LJ 35 (1985) 45ff.
Heinz Fischer, Thematischer Dialog-Gottesdienst, Hamburg 1975
Ders., Osternacht, Neue Texte für den Gottesdienst 3/4, Hannover 1979 ^{3}1984
Erich Foerster, Die Entstehung der Preußischen Landeskirche unter der Regierung König Friedrich Wilhelms III., Bd. II, Tübingen 1907
Forum Abendmahl, hg. von Georg Kugler, Gütersloh 1979
Forum Abendmahl II, s. oben: Christiansen/Cornehl
Hans-Jürgen Fraas, Rel. Erziehung und Sozialisation im Kindesalter, Göttingen 1973 ^{3}1978
Karl Suso Frank, Zum Opferverständnis in der alten Kirche: Das Opfer Jesu Christi (1983) 40ff.
Martin Fries/Hans Bernhard Kaufmann (Hg.), Mit Kindern Glauben erfahren. Kindergottesdienst wohin?, Gemeindepädagogik 3, Gütersloh 1987 ^{2}1988
Kurt Frör, Der Gottesdienst der Kinder (in luth. Sicht): Der Kindergottesdienst, hg. v. Walter Wiese, Stuttgart 1961, 11ff.
Ders., Grundriß der Religionspädagogik im Umfeld der modernen Erziehungswiss., Konstanz 1975
Notker Füglister, Die Heilsbedeutung des Pascha, München 1963
Renate Ganzhorn-Burkhardt, Dann lassen Sie ihr Raum, Monsieur!, PTh 79 (1990) 57f.
Miguel Garijo-Guembe, Kommentar zur Lima-Liturgie: Die Eucharistie im Gespräch der Konfessionen, hg. v. der Bistumskommission für ökum. Fragen, Münster/Kevelaer 1986, 241ff.
Heribert W. Gärtner/Michael B. Merz, Prolegomena für eine integrative Methode in der Liturgiewiss., ALW 26 (1982) 165ff.
Gebete (1979). Revidierte Gebetstexte zu Agende I, bearb. v. der Luth. Liturg. Konferenz, reihe gottesdienst 8/9, Hamburg 1979 ^{2}1981
Jean Gelineau, Les interventions de l'assemblée dans le canon de la messe, MD 87 (1966) 141ff.
Gemeinsame Handreichung für Trauungen konfessionsverschiedener Paare, Wien 1985
Gemeinsame kirchl. Empfehlungen für die Ehevorbereitung konfessionsverschiedener Partner, Hg. Deutsche Bischofskonferenz/EKD, Würzburg/Gütersloh 1974

Gemeinsame kirchl. Trauung, Formular C. Ordnung der Trauung für konfessionsverschiedene Paare unter Beteiligung der Pfr. beider Kirchen, Hg. Erzdiözese Freiburg/Ev. Landeskirche in Baden/Ev. Brüderunität in Baden/Ev.-methodistische Kirche in Baden/Kath. Bistum der Altkatholiken in Deutschland, Karlsruhe/Freiburg 1974

Gemeinsame kirchl. Trauung. Ordnung der kirchl. Trauung für konfessionsverschiedene Paare unter Beteiligung der Pfr. beider Kirchen, Hg. Deutsche Bischofskonferenz/Rat der EKD (später auch Berliner, Österreichische und Schweizer Bischofskonferenz sowie Bischöfe von Luxemburg, Bozen-Brixen, Lüttich, Metz und Straßburg), Regensburg/Kassel 1971 ^{8}1987

Gemeinsame Synode, s. unten: Schmidtchen, Zw. Kirche und Gesellschaft

Johannes G. Gerhartz, Die rechtliche Ordnung der Mischehen, Nachkonziliare Dokumentation 28, Trier 1971

Christine Gleixner, Ökumene heute, Wien/München 1980

Herbert Goltzen, Der tägliche Gottesdienst, Leit. III (1956) 99ff.

Ders., Eucharistie – Entfaltung, Fehlentwicklung, Wiedergewinnung des Eucharistischen Gebets im Mahl des Herrn: Die Eucharistie im Verständnis der Konfessionen, hg. v. Thomas Sartory, Recklinghausen 1961, 21ff.

Ders., Gratias agere – Das Hochgebet im neuen Meßbuch, JLH 20 (1976) 1ff.

Gottesdienst als Gestaltungsaufgabe. Prakt. Anregungen zur Gestaltung des Gottesdienstes aufgrund der Denkschrift »Versammelte Gemeinde«, reihe gottesdienst 10, Hamburg 1979

Gottesdienst der Kinder. Mut zur Liturgie, Für den Gottesdienst 18, Hannover 1982

Gottesdienst in luth. Kirchen, LWB-Studien, Genf 1983

Paul Graff, Gesch. der Auflösung der alten gottesdienstlichen Formen in der ev. Kirche Deutschlands, I. Bis zum Eintritt der Aufklärung und des Rationalismus, Göttingen 1921 ^{2}1937, II. Die Zeit der Aufklärung und des Rationalismus, Göttingen 1939

Christian Grethlein, Abriß der Liturgik, Gütersloh 1989

Ders., Kindergottesdienst heute, PTh 77 (1988) 346ff.

Erhard Griese, Kindergottesdienst und Helferamt (PF 53), Heidelberg 1973

Romano Guardini, Das Ende der Neuzeit, Basel 1950

Ders., Der Kultakt und die gegenwärtige Aufgabe der liturg. Bildung. Ein Brief (an Johannes Wagner zum Dritten Dt. Liturg. Kongreß, 1.4.1964), LJ 14 (1964) 101ff.

Ders., Liturgie und liturg. Bildung (1923), ^{2}1966

Ders., Über die syst. Methode in der Liturgiewiss., JLW 1 (1921) 97ff.

Ders., Vom Geist der Liturgie, Freiburg 1918 ^{7}1921

Herbert Haag, Vom alten zum neuen Pascha. Gesch. und Theol. des Osterfestes, Stuttgart 1971

Otto Haendler, Grundriß der Prakt. Theol., Berlin 1957
Ferdinand Hahn, Abendmahl, PThH² 32ff.
Ders., Gottesdienst III, TRE 14 (1985) 28ff.
Ders., Das Verständnis des Opfers im NT: Das Opfer Jesu Christi (1983) 51ff.
Ders., Der urchristl. Gottesdienst, JLH 12 (1967) 1ff. – auch SBS 41, Stuttgart 1970
Wilhelm Hahn, Die Mitte der Gemeinde. Zur Frage des Gottesdienstes und des Gemeindeaufbaus, Gütersloh 1959
Ders., Gottesdienst und Opfer Christi, Göttingen 1951
Handreichung zum Verständnis konfessionsverschiedener Trauungen, hg. v. Ev. OKR A.B. in Wien 1970 ²1973
Ev.-luth. Landeskirche Hannover (Hg.), 20. Landessynode 7. Tagung 11/1985, 93ff.630ff.
Werner Harenberg, Was glauben die Deutschen? München/Mainz ²1969
Theodosius Harnack, Prakt. Theol. I, Erlangen 1877
Angelus Häußling, Die krit. Funktion der Liturgiewiss.: Liturgie und Gesellschaft, hg. v. Hans-Bernhard Meyer, Innsbruck 1970, 103ff.
Ders., Kosmische Dimension und gesellschaftliche Wirklichkeit. Zu einem Erfahrungswandel in der Liturgie, ALW 25 (1983) 1ff.
Ders., Liturgiewiss. zwei Jahrzehnte nach Konzilsbeginn, ALW 24 (1982) 1ff.
Ders., Liturgiewiss. Aufgabenfelder vor uns, LJ 38 (1988) 94ff.
Heiner Hegerle, Einf. in die Modellarbeit des Themenplans: Kirche für Kinder – Augsburg '75, Reihe Kindergottesdienst heute H. 7, Münster 1975, 144ff.
Hans-Wolfgang Heidland, Wesen und Wert des Gottesdienstes, Mitteilungen des LKA Karlsruhe 6/74, 13ff.
Ders., Thesen zum Vortrag Wesen und Wert des Gottesdienstes, Verhandlungen der Landessynode der Vereinigten Prot.-Ev.-Christl. Kirche der Pfalz, 1/1974, 132ff. [auch Amt und Gemeinde 27 (1976) 2ff.]
Friedrich Heiler, Dt. Messe, München 1939
Ders., Die Eucharistiefeier der Ev.-kath. Eucharistischen Gemeinschaft, München 1931
Ders., Ein liturg. Brückenschlag zw. Ost und West, EHK 21 (1939) 249ff.
Jürgen Henkys/Günther Kehnscherper, Die Unterweisung, Hb. der Prakt. Theol. III,7ff., Berlin 1978
Rainer Henrich, Die Feier der Osternacht. Entstehung – Wandlung – Erneuerung. Dargestellt im Blick auf die spezielle Problematik ref. Osternachtsfeiern (masch.), Zürich 1984
Wolfgang Herbst, Quellen zur Gesch. des ev. Gottesdienstes, Göttingen 1968
Eilert Herms, Stellungnahme zum dritten Teil des Lima-Dokumentes »Amt«, KuD 31 (1985) 65ff.
Das Herrenmahl, hg. v. der Gemeinsamen röm.-kath./ev.-luth. Kommission, Paderborn/Frankfurt 1978 ¹¹1982

Bernd Jochen Hilberath/Theodor Schneider, Eucharistie B, Neues HThG 1 (1984) 305ff.
Walter J. Hollenweger, Spiel als eine Form von Theol., LM 9 (1970) 532ff.
Hans Hollerweger, Das neue dt. Benediktionale, JL 30 (1980) 69ff.
Erich Hoyer, Kindergottesdienst und Gemeindegottesdienst, Göttingen 1931 ²1933
Peter J. Huizing, Kirchl. und standesamtl. Trauung, LJ 22 (1972) 137ff.
Renatus Hupfeld, Die Abendmahlsfeier, ihr ursprünglicher Sinn und ihre sinngemäße Gestaltung, Gütersloh 1935
Instruktion f. besondere Fälle einer Zulassung anderer Christen zur eucharistischen Kommunion in der kath. Kirche, Einheitssekretariat 1.6.1972
Interkommunion oder Gemeinschaft? ÖR 18 (1969) 574ff.
Erwin Iserloh, Die Eucharistie in der Darstellung des Johannes Eck, München 1950
Werner Jetter, Symbol und Ritual. Anthropol. Elemente im Gottesdienst, Göttingen 1978 ²1986
Bruno Jordahn, Zur liturg. Gestaltung des Kindergottesdienstes, PTh 39 (1950) 220ff.
Ottfried Jordahn, Georg Friedrich Seiler, der Liturgiker der dt. Aufklärung, JLH 14 (1969) 1ff.
Ders., Verständigung über die Liturgie?, JLH 20 (1976), 136ff.
Klaus-Peter Jörns , Problemlösung oder Erlösung. Lit.Ber., DtPfrBl 81 (1981) 350ff.409ff.
Josef Andreas Jungmann, Kommunion, LThK² 6 (1961) 410ff.
Ders., Der Gottesdienst der Kirche auf dem Hintergrund seiner Gesch., Innsbruck 1955 ³1962
Ders., Messe im Gottesvolk, Freiburg 1970
Ders., Missarum Sollemnia. Eine genetische Erklärung der röm. Messe, Freiburg 1948 ⁵1962
Ders., Seelsorge als Schlüssel der Liturgiegesch.: Erneuerung der Liturgie aus dem Geiste der Seelsorge, hg. v. Johannes Wagner, Trier 1957, 48ff.
Friedrich Kalb, Grundriß der Liturgik, München ³1985
Karwoche, Neue Texte f. den Gottesdienst 9, Hannover 1984
Ferdinand Kattenbusch, Messe, RE³ XII (1903) 664ff.
Robert Kauer, Prinzipielle Weisungsgebundenheit eines ev. Pfarrers (masch.), Wien o. J.
Dietrich Keller, Verantwortung der Kirche f. rechte Verkündigung, Düsseldorf 1972
Adel Theodor Khoury, Religionswiss. und Kult: Liturgie, ein vergessenes Thema der Theol.?, hg. v. Klemens Richter, Freiburg ²1987, 54ff.
Irmgard Kindt-Siegwalt, Die Antwort der Kirchen auf Lima und ihre Auswertung, ÖR 38 (1989) 1ff.

Württ. Kirchenbuch, I Predigtgottesdienst, Stuttgart 1988, II Abendmahl, Stuttgart 1977
Ref. Kirchenbuch, Neukirchen-Vluyn 1951 ^{3}1983
Kirchl. Handbuch. Amtliches statistisches Jb. der kath. Kirche, hg. v. Franz Groner, 28 (Köln 1977)
Jürg Kleemann/Horst Nitschke, Ökum. Trauungen, Gütersloh/Würzburg 1973
Bruno Kleinheyer, Sakramentliche Feiern I, Die Feiern der Eingliederung in die Kirche, Gottesdienst der Kirche 7,1, Hb. der Liturgiewiss., Regensburg 1989
Ders., Ordinationen und Beauftragungen: Sakramentliche Feiern II, Gottesdienst der Kirche 8, Hb. der Liturgiewiss., Regensburg 1984, 7ff.
Thomas Klocke/Johannes Thiele, Mit Kindern durch das Kirchenjahr, München 1982
Theodor Knolle, Luthers Reform der Abendmahlsfeier in ihrer konstitutiven Bedeutung: Schrift und Bekenntnis, hg. v. Volkmar Herntrich/Theodor Knolle, Hamburg 1950, 88ff.
Ders./Wilhelm Stählin, Das Kirchenjahr. Eine Denkschrift über die kirchl. Ordnung des Jahres, Kassel 1934.
Jürgen Koerver/Reinhard Köster/Günter Ruddat/Hans-Joachim Schneider (Hg.), Kindergottesdiensthelferhb., Stuttgart ^{3}1985
Franz Kohlschein, Liturgiewiss. im Wandel?, LJ 34 (1984) 32ff.
Ders., Symbol und Kommunikation als Schlüsselbegriffe einer Theol. und Theorie der Liturgie, LJ 35 (1985) 200ff.
Theodor Kolde, Analecta Lutherana, Gotha 1883
Walter Kornfeld, Opfer, LThK^{2} 7 (1962) 1169ff.
Konrad Korth, Denn solcher ist das Reich Gottes, Berlin 1951
Sigisbert Kraft, Gratiarum actio. Überlegungen zur gegenwärtigen ökum. Problematik der Eucharistiefeier, JL 32 (1982) 178ff.
Ders., Gratias agamus. Neuere Eucharistiegebete in der ökum. Christenheit und die altkirchl. Prex Eucharistica, IKZ 70 (1980) 154ff.
Georg Kretschmar, Abendmahlsfeier I, TRE 1 (1977) 229ff.
Georg Kugler, Familiengottesdienste, Gütersloh 1971
Ders., Feierabendmahl, Gütersloh 1981
Ders. (Hg.), Kommentargottesdienste, Gütersloh 1972
Ders./Herbert Lindner, Neue Familiengottesdienste II–IV, Gütersloh 1976.1979.1980
Ulrich Kühn, Abendmahl IV, TRE 1 (1977) 145ff.
Ders., Das reformatorische Proprium und die Ökumene, KuD 32 (1986) 170ff.
Ders., Ev. Rezeption altkirchl. Bekenntnisse. Am Beispiel des Projektes der Kommission für Glauben und Kirchenverfassung »Auf dem Wege zu einem gemeinsamen Ausdruck des apostolischen Glaubens heute«: Vernunft des Glaubens (FS Wolfhart Pannenberg), hg. v. Jan Rohls/Gunter Wenz, Göttingen 1988, 652ff.

Ders., Sakramente, HbsystTheol 11, Gütersloh 1985

Hans Küng, Anfragen an unsere Kirche, LWB-Informationen 20/79, 12ff.

Ders., Das Eucharistiegebet, WuW 18 (1963) 102ff.

Friedrich-Wilhelm Künneth, Vergebung als Lebenshilfe, Berlin/Hamburg 1970

Ernst Lange, Chancen des Alltags. Überlegungen zur Funktion des christl. Gottesdienstes in der Gegenwart, München 1965 ²1984

Ders., Erwachsenenbildung in der Freizeitgesellschaft, WPKG 60 (1971) 68ff.

Roger Le Déaut, La nuit pascale, Rom 1963

Lehrverurteilungen – kirchentrennend?, hg. v. Karl Lehmann/Wolfhart Pannenberg I, Freiburg/Göttingen 1986 ³1988

Emil Lengeling, Die neue Ordnung der Eucharistiefeier, Regensburg 1970

Ders., Liturgie, Neues HThG 3 (1985) 26ff.

Robert Leuenberger, Gottesdienst – Angebot ohne Nachfrage?, Basel 1969

Marc Lienhard, Geburtswehen eines relevanten Gottesdienstes, LM 9 (1970) 613f.

Hans Lietzmann, Messe und Herrenmahl. Eine Studie zur Geschichte der Liturgie, Bonn 1926

Louis Ligier, The Origins of the Eucharistic Prayer: from the Last Supper to the Eucharist, StLit 9 (1973) 161ff.

Lima 1982: Taufe, Eucharistie und Amt. Konvergenzerklärungen der Kommission f. Glauben und Kirchenverfassung des ÖRK, Frankfurt/ Paderborn 1982 ¹¹1987

Martin Lindow (Hg.), Recht und Verlautbarungen der VELKD, Hannover 1989

Christoph Link, Geistliches Amt und Ordination in den Ordnungen der Ev. Kirche in Österreich, Amt und Gemeinde 27 (1976) 99f.

Liturgie, hg. i. A. der Liturgiekonferenz der ev.-ref. Kirchen der dt.sprachigen Schweiz, Bd. 3 Abendmahl, Bern 1983 (davor Entwurf Bd. III, H. 2, Abendmahl 2, 1979)

Liturgie im Kindergottesdienst, Materialh. 45 der Beratungsstelle f. Gestaltung zus. mit dem LV Hessen/Nassau, Frankfurt 1985

Liturgies pascales à Taizé, Taizé 1971

Liturg. Nacht. Ein Werkbuch, hg. v. Arbeitskreis für Gottesdienst und Kommunikation, Wuppertal 1974

Eduard Lohse, *χειρόγραφον*, ThWNT IX (1973) 424f.

Wolfgang Longardt, Gottesdienst feiern »mit Herzen, Mund und Händen«: Wachsen wie ein Baum, hg. v. Eberhard Dieterich/Klaus Stolzmann, Stuttgart 1982

Ders., Neue Kindergottesdienstformen I, Gütersloh/Freiburg 1973; II, Gütersloh 1976

Ders./Dietmar Gerts, Kinderbibeltage – Kinderbibelwochen, Gütersloh 1987

Walter Lotz, Sinn und Möglichkeit ökum. Trauung: Hans Dombois/Horst Urban/Walter Lotz, Mischehe – Problem und Chance, Kirche zw. Planen und Hoffen 1, Kassel 1969

Wilhelm Löhe, Agende für christl. Gemeinden des luth. Bekenntnisses 1844 [2]1852, Ges. Werke 7,1, Neuendettelsau 1953
Ders., Gemeindedienstordnung des ev.-luth. Diakonissenhauses, Neuendettelsau [6]1925
Hartmut Löwe, Die Feier der Osternacht: Ostern, hg. v. Horst Nitschke, Gütersloh 1978, 31 ff.
Lutheran Book of Worship, Minneapolis/Philadelphia 1978
Christhard Mahrenholz, Die Feier der Osternacht, Berlin 1954, Göttingen [3]1980
Ders., Die Neuordnung der Trauung, Berlin 1959
Ders., Grundsätze für die Weiterarbeit an der Agende, LM 7 (1968) 290ff.
Ders., Kompendium der Liturgik des Hauptgottesdienstes, Kassel 1963
Johann Maier, Aspekte der Kultfrömmigkeit im Lichte der Tempelrolle von Qumran: Jüd. Liturgie. Gesch. – Struktur – Wesen, hg. v. Hans Hermann Henrix, Freiburg/Basel/Wien 1979, 33ff.
Martyria – Leiturgia – Diakonia, (FS Hermann Volk), hg. v. Otto Semmelroth, Mainz 1968
Joachim Matthes, Volkskirchl. Amtshandlungen, Lebenszyklus und Lebensgeschichte: ders., Erneuerung der Kirche. Stabilität als Chance?, Gelnhausen/ Berlin 1975, 83ff.
Albert Mauder, Die Kirche – ein Sakrament? Der Ertrag der »neuen Gottesdienste« als Frage an die Theol.: Zur Theol. des Gottesdienstes, FuH 23 (1976) 110ff.
Ders., Kinderfreundlicher Hauptgottesdienst: Abendmahl mit Kindern, Feiernde Gemeinde 2, Handreichung der VELKD, Hamburg 1978, 42ff.
Peter Meinhold, Außenseiter in den Kirchen, Freiburg 1977
Michael B. Merz, Gottesdienst und Theorie. Zu fundamentalliturg. Beitr. Peter Cornehls, ALW 25 (1983) 155ff.
Ders., Liturgiewiss. Name und Sache über eineinhalb Jahrhunderte, ALW 27 (1985) 103ff.
Messale Ambrosiano, Milano 1976
Meßbuch Pauls VI. (Missale Romanum 1970, dt. 1975)
Reinhard Meßner, Die Meßreform Martin Luthers und die Eucharistie der Alten Kirche. Ein Beitr. zu einer syst. Liturgiewiss., Innsbruck/Wien 1989
Hans Bernhard Meyer, Abendmahlsfeier II, TRE 1 (1977) 278ff.
Harding Meyer, Bedeutung und Ergebnisse des gegenwärtigen ev.-kath. Gesprächs: Um Amt und Herrenmahl (s. oben), 11 ff.
Ders./Heinz Schütte/Hans Joachim Mund, Kath. Anerkennung des Augsburgischen Bekenntnisses? Ein Vorstoß zur Einheit zw. kath. und luth. Kirche, Frankfurt 1977
Mischehe – Problem und Chance, Kirche zw. Planen und Hoffen 1, hg. v. Hans Dombois/Horst Urban/Walter Lotz, Kassel 1969

Christine Mohrmann, Pascha, Passio, Transitus: dies., Études sur le latin des chrétiens I, Rom 1959, 205ff.

Sigmund Mowinckel, Religion und Kultus, Göttingen 1953

Christian Möller, Bekehrung der Väter zu den Kindern. Die Generationen im Gottesdienst, EK 12 (1979) 34ff.

Ders., Das Kind in der Kirche, Dt. Allg. Sonntagsblatt 22.10.1978, 9

Franz Mußner, Kirche als Kultgemeinde, LJ 6 (1956) 50ff.

Karl Ferdinand Müller, Gottesdienst in einem säkularisierten Zeitalter: Ders. (Hg.), Gottesdienst..., Kassel/Trier 1971

William Nagel, Der Artikel von der Rechtfertigung in seiner Bedeutung für die Entfaltung der Liturgik, ThLZ 79 (1954) 525ff.

Ders., Gesch. des christl. Gottesdienstes, Berlin 1970

Ders./Eberhard Schmidt, Der Gottesdienst, Hb. der Prakt. Theol. II, Berlin 1974 [2]1979, 7ff.

Bericht aus Nairobi 75, hg. v. Hanfried Krüger/Walter Müller-Römheld, Frankfurt 1976

Alfred Niebergall, Abendmahlsfeier III/IV, TRE 1 (1977) 287ff.

Ders., Agende, TRE 1/2 (1977/78) 1,755ff.; 2, 1ff.

Friedrich Niebergall, Prakt. Theol. II, Tübingen 1919

Adolf Nieden, Wilhelm Bröckelmann, Wegbereiter der dt. Sonntagsschulbewegung vor hundert Jahren, Karlsruhe 1966

Niedersächsischer Arbeitskreis Agendenrevision, Freude am Gottesdienst, Für den Gottesdienst, hg. v. der Arbeitsstelle für Gottesdienst und Kirchenmusik der Ev.-luth. LK Hannover, 7/1976, 27

Franz Nikolasch, Die ökum. Trauung, LJ 22 (1972) 155ff.

Horst Nitschke, Ostern, Gütersloh 1978

Otto Nußbaum, Die Aufbewahrung der Eucharistie, Bonn 1979

Enno Obendiek, Vergessene Reformen, Wuppertal 1971

Observations on the Catholic-Lutheran Joint Commission's Document on the Eucharist, Information Service, Rom (Einheitssekretariat) 39/1979

Ökum. Direktorium, Rom 1967

Ökum. Trauung, hg. v. der Ev.-kath. Arbeitsgemeinschaft für Mischehen-Seelsorge der dt. Schweiz, Zürich/Köln 1973 [2]1976

Huub Oosterhuis, Ganz nah ist dein Wort, Wien 1967

Ders., Im Vorübergehen, Wien 1969

Das Opfer Jesu Christi und seine Gegenwart in der Kirche. Klärungen zum Opfercharakter des Herrenmahles, hg. v. Karl Lehmann/Edmund Schlink, Freiburg/Göttingen 1983 [2]1986

Die Ordnung der dt. Messe (Der dt. Dom), hg. i. A. des Berneuchener Kreises v. Ludwig Heitmann/Karl Bernhard Ritter/Wilhelm Stählin, Kassel [2]1937 ([1]1926: Das hl. Abendmahl)

Ordnung der kirchl. Trauung konfessionsverschiedener Paare unter Mitwirkung der Pfr. beider Kirchen, Texte der liturg. Kommission f. Österreich 4, Salzburg 1979
Feier der Osternacht (Der dt. Dom 11), hg. i. A. des Berneuchener Kreises v. Ludwig Heitmann/Karl Bernhard Ritter/Wilhelm Stählin, Kassel 1936
Gert Otto, Kindergottesdienst, PThH ²1975 330ff.
Ders., Der Kindergottesdienst. Theol. und Gestalt, Gütersloh 1962
Ders., Zur Theol. des Kindergottesdienstes: Der Kindergottesdienst, hg. v. Walter Wiese, Stuttgart 1961, 119ff.
Rudolf Otto, Reich Gottes und Menschensohn, München ³1954
Irmgard Pahl, Das Eucharistische Hochgebet in den Abendmahlsordnungen der Reformationskirchen, QLP 53 (1972) 219ff.
Dies., Der Abendmahlsgottesdienst der Reformationskirchen, LJ 23 (1973) 56ff.
Wolfhart Pannenberg, Abendmahlsverwaltung und Ordination, masch. Gutachten, München 9. 9. 1988
Ders., Ausräumung von Mißverständnissen auf dem Weg zur Ökumene. Interview, Ev. Bund i.Ö., Schriftenreihe 45/46 (1979/80) 48
Ders., Dogm. Grundsatzentscheidungen?, KuD 33 (1987) 93ff.
Ders., Lima pro und contra, KuD 32 (1986) 35ff.
Parole de Dieu et Liturgie (3ᵉ Congrès National du C.P.L., Strasbourg), Paris 1958
Joseph Pascher, Eucharistia. Gestalt und Vollzug, Münster 1953
Pastorale Zusammenarbeit der Kirchen im Dienst der christl. Einheit, Beschlüsse der Würzburger Gemeinsamen Synode 6, Bonn 1974
Pastoraltheol. Handreichung zur Frage der Teilnahme ev.-luth. und röm.-kath. Christen an Eucharistie- bzw. Abendmahlsfeiern der anderen Konfession, Luth. KA Hannover 1975
Die Pessach-Hagada, Basel 1988
Johann Heinrich Pestalozzi, Ein Schweizer Blatt (Jg. 1782), Sämtl. Werke 8, 1ff., Leipzig 1927
Jakob J. Petuchowski, Das Achtzehngebet: Jüd. Liturgie. Gesch. – Struktur – Wesen, hg. v. Hans Hermann Henrix, Freiburg/Basel/Wien 1979, 77ff.
Ders., Zur Gesch. der jüd. Liturgie: Jüd. Liturgie. Gesch. – Struktur – Wesen, hg. v. Hans Hermann Henrix, Freiburg/Basel/Wien 1979, 13ff.
Pia desideria, Jb. für die ev.-luth. LK Bayerns, München 1912
Dietrich Pirson, Eherecht: Hb. des Staatskirchenrechts der BRD II, Berlin 1975, 742ff.
Prex eucharistica. Textus e variis liturgiis antiquioribus selecti, hg. v. Anton Hänggi/Irmgard Pahl, Fribourg 1968
Siegfried Rabus, Die Kinderpredigt, Hamburg 1967
Gerhard von Rad, Das erste Buch Mose (ATD 24), Göttingen 1949 ¹²1987
Ders., Das formgesch. Problem des Hexateuch, BWANT IV,26, Stuttgart 1938 ⁴1971

Konrad Raiser, Einheit der Kirche und Einheit der Menschheit, ÖR 35 (1986) 18ff.
Carl Heinz Ratschow, Amt VIII, TRE 2 (1978) 593ff.
Joseph Ratzinger, Die sakramentale Begründung christl. Existenz, Meitingen-Freising [4]1973
Ders., Theol. Prinzipienlehre, München 1981
Klemens Richter, Die Liturgie, zentrales Thema der Theol.?, Freiburg [2]1987
Georg Rietschel/Paul Graff, Lb. der Liturgik, Göttingen 1952
Karl Bernhard Ritter, Die eucharistische Feier. Die Liturgie der ev. Messe und des Predigtgottesdienstes, Kassel 1961
Ders., Die Liturgie als Lebensform der Kirche, Kassel 1946
Ders., Kirche und Wirklichkeit, Kassel 1971
Jürgen Roloff/Manfred Seitz, Thesen zum Verständnis der Ordination, LM 25 (1986) 565f.
Gustav Roth, Die Sprache ist kein Mann, Madame, PTh 79 (1990) 41ff.
Günter Ruddat, Feste und Feiertage IV, TRE 11 (1983) 134ff.
Säkularisierung, hg. v. Heinz H. Schrey, Darmstadt 1982
Wilm Sanders, »Gemeinsame« oder »Ökum.« Trauung?, US 28 (1973) 258ff.
Ders./Hans-Christoph Schmidt-Lauber, Gemeinsame kirchl. Trauung. Ein Formular C – Kieler Modell, US 31 (1976) 257ff.
Rolf Schäfer, Die Einheit der Kirche im Studiendokument »Den einen Glauben bekennen«, ÖR 38 (1989) 47ff.
Alfred Schilling, Fürbitten und Kanongebete der holl. Kirche, Essen 1968
Arno Schilson, Romano Guardini – Wegbereiter und Wegbegleiter der liturg. Erneuerung, LJ 36 (1986) 3ff.
Ders., Theol. als Sakramententheol. Die Mysterientheol. Odo Casels, Mainz 1982
Günther Schiwy, Strukturalismus und Zeichensysteme, München 1973
Friedrich Schleiermacher, Über die Religion, hg. v. Rudolf Otto, Göttingen [6]1967
Ders., Die Vorlesungen aus dem Jahre 1826, Sämtl. Werke III/9, 1ff., Berlin 1849
Edmund Schlink, Der hl. Geist und die Katholizität der Kirche, ÖR 18 (1969) 6ff.
Hans-Christoph Schmidt-Lauber, Himmelfahrtsfest, TRE 15 (1986) 341ff.
Ders., Die Eucharistie als Entfaltung der verba testamenti. Eine formgesch.-syst. Einf. in die Probleme des luth. Gottesdienstes und seiner Liturgie, Kassel 1957
Ders., Gemeinsame kirchl. Trauung. Versuch einer Bilanz nach zehn Jahren, EvTh 39 (1979) 160ff.
Ders., Gottesdienst und Diakonie, JLH 28 (1984) 1ff.
Ders., Zum Amtsverständnis des ev. Pfr.s A.B. in Österreich: Theologia scientia eminens practica (FS Fritz Zerbst), Wien/Freiburg/ Basel 1979, 55ff.

Gerhard Schmidtchen, Gottesdienst in einer rationalen Welt. Religionssoziol. Untersuchungen im Bereich der VELKD, mit einer Einführung und einem theol. Nachwort von Manfred Seitz (VELKD-Umfrage) Stuttgart/Freiburg 1973
Ders., Was den Deutschen heilig ist, München 1979
Ders, Zw. Kirche und Gesellschaft. Forschungsber. über die Umfragen der Gemeinsamen Synode der Bistümer in der BRD, Freiburg 1972
Gerhard Schmied, Kirche oder Sekte? Entwicklungen und Perspektiven des Katholizismus in der westlichen Welt, München 1988
Gerhard Schnath (Hg.), Fantasie für Gott. Gottesdienste in neuer Gestalt, Stuttgart/Berlin 1965
Walter Schöpsdau, Konfessionsverschiedene Ehe, BenshH 61, Göttingen 1984 [2]1987
Dietrich Schuberth, Über Ursprung und Sinn der Osterkerze, JLH 12 (1967) 95 ff.
Hermann Schubnell, Zur Bevölkerungssituation in der BRD, HerKorr 27 (1973) 176 ff.
Raphael Schulte, Die Einzelsakramente als Ausgliederung des Wurzelsakramentes, MySal IV/2 (1973) 70 ff.
Frieder Schulz, Communio sanctorum, KuD 12 (1966) 154 ff.
Ders., Die Lima-Liturgie. Die ökum. Gottesdienstordnung zu den Lima-Texten, Kassel 1983
Ders., Die Rezeption der Lima-Liturgie, JLH 31 (1987/88) 1 ff.
Ders., Die Struktur der Liturgie. Konstanten und Varianten, JLH 26 (1982), 78 ff.
Ders., Erwägungen zur liturg. Gestaltung der »Ökum. Trauung«, US 25 (1970), 264 ff.
Ders., Zukunftsperspektiven der Gottesdienstpraxis. Folgerungen aus dem gewandelten Gottesdienstverhältnis der Gegenwart, PTh 71 (1982) 32 ff.
Frère Roger Schutz, Die Quellen von Taizé, Freiburg [17]1987
Heinz Schürmann, Die Eucharistiefeier als summa et compendium Evangelii, ThGl 71 (1981) 406 ff.
Karl Schwarz, Anm. zum jus liturgicum der Ev. Kirche A.B. in Österreich, Praxis der Kirchenmusik Bd.I, Wien 1982, 1 ff.
Michael Seemann, Heilsgeschehen und Gottesdienst, Paderborn 1966
Judah Benzion Segal, The Hebrew Passover from the Earliest Times to A.D. 70 (LOS 12), London 1963
Uwe Seidel/Diethard Zils, Aktion Politisches Nachtgebet, Düsseldorf 1971
Manfred Seitz, Die Predigt bei der Trauung: CPH Trauung, hg. v. Herbert Breit/Manfred Seitz, Stuttgart 1975, 11 ff.
Ders., Machtverlust und Glaubenskraft. Einsichten aus der VELKD-Studie über den Gottesdienst, LM 15 (1976) 671 ff.
Ders., Unsere Kasualpraxis – eine gottesdienstliche Gelegenheit! (1977): ders., Praxis des Glaubens, Göttingen 1978 [3]1985, 42 ff.

Otto Seydel, Spiel und Ritual, WPKG 60 (1971) 507ff.

Reinhard Slenczka, Die Konvergenzerklärungen zu Taufe, Eucharistie, Amt und ihre Konsequenzen f. Lehre und Gottesdienst, KuD 31 (1985) 2ff.

Ders., Jus Liturgicum, ZevKR 26 (1981) 263ff.

Ders., Ökum. Erklärungen und dogm. Klärungen, ÖR 32 (1986) 207ff.

Oskar Söhngen, Über das Jus liturgicum, ZevKR 8 (1961) 303ff.

Dorothee Sölle/Fulbert Steffensky, Politisches Nachtgebet in Köln I, Stuttgart/ Mainz 1969

Yorick Spiegel (Hg.), Erinnern – Wiederholen – Durcharbeiten. Zur Sozialpsychologie des Gottesdienstes, Stuttgart 1972

Ders., Gesellschaftliche Bedürfnisse und theol. Normen. Versuch einer Theorie der Amtshandlungen, ThPr 6 (1971) 212f.

Joachim Stalmann, Gottesdienst als Gestaltungsaufgabe, PTh 77 (1988) 162ff.

Wolf-Jürgen Stark, Strukturen des Kindergottesdienstes, Gütersloh 1971

Wilhelm Stählin, Symbolon. Vom gleichnishaften Denken, Stuttgart 1958

Ders., Via Vitae, Kassel 1968

Ders./Horst Schumann, Die Heilige Woche, Kassel 1951

Statistisches Bundesamt, Fachserie 1 Bevölkerung und Erwerbstätigkeit, Volkszählung 1987, H 1 Ausgewählte Strukturdaten für Bund und Länder, Stuttgart 1989, 37 Tab 4

Wolfgang Steck, Die soziale Funktion der kirchl. Trauung, WPKG 63 (1974) 27ff.

Albert Stein, Ev. Kirchenrecht, Neuwied 1980 ^{2}1985

Ders., Freiheit und Bindung im ev. Agendenrecht der »Gottesdienste neuer Gestalt«, ZevKR 26 (1981) 279ff.

Guenther Stiller, J. S. Bach und das Leipziger gottesdienstliche Leben seiner Zeit, Kassel 1970

Klaus Stolzmann, Kindergottesdienst / Kinder in der Kirche, Hb. der Prakt. Theol. 4,57, Gütersloh 1987

Strukturpapier, s. unten: Versammelte Gemeinde

Bengt Sundkler, Südindien, RGG^{3} 6 (1962) 468ff.

Thomas Talley, Von der Berakah zur Eucharistia, LJ 26 (1976) 93ff.

(Taufe 1960/62) Die Bedeutung der Taufe, KuD 8 (1962) 56ff. (engl.: One Lord, one Baptism, Minneapolis 1960)

Taufe, Eucharistie, Amt, s. oben: Accra 1974

Taufe, Eucharistie und Amt, s. oben: Lima 1982

Taufe, Konfirmation und Eucharistie (FO/68:19), Genf 1968

Heinrich Tenhumberg, Kirchl. Union bzw. korporative Wiedervereinigung: Kirche und Gemeinde, Witten 1974

Themenplan f. den Kindergottesdienst, hg. vom Gesamtverband f. Kindergottesdienst in der EKD, Simmershofen 1974

Thesen zur Verbindlichkeit von Ordnungen des Gottesdienstes (VELKD vom 25.10.1977), ABlVELKD 81 Bd. V, 219
Wulf Thiel, Kindergottesdienst und Christenlehre: Die Christenlehre 2 (1949) 154ff.
Hans-Joachim Thilo, Beratende Seelsorge. Tiefenpsych. Methodik, dargestellt am Kasualgespräch, Göttingen 1971 [3]1986
Ders., Nichttheol. Faktoren bei der kirchl. Trauung, WPKG 63 (1974) 27ff.
Max Thurian, Die Eucharistische Liturgie von Lima, Einf., Frankfurt 1983
Ders., Eucharistie, Mainz/Stuttgart 1963
Peter von Tiling, Die rechtliche Geltung der Agende, ZevKR 16 (1971) 170ff.
Albert Titus, Kurze Geschichte der Sonntagsschule in England, Amerika und Deutschland, Bremen 1914
Dieter Trautwein, Lernprozeß Gottesdienst, Gelnhausen/München 1972
Triduum paschale/Osternacht (christkath.), Olten 1980
Heinrich Tschiersch, Die Liturgie sowie die anderen Gottesdienste der Kirche, Berlin 1939
Uppsala 68 spricht, Genf 1968
Cipriano Vagaggini, Il canone della Messa e la riforma liturgica, Turin 1966
Ders., Theol. der Liturgie, Einsiedeln 1959
Vilmos Vajta, Die Theol. des Gottesdienstes bei Luther, Göttingen 1952
Roland de Vaux, Das AT und seine Lebensordnungen II, Freiburg/Basel/Wien 1962
VELKD-Umfrage, s. oben: Schmidtchen, Gottesdienst in einer rationalen Welt
Versammelte Gemeinde. Struktur und Elemente des Gottesdienstes. Zur Reform des Gottesdienstes und der Agende, hg. v. der Luth. Liturgischen Konferenz, Hamburg o.J. (1974)
Vier Hochgebete bei besonderen Anlässen, Einsiedeln/Zürich/Freiburg/Wien 1975
Lukas Vischer, Die Einheit der Kirche, Material der ökum. Bewegung, München 1965
Rainer Volp, Perspektiven der Liturgiewiss., JLH 18 (1973/74) 1ff.
Ders., Zeichen. Semiotik in Theologie und Gottesdienst, München/ Mainz 1982
Alexander Völker, Die Feier der Osternacht, Kassel 1983
Geoffrey Wainwright, Der Gottesdienst als »Locus Theologicus«, oder: Der Gottesdienst als Quelle und Thema der Theol., KuD 28 (1982) 248ff.
Ders., Doxology. The Praise of God in Worship, Doctrine, and Life. A Systematic Theology, London and New York 1980
Was wird aus der Kirche? Ergebnisse der zweiten EKD-Umfrage über Kirchenmitgliedschaft (EKD-Umfrage II), hg. v. Johannes Hanselmann/Helmut Hild/ Eduard Lohse, Gütersloh 1984 [4]1987
Gunther Wenz, Eine ev. Stimme zu Roms Antwort auf Lima, ÖR 38 (1989) 30ff.

Johann Hinrich Wichern, Die innere Mission der dt. ev. Kirche. Eine Denkschrift an die dt. Nation, hg. von Martin Gerhardt, Hamburg ²1948
Wie stabil ist die Kirche? Bestand und Erneuerung (EKD-Umfrage I), hg. v. Helmut Hild, Gelnhausen 1974
Franz-Elmar Wilms, Freude vor Gott. Kult und Fest in Israel, Regensburg 1981
Gustaf Wingren, Luthers Lehre vom Beruf, München 1952
Athanasius Wintersig, Pastoralliturgik, JLW 4 (1924) 153 ff.
Johann-Hinrich Witzel, Beobachtungen zur Auswertung des Lima-Prozesses, ÖR 38 (1989) 14 ff.
Erik Wolf, Ordnung der Kirche, Frankfurt 1961
Paul Zieger, Deutschland, RGG³ II (1958) 151 ff.
Richard Ziegert, Die Osternachtsfeier, Liturg. Bl. N.F. 28/29, Speyer 1980, 30 ff.
Paul M. Zulehner, Wie kommen wir aus der Krise? Kirchl. Statistik Österreichs 1945–1975 und ihre pastoralen Konsequenzen, Wien/Freiburg/Basel 1978
Heinrich Zweck, Osterlobpreis und Taufe, Frankfurt u.a. 1986.

Personenverzeichnis

Nachweis

Zu einzelnen Kapiteln erschienen nachfolgende Aufsätze. Sie wurden im vorliegenden Werk zumeist erheblich umgearbeitet, auf den neuesten Stand gebracht und zueinander in Beziehung gesetzt. Eine aktuelle Arbeit (*) erscheint als Parallelveröffentlichung. Herausgebern und Verlegern sei für ihr Einverständnis verbindlichst gedankt.

Teil I: Unaufgebbare Strukturen des evangelischen Gottesdienstes: Donum amicorum (FS Lucas Brinkhoff), hg. vom Liturgischen Institut Trier 1979, 19–22

Die Bedeutung des Gottesdienstes für den säkularen Menschen, JLH 24 (1980) 23–36

Martyria – Leiturgia – Diakonia, Quat. 45 (1981) 161–172

Die Bedeutung sakramentaler Gottesdienste in evangelischer Sicht: Die Feier der Sakramente in der Gemeinde (FS Heinrich Rennings), hg. von Martin Klöckner und Winfried Glade, Kevelaer 1986, 77–86

Eucharistie: Anamnese und Epiklese, Ökumenisches Forum Nr. 4, Graz 1981, 7–19

La riscoperta della preghiera eucaristica nelle chiese evangeliche, RevLi 70 (1983) 291–310. Deutsch: Die Wiederentdeckung des eucharistischen Gebetes in den evangelischen Kirchen, PTh 73 (1984) 134–147

Gottesdienst und Recht in der reformatorischen Tradition, LJ 33 (1983) 43–53

*Auf dem Weg zur Erneuerten Agende, PTh 79 (1990) 434–451

Die Zukunft des Gottesdienstes. Empirische, liturgische und theologische Grundsatzerwägungen, JLH 21 (1977) 121–131

Teil II: Das eucharistische Hochgebet in der römisch-katholischen Kirche heute, WPKG 66 (1977) 19–38; englisch: StLi 11 (1976) 159–176; holländisch: TLi 60 (1976) 137–151

Die Sakramente in der Ökumene – Taufe (Konfirmation) und Eucharistie: Ökumene in Schule und Gemeinde, hg. von Friedrich Hasselhoff und Hanfried Krüger, Stuttgart 1971, 258–281.554–558

Das Herrenmahl. Zum evangelisch-lutherisch/römisch-katholischen Dialog auf Weltebene, KuD 26 (1980) 70–87

Ökumenisches Bekennen im Kontext der Gemeinde: Bekennendes Bekenntnis (FS Wilhelm Dantine), hg. von Eric Hultsch und Kurt Lüthi, Gütersloh 1982, 72–81

Taufe, Eucharistie und Amt. Zur Rezeption der ökumenischen Konvergenzerklärungen von Lima 1982, ZKTh 107 (1985) 92–100
Die Bedeutung der »Lima-Liturgie« für die ökumenische Bewegung, LJ 35 (1985) 131–147
Der Lima-Text zum Amt als Anfrage an die evangelische Ordinationspraxis, Amt und Gemeinde 36 (1985) 40–47; Ökumenisches Forum Nr. 8, Graz 1985, 277–294
Konvergenzen katholischer und evangelischer Gottesdiensterneuerung: Gottesdienst – Weg zur Einheit. – Impulse für die Ökumene, hg. von Karl Schlemmer (QD 122), Freiburg 1989, 33–60

Teil III: Der Opfergedanke in der jüdischen und christlichen Liturgie: Aspekte der Ökumene, Publikationen der Katholischen Akademie Hamburg 3 (1984) 39–61
Das Verhältnis von Wort und Sakrament – geschichtliche Erfahrungen, ABl ELK Thüringen 36 (1982) 73–79; JEB 26 (1983) 49–68; Amt und Gemeinde 34 (1983) 2–9
Luther – Chance oder Hindernis im ökumenischen Dialog über die Liturgie? LJ 39 (1989) 89–104
Der Kindergottesdienst im evangelischen Deutschland. Situation, Geschichte und offene Fragen, LJ 29 (1979) 95–111
Das Pascha-Mysterium im Osterlob – Zur Feier der Osternacht, JLH 32 (1989) 126–142
Gemeinsame kirchliche Trauung. Versuch einer Bilanz nach zehn Jahren, EvTh 39 (1979) 160–180
Segnungsfeiern als ökumenischer Gottesdienst: Heute segnen. Werkbuch zum Benediktionale (FS Balthasar Fischer), hg. von Andreas Heinz und Heinrich Rennings, Freiburg/Basel/Wien 1987, 84–93